正向行為支持的理論與實務

（第3版）

鈕文英　著

作者簡介

鈕文英

- **現職：** 國立高雄師範大學、國立屏東大學、國立臺南大學特殊教育學系兼任教授
- **學歷：** 國立臺灣師範大學教育心理系學士
  美國堪薩斯大學特殊教育研究所碩士、博士
- **經歷：** 國中啟智班教師、特殊教育組長、國立高雄師範大學特殊教育學系專任教授（2013 年 8 月 1 日退休）
- **專長：** 身心障礙者的課程與教學、正向行為支持、融合教育、研究方法與論文寫作
- **著作：** 啟智教育課程與教學設計（2003，心理出版社）
  邁向優質、個別化的特殊教育服務（2013，心理出版社）
  單一個案研究法——研究設計與後設分析（2015，心理出版社）
  單一個案研究法——設計與實施（2019，心理出版社）（合著）
  擁抱個別差異的新典範——融合教育（第 3 版；2022，心理出版社）
  正向行為支持的理論與實務（第 3 版；2022，心理出版社）
  論文夢田耕耘實務（2020，雙葉書廊）
  質性研究方法與論文寫作（第 3 版；2021，雙葉書廊）
  研究方法與設計——量化、質性與混合方法取向（第 3 版；2021，雙葉書廊）
  其他期刊和編纂類書籍中的文章約 100 多篇
- **翻譯：** 應用行為分析（2012，學富文化）（合譯）
  美國心理學會出版手冊第 7 版（2022，雙葉書廊）
- **校閱：** 智能障礙定義、分類和支持系統——美國智能及發展障礙協會定義指南第 11 版（2011，財團法人心路社會福利基金會）
  融合教育課程與教學實務（2017，華騰文化）
- **學位論文指導：** 自 1997 年至 2022 年 6 月底共指導完成 86 篇博碩士論文

第 3 版序

樹林裡有兩條岔路，而我選擇足跡較少的那一條，因此有了完全不同的人生。

——〈人煙罕至的路〉（"The Road Not Taken"; Frost, 1920）

Stevenson（1913）的一首童詩——〈小船去何方〉（"Where Go the Boats?"）描述：「我已經在這條河流上放上小船，……船在漂流，……它經過溪谷，流下山崗，河水向下流，百餘公里長。總有一天，小孩會在某個地方撿拾它，帶它到岸上。」我在 1996 年為了備課所需，放上寫作本書的小船，在生完老二坐月子期間，忍受婆婆的叨念不好好休養，於 1999 年完成**《身心障礙者行為問題處理》**（國立高雄師範大學特殊教育中心印送）。之後的兩年，陸續增修，於 2001 年正式出版本書的前身**《身心障礙者行為問題處理——正向行為支持取向》**，它是我出版的第一本特殊教育書籍，從此我選擇了一條足跡較少的寫作旅程，也開啟了我完全不同的人生。

在 1996 年撰寫此書時，臺灣行為改變技術的書籍偏向**後果處理策略**，而國外已有多篇文獻討論功能評量（functional assessment，簡稱 FA）、功能性溝通訓練（functional communication training，簡稱 FCT）等，我還閱讀到《前事控制》（*Antecedent Control*, 1998）和《行為支持》（*Behavioral Support*, 2000）兩本書，開啟了我對行為介入的視框，介入行為問題不只在行為發生之後被動反應，還可以**預防**和**教導**，而我於 1984 至 1991 年在國中擔任特殊教育教師 7 年期間，即已實踐正向行為支持（positive behavior support，簡稱 PBS）的理念與作法；當別人質疑我的介入方式較不能快速壓制學生的行為問題時，我仍堅持心中的理念——**擴充學生的正向行為，才是長期預防行為問題的有效策略**，只是爾後我才恍然大悟原來我已履行理論。我發現在特殊教育歷史中，昨日論定無法實踐的理論，甚至今日也認為很難達成，只要堅持信念、持續努力，明日往往成為常規。即使實務上無法一蹴可幾實踐理論的真髓，但是正如 Hugo（1828/1991）所云：「腳步不能到達的地方，眼光可以先見識到。」（p. 77）

之後，從 2001 至 2009 年期間，國外PBS的文獻愈來愈豐富，甚至有專刊探討它，從個人，擴展至教室本位和全校 PBS；還有發展家庭中心的 PBS；以及因應融合教育的推展，探討如何與一般同儕合作，介入特殊需求學生的行為問題，而臺灣PBS的研究也日益增加。內心強烈的聲音告訴自己：「累積這 9 年間的閱讀和省思所得，該訴諸文字了吧？」我的好友以質疑的語氣問我：「寫完一本書，也沒有升等的壓力了，好歹休息一下吧！臺灣書很少再版，即使有，也只是小修，你幹嘛這麼辛苦，再版可以讓你賺更多的版稅嗎？」我回應道：「今天不做，我怎麼知道明天我在不在？想寫之時，把握當下；寫完之時，學習放下（銷路、毀譽等）。更何況名利有盡，智慧無窮。」因此，我於 2009 年完成改版更名後的**《身心障礙者正向行為支持》**，本書和前版書的最大差異處在於，增加PBS的發展與意涵；功能分析方法、功能評量的議題和未來發展；如何促成處理人員間的團隊合作，與身心障礙者（people with disabilities）之家庭、同儕合作實施 PBS；PBS 的研究與願景。

《身心障礙者正向行為支持》的出版並不表示我寫作的旅程已經結束，而是開啟另一段**活到老**、**學到老**、**寫到老**、**修到老**的旅程。有人問我最滿意自己寫的哪一本書，我的回答是：「下一刷！下一本！」是的，身為作家，我一生都在追求成長。我無法逃避**透過寫作持續學習**的使命，內心深處有一個聲音催促我：「繼續寫作的旅程，攀越另一座山峰。」我以**生命寫書**看待我的寫作生涯，它是由於我對**學習的熱情**而存在，它不會因為書的出版而停止。於 2009 至 2016 年這 7 年來，我已更新書的內容，包括加入新的行為介入之相關文獻與研究、特殊教育法規、特殊情緒困擾類型的定義和診斷標準、PBS 策略的示例、思考問題、學生學習資料的附錄和名詞釋義，以及自費 8 萬元請人設計「擬訂PBS計畫」應用程式等，終於在 2016 年更新本書為第 2 版。

本書第 2 版延續前版書的核心概念，探討如何運用PBS介入身心障礙者的行為問題，共有 15 章，呈現如每一章開始的架構圖：第 1 章探討「正向行為支持的發展與意涵」，第 2 章討論「行為介入的理論與發展」；以這兩章為基礎，接著於第 3 章先從鉅觀的角度敘述「正向行為支持的層級、執行與原則」；而後根據PBS的擬訂過程，於第 4 章呈現「行為問題的選擇與描述」，第 5 章陳述「行為的觀察與紀錄」，第 6 章探究「行為問題的診斷」；接下來依循診斷的結果擬訂PBS計畫，包含第 7 章的「前事控制策略」、第 8 章的「生態環境改善策略」、第 9 章的「行為教導策略」、第 10 章的「後果處理策略」、第 11 章的「其他個體背景因素介入策略」，至第 12 章「維持與類化介入成效的規畫」；擬訂之後便於第 13 章闡述「正向行為支持計畫的實施」；而行為介入是否有效，需評鑑才能得知，評鑑後分享成果，因此在第 14 章探討「正向行為支持計畫的評鑑與成效分享」；最後於第 15 章論述「正向行為支持的研究與願景」。

雖然我於 2013 年退休後，已無法像退休前每年開設「嚴重行為問題處理專題研究」課程，但是我仍然激勵自己**透過寫作成為永遠的初學者**，時刻準備、超前部署，以迎接下一次可能的上課機會，以及作為特殊教育工作人員運作 PBS 的基礎，在 2022 年終於獲得出版社的首肯更新成第 3 版書，並更換書名為《正向行為支持的理論與實務》，理由為PBS不只適用於身心障礙者行為的介入，它亦適用於所有學生，且近年來有一些研究介入有情緒行為需求的一般學生。本版書包括加入新的PBS理論文獻與研究、PBS策略〔例如：影片示範和提示（video modeling and prompt，簡稱 VM 和 VP）〕和示例、思考問題；增加由 PBS 反思處理行為問題的正向思考、語言和行動；釐清對PBS、證據本位實務（evidence-based practice，簡稱EBP）和精神科藥物（psychotropic medications）使用之迷思與事實；更新學生學習資料的附錄和名詞釋義，補充 15 章測驗題；以及用 Evercam 重錄「擬訂 PBS 計畫」應用程式的使用，期待能讓特殊教育工作人員能以更便捷的方式擬訂PBS計畫等。除此，我依據美國心理學會（American Psychological Association, 2020）第7版更新參考文獻、文獻引註及編輯格式。

在編排設計上，於每一章起始，呈現**導讀問題**以帶進各章目標。並於每一節的開始，配合各節主題呈現雋語，這些雋語是我多年來閱讀或實務經驗的深切體悟。本文中除了使用**插畫**、**啟思故事**闡述PBS的理念和原則外，還藉由**示例**傳達PBS的實際作法；透過**思考問題**，引導讀者深思處理行為問題的迷思和陷阱；並且將一些運作過程中會用到的工具和資源納入**附錄**；最後**總結**，並以**作業練習**結束。在作業練習中，我配合每一章主題，設計作業和自評問卷，讓讀者練習擬訂和實施 PBS，並針對須注意的原則做自我評量。另外，我在第一次出現的中譯專業術語後加註原文，並且提示臺灣文獻的不同譯法；用**不同字型**呈現文本的重點，並做前後文的**相互對照**；以及整理**名詞釋義**和**中英**、**英中索引**，期待達到工具書的效果，讓讀者方便使用，並且能快速掌握重點。我真摯期盼本書能將PBS的理論與實務密切結合，讓它能夠有落實的機會。限於篇幅，我將參考文獻、附錄、名詞釋義、索引和測驗題置於雲端學生學習資料中，隨書附送。我還製作教學簡報檔，大專校院教授相關課程的教師，需要者可以逕向出版社索取。除此，對於出現率高（至少三次）的專業術語，於內文第一次出現時列出全名，之後用縮寫字呈現，以縮減篇幅，羅列如表 1。

這趟旅程終於走到「笑中帶淚」的一步——寫序，是一種感動，也是一份欣喜；感動於自我毅力的投注，欣喜於本身思想的成長。回首撰寫本書的過程，我腦海浮現出浸淫浩瀚文獻，每天帶著電腦和一堆資料，在學校和家庭兩頭忙碌的「夾縫」中，「偷」零碎時間在鍵盤上筆耕的我。我深刻領會**滴水成涓，積沙成塔**的力量，哪怕是學校和家庭兩頭忙碌，我能寫作的時間是那麼地少；但憑藉著一個信念——**改變是一種過程**——我堅持每日寫作。這趟旅程有雀躍的一面，每當閱讀文獻提供我新的觀點時，我有被醍醐灌頂般的喜悅；亦有辛苦的一面，甚至有時也會身陷泥淖，但我仍然激勵自己要仰望星空，一步一步往山頂邁進。

寫完此書，我對PBS的最大體會是，我要面對的不是一種可以置身事外的「方法」，而是一種內化的**生命態度**和**思考方式**。PBS 讓我學習到正向思考、語言和行動的方法（如插畫1），**用愛理解**個體行為問題的原因可以幫助我轉念，用正向思考看待行為問題，感覺和作法

表 1　本書專業術語之縮寫

縮寫字	專業術語	縮寫字	專業術語
ABA	應用行為分析	EBP	證據本位實務
AD/HD	注意力不足／過動症	EMT	加強式環境教學法
AED	警覺加強裝置	FA	功能評量
ASD	泛自閉症	FCT	功能性溝通訓練
AT	輔助科技	GCP	通例課程方案
BIP	行為介入計畫	IAES	中介替代的教育單位
BMO	行為改變技術	IEP	個別化教育計畫
BMA	行為管理	MT	環境教學法
BT	行為治療	NCR	非後效增強
CBA	課程本位評量	PBS	正向行為支持
CBT	認知—行為治療	PCP	個人中心計畫
CMP	危機處理計畫	PECS	圖片兌換溝通系統
CT	認知治療	PRT	關鍵反應訓練
DR	區別性增強	PSI	同儕支持的介入
DRA	區別性增強另類行為	REBT	理性情緒行為治療
DRI	區別性增強不相容行為	RET	理性情緒治療
DRO	區別性增強其他行為	QOL	生活品質
DSM	《精神疾病診斷與統計手冊》	UD	全方位設計
DTT	單一嘗試訓練	VM	影片示範
E/BD	情緒行為障礙	VP	影片提示

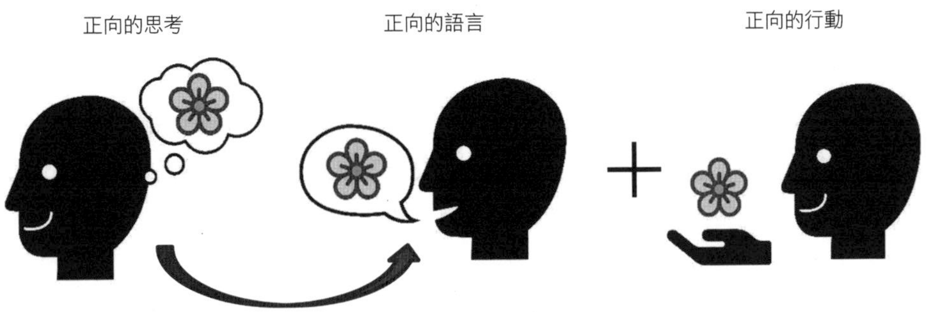

插畫 1
PBS 提供用愛理解、用話鼓勵和用對方法，以處理行為問題的正向思考、語言和行動。

就開始改變。之後，**用對方法**包括使用正向語言和行動，讓介入策略可藉由多元管道直指問題核心。「轉念」不只用於行為介入，它在我生命的啟發是，接納和處理自己面對挫折、挑戰所帶來的情緒，將之視為**成長的良機或養分**，它們可以是一堵牆，也可以是一張紙，受阻或穿越，由我自己決定！之後，**採取漸進的步驟處理我能改變的部分，並且欣賞自己所注入的涓滴細流**，例如：當我決定退休後便遭遇一個挑戰——如何整理和搬運滿坑滿谷的書籍及資料，後來心念一轉：「不開始，哪裡會有進展呢？希望就在路上。」我每天騎機車下班時搬運一些我能負荷的，歷經近 2 個月終於清空。當我努力教學，而有些學生給我的期末教學回饋不佳時，我告訴自己：「要賞識自己的付出帶來某些學生的成長，而付出和回報不見得成正比，對於部分學生而言，也許我的教學此刻不能走進他們的生命，可能是下一刻才行，那就隨緣吧！」

「轉念」對我生命的另一層體悟是，**轉換思維接受我所不能改變的部分，心不隨「境」轉，境就能夠隨著「心」轉**，例如：兒時讓我失去自信的關鍵事件——演講受譏諷——像是「鹽」，之前我用「杯子」盛裝它，我嚐到的是奇鹹無比的味道；之後我用「湖泊」容納它，我嚐到的已不再是鹹味，而是澀中帶甜的味道。當我發現我的聽力受損，有高頻率聽覺障礙（hearing impairment，簡稱聽障）時，我告訴自己：「這樣我就可以不受噪音所干擾，可以更專注。」當我每天帶電腦，利用零碎時間，努力撰寫教學用書，希望將它寫得更完整，而出版社因耗費太多編校資源必須酌減給我的版稅時，我告訴自己：「出版社有它的商業考量，我有自己的專業思維，正面思考是理解別人的想法，但還是堅持做符合自己價值觀的事情，我做的事情即使不能感動別人也沒關係，至少感動我自己。」當我校對我的書多次，出版後仍然發現有錯誤時，接納挫敗情緒之餘我告訴自己：「讓讀者在找錯誤的過程中有成就感；正如幾米（2010）《我不是完美小孩》中的一段話——『不要害怕完美，因為你永遠達不到它。』雖然我寫的書不是最好的，但我卻是用最好的我來寫。正因為作品永遠達不到完美，所以激勵自己永續學習和寫作。」

本書從 0 到 1 的過程中有很多故事，要感謝的人也很多。首先，我要感謝魯翠儀和我的女兒——任敬葭鼎力繪製補充的插畫，讓本書大為增色。尤其是我的女兒熱愛繪畫，她 6 歲時便於我 2001 年初版的書中初試啼聲；現在她已就業，在這版書中，幫我重繪和加入一些插畫，我們都選擇一條「崎嶇、孤獨但不寂寞」的創作之路，也因此更加惺惺相惜彼此文圖交會、共鳴下的最大收穫。還要感謝陳秀冠和魯翠儀小姐，在初版及改版第 1 版過程中幫忙找資料和打字；楊博文先生和顧曉梅小姐在第 2 和 3 版過程中，協助整理學生學習資料，讓我得以乘著隱形的翅膀完成本書。再者，非常感激心理出版社的專業編輯，他們要忍受我對品質的執著，即使在校對時，還會增加新的內容，他們始終無怨無悔，讓我銘感五內。最後，更要感謝家人；即使他們不太理解我為何這麼辛苦，但仍然支持我，他們都是這本書的幕後功臣。除此，這些年修習我課程的同學，以及研習場合的特殊教育工作人員和家長提供我智慧成長的養分，多年的教學相長使我有機會累積行為介入的知識和經驗，並且從他們提出的疑問，讓我頻頻思考如何深入淺出地呈現理論，以增進他們的理解，於是我增加策略的實例。

知識讓我感受喜悅，也讓我學習謙卑。踏著眾多前輩的足跡前進，讓我時常感受到「前人種樹、後人乘涼」的恩情；也期待這本書能成為後進者的墊腳石，踏著它，擴展他們對 PBS 理念和實務的理解。我雖已盡力撰寫與細心校對，但疏漏在所難免，尚祈方家不吝指教，讓我有再次學習的機會。希冀由於我的「拋磚」，能引發許多真正的「寶玉」。這趟船旅短暫靠岸，旅程將持續開展，未來我還會繼續增修此書，因為我知道仍有許多遺珠，等待我去發現。我也將繼續放上我的小船，開啟另一趟智慧之旅。

鈕文英

2022 年 6 月

註：心路基金會是我生命列車結識的第一個身心障礙者的家長團體。回首 1984 年我大學畢業擔任特殊教育教師，在那個特殊教育才剛起步的年代，我在學校殫精竭慮教導特殊教育班學生所需的生活和職業技能，但每每想到他們的未來，就有「力有不足」之喟嘆。之後心路於 1987 年成立，為孤軍奮戰的我注入了有形和無形的支持力量。陪伴心路一路走來近四十年，看著他們持續接收 PBS 的理念，透過不斷的實踐、學習與創新，提升服務品質，追求組織成長。為了感恩與支持心路永續推展 PBS，本版書的版稅將全數捐給他們。

目次

第一章 正向行爲支持的發展與意涵 001

第一節 行為介入的相關名詞 003
第二節 正向行為支持的緣起 007
第三節 正向行為支持的特徵 020
第四節 正向行為支持的影響 035
第五節 正向行為支持的法規 041

第二章 行爲介入的理論與發展 051

第一節 生物模式的行為介入理論 053
第二節 行為模式的行為介入理論 063
第三節 心理教育模式的行為介入理論 069
第四節 人本模式的行為介入理論 071
第五節 生態模式的行為介入理論 074
第六節 認知和認知—行為模式的行為介入理論 078
第七節 行為介入理論的歷史發展 086

第三章 正向行爲支持的層級、執行與原則 091

第一節 正向行為支持的介入層級 093
第二節 正向行為支持的過程 106
第三節 正向行為支持計畫的內容 108
第四節 正向行為支持計畫的擬訂原則和效度驗證 113

第四章 行爲問題的選擇與描述 125

第一節 行為問題的意義 127
第二節 行為問題的類型 129
第三節 標的行為問題之選擇 153
第四節 標的行為問題之界定與描述 158

第五章 行爲的觀察與紀錄 165
第一節 行為觀察與記錄的方法、原則和資料描述 167
第二節 行為的觀察信度評量 192

第六章 行爲問題的診斷 201
第一節 行為功能評量的意旨和內容 203
第二節 行為功能評量的實施方式、過程和原則 225
第三節 身心障礙者行為問題的功能 264

第七章 正向行爲支持策略的擬訂（一）：前事控制策略 269
第一節 前事控制策略的種類 271
第二節 前事控制策略的實施原則 307

第八章 正向行爲支持策略的擬訂（二）：生態環境改善策略 313
第一節 生態環境和行為問題之間的關係 315
第二節 生態環境改善策略的種類 321

第九章 正向行爲支持策略的擬訂（三）：行爲教導策略 335
第一節 行為教導的內容 337
第二節 行為教導的策略 365
第三節 行為教導方案的實施流程 443
第四節 行為教導策略的實施原則 458

第十章 正向行爲支持策略的擬訂（四）：後果處理策略 465
第一節 後果處理策略的目標和內涵 467
第二節 危機情況的處理 489
第三節 選擇和使用後果處理策略宜注意的原則 497

第十一章 正向行爲支持策略的擬訂（五）：其他個體背景因素介入策略 507

第一節 生物模式的介入策略 509
第二節 人本模式的介入策略 519
第三節 心理教育模式的介入策略 530
第四節 認知模式的介入策略 535

第十二章 維持與類化介入成效的規畫 545

第一節 行為學習的階段 547
第二節 行為介入成效維持與類化的促進 550

第十三章 正向行爲支持計畫的實施 573

第一節 正向行為支持計畫的實施原則 575
第二節 專業人員間在行為介入上的合作 580
第三節 教師與家長間在行為介入上的合作 590
第四節 教師與學生間在行為介入上的合作 602

第十四章 正向行爲支持計畫的評鑑與成效分享 617

第一節 正向行為支持計畫的評鑑指標與方法 619
第二節 正向行為支持計畫的成效分享 623

第十五章 正向行爲支持的研究與願景 627

第一節 個人層級正向行為支持研究的分析 629
第二節 系統層級正向行為支持研究的分析 650
第三節 教育人員在實施正向行為支持知能和態度的分析 654
第四節 正向行為支持研究的未來方向 655

表次

表 1-1 家長—專業人員角色在過往行為介入與正向行為支持二者間的差異 032
表 1-2 行為介入相關名詞的比較 034
表 1-3 正向行為支持對行為介入觀點的轉變 035
表 1-4 以正向行為支持檢視教師在行為介入上的迷思與事實 037
表 1-5 違法懲罰之類型和正向管教措施 047
表 1-6 正向管教和懲罰之比較 048
表 1-7 以正向行為支持檢視自我在行為介入上的迷思與事實 049
表 2-1 精神異常之腦區異常和腦神經生物化學傳導物質失衡 060
表 3-1 三個層級預防實施的對象和範圍 099
表 3-2 第一層支持的目標、作法和評鑑 101
表 3-3 第二層支持的目標和作法 102
表 3-4 教室本位正向行為支持的作法和評鑑 105
表 3-5 行為問題介入的倫理原則 115
表 3-6 對證據本位實務之迷思與事實 118
表 3-7 社會效度的指標、意義和驗證方法 120
表 4-1 憂鬱症者的特徵 136
表 4-2 焦慮症者的特徵 139
表 4-3 不同年齡層的人普遍害怕的事物 140
表 4-4 餵食和飲食異常的類型與診斷標準 152
表 4-5 睡眠—清醒異常的類型與診斷標準 154
表 4-6 標的行為功能和形態本位定義之示例 159
表 4-7 定義具體和不具體之標的行為問題之比較 161
表 5-1 現場和錄影觀察紀錄之比較 169
表 5-2 單一和多重機會法之優弱勢 181
表 5-3 選擇行為觀察記錄類型宜考慮的因素 190
表 5-4 造成觀察信度偏差的來源及避免方法 197
表 6-1 三個層級功能評量的特徵和考量 206
表 6-2 蒐集個體特徵資料的類型和內涵 208
表 6-3 蒐集環境背景資料的類型和內涵 210
表 6-4 個體和環境背景因素的內涵 216
表 6-5 標的行為問題之立即前事、後果和功能間的關係 220
表 6-6 行為問題的可能功能假設 249
表 6-7 三種功能評量方法之比較 258
表 7-1 前事控制策略之作法和內涵 274
表 7-2 物理環境調整的策略內涵 277
表 7-3 前矯正策略的步驟和示例 284

表 7-4	針對行為功能有效與無效處理策略對照表	286
表 8-1	生態環境改善策略之作法與內涵	321
表 9-1	針對標的行為問題功能教導之替代技能示例	338
表 9-2	憤怒因應訓練的步驟	341
表 9-3	問題解決之步驟與示例	345
表 9-4	社會技能的內涵	352
表 9-5	一位重度障礙者做選擇技能的教學方案	358
表 9-6	標準和提供選擇的工作分析	360
表 9-7	教導分辨打招呼情況的能力	362
表 9-8	行為、認知、認知—行為和自然取向教學四種教學模式之比較	365
表 9-9	三種示範的比較	371
表 9-10	三種影片示範的優弱勢	372
表 9-11	三種刺激提示的意涵與示例	375
表 9-12	姿勢或表情提示的類型、意涵與示例	376
表 9-13	言語提示的類型、意涵與示例	377
表 9-14	視覺提示的類型、意涵與示例	378
表 9-15	兩種身體提示的意涵與示例	380
表 9-16	反應內的行為塑造之向度和示例	388
表 9-17	三種連鎖的優點、適用性和限制	391
表 9-18	針對學生不同的反應提供回饋	394
表 9-19	社會故事的句型	402
表 9-20	心智理論的教學內容	406
表 9-21	自我管理策略的類型	413
表 9-22	自我教導調節憤怒的正向內言	417
表 9-23	運用自我教導策略教導正向行為	418
表 9-24	替代性溝通方式的比較和應用示例	427
表 9-25	教導溝通技能以處理行為問題	429
表 9-26	圖片兌換溝通系統六個階段的教學目標	433
表 9-27	關鍵反應訓練運用的策略和教導的關鍵行為	435
表 9-28	Syracuse 社會技能課程的調整作法	451
表 9-29	反社會行為的社交功能與教學目標和策略	451
表 9-30	界定替代技能考慮的議題和可採取的作法	460
表 10-1	後果處理策略的目標、作法和策略	468
表 10-2	五種區別性增強之比較	473
表 10-3	自然懲罰的舉例	485
表 10-4	邏輯後果的舉例	486
表 10-5	肯定和敵對的行為管教方式之比較	503
表 11-1	精神科藥物使用的迷思與事實	511

表 11-2	十二種溝通阻礙	520
表 11-3	非語言訊息的觀察層面和示例	522
表 11-4	在溝通互動中「你訊息」和「我訊息」之比較	529
表 11-5	五種生活事件的臨床探索	534
表 11-6	B. Weiner 歸因理論的歸因來源和向度	541
表 12-1	教學和類化刺激或情境之比較	549
表 12-2	六個階段學習目標的示例	550
表 12-3	促進行為類化成效的策略	552
表 12-4	餐桌是否需清理的教學範例	554
表 12-5	貫環境方案的設計示例	559
表 12-6	促進行為類化的方法	560
表 12-7	促進行為類化成效的策略類型、內涵與示例	567
表 13-1	將正向行為的教育目標嵌入科目、領域或生活作息中	576
表 13-2	三種忠實度的意涵與示例	577
表 13-3	正向行為支持團隊合作過程中的活動	581
表 13-4	主要團隊成員的角色和任務	584
表 13-5	團隊合作的基本原則	585
表 13-6	團隊會議的形式	586
表 13-7	有效和無效團隊的特徵	588
表 13-8	家庭如何參與正向行為支持計畫的實施過程	595
表 13-9	教師與家長溝通時宜避免和宜採用的語彙	601
表 14-1	正向行為支持計畫結果的評鑑指標	620
表 15-1	臺灣個人層級正向行為支持研究「研究參與者」之分析	631
表 15-2	臺灣個人層級正向行為支持研究「標的行為問題」之分析	632
表 15-3	臺灣個人層級正向行為支持研究「標的行為問題功能」之分析	633
表 15-4	臺灣個人層級正向行為支持研究「介入特徵」之分析	634
表 15-5	臺灣個人層級正向行為支持研究「介入策略」之分析	635
表 15-6	臺灣個人層級正向行為支持研究「正向行為教導」之分析	636
表 15-7	臺灣個人層級正向行為支持研究「介入成效評鑑類型」之分析	637
表 15-8	全校正向行為支持研究成效的分析	650
表 15-9	教室本位正向行為支持研究策略和成效的分析	652

圖次

圖 1-1	控制的循環	011
圖 1-2	學校內造成學生行為問題的系統	014
圖 1-3	生態的介入架構	015
圖 1-4	增進常態化和融合的實務	017
圖 1-5	自我決策必備的特徵	018
圖 1-6	正向行為支持和過去行為介入策略之比較	028
圖 2-1	生物模式對行為問題起源與介入的觀點	062
圖 2-2	反應制約的學習歷程	064
圖 2-3	反制約的學習歷程	065
圖 2-4	操作制約的學習歷程	065
圖 2-5	Bandura 的社會學習理論	067
圖 2-6	行為模式對行為問題起源與介入的觀點	069
圖 2-7	心理教育模式對行為問題起源和介入的觀點	071
圖 2-8	人本模式對行為問題起源和介入的觀點	074
圖 2-9	人類發展的生態體系	076
圖 2-10	生態體系圖	077
圖 2-11	生態模式對行為問題起源與介入的觀點	078
圖 2-12	信念、能力、行為和環境之間的關係	079
圖 2-13	非理性信念造成的衝突循環	080
圖 2-14	認知模式對行為問題起源和介入的觀點	084
圖 2-15	認知—行為模式對行為問題起源和介入的觀點	085
圖 2-16	影響行為的變項	086
圖 3-1	無和有早期鑑定與介入之閱讀困難與情緒行為問題的發展過程	095
圖 3-2	全校正向行為支持的四個要素	096
圖 3-3	全校正向行為支持系統	098
圖 3-4	精神異常者的心理健康介入光譜	100
圖 3-5	BEST 的理論架構	102
圖 3-6	BASE 的班級經營模式	105
圖 3-7	正向行為支持的過程	107
圖 3-8	行為問題處理要素時間表	108
圖 3-9	運用和未運用正向行為支持介入行為問題的結果	111
圖 3-10	正向行為支持計畫架構	112
圖 4-1	了解個體產生抗拒行為的原因	134
圖 4-2	標的行為問題之選擇	156
圖 4-3	三種反應類別	157
圖 5-1	反應時距之意義	176

圖 5-2	選擇單一或多重機會法進行評量之決策步驟	182
圖 6-1	功能行為評量的 VAIL 模式	205
圖 6-2	背景因素對標的行為問題之影響管道	212
圖 6-3	行為問題的不適當學習循環	222
圖 6-4	標的行為問題之功能評量	223
圖 6-5	功能評量方法	226
圖 6-6	以交替介入設計分析不同立即前事下標的行為問題之出現率	241
圖 6-7	採用延伸非互動期確認標的行為問題之自動正增強功能	241
圖 6-8	以感覺遮蔽評量分析不同感覺刺激下標的行為問題之出現率	243
圖 6-9	以 ABAB 設計分析特定後果下標的行為問題之出現率	244
圖 6-10	以 ABAB 設計分析單一、特定立即前事下標的行為問題之出現率	246
圖 6-11	以交替介入設計分析單一、特定立即前事下標的行為問題之出現率	246
圖 6-12	以 ABAB 設計分析多重、特定立即前事下標的行為問題之出現率	248
圖 6-13	結構分析多重、特定立即前事下標的行為問題和正向行為之出現率	249
圖 6-14	功能分析特定建立操作下標的行為問題之出現率	251
圖 6-15	以交替介入設計功能分析特定前事和後果下行為問題之出現率	252
圖 6-16	標的行為問題之簡短的功能分析	253
圖 6-17	使用訪問訊息整合後效分析了解行為問題的功能	254
圖 6-18	一位自閉症兒童脫逃行為之延宕時間本位的功能分析	256
圖 6-19	實施功能評量和正向行為支持計畫的流程	260
圖 6-20	在應用情境實施功能評量的流程	261
圖 6-21	處理人員在因應個體標的行為問題採取之作法的功能評量	263
圖 6-22	規律型固著和自傷行為發生原因和功能之分析模式	264
圖 7-1	前事控制策略的運用	272
圖 7-2	影響刺激控制成效的因素和處理策略	288
圖 7-3	調整課程或工作相關因素之運用	289
圖 7-4	各種校內指定活動占校內活動時間之百分比	290
圖 7-5	課程與教學調整策略的舉例說明	292
圖 7-6	影響教導的控制成效之因素和因應策略	299
圖 7-7	介入背景因素的作法	303
圖 8-1	決定個體標的行為之介入焦點	316
圖 8-2	生活形態圖	326
圖 8-3	增進個體的角色功能	328
圖 8-4	朋友圈的內容	329
圖 9-1	情緒溫度計	340
圖 9-2	問題解決的策略	347
圖 9-3	溝通的過程	350
圖 9-4	社會技能的過程	354

圖 9-5　成分、表現的技能和生態三個面向之社會技能教學內涵　355
圖 9-6　提升身心障礙者自我決策技能的模式　357
圖 9-7　教導做選擇技能以處理行為問題的步驟　358
圖 9-8　以不同顏色的圓圈代表不同親疏關係　363
圖 9-9　直接教學流程中教師和學生的責任　367
圖 9-10　不同形態視覺提示和言語提示中文字／符號的具體程度和提示量　379
圖 9-11　由少至多之教學提示系統　382
圖 9-12　運用最少量之提示系統教導學生過馬路　383
圖 9-13　時間延宕策略的實施流程　386
圖 9-14　跨反應形態的行為塑造之示例　387
圖 9-15　連鎖的原理　389
圖 9-16　三種連鎖方式的舉例　390
圖 9-17　逐漸改變的身體引導示例　397
圖 9-18　替代性溝通方式使用的決策流程　428
圖 9-19　促進加強式環境教學法有效的要素　437
圖 9-20　環境教學程序中「示範」的執行步驟　438
圖 9-21　環境教學程序中「指令—示範」的執行步驟　439
圖 9-22　環境教學程序中「時間延宕」的執行步驟　440
圖 9-23　環境教學程序中「隨機教學」的執行步驟　441
圖 9-24　社會技能教學方案之實施流程　444
圖 9-25　社會技能不佳的類型　446
圖 9-26　診斷個體某項社會技能不佳類型的流程圖　447
圖 9-27　特殊需求者社會技能困難的個體和環境因素　448
圖 9-28　針對四種社會技能不佳擬訂的學習目標示例　450
圖 9-29　不同層次的社會技能教學方案　453
圖 9-30　社會技能介入模式與策略　455
圖 9-31　對立行為模式　459
圖 10-1　增強的時間分配方式　475
圖 10-2　後果處理策略之運用　490
圖 10-3　危機的形成　491
圖 10-4　發展危機處理計畫宜考慮的問題　492
圖 10-5　危機週期和因應策略　493
圖 10-6　危機快速升高後緩慢恢復的危機週期　496
圖 10-7　危機緩慢升高後快速恢復的危機週期　496
圖 10-8　後果處理策略的侵入或限制程度　499
圖 10-9　兩種介入學生負面語言和行為的方式　501
圖 11-1　反映技術的使用　524
圖 11-2　「積極聆聽」的溝通模式圖　525

圖 11-3　反映技術的內涵　526
圖 11-4　理性情緒治療處理情緒或行為的過程和示例　536
圖 11-5　心理僵化作為精神病理的模式　538
圖 11-6　心理彈性作為人類功能和行為改變的模式　539
圖 12-1　學習的階段　548
圖 12-2　行為類化成效問題的狀況及因應策略　569
圖 13-1　介入完整性和行為改變間的關係及可採取的因應方法　578
圖 13-2　合作團隊的必要特徵　580
圖 13-3　正向行為支持執行團隊的組成　582
圖 13-4　個別化支持專案的階段和要素　597
圖 13-5　家庭系統概念架構圖　599

插畫次

插畫 1-1 對學業問題和行為問題處理觀點的差異 009
插畫 1-2 行為問題的症狀替代 010
插畫 1-3 嫌惡策略產生的副作用 011
插畫 1-4 消除型和教育型行為處理方法的比較 012
插畫 1-5 如何看待和處理個體的行為問題 013
插畫 1-6 學生行為問題的意義 021
插畫 1-7 教師從「原因」和「行為」看待相同行為產生的差異 022
插畫 1-8 過去的行為介入目標 025
插畫 1-9 行為問題可能是個體僅有或是最有效的溝通方式 026
插畫 1-10 正向行為支持以「追本溯源」的模式介入行為問題 030
插畫 1-11 行為處理外在控制下所產生的結果 031
插畫 1-12 有智慧的慈悲 040
插畫 3-1 介入目標的擬訂 116
插畫 4-1 影響行為接納度的因素 129
插畫 5-1 行為觀察記錄工具的設計 191
插畫 6-1 身心障礙者的行為問題 214
插畫 7-1 控制環境中干擾個體專注的因素 276
插畫 7-2 與個體一起訂定生活作息時間表 279
插畫 7-3 教師是課程的魔法師 291
插畫 7-4 指令的傳達 300
插畫 7-5 刺激厭膩策略的不當使用 306
插畫 8-1 教師對學生的觀點 317
插畫 8-2 了解學生是所有介入服務的基礎 324
插畫 8-3 協助一般學生了解身心障礙同儕 324
插畫 8-4 提升學生的角色 327
插畫 8-5 習得的被動依賴 331
插畫 8-6 透過「部分參與」的原則讓身心障礙學生參與班級活動 332
插畫 9-1 教導替代技能取代行為問題 339
插畫 9-2 未界定所有引起個體焦慮之刺激產生的後果 400
插畫 10-1 代幣制的例子 469
插畫 10-2 積分制的例子 470
插畫 10-3 如何得知學生的增強物 471
插畫 10-4 立即增強 477
插畫 10-5 運用代幣制時宜注意之處 479
插畫 10-6 重新指令宜注意之處 481
插畫 10-7 不適當運用忽略產生的結果 485

插畫 10-8	不適當運用隔離產生的結果	488
插畫 10-9	使用後果處理策略宜注意之處	497
插畫 10-10	教師如何處理學生的負面語言和行為	502
插畫 11-1	處理人員因材施教了嗎？	517
插畫 13-1	正向行為支持強調學校／機構和家庭合作	579
插畫 13-2	通知家長孩子在學校表現的良好行為	592
插畫 13-3	家長會議宜注意之處	592
插畫 15-1	以務實的行動築起行為問題介入理論與實務間的橋梁	629

思考問題次

思考問題 1-1 行為介入宜考量文化因素 027
思考問題 4-1 標的行為問題之選擇 158
思考問題 4-2 標的行為問題之界定 161
思考問題 5-1 觀察記錄方法的選擇 175
思考問題 5-2 觀察記錄的方法和標的行為之資料類型 186
思考問題 6-1 標的行為問題功能 237
思考問題 7-1 行為動力策略之應用 295
思考問題 7-2 安排具功能性的工作／作業 296
思考問題 7-3 前事控制策略之設計 309
思考問題 9-1 三種另類技能之區辨 364
思考問題 9-2 正向行為之決定 364
思考問題 9-3 教學提示策略之使用 384
思考問題 9-4 矯正性回饋宜注意之處 395
思考問題 9-5 撰寫社會故事宜注意的原則 403
思考問題 9-6 替代性溝通技能的教導 460
思考問題 9-7 另類技能的教導 462
思考問題 10-1 代幣制之使用 478
思考問題 10-2 讚美和提示他人的正向行為 482
思考問題 10-3 教師對學生行為的回應 498
思考問題 13-1 介入完整性的評鑑 578
思考問題 14-1 正向行為支持計畫的實施 623

啟思故事次

啟思故事 1-1 成人經常幫孩子做了很多選擇和決定 019
啟思故事 1-2 了解行為問題的原因可以幫助處理人員轉念 022
啟思故事 1-3 媽媽和上帝 025
啟思故事 1-4 改變「生態環境」以因應問題 030
啟思故事 1-5 正向行為支持提供用愛理解、用話鼓勵和用對方法的介入方法 040
啟思故事 6-1 了解行為的原因與功能才能用對方法 214
啟思故事 6-2 背景因素對人類行為的影響 215
啟思故事 6-3 環境給予標的行為問題正增強是促成它續發的因素 217
啟思故事 8-1 提供支持的環境以建立個體的自信心 323

學生學習資料目次

參考文獻

附錄（共 94 個附錄）

名詞釋義

測驗題（共 15 章測驗題；解答請洽授課教師或向作者索取）

索引

一、中英索引

二、英中索引

正向行為支持計畫之擬訂過程、使用工具與應用程式

正向行為支持計畫之擬訂過程說明（影音檔）

一、正向行為支持計畫之擬訂過程

二、正向行為支持計畫擬訂過程使用的工具

三、正向行為支持計畫擬訂適切性問卷

四、擬訂「正向行為支持計畫」的應用程式

五、擬訂「正向行為支持計畫」的應用程式操作說明示例

學生學習資料請於心理出版社網站的「下載區」下載

網址：https://reurl.cc/QbRv5O

解壓縮密碼：9786267178178

第一章

正向行為支持的發展與意涵

第一節 行為介入的相關名詞
第二節 正向行為支持的緣起
第三節 正向行為支持的特徵
第四節 正向行為支持的影響
第五節 正向行為支持的法規

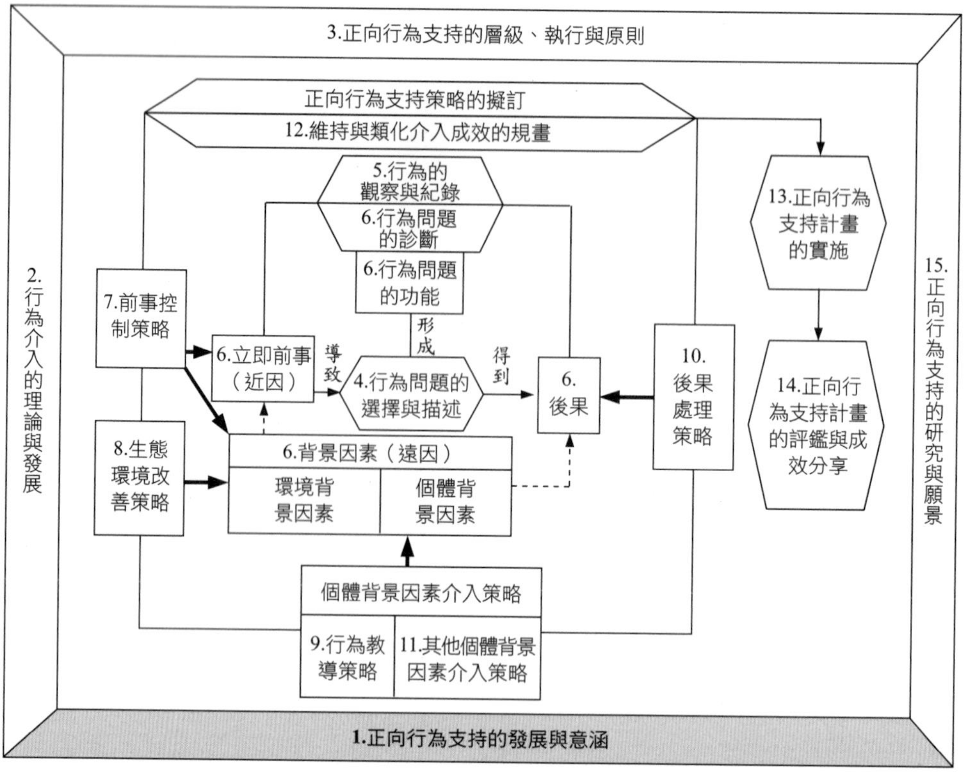
3.正向行為支持的層級、執行與原則
正向行為支持策略的擬訂
12.維持與類化介入成效的規畫
5.行為的觀察與紀錄
6.行為問題的診斷
6.行為問題的功能
形成
2.行為介入的理論與發展
7.前事控制策略
6.立即前事（近因）
導致
4.行為問題的選擇與描述
得到
6.後果
10.後果處理策略
13.正向行為支持計畫的實施
14.正向行為支持計畫的評鑑與成效分享
15.正向行為支持的研究與願景
8.生態環境改善策略
6.背景因素（遠因）
環境背景因素
個體背景因素
個體背景因素介入策略
9.行為教導策略
11.其他個體背景因素介入策略
1.正向行為支持的發展與意涵

導讀問題

1. 行為治療（behavior therapy，簡稱 BT）、行為改變技術（behavior modification，簡稱 BMO）、應用行為分析（applied behavior analysis，簡稱 ABA）和行為管理（behavior management，簡稱BMA）這些行為介入（behavioral intervention）相關名詞的意義是什麼？
2. 正向行為支持（PBS）的意義是什麼？它和行為介入相關名詞有哪些差異？
3. PBS 的形成背景為何？
4. PBS 有哪些特徵？
5. PBS 的發展反映行為介入觀念和作法有哪些改變？
6. 以 PBS 檢視處理人員在行為介入上有哪些迷思？PBS 提醒的事實是什麼？
7. 在美國的法規中，提到哪些與 PBS 相關的條文？
8. 在臺灣的法規中，提到哪些與 PBS 相關的條文？

Public Agenda 於 2004 年對中學教師的調查研究顯示：76% 的教師認為若學生沒有**行為問題**（behavior problems），則他們在教學上可以駕輕就熟；而有三分之一的教師表示，曾經認真考慮是否要放棄教職，原因是學生的行為問題造成他們沉重的負擔（引自 Warren et al., 2006, p. 188）。由此可知，如何介入「行為問題」，一直是許多教育工作者關切的課題，而有關行為介入議題的探討也歷時久遠。近年來強調 PBS 介入行為問題，故本章首先呈現 PBS 的發展與意涵，分成行為介入的相關名詞，PBS 的緣起、特徵、影響和法規五節闡述。

第一節　行為介入的相關名詞

事情或行為本身並沒有什麼好壞，而是取決於我們的思考如何看待它們。

與行為介入相關的名詞有 BT、BMO、ABA、BMA 和 PBS 五個，依提出的年代先後詳細討論如下。

壹、行為治療

Lindsley、Skinner 和 Solomon 三人最早於 1953 年使用「BT」一詞，之後，Lazarus 於 1958 年和 Eysenck 於 1959 年也使用此名詞，說明 Wolpe 的**交互抑制**（reciprocal inhibition）原理的應用（G. Martin & Pear, 2019, p. 311）。交互抑制乃運用**系統減敏感法**（systematic desensitization，詳述於第 9 章）教導個體放鬆的行為，以交互抑制其恐懼和焦慮的行為（Schloss & Smith, 1998）。從此，BT 就常被用來描述 Pavlov、Hull 和 Wolpe 等人所提的行為處理取向，以及稍後的 PBS（G. Martin & Pear, 2019, p. 320）。BT 以臨床情境中對人類行為介入的實驗研究成果為基礎，通常應用在醫院或臨床情境中，治療師藉由和個案的互動，處理其**功能失常的行為**（dysfunctional behavior; G. Martin & Pear, 2019）。

貳、行為改變技術

「BMO」最早出現在 Watson 1962 年發表的文章上，並於 1965 年始見諸於 Ullmann 和 Krasner 兩人合編的專書——《行為改變技術的個案研究》（*Case Studies in Behavior Modification*）上；它是一種客觀而系統地介入行為問題的方法，此種方法主要應用得自於實驗室和應用情境中，對動物和人類行為介入的實驗研究結果，發展出來的行為處理原理與技術，由行為專家於自然（例如：家庭、學校）或特殊化的訓練情境中，介入客觀界定而可測量的行為問題，並且注重行為改變效果的驗證程序，以解決個人與社會問題，增進人類的適應功能（G. Martin & Pear, 2019, p. 7）。綜合文獻（Kazdin, 2013; G. Martin & Pear, 2019），BMO 具有下列特性。

1. 「行為」是指個體說或做的任何事情，其同義詞包括「活動、行動、表現、主動和被動的反應」等。Malott 和 Kohler（2021）提出**死人原則**，作為檢核行為定義的規準，亦即死人做不了的才是行為。舉例來說，眼球的顏色不是行為，「眨眼」才是行為；某人穿的衣服不是行為，「穿衣服」才是行為，因為眨眼和穿衣服皆是死人做不了的。不管行為是**外顯的**或**內隱的**，處理人員從界定客觀而可測量的行為問題開始，並且透過此測量評鑑行為改變的成效。
2. 行為介入策略主要在重新安排個體所處環境中，和行為有關的刺激和反應，提供個體新的學習經驗，以幫助其有更好的適應。
3. 能夠正確地描繪出 BMO 的方法和實施理由。

4. BMO 源自實驗室和應用情境中，對動物和人類行為介入的實驗研究結果；**操作制約**和**反應制約**（operant and respondent conditioning）的學習原理（於第 2 章第 2 節再詳述）被應用在 BMO 中。
5. 強調系統而科學地展現行為改變的成效。
6. 強調參與行為改變方案中的每一位成員對於介入成效的解釋。
7. BMO 不只由訓練有素的專業人員執行，只要對技術有正確而完整的說明，家長、教師、教練和其他人也能夠應用它在日常生活情境中幫助個體。

參、應用行為分析

ABA 最早由 Baer、Wolf 和 Risley 1968 年於《應用行為分析期刊》（*Journal of Applied Behavior Analysis*）提出，**應用**意謂要改變的行為是與社會相關或重要的；**行為**指陳要改變的行為是可測量的；**分析**意指分析行為問題的原因和評量行為介入效果之過程（Schloss & Smith, 1998, p. 2）。ABA 延伸與擴展 Skinner 的操作制約理論，其基本假設是**行為受其後果**（consequence）**的影響**，處理行為問題首先須分析控制行為的後果因素，而後改變外顯行為和其後果的關係，經常使用**增強**（reinforcement）、**懲罰**（punishment）、**忽略**（extinction，或譯為「削弱」）等取自於動物和人類實驗研究的策略（G. Martin & Pear, 2019; Miltenberger, 2019），增強等策略將於第 10 章中敘述。

除了應用、行為和分析三個特徵外，W. W. Fisher 等人（2021）提出 ABA 還包括**技術的**（technological）和**可類推的**（generalizable）兩個特徵：「技術的」是指，行為分析師宜完整且正確地描述行為介入和研究程序；「可類推的」意指，行為介入和研究結果能夠應用於真實情境中。

肆、行為管理

BMA 於 1980 年代被提出，當時 Cheesman 和 Watts（1985）出版《行為管理》（*Behavioral Management*）一書。BMA 代表處理人員如何運用各種資源，靈活地配合和調度，來改變個體、改善環境，進而解決行為問題（Cheesman & Watts, 1985; Mcintyre, 1989）。之後，有文獻（Darch & Kame'enui, 2004; King-Sears, 1997）更提出**正向積極**（proactive）**的行為管理**一詞，主張在行為問題出現之前，調整引起行為問題的環境刺激與教導個體正向行為，以預防行為問題的出現；**正向積極**是相對於**被動反應**（reactive），被動反應的處理態度是，在行為問題出現後被動給予回應。

伍、正向行為支持

PBS 最早在 1980 **年代中期**提出（Dunlap et al., 2014），倡議者批判過去介入行為問題的不足處，包括四方面（Durand, 1990; I. M. Evans & Meyer, 1985; Guess et al., 1987; Knoster & Kincaid, 1999; LaVigna & Donnellan, 1986; Repp & Singh, 1990）：一是著重控制個體的行為，而沒有給予其自由選擇的機會。二是只處理表面症狀，而沒有真正介入症狀背後的原因。三是強調改變個體本身的行為，並且著重在後果的處理，使用增強或懲罰策略，增強策略若使用不當，會有賄賂個體之嫌，使其依賴獎勵才表現好的行為；而懲罰策略若使用不當，會變成嫌惡的處理方式。四是被改變的行為不是個體或其重要他人認為最需要改變者。倡議者主張**非嫌惡**（nonaversive）**的介入**，逐漸形成**「支持」行為**的思維（Dunlap et al., 2014）。

最早使用「PBS」的是 Horner、Dunlap 等人（1990），當時他們採用的名稱是「positive behavioral support」，L. K. Koegel、Koegel 和 Dunlap（1996）及 Ruef 等人（1998）也使用這個名稱。然而，Dunlap 等人（2014）指出，此名稱將行為當作支持的修飾語，會讓人誤以為支持策略皆源自於行為模式，而事實上 PBS 的策略來自於多元理論模式，不限於行為模式，因此現在已不使用此名稱。

早期還有人（例如：Horner, 2000）使用「positive behavior(al) supports」，將支持變成複數名詞，強調採取多元素介入；然而，Dunlap 等人（2014）表示此用法放錯重點，PBS 不只採取多元素介入，還包括以下的計畫（plans）：運用多元的功能評量（FA）方法了解行為原因與功能、安排多位處理人員共同建構與實施 PBS 計畫，以及多元、系統地分析介入成效。因此，計畫才是複數名詞。

Dunlap 等人（2014）主張採用「positive behavior support」，他們從語法上分析指出它有兩層意義：一為強調**支持「正向」的行為，另一為將正向視作「行為支持」的修飾語，以與「非正向的行為支持」區隔**；而 Sugai 等人（2000）對 PBS 提出第一個概括性的定義。而後美國 PBS 協會（Association for Positive Behavior Support，簡稱 APBS）於 2003 年成立，是一個跨不同領域專業人員組成的團體，致力於將 PBS 應用於學校、家庭和社區（Knoster et al., 2003）。接著，APBS 於 2015 年的年會倡議一個能涵蓋 PBS 特徵的定義，由 Kincaid 等人（2016）修正後提出。

美國 1997 年的**《身心障礙個體教育修正法案》**（Individuals With Disabilities Education Act Amendments, IDEA Amendments，即《105-17 公法》，簡稱《IDEA 1997》）為了避免 PBS 的縮寫，與有版權但意義不同的相同縮寫字——公共廣播服務（public broadcasting service）混淆，故在支持之前加入介入，即**正向行為介入和支持**（positive behavioral interventions and supports，簡稱 PBIS; Dunlap et al., 2014），並授予 Oregon 大學成立 PBIS 中心；接著，Dunlap 和 Koegel（1999）發行**《正向行為介入期刊》**（*Journal of Positive Behavior Interventions*）。然而，Dunlap 等人指出，PBIS 尚未廣泛使用於學校以外的其他情境，像是早期介入、對重度障礙者（individual with severe disabilities）的社區本位支持和兒童福利；而 PBS 普遍應用於支持身心障礙者的社區情境，因為「支持」相較於「介入」用語，可更廣泛應用於學前幼兒和成人，以及社區情境中。Dunlap 等人建議寫出 PBS 的全名，以與意義不同的相同縮寫字區隔。

部分文獻（例如：Umbreit et al., 2006）使用**功能本位介入**（function-based intervention），但是此名稱只呈現 PBS 採取的技術，未充分反映 PBS 的價值觀——尊重身心障礙者，以及教育和正向積極的策略，支持「正向」的行為。由上述討論可知，我建議採用「正向行為支持」（positive behavior support）此名稱。

第二節　正向行為支持的緣起

真實的發現之旅不在於找尋到新的景觀，而在於擁有新的眼光（Proust；引自 Switlick, 1997, p. 229）。PBS 引領人們擁有新的眼光看待行為問題。

綜合文獻，PBS 緣起於**校園行為問題的增加**，對過去**後果本位、非功能性和消除型**行為處理策略的省思，以及來自於 ABA 和**行為管理、生態派典**（ecological paradigm）和**系統改變理論**（systems change theory）、**常態化原則**（normalization principle）或**融合**（inclusion）、**個人中心計畫**（person-centered planning，簡稱 PCP）、**自我決策**（self-determination），以及**正向心理學**（positive psychology）六方面的影響，詳述如下。

壹、校園行為問題的增加

Sugai 和 Horner（2002b）指出，PBS 緣起於校園行為問題，例如：暴力事件、藥物和酒精濫用的增加，以及行為規範和**利社會行為**（prosocial behavior）的缺乏。而過去對這些問題的處理方式為給予**負向的後果**，以及將有嚴重行為問題的學生排除至隔離的安置中。雖然這樣的介入能立即減少行為問題，但長遠觀之，行為問題的頻率和強度日益增加。為了改善校園行為問題，建立安全環境，PBS 應運而生，並且已從個人層級，擴展至系統層級（學校、家庭和社區）的應用（Sugai & Horner, 2002a, b; H. R. Turnbull et al., 2001）。

貳、對後果本位、非功能性和消除型行為處理策略的省思

PBS 緣起於對「後果本位、非功能性和消除型」行為處理策略的省思（Bambara et al., 2021; L. H. Meyer & Evans, 1989）。Bambara 等人指出，過去的行為處理策略是**後果本位**，在行為問題出現之後被動給予回應，而且是**非功能性**的，亦即不考慮行為問題的原因與功能，使用同樣的策略介入相同形式的行為問題，以快速「消除」個體的行為問題，例如：不管攻擊行為（aggression）的原因與功能是什麼，採取同樣的策略處理，它們是以**短期成效**為焦點。

為何教師會經常使用後果本位的策略呢？Rao 和 Kalyanpur（2002）綜合文獻分析出以下五個原因：（1）部分教師以**嘗試錯誤**的方式使用行為介入策略，當策略無效時就立即捨棄，更換另一種新策略；（2）部分教師偏好使用不需要太費力，就能**快速解決**行為問題的策略；（3）部分教師受限於時間，無暇構思能發揮長期效果的解決策略；（4）部分教師在行為介入上未獲得行政支持，甚至部分行政人員要求教師須遵照標準的介入程序，而不鼓勵他們依自身的專業判斷來介入；（5）未建立全校（school-wide）PBS 系統，也可能讓部分採 PBS 的教師產生孤立感，轉而使用短效、後果本位的策略。

除此，如插畫 1-1，Colvin 和 Sugai（1988）指出，多數教師對學業和行為問題的處理方式不同，對於偶爾出現的學業問題，會假定錯誤是偶發的，並提供協助和練習；對於經常出現的學業問題，會假定學生已習得錯誤的解題方式，進而會診斷問題，調整教導方式，並提供更多的練習、回饋（feedback）和複習。然而，對於學生偶爾出現的行為問題，教師會假定是動機問題，沒有努力表現好的行為，進一步會提供負向的後果，之後假定學生將選擇表現正確的行為；對於學生經常出現的行為問題，教師則會假定他們已被告誡許多次，應該知道如何表現良好，甚至將冒犯的行為解讀為「衝著自己而來，不服從我的指令」，進而會提供更多負向的後果，甚至將學生隔離（time-out），之後假定學生會學到教訓，將選擇表現正確的行為。由上可知：教師對於學生行為問題的反應是在其行為出現後被動給予，假定他們知道該如何表現良好，有能力表現良好，以及相信負向的後果將減少不適當行為（Darch & Kame'enui, 2004），**教師對於行為問題的錯誤解讀**，亦是促成其使用後果本位策略的原因。

插畫 1-1　對學業問題和行為問題處理觀點的差異
如果學生不知道如何閱讀，我們教；如果學生不知道如何運算，我們教；如果學生不知道如何游泳，我們教；……如果學生不知道如何表現適當的行為，我們……（停頓）。為什麼我們不能像完成前三句一樣，立刻自動地完成最後一句？

L. H. Meyer 和 Evans（1989）認為，過去運用**消除型**的行為處理策略，視行為問題為不受喜愛和不被接受的，主張**壓抑**、**消除**行為問題，採用懲罰或其他嫌惡、侵入和限制性的策略。Scotti 等人（1991）回顧過去有關行為介入之研究後指出：這些研究針對最不嚴重的行為問題、愈重度的身心障礙者，卻做最侵入式、嫌惡的行為介入。然而，一味壓抑、消除行為問題，未深入了解其功能，無法長期、根本地解決問題，可能暫時消除了一個問題，但又衍生出另一個問題，產生**症狀替代**（symptom substitution）的現象（L. H. Meyer & Evans, 1989; Vittimberga et al., 1999）。如插畫 1-2，也許經教師強勢消除後，阿玉不咬同學了，但她變成咬自己；或是離開學校，阿玉仍舊咬社區民眾，無法根本解決問題。嫌惡的處理策略看似有它的立即效果，但長遠視之，則仍成效不彰，只是治標不治本的方法而已（Donnellan et al., 1988; Horner, 1991）。PBS 反對使用嫌惡的策略介入行為問題，文獻指出嫌惡策略有下列九項限制。

1. 易引發個體的攻擊行為和負向情緒（Freiberg, 1999）。
2. 易破壞教師和學生、家長和孩子之間的信任及正向關係，形成恐懼的班級或家庭氣氛（G. H. Singer et al., 1999; N. R. Weiss, 1993）。

插畫 1-2　行為問題的症狀替代
一味地消除行為問題，可能產生「症狀替代」的現象。

3. 會導致相關情境和人物成為**制約的懲罰物**（conditioned punishers; Frieberg, 1999），例如：阿偉因干擾行為（disruptive behavior）被隔離至廁所，被隔離的不愉快經驗連帶導致他不敢上廁所。
4. 未建立正向行為，只抑制行為問題（Matson & Taras, 1989）。
5. 其他人會模仿成人的懲罰行為（Matson & Taras, 1989），如插畫 1-3，當教師辱罵某生時，其他同學也會模仿如此的言語，甚至引發該生負向情緒，轉而回家辱罵其弟弟。
6. 容易誤用和過度使用（Matson & Taras, 1989）。
7. 容易導致惡性的控制循環（N. R. Weiss, 1993），如圖 1-1 呈現：個體有「獲得周遭人注意」的心理需求，所以表現某些行為，但周遭人未察覺而給予嫌惡的介入，此介入更加深個體的行為問題，造成惡性循環。
8. 只能短暫壓制行為問題，而無法長久根本解決之（G. H. Singer et al., 1999）。
9. 容易造成個體的傷害——死亡、痛苦，喪失能力、自由和快樂等，有違倫理和道德（Matson & Taras, 1989）。美國智能不足協會（American Association on Mental Retardation）於 1986 年不但堅決反對嫌惡策略，並且要求立刻停止下列三種懲罰：（1）受懲罰的人明顯地感受到身體的痛苦；（2）有可能或是實際造成身心的傷害；（3）對個體的羞辱，包括人格的貶抑、社會的隔離、把成人當成小孩來教訓等，懲罰的程度與行為不成比例，或是其他社會公認為不適當的懲罰方法（引自 Helmsteller & Durand, 1991, p. 560）。

插畫 1-3　嫌惡策略產生的副作用
嫌惡策略不僅會引發個體的負向情緒，還會對周遭人造成不良的身教示範。

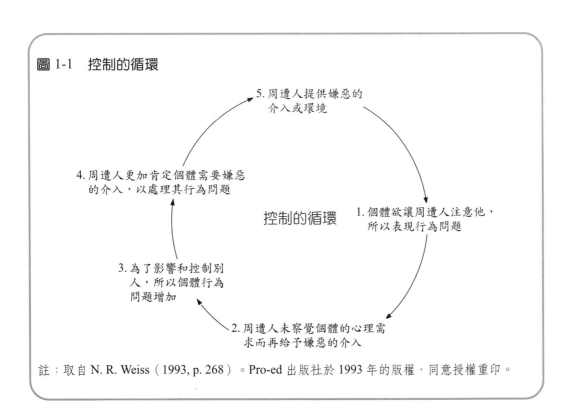

圖 1-1　控制的循環

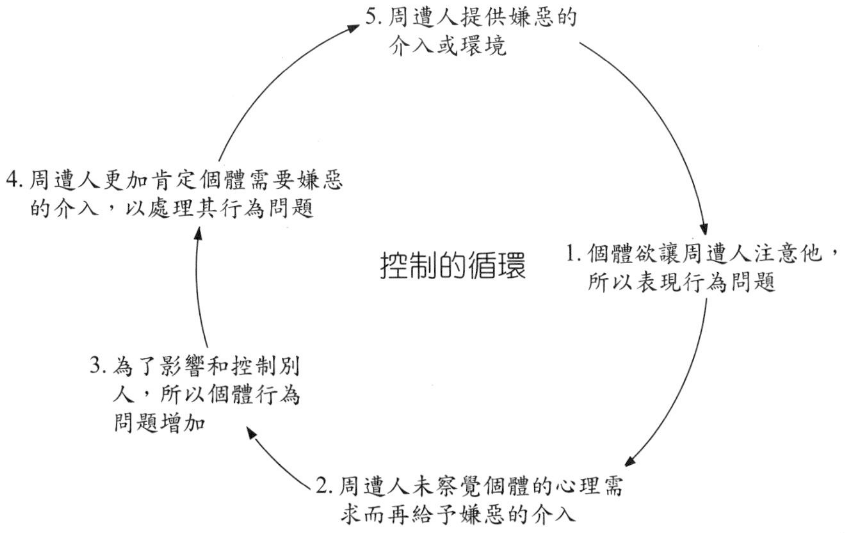

5. 周遭人提供嫌惡的介入或環境
1. 個體欲讓周遭人注意他，所以表現行為問題
2. 周遭人未察覺個體的心理需求而再給予嫌惡的介入
3. 為了影響和控制別人，所以個體行為問題增加
4. 周遭人更加肯定個體需要嫌惡的介入，以處理其行為問題
控制的循環

註：取自 N. R. Weiss（1993, p. 268）。Pro-ed 出版社於 1993 年的版權，同意授權重印。

相對於消除型的處理方法，L. H. Meyer 和 Evans（1989）則主張「**教育型**」的行為處理策略。我以開墾土地為例，消除型策略一直在「**拔草**」，拔了又生；而教育型則強調「**種樹**」，不斷成長；當樹長得愈多，猶如正向行為愈多，一點點小雜草（譬喻成「負向行為」）亦無所謂，如插畫 1-4。

插畫 1-4　消除型和教育型行為處理方法的比較
「消除型」行為處理方法一直在「拔草」，拔了又生；而「教育型」行為處理方法則強調「種樹」，不斷成長。

教育型的行為處理方法有以下五個主要理念：（1）鼓勵個體表現適當的行為，並促發其對日常生活做最大的參與；（2）並非所有不適當行為都是同等重要的，行為問題的介入宜有先後順序；（3）在選定一個最迫切處理的行為問題之後，最有效的策略是以「功能相等，甚至更有效的正向行為」取代行為問題；（4）處理策略宜符合常態化和正向的原則；（5）強調行為的維持（maintenance，或譯為「保留」）與類化（generalization），並且採取策略增進之（L. H. Meyer & Evans, 1989; Vittimberga et al., 1999）。如插畫 1-5，處理行為問題要**疏濬導流**。

插畫 1-5　如何看待和處理個體的行為問題
一味阻擋河流，最終難逃潰決；不如開創一條河道，引導河流進入新的方向。（Maag, 1997, p. 268）

參、應用行為分析和行為管理對正向行為支持的貢獻

E. G. Carr（1997）首先提出 PBS 根源於 ABA；之後一些文獻（C. M. Anderson & Freeman, 2000; J. E. Carr & Sidener, 1997; Gore et al., 2013; J. M. Johnston et al., 2006）指出 PBS **結合其他理論觀點**，擴展 ABA 在行為介入上的運用。ABA 對於 PBS 主要有三項貢獻：（1）提供了解**行為**（behavior）和**前事**（antecedent，是引發個體行為問題的事件或刺激），與**後果**（consequence，是個體出現行為問題之後得到的後果）間的關係（三者間的連結簡稱「A-B-C」），以及行為改變的概念架構；（2）引進分析行為功能的概念、原則和方法；（3）提供一些有效的教學介入和行為處理策略，例如：**行為塑造**（behavioral shaping）、**連鎖**（chaining）、**提示**（prompting）等（Bambara et al., 2021; E. G. Carr et al., 2002），第 9 章將呈現這些策略。

此外，行為管理對於 PBS 亦有兩項貢獻（Cheesman & Watts, 1985; Darch & Kame' enui, 2004）：（1）主張妥善運用各種資源，改變個體和改善環境，進而解決行為問題；（2）強調**正向積極**的觀點，在行為問題出現之前，調整引起行為問題的環境刺激與教導個體正向行為，以預防行為問題的出現。

一些文獻比較 PBS 和 ABA 後發現：二者皆強調使用**證據本位**、**有效**的介入，也就是經過研究證明有效的行為介入策略；以及行為介入要考慮**倫理原則**（F. Brown et al., 2008）。另外，二者皆指出在擬訂和實施行為介入計畫（behavioral intervention planning，簡稱 BIP）的過程中，是**依據資料做決策**，並且**採用嚴謹和具體的方法評鑑行為介入的結果**（Gore et al., 2013; Lewis-Palmer et al., 1999）。

肆、生態派典和系統改變理論對正向行為支持的啟發

除了 ABA 和 BMA 外，E. G. Carr 等人（2002）指出 PBS 在持續進展的過程中，也採取其他理論觀點，**系統分析**（systems analysis）、**生態心理學**（ecological psychology）、**環境心理學**（environmental psychology）及**社區心理學**（community psychology）等相關領域對 PBS 的發展都有貢獻。上述這些理論觀點植基於**生態派典**，它有以下兩項特徵：（1）處理**大於個體的系統**；（2）強調在自然情境（例如：家庭、學校或社區），透過專業人員和個體重要他人的合作，進行介入及研究（E. G. Carr et al., 2002）。Todd 等人（1999）即指出學校處理學生的行為問題，除了評量和介入個別學生的支持系統外，還須評量和介入教室系統、教室以外的特定系統（例如：遊戲場、走廊、操場），以及全校的系統，如圖 1-2。

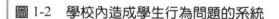

圖 1-2　學校內造成學生行為問題的系統

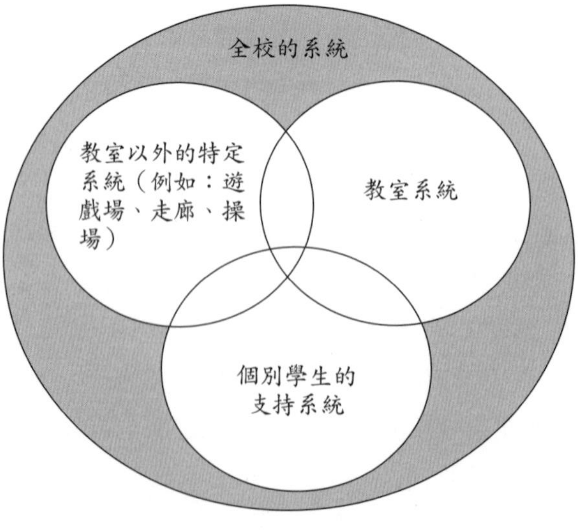

註：修改自 Todd 等人（1999, p. 74），修改處為增加教室以外特定系統的說明。*Effective School Practices* 於 1999 年的版權，同意授權修改。

生態派典對 PBS 的啟發是形成以下三項理論原則（E. G. Carr et al., 2002）：第一，由於社區中的人們是相互依賴的，因此顯著的改變應該發生在整個社會系統，而不只是在個體。PBS 正呼應這樣的觀念，主張行為介入的焦點宜放在改變行為問題發生的**情境脈絡**（context），而不只是行為問題本身。處理人員宜從責備個體，轉變至調整造成個體行為問題的環境。第二，行為改變不只是實施特定策略，而且是重新分配資源（例如：時間、金錢和政治權力）的結果；因此，行政支持、跨機構合作、經費資助和共識建立等，是促成個體行為改變的關鍵因素。第三，個體的行為是個體能力和情境脈絡相互調適的結果；因此，成功的介入必須促進個體能力和情境脈絡的**適配度**，也就是採取多元素的介入，一方面擴展個體的能力，另一方面調整造成個體行為問題的環境。Binnendyk 和 Lucyshyn（2009）提出 PBS 運用**生態的介入架構**，我依據其概念建構圖 1-3 的模式，包含**介入對象**、**介入目標**和**介入方法**三個面向，介入對象從小至大，可包括個體、家庭，以及學校和社區；介入目標從輕微至嚴重，可包括全面預防、介入選定的高風險（at-risk，或譯成「危險」）行為問題，以及處理明顯表現的特定行為問題；介入方法從一般至深入，可包括教學媒體、提供介入人員訓練和支持，以及直接介入個體或環境。

圖 1-3　生態的介入架構

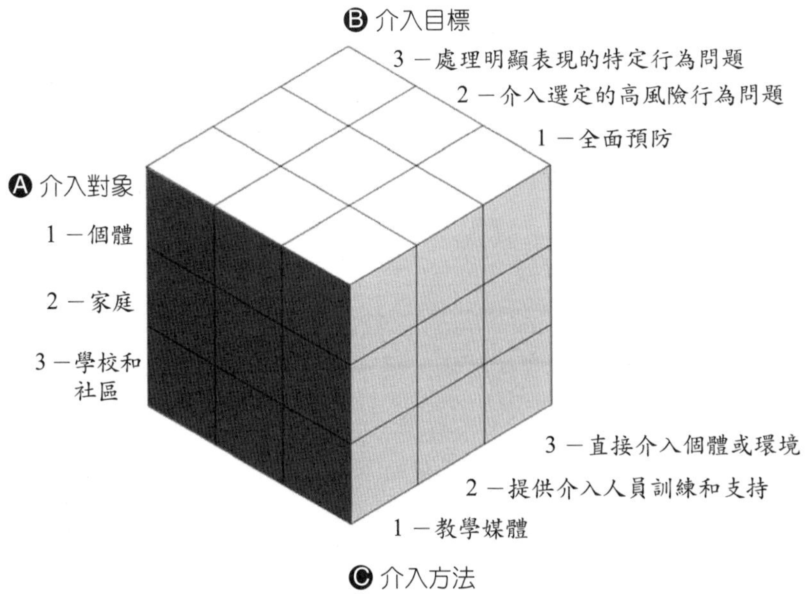

此外，**系統改變理論**是另一個對 PBS 有啟發的觀點（E. G. Carr et al., 2002; Lucyshyn et al., 2015）。系統改變理論主張社會在本質上是多元文化的，同樣地，家庭系統亦具有異質文化的特徵；因此，社區本位服務和研究的有效性端賴於對異質文化的了解，它促使 PBS 在行為介入上宜注意**文化因素**（E. G. Carr et al., 2002）。

伍、常態化原則或融合的影響

Buschbacher 和 Fox（2003）指出，融合促使愈來愈多的身心障礙者安置於常態化的教育、工作和居住環境中，為了增進他們與一般人的融合，更彰顯行為介入的重要性。而融合教育植基於**常態化原則**，常態化原則或融合運動藉由設定服務傳遞和行為介入的新標準，以影響 PBS 的價值觀和實務（Bambara et al., 2021; E. G. Carr et al., 2002; M. J. Weiss et al., 2010）。關於常態化原則和融合教育的詳論可參見鈕文英（2022）。

常態化原則對於 PBS 有以下影響（E. G. Carr et al., 2002; M. J. Weiss et al., 2010）：常態化原則從**成長**的角度看身心障礙者，認為他們有很多優勢，無論其障礙程度多嚴重，都有權融合於社會中，享有常態化的生活方式。PBS 藉由發現個體的優勢，以引導正向行為。

融合教育對於 PBS 有以下三方面的影響（Bambara et al., 2021; L. H. Meyer & Park, 1999）：一是即使學生有嚴重的行為問題，仍然隸屬於普通教育環境，而且他們的福祉不只是特殊教育，也是普通教育的責任。二是融合教育給予教育人員的挑戰是，在不損及學生享有融合生活形態的權利下，提供他們行為支持；換言之，若學生的行為問題讓他們無法參與融合情境，行為介入的目標則設定在如何將行為支持帶進融合情境中，以協助他們的參與。三是融合教育主張「**持續調整環境**」在行為介入上扮演關鍵的角色，包括調整環境中的作息、課程等導致行為問題的因素。

Renzaglia 等人（2003）提出促進身心障礙者生活的常態化，能提升他們的社區融合；其中 PBS、**全方位設計**（universal design，簡稱 UD）、**個人中心計畫**（PCP）、**生態評量**（ecological assessment，透過生態評量了解身心障礙者適應環境的需求）和**自我決策技能**，是增進常態化和融合的最佳實務，如圖 1-4。這些最佳實務中，Renzaglia 等人表示 PBS 是基礎，因為身心障礙者如果有嚴重的行為問題，將妨礙他們的社區融合，透過 PBS 得以建立身心障礙者的正向行為，增進他們的被接納度。

圖 1-4　增進常態化和融合的實務

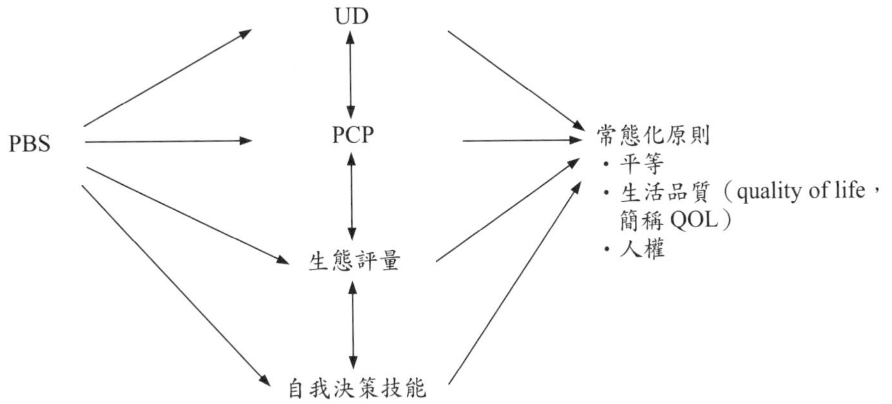

註：⟶表示步驟的進程，⟷表示互動。修改自 Renzaglia 等人（2003, p. 148），修改處為說明常態化原則的內涵。*Focus on Autism & Other Developmental Disabilities* 於 2003 年的版權，同意授權修改。

陸、個人中心計畫的啟迪

R. Freeman 等人（2015）認為 PBS 融入了 PCP 的價值觀。PCP 提供方法深入了解個體特質、能力、優勢、喜好、成長史、目前處境和喜愛之生活形態，目標在發展個體的願景和夢想，以及達到這些願景和夢想的行動計畫（Artesani & Mallar, 1998）。以 Vandercook 等人（1989）發展出的 McGill **行動計畫系統**（McGill action planning system）為例，在設計 PCP 的過程中，會了解：（1）個體的成長史；（2）個體的夢想；（3）個體的夢魘；（4）個體是怎麼樣的一個人；（5）個體的優勢、稟賦和才能；（6）個體和其重要他人面臨什麼樣的挑戰；（7）個體目前的需求；最後依據上述資料發展行動計畫。關於 PCP 的詳論尚可參見鈕文英（2013）。

PCP 為身心障礙者的支持服務提供**價值觀**和**發展過程**的基礎；在價值觀上，它對於 PBS 有以下四方面的影響（Bambara et al., 2021; E. G. Carr et al., 2002）：第一，PCP 將處理人員的思維從方案中心的支持，轉變為**個人中心的支持**，亦即以個體的需求和喜好為基礎，設計出強調社區參與、有意義之社交關係、增進選擇機會、獲得他人尊重、持續發展個人能力的 BIP。第二，PCP 主張行為介入著重在個體 QOL **的提升**，而不是改變或補救個體的缺陷。第三，PCP 影響處理人員對身心障礙者的觀點，視他們具有其**優勢和能力**，他們與一般人是同多於異的；因此，對行為介入策略的接受度不分身心障礙者和一般人，一般人無法接受的介入策略，運用在身心障礙者身上也同樣不被接受。第四，PCP 強調**團隊合作**的重要性，而且不只是專業人員間的合作，還包括與身心障礙者家人和朋友的合作。PCP 的發展過程也影響 PBS 計畫的擬訂，亦即處理人員採取團隊合作的方式，以個體的特徵（例如：喜好、興趣、優勢和能力等）、個體在常態化和融合情境下的需求，以及個體的選擇為基礎擬訂**多元素的介入**（Kincaid & Fox, 2002; Wagner, 2002）。

柒、自我決策理念的引導

由於 PCP 強調**充權賦能**（empower）給身心障礙者，因此也強調自我決策（Bambara et al., 2021）。S. Field 和 Hoffman（1994）指出，自我決策是在認識和看重自己的基礎上，界定和達到目標的能力，做選擇是自我決策的基礎。Wehmeyer（1996）表示自我決策必備的特徵有以下四個：**自發**（autonomous）、**心理感受到充權賦能**、**自我覺知**（self-realizing）和**自我調整**（self-regulation，或譯為「自我調節、調控」），如圖 1-5，前兩個是態度，後兩個是能力。

圖 1-5　自我決策必備的特徵

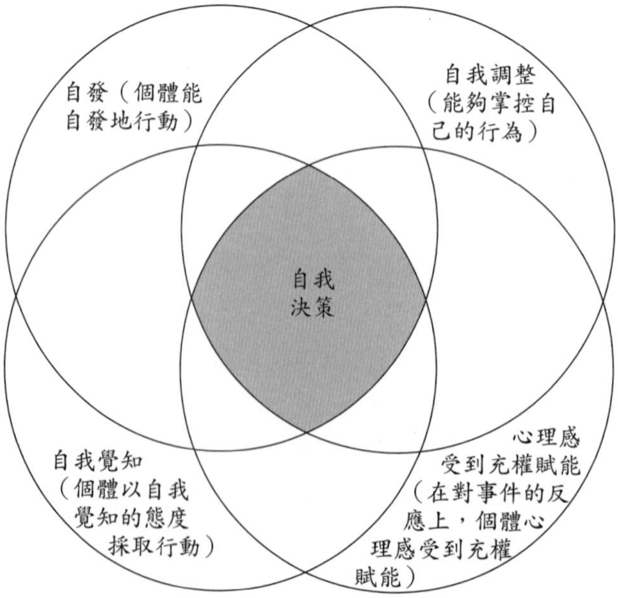

註：修改自 Wehmeyer（1996, p. 25），修改處為在圖括號中說明四個特徵的意義，以及於中間加網底。Paul H. Brookes Publishing Co.於 1996 年的版權，同意授權修改。

自我決策對 PBS 有以下兩方面的影響（Bambara et al., 2021; E. G. Carr et al., 2002; M. J. Weiss et al., 2010）：第一，鼓勵個體參與 PBS 計畫的擬訂，和處理人員形成夥伴關係；若個體無法表達其想法，則請家長或其他倡議者代為表達。第二，教導個體自我決策技能，提供其做選擇和決定的機會，並且移除阻礙個體自我決策的環境因素。

啟思故事 1-1 呈現，成人經常自恃於「吃過的鹽」比孩子「吃過的米」多，比孩子知道更多東西，曉得什麼是對孩子最好的，甚至以「愛孩子」為名，而幫他們做了很多選擇和決定；很少真正膚觸孩子抱怨穿某件衣服的真正感覺，或是站在孩子的高度與位置，傾聽他們心底的情緒和需求。

啟思故事　**1-1　成人經常幫孩子做了很多選擇和決定**

在《我不要》（C. Wilson, 2002/2005）此繪本中，描述小女孩的媽媽頤指氣使她如何做，甚至是不動聲色地隱形控制她：「妳生日得到的錢想要買什麼都可以，但是不要買那個洋娃娃。這個比較好，妳一定也這麼覺得。天氣那麼好，妳怎麼待在房間裡畫圖呢？我想妳會比較想到外面曬曬太陽。」媽媽這麼做是為了讓小女孩接受她的成見與要求：方格洋裝比花洋裝更適合小孩、戴扁平帽比高帽子好看、吃蘿蔔泥會長大、到外面曬太陽好過在家畫畫、不要跟野小孩玩……。終於，小女孩暴怒地大喊：「討——厭！」之後，決定到野小孩家過夜、與其他小孩分食蘿蔔泥，且勇敢地關上只會讓媽媽愈看愈生氣的叫囂節目，並對翹著二郎腿的媽媽說：「妳最好做其他比較有趣的事吧！」果然，這樣的模仿大人舉止，讓媽媽檢視自己的成見。

捌、正向心理學的植基

過去的心理學採取**病理模式**（pathology model），分析導致個體的病理因素後，專業人員提供治療活動；新近的**正向心理學**強調正向的**主觀經驗**（例如：愉悅）、**個體特質**（例如：優勢）與**機構**（例如：家庭、學校、職場、社區等提供個體發展優勢，獲得正向經驗的機構；C. Peterson, 2006; Seligman & Csikszentmihalyi, 2000）。PBS 即依據正向心理學，**重視個體的優勢**、**調整環境**和**改變生活形態**，以預防行為問題及增進 QOL，讓身心障礙者成為 E. G. Carr 和 Horner（2007）所提，**有喜樂**、**價值和希望三** H（happiness, helpfulness, hopefulness）的人。E. G. Carr 等人（2002）即表示，PBS 的應用代表從過去病理模式，轉變成正向心理學模式。

總括來說，為了改善校園行為問題，建立安全環境，PBS 省思過去「後果本位、非功能性和消除型」策略的限制——無法長期、根本地解決行為問題，進一步引進 ABA 和行為管理、生態派典和系統改變理論、常態化原則或融合、PCP、自我決策、正向心理學六方面的觀點，下一節將討論其特徵。

第三節 正向行為支持的特徵

科學告訴我們如何改變，而價值觀告訴我們什麼值得改變。（E. G. Carr et al., 2002, p. 6）

根據前一節關於 PBS 緣起的探討，進一步從 PBS 對個體和行為問題、行為介入目標、BIP 內容，以及 BIP 實施和評鑑的觀點四方面，呈現 PBS 的特徵如下。

壹、對「個體和行為問題」的觀點

PBS 對個體和行為問題抱持以下三個觀點：視行為問題具有**功能和目的**、秉持**尊重**的態度看待有行為問題的個體，以及結合**多元理論**分析行為是**個體和環境**互動的結果，詳述如下。

一、視行為問題具有功能和目的

過去視行為問題是不適應和偏差的；而 PBS 屬於**教育型**的行為處理方法，視行為問題具溝通意義，在表達一種**尋求了解**的語言，擁有其功能和目的（Bauer et al., 2001; R. L. Carpenter & Price, 2003），如插畫 1-6。相似形態的行為幾乎發生在每一個人身上，但是可能功能不同，傳達不同的社會互動含意（L. H. Meyer & Evans, 1989; J. C. Taylor & Carr, 1992a），旁觀者認為個體某種行為是不適當的，但對他來講，這是他最適應的行為，因為藉由此行為他可以獲得注意、得到協助等。舉例言之，「不要」代表的意義可能只是冰山之一角，它可能有：「我現在心情不好，等一下再叫我做」、「這件工作很難，我不會做」、「我害怕做錯」、「我不敢在同學面前做，我會害羞」等多種意義（Barbetta et al., 2005）；即使表面看似無意義的行為，也有它的功能（Glasberg, 2006）。另一方面，亦有可能行為的功能相同，但是表現的行為形態

插畫 1-6　學生行為問題的意義

人類靈魂最深的渴望就是被別人了解；學生的行為問題在表達一種「尋求了解」的語言，期待教師能夠了解他們的內在需求。

不同；舉例來說，學生內心緊張或焦慮時，表現出的行為可能不同（例如：搓手、抖腳、轉筆等）。泛自閉症（autism spectrum disorders，簡稱 ASD）學生也會緊張、焦慮，只是他們表現的行為形態可能和其他學生不一樣，例如：表現出拍打耳朵、咬手、喃喃自語的行為。

由此可知，任何行為問題都有其原因和存在的功能，處理人員若僅處理表面的行為，則只是隔靴搔癢。PBS 強調了解行為背後的原因和功能，而不是只檢視表面的行為（March & Horner, 2002; Sugai & Horner, 2002b）。正如插畫 1-7，想像一下：班上有一位視覺障礙（visual impairment，簡稱視障）學生，他撞倒垃圾桶，教師第一個反應是沒關係，並且把垃圾桶移走，因為教師從「原因」看待此行為，大多數教師不會懲罰撞倒垃圾桶的視障學生，因為體諒其障礙。然而，另一位**注意力不足／過動症**（attention deficit/hyperactivity disorder，簡稱 AD/HD）學生得到的結果就不同了，因為教師僅從外在「行為」看待之，未了解原因，認為他是故意的，所以嚴厲斥責他。要是融合班級中的 AD/HD 學生，也和視障學生一樣引人注意就好了。由此可知：教師若從「原因」看待行為，則會傾向採正面的處理方式；教師若僅從外在「行為」看待之，未了解原因，則會傾向採負面的處理方式。啟思故事 1-2 亦傳達：了解行為問題的原因可以幫助處理人員轉念，念頭一轉，感覺和作法就開始改變。

插畫 1-7　教師從「原因」和「行為」看待相同行為產生的差異

教師若從「原因」看待行為，則會傾向採正面的處理方式；教師若僅從外在「行為」看待之，未了解原因，則會傾向採負面的處理方式。

啟思故事　1-2　了解行為問題的原因可以幫助處理人員轉念

《莊子・山木》裡有一則「方舟濟河」故事如下：在一個煙霧瀰漫的早晨，一個人划著船逆流而上。突然間，他看見一艘小船順流直衝向他。眼看小船就要撞上他的船，他高聲大叫：「小心！小心！」但是，船還是直接撞上來，他的船幾乎就要沉了。於是他暴跳如雷，開始向對方怒吼，口無遮攔地謾罵著。但是，當他仔細一瞧，才發現原來是艘空船，因此氣也就消了。表面看來，這個人的憤怒是起因於直衝向他的「那艘小船」，但其實是來自「船主真魯莽又無禮」的想法。而當他發現是艘空船時，他的「想法」變了，隨之「感覺」也就轉變。很多時候，不是事情本身讓我們憤怒，而是我們對事情的想法！

既然 PBS 視行為問題具有某種功能，那麼不是相同的行為問題都可以使用同樣的策略，處理行為問題時首先須進行**功能評量**（FA），了解行為問題的原因與功能，之後再根據 FA 的結果擬訂 BIP，如此才能產生有效的行為介入結果（Bambara et al., 2021）。FA 的方法將於第 6 章討論。

二、秉持尊重的態度看待有行為問題的個體

過去的行為介入以貶抑的態度診斷身心障礙者的缺陷，以界定行為問題的原因；而 Kincaid 等人（2016）指出，PBS 秉持**尊重**的態度看待有行為問題的個體，尊重強調**以人為先**，即使是再重度的身心障礙者亦有其尊嚴和優勢，需要受到尊重。

部分深受身心障礙者行為問題困擾的人員可能會反應：「我不知道他們有什麼優勢，我看到的是這些行為問題帶給我的困擾。」事實上，換個角度看行為問題，或許能發現個體隱藏的優勢和能力，例如：一位重度障礙者會扯衣服的線、撕紙和布，教保人員對這樣的破壞行為深感困擾。換個角度看此行為，如果他在資源回收站做資源垃圾的處理工作，則人們會發現，他撕扯的手部精細動作能力很好，而且能長時間做此單調重複的工作。因此，處理人員可以從個體的行為問題中，看到他的優勢和能力，將之引導至適當的方向。

三、結合多元理論分析行為是個體和環境互動的結果

Roffey（2010）指出，過去的行為介入持「單一」、「壞人」的觀點，視行為問題為「個體本身缺陷或問題」所致；因此在分析行為問題的原因時，著重評量個體有哪些缺陷或問題導致行為問題。而 PBS 結合**多元的理論**觀點，視行為問題為**個體和環境**互動的結果（Bambara et al., 2021）；因此在分析行為問題的原因時，不只評量個體，也評量個體所處的生態環境，並且注意其**文化特徵**。其中個體因素包括氣質的影響、生理的問題、能力的限制、思考的扭曲、高度動機的需求未獲滿足、情緒狀態不佳或不穩等。環境因素包括不當的前事和後果因素、生態環境（例如：家庭、學校）的物理和社會因素等。這些因素背後的理論觀點將於第 2 章詳述。

貳、對「行為介入目標」的觀點

PBS 對行為介入目標抱持以下三個觀點：以**提升** QOL 為目標、以**長期效果**為焦點，以及根據**教育**觀點教導適當行為取代行為問題，詳述如下。

一、以提升生活品質為目標

過去的行為介入重點在消除行為問題；而 PBS 以提升個體的 QOL 為主要目標（Bambara et al., 2021; E. G. Carr et al., 2002; Dunlap et al., 2008）。綜合文獻（Borthwick-Duffy, 1996; R. L. Brown et al., 1994; Dennis et al., 1993; Felce & Perry, 1995; Goode, 1997; C. Hughes & Hwang, 1996; Schalock, 1997, 2000; Stark & Faulkner, 1996; S. Taylor & Bogdan, 1996），QOL 具備以下五個重要特性：第一，身心障礙者與一般人的 QOL 之構成要素並無不同，當研究 QOL 時，宜將身心障礙標記放在一邊。第二，QOL 的層面是全面和多樣的，包含一個人生活的各層面。第三，QOL 內涵包含客觀和主觀指標，客觀指標包括收入、生活的環境、身體健康情形、人際關係、個人發展、社會融合和權利等；而主觀指標包括心理、物質與身體的幸福感，自我決策等。第四，個體的生活品質與個體的特徵（例如：發展狀況、價值觀和願望），及其所處的生態環境（例如：家庭環境、重要他人的價值觀和 QOL）緊密相關。因此，QOL 指標是持續變動的，會隨著個體的特徵和其所處生態環境的改變而產生變化。第五，QOL 的評量宜考慮身心障礙者的個別差異，採用多種評量技術。

由上可知，PBS 欲提升個體的 QOL，其內涵可包含客觀和主觀指標，像是增進自我概念（self-concept）、身體和心理的健康、學習和休閒活動的參與度、社區的融合程度、人際互動和關係，提供更多自我決策的機會，促進就業和生產力，提升正面形象，增加對生活的滿意度等（Bambara et al., 2021; E. G. Carr et al., 2002; Horner, Albin, et al., 2000）。E. G. Carr 等人進一步指出，此目標不只針對身心障礙者，也針對那些支持他們的重要他人，例如：家庭。舉例來說，如果將 PBS 應用至學校，則期待為所有學生和教職員帶來正向的結果（Sugai, Horner, et al., 2000）。

二、以長期效果為焦點

過去的行為介入是以**短期成效**為焦點，期待快速壓制行為問題；PBS 則主張，全面生活形態的改變不會只發生在某段特定時間內，而是需要長時間的努力（A. P. Turnbull & Turnbull, 1999），因此它採行**生活長度**的觀點，以**長期效果**為焦點，隨著個體生涯的轉銜，將行為介入視作持續提供個體終生支持的過程（Bambara et al., 2021; E. G. Carr et al., 2002）。介入目標不在快速壓制行為問題，而是在教導個體面對讓他出現行為問題的情境，要如何表現適當的行為，以達到其功能。

三、根據教育觀點教導適當行為取代行為問題

過去的行為介入目標強調壓抑不適當行為（如插畫 1-8），未察覺個體的需求，忽略疏導和教育的工作。如啟思故事 1-3，Silverstein（n.d.）在〈媽媽和上帝〉（"Ma and God"）這首詩所提，孩子充滿好奇心，想探索世界，但是在滿腹疑惑下被媽媽禁止。即使孩子在成人面前不敢做被禁止的事，但是他們探索的需求未曾減少，於是可能會偷偷地做，如此成人更無法防範其擔憂的危險。我認為成人宜引導孩子以適當、安全的方式滿足他們的需求，而不是一味地禁止他們，例如：孩子對冒煙的熱水杯好奇，想去觸碰，成人禁止並不會減少其好奇心；成人可以在熱水杯外覆上一層布，讓他們在安全的範圍內觸摸感受溫度，進而理解手放進杯子裡會有的後果。

插畫 1-8　過去的行為介入目標

過去的行為介入目標教孩子不要說、不要聽、不要看、不要動，而未教孩子可以做什麼。

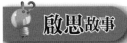

啟思故事　1- 3　媽媽和上帝

上帝給我們嗓子，媽媽說：「不要吵。」上帝給我們水坑，媽媽說：「別亂踩。」上帝給我們雨滴，媽媽說：「別淋濕。」媽媽說：「小心，不要靠太近。」可是，上帝給了我看了就想去摸的可愛小狗。上帝給我們手指，媽媽說：「去洗手。」可是，上帝給我們泥巴和髒得舒服的身體。雖然我不挺聰明，可是有一件事我能確定：「不是媽媽不對，就是上帝錯了。」

PBS 採取**教育**的觀點，主張行為不管好壞都有其功能，處理人員首先要分析個體行為的功能，然後教導他以適當行為取代行為問題，來滿足其需求，達到其表現行為的功能（Bambara et al., 2021; Bishop & Jubala, 1995）。換言之，PBS 採用**功能本位的介入（行為支持計畫）**、**功能等值訓練**（functional equivalence training; Bauer et al., 2001; R. V. Campbell & Lutzker, 1993; R. L. Carpenter, Musy, & King-Sears, 1997; B. W. Smith & Sugai, 2000; Umbreit et al., 2006），或是**評量本位的介入**（Kern & Dunlap, 1999）、**假設本位的介入**（hypothesis-based intervention; E. G. Carr et al., 1998; L. Jackson & Panyan, 2002），是指依據行為功能、FA 結果或功能假設擬訂 BIP，立意在協助個體發展能表達相同功能，而且是適當、符合社會期待的行為，以取代不適當行為，如此不僅能擴充個體的正向行為，也能長期預防行為問題的出現。

如插畫 1-9，R. E. Cook 等人（2018）表示，行為問題可能是個體僅有或是最有效的溝通方式，尤其是對於能力有限、正向行為很少的身心障礙者更是如此。如 Vittimberga 等人（1999）所言，重度障礙者的**行為目錄**（behavioral repertoire）非常局限，只能重複表現行為問題溝通其需求，故他們主張採用**擴充行為目錄或提升正向行為的策略**。Hewett（1998）即表示，教師宜像教導課業一般，協助學生學習「如何表現行為」。如果正向行為能產生同樣的功能，它自然可以取代行為問題，這是一種積極的教學以代替消極的壓制（McNamara & Moreton, 2001; Scheuermann & Hall, 2015）。

插畫 1-9　行為問題可能是個體僅有或是最有效的溝通方式
行為問題可能是個體僅有或是最有效的溝通方式，教導他替代行為，擴充他的正向行為，才是長期預防行為問題的有效策略。（R. E. Cook et al., 2018, p. 57）

參、對「行為介入計畫內容」的觀點

PBS 對 BIP 的內容抱持以下五個觀點：強調行為介入宜考量**社會效度**（social validity）和**文化因素**，依據**個體特徵和行為功能**發展**個別化**的 BIP，運用**多元素、正向和證據本位的介入**，依照**預防**原則介入行為問題，以及重視**生態環境的調整**，詳述如下。

一、強調行為介入宜考量社會效度和文化因素

E. G. Carr 等人（1999）回顧 1985 至 1996 年間，有關行為介入的實證研究發現：很少研究注意**社會效度**，直至 1996 年之後才開始重視。Schloss 和 Smith（1998）提出行為介入宜考量社會效度，E. G. Carr 等人（2002）及 Tincani（2007）表示 PBS 具備「社會效度」此項特徵。PBS 強調藉由**社會效度驗證**（social validation），確認行為介入的適切性，它是一種驗證社會效度的過程，從個體或其重要他人的觀點，了解 PBS 計畫的目標和程序是否適切，其效果是否確實能增進個體的 QOL。即使計畫的內容再好，個體或其重要他人並不認為此介入目標重要，也不認可其介入程序，則不僅會影響實施效果，也會降低此 PBS 計畫在個體生態環境的可應用性。至於社會效度的內涵和社會效度驗證的方法，將於第 3 章討論。

PBS 亦會在界定介入目標和程序上注意**文化因素**，尤其是它對價值觀、溝通、人際行為和社會觀感有極大的影響，以設計能反映「文化」的 PBS 計畫（E. G. Carr et al., 2002; D. Chen et al., 2002），如思考問題 1-1。

思考問題 1-1　行為介入宜考量文化因素

彬彬經常口出髒話，「ㄎㄠˋ」的相關語詞時常不離口。教師告誡他：「不可以講髒話。」彬彬會一直詢問教師：「ㄎㄠˋㄅㄟ是髒話嗎？」教師說「是」，他會接著問：「那ㄎㄠˋㄧㄠ是髒話嗎？」教師認為彬彬在挑戰他的權威而感到憤怒。後來與父母聯繫時，聽到父母之間的對話有「ㄎㄠˋ」的語彙。教師需要消除此行為嗎？

☞「ㄎㄠˋ」的語彙是彬彬家人間的溝通方式，家人可能不認為這是髒話；而彬彬會一直詢問教師「ㄎㄠˋ」的相關語詞是不是髒話，可能是他產生認知錯亂。為了做釐清，教師需要了解家人對「ㄎㄠˋ」語彙的看法，進一步探知家庭的文化。如果家人不認為這是髒話，教師不需要消除此行為，僅告知他：某些人不習慣聽到這樣的語彙，並且提醒他控制之。

二、依據個體特徵和行為功能發展個別化的行為介入計畫

過去的行為介入乃依據行為的形態發展 BIP，未考慮個體的特徵和行為的功能，是一種「非個別化」的 BIP；而 PBS 考慮**個體的特徵和行為的功能**發展 BIP，處理人員面對的行為問題即使形態相同，但是功能可能各不相同，因此宜針對行為問題的功能設計 PBS 計畫（E. G. Carr et al., 2002）。另外，處理人員面對的是類別、程度、能力和需求等各方面殊異的身心障礙者；因此，行為介入還宜反映其個別能力、需求、喜好和興趣等（Bambara et al., 2021; Kincaid, 1996）。總而言之，處理人員宜量身訂做**個別化**的 BIP。

三、運用多元素、正向和證據本位的介入

正如前述，過去的行為介入採**單一、消除型和後果本位**的介入策略，甚至會運用**嫌惡**的策略，著重在**操縱行為後果**，這些介入未必具有實證研究證明的效果，或是其效果只局限在消極減少行為問題，而沒有積極增加正向行為、提升 QOL 的實證效果；而 PBS 採取多元的理論觀點，這些理論幫助處理人員從個體和環境因素兩個面向，思考行為問題的起源及介入策略（E. G. Carr et al., 2002）。因此，Bambara 等人（2021）指出**多元素**的介入促使行為介入更全面而有效，包含**預防、教導和反應**三類策略，圖 1-6 比較 PBS 和過往行為介入策略的差異處，它不只強調控制前事和調整生態環境（預防策略，例如：消除或減少引發行為問題的前事，重新安排環境引導正向

圖 1-6　正向行為支持和過去行為介入策略之比較

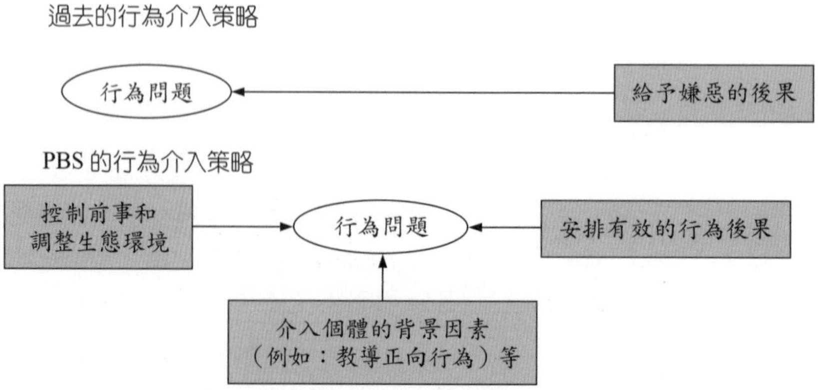

行為），安排有效的行為後果（反應策略，亦即系統安排正面的後果增強正向行為，同時撤回對不適當行為的增強），也強調介入個體的**背景因素**（setting factors，例如：教導個體欠缺的正向行為），背景因素將詳述於第 6 章。若有必要，則加入其他策略（例如：以藥物介入生理問題）。

另外，基於對身心障礙者的尊重，PBS 採用**非嫌惡或正向**的策略，是指具有教育的意義，能讓個體從中學習如何面對使他產生行為問題的情境；符合個體的生理年齡，促進其生活的常態化；能反映個體需求、喜好和興趣的行為介入策略（Bambara et al., 2015, 2021; Golly, 2006）。PBS 強調採用**證據本位**的介入，亦即經過研究證明有效的行為介入策略（F. Brown et al., 2008; Kincaid et al., 2016; Lucyshyn, Horner, et al., 2002; Sugai, Horner, et al., 2000）。

四、依照預防原則介入行為問題

過去的行為介入採取被動反應的處理態度，著重在操縱行為的後果；而 PBS 倡議主動積極的處理態度，依照預防原則介入行為問題，藉由找出和修改前事（引發行為問題的前事或刺激），以及教導正向行為來防範行為問題於未然，這就是「預防勝於治療」的概念（Bambara et al., 2021; E. G. Carr et al., 2002; Kincaid et al., 2016; Tincani, 2007）；甚至是運用**以家庭為中心的早期介入方案**（L. Fox, Dunlap, & Cushing, 2002），進行三個層級的預防，即**初級**、**次級**和**三級預防**（primary, secondary, and tertiary prevention; Sugai & Horner, 2002a）。如插畫 1-10 所示：PBS 以**追本溯源**的模式介入行為問題，它處理行為問題時是採取正向積極或預防，而不是被動反應的觀點；Good 和 Brophy 即表示：「預防行為問題才是有效的行為管理。」（引自 Schmidt & Harriman, 1998, p. 178）

五、重視生態環境的調整

過去在處理行為問題時，只改變個體的行為，忽略生態環境的改善。而 PBS 根基於**生態取向**，視行為問題為個體和環境互動的結果，它具有某種功能和目的；成功的介入不只改變個體本身的行為，也要調整生態環境，例如：改變環境中重要他人對個體的態度與期待、為個體建立融合且常態化的生活形態等，還須重新分配資源（例如：時間、金錢），包括提供行政和經費的支援、進行跨機構的合作等，以支持個體的行為改變（Bambara et al., 2021; E. G. Carr et al., 2002; Dunlap et al., 2009）。正如啟思故事 1-4 所云，一味改變個體，無法真正解決問題，也必須調整環境。

插畫 1-10　正向行為支持以「追本溯源」的模式介入行為問題
救人者一直在下游搶救溺水的人，不勝負荷；不如往上游走去，找出誰在推這些人下水，看看能否阻止這種事再發生。

啟思故事　1-4　改變「生態環境」以因應問題

在《巫婆與黑貓》（V. Thomas, 1995/1998）繪本裡，巫婆住在一棟黑色的房子裡面，她養了一隻名叫「小波」的黑貓，因房子和小波都是黑色的，所以巫婆常會為了在黑色地板上被小波絆倒而生氣。於是，巫婆把小波變成一隻綠色的貓，但是當她跑到外面，又在綠油油的草地上踩到小波而重摔。巫婆一怒之下將小波變成一隻七彩小貓，她對此非常滿意，因為小波不管在哪裡，她都看得到牠了。然而，小波非常難過，因為鳥兒們都嘲笑牠是隻怪貓，所以牠待在樹上不肯回家。最後，巫婆心軟了，將小波變回牠原本的黑色，並將黑壓壓的房子變成彩色屋，這樣不管小波在哪裡，她都能輕易看見牠了。

H. R. Turnbull 等人（2002）進行詳盡的個案研究後表示：**全校** PBS 對所有的學生都有幫助，此支持包括三個層面：**全方位（全校）**、**團體支持**和**個人支持**，這與生態取向的觀點一致。總之，透過系統改變環境，形成自然支持的網絡，以協助個體適應環境；如此不只能減少行為問題，同時能促進個體整個人生的改變。

肆、對「行為介入計畫實施和評鑑」的觀點

PBS 對 BIP 的實施和評鑑抱持以下四個觀點：鼓勵**個體的參與**並逐步達到**自我管理**（self-management）、主張**團隊合作**介入行為問題、強調在**真實和多元的生活情境**中介入行為問題，以及採取**多元方法和指標**評鑑行為介入的成效，詳述如下。

一、鼓勵個體的參與並逐步達到自我管理

過去的行為介入強調外在控制，不鼓勵個體在行為處理過程中的參與；而 PBS 鼓勵個體在行為處理過程中的參與，了解他對其行為問題和介入策略的觀感，期待提升他介入行為問題的積極動力，逐步達到**自我管理**的目標（E. G. Carr et al., 2002; J. J. Wheeler & Richey, 2019）。行為處理的最終目標是希望在逐步撤除 BIP 之後，個體能產生維持和類化成效（Bambara et al., 2021）。處理人員也不希望看到個體一直須仰賴外在的介入，而是期待他們能學習自我管理，因為一直依賴外在控制，只會讓個體變成玩具布偶，如插畫 1-11。因此，在處理效果穩定之後，設計一系列促進行為維持和類化的程序實屬必要，第 12 章將探討其作法。

你的孩子是
玩具布偶嗎？
別讓孩子成為
聲控玩具。

插畫 1-11　行為處理外在控制下所產生的結果
一直依賴外在控制的方式介入行為問題，只會讓個體變成玩具布偶。

二、主張團隊合作介入行為問題

過去由行為專家發展和實施 BIP，而 PBS 主張由生態環境中的相關人員，以團隊合作的方式發展和實施 BIP，不只是學校或機構內專業人員間的合作，還強調個體本身和其重要他人（例如：家人、同學或朋友）的參與，甚至對特別棘手的問題，還須網羅學校或機構外其他領域的專家，如神經心理或精神醫學專家、語言專家等，共同發展 PBS 計畫，以解決行為問題（Bambara et al., 2021; E. G. Carr et al., 2002）。全校 PBS 即強調整合全校人力和物力資源，介入學生行為問題（Netzel & Eber, 2003）。

個體的重要他人中，家長是關鍵成員。Rao 和 Kalyanpur（2002）主張 PBS 不同於過往**專家─個案**的模式，此種模式認為臨床工作人員或專業人員是唯一的專家，他們設計 BIP 要家長在家中實施，未考慮家長的觀點和家庭生活的複雜性；PBS 鼓勵教育人員與家庭成員之間的合作與溝通，家長在行為評量與計畫發展均扮演關鍵的合作者角色。家長─專業人員角色在過往行為介入與 PBS 二者間的差異如表 1-1。

表 1-1　家長─專業人員角色在過往行為介入與正向行為支持二者間的差異

家長─專業人員在過往行為介入的角色	家長─專業人員在正向行為支持中的角色
‧介入發生在臨床或實驗情境。	‧介入發生在自然情境，例如：家庭、學校或社區。
‧專業人員與研究者是介入計畫的重要設計者。	‧專業人員與家庭成員在發展 PBS 中是提供諮詢者（consultant）與關鍵合作者。
‧臨床工作人員或專業人員是唯一的專家。	‧專業人員與家庭成員共享彼此的專業。
‧專業人員認定與界定行為改變的目標。	‧在界定行為改變的優先順序與長期目標上，家庭成員扮演重要的角色。
‧專業人員是個體的重要他人。	‧家庭是個體的重要他人。
‧介入計畫主要關注在個體身上。	‧介入計畫主要關注在個體與家庭上。

註：修改自 Rao 和 Kalyanpur（2002, p. 223），修改處為刪除表格中的文獻引註。Paul H. Brookes Publishing Co.於 2002 年的版權，同意授權修改。

三、強調在真實和多元的生活情境中介入行為問題

ABA 由處理人員在單一、實驗室或隔離情境中實施一種介入策略，介入的時間短暫，每次僅為時 10 至 15 分鐘，這和 PBS 強調**常態化**、**融合**和**多元素介入**的精神是背道而馳的（E. G. Carr et al., 2002; Dunlap et al., 1997）。相反地，E. G. Carr 等人及 Tincani（2007）指出，PBS 強調在自然、真實和多元的生活情境中，由個體的重要他人採取多元素介入，長時間且融入於個體生活作息中的方式處理行為問題，以提升個

體的 QOL 為目標；換言之，它較重視**生態效度**（ecological validity）。生態效度是指，介入成果可以被運用到自然生態環境的程度；如果在控制的情境中有很好的介入效果，但是此情境無法在自然生態環境中複製，將會影響它的可推論性（McMillan & Schumacher, 2010）。Sigafoos 等人（2003）即表示：「在有自然支持的真實生活情境中介入行為問題，較容易達到具社會效度和持續的行為改變。」（p. 66）

四、採取多元方法和指標評鑑行為介入的成效

過去**行為問題的消除或減少**是評鑑 BIP 成效的指標，而評鑑方法為**觀察**（observation），以檢視行為問題是否消除或減少，聚焦在介入策略對行為效果的微觀分析（E. G. Carr et al., 2002）。PBS 採取多元方法和指標評鑑行為介入的成效，評鑑指標可包括：（1）**促進個體行為的改變**，包含減少行為問題、增加正向行為；（2）**提升個體的 QOL**，包含增進身體和心理的健康、學習和社區的參與度、與同儕的互動和關係、擴展社會關係和支持網絡、擁有更多的自主權等；（3）**促使教養人員的改變**，包含增進教養態度和方法、溝通技能（communication skills）和問題解決技能（problem-solving skills）；（4）**增進組織的效能**，包含提升團隊的效能、促進成員間的互動，聚焦在介入策略對行為效果的微觀和鉅觀分析（E. G. Carr et al., 2002; Knoster et al., 2021）。評鑑方法則除了觀察外，還包括**訪談個體**和**其重要他人**；以及運用**檢核表**（checklist）、**量表**（scale）、**問卷**（questionnaire）、**日誌**（daily log）與**自陳報告**（self-report）等方式蒐集資料，以評鑑介入成效（E. G. Carr et al., 2002）。

行為介入從早期的 BT，至新近的 PBS，我比較這些名詞的異同如表 1-2。依據文獻（Bambara et al., 2015, 2021; Bambara & Knoster, 2009; Kincaid et al., 2016），我總結 PBS 的定義如下：PBS 屬於**教育型**的行為介入方法，視行為問題具有**功能和目的**，融合**多元理論**觀點，分析行為問題是哪些**個體和環境因素**互動的結果。在介入目標上，PBS 以**長期效果**為焦點，著重**提升個體的** QOL，根據**教育**觀點，教導個體以正向行為取代行為問題。在介入內容上，PBS 主張行為介入宜考量**社會效度**和**文化因素**，依據**個體特徵**和**行為功能**發展**個別化**的 BIP，秉持**尊重**的態度，運用包含「**預防**、**教導**、**反應**和**其他**」多元素、**正向積極**和**證據本位介入**，以及重視**生態環境的調整**，不只介入「個體」，尚介入「大的生態系統」（例如：教室、學校）。在 BIP 的實施和評鑑上，PBS 運用**團隊合作**發展和實施 BIP，強調個體在行為處理過程中的參與，並在真實和多元的生活情境中介入行為問題，以及採取多元方法和指標評鑑成效。此定義符合 Kincaid 等人（2016）所云的特徵：**具表面效度**、**能區分 PBS 和非 PBS**、**適合所有層級的應用**、**對廣泛使用者具實用性及清楚簡潔**。

表 1-2 行為介入相關名詞的比較

比較向度	行為介入相關名詞的比較結果
其他行為介入相關名詞對 PBS 的啟迪	• ABA 對於 PBS 主要有三項貢獻：（1）提供了解行為和「前事」與「後果」間的關係，以及行為改變的概念架構；（2）引進分析行為功能的概念、原則和方法；（3）提供一些有效的教學介入和行為處理策略，例如：行為塑造、連鎖、提示等。 • BMA 對於 PBS 有兩項貢獻：（1）主張妥善運用各種資源，改變個體和改善環境，進而解決行為問題；（2）強調「正向積極」的觀點，在行為問題出現之前，調整引起行為問題的環境刺激與教導個體正向行為，以預防行為問題的出現。
行為介入相關名詞的相同處	• 所有行為介入名詞皆指出：要改變之行為是與社會相關或重要的、是可觀察和評量的。 • PBS、ABA 和 BMA 皆指陳：分析行為問題與前事和後果間的關係。 • PBS、ABA 和 BMA 皆強調使用「證據本位的介入」，行為介入要考慮「倫理原則」。 • PBS、BMO、ABA 和 BMA 皆指出在擬訂與實施 BIP 的過程中，是依據「資料」做決策，並且採用嚴謹和具體的方法評鑑行為介入的結果。
行為介入相關名詞的相異處	• 其他行為介入名詞以「行為模式」為基礎，之後 BMO 和 BMA 才加入「認知模式」；而 PBS 融合「多元的理論觀點」，結合其他理論，例如：系統改變理論等。 • 其他行為介入名詞較重視「行為的改變」；而 PBS 的價值觀強調「常態化原則、融合、自我決策」等，並且融入 PCP 的思維，以「提升 QOL」為目標。PBS 秉持「尊重」的態度看待身心障礙者，視他們具有「優勢和能力」，和一般人一樣有「自我決策、融合」的權利。 • 其他行為介入名詞視行為問題為不適應的，會造成周遭人的困擾；而 PBS 視行為問題為個體的某些需求未被滿足，具有某種功能，首先要對行為問題進行 FA，了解其原因和功能。 • PBS 視行為問題為「個體和環境」互動的結果，不只如 BMO、ABA 和 BMA，分析行為問題與生態環境中前事和後果間的關係，尚了解行為問題與氣質的影響、生理的問題、能力的限制、思考的扭曲、高度動機的需求未獲滿足、情緒狀態不佳或不穩等個體因素，以及生態環境（例如：家庭、學校）的物理和社會因素的關係。 • 其他行為介入名詞介入的層級在「個體」；而 PBS 尚介入大的生態系統（例如：教室、學校），強調「生態環境」的調整。 • PBS 相較於其他行為介入名詞，強調行為介入宜考量「社會效度」和「文化因素」。 • PBS 相較於其他行為介入名詞，更強調以「長期效果」為焦點，運用「多元素（預防、教導和反應）及功能本位」的介入。 • PBS 相較於其他行為介入名詞，更鼓勵「個體在行為處理過程中的參與」，逐步達到「自我管理」的目標。 • PBS 相較於其他行為介入名詞，主張由「生態環境中的相關人員」，以「團隊合作」的方式發展和實施 BIP。 • PBS 相較於其他行為介入名詞，較強調在「真實和多元的生活情境」，配合個體的「情境脈絡」，以「長時間且融入於個體生活作息」中的方式介入行為問題，較重視「生態效度」。 • 其他行為介入名詞視「行為問題的消除或減少」，是評鑑 BIP 成效的指標，而評鑑方法為「觀察」，聚焦在 BIP 對行為效果的「微觀分析」。而 PBS 採取「多元指標」評鑑行為介入的成效，聚焦在介入策略對行為效果的「微觀和鉅觀分析」，並且運用「多元方法」評鑑行為介入的效果，除了觀察外，還包括訪談個體和其重要他人等。

註：ABA 是應用行為分析；BT 是行為治療；BMA 是行為管理；BMO 是行為改變技術；BIP 意指行為介入計畫；PBS 是正向行為支持。

第四節 正向行為支持的影響

PBS 引領人們以正向的思考看待行為問題，以正向語言和行為轉化行為問題。

由上述 PBS 緣起和特徵的討論發現，PBS 對行為介入產生影響，本節探究 PBS 對行為介入觀點的轉變，以及以 PBS 檢視行為介入的迷思與事實兩方面。

壹、正向行為支持對行為介入觀點的轉變

由第 2 和 3 節 PBS 緣起和特徵的探討可發現，PBS 對行為介入的觀點已產生很多轉變，我整理這些轉變如表 1-3。

表 1-3　正向行為支持對行為介入觀點的轉變

項目	過去行為介入的觀點	正向行為支持對行為介入的觀點
對「個體和行為問題」的觀點	1. 視行為問題是「不適應和偏差」的。	1. 視行為問題具「溝通意義」的，擁有其「功能和目的」。
	2. 以「貶抑」的態度診斷身心障礙者的「缺陷」。	2. 秉持「尊重」的態度看待身心障礙者，視他們具有「優勢和能力」，和一般人一樣有「自我決策、融合」的權利。
	3. 從「單一的理論觀點」分析行為問題的成因，視行為問題為「個體」本身缺陷所致。因此在分析行為問題的原因時，著重評量個體有哪些「缺陷」導致行為問題。	3. 融合「多元的理論觀點」，視行為問題為「個體和環境」互動的結果。因此在分析行為問題的原因時，不只評量個體，也評量個體所處的「生態環境」，並且注意其「文化特徵」。
對「行為介入目標」的觀點	1. 以「短期成效」為焦點，期待快速壓制行為問題。	1. 採行「生活長度」的觀點，以「長期效果」為焦點。
	2. 以「消除行為問題」為主要目標。	2. 以「提升 QOL」為主要目標，根據「教育」的觀點，教導個體以適當行為取代行為問題，來滿足其需求，達到其表現行為的功能。
對「BIP 內容」的觀點	1. 行為介入「未考量社會效度和文化因素」。	1. 行為介入「考量社會效度和文化因素」。
	2. 依據行為的「形態」發展介入計畫，未考慮個體的特徵和行為的功能，是一種「非個別化」的 BIP。	2. 考慮「個體的特徵和行為的功能」發展介入計畫，是一種「個別化」的 BIP。

（續）

表 1-3 （續）

項目	過去行為介入的觀點	正向行為支持對行為介入的觀點
對「BIP 內容」的觀點	3. 採取「單一、消除型、後果本位和未必具證據本位」的介入，甚至會運用「嫌惡的策略」。	3. 運用「多元素、正向和證據本位」的介入。
	4. 採取「被動反應」的處理態度，著重在行為的「後果處理」。	4. 倡議「正向積極」的處理態度，依照「預防」原則介入行為問題，包含初級、次級和三級預防。
	5. 只改變「個體」的行為，忽略生態環境或生活形態的改善。	5. 根基於「生態取向」，不只改變個體本身的行為，也要調整「生態環境」。
	6. 介入的層級僅在「個體」。	6. 不只介入「個體」，尚介入「大的生態系統」（例如：教室、學校）。
對「BIP 實施和評鑑」的觀點	1. 強調「外在控制」，不鼓勵個體在行為處理過程中的參與。	1. 鼓勵「個體在行為處理過程中的參與」，逐步達到「自我管理」的目標。
	2. 由「行為專家」發展和實施 BIP。	2. 由「生態環境中的相關人員」，以「團隊合作」的方式發展和實施 BIP。
	3. 在「單一、實驗室或隔離情境」中實施一種介入策略，介入的時間「短暫」。	3. 較重視「生態效度」，在「自然、真實和多元的生活情境」中，由「個體的重要他人」採取多元素介入，「長時間且融入於個體生活作息」中的方式處理行為問題。
	4.「行為問題的消除或減少」是評鑑BIP成效的指標，而評鑑方法為「觀察」，以檢視行為問題是否消除或減少，聚焦在介入策略對行為效果的「微觀分析」。	4. 採取「多元方法和指標」評鑑BIP的成效，聚焦在介入策略對行為效果的「微觀和鉅觀分析」。

Sugai 和 Simonsen（2012）釐清對 PBS 的迷思——是一種只適用於身心障礙者情緒行為的介入或實務，事實為：PBS 是一種**適用於所有學生，不只對情緒行為，亦對學習行為提供多層級支持，選擇、組織和實施證據本位實務（EBP）的架構或取向**。PBS 不止於應用在個體、教室和學校，亦是可運用於其他情境和方案的架構（Dunlap et al., 2014），例如：Sadler（2000）及 R. Freeman 等人（2005）提出**全學區及全州 PBS**（district- and state-wide PBS），將 PBS 的架構融入學區及州的人類服務組織中；Hemmeter 等人（2007）倡議應用於學前情境的**全方案** PBS（program-wide PBS）；Jolivette 和 Nelson（2010）提議運用於青少年拘留中心的**全中心** PBS（facility-wide PBS）。

貳、以正向行為支持檢視行為介入的迷思與事實

在介入行為問題時，處理人員本身的態度與行為很重要。Barbetta 等人（2005）探討教師在行為處理上犯的十二項錯誤；我參考其說法，加入其他文獻（Ayres et al., 2014; B. H. Johns & Carr, 2017; Kauffman et al., 2010; Kerr & Nelson, 2009）和自己的觀點，以 PBS 檢視教師在行為介入上的迷思，進一步說明事實，將之整理於表 1-4。

表 1-4　以正向行為支持檢視教師在行為介入上的迷思與事實

迷思	事實
1. 教師視行為問題是不適應、脫序、異常和偏差的，會造成周遭人的困擾，故必須消除它們。	1. 行為是有溝通意義、有目的、有功能的；相似形態的行為幾乎發生在每一個人身上，但是可能功能不同；另一方面，亦有可能行為的功能相同，但是表現的行為形態不同。
2. 教師因為對學生的喜惡，而影響對他們行為的接納度和處理，甚至給他們不適當的標籤。	2. 不管學生的障礙狀況、學習能力、行為表現等，教師接納所有學生；並且視學生的行為問題為進一步了解他們的機會。
3. 教師未注意自己給學生的身教示範，言教和身教之間產生落差。	3. 教師要學生遵守某些規範，或是表現某些適當行為，會注意自己給學生的身教示範，率先表現出來。
4. 教師將學生冒犯自己的行為解讀為「衝著自己而來，不服從我的指令」。	4. 教師若將學生冒犯自己的行為解讀為「衝著自己而來」，會容易被學生的行為激怒，並且失去客觀性。教師最好能了解行為問題的原因和功能，以專業的方式處理。
5. 教師針對學生「外在的行為」做反應，而未了解行為問題的原因和功能，並且使用同樣的策略介入相同形態的行為問題。	5. 不是相同形態的行為問題都可以使用同樣的策略，宜考慮行為的「功能」。
6. 當學生出現行為問題時，教師將之歸因於「動機」的問題。	6. 很多學生行為問題之肇因是「能力」的限制，尤其身心障礙學生更是如此。因此，介入行為問題的積極作法是，教導學生替代的正向行為，擴充學生的正向行為。
7. 教師假定學生知道該如何表現良好，因此只告訴他們不可以做什麼，而沒有告訴他們可以做什麼。例如：一位學生下課在走廊上奔跑，一位教師大喊：「下課不要給我亂，你應該知道班規！」	7. 教師具體告訴學生哪些是正面的行為，讓他們非常明白被期待的行為是什麼，並且引導他們了解行為問題的後果，以及把錯誤當作學習的機會。例如：一位學生在走廊上奔跑，教師說：「在走廊上奔跑可能會撞傷別人，請用走的。」
8. 教師僅在行為問題出現後滅火，而未採取預防的措施。	8. 介入策略包含預防、教導、反應和其他四方面。
9. 教師認為行為問題的肇因是學生本身，而未將原因與課程和教學串聯在一起。	9. 教師宜思考學生的行為問題是否與課程和教學有關，例如：「我對學生在課程學習上的期望和要求是否適當？我選擇的課程是否適合學生？」

（續）

表 1-4 （續）

迷思	事實
10. 教師將注意的焦點放在學生的行為問題上，而未注意其正向行為，甚至認為正向行為是應該的。	10. 教師將焦點全放在學生的行為問題上，特別是這項行為是要引起注意時，可能負向注意了他的行為問題，因而間接地鼓勵其行為問題。有學習和行為問題、缺少關愛的學生，常需大量的鼓勵和讚美，因為他們平常接受鼓勵和讚美的機會比較少。因此，教師宜提供學生表現正向行為的機會，而後在他們表現出來時給予鼓勵。
11. 教師讚美學生時，未具體指出他們因什麼樣的行為受到讚美，或是讚美學生本來已有的天賦，例如：「你長得很漂亮、很可愛。」	11. 教師讚美學生時，最好能加入學生的名字，使讚美的敘述更加個人化，並且具體指出他們因什麼樣的行為受到讚美。另外，不是讚美學生本來已有的天賦，而是讚美學生自己努力的結果，例如：「大明從打鐘上課到現在，都很專心聽講。」
12. 誤用「忽略」的策略。	12. 唯有學生行為問題的功能主要在引起注意，教師使用「忽略」才會有效。
13. 教師在班級經營時，僅將注意的焦點放在某些學生的行為問題上，而忽略了班上的其他學生。	13. 當一位學生上課不專心時，教師宜及時、具體地讚美其他正專心上課的學生，而非僅斥責該位學生，專注於其錯誤行為；如此不僅能鼓勵專心上課的學生，對於該位學生的行為問題也有提示的作用。
14. 教師批評學生本身，而沒有具體指出學生行為的不正確處，或是舊事重提，未針對此時此刻的行為，例如：「你笨死了，你錯了！」	14. 教師針對學生的行為，而不是批評學生本身，並且具體指出學生目前行為的不正確處，以及引導正向行為。
15. 教師對學生行為問題採取的處理方式和行為不相關、不合邏輯、沒有教育意義；而且沒有考量學生的能力和生理年齡。	15. 教師對學生行為問題採取的處理方式和行為直接相關、有邏輯的關係、具有教育意義，而且有考量學生的能力和生理年齡，例如：學生的不當行為如果造成別人的損失，必須有所補償。
16. 教師採取「連坐懲罰」，藉著團體壓力來介入學生的行為問題。	16. 連坐懲罰會對因表現不佳而導致全組或全班失敗的學生，造成負向的同儕壓力，並且讓他們成為受指責的對象。教師宜採增強而非懲罰的方式，營造正向的同儕影響，而不要變成負向的同儕壓力。
17. 教師對學生正向行為和行為問題的反應方式不一致。	17. 教師對學生正向行為和行為問題反應不一致，會造成學生認知的混淆，而且可能增加行為問題發生的頻率或強度。因此，教師對學生正向行為和行為問題的反應方式宜一致。
18. 以一致的標準要求學生行為的表現，未考慮個別差異。	18. 對學生行為的期待，以及BIP的擬訂和執行須考慮學生的個別差異，並掌握逐步漸進的原則。
19. 認為教師不能提供學生任何選擇和決定的機會，否則教師掌控學生的權力會喪失。	19. 從掌控權的角度來看，嚴重行為問題，例如：自傷或傷害別人，都可以說是學生用來行使掌控權的利器，特別是在他們極少被賦予選擇和掌控機會的情況下。因此，教師應適度提供學生選擇和掌控的機會，並且教導他們為自己的選擇負責任。

（續）

表 1-4　（續）

迷思	事實
20. 處理行為問題時僅強調改變學生本身的行為，而未考慮環境的調整。	20. 不只改變學生本身的行為，也要改變生態環境，營造一個支持學生改變的環境；例如：改變環境中重要他人對學生的態度與期待，為學生建立融合且常態化的生活形態等，藉著系統地改變環境，形成自然支持的網絡，以協助學生適應環境。如此不只能減少行為問題，同時能促進學生整個人生的改變。
21. 過度使用或誤用「隔離」策略。	21. 隔離和不隔離（time-in）的情況必須有極大的差異，不隔離的情況要更具吸引力和增強效果，如此隔離才會有效，例如：一位學生不喜歡上數學課，在數學課隔離該生，剛好正中下懷，不用上數學課。另外，隔離必須達到減少行為問題的目的，如果沒有達到此目的，表示隔離無效，須轉而使用其他策略。
22. 學生第一次出現行為問題時，教師就下猛藥，採取嚴厲的懲罰策略，讓他們下次不敢再犯錯。	22. 只短期壓制行為問題，無法建立正向行為，而且有不良的副作用，教師宜採取非嫌惡或正向的介入策略。
23. 教師一直仰賴外在的處理策略控制學生的行為問題，學生一直停留在「外控」階段，而未能「內控」。	23. 在學生行為問題處理效果穩定之後，教師宜設計一系列褪除（fading）策略，以及促進維持和類化的程序，以增進學生的自我管理。
24. 教師將自己視為唯一的班級經營者或行為處理人員，單打獨鬥。	24. 單打獨鬥在短期的班級經營上，教師也許還可以應付；但是長期而言，教師可能失去熱情、耐性，而且效能降低。因此，最好能由生態環境中的相關人員，以團隊合作的方式發展和實施 BIP。
25. 以「行為問題的減少」當作評鑑行為介入成效的唯一指標。	25. 以「多元指標」評鑑行為介入的成效，包含減少行為問題、增加正向行為，以及提升學生的自我概念和人際關係等。

總之，E. G. Carr 等人（2002）表示：「科學告訴我們如何改變，而價值觀告訴我們什麼值得改變。」（p. 6）Horner 和 Sugai（2018）即表示，PBS 結合**價值體系**和**科學技術**於一體。正如啟思故事 1-5 和插畫 1-12 所云：PBS 提供**用愛理解**、**用話鼓勵**和**用對方法**的介入方法，**用愛理解**是其背後的價值體系，主張同理地了解個體行為的原因與功能，以提升個體的 QOL 作為介入目標，讓個體成為有喜樂、價值和希望的人；「用話鼓勵」和「用對方法」是 PBS 運用科學技術，採取正向語言，引導和鼓勵個體正向行為的表現，倡議依據行為功能，擬訂「多元且正向」的證據本位介入策略。

啟思故事 1-5　正向行為支持提供用愛理解、用話鼓勵和用對方法的介入方法

一位禪者在河邊打坐，睜開眼睛時，看到一隻蠍子正在水裡掙扎。他伸手把牠撈出來時，被豎起來的毒刺螫了一下。過了一會兒，睜開眼睛一看，蠍子又掉到水裡去了。他又把牠救上來，當然，他又被螫了一下。他繼續打坐，過了一會兒，他又有了相同的不幸遭遇。旁邊的漁夫說：「你難道不知道蠍子會螫人嗎？」「知道，被牠螫了三次了。」「那你為什麼還要救牠？」「螫人是蠍子的本性，慈悲是我的本性。我豈能因為牠的本性，而放棄我的本性！」這時他又看到那隻蠍子掉到水裡。他看看自己腫起來的手，看看在水裡掙扎的蠍子，再次向牠伸出手去。這時，漁夫把一個乾枯的枝條遞到了他的手上。禪者用這根枯枝撈起蠍子，放到了岸邊，這回他的手沒有再被螫。漁夫笑著說：「慈悲是對的，但慈悲也要是有智慧的慈悲啊！」

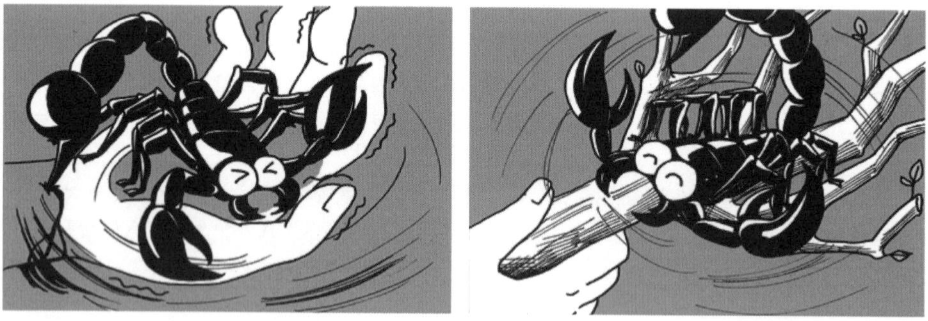

插畫 1-12　有智慧的慈悲

慈悲是指「用愛理解」，PBS 賦予介入行為問題的價值體系；而智慧是指「用話鼓勵」和「用對方法」，PBS 提供介入行為問題的實證技術。

第五節 正向行為支持的法規

PBS 提供「用愛理解」、「用話鼓勵」和「用對方法」的行為介入，而法規就是實踐此教育改革的利器。

本節分別討論美國和臺灣 PBS 的法規基礎。

壹、美國

以下說明《IDEA 1997》及 2004 年修訂頒布之《身心障礙個體教育增進法案》（Individuals With Disabilities Education Improvement Act of 2004，即《108-446 公法》，簡稱《IDEIA 2004》）在行為介入上的規定。

一、《IDEA 1997》在行為介入上的規定

《IDEA 1997》立法之前，部分學校沒有考慮身心障礙學生的狀況，尤其是情緒行為障礙（emotional/behavioral disturbance，簡稱 E/BD）學生，而採取與一般學生相同的行為管教方式，結果造成部分身心障礙學生因為行為問題而遭停學（suspension）或退學（expulsion），故促使《IDEA 1997》立法保障身心障礙學生的受教權。《IDEA 1997》指出，學校不能擅自對學生做出**停學**數天或**退學**的處分，除非學生的行為問題嚴重；如果身心障礙學生違反**學生行為規範**，學校人員可以提出將學生暫時安置到適合之**中介替代的教育單位**（interim alternative educational setting，簡稱 IAES），即另一個環境，或是提出「停學」的處分，但以不超過 10 天為原則，而且此處理方式也同樣運用在一般學生身上；另外在學生停學的期間，學校仍應繼續提供服務，讓他們仍能達成個別化教育計畫（individualized education program，簡稱 IEP）的目標，並且須以 FA 為基礎設計 BIP，或檢視和調整之前的計畫處理其行為問題（Gartin & Murdick, 2001; H. R. Turnbull et al., 2002）。

若學校計畫提出「改變安置超過 10 天」的處分，《IDEA 1997》規定：必須確保此行為和障礙沒有關聯，且該安置契合 IEP，才能改變安置到 IAES 45 天；而且，此處分同樣運用在一般學生身上，在學生停學的期間，學校仍應繼續提供服務，讓他們仍能達成 IEP 的目標，並且須以 FA 為基礎設計 BIP，或檢視和調整之前的計畫處理其行為問題（Gartin & Murdick, 2001; H. R. Turnbull et al., 2002）。

二、《IDEIA 2004》在行為介入上的規定

Horn 和 Tynan（2001）在 Finn 等人主編的《重新思考新世紀的特殊教育》（*Rethinking Special Education for a New Century*）報告書中，批評《IDEA 1997》造成身心障礙學生的依賴感，對自我產生低期待，減損對自我學習的責任感，以至學習成果不佳。Finn 等人（2001）表示《IDEA 1997》調整的哲學（僅應用於身心障礙學生，一般學生無法獲得），尤其是在行為管教上的調整，讓身心障礙學生覺得被提供與眾不同的規則，導致他們終生依賴特殊的調整，而不是更獨立，以達到更高的標準；如此與**統合**（integration）的理念背道而馳，造成他們與一般人更多的隔離。《IDEA 1997》之後發生一些案例：部分身心障礙學生和其家長以障礙為理由，逃避校規的處置；因此，Finn 等人建議加強身心障礙學生的個人責任，以達到獨立的目標，進而促成《IDEIA 2004》在行為管教上的修正。綜合文獻（Boehner & Castle, 2005; Burkhardt, 2007; Deisinger, 2007; Mandlawitz, 2004; H. R. Turnbull, 2005）。我整理《IDEIA 2004》在行為介入上的規定，並比較它和《IDEA 1997》的異同處如下。

《IDEIA 2004》維持《IDEA 1997》的規定：學校不能擅自對學生做出「停學」或「退學」的處分，除非學生的行為問題嚴重；如果身心障礙學生違反「學生行為規範」，學校人員可以提出將學生暫時安置到適合之 IAES，即另一個環境，或是提出「停學」的處分，但以不超過 10 天為原則，而且此處理方式也同樣運用在一般學生身上；另外在學生停學期間，學校仍應繼續提供服務（即「服務不中斷」規則），讓他們仍能達成 IEP 的目標，並且須以 FA 為基礎設計 BIP，或檢視和調整之前的計畫處理其行為問題。不同處在於，《IDEIA 2004》的 10 天是**學校日**，扣除假日會較長，並且加入「此決定會考慮身心障礙學生個別的狀況」，且未規定決定此處分後的執行期限；而《IDEA 1997》的 10 天是**日曆天數**，且提出要在決定此處分後的 10 天內執行。

若學生攜帶武器或違禁藥品到校，且考慮可能會傷害其本身或他人，而學校計畫提出「改變安置超過 10 天」的處分，《IDEIA 2004》維持《IDEA 1997》的規定：此處分也同樣運用在一般學生身上，即改變安置到 IAES 45 天；而且在學生停學的期間，學校仍應繼續提供服務，讓他們仍能達成 IEP 的目標，並且須以 FA 為基礎設計 BIP，或檢視和調整之前的計畫處理其行為問題。差異處是決定此處分的條件，《IDEIA 2004》的規定使得要對身心障礙學生，採取不同於一般學生的行為管教方法，相較於《IDEA 1997》更加困難，因為《IDEA 1997》要證明的是行為和障礙沒有關聯，且該安置契合 IEP，因此只要有任何證據證明行為和障礙有關聯，安置和 IEP 不適切，就可以對身心障礙學生採取不同於一般學生的行為管教方法，亦即不能改變

安置超過10天。而《IDEIA 2004》則要證明的是行為和障礙有直接、實質的關聯，亦即障礙會影響他們控制自己的行為，或阻撓他們對行為結果和影響的了解；而且行為問題是導因於未執行 IEP，或是發展和實施 BIP 的直接結果，才能對身心障礙學生採取不同於一般學生的行為管教方式，而且會做跨時間和跨情境的資料蒐集，例如：學習障礙（learning disabilities，簡稱學障）學生的低自我概念導致其無法控制行為，出現引起注意的行為問題，這樣的關聯性就不夠直接。由此可知，《IDEIA 2004》使得**行為和障礙之因果關聯性**的證明決定（manifestation determination）較為困難。除此，《IDEA 1997》提出要在決定此處分後的 10 天內執行；而《IDEIA 2004》則未規定決定此處分後的執行期限。

關於上述採取何種處分的「證明決定」要何時完成，《IDEIA 2004》提出要在 10 天內完成，《IDEA 1997》則未明確規定。至於誰來執行，《IDEA 1997》指出 IEP 團隊；而《IDEIA 2004》提出**地方教育機構**（local education agency，簡稱 LEA）、家長和 IEP 團隊成員（由 LEA 和家長決定的成員）。最後在如何執行上，《IDEA 1997》指出考慮所有相關資訊；而《IDEIA 2004》提出檢視所有相關資訊（包括 IEP、教師觀察和家長提供的相關資訊）。《IDEIA 2004》還有以下三項不同處：一為即使最後決定不能改變安置到 45 天，但如果家長和 LEA 同意改變安置，作為調整 BIP的一部分，則仍能改變安置到 45 天。二為若學生行為嚴重，例如：已造成其他同學嚴重的身體傷害，即造成死亡的實質危險、嚴重的身體痛苦、長時間和明顯身體外觀的毀損、長時間身體部位、器官功能或心智能力的喪失或損傷，或是攜帶武器、違禁藥品到學校；則學校人員可以不需「證明」的情況下，提出「停學到 45 天」的處分。三為《IDEIA 2004》的45天是「學校日」，並且加入**此決定會考慮身心障礙學生個別的狀況**；而《IDEA 1997》是指「日曆天數」。

《IDEA 1997》和《IDEIA 2004》皆主張家長對上述「證明」有疑慮，可以提出申訴。在裁決之前，《IDEA 1997》主張依據**留在原來安置的規定**，學生須留在原來的班級；而《IDEIA 2004》規定**州教育機構**（state education agency，簡稱 SEA）或 LEA 必須在家長提出要求的 20 天（學校日）內開聽證會，並且要在 10 天內裁決；還取消「留在原來安置的規定」，亦即在裁決之前，學生可以待在 IAES，除非家長、SEA 和 LEA 有另外的考量。

《IDEA 1997》和《IDEIA 2004》皆指出，若 45 天的期限已到，學校人員能以**行為有高度危險性**為由，要求開聽證會，提出延長安置在 IAES 的訴求。不同的是，《IDEIA 2004》規定 SEA 或 LEA，必須在學校提出要求的 20 天（學校日）內開聽證會，並且要在 10 天（學校日）內裁決。《IDEA 1997》和《IDEIA 2004》皆指出，對於尚未決定特殊教育和相關服務資格，又嚴重違反「學生行為規範」者，若 LEA 有可靠的資訊認為他是身心障礙學生，則能聲請法規的保護。《IDEIA 2004》附帶提出可靠的資訊意指：家長表達孩子需要服務，以及教師或 LEA 人員表達對該學生行為的明確關注；但如果家長不同意接受鑑定或服務，或是該學生已被鑑定未獲特殊教育和相關服務資格，則不能聲請《IDEA》的保護。「美國《IDEIA 2004》和《IDEA 1997》在行為介入法規的比較」如附錄 1。

此外，《IDEIA 2004》增加州政府將禁止 SEA 和 LEA 人員，把要求兒童接受藥物治療作為其上學、接受評量或服務的必要條件。這個條文將不會禁止教師或其他學校人員與家長分享其孩子在班級中的學業和功能性表現、行為，或是其在特殊教育評量和相關服務上的需求。《IDEIA 2004》還主張建立**全校 PBS 系統**，此系統將於第 3 章第 1 節陳述。

貳、臺灣

臺灣法規中尚未提及 PBS，僅提及**禁止學校體罰**、**正向管教**（positive discipline），例如《教育基本法》（1999/2013）第 8 條第 2 項指出：「學生之學習權、受教育權、身體自主權及人格發展權，國家應予保障，並使學生不受任何體罰及霸凌行為，造成身心之侵害。」第 15 條揭示：

> 教師專業自主權及學生學習權、受教育權、身體自主權及人格發展權遭受學校或主管教育行政機關不當或違法之侵害時，政府應依法令提供當事人或其法定代理人有效及公平救濟之管道。

另外，《教師法》（1995/2019）第 32 條表示：「教師除應遵守法令履行聘約外，並負有下列義務：……四、輔導或管教學生，導引其適性發展，培養其健全人格。」教育部為協助學校依《教師法》第 32 條規定，訂定《學校實施教師輔導與管教學生辦法須知》（2007）、《學校訂定教師輔導與管教學生辦法注意事項》（2003/2022），還於 2007 年擬訂「推動校園正向管教工作計畫」，並落實《教育基本法》（1999/2013）規定，積極維護學生之學習權、受教育權、身體自主權及人格發展權，且維護校園安全與教學秩序，「臺灣學生情緒行為問題處理的相關法規」呈現於附錄 2，例如：《學校實施教師輔導與管教學生辦法須知》中，規定學校宜善用心理諮商輔導資源：

學校應透過導師、認輔教師、輔導教師、退休教師、認輔志工、社會工作師、心理師、教務處、學務處（訓導處）、輔導處（室）等相關人員與各項社會人力資源之整合及運用，發揮團隊合作輔導成效。

學校應結合校內相關心理諮商輔導資源，提供教師輔導與管教之諮詢，並應結合認輔制度，鼓勵學校教師、退休教師與社會志工認輔適應困難及行為偏差之學生。

學校應透過專業諮商心理人員參與學校輔導工作方案，引進心理師、社會工作師或精神科醫師等之專業人員，協助學校輔導有特殊心理、行為及家庭問題困擾之學生。

《學校訂定教師輔導與管教學生辦法注意事項》（2003/2022）規定學校訂定教師輔導與管教學生辦法的程序如下：

學校訂定教師輔導與管教學生辦法，宜依循民主參與之程序，經有合理比例之學生代表、教師代表、家長代表及行政人員代表參與之會議討論後，將草案內容以適當之方法公告，廣泛聽取各方建議，必要時並得舉辦公聽會或說明會。

前項學生代表人數於高級中等以上學校，宜占全體會議人數之五分之一以上；於國民中小學，宜占全體會議人數之十分之一以上。

教師輔導與管教學生辦法應經校務會議通過後，由校長發布實施。

《學校訂定教師輔導與管教學生辦法注意事項》（2003/2022）還提及管教原則包括：第一，**平等原則**，教師輔導與管教學生，非有正當理由，不得為差別待遇。第二，**比例原則**，教師採行之輔導與管教措施，應與學生違規行為之情節輕重相當，並依下列原則為之：（1）採取之措施應有助於目的之達成；（2）有多種同樣能達成目的之措施時，應選擇對學生權益損害較少者；（3）採取之措施造成之損害，不得與欲達成目的之利益明顯失去均衡。《學校訂定教師輔導與管教學生辦法注意事項》也訂定對特殊教育學生輔導與管教之規定：

學校依特殊教育法實施特殊教育者，於訂定教師輔導與管教學生辦法時，應參考本注意事項及相關法令規定，考量特殊教育學生身心特性及需要，保持必要彈性。

> 教師實施輔導與管教時，發現學生有身心障礙或精神疾病者，應將輔導與管教紀錄，連同書面申請書送學校輔導處（室），斟酌情形安排學生接受心理諮商，或依法定程序接受特殊教育或治療。

《學校訂定教師輔導與管教學生辦法注意事項》（2003/2022）規定教師輔導與管教學生應審酌的情狀，以確保輔導與管教措施之合理有效性：（1）行為之動機與目的；（2）行為之手段與行為時所受之外在情境影響；（3）行為違反義務之程度與產生之危險或損害；（4）學生之人格特質、身心健康、生活與家庭狀況；（5）學生之品行、知識程度與平時表現；（6）行為後之態度。它也提示教師輔導與管教學生，應先了解學生行為之原因，針對其原因選擇解決問題之方法，並視狀況調整或變更，做以下考量：（1）尊重學生之學習權、受教育權、身體自主權及人格發展權；（2）輔導與管教方式應考量學生身心發展之個別差異；（3）啟發學生自我察覺、自我省思及自制能力；（4）對學生表現之良好行為與逐漸減少之不良行為，應多予讚賞、鼓勵及表揚；（5）應教導學生，未受鼓勵或受到批評指責時之正向思考及因應方法，以培養學生承受挫折之能力及堅毅性格；（6）不得因個人或少數人之錯誤而懲罰全班學生；（7）對學生受教育權之合理限制應依相關法令為之，且不應完全剝奪學生之受教育權；（8）不得以對學生財產權之侵害（例如：罰錢等）作為輔導與管教之手段。但要求學生依法賠償對公物或他人物品之損害者，不在此限。

《學校訂定教師輔導與管教學生辦法注意事項》（2003/2022）提及，為維護學生之身體自主權與人格發展權，除法律有明文規定，或有相當理由及證據顯示，特定學生涉嫌犯罪或攜帶違禁物品，或為了避免緊急危害者外，教師及學校不得搜查學生身體及其私人物品（例如：書包）。當中違法懲罰之類型和正向管教措施如表 1-5。

由上述違法懲罰之類型和正向管教措施，並參考相關文獻（J. Nelsen et al., 2013），我整理正向管教和懲罰之差異如表 1-6。我認為**正向管教**和 PBS 相同處為，皆強調了解行為問題背後的原因，採取正向、非嫌惡的行為介入策略。差異處為，PBS 除了採取後果處理策略外，更主張預防行為問題出現，教導正向行為取代行為問題；而正向管教較少著墨預防策略，雖有提到運用示範（modeling）策略引導好的行為，但沒有詳細探討如何系統地教導正向行為，以取代行為問題。

除了上述普通教育的法規外，**《特殊教育法施行細則》**（1987/2020）第 9 條規定 IEP 之五項要素中提及，**具情緒與行為問題學生所需之行為功能介入方案與行政支援**。**《身心障礙學生支持服務辦法》**（1999/2013）第 10 條第 2 項指出：學校（園）及機構辦理相關活動，應考量身心障礙學生參與之需求，營造最少限制環境，包括調

表 1-5　違法懲罰之類型和正向管教措施

違法懲罰之類型	正向管教措施
1. 教師親自對學生身體施加強制力之體罰（例如：毆打、鞭打、打耳光、打手心、打臀部或責打身體其他部位等）。 2. 教師責令學生自己或第三者對學生身體施加強制力之體罰（例如：命令學生自打耳光或互打耳光等）。 3. 教師責令學生採取特定身體動作之體罰（例如：交互蹲跳、半蹲、罰跪、蛙跳、兔跳、學鴨子走路、提水桶過肩、單腳支撐地面或其他類似之身體動作等）。 4. 教師採取體罰以外之違法懲罰（例如：誹謗、公然侮辱、恐嚇、身心虐待、罰款、非暫時保管之沒收學生物品等）。	1. 教師與學生溝通時，先以「同理心」了解學生，也讓學生覺得被了解後，再給予指正、建議。 2. 教師告訴學生不能做出某種行為，清楚說明或引導討論不能做的原因。而當他沒有或不再做出該行為時，要盡速且明確地稱讚他沒有或不再做該行為。 3. 教師除具體協助學生了解不能做某種不好行為及其原因外，也要具體引導學生表現某種良好行為，並具體說明原因或引導學生討論原因，並且當他表現該行為時，明確地稱讚他表現這種行為。 4. 教師利用討論、影片故事或案例討論、角色扮演及經驗分享，協助學生了解不同行為的後果（對自己或他人的正負向影響），因而認同行為能做或不能做及其理由，以協助學生學會自我管理。 5. 教師用詢問句啟發學生思考行為的後果（對自己或對他人的短期與長期好處和壞處），以增加學生對行為的自我控制能力；並給予學生抉擇權，用詢問句與鼓勵學生做出理性的抉擇，以增進學生的自主管理。 6. 教師注意學生所做事情的多元面向，在指正負向行為前，可先稱讚正向行為，以促進師生正向關係，增加學生對負向行為的改變動機。 7. 教師糾正學生不對或不好的行為時；也要具體告訴學生是「某行為不好或不對」，不是「學生整個人不好」。

註：整理自《學校訂定教師輔導與管教學生辦法注意事項》（2003/2022）。

整活動內容與進行方式、規畫適當動線、提供輔具、**人力支援及危機處理計畫**（crisis management plan，簡稱 CMP）等相關措施，以支持身心障礙學生參與各項活動。另外，**《身心障礙者權益保障法》**（1980/2021）第 50 條明訂，主管機關應依需求評量結果，辦理及提供身心障礙者獲得所需之個人支持及照顧。而**《身心障礙者個人照顧服務辦法》**（2012/2015）第 72 條指出，直轄市、縣（市）主管機關應依身心障礙者個別需求提供復康巴士、**情緒支持**、**行為輔導**、輔具服務及其他福利相關服務；其中第 78 至 86 條明定「情緒支持和行為輔導服務內容」，包括：（1）情緒支持及疏導；（2）社會心理與家庭功能評估及服務；（3）社會福利服務諮詢、連結及轉介；（4）以居家、社區或機構式提供**正向支持取向**之行為輔導服務。

另外，洪儷瑜等人（2015）發表**《特殊教育學生情緒行為問題處理守則與專業倫理》**，旨在提供特殊教育工作者處理特殊教育學生情緒行為問題的規範。該處理守則以**三個層級預防**之觀點設計，依學生情緒行為問題的嚴重程度選用合適的層級。層級

表 1-6　正向管教和懲罰之比較

正向管教	懲罰
1. 處理人員告訴個體哪些是正面的行為，個體把錯誤當作學習的機會。	1. 處理人員只告訴個體「不可以」表現哪些行為。
2. 處理人員示範和引導好的行為，並且讚美或鼓勵個體的努力，以及好的行為表現。	2. 處理人員嚴厲回應個體的不當行為。
3. 處理人員針對個體的行為，而不是個體本身——你的某項行為錯了。	3. 處理人員批評個體本身：「你笨死了，你錯了！」而不是針對個體的行為。
4. 處理人員採取的回應方式和個體的行為問題有直接、邏輯的關係，而且前後一致，例如：個體的不適當行為如果造成別人的損失，必須有所補償。	4. 處理人員採取的回應方式和個體的行為問題不相關，而且不合邏輯，例如：個體因為傷害他人而受到體罰，但是沒有向對方道歉或補償對方。
5. 處理人員回應方式的選擇考量過個體的能力、需求和發展階段。	5. 處理人員回應方式的選擇沒有考量個體的能力、需求和發展階段。
6. 個體遵守規則是因為那些是成人與他討論過、他認同的規則。	6. 個體遵守規則是因為受到威脅利誘。

1 是初級預防，適用於所有無明顯情緒行為問題的特殊教育學生，以提供他們適性的教育，教導他們教室適應技巧。層級 2 是次級預防，適用於有明顯情緒行為問題的學生，旨在改善行為與預防問題惡化。然而，若個體出現有涉及生命安全之情緒行為時，則建議直接實施層級 3。另外，該倫理守則提及，實施任何行為評量或介入須以**維護學生福祉**為最高考量，**保護其隱私**，確保實施程序是**有實證支持**的，由**最多相關人員參與實施多元策略**，並考量學生與環境之適配度，以**最少侵入**、**最少限制**、**學生最大參與**為原則。在實施過程中，特殊教育人員應持續參與相關專業知能的成長，為確保執行品質，有權利接受專業的督導，並應持續評鑑成效，依據變化做必要的調整。

除了美國與臺灣的法規外，國際間也有國家將 PBS 作為教育政策，例如：紐西蘭教育部（New Zealand Ministry of Education）就以 PBS 的理念經營學校教育，營造**正向行為的學習環境**（positive behavior for learning），以提升所有學生的行為和福祉（Boyd et al., 2015）。

總結

PBS 緣起於「校園行為問題的增加」，對「後果本位、非功能性和消除型行為處理策略」的省思，以及來自於「ABA和BMA」、「生態派典和系統改變理論」、「常態化原則或融合」、「PCP」、「自我決策」與「正向心理學」六方面的影響。PBS結合「價值體系」和「科學技術」於一體，提供用愛理解、用話鼓勵和用對方法，以處理行為問題的「正向思考、語言和行動」。「用愛理解」是其背後的價值觀，主張同理地了解個體產生行為問題的原因與功能，以「提升個體的QOL」作為介入目標；「用話鼓勵」和「用對方法」是 PBS 運用科學技術，引導和鼓勵個體正向行為的表現，倡議依據行為功能，擬訂「多元且正向」的證據本位介入策略。美國的法規已明確提出對行為問題實施 FA 的重要性，並依其結果發展 BIP。而臺灣法規表示每一位學生都有不受任何體罰的權利，並推動校園正向管教；另外，對於情緒與行為問題學生因行為問題而影響學生，其 IEP 中須載明「所需之行為功能介入方案與行政支援」。

! 作業練習 以正向行為支持檢視行為介入的迷思與事實

以PBS的觀點，檢視自己在行為介入上有哪些迷思？PBS提示的正確思考又是什麼？請整理於表 1-7 中。

表 1-7　以正向行為支持檢視自我在行為介入上的迷思與事實

迷思	事實

附錄

附錄 1　美國《IDEIA 2004》和《IDEA 1997》在行為介入法規的比較

附錄 2　臺灣學生情緒行為問題處理的相關法規

測驗題

第一章　正向行為支持的發展與意涵測驗題

第二章

行為介入的理論與發展

第一節 生物模式的行為介入理論

第二節 行為模式的行為介入理論

第三節 心理教育模式的行為介入理論

第四節 人本模式的行為介入理論

第五節 生態模式的行為介入理論

第六節 認知和認知—行為模式的行為介入理論

第七節 行為介入理論的歷史發展

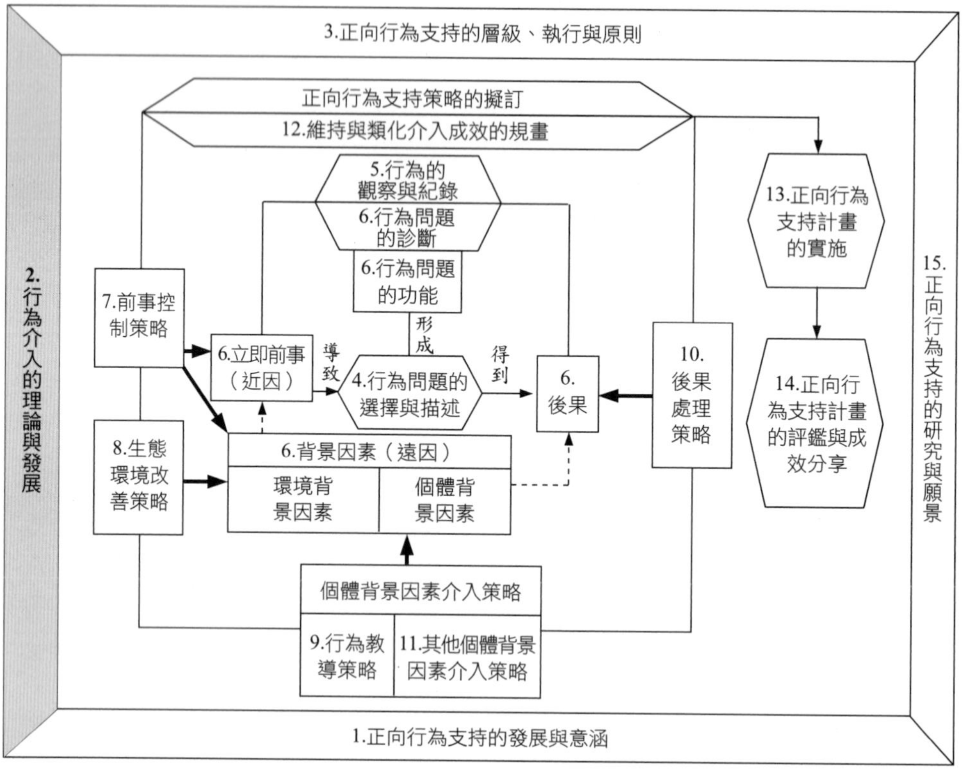
3.正向行為支持的層級、執行與原則
2.行為介入的理論與發展
正向行為支持策略的擬訂
12.維持與類化介入成效的規畫
5.行為的觀察與紀錄
6.行為問題的診斷
6.行為問題的功能
形成
7.前事控制策略
6.立即前事（近因）
導致
4.行為問題的選擇與描述
得到
6.後果
10.後果處理策略
8.生態環境改善策略
6.背景因素（遠因）
環境背景因素
個體背景因素
個體背景因素介入策略
9.行為教導策略
11.其他個體背景因素介入策略
13.正向行為支持計畫的實施
14.正向行為支持計畫的評鑑與成效分享
15.正向行為支持的研究與願景
1.正向行為支持的發展與意涵

導讀問題

1. 生物（biological）模式對行為問題起源與介入的觀點是什麼？
2. 行為（behavioral）模式對行為問題起源與介入的觀點是什麼？
3. 心理教育（psychoeducational）模式對行為問題起源與介入的觀點是什麼？
4. 人本（humanistic）模式對行為問題起源與介入的觀點是什麼？
5. 生態（ecological）模式對行為問題起源與介入的觀點是什麼？
6. 認知（cognitive）模式對行為問題起源與介入的觀點是什麼？
7. 認知—行為（cognitive-behavioral）模式對行為問題起源與介入的觀點是什麼？
8. 行為介入理論的歷史發展脈絡是什麼？

行為問題給個人、家庭、學校和整個社會帶來無限的困擾，為解決這些困擾，過去幾十年從醫學、心理學等各學門，發展出一些理論探討行為問題的起源和介入策略。這些理論從不同的角度解釋行為問題的形成原因，從中可以發現單一的理論無法解釋所有的行為問題；而且，從這些理論的發展歷史來看，它們彼此之間也互相影響，這些影響再加上新思潮的結合，對行為問題的認識和介入方法開始有重大的改變。本章將討論七種行為問題介入的理論，最後再綜觀行為介入理論的歷史發展。綜合八篇文獻（M. C. Coleman & Webber, 2002; Kauffman & Landrum, 2013, 2018; P. L. Newcomer, 2003; T. M. Shea & Bauer, 2012; Sue et al., 2017; Webber & Plotts, 2008; Wicks-Nelson & Israel, 2006; Yell et al., 2013）所提情緒行為介入的理論模式，有**生物**、**行為**、**心理教育**、**人本**、**生態**、**認知**，以及**認知—行為**七種模式，如附錄 3「文獻所提情緒行為介入的理論模式」。

第一節　生物模式的行為介入理論

精神異常（mental disorders）是種大腦出現問題的生理疾病，正如 Yager（2015）所指如身體疼痛般，是一種精神的疼痛（psychic pain）。

生物模式又稱作**醫學**（medical）、**生物生理**（biophysical; Scheuermann & Hall, 2008）、**生物行為**（biobehavioral; T. M. Shea & Bauer, 2012），或**生物基因**（biogenic）模式（Sue, 1996）。以下討論它對行為問題起源的觀點，以及對行為問題的診斷與介入。

壹、生物模式對行為問題起源的觀點

生物模式認為行為問題和個體的生理因素，如氣質（temperament），內分泌失調（endocrine disorders）和腦神經生物化學傳導物質（neurotransmitter）失衡，腦神經系統異常（nervous system disorders），遺傳和基因異常（hereditory and genetic disorders），器官發展不健全或損傷，疾病、藥物和疼痛的影響，以及飲食、睡眠、運動和生活作息的失調有關。

一、氣質因素

氣質是個體對內在或外在刺激的反應方式，它與生俱有，是每個人獨特的**行為風格**（behavioral style），例如：「餓」是一種內在刺激，面對此刺激的反應強弱，每個人有所不同，即使是孿生子，也可能有差異（A. Thomas & Chess, 1977）。氣質是人與人之間，除了生理、智力以外，另一個與生俱來的個別差異（Keogh, 2003）。氣質不同於「能力」，也不同於「動機」，它關注的是表現行為的方式（A. Thomas & Chess, 1977）。有九個項目可評量氣質，我綜合文獻（徐澄清、徐梅屏，1995；A. Thomas & Chess, 1977; A. Thomas et al., 1969），說明其意義如下，並加入其他文獻，敘述特殊需求者在這些氣質指標上的表現。

（一）活動量

活動量（activity level）是指身體活動的程度。活動量大的個體，睡眠時間短，整天動個不停；而活動量小的個體，則不喜歡戶外活動，即使出了門，還是坐著不動。AD/HD 者的活動量較高。

（二）趨避性

趨避性（approach or withdrawal）是對新的人事物，「第一次」見到時，表現出來是「接受」或是「退縮」的態度。個體對人事物的趨或避並不一定一致，可能什麼都馬上接受，可能什麼都逃避，也可能比較逃避人，卻接受物。ASD 者比較逃避人，卻接受物，有些人甚至會有**不當的戀物行為**，例如：經常攜帶特定物品在身上（Clements & Zarkowska, 2000; Moyes, 2002）。我配合美國精神醫學會〔American Psychiatric Association（APA），2013a〕《精神疾病診斷與統計手冊（第 5 版）》〔*Diagnostic and Statistical Manual of Mental Disorders*（5th ed.），簡稱 DSM-5〕的主張，將「自閉症」（autistic disorder）、「亞斯伯格症」（Asperger's syndrome），以及其他不特定的廣泛發展異常（pervasive developmental disorders）合併成「泛自閉症」（ASD）；這三種診斷屬於同一狀況，只是症狀嚴重程度不同而已。

（三）適應度

適應度（adaptability）和趨避性表面上好像有點相似，其實是兩回事。適應度是指須多長的時間來適應新的人事物，有些孩子對新的人事物是接受的，但需要較長的時間適應它，例如：Schopler 和 Mesibov（1994）指出，部分 ASD 者有適應度低的狀況，面對新的人事物易於出現焦慮的反應。同樣地，部分 E/BD 者及智能障礙（intellectual disability，簡稱智障）者也有適應度低的現象。

（四）規律性

規律性（regularity）是指個體生活作息的規律情形。有的個體生活規律正常，像個鬧鐘似的準；有的則生活不規律，別人睡午覺時他不睡。ASD 者的規律性高，甚至會出現**固定形式而抗拒改變的行為**，例如：反覆聽同一首歌、坐固定位子、走固定路線、堅持固定流程等；當他們在乎的事情或是規律性被打破時，會變得異常焦慮甚或生氣（Sicile-Kira & Grandin, 2004）。

（五）反應閾

「反應閾」（threshold of responsiveness）是指，引起個體某種反應所需的刺激量，它的高低和智能並無關係。人有五官，這五官各需多少刺激才能產生反應都不一定，例如：有些人只要一點點燈光就會驚醒，表示他視覺反應閾特別低。部分 ASD 者有異常的感覺表現，有些人對聽覺、視覺或觸覺刺激有過度興奮、痛楚或驚恐的表現；但另有些人對感覺刺激卻反應過弱，例如：他們會抓傷自己至流血而不覺得痛（Sicile-Kira & Grandin, 2004）。

除了視覺、聽覺、觸覺、嗅覺、味覺外，另外還有一種**社會覺**，也就是「察言觀色」能力，有些個體對人情緒反應的敏感度較低，總要別人非常憤怒時才感受得到，例如：部分 ADS、AD/HD、E/BD、智障和學障者有**社會覺反應閾高**的問題，他們對於他人非口語表達（例如：表情、動作、聲調）、情緒的辨識和理解能力較差；以及較欠缺適當社會技能（social skills），對於社會情境的辨識、預測行為後果的能力較有限，社會問題解決能力較差等。而部分資賦優異學生（gifted and talented students，簡稱資優學生）的**社會覺反應閾低**；B. Clark（2014）即指出，資優生其中一項情意特質為敏感度較高，較易對他人的批評過度反應。

（六）反應強度

反應強度（intensity of reaction）是指，對內在或外在刺激反應強弱的程度，過於激烈或微弱的反應都會影響個體的適應狀況，最顯著受干擾的則是人際關係。E/BD者對內在或外在刺激反應強度較強，較有困難克制情緒和行為，甚至會發展出與個人或學校相關聯問題的恐懼，並且產生身體症狀（Kauffman & Landrum, 2018）。

（七）堅持度

堅持度（persistence）是指，個體正在做或正想做某件事，卻遭到外來阻礙時，他克服這些阻礙而持續下去的程度是如何。堅持度高的個體，在做事情當中，會克服困難繼續做下去的傾向很強烈，例如：要買玩具飛機，他人很難哄他換買其他東西。ASD 者對特別的事物、非功能性的常規或儀式有較高的堅持度和固執性（Notbohm, 2006）。兩篇調查相關人員有關 ASD 者飲食多樣性限制原因的研究，一是 L. G. Rogers 等人（2012）對家長，另一是 Padmanabhan 和 Shroff（2022）對教育人員，皆將 ASD 者的局限和重複行為視作其飲食多樣性限制的原因之一。而局限和重複行為皆與適應度低和堅持度高的氣質有關。

再者，B. Clark（2014）指出資優者其中兩項情意特質為：堅持度高，較易執著於自己的想法、作法和達到的標準；對自我和他人的要求高和完美，因而會產生高度的壓力，當現實與期待有落差時，可能會造成極大的挫折感。

（八）注意分散度

注意分散度（distractibility）是指個體面對目前做的事情，注意力集中或分散的程度，例如：有兩個正在看電視的小孩都聽到門鈴聲，其中之一有反應，表示他聽覺的注意度容易分散；另外一個則毫無反應，表示他聽覺的注意度較不易分散。而 AD/HD 者的注意度較容易分散，注意力持續的時間較短（Barkley & Murphy, 2005）。部分 ASD 者會不恰當地注意事物的細節部分，而忽略重要的部分（Notbohm, 2006），例如：緊盯他人衣服上的鈕扣，而沒有注意他人的整體衣著和臉部表情。

（九）情緒本質

一個人一天清醒的時間中，表現的快樂、友善、和悅，與不快樂、不友善、不和悅之間的比例，稱為「情緒本質」（quality of mood）。要注意的是，一個人外在的表情，和個體內在的感覺未必是一致的，有些人內心快樂，表情卻習慣不苟言笑，正如閩南語有「拗嘟嘟」和「笑微微」兩個詞形容一個人的情緒本質。

從這九項指標，A. Thomas 等人（1969）將兒童的氣質分成三種主要類型，即**難養型**（difficult）、**安定型**（easy）及**慢吞吞型**（slow-to-warm-up），他們涵蓋65%的比例。難養型兒童規律性和適應度均低，堅持度和反應強度均高，趨避性是傾向於「避」，而情緒本質較偏向負向，有 10% 的比例屬於此類型。安定型兒童占了 40% 的比例，他們活動量中等，有規律性，對新的人事物，第一次接觸的時候是接受的，並且容易適應這些新刺激，反應強度和堅持度適中，而情緒本質是正向的。慢吞吞型的兒童占 15%，他們對新的人事物，第一次接觸的時候是退縮的，亦即「趨避性」是趨向於「避」，接觸以後的「適應度」非常低，「反應強度」相當微弱，並且堅持度也不高。

二、內分泌失調和腦神經生物化學傳導物質失衡

內分泌失調會造成腦神經生物化學傳導物質的失衡，進而導致情緒與行為問題，包括以下四種狀況（Sue et al., 2017）：一是**腎上腺**（adrenal）分泌不足會造成冷漠、疲倦、畏縮等情緒的障礙；分泌過剩同樣會造成情緒和精神的症狀。二是**腦下垂體**（pituitary gland）分泌不正常是造成雙極症（bipolar disorders）的原因之一，分泌過多則導致攻擊行為。三是**甲狀腺**（thyroid）分泌過多會引發急躁、坐立不安和攻擊行為的現象；分泌過少則有語言動作遲鈍、思考混亂、精神無法集中、憂鬱的症狀。四是對成年人而言，特殊情緒困擾與性賀爾蒙（sex hormone）分泌不正常有關，例如：35% 的女人在月經來臨前會有情緒問題；50% 至 70% 的女人在產後 3 到 10 天之間，因為**動情激素**（estrogen）大量減少，也有輕微而短暫的心情不佳情況；另 10% 的女人在產後 3 個月內會有某種程度的憂鬱。

在腦神經生物化學傳導物質失衡方面，從三種經常出現固著式自我傷害（self-injury，簡稱自傷）行為者——**李奇萊亨症**（Lesch-Nyhan syndrome）、**妥瑞症**（Tourette syndrome）及**德藍症**（De-Lang syndrome）者身上可發現（Shore & Iwata, 1999）。文獻指出，神經元系統受到**多巴胺**（dopamine）的作用而可能產生自傷行為；多巴胺是一種腦內分泌，負責大腦情緒、感覺訊息傳遞的「腦神經生物化學傳導物質」（F.

C. Mace & Munk, 1999; Shore & Iwata, 1999），例如：若給予增加腦內多巴胺濃度的藥物，如咖啡因（caffeine）、苯異丙胺（amphetamine）等，則會增加老鼠自傷行為的頻率；而在靈長類動物實驗中，給予多巴胺作用劑後，靈長類動物會出現類似李奇萊亨症之自傷行為（徐偉雄等人，1995；Reese, 1997）。

另外，**腦內啡**（endorphin，又譯為「內啡肽」、「安多芬」）的作用也可能是自傷行為的病理機轉（Shore & Iwata, 1999）；Catalo 和 Harris（1982）指出身體對疼痛的生物化學反應，可能是自傷行為的形成原因，例如：研究指出有習慣性自傷行為的個體，其血液中腦神經生物化學傳導物質——腦內啡有顯著升高的現象。腦內啡是一種內部形成（腦下垂體分泌），很類似嗎啡（morphine）的物質，它是由腦下垂體和脊椎動物丘腦下部所分泌的氨基化合物（肽），可以控制個體的情緒、痛感等（A. Goldstein & Lowery, 1975）。自傷行為引起的疼痛反應能促使體內釋放腦內啡，如此可減少個體的不愉快感，具有增強的作用，此乃**生物增強理論**（biological reinforcement theory; Kennedy, 1994），例如：李奇萊亨症者表現出自傷行為，不停地咬嘴唇和指頭，個體無痛覺感；而**雷特症**（Rett's syndrome）者在行為上，顯現重複搓手、絞手、拍手、抹嘴，甚至過度換氣或屏住呼吸，由於反覆不停之手部動作，而導致皮破發炎等（Reese, 1997）。

除了對自傷行為的探討外，有文獻討論特殊情緒困擾（specific emotional disturbance）的生理因素。舉例來說，腦部缺乏腦神經生物化學傳導物質——**兒茶酚胺**（catecholamine）時，就會形成憂鬱；相反地，如果它過多，則會有躁鬱症；兒茶酚胺的功能是在神經傳導系統中產生愉快和鼓舞的感覺（Wilens & Hammerness, 2016）。Comer（2001/2004）指出另一種是**血清素**（serotonin），它若積存過多，則有焦慮症（anxiety disorders）；要是缺乏兒茶酚胺加上血清素過剩，則個體憂鬱與焦慮兼而有之。

三、腦神經系統異常

綜合文獻發現，腦神經系統異常包括**頭部外傷**（traumatic brain injury）、**感覺調節異常**（sensory modulation disorder）、**腦區異常**，以及**腦神經發展功能失調**（neurodevelopmental dysfunction）四大成因，分述如下。關於頭部外傷，由於外力導致開放或封閉性的頭部外傷，因而造成全部或部分領域功能上的障礙，以及心理社會的損傷。它常有的身體特徵包括頭痛、疲勞、肌肉收縮、失去平衡感、痲痺；認知特徵包含記憶問題、注意力不足、思考紊亂、對多步驟的工作有困難；社會或情緒特徵有焦慮、憂鬱、動機較低落等（D. D. Smith & Taylor, 2010）。

關於感覺調節異常，**感覺統合**（sensory integration）的主張者（例如：A. J. Ayres, 1998; Hazen et al., 2014; Schaaf & Miller, 2005）指出，感覺調節異常會造成個體**感覺處理和知覺**（sensory processing and perception）**的問題**，個體在因應環境的感覺刺激會表現異常行為。L. J. Miller 等人（2017）指出，有三種感覺處理和知覺的問題：（1）**感覺過度反應**，對某些感覺刺激產生過度防禦的行為，例如：抗拒噪音、衣服上的標籤、身體觸碰、某種質地的食物；（2）**感覺低度反應**，對某些感覺刺激產生低度反應，或是需要較長時間或較深刺激量才會有反應，例如：對疼痛低度反應；（3）**感覺渴望**，對某些感覺刺激表現不適當的趨近行為，例如：啃書、聽沖水聲等。Page 等人（2022）系統回顧（systematic review）2013 年 1 月至 2020 年 6 月，分析 ASD 者進食問題原因的 29 篇研究中，有 12 篇分析感覺處理和知覺問題，結果皆一致發現，它與 ASD 者的進食問題有正相關，其中嗅覺和味覺過度反應是主要的問題。在 2019 年底出現新型冠狀病毒所致的疾病（Coronavirus disease-2019, COVID-19）這段期間，有研究（Goh et al., 2020; Mutluer et al., 2020）指出，部分 ASD 者外出較難配戴口罩，若強迫戴上則會產生厭惡的情緒，這是觸覺過度反應的現象。

感覺調節異常和**腦神經系統「覺醒調節」**（arousal modulation）有關，**「覺醒中樞」**（arousal center）**有缺陷**的個體，若環境刺激不足，個體會產生「刺激的渴望」，特別需要感覺刺激，從而一直出現自我刺激行為（self-stimulating behaviors）、固著式的自傷行為；相反地，如果環境刺激過多，特別是會引起焦慮、壓力和挫折的刺激，則個體也會產生自傷行為，以減低升高的覺醒層次，求得生理上的均衡（徐偉雄等人，1995；Shore & Iwata, 1999）。

關於腦區異常，Gedye（1991）研究指出自傷行為與**腦額葉功能失常**（frontal lobe dysfunction）有關，由於**額葉抽搐**（seizure）導致個體不自主的肌肉收縮，而此收縮的形態與自傷行為類似。L. L. Ross 等人（1998）指出，週期性的固著行為（例如：搖頭），是**中樞神經振動區**（neural oscillator）引起。表 2-1 呈現：精神疾病之腦區異常和腦神經生物化學傳導物質失衡。

有關腦神經發展功能的失調，Schroeder 等人（1999）指出**自律神經系統**（autonomic nervous system）**失調**會造成自傷行為，例如：雷—德二氏症（Riley-Day syndrome），又名家族性的自律神經失調（familial dysautonomia），乃由於自律神經系統失調，導致個體對疼痛先天性不敏感。文獻（Kropla et al., 1994; Short, 1990; Whitman et al., 1983）指出，固著行為是神經生理發展的暫時表徵，所以嬰兒皆有固著行為，一般嬰兒的固著行為至兒童期即逐漸被其他適當的行為取代；唯身心障礙者的固著行為與其生理、障礙狀況和認知功能等個體因素有關，所以可能持續時間較長，且

表 2-1　精神異常之腦區異常和腦神經生物化學傳導物質失衡

精神異常	異常的腦區	腦神經生物化學傳導物質失衡
焦慮症	全腦	正腎上腺素（norepinephrine）、伽馬氨基丁酸（gamma-amino-butyric acid）、多巴胺、血清素
憂鬱症（depressive disorders）和躁鬱症	額葉、邊緣區域（limbic areas）	血清素、正腎上腺素、兒茶酚胺
強迫症（obsessive compulsive disorders）	紋狀體（striatum）、扣帶迴（cingulate）	血清素
精神障礙（psychotic disorders）	額葉、紋狀體	多巴胺、血清素
AD/HD	額葉、紋狀體	多巴胺、正腎上腺素
妥瑞症和抽搐症（tic disorders）	基底核（basal ganglia）、額葉	多巴胺、血清素
酒精濫用	全腦、額葉	伽馬氨基丁酸、穀氨酰胺（glutamine）、腦內啡
藥物濫用	很多區域、下視丘、大腦腳蓋（tegmentum）	多巴胺、腦內啡、伽馬氨基丁酸、穀氨酰胺

註：綜合整理自 Sinacola 和 Peters-Strickland（2006）及 Wilens 和 Hammerness（2016）的文獻。

同樣障礙類別的兒童，其固著行為亦有共同特徵；而障礙程度愈重，其固著行為比例愈高，且愈可能與腦神經發展功能的失調有關。舉例來說，Gense 和 Gense（1994）主張，ASD 者固著行為產生的原因乃大腦傳輸結構不同，導致與一般人有異之學習形態，亦即在了解和回應外界刺激上有困難。Shore 和 Iwata（1999）主張，由於部分身心障礙者腦神經發展功能的失調，所以他們持續表現固著行為以探索外在環境。

四、遺傳和基因異常

遺傳和基因異常可能導致一些生理問題、精神異常、新陳代謝失調（metabolic disorders）等，例如：**威爾森氏症**（Wilson's disease）是由於基因缺陷導致身體對「銅」的代謝異常造成，過多的銅堆積在不同的器官中，而產生對組織的毒性與破壞，通常在成人階段會展現神經系統症狀，有顫抖、不自主運動、步伐不穩、口齒不清、流口水、吞嚥困難等；約有三分之一的威爾森氏症者，是以精神症狀最早出現，從一些情緒不穩的現象到明顯的憂鬱症、躁症（manic disorder）等（World Health Organization, 2004）。

就攻擊行為而言，許多研究指出它和染色體異常有關，Reinisch（1974）發現帶有異常染色體的人，其染色體為 47XYY、47XXY，由於比一般人多了一個 Y 或 X 染色體，被懷疑為造成攻擊行為的主因。雖然攻擊行為和上述遺傳基因有關，但只限於少數嚴重或屢犯的攻擊行為者上。

在**飲食異常**（eating disorders）方面，研究發現，一個家庭中常有數個飲食異常的人；這些有血緣關係的人有的雖在不同的環境中長大，但其飲食異常依然存在（Wicks-Nelson & Israel, 2006）。在特殊情緒困擾方面，Ziont 等人（2001）指出，個體有情緒困擾是遺傳自父母。

五、器官發展不健全或損傷

視覺障礙者由於視覺器官被剝奪，以及活動能力和範圍的受限，再加上無法觀察學習（observational learning），較容易持續發展固著行為，以因應所處環境的刺激。固著行為具有處理外界訊息的功能，因此全盲者比明眼人或弱視者，出現固著行為的比例更高（Whitman et al., 1983）。**排泄異常**（elimination disorder）與生理和器官發展（例如：膀胱儲尿能力）的不健全有關，以至無法控制大小便（Wicks-Nelson & Israel, 2006）。

六、疾病、藥物和疼痛的影響

疾病和用藥會影響個體對刺激的反應，舉例來說，個體感冒時，身體會比較虛弱，服藥後可能有副作用（例如：容易疲倦），間接地會影響他對刺激（例如：課程、工作）的反應，像是容易出現抗拒行為。另外，Symons（2012）指出，疼痛會造成個體以自傷行為紓解疼痛產生的不適感。舉例來說，蚊蟲侵入一位無口語 ASD 者的耳朵，造成他耳朵疼痛，他為紓解疼痛產生的不舒服感而出現拍打耳朵的自傷行為。

七、飲食、睡眠、運動和生活作息的失調

飲食失衡造成的營養不良，會導致疲倦、嗜睡、易怒、缺乏動機，以及容易生病或被傳染等情形。Knapczyk（1979）分析出三種與飲食有關的狀況，即**低血糖**（hypoglycemia）、**維他命或礦物質的缺失**（vitamin/mineral deficiencies）、**過敏**（allergies）；低血糖會造成個體疲倦、退縮，或過動、不專心；維他命或礦物質的缺失會造成過動；而過敏是指某些人對某些食物的成分和添加物產生多數人不會產生的中毒反

應。因此，飲食的均衡是很重要的。Roche 等人（2008）發現，青少年初期因節食造成體重減輕和營養不良，導致腦神經系統的錯亂，**厭食症**（anorexia）和**暴食症**（bulimia）因而形成；**迷走神經**（vagus nerve）中胃部的分支神經由於節食的結果，會發生運作不健全的現象，進而形成暴飲暴食和上吐下瀉的循環。

一些研究指出，飲食、睡眠、運動和生活作息的不正常是造成**身體調節異常**（disorders of physical regulation）的原因，例如：Marchi 和 Cohen（1990）發現，兒童期的**飲食挑剔**和**異食癖**（pica），是造成青少年期厭食症的原因；不適當的食物和水分的攝取，以及運動量不足與排泄異常和肥胖症有關；睡眠和生活作息不正常，則是形成**睡眠異常**（sleeping disorders）的可能來源。

貳、生物模式對行為問題的診斷與介入

因此，處理人員必須了解導致行為問題的生物因素，診斷方法包括個人發展史和家庭史訪談、基因檢查、腦神經評估、新陳代謝檢查、氣質評量等。介入策略則包括使用藥物、控制營養與飲食、安排運動、調整睡眠、因應感覺調節的異常，以及了解和因應個體的氣質，目標在調整個體的生理狀況和因應個體的氣質（M. C. Coleman & Webber, 2002; Schloss & Smith, 1998; T. M. Shea & Bauer, 2012），詳細的介入策略於第 11 章再討論。生物模式對行為問題起源與介入的觀點如圖 2-1。

圖 2-1　生物模式對行為問題起源與介入的觀點

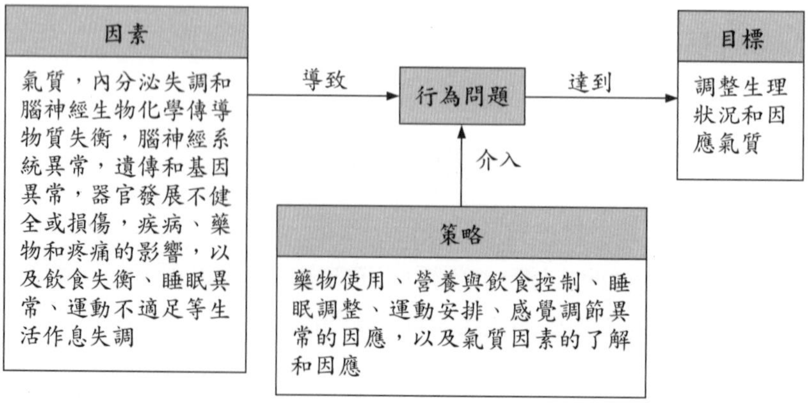

第二節 行為模式的行為介入理論

使用嫌惡的策略介入行為問題，會導致相關情境和人物成為「制約的懲罰物」。

行為模式的倡議者有 Pavlov、B. F. Skinner、Thorndike、Watson、Jones 等人（G. Martin & Pear, 2019）。它對行為問題起源的觀點，以及對行為問題的診斷與介入討論如下。

壹、行為模式對行為問題起源的觀點

行為模式的倡議者相信行為是環境刺激下的結果，它主張雖然一些簡單的行為可能由於生理的機械式反應，但人類大多數行為則是**學習得來的反應**，他們認為人類行為大致透過兩種方式學習：一為**反應制約取向**，另一為**操作制約取向**（G. Martin & Pear, 2019）。除了反應制約和操作制約兩大取向外，還有兩個混合和分支，即**社會學習理論**（social learning theory）和**認知—行為改變**（cognitive-behavior modification）**理論**（G. Martin & Pear, 2019）。社會學習理論促發認知和認知—行為模式的產生，之後再探討這兩個模式。以下詳細討論如何透過反應制約、操作制約和社會學習理論學習行為。

一、透過反應制約學習行為

透過反應制約學習**反應性行為**（respondents），它是屬於**前事控制的行為**；又稱為**古典制約**（classical conditioning），是由俄國倡議者Pavlov於 1927 年提出（G. Martin & Pear, 2019），如圖 2-2。這些反應制約學習程序可以一個接一個建立，形成**高層次的制約**（high-order conditioning; G. Martin & Pear, 2019），例如：鈴聲成為制約刺激，造成分泌唾液的制約反應後；接著在鈴聲出現前，配對呈現黃色燈光；最後黃色燈光出現，亦能產生分泌唾液的反應。

綜合文獻（G. Martin & Pear, 2019; Miltenberger, 2019），影響反應制約效果的因素包括：（1）中性刺激（例如：鈴聲）和非制約刺激（例如：食物）配對出現的次數，兩者配對出現的次數愈多，學習的效果愈好；（2）中性刺激在非制約刺激前出現的間隔時間，中性刺激在非制約刺激之前立即出現，其學習效果會比非立即出現來

圖 2-2 反應制約的學習歷程

Pavlov 的反應制約	行為問題的習得示例
1. 學習前 食物（UCS）→分泌唾液（UCR） 鈴聲（NS）→漠然反應	1. 學習前 懲罰（UCS）→害怕的反應（UCR） 廁所（NS）→漠然反應
2. 學習中（繼續配對呈現鈴聲與食物數次） 鈴聲（CS）→食物（UCS）→分泌唾液（UCR）	2. 學習中（繼續配對呈現在廁所懲罰學生數次） 廁所（CS）→懲罰（UCS）→害怕的反應（UCR）
3. 學習後 鈴聲（CS）→分泌唾液（CR）	3. 學習後 廁所（CS）→害怕的反應（CR）

註：UCS 是指非制約刺激（unconditioned stimulus），UCR 是指非制約反應（unconditioned response），CS 是指制約刺激（conditioned stimulus），CR 是指制約反應（conditioned response），NS 是指中性刺激（neutral stimulus）。依據陳榮華（1986，第 37 頁），增加行為問題的習得示例。

得好；（3）中性刺激和非制約刺激配對出現的一致性，兩者總是配對出現，其學習效果會比不一致的出現來得好；（4）中性刺激和非制約刺激的強度，刺激強度愈高，學習的效果愈好。

另外，透過**反制約**（counterconditioning），可以消除由反應制約習得的行為，其作法為一方面制約刺激和非制約刺激不再配對出現，以削減二者間的連結關係；另一方面藉由另外一個制約刺激，增強替代的反應（G. Martin & Pear, 2019），例如：大明現在看到狗就會產生恐懼的反應，為了消除此行為，處理人員透過反制約程序，一方面狂吠聲和狗不再配對出現，另一方面藉由大明喜歡和他的摯友——大雄玩，而大雄養了一隻非常溫馴可愛，不會狂吠的狗，每次大明和大雄玩時，這隻狗也會加入一起玩，如此產生的快樂反應抵消了原來的恐懼，如圖 2-3。

二、透過操作制約學習行為

透過操作制約學習**操作性行為**（operants），它是屬於**後果控制的行為**，是由 B. F. Skinner 於 1938 年提出（G. Martin & Pear, 2019），如圖 2-4。

圖 2-3　反制約的學習歷程

反應制約

1. 學習前
   狂吠聲（UCS）→恐懼（UCR）
   狗（NS）→漠然反應
2. 學習中（繼續配對呈現狂吠聲與狗數次）
   狗（CS）→狂吠聲（UCS）→恐懼（UCR）
3. 學習後
   狗（CS）→恐懼（CR）

反制約

1. 反制約前
   狗（CS_1）→恐懼（CR_1）
2. 反制約中
   狗（CS_1）→~~狂吠聲~~（UCS）→~~恐懼~~（UCR）
   狗（CS_1）→與朋友玩（CS_2）→快樂（CR_2）
3. 反制約後
   狗（CS_1）→快樂（CR_2）

註：UCS是指非制約刺激；UCR是指非制約反應；NS是指中性刺激；CS是指制約刺激，CS_1是指第一個制約刺激，CS_2是指第二個制約刺激；CR是指制約反應，CR_1是指第一個制約反應，CR_2是指第二個制約反應。✕表示不再配對出現。

圖 2-4　操作制約的學習歷程

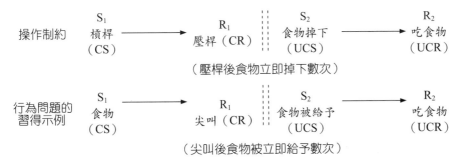

操作制約：S_1 槓桿（CS）→ R_1 壓桿（CR） ⁞ S_2 食物掉下（UCS）→ R_2 吃食物（UCR）

（壓桿後食物立即掉下數次）

行為問題的習得示例：S_1 食物（CS）→ R_1 尖叫（CR） ⁞ S_2 食物被給予（UCS）→ R_2 吃食物（UCR）

（尖叫後食物被立即給予數次）

註：S 是指刺激，R 是指反應，S_1、R_1 是指第一個刺激、反應，S_2、R_2 是指第二個刺激、反應；UCS是指非制約刺激，UCR是指非制約反應；CS是指制約刺激，CR是指制約反應。依據陳榮華（1986，第 56 頁），增加行為問題的習得示例。

影響操作制約效果的因素包括（G. Martin & Pear, 2019; Miltenberger, 2019）：（1）**練習律**，刺激—反應連結的強弱與練習次數多寡有關，練習次數愈多，則連結愈強；（2）**準備律**，刺激—反應連結的強弱與個體的身心準備度有關，個體的準備度愈佳，則連結愈強，例如：老鼠肚子愈餓，愈需要食物，則愈可能出現壓桿行為；（3）**效果律**，刺激—反應連結的強弱與反應之後的結果有關，反應之後立即且一致地出現個體期待的結果，則連結愈強。

以反應和操作制約理論為基礎，行為模式主張行為乃透過與環境刺激間的連結而習得，亦即行為都可以藉著對環境刺激的操弄來塑造，這裡的環境刺激包括**立即前事**（immediate antecedents）和**後果**，行為問題即源自於**不當立即前事**（是指立即在行為問題之前出現的事件或刺激，即近因）與**後果因素的連結學習**（T. M. Shea & Bauer, 2012）。舉圖 2-2 的例子，阿智會害怕上廁所，甚至排泄在褲子上，是因為他曾在廁所內被懲罰多次，這是經由「反應制約」，亦即不當立即前事連結習得的行為。再舉圖 2-4 的例子，大華看到食物會尖叫，是因為他尖叫後，教師為了抑制他尖叫，就給他食物，這是經由「操作制約」，亦即不當後果因素連結習得的行為。之後，一些文獻運用操作制約理論在人類行為的研究中，例如：Fuller（1949）應用在重度智障者；Lindsley（1956）應用在思覺失調症（schizophrenia，原譯為「精神分裂症」，衛生福利部已於 2014 年 5 月 21 日正式發文全國醫療機構，將之改譯為「思覺失調症」，我認為此譯名減少貶抑感，並且更能呈現此症之病理，故全書用思覺失調症）者的行為改變上。

三、透過社會學習理論學習行為

Bandura（1965）發表文章討論觀察學習，之後於 1969 年提出社會學習理論，接著 Bandura（1977）出版《社會學習理論》（*Social Learning Theory*）一書。Bandura 批判制約理論，指出個體如果不具備產生和表現適當行為所需的技能（行為和認知的技能），單靠制約無法建立個體適當的行為。舉例來說，若個體不具備如廁技能，則處理人員不管怎麼安排前事和後果，也無法建立個體適當的如廁行為。另外，Bandura 認為社會情境對個體的影響方式，不一定是藉著「制約」，更可能是透過**觀察學習**。舉例來說，美國黑人作家 Baldwin 即表示：「小孩從來就不善於聽父母的話，但是他們懂得模仿父母。」（Cumming, 2000/2002, p. 20）

社會學習理論和制約理論不同處在於：制約理論認為學習必須由個體親身經歷刺激—反應的連結；而社會學習理論主張，學習不須由個體親身經歷刺激—反應的連結，只憑觀察別人學習經驗的結果，亦可間接學到某種行為，這是一種**替代學習**（vicarious learning; G. Martin & Pear, 2019）。二者另一項不同處在於：制約理論認為個體的一切行為改變，乃受制於環境因素，沒有自由意志；社會學習理論主張學習不完全受制於環境因素，而是含有個人主觀意志的成分（G. Martin & Pear, 2019）。社會學習理論也影響後來認知模式的發展（Maag, 2018）。

觀察學習的歷程包括四個階段：（1）**注意階段**，亦即注意楷模（model）表現的行為特徵，並且了解該行為的意義；（2）**維持階段**，也就是將觀察所見轉換為心像或語言，以儲存在長期記憶中；（3）**再生階段**，亦即就記憶所及，表現出楷模的行為；（4）**動機階段**，也就是不僅模仿楷模的行為，也願意在適當的時機表現學得的行為（Bandura, 1977）。

另外，Bandura（1978）主張個體的行為受到**社會情境**（環境中的前事和後果），與**認知調節歷程**（cognitive mediational process）之交互作用影響，而個體是行為改變的主宰者，亦即環境中的前事和後果只有透過個體的「認知調節歷程」，才能夠影響他的行為；「認知調節歷程」又受到個體過去和現在的經驗，以及其對這些經驗的感受之影響，如圖 2-5。舉例來說，王小姐的安全帽被偷了七次，她很生氣，很想也去偷別人一頂作為「補償」。事實上，她曾經目睹別人這麼做，因此也想模仿這個作法。然而，她轉念想到此行為會讓被偷的人也很生氣，說不定也去偷別人的；如此一來，豈不是沒完沒了！於是她決定放棄偷回安全帽的念頭。這個例子中，「別人偷帽子」是一個對王小姐有影響的社會情境，王小姐可以因為「別人偷都沒事」的認知，也模仿別人「偷回」安全帽；而她後來終於決定不要模仿，是因為她自己被偷的經驗讓她深刻體會被偷者的心情，以及她體認到偷人東西的不良社會效應。而她會有

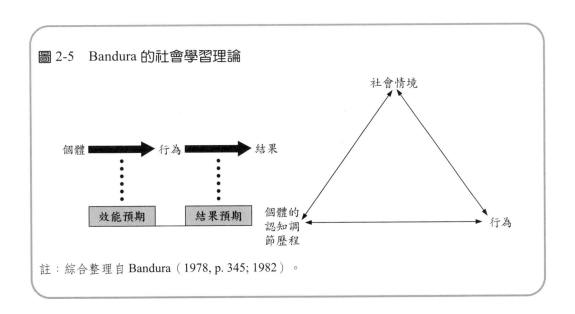

圖 2-5　Bandura 的社會學習理論

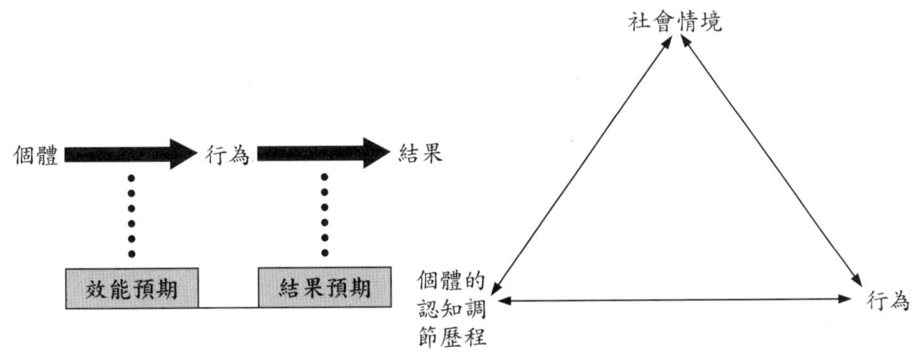

註：綜合整理自 Bandura（1978, p. 345; 1982）。

這種「認知調節歷程」，其實也是受到別的「社會情境」影響；這個社會情境可能是她的同儕團體文化、家庭教養，或是過去的學習經驗等。

一個重要的認知調節歷程就是「**自我效能**」，是指個體知覺自我應付或處理環境事件的有效性，這項知覺會影響個體對行動的選擇、努力於該行動的程度和持久度（Bandura, 1977, 1982）。**效能**和**結果預期**（efficacy and outcome expectancy）會影響個體的自我效能，效能預期是指個體對採取某項行為之可能性的觀感；結果預期是指個體對某項行為與其結果間關聯性之觀感，它又受到個體對某項行為結果之價值觀的影響，亦即**結果價值**（outcome value; Bandura, 1982），如圖 2-5。舉例來說，個體對自己能否考試及格的判斷是「效能預期」，考試及格能否為他贏得教師、同學和父母的讚賞是「結果預期」，而教師、同學和父母的讚賞是否為個體重視的結果，則會影響他爭取考試及格的行動。自我效能是最能引發和改變個人認知的因素，欲有效改變個體的行為，須提升其自我效能感。

以攻擊行為而言，社會學習論認為挫折是它的助長條件，而非必要條件；社會學習論主張攻擊行為主要是透過觀察學習養成，它受到社會情境、個體的認知調節歷程、過去和現在經驗，以及個體對這些經驗的感受等因素的交互影響（Glick & Gibbs, 2010）。由此可知，家長、教師和同儕的行為，大眾傳播媒體和社會次文化等，無形中都成為個體模仿的對象。以飲食異常來說，有肥胖症（obesity）和異食癖的父母，他們的小孩出現同樣問題的比例相對較高，因孩子藉著模仿學習到這些行為（Wicks-Nelson & Israel, 2006）。以排泄異常而言，不適當的大小便訓練是形成排泄異常的可能原因，在此訓練過程中，有不當的前事和後果因素連結學習，導致不當的學習經驗（Wicks-Nelson & Israel, 2006）。

貳、行為模式對行為問題的診斷與介入

行為模式主張在介入行為前，宜了解哪些立即前事與後果，以及不當的觀察學習造成行為問題，處理人員可以藉著檢核表、量表、行為觀察記錄工具等工具來得知；而介入策略則是重新安排立即前事和後果，以及建立正向楷模，目標在建立新的學習經驗（T. M. Shea & Bauer, 2012）。行為模式對行為問題起源與介入的觀點如圖 2-6。

圖 2-6　行為模式對行為問題起源與介入的觀點

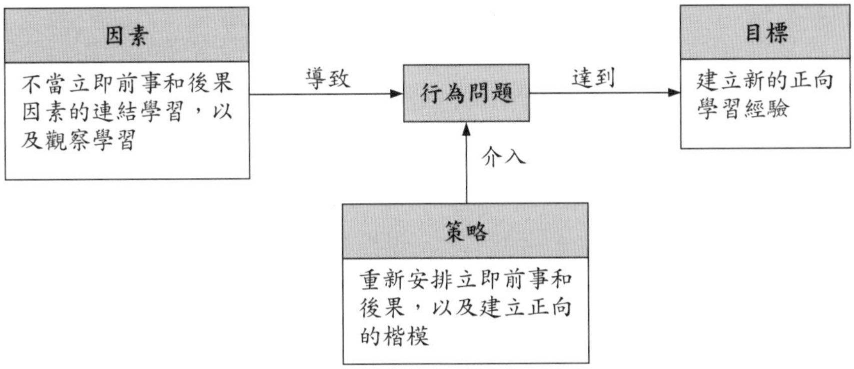

第三節　心理教育模式的行為介入理論

人不會有被尊重的感覺，除非以尊重和坦誠相待；人不會看重自我，除非產生成就和意義感。

心理教育模式的倡議者有 E. Erikson、K. Horney 等**新佛洛依德論者**（neo-Freudians），主要奠基於**心理動力模式**（psychodynamic model）的一個分支——**自我心理學**（ego psychology; Kauffman & Landrum, 2018）。它對行為問題起源的觀點，以及對行為問題的診斷與介入討論如下。

壹、心理教育模式對行為問題起源的觀點

心理教育模式雖然像心理動力模式一樣關心**潛意識**（unconsciousness），以及內在的本能（libido），但 Horney 於 1937 年即主張個體人格的形成，較受他人、社會和文化的影響，而較少受本能的影響（引自 Burger, 2010, p. 111）。之後，Erikson（1950）提出**心理社會發展**（psychosocial development）理論，不認同 Freud 強調早期經驗對人格發展具有決定性影響的論點，他認為個體的人格在整個生命過程中是發展、變動的；**自我**（ego）不是介於**本我**（id）和**超我**（superego）之間的被動調解

者，而是具有更多結構性功能，它是人格中極為強勢且獨立的部分，可促使個體完成**自我認同**（self-identity）的目標，以及滿足掌握環境的要求。Erikson 認為，人的一生同時受到生理、心理和社會的交互影響，將會經歷一系列的發展階段，任何一個階段的身心發展順利與否，皆與前面階段的發展有關，前面階段發展順利者，將有助於隨後階段的發展；每一階段內均隱含某種發展危機，而成長便是克服這些危機的過程。

心理教育模式認為自我乃獨立於本我發展，具有自主能力；當個體能力無法應付現實生活（例如：學業、人際互動等）的要求時，便會產生情緒和行為問題（Kauffman & Landrum, 2018）。C.-C. Chen 等人（2020）根據學業表現、內向化和外向化行為（internalizing and externalizing behaviors，詳述於第 4 章第 2 節）、受歡迎度、外表的吸引力／運動能力和友善程度，建構**人際能力組型**（interpersonal competence patterns），包含五種：楷模（model，高度適應的）、普通（average）、困難（tough，受歡迎—具攻擊性）、被動（passive，害羞、退縮）、煩惱（troubled，低度適應的）；有較高比例的身心障礙者之人際能力組型屬於困難和被動型，較低比例者屬於楷模型。舉例來說，在普通班的智障和學障學生，部分很孤獨，像是隱形人般受忽視；原因為他們理解和溝通能力的受限，致使他們不了解一般同儕從事的活動規則，以及交談的主題，亦有困難與一般同儕互動；換言之，他們的能力較難應付普通班人際互動上的要求。Murdick 和 Petch-Hogan（1996）表示，教師宜了解學生的溝通能力如何，部分學生的行為問題可能來自於溝通能力的限制，行為問題便成為他們的語言，教師宜協助學生建立適當的溝通管道。

以固著行為言之，Murdoch（1997）指出，很多身心障礙（尤其是重度障礙）兒童因為缺乏適應技巧，無法發展出更複雜的行為以因應所處環境的刺激，因此會出現固著行為。從不適當社會行為來說，它和個體社會技能的限制有關，例如：個體有困難辨識自己的情緒，解讀他人的感受、經驗和行為動機；解決問題、自我控制、溝通和社會互動的能力較不足；對自我行為的覺知和解決動機較有限等（Sprague et al., 1998）。

就攻擊行為來說，它與個體溝通技能、自我控制技能和利社會行為不足有關；個體心中有委曲、不滿的情緒，難以用適當的口語表達，於是以攻擊行為來表示（W. I. Gardner & Cole, 1990; Kauffman & Landrum, 2018）。在人際事務問題處理上，Perry 等人（1986）及 J. N. Hughes（1988）發現，有較高攻擊行為的兒童較難控制攻擊衝動，由此可知，他們的自我控制技能較差。一些研究（Dodge, 1986; Lochman & Lampron, 1986; Rabiner et al., 1990; Schloss et al., 1986）亦顯示，攻擊行為頻率愈高者，其社會技能也愈差，兩者之間呈現顯著負相關；有高攻擊行為的人在社會情境中較少運用語言說理的方式解決問題，反而較常訴諸非語言的行動來處理問題，因此社會技能較差。就特殊情緒困擾而言，它與個體溝通技能、因應技能和社會技能不足有關。

貳、心理教育模式對行為問題的診斷與介入

心理教育模式會使用**訪談**、**自陳報告**、**語句完成**（sentence completion）等方法來診斷，介入方式則主張建立自我的能力和增強改變的動機，透過**遊戲**、**藝術等表達媒介**（expressive media）、**諮商技術**〔例如：**生活空間晤談**（life space interviews）和**現實治療**（reality therapy）〕、**社會技能課程**等協助個體經由自我了解，建立問題覺知的能力，獲得促發行為改變的洞察力和意願，進而培養自我的能力，以面對行為問題（T. M. Shea & Bauer, 2012），詳述於第 11 章。心理教育模式對行為問題起源和介入的觀點如圖 2-7。

圖 2-7　心理教育模式對行為問題起源和介入的觀點

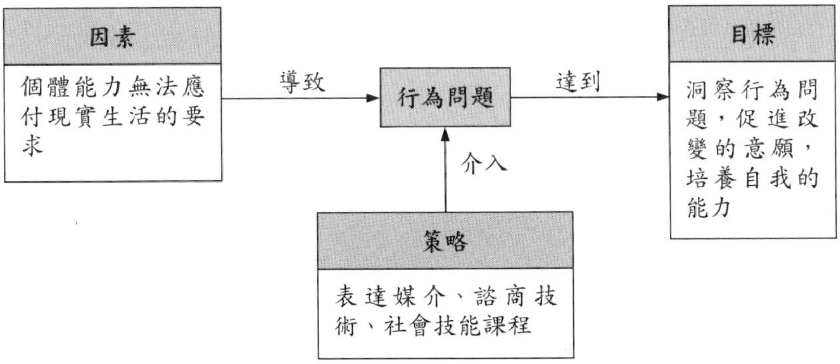

第四節　人本模式的行為介入理論

處理人員將自己視為初學者，置身傾聽和理解個體行為背後的需求與情緒。

人本模式是由**人本心理學**（humanistic psychology）衍生而來，倡議者有 C. R.

Rogers、Maslow、T. Gordon 等人（Bustos et al., 1999, p. 209），例如：C. R. Rogers（1959）提出**自我論**（self theory），主張**自我**是人格結構的核心，自我中的**現實我**（real self，現實世界中的自我）與**理想我**（ideal self，希望成為的自我）間的適配度，會影響個體的**自我概念**，人格發展就是個體自我概念的發展，個體自我概念的滿意與否，便決定了他的行為，自我概念低落是不良適應行為之根源；而由於個體年幼時自己能表現的行為有限，因此他人的態度和反應遂成為影響其自我概念的重要因素，家長的**無條件積極關懷**對兒童的人格發展具有決定性的影響力。C. R. Rogers（1965）出版《個人中心治療》（*Person-Centered Therapy*），主張治療歷程不應視為諮商人員對個案的治療，而應將主導權交給個案，協助他重新燃起解決問題的希望與信心。人本模式對行為問題起源的觀點，以及對行為問題的診斷與介入討論如下。

壹、人本模式對行為問題起源的觀點

人本模式主張行為問題源自於，個體的基本需求沒有被滿足或受到阻礙，以及情緒的困頓（Burtos et al., 1999）。依據 Maslow **需求層次**（hierarchy of needs）**理論**，人有**生理**（食、衣、住、行的滿足，需要運動、休息、休閒和睡眠等）、**安全**（包含身體和心理、情緒的安全，免於害怕、焦慮、混亂、緊張、危機及威脅）、**愛與隸屬**（避免孤獨、寂寞、陌生，並進而成為團體的一分子，與他人建立親密的關係）、**尊重**（尊重自己，有自信、獨立及勝任感，並且需要受他人尊重）、**認知**（又稱為**求知和尋求理解的需求**，即認識、探索和了解事情真相的需求）、**審美**（又稱為**情意需求**，是指追求對稱、次序和美感的經驗，使人更富情趣、生動）、**自我實現**（self-actualization，完成個人目標、發揮潛能、充分成長，最後趨向統整、有價值感的個體），以及**超越**（個體能夠以更高層次的宇宙觀，覺察自身與天地萬物間的關係）八種需求（引自 Pastorino & Doyle-Portillo, 2012, p. 288）。一般來說，只有在較低層次的匱乏需求（即生理、安全、愛與隸屬、尊重）得到滿足之後，較高層次的存在或成長動機需求（即認知、審美、自我實現、超越）才會有足夠的力量驅動行為（Webber & Plotts, 2008）。Glasser（1992）則提出人類有五種共同的需求：**生存**、**愛與隸屬**、**權力**、**樂趣**、**自由**。除了愛與隸屬和 Maslow 所提相同外，其中生存類似於 Maslow 所提的生理需求，自由近似於安全需求，權力相似於尊重需求，樂趣雷同於認知、審美和自我實現需求。

個體對前述基本需求的動機程度不同，對個體來說高度的需求沒有被滿足，則極易導致行為問題。Reiss 和 Havercamp（1997）提出**敏覺理論**（sensitivity theory），陳述行為問題是**異常的動機、異常的後效**（contingency）和**異常的環境**共同的結果；異常的動機是指個體對增強物（reinforcer）的動機有個別差異，某些人對某種增強物的動機很高，有過高的願望；異常的後效是指行為問題獲得個體想要的後果；異常的環境是指在個體表現正向行為時，環境未能提供他想要的增強物，不能滿足他的願望。

依據人本模式，當學生心中的愛槽被注滿時，他們只會把愛流露出去，而不是成為一個「給我，給我」，心存不滿的人；怨懟不平的學生，可能是心中沒有被愛注滿的人，教師宜了解和關注他們對愛的需求是否被滿足，而不是一味地指責他們。學生若處於情緒不安的狀態，可能致使他們容易被某些刺激激怒，這是因為「安全」的需求未獲滿足。會逃學的學生，可能是因為他們**自我實現**的需求無法被滿足，欠缺自我價值感，加上對班級沒有**隸屬感**所致。Aronson 即表示，學生如果覺得受忽視，永遠被排斥為圈外人，這種遭忽視和排斥的感覺會使他們陷入混亂困惑、焦慮無助，生活了無意義；青少年的煩惱有一大部分源自對於受排斥的恐懼（引自 Goleman, 2006, p. 305）。

抗拒的孩子可能是因為他們對環境沒有足夠的控制權，「尊重」的需求未被滿足，抗拒行為可能是傳達「期待需求能被了解」的語言。身體調節異常與個體憂鬱、焦慮、急躁、緊張等情緒有關，二者間相互影響形成惡性循環；舉例來說，有的人在情緒低潮時就暴飲暴食，加上運動量不足，最後造成肥胖症；或是情緒低潮導致睡眠品質不佳，最後形成睡眠異常。

貳、人本模式對行為問題的診斷與介入

依據 Kauffman 和 Landrum（2018），說明人本模式對行為問題的診斷與介入如下：人本模式主張透過自陳報告、訪談、觀察等方式診斷行為問題。在教育上強調自我導向（self-direction）、自我實現、自我評鑑（self-evaluation）、自由選擇教育活動和目標；教師扮演提供資源、催化學習的角色，以引領學生進入知識殿堂，而非主導教學活動的進行；同時，教室氣氛是開放、自由、非傳統、富含情感的，並且著重個體的個別差異。因此，人本模式的介入策略強調了解及處理個體的需求和情緒，並且提供關愛（溫暖、尊重、接納）與支持的環境、正向的學習經驗，讓個體得以滿足基本需求，紓解情緒，以減少情緒行為問題，詳細的介入策略於第 11 章再討論。人本模式對行為問題起源和介入的觀點如圖 2-8。

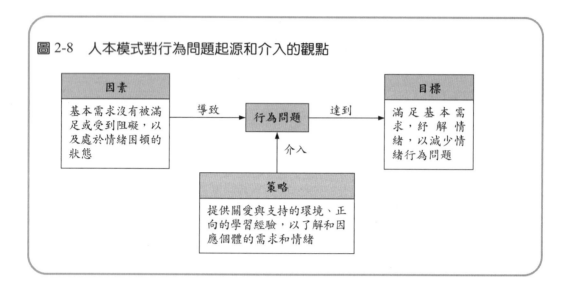

圖 2-8　人本模式對行為問題起源和介入的觀點

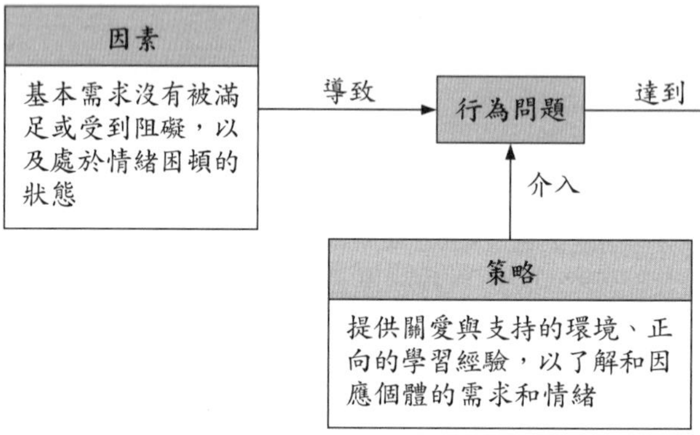

第五節　生態模式的行為介入理論

> 棍棒和石頭或許能打斷我的骨頭，關於這句話，我曾認為無庸置疑，且這樣的真理不可能在我心中消逝。但現在，我知道並非這樣。我改變了後半句：棍棒和石頭或許能打斷骨頭，卻不見得能傷害人的意志。然而，三言兩語可能讓人心碎，抑或沉默不語也可能將人擊垮。（Warren, 1982；引自 Farris, 2015, p. 17）

生態模式由 Bronfenbrenner（1979）提出，它對行為問題起源的觀點，以及對行為問題的診斷與介入討論如下。

壹、生態模式對行為問題起源的觀點

Bronfenbrenner（1979）認為，個體存在於一個複雜的生態體系（ecosystem）中，必須扮演很多不同的角色與其他人互動，而每一個人都與生態體系不可分割。總括文獻（Bronfenbrenner, 1979, 1989; Rhode & Tracy, 1972; T. M. Shea & Bauer, 2012），生態體系中有四個重要向度，包含：第一，**個體的特徵與觀點**，是指個體的生理狀況、智力水準、情緒或人格特質、學習能力與動機、先前經驗等，以及個體對周遭環境的看法與態度等。第二，**生態體系的特徵與重要他人的觀點**，生態體系宛如「巢式結構」，由內而外，層層相扣，包括**微視體系**（microsystem）、**居間體系**（mesosystem）、**外圍體系**（exosystem）及**鉅視體系**（macrosystem）四種。微視體系是最接近個體之體系，家庭、學校等都是個體**自然的居住地**（natural habitat），這些體系中的重要他人（例如：家長、教師、同儕）對個體的觀感與態度會影響個體。居間體系是指個體所處的微視體系，如學校—家庭、家長—教師等之間的關係。外圍體系是微視和居間體系所存在的較大體系，如鄰里、社區和其中的設施（例如：交通、休閒等），它會影響微視和居間體系，進而影響個體。鉅視體系指外圍體系存在的較大體系，如社會和交織於其中的制度、文化、價值、信念等，會間接影響個體，如社會對身心障礙者的態度會影響其生活和社會角色，更會間接地影響其行為。第三，**個體與生態體系間互動的特性與品質**，包含**個體在此生態體系中扮演的角色和其範圍**（ecological niche and niche breadth），例如：個體在家庭中扮演子女的角色，其角色範圍僅為受照顧；以及**個體與生態體系的互動關係**、**適應或適配度**，例如：親子和手足關係、同儕關係、師生關係等會影響其行為表現。第四，**不同生態體系間互動的特徵與品質**，例如：居間體系中學校—家庭、家長—教師間的互動特徵與品質，其間之連結愈強，對個體的影響力愈大。Garbarino（1992）以「草履蟲」譬喻個體和四個生態體系的互動，是流動的，它們會隨著時間的演進而產生變化，如圖 2-9。

除了上述四種生態體系外，Bronfenbrenner（1979）還提到**時間體系**（chronosystem），亦即個體和四個生態體系並非固定的，它們會隨著時間的演進，因環境事件和生涯轉銜議題而產生變化。總之，環境因素會影響個體，同樣地，個體因素也會影響環境；因此，Bronfenbrenner 和 Evans（2000）更名生態模式為**生物—生態模式**（bioecological model），主張行為同時受制於內在和外在力量，而個人與環境之間的適配度是造成行為問題是否發生的主要因素。我整合這五個生態體系如圖 2-10。

以攻擊行為言之，家庭因素與它有密切關聯，包括（洪榮照、何東墀，1999；Bloomquist & Schnell, 2002; F. C. Mace et al., 1986; Matson & Duncan, 1997）：第一，個體與家長無法溝通或是溝通不良（例如：常出現攻擊性話語），是導致憤怒與攻擊行為的重要因素。第二，破碎家庭與不和諧的婚姻關係，常造成個體缺乏安全感並產生認同上的困難，進而增加個體攻擊行為出現的比率。第三，家長若有適應問題，像是憂鬱症、藥物濫用、酗酒、犯罪等，都與個體的攻擊行為有關聯。第四，家長不當管教、家庭環境氣氛不良等因素，容易造成個體的攻擊行為，例如：個體受體罰的多寡與攻擊行為和敵意歸因有正相關。Patterson（2002）亦指出，生長在高壓家庭的孩子容易出現反社會行為。除了家庭因素，Sprague 和 Walker（2000）指出鄰里、學校和

圖 2-9　人類發展的生態體系

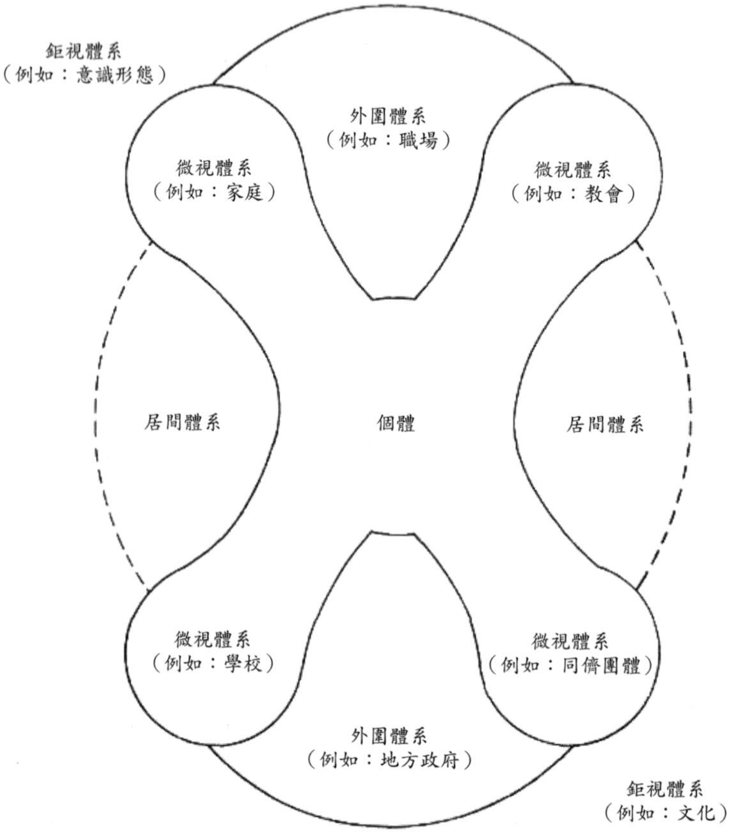

註：取自 Garbarino（1992, p. 29）。Aldine Transaction 於 1992 年的版權，同意授權重印。

社區的危險因子（例如：媒體報導暴力的事件、校園形成攻擊的氣氛），也是造成個體攻擊行為的可能來源。

以憂鬱症言之，易造成個體憂鬱症的危險因素包括（Webber & Plotts, 2008）：其他家庭成員有心理健康問題（例如：憂鬱症、酗酒、藥物濫用）、重要的損失（例如：雙親、手足，或其他親密家人死亡；父母離婚；由於搬家失去熟識的朋友；失去重要的物品如寵物；失去自己的家）、家庭顯著的改變或長期的壓力（例如：家人有慢性疾病、弟妹的出生、父母失業或不合、父或母再婚）、家庭暴力等。

圖 2-10 生態體系圖

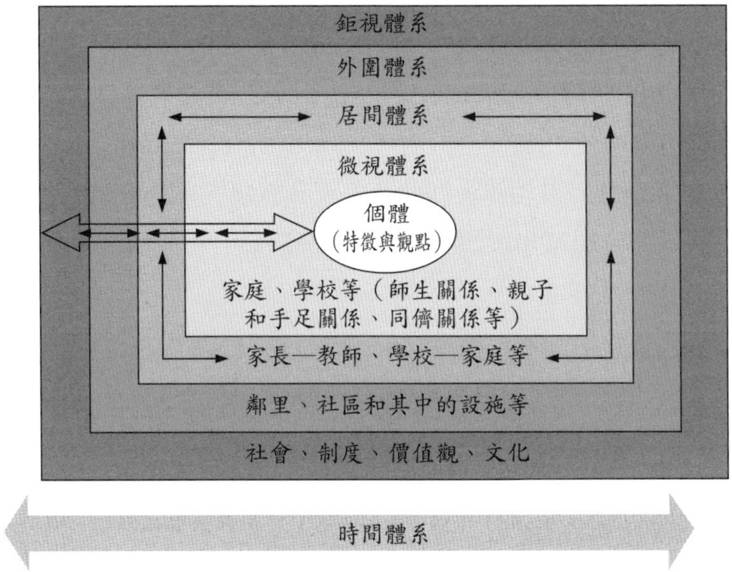

註：<⊂•□□□▷ 表示個體與環境間的互動，居間體系中的◀━━▶表示個體所處微視體系中不同生態環境間的互動。

　　就身體調節異常來說，造成它的生態因素包括文化和家庭因素等，很多研究發現文化會影響異食癖的形成，例如：Millican 和 Lourie（1970）發現，從美國東南部遷入的黑人小孩有吃泥土的習俗，可能是因為文化可以接受的關係，他們比白人異食癖小孩較少有心理適應的困難。另外，家長對孩子缺乏注意、監督，以及提供的刺激不足等，都是造成孩子異食癖和反芻症（rumination disorder）的原因，再加上這些行為發生之後，給予不當的注意，以及行為本身產生感覺刺激，於是促使行為持續發生，甚至成為一種習慣（Fultz & Rojahn, 1988）。又例如：Dietz 和 Gortmakeer（1985）發現，肥胖症的小孩與花在看電視的時數有正相關，因為欠缺家長的注意和監督。

貳、生態模式對行為問題的診斷與介入

　　因為行為問題導因於內在和外在因素的交互影響，所以採生態評量來了解個體行為與環境的適配情形；行為處理則改變所有內、外在因素，目標在促使個體與環境間

有良好的適配（T. M. Shea & Bauer, 2012）。內在因素的改變包括調整個體本身的行為，教導個體做生活規畫等；外在因素的改變乃介入四個生態體系，其中針對相關重要他人（例如：教師、同儕、家人）的態度和關係層面是屬於微視體系的介入，教師—家長、學校—家庭互動層面是屬於居間體系的介入，鄰里和社區的態度和設施層面是屬於外圍體系的介入，社會制度、文化、價值與信念等層面是屬於鉅視體系的介入，使身心障礙者能融入社會生活，以促成長遠的改變，徹底解決問題。Hobb（1966）在處理學生嚴重學業和社會問題的「再教育專案」（Project Re-Ed）中，首先提出運用生態模式介入學業和行為問題，方式為將這些學生暫時帶離學校情境，研究者教導他們學業和社會技能；另外，藉由社會工作師協助家長如何符合孩子的需求，以及透過教師與學校聯絡如何營造支持系統以輔導他們，詳細的介入策略於第 8 章再討論。生態模式對行為問題起源和介入的觀點如圖 2-11。

圖 2-11　生態模式對行為問題起源與介入的觀點

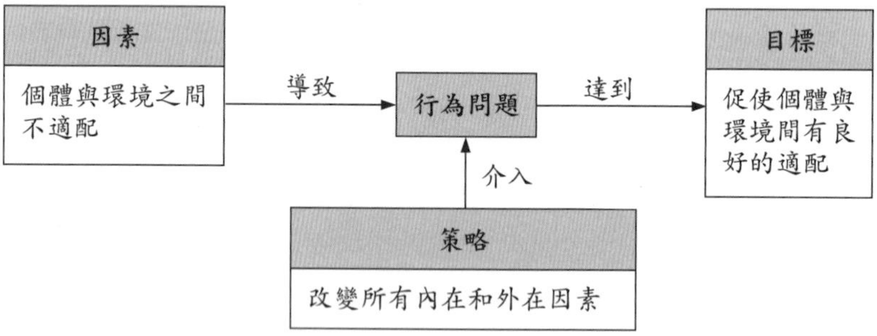

第六節　認知和認知—行為模式的行為介入理論

快樂或痛苦不是取決於「際遇」，而是「選擇」。

認知—行為模式結合認知和行為模式，認知和認知—行為模式對行為問題起源的觀點，以及對行為問題的診斷與介入討論如下。

壹、認知和認知—行為模式對行為問題起源的觀點

認知和認知—行為模式皆認為**個體對事件的負面思考**，包括**非理性信念**（irrational belief）、**扭曲性思考**（distorted thinking）是行為問題發生的主因（T. M. Shea & Bauer, 2012），如圖 2-12，信念是個體內在最核心的部分，第二層是個體的能力，第三層是個體的行為，最外層則是環境。Steiner 表示：「一個人對自己和他人的基本信念，用以正當化自己的決定與行為。」（Newell & Jeffery, 2002/2006, p. 9）壓力事件會促發個體的**非理性信念**，此信念會影響他對壓力事件的不適當解讀，此解讀引起他的負向感受，進一步產生不適當行為，行為之後獲得成人或同儕的反應，若得到正面反應，則個體會肯定自己的非理性信念；若得到負面反應，則可能升高其情緒，造成衝突的循環（N. J. Long, 1996），如圖 2-13。舉例來說，教師要求阿誠針對他罵髒話的行為向阿美道歉【**壓力事件**】，他抗拒道歉的原因是：他認為男生向女生低頭道歉是很丟臉的事，同儕會因此而看扁他【**非理性信念**】；此信念引起他「尊嚴受辱」的感受和「抗拒」的行為，而此行為獲得教師的責罵，更加強他不滿的情緒和抗拒行為，造成師生間的衝突。A. Ellis 提出的**非理性信念**、Beck 的**自發性負面思考**（automatic negative thoughts，簡稱 ANTs，意指螞蟻）、Meichenbaum 的**負向內言**（negative self-statements）皆為造成行為問題的主因（Corey, 2017, p. 301），詳述如下。

圖 2-12　信念、能力、行為和環境之間的關係

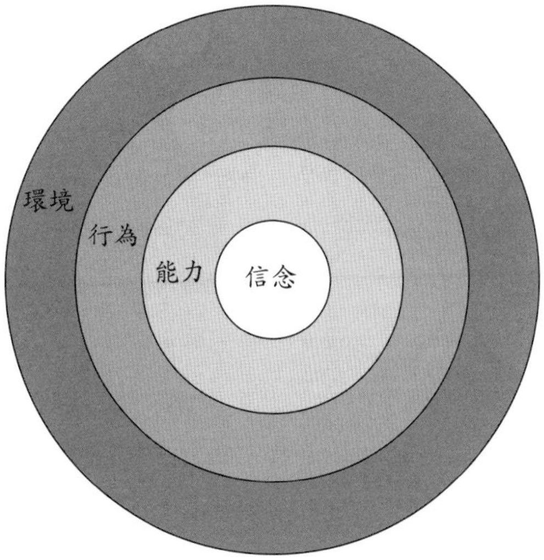

圖 2-13　非理性信念造成的衝突循環

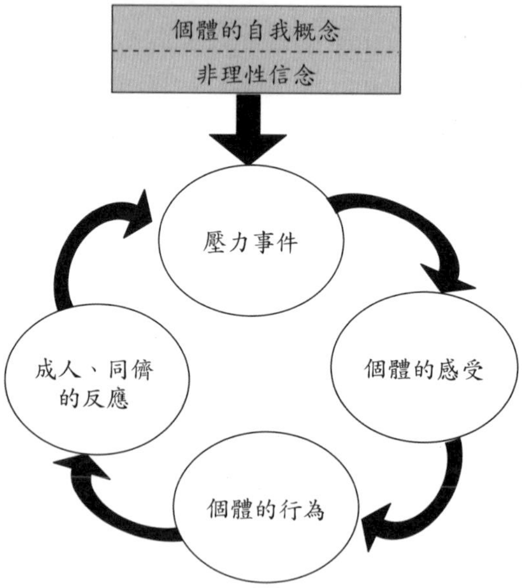

註：修改自 N. J. Long（1996, p. 245），修改處為調整圖框。Pro-ed 於 1996 年的版權，同意授權修改。

一、A. Ellis 的非理性信念

A. Ellis（1971）提出 A—B—C 理論，說明人會有情緒困擾的原因。A（activating events）代表**實際發生的事件**；B（belief）是指**個體因為此事件而產生的信念**；C（consequence）是指**從這些信念產生的情緒或行為後果**，三者說明：信念是關乎外在事件，對個人情緒或行為後果產生何種影響之要素。舉例來說，兩個人看到一盆缺幾片花瓣的牡丹花，一個人哀傷地說：「這盆花富貴不全。」另一個人則愉悅地說：「這盆花富貴無邊。」由此可知，不是事件本身讓人產生困擾，而是人對事件的想法。

A. Ellis（1971）進一步指出：（1）人與生俱來兼有理性與非理性的信念；（2）人的情緒困擾來自於非理性信念，而不是外在事件；（3）人容易受到家長、教師之教導，或文化的影響，學得非理性信念；（4）情緒為非理性、不合邏輯，或過分主觀之思考歷程下的產物；（5）人的困擾因人而異，但其共同特徵是不斷地讓困擾影響自己；（6）人有能力改變自己的認知、情緒和行為，並且經過學習的歷程，可以重新統整思考，解決自己的困擾。

A. Ellis（1971）指出十一項一般人經常有的非理性信念：（1）一個人應該被周圍的人喜歡和稱讚，尤其是生活中重要他人；（2）一個人必須能力十足，各方面都有成就，這樣才有價值；（3）那些邪惡可憎的人及壞人都應該受到責罵與懲罰；（4）當事情不如意時是很糟糕、可怕的；（5）不幸福、不快樂是由於外在因素造成的，個人無法控制；（6）一個人必須非常關心危險、可怕的事情，而且必須時刻憂慮，並且注意它可能再次發生；（7）面對困難和責任很不容易，倒不如逃避比較省事；（8）一個人應該依靠別人，而且須找一個比自己更強的人來依靠；（9）過去的經驗決定了現在，而且是永遠無法改變的；（10）我們應該關心他人的問題，也要為其感到悲傷難過；（11）人生中的每個問題都有一個正確而完美的答案，一旦得不到答案，就會很痛苦。由此可知，理性信念是關於自己、他人和情境有彈性、合乎邏輯，且與事實一致的思考，它有助於目標的達成；而非理性信念是關於自己、他人和情境嚴苛或絕對、不合邏輯，且與事實不一致的思考，它會阻礙目標的達成（武自珍，1996；Zionts, 1998）。

二、Beck 的自發性負面思考

Beck（1976）認為，個體的思考決定其感受和反應，他發現個體在引發情緒反應前，總是在腦海中出現一些**自發性的思考**。Beck 於 2005 年提出，會產生情緒困擾的「自發性負面思考」主要圍繞在以下三方面：**世界是糟糕的**、**未來是無望的**，以及**這種狀況歸罪於我**（引自 Digiuseppe, 2009, p. 105），包括以下三種。

1. **個人中心化的思考**（personalization thinking）：意指個體將外在事件與個人本身做關聯的傾向（Beck, 1976），例如：「輪到我表演的時候，大家都會一直笑，他們一定是笑我表演得很爛。」
2. **極端化的思考**（polarized thinking）：是指個體對每件事情抱持黑白分明、好壞明顯的想法，例如：認為人應該十全十美，否則是個大輸家、失敗者。極端化的思考會使個體對事件採取**二分化的思考**（dichotomous thinking），極好或極壞、有或沒有兩極端的決斷（Beck, 1976）。極端化的思考也會使個體對事件**過度推論**（overgeneralization），亦即將片段的證據或單一事件做擴大的解釋，例如：發生了一次意外事件，則相信它將會反覆出現（Beck, 1976），像是「我今天叫大華他都不理我，表示他永遠不把我當朋友了」。極端化的思考還會使個體對事件採取**獨斷的推論**（arbitrary inference）和**誇張的想法**（magnification），獨斷的推論是指沒有獲得充分相關的證據便驟然下結論，以至失去對事情整體的了解；而誇張的想法意指對事件過度強調負面或消極的看法（Beck, 1976）。

3. **遵循規則的想法**（law of rules）：個體因為遵循僵化或偏頗的規則而產生認知的扭曲，或固執的想法，也會引起情緒困擾（Beck, 1976）。舉例來說，一位被教師糾正的學生可能會遵循下列一組規則：「教師的批評代表他認為我很差勁，就表示他不喜歡我了。教師不喜歡我，其他同學也一定不喜歡我，沒有人喜歡我，生活還有什麼意義？」遵循著這樣的規則，便產生扭曲的認知形式，因而陷入悲傷失望的情緒中。

Amen（1998）將自發性負面思考稱作**螞蟻**（ANTs），是其英文的縮寫。他舉出九種讓人們身心受害的「螞蟻」，我加入部分示例如下：（1）把壞事都視為永久；（2）遇到任何事情都往負面的狀況想；（3）杞人憂天預測未來，老是設想最糟的狀況；（4）猜測別人的想法，而且自以為是；（5）憑著感覺思考，不根據理性判斷；（6）在事情發生後放馬後炮，例如：「我應該……」或是「早知道……」；（7）幫別人或自己貼上負面標籤，例如：認為別人都是「諂媚小人」、「討厭鬼」等；（8）遇到負面的事情就對號入座，以為別人都是衝著自己而來；（9）歸罪於表面的原因，或是歸咎於他人，例如：「這次作業教師給我丙，沒道理」。

三、Meichenbaum 的負向內言

Meichenbaum（1977）主要關心個體的「內言」，即個體對外在事件產生的歸因、評鑑、解釋、信念等，如何影響其情緒和行為。Meichenbaum 依內在語言對個體的正面及負面影響功能，將之分為正向及負向內言兩種；當個體面臨壓力情境時，就會針對此情境以及其因應方式進行**自我教導**（self-instruction），此時個體的內言將影響他的情緒及行為。正向的內言教導個體對此壓力情境產生以下態度和行為（Meichenbaum, 1977），我加入示例說明：（1）較積極面對的態度，例如：「事情來了，好好應付吧！」；（2）對自己的因應能力較具信心，例如：「只要穩住陣腳，我相信自己一定可以應付過來」；（3）開始計畫及採取行動，例如：「不要和他正面衝突，先聽聽他怎麼說」；（4）對可預見的負面後果採取接納的態度，例如：「錯不在我，我已經盡力了」。正向內言幫助個體集中注意力，做好心理準備，因此較能以平穩的情緒狀態致力於積極、有效率的因應行動。

相反地，負向內言則產生以下態度和行為（Meichenbaum, 1977），我加入示例說明：（1）對情境的嚴重性採取誇大的觀點，例如：「這下子我完了！」；（2）對自己的因應能力採取過低的評價，例如：「我一定沒辦法處理！」；（3）產生自我擾亂想法，例如：「放棄算了，我就知道我不行！」負向內言使個體產生更多的焦慮，分心到與工作無關的事情上，以及產生自我挫敗的想法，甚而造成情緒行為問題。

以攻擊行為而言，認知模式主張個體在社會訊息處理過程中，產生的**認知偏差**（例如：將別人行為的意圖解讀為負面的）和**思考缺乏彈性**，以及**自我概念的低落**，**利社會價值觀的缺失**（prosocial value deficiencies）等與它有關（Burdett & Jensen, 1983; Dodge, 1986; Glick & Gibbs, 2010; Lochman & Lampron, 1986）。Lochman 和 Lampron 指出，低自我概念和攻擊行為有循環的關係；負向的自我概念可能導致攻擊行為，而攻擊行為引起別人負向的回饋，別人負向的回饋又會導致個體負向的自我概念。Glick 和 Gibbs 發現，攻擊行為還可能是由於利社會價值觀的缺失，亦即個體有能力處理憤怒，但與人溝通時仍然選用攻擊行為。

就身體調節異常來說，扭曲的思考是主要因素，例如：飲食異常者對體型與體重的想法已完全不合理（Wicks-Nelson & Israel, 2006）。以特殊情緒困擾而言，它與個體認知，如失敗歸因的偏差，以及對自我、環境和未來的負向思考等因素有關。Seligman 等人根據**習得無助**（learned helplessness）和**歸因理論**（attribution theory），提出憂鬱症者有三方面的歸因，即**全面性**、**穩定性**及**內在性**，也就是個體有負面的自我評價，認為自己在很多情境都是無助的，會一直持續此無助狀況，並且把失敗的原因歸罪在自己（引自 M. C. Coleman & Webber, 2002, p. 114）。Beck（1976）則認為，憂鬱症者對自我的概念是無價值的，對環境的看法是負向的，對未來的觀點是沒有希望的。

貳、認知和認知—行為模式對行為問題的診斷與介入

認知模式主張處理人員可藉由訪談、自陳報告、語句完成等診斷方法，了解個體的負面思考，進而改變它們，以改善情緒和行為問題（Sanders & Wills, 2005）。認知—行為模式則除了上述方法外，還運用行為觀察記錄工具。

在介入策略上，認知模式對於行為介入重點在於改變個體的負面思考（G. Martin & Pear, 2019; Wicks-Nelson & Israel, 2006）。Amen（1998）將自發性負面思考稱作「螞蟻」，設計驅除抑鬱的活動，叫作**消滅螞蟻**。要怎麼驅離「螞蟻」，不讓它騷擾我們的人生呢？Amen 建議首先要確認「螞蟻」的種類，之後請「食蟻獸」（理性的對話）幫忙消滅之。認知模式採用**認知重建技術**（cognitive restructuring），例如：A. Ellis（1971）的**理性情緒治療**（rational-emotive therapy，簡稱 RET）；Beck（1976）的**認知治療**（cognitive therapy，簡稱 CT）；Hayes 等人（1999）的**心理彈性**（psychological flexibility）增進；B. Weiner（1972）的歸因訓練（attribution training）介入行為問題。認知模式對行為問題起源和介入的觀點如圖 2-14。

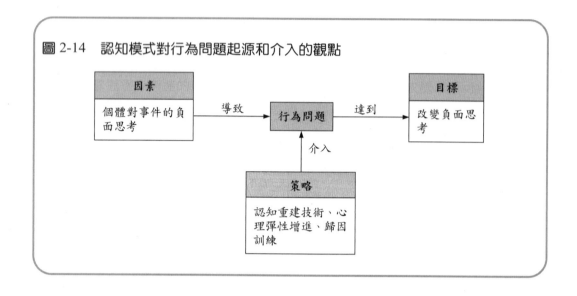

圖 2-14　認知模式對行為問題起源和介入的觀點

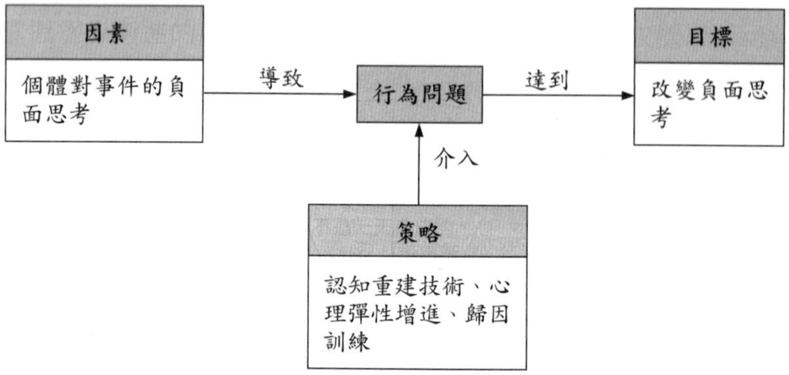

認知—行為模式結合認知治療和行為治療，起始於行為治療倡議者對認知重建的重視，以及認知治療倡議者承認行為論有方法上的優勢所致（G. Martin & Pear, 2019）。認知—行為模式的介入目標在改變負面思考、態度和想法，以及建立新的學習經驗，介入策略則包含認知和行為成分，認知成分乃注意**認知扭曲**和**認知限制**兩個要素，在認知扭曲上，處理人員發現和挑戰個體的非理性信念，改變負向內言為正向內言；在認知限制上，個體可能因為**認知處理能力**（cognitive-processing abilities）的限制，例如：無法預想不適當行為的後果，或是欠缺**問題解決技能**，以至產生衝動的行為，因此處理人員會教導個體認知處理能力和問題解決技能（Mennuti et al., 2012）。行為成分則注意**環境影響**和**技能限制**兩個要素，在環境影響上，處理人員重新安排前事和後果因素，以建立新的學習經驗；在技能限制上，個體可能因為缺乏某些技能，導致行為問題，因此處理人員會教導個體欠缺的行為技能（Mennuti et al., 2012），其中教學會運用到示範策略（Kaplan et al., 2017），例如：A. Ellis（1993）發表一篇文章，加入「行為」，而將理性情緒治療改成**理性情緒行為治療**（rational-emotive behavioral therapy，簡稱 REBT）。又例如：採取**因應技能訓練**（coping skills training），像 Meichenbaum（1977, 1985）的**自我教導訓練**與**壓力免疫訓練**（stress inoculation training）、Glick 和 Goldstein（1987）的**自我控制訓練**（self-control training），以教導個體因應各種問題、壓力和焦慮的技能；**問題解決治療**（problem solving therapy），如 D'Zurilla 和 Goldfried（1971）的**問題解決訓練**，教導問題解決的步驟和技能，詳細的介入策略於第 9 章再討論。認知—行為模式對行為問題起源和介入的觀點如圖 2-15。

圖 2-15　認知—行為模式對行為問題起源和介入的觀點

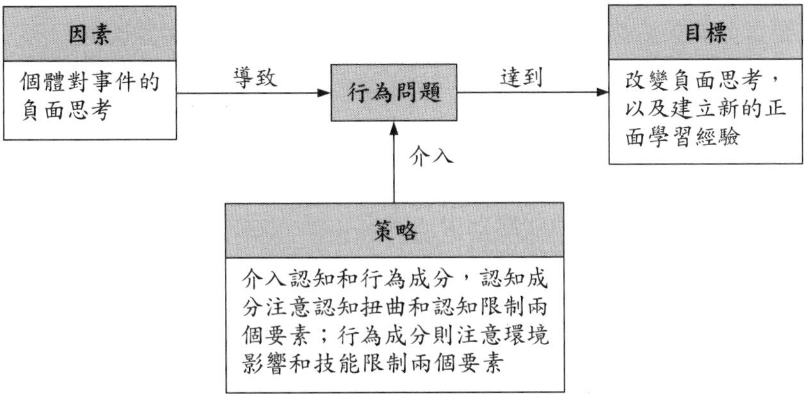

我統整這七種理論模式對行為問題的起源、診斷方法，以及介入目標和策略於附錄 4「不同理論對診斷和介入行為問題的觀點」。這些模式對行為問題的看法可以統整成圖 2-16。我認為任一模式都無法充分而全面地解釋行為問題的起源，和據以設計行為介入策略，不過這些模式可以互補和整合。在此統整模式中，行為是立即**前事和後果**連結下的結果（行為模式的觀點）。不只立即前事，還有背景因素會影響行為，有**個體**和**環境的背景因素**，個體背景因素包括**生理**（生物模式的觀點）、**認知**（認知和認知—行為模式的觀點）、**需求或動機**和**情緒**（人本模式的觀點）、**能力**（心理教育模式的觀點）等因素。環境背景因素則包括微視、居間、外圍、鉅視四個生態體系，個體和環境間的互動會隨著時間的演進而有不同，二者間有良好的適配，則不會產生行為問題；反之，則會產生問題（生態模式的觀點）。而這些行為逐漸累積成行為目錄，具有某些功能。

圖 2-16 影響行為的變項

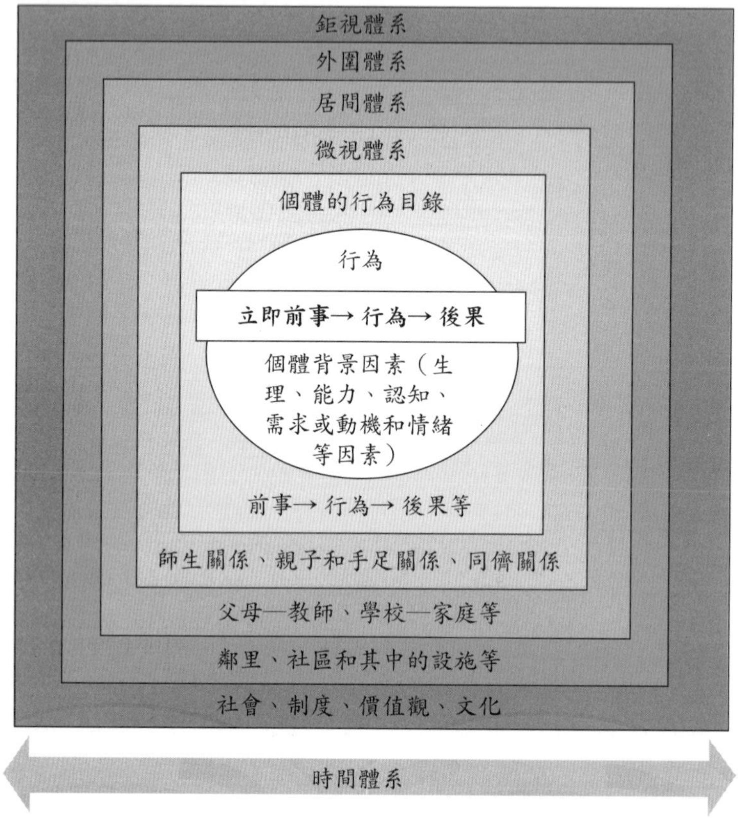

第七節 行為介入理論的歷史發展

我們回顧過去愈久，我們展望未來愈長。（Churchill；引自 Krathwohl, 2009, p. 105）

綜合文獻（Kauffman & Landrum, 2018; G. Martin & Pear, 2019; Schloss & Smith, 1998; T. M. Shea & Bauer, 2012; Webber & Plotts, 2008），分成七個階段（1950 年代以前、1950 年代、1960 年代、1970 年代、1980 年代、1990 年代、2001 年以後），從上述七個理論模式，分析「行為介入理論的歷史發展」，詳述如附錄 5 和摘要如下。

壹、1950 年代以前和 1950 年代

1950 年代以前，生物模式開始研究精神障礙和身心障礙者的遺傳、基因異常和器官因素對行為的影響。行為模式則有 Pavlov（1927）出版《制約性反射》（*Conditioned Reflexes*）一書，討論反應制約理論；B. F. Skinner（1938）提出操作制約理論。心理教育模式則修正心理動力模式的觀點，Horney（1937）提出人格的形成較受他人、社會和文化的影響，較少受本能的影響，且認為自我乃獨立於本我發展，具有自主能力。人本模式中，Maslow 最早於 1943 年發表〈人類動機理論〉（"Theory of Human Motivation"）一文，提出需求層次理論；而後於 1954 年出版《動機和人格》（*Motivation and Personality*）一書。

在 1950 年代，生物模式中，A. Thomas、Chess 和 Birch 從 1956 年開始進行氣質的研究。行為模式則大量運用操作制約理論研究人類的行為，Wolpe（1958）提出「**交互抑制**」原理，尚有其他研究者應用嫌惡治療處理恐懼症與有行為問題者。心理教育模式中，Erikson（1950）提出發展的**心理社會發展理論**，不認同 Freud 過度強調早期經驗對人格發展的影響，認為人的一生是同時受到生理、心理和社會的交互作用影響，將會經歷一系列的發展階段，任何一個階段的身心發展順利與否，均與前面階段的發展有關，每一階段內均隱含某種發展危機，而成長便是克服這些危機的過程；以及 Redl（1959）提出**生活空間晤談**。在人本模式中，C. R. Rogers（1959）提出**自我論**，主張**自我**是人格結構的核心，人格的發展就是個體自我概念的發展，個體自我概念的滿意與否，便決定了他的行為，自我概念低落是不良適應行為之根源。

貳、1960 和 1970 年代

在 1960 年代，生物模式中，A. Thomas 等人（1969）出版《兒童氣質和行為異常》（*Temperament and Behavior Disorders in Children*）。行為模式中，N. G. Haring 和 Phillips（1962）出版《教育情緒困擾兒童》（*Educating Emotionally Disturbed Children*），採取行為原則與建立結構化環境教導情緒困擾兒童。Hewett（1965）運用操作制約教導自閉症兒童說話。N. J. Long 等人（1965）主編《教室中的衝突》（*Conflict in the Classroom*），包含心理分析、心理動力與行為理論的鑑定和評量、治療和行為管理技術。Bandura（1965）發表文章討論觀察學習，而後 Bandura（1977）出版《社會學習理論》。Lovaas 等人（1965）對自閉症者的自傷行為進行分析。Ayllon 和 Azrin（1968）提出**代幣制**（token economy，詳見第 10 章）。1968 年發行

《應用行為分析期刊》。人本模式中，C. R. Rogers（1965）出版《個人中心治療》，主張治療歷程不應視為諮商人員對個案的治療，而應將主導權交給個案，協助他們重新燃起解決問題的希望與信心。心理教育模式中，Glasser（1965）提出**現實治療**。認知模式中，A. Ellis（1962）出版《心理治療中的理性和情緒》（*Reason and Emotion in Psychotherapy*），探討造成情緒的原因；於 1971 年出版《從理性中成長》（*Growth Through Reason*），提出**理性情緒治療**。此外，Hobb（1966）首先提出生態模式介入行為問題，是生態模式的起源。

在 1970 年代，生物模式中，探討遺傳與基因異常和情緒行為的關聯性。除此，Feingold（1975）發現情緒行為與飲食有關係，提出飲食控制的想法。行為模式中，更多書籍描述行為模式（強調後果處理策略）在不同領域之運用與研究。一些協會，例如：美國行為治療促進協會（Association for the Advancement of Behavior Therapy, 1977）提出助人專業的倫理議題，應嚴格控制嫌惡治療的使用。E. G. Carr（1977）使用**功能分析**（functional analysis）研究自傷行為。心理教育模式中，愈來愈多**表達媒介**的技術，例如：音樂、藝術治療被提出，以了解和處理行為問題。人本模式中，T. Gordon（1974a, b）出版《家長效能訓練》（*Parent Effectiveness Training*）和《教師效能訓練》（*Teacher Effectiveness Training*），強調**積極聆聽**（active listening）的重要性。認知模式中，Meichenbaum 和 Goodman（1971）發表應用**自我教導訓練**，教導一位兒童控制衝動行為的研究；而後 Meichenbaum（1977）出版《認知—行為改變技術》（*Cognitive-Behavior Modification*）。D'Zurilla 和 Goldfried（1971）提出**問題解決訓練**。B. Weiner（1972）出版《成就動機和歸因理論》（*Achievement Motivation and Attribution Theory*），應用**歸因理論**以提升學生學習動機和成就行為。Beck（1976）提出「認知治療」。生態模式中，Bronfenbrenner（1979）出版《人類發展的生態》（*The Ecology of Human Development*），提出生態理論。

參、1980 和 1990 年代

在 1980 年代，生物模式中，探討腦神經系統異常，以及腦神經生物化學傳導物質、內分泌、器官發展不健全或損傷與行為間的關係。行為模式中，Iwata 等人（1982）提出具體的「功能分析方法」探討自傷行為的功能，之後促發 FA **方法**的探討，愈來愈多的研究探討行為問題的功能。I. M. Evans 和 Meyer（1985）提出**教育型的行為處理策略**，Meyer 和 Evans（1989）出版《行為問題的非嫌惡介入》（*Nonaversive Intervention for Behavior Problems*），Cipani（1989）提出以行為分析取向介入嚴重行為問題。心理教育模式中，強調**社會技能的訓練**，提出愈來愈多的社會技能方案。人本模式中，有愈來愈多文獻探討人本模式在學校和親職教育的應用。生態模式中，有愈來愈多文獻探討生態模式在行為介入和課程發展上的應用，例如：運用**生態評量**發展生態課程。認知模式中，Meichenbaum 發展出**壓力免疫訓練**，之後於 1985 年出版《壓力免疫訓練》（*Stress Inoculation Training*）。

在 1990 年代的行為模式中，Horner、Dunlap 等人（1990）最早使用 PBS，有愈來愈多文獻（例如：Lennox & Miltenberger, 1989）主張了解行為的功能（例如：溝通功能）；O'Neill 等人（1990）進一步出版《行為問題功能分析》（*Functional Analysis of Problem Behaviors*）；Neef（1994）主編的《應用行為分析》第 27 卷第 2 期，專刊討論**功能分析**在行為評量和介入的應用。除此，一些文獻設計**功能本位介入**，例如：Durand（1990）提出**功能性溝通訓練**（FCT）；Reichle 和 Wacker（1993）及 E. G. Carr 等人（1994）倡議**溝通本位的介入**（communication-based intervention）。再者，Dunlap 和 Fox（1999）將「行為支持」應用於家庭中心早期介入方案中；學術界開始有專書介紹 PBS，主張多元素介入，例如：L. K. Koegel、Koegel 和 Dunlap（1996）主編，Bambara 和 Knoster（1998）及 Janney 和 Snell（2000）撰述《正向行為支持》、《設計正向行為支持計畫》和《行為支持》三本書。行為介入從過去強調後果處理，轉變成重視**預防**，採用**前事控制策略**，例如：Luiselli 和 Cameron（1998）出版《前事控制》。另外，A. Ellis（1993）加入「行為」成分，而將 RET 改成 REBT，認知—行為模式應運而生，提出各種**自我管理策略**在教學和行為介入上的應用。於生物模式中，Ayres（1998）提出**感覺統合訓練**，以因應個體感覺調節異常導致的行為問題。

肆、2001 年以後

在 2001 年之後，延續 PBS 的理論，開展它的實務應用。在行為 FA 上，為達事前的預防，一旦發現行為問題的**先兆**（precursor；見第 4 章），即可針對先兆進行 FA；《應用行為分析期刊》第 32 和 41 卷有數篇文章（例如：Borrero & Borrero, 2008; Langdon et al., 2008; Najdowski et al., 2008; R. G. Smith & Churchill, 2002），探討**行為問題先兆的** FA。此外，系統介紹 FA 實務的書籍（例如：K. McConnell, 2006; M. E. McConnell, 2000; Steege et al., 2019; Waller, 2009）益發增加。再者，Sugai 和 Horner（2002a, b）主張將 PBS 從個人層級，擴展應用至系統層級（學校、家庭和社區）；Hieneman 等人（2005）進而提出**全校**、**教室**和**個人**三個層級的 PBS。探討初級和次級預防 PBS 的書籍（例如：R. F. Algozzine et al., 2010; Brewer et al., 2010; Crone et al., 2010;

Dunlap et al., 2019; Grossman, 2003; Kern et al., 2016; Otten & Tuttle, 2010; Riffel, 2011; Stormont, 2008; Stormont et al., 2012; E. L. Young et al., 2011）亦日漸增多。

總結

本章從生物、行為、心理教育、人本、生態、認知和認知—行為七種模式，討論行為介入的理論，任何一種模式都無法充分而全面解釋行為問題的起源，和據以設計行為介入策略，不過這些模式可以互補和整合。在此統整模式中，行為是前事和後果連結下的結果，前事又包括立即前事、個體和環境背景因素。個體背景因素包括生理、認知、能力、需求或動機和情緒等因素；而環境背景因素則包括微視、居間、外圍和鉅視四個生態體系。個體和環境間的互動會隨著時間的演進而有不同，二者有良好的適配，則不會產生行為問題；反之，則會產生問題。

作業練習 運用理論分析行為問題的起源

以一位有行為問題、讓您感到困擾的個案為例，針對他的所有行為問題，從生物、行為、心理教育、人本、生態、認知或認知—行為七種模式，分析行為問題的起源。

附錄

附錄 3　文獻所提情緒行為介入的理論模式

附錄 4　不同理論對診斷與介入行為問題的觀點

附錄 5　行為介入理論的歷史發展

測驗題

第二章　行為介入的理論與發展測驗題

第三章

正向行為支持的層級、執行與原則

第一節 正向行為支持的介入層級

第二節 正向行為支持的過程

第三節 正向行為支持計畫的內容

第四節 正向行為支持計畫的擬訂原則和效度驗證

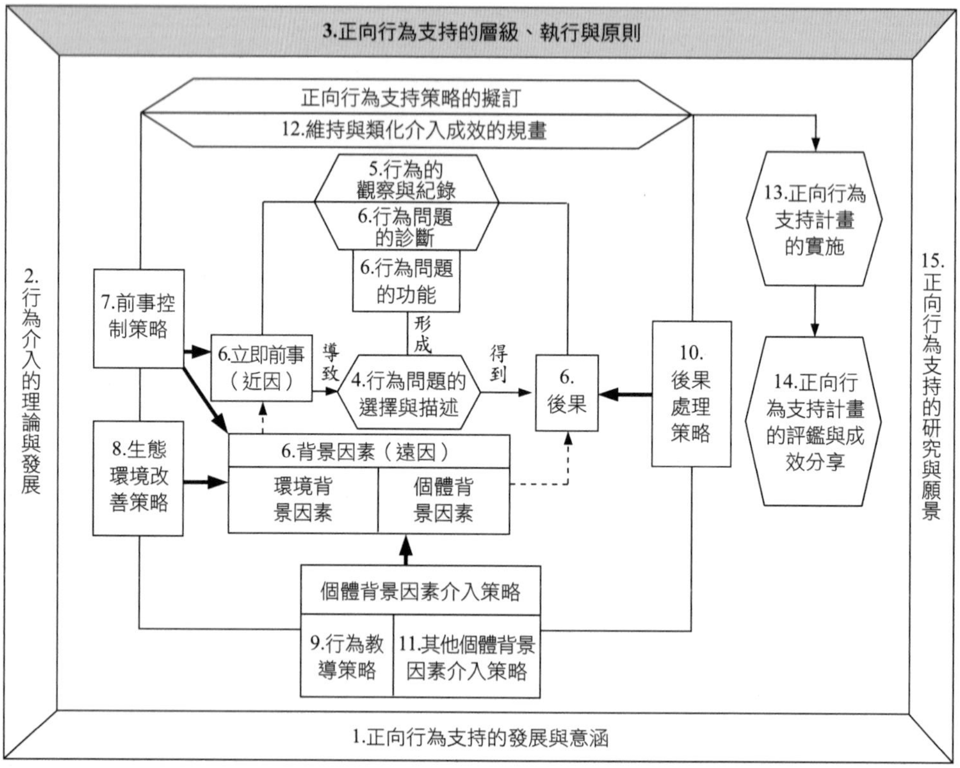
3.正向行為支持的層級、執行與原則
正向行為支持策略的擬訂
12.維持與類化介入成效的規畫
5.行為的觀察與紀錄
6.行為問題的診斷
6.行為問題的功能
形成
2.行為介入的理論與發展
7.前事控制策略
6.立即前事（近因）
導致
4.行為問題的選擇與描述
得到
6.後果
10.後果處理策略
13.正向行為支持計畫的實施
14.正向行為支持計畫的評鑑與成效分享
15.正向行為支持的研究與願景
8.生態環境改善策略
6.背景因素（遠因）
環境背景因素
個體背景因素
個體背景因素介入策略
9.行為教導策略
11.其他個體背景因素介入策略
1.正向行為支持的發展與意涵

導讀問題

1. PBS 有哪些層級？各具有什麼特徵？
2. PBS 的過程包括哪些步驟？
3. PBS 計畫的介入目標是什麼？
4. PBS 會使用哪些策略介入標的行為（target behavior，或譯為「目標行為」）？
5. 擬訂 PBS 計畫時，宜注意哪些原則？
6. 社會效度的指標、意義和驗證方法為何？
7. 可以從哪些方向檢視 PBS 計畫的內容效度（content validity）？

嚴重行為問題的形成非一朝一夕，若能及早發現和介入，就能防範行為問題的惡化。PBS 強調預防，從全校、教室本位進行初級和次級預防，因此本章首先探討 PBS 的介入層級。接著，討論個人的 PBS，在介入嚴重行為問題時必須從蒐集行為資料著手，然後深入分析行為問題的前因後果，擬訂周詳的 PBS 計畫，最後將此計畫付諸實施。這個 PBS 計畫匯集團隊的智慧和經驗，讓處理人員根據計畫採取一致的行動，不會因為步調不一而導致介入失效，因此接下來討論 PBS 的過程和內容；最後說明擬訂過程宜注意的原則，以及如何進行 PBS 計畫的效度驗證。

第一節　正向行為支持的介入層級

PBS 強調預防，從全校、教室本位進行初級和次級預防。

美國《IDEIA 2004》提出，學障鑑定不一定要符合智力與成就之間的嚴重差距，可以使用**對科學、研究本位之介入反應**（response to scientific, research-based intervention，簡稱 RTI；中文簡稱「介入反應」）程序來鑑定，意指對有科學、研究本位之介入沒有明顯進步反應的學生，則可以接受進一步的鑑定（Yell, 2019）。

RTI 具有下列四項特徵（Brown-Chidsey & Steege, 2010; Stoiber & Gettinger, 2016; Sugai & Horner, 2009）：（1）對所有學生**全面篩選**，找出有學習困難或高風險群學

生，採取**先介入反應，再鑑定與安置**的思維，掌握**及早介入**、**解決問題**、**避免惡化**的原則；（2）**由特殊和普通教育教師協同合作介入**，包括特殊教育教師提供教學諮詢、合作教學等；（3）依據學生的需求，建立**多層級的介入和支持系統**，採用科學、研究本位之介入，並且進行高品質的教學；（4）以介入作為測試的手段，**結合評量、教學，以及進行長期經常的評量**，以監控學生的進步情形。Gresham（2005）指出，RTI 除了可以運用在鑑定學障學生外，也可以用來介入行為問題，或是鑑定 E/BD 學生。因此，形成 PBS 的介入層級。

Bryant 等人（2020）綜合文獻指出，特殊教育是**更深入和支持性的方案**，具備**驗證性**（validated，使用有研究為基礎的實務）、**個人決策**（individually determined，配合個別的需求進行教學）、**明顯度**（explicit，直接針對內容和技能應用介入方法）、**策略性**（strategic，協助學生應用方法引導他們的學習）、**系列性**（sequential，以前面技能學習的精熟程度為基礎，規畫未來的課程與教學）、**持續監控**（monitored，經常和系統性監控學習進步情形）六個特徵。RTI 的架構乃及早提供包含特殊教育特徵的大範圍初級預防的介入；若無反應，則再提供小範圍二級預防的介入；若再無反應，則再提供更深入、個別支持性的特殊教育方案。

Hieneman 等人（2005）指出，有三個層級的 PBS——**全校**、**教室本位**和**個人**的 PBS。C. K. Baker（2005）指出，三個層級的 PBS 能提供個體連續的支持；當個體的行為問題愈嚴重，則會愈接受個人 PBS。以下討論全校與教室本位 PBS 的優點和作法，至於個人 PBS 的過程、內容及擬訂原則和效度驗證，將於第 2 至 4 節討論。

壹、全校正向行為支持的優點與作法

以下討論全校 PBS 的優點與作法。

一、全校正向行為支持的優點

全校 PBS 是其他層級的必要基礎，它不只具備教室本位 PBS 的優點，還能增進全校教職員的合作和專業成長（Rosenberg & Jackman, 2003）；發展共同的任務——改進學校，建立支持系統，以預防校園暴力，防範高風險群學生行為問題的惡化；提供系統、一致的行為規範和期待，讓有行為問題的學生容易理解與適應，減少處室行為管教的轉介和危機狀況的處理，進而使全校的執行團隊得以有更多時間、精力和資源處理個別學生的行為問題（C. M. Anderson & Kincaid, 2005; R. Freeman et al., 2006; Hieneman et al., 2005; B. Walker et al., 2005）；增進全體學生學業和行為成果，以因應**標**

準本位改革（standards-based reform）對學校教育績效的要求（Sailor et al., 2007）。圖 3-1 呈現無和有早期鑑定與介入之閱讀困難和外在情緒行為問題的發展過程，其中早期鑑定聚焦於早期和持續篩選閱讀困難與情緒行為問題，介入聚焦於閱讀困難與情緒行為問題的預防和補救（remediation）。

圖 3-1　無和有早期鑑定與介入之閱讀困難與情緒行為問題的發展過程

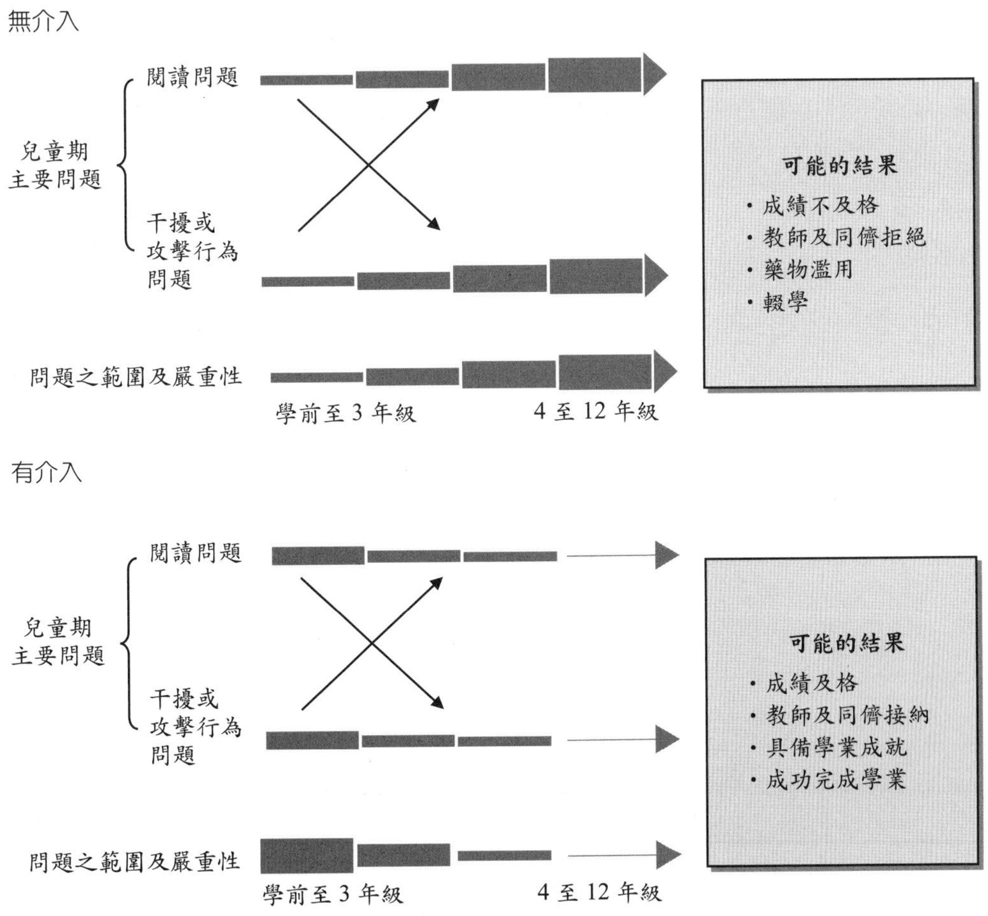

註：修改自 O'Shaughnessy 等人（2002, p. 6），修改處為刪除學校服務之整合系統的鑑定和介入焦點。Allyn & Bacon 於 2002 年的版權，同意授權修改。

全校 PBS 的影響所及，班級經營強調全校性介入取向（Froyen & Iverson, 1999）；將正向積極的行為管教方式統整於學生行為規範中（Cheney & Jewell, 2012; Fenning et al., 2004）；運用 PBS 統整心理健康服務（Casat et al., 1999; Frey et al., 2008）。

二、全校正向行為支持的作法

綜合文獻（Horner, Sugai, et al., 2005; T. M. Scott & Martinek, 2006; Sugai & Horner, 2002a），全校 PBS 統整四個要素：（1）**界定可測量的成果**，包含學生社會能力和學業成就、安全環境；（2）**採用 EBP**，以支持學生的行為；（3）**蒐集系統的資料**，以支持如何改進學校決策；（4）**建立支持系統**（例如：政策、人員組型、經費、團隊結構、行政領導、例行事務的進度表、人員訓練、行動計畫等），以支援教職員實施全校 PBS，如圖 3-2。

圖 3-2　全校正向行為支持的四個要素

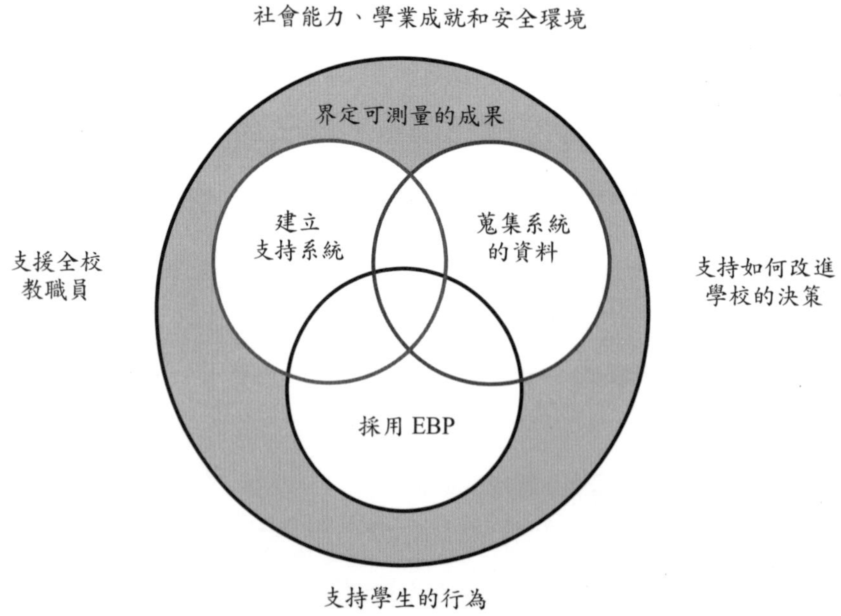

註：綜合整理自 Horner、Sugai 等人（2005, p. 365）、T. M. Scott 和 Martinek（2006），以及 Sugai 和 Horner（2002a, p. 132）的文獻。

依據 Simonsen 等人（2005），全校 PBS 的實施步驟包括：（1）建立全校 PBS 的執行團隊；（2）評量全校 PBS 成果、實務、資料和系統四個要素的現況與需求；（3）發展資料本位的行動計畫；（4）實施資料本位的行動計畫；（5）監控和評鑑實施狀況，若有需要，調整行動計畫。T. J. Lewis 和 Mitchell（2012）另於建立全校的執行團隊之後，增加「取得共識與合作」；陳佩玉和蔡淑妃（2008）增加「獲得校內人員的支持」。

其中，有關執行團隊的人員，Hieneman 等人（2005）指出含括教師、行政人員、年級或學科教師代表，以及建議參與的家長、社區成員與學生代表。至於蒐集系統的資料，以支持如何改進學校決策上，Hieneman 等人建議可透過全校多個地點的分析、調查、觀察、處室行為管教轉介組型的分析，以及影響全校學生之組織特徵的了解，以界定影響全校學生行為的變項。而處室行為管教轉介是指學生違反校規，被學校成員舉發，行為管教處室做成行為介入的書面報告（Sugai et al., 2000）。

在評量全校 PBS 現況與需求，以及評鑑全校 PBS 的成效方面，**學校氣氛調查問卷**（School Climate Survey; Haynes et al., 1993）、**有效行為支持調查問卷**（Effective Behavior Support Survey; T. J. Lewis & Sugai, 1999; Safran, 2006）、**全校評鑑工具**（School-wide Evaluation Tool，簡稱 SET; Horner et al., 2004），以及**全校品質規準**（School-wide Benchmarks of Quality; Cohen et al., 2007; Kincaid et al., 2005），可以讓全校師生填寫，以了解全校 PBS 的實施狀況，進一步發現學校的優先需求，以及學生行為問題的種類、發生情境和嚴重性，作為後續介入的依據。Sailor 等人（2006）主張，全校 PBS 必須建立在融合學校改革的基礎上，透過全校教職員共同合作的方式實施；否則會變成特殊和普通教育兩個雙軌系統各自實施，次級和三級預防成為特殊教育教師額外的責任，如此便違背全校 PBS 的真義。

Harlacher 和 Rodriguez（2018）指出，全校 PBS 包括三個層級的介入或支持，我整理如圖 3-3。其中，第一和二層針對群體和小團體，提供**普遍及標的支持**（universal and targeted supports），進行初級和次級預防，第三層則針對個別學生提供深入、密集和個別化的**特定支持**（indicated support），Shogren、Wehmeyer、Lane 和 Quirk（2017）稱之為**全面、統整的三層模式**（comprehensive, integrated, three-tiered model，簡稱 Ci3T）；Kern 等人（2020）稱之為**多層級的系統支持**（multi-tiered systems of support，簡稱 MTSS）。以下說明預防的緣起和內涵，以及三個層級的作法。

圖 3-3　全校正向行為支持系統

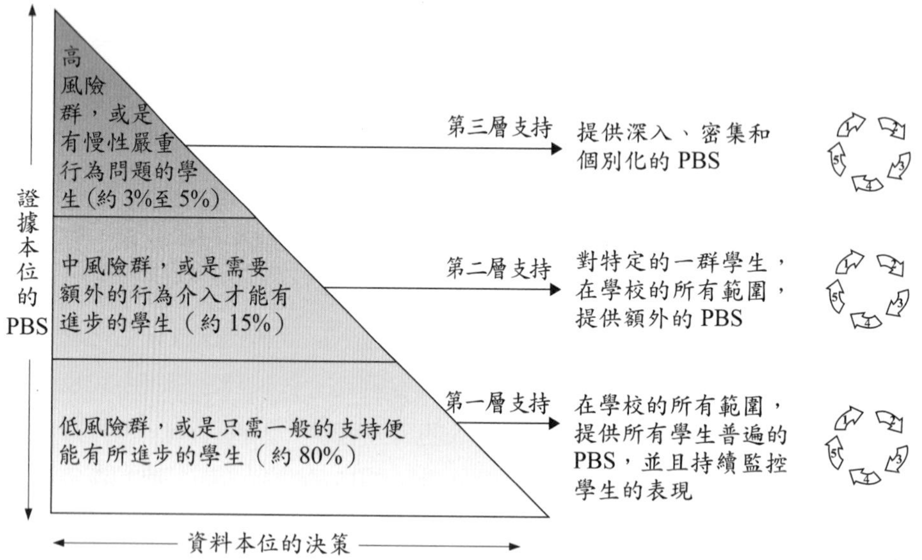

註：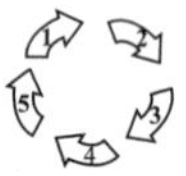中 1 是「確認問題」，2 是「分析問題」，3 是「發展計畫」，4 是「執行計畫」，5 是「評鑑計畫」。綜合整理自 Harlacher 和 Rodriguez（2018）、Horner 等人（2005）、J. J. Lewis 和 Sugai（1999），以及 H. M. Walker 等人（1996）的觀點繪圖而成。

（一）預防的緣起和內涵

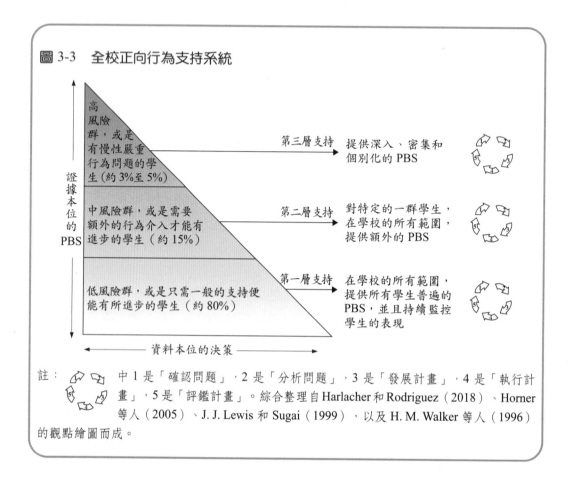

在美國，預防的概念最早追溯至二十世紀早期，Clifford Beers 於 1908 年成立**康乃狄克心理衛生協會**（Connecticut Society for Mental Hygiene），對精神異常者建立較好的治療，以及贊助預防和治療的研究（引自 R. J. Morris & Kratochwill, 2008, p. 2）。之後，公共衛生領域的 Leavell 和 Clark（1958）率先提出預防的相關名詞，包括健康促進、致病特定因素的預防、早期辨識、限制疾病的出現和復健。接著，Caplan（1964）出版《預防的病理學原則》（*Principles of Preventive Psychiatry*），將初級、次級和三級預防的概念架構應用於行為或精神異常的預防。而後，Leavell 和 Clark（1965）將預防的相關名詞歸類於三個層級預防中；Rae-Grant（1991）則指出預防是從健康促進至復健的連續措施。我於表 3-1 整理這些文獻對三個層級預防實施對象和範圍的觀點，由此可知，僅 Caplan 主張預防實施的對象為群體，其他文獻的對象為群體或個體，而它們對三個層級預防實施的範圍不盡相同。

表 3-1　三個層級預防實施的對象和範圍

作者（年分）	初級預防	次級預防	三級預防
Caplan（1964）	針對群體，削減有害的環境因素，以減少精神異常新案例的出現。	針對群體，縮短舊案例的持續時間。	針對群體，降低精神異常產生的後遺症。
Leavell 和 Clark（1958, 1965）	針對群體或個體，進行健康促進和致病特定因素的預防。	針對群體或個體，進行早期辨識和限制疾病的出現。	針對群體或個體進行復健。
Rae-Grant（1991）	針對群體或個體，進行健康促進和疾病預防。	針對群體或個體，進行早期鑑定和治療。	針對群體或個體進行復健。

很多預防的專家（例如：Cowen, 1994）認為「三級預防」不能稱作預防，因為它是在個體功能失常行為出現後採取的作法；因此，無法產生預防的功能（引自 Braden & Martin, 2008, p. 296）。R. S. Gordon（1983）提出**普遍**、**選擇**和**特定的預防**（universal, selective, and indicated prevention）取代初級、次級和三級預防。Mrazek 和 Haggerty（1994）代表美國醫學研究院（Institute of Medicine）亦延續使用此名稱，並提出預防是在**處遇**（treatment）和**維持**之前實施的，如圖 3-4，三者合稱為**介入**，如光譜般。Munoz 等人（1996）表示這三種預防分別針對產生問題可能性低的一般群體、產生問題可能性高的個體或小群體，以及已出現少許異常癥狀，但尚不足以鑑定為異常的個體。Israel 等人（2021）指出預防可以在相同地點，亦可以在不同地點（例如：家庭、學校、鄰近機構、初級照護診所、心理健康門診）中實施。

（二）第一層支持的作法

第一層支持針對低風險群或只需一般的支持便能有所進步，約 80%的學生，提供普遍的 PBS，這是**初級預防**（Harlacher & Rodriguez, 2018）。Bloom（1996）定義初級預防為，針對個體或群體，在他們的物理與社會文化情境中，持續實施整合的行動，以避免可預見的問題發生（**預防性**）、保持現有的健康機能（**保護性**），以及促成期待的生活目標（**促進性**）。我整理第一層支持的目標、作法和評鑑如表 3-2。其中表 3-2 有關界定對全校學生「正向行為的期待」，Lynass 等人（2011）調查實施全校 PBS 的學校後發現，最常建立的正向行為期待依序是**尊重**、**責任**和**安全**。

圖 3-4　精神異常者的心理健康介入光譜

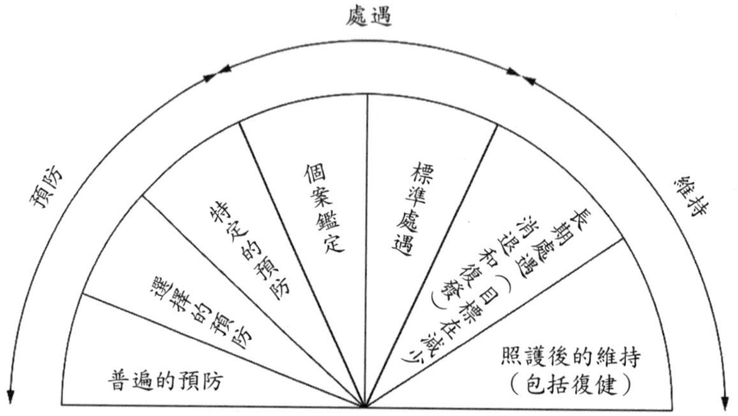

註：取自 Mrazek 和 Haggerty（1994, p. 23）。Institute of Medicine 於 1994 年的版權，同意授權重印。

（三）第二層支持的作法

第二層支持針對中風險群，或是第一層支持下，行為問題發生率高、需要額外介入才能有進步，約 15%的學生，提供額外、標的之 PBS 策略，這是**次級預防**（Harlacher & Rodriguez, 2018）。第二層支持的目標和作法如表 3-3，至於評鑑，如同表 3-2 中初級預防的評鑑作法。舉例來說，Lane 等人（2003）針對七位有反社會行為（antisocial behavior），對全校初級預防無反應的國小高風險群學生，安排小團體的社會技能教學，結果顯示它能減少干擾和遊戲時的不適當社會互動行為，增加學業參與時間，而且學生對整個介入程序接受度高，也表達能在多元情境中使用習得的社會技能。Sutherland 等人（2020）依據行為和生態模式及互動（transactional）理論（如圖 3-5，其中最外圍橢圓形代表生態模式，前事→行為→後果代表行為模式，教師和學生的箭頭代表互動理論），即稱作**行為、情緒和社會技能訓練**（Behavioral, Emotional, and Social Skills Training，簡稱 BEST）的**理論架構**，採取**實務本位教練**（practice-based coaching）**模式**，針對全校初級預防無反應的國小 E/BD 高風險群學生，提供教師班級經營實務的訓練，包括支持關係的建立，班規的教導，對特定行為的讚美，反應機會的提供，前矯正（pre-correction）、教學回饋、矯正性回饋（corrective feedback）的使用，以增進教師與學生間的關係和互動。

表 3-2　第一層支持的目標、作法和評鑑

項目	內涵
目標	在學校的所有範圍裡，創造正向學校文化，提供所有學生普遍的預防策略，全面的行為支持，並且持續監控他們的表現。[a]
作法	1. 建立校規，包含教室以外特定情境的校規（例如：廁所、遊戲區的使用），此校規宜融入預防行為問題的規定；例如：校規為「尊重他人」，並教導學生它的意涵，像是尊重同學物品的所有權，未經同意不可以擅自拿取同學的物品等。[a至j] 2. 界定對全校學生「正向行為的期待」。[a至i] 3. 教導學生認識「校規」和「正向行為的期待」，並且練習之。[a至i] 4. 預先教導學生如何因應容易導致行為問題的情境，並界定教職員協助學生遵守常規的作法。[a至i] 5. 再設計學校環境（例如：建立無障礙的學校環境、監控和增進全校 PBS 的程序）。[a,c,i,j] 6. 採取連續的程序（例如：運用增強策略），鼓勵學生遵守校規，達到正向行為的期待。[a至i] 7. 清楚說明違反校規的結果，並且採取連續的程序，阻止、反應和預防學生違反校規的行為。[a,b,d,e至j] 8. 執行有效教學和學校運作程序。[d,j,k] 9. 教導學生衝突解決和憤怒管理策略。[d] 10. 增加學生個人的優勢、社會支持和物理環境之資源；以及減少學生個人的限制、社會壓力和物理環境之壓力。[l] 11. 培養與學生、家庭和社區的夥伴關係。[b,m至q] 12. 建構正向積極和安全的學習與教學環境。[a,b,j,o,p] 13. 覺察霸凌行為和培養同理心，以預防暴力。[r] 14. 成立學校諮詢委員會，提供教職員支持服務，以解決教學和輔導面臨的問題。[a,b,j,n,s,t] 15. 建立全校教職員專業發展的策略，並激勵人員與組織的改變（例如：修改政策與實施程序）。[a,b,l,j,o,s,t]
評鑑	從全校 PBS 的四個要素進行評鑑。[a,b,u] 1. 成果：（1）改善整體社會與學業環境（例如：提升學生學業成績和出席率、增進學校安全和氣氛）；（2）減少處室行為管教的轉介、危機狀況的處理，以及個別行為的介入。 2. 資料：蒐集系統的資料，以偵測目標達成情形，監控學生表現和進步狀況，以決定是否需調整作法。 3. 實務：檢視全校 PBS 實務運作情形，是否符合 EBP，以及資料本位的決策。 4. 系統：檢視系統是否支援全校教職員實施全校 PBS。

註：表中特定註記標示資料來源，[a] Hieneman 等人（2005）；[b] Simonsen 等人（2005）；[c] T. M. Scott（2012）；[d] H. M. Walker 等人（1996）；[e] T. J. Lewis 等人（2010）；[f] Colvin、Kameenui 和 Sugai（1993）；[g] Colvin 和 Fernandez（2000）；[h] Eber 等人（2002）；[i] J. R. Nelson（1996）；[j] T. M. Scott（2003）；[k] Sprick 和 Borgmeier（2010）；[l] Bloom（1996）；[m] McIntosh 等人（2010）；[n] Sugai 和 Horner（2002a）；[o] Sugai 和 Horner（2008）；[p] T. J. Lewis 和 Sugai（1999）；[q] A. Turnbull 等人（2002）；[r] Sullivan 等人（2020）；[s] Safran 和 Oswald（2003）；[t] Simonsen、Sugai 和 Negron（2008）；[u] T. J. Lewis 和 Mitchell（2012）。

表 3-3　第二層支持的目標和作法

項目	內涵
目標	在學校的所有範圍，提供學生選擇的預防策略，額外的 PBS，並且持續監控他們的表現。[a]
作法	1. 實施行為教育方案（Behavior Education Program，簡稱 BEP）、BEST，或社會和情緒學習（social and emotional learning，簡稱 SEL）方案，教導社會技能、情緒管理、衝突和問題解決技能、課業輔導小團體等。[b,c,e 至 h] 2. 安排特定教師每日關心學生，加強行為的監督，記錄每日進步狀況，以及提供更多的增強等，以預防更嚴重的行為問題，並且蒐集資料。[b,c,d,e,f,i] 3. 採取實務本位教練模式，提供教師班級經營實務的訓練，以增進教師與學生間的關係和互動。[g] 4. 提供家庭支持和家長行為介入的訓練。[j] 5. 藉由以個體為中心環顧的過程（wraparound process）整合支持服務。[k]

註：表中特定註記標示資料來源，[a] Hieneman 等人（2005）；[b] Ahrens 等人（1997）；[c] C. K. Baker（2005）；[d] McCurdy 等人（2007）；[e] Tobin & Sprague（1994）；[f] Cheney 和 Jewell（2012）；[g] Sutherland 等人（2020）；[h] Gueldner 等人（2020）；[i] Bruhn 等人（2020）；[j] H. M. Walker 等人（1996）；[k] Eber 等人（2002）。

圖 3-5　BEST 的理論架構

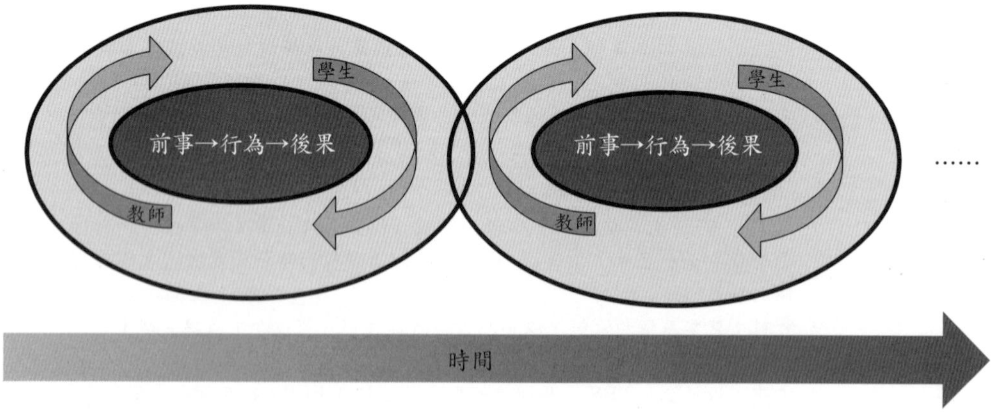

註：修改自 Sutherland 等人（2020, p. 218），修改處為刪除一個圖框，改以刪節號呈現；另將圖框的說明改以內文呈現。Routledge 於 2020 年的版權，同意授權修改。

在表 3-3 中，文獻（Eber & Keenan, 2004; Eber et al., 2002）主張於第二和第三層 PBS 中，藉由**以個體為中心環顧的過程整合支持服務**，以因應服務零碎、分散的問題，他們指出：「環顧不是（一組）服務，而是一個計畫過程。」（p. 173）環顧的過程源自於**系統照顧**（system of care）的概念，是一種社區本位的取向，透過多領域專業人員和跨機構，並且與家庭協同合作的方式，提供全面、統整的服務（Stroul & Freidman, 1986）。B. J. Burns 和 Goldman（1999, p. 69）定義環顧的過程為，產生一組獨特、對兒童和其家庭個別化之社區服務和自然支持，為達到一系列正向成果的計畫過程。美國環顧創始組織（National Wraparound Initiative）於 2004 年成立，並設有網站（https://tinyurl.com/24a74esa），推動環顧的過程。

環顧的過程具有以下十項共同特徵（B. J. Burns & Goldman, 1999）：（1）社區本位；（2）服務和支持是個別化、優勢本位（strengths-based，意指發覺和開展兒童的優勢能力，迂迴其弱勢來學習），以促進家庭、學校和社區的成功、安全和持續性；（3）能反映家庭、學校和社區的文化；（4）家庭是主動的夥伴；（5）由團隊策動，讓家庭、兒童和機構參與，共同發展、實施和評鑑計畫；（6）團隊擁有足夠、彈性的作法和可靈活調度的經費；（7）能保持正式服務與非正式社區和家庭資源運用的平衡；（8）無條件為兒童和家庭提供服務；（9）計畫是在跨機構、社區本位的協同合作過程下擬訂；（10）透過團隊過程決定和評鑑方案、個別兒童和家庭的成果。

（四）第三層支持的作法

第三層支持針對高風險群，或是有慢性嚴重行為問題，約 3%至 5%的學生，提供深入、密集和個別化的特定 PBS（Harlacher & Rodriguez, 2018）。所謂慢性嚴重行為問題，不是依據個體的障礙類別或行為問題形態，而是由所需介入或支持程度來界定（T. Lewis, 2016）。第三層支持即提供個體個別化的 PBS，臺灣《特殊教育法施行細則》（1987/2020）第 9 條規定 IEP 要素之一，具情緒與行為問題學生所需之行為功能介入方案與行政支援，即針對個別學生擬訂的個人 PBS。個人 PBS 的過程、內容及擬訂原則和效度驗證，將於第 2 至 4 節討論。

臺灣特殊教育學會以美國全校 PBS 中第三層支持為基礎，規畫適用特殊教育學生的三級預防架構，期望對沒有明確情緒行為困難的特殊教育學生，可藉由適切的教學及環境調整，有效地預防可能的情緒行為問題（洪儷瑜、陳佩玉，2018）。

貳、教室本位正向行為支持的優點與作法

以下討論教室本位 PBS 的優點與作法。

一、教室本位正向行為支持的優點

教室本位 PBS 能創造出結構化、支持性的環境；還能促進正向的同儕行為，進而提供楷模讓有行為問題的學生觀察學習，最後提升特殊需求學生的融合（Hieneman et al., 2005; Weigle, 1997）。實施全校 PBS 的第一和第二層支持時，也需要教室本位 PBS 的配合。

二、教室本位正向行為支持的作法

教室本位 PBS 的介入目標包括：建立高結構化的教室、教師善用行為管理技巧、建立正向的師生互動，以及無論在物理環境或教學設計，都讓學生有明確的規範遵循（R. Freeman et al., 2000; Sugai & Horner, 2002a）。參考 Simonsen 等人（2005）有關全校 PBS 的實施步驟，教室本位 PBS 亦可包括：（1）建立教室本位 PBS 的執行團隊；（2）評量教室本位 PBS 成果、實務、資料和系統四個要素的現況與需求；（3）發展資料本位的行動計畫；（4）實施資料本位的行動計畫；（5）監控和評鑑實施狀況，若有需要，調整行動計畫。

其中，教室本位 PBS 執行團隊的人員，Hieneman 等人（2005）指出包括教師、行政人員、特殊教育助理員，也可能包括相關服務的提供者、專家、學生或家長代表與其他教師。至於蒐集系統的資料，以支持如何改進教室決策上，Hieneman 等人建議詳細分析教室的特徵與管理方法（包括行為管教程序），以及界定造成學生行為和學業問題之作息及事物。舉例來說，Farmer 等人（2020）提出**行為、學業和社會投入**（Behavioral, Academic, and Social Engagement，簡稱 BASE）的班級經營模式，包括學業投入的提升、增進能力的行為管理，以及社會動態的管理，以提升班級功能，進而增進學生的功能表現，如圖 3-6。我整理教室本位 PBS 的作法和評鑑如表 3-4。

文獻（Kamps et al., 2011; Wills et al., 2010, 2014）指出教室本位 PBS 如同全校 PBS，也可以包括三個層級，第一層針對全班學生；第二層的對象是第一層支持下，行為問題發生率高，需要額外介入才能有進步的學生；第三層的對象是接受第二層支持後無進步的學生，即**班級層級功能本位介入小組**（class-wide function-based intervention teams, CW-FIT），它結合行為介入和班級經營策略。

圖 3-6　BASE 的班級經營模式

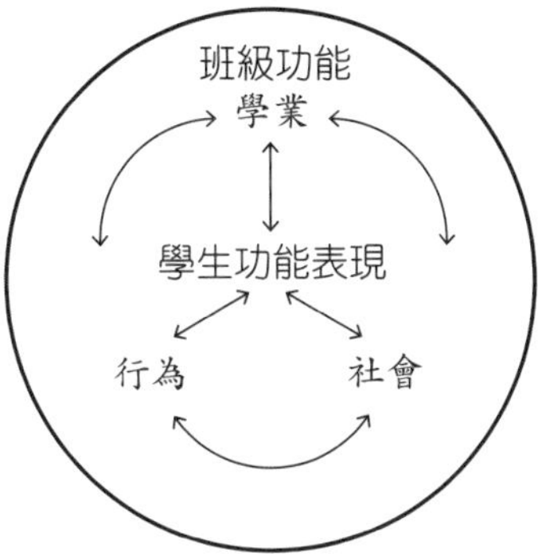

註：取自 Farmer 等人（2020, p. 228）。Routledge 於 2020 年的版權，同意授權重印。

表 3-4　教室本位正向行為支持的作法和評鑑

項目	內涵
作法	1. 執行有效教學和班級經營運作程序，以擴大學生行為、學業和社會的參與及成就表現。[a至h] 2. 成為有效的教師，包括尊重學生、建立師生間正向的互動和關係。[b,e至g] 3. 再設計教室環境（例如：建立無障礙的教室環境、監控和增進教室本位 PBS 的程序）。[a至g] 4. 建立教室生活作息和常規。[a至i] 5. 界定教師協助學生遵守教室常規的作法。[a至g] 6. 教導學生教室常規，並且練習之。[a至g] 7. 採取連續的程序，鼓勵學生遵守教室常規。[a至g] 8. 清楚說明違反教室常規的結果，並且採取連續的程序，阻止、反應和預防學生違反常規的行為。[a,i,k] 9. 教導和計畫平穩的轉換時刻。[e至g] 10. 教導學生自我管理策略。[l] 11. 教導學生衝突解決和憤怒管理策略。[j,k] 12. 增加學生個人的優勢、社會支持和物理環境之資源；以及減少學生個人的限制、社會壓力和物理環境之壓力。[l] 13. 培養與學生和家庭的夥伴關係。[c,g,n] 14. 提升學生的社會角色，營造正向的同儕動力與關係。[h,o]
評鑑	從教室本位 PBS 的四個要素進行評鑑。[a] 1. 成果：（1）增加學業的參與（例如：完成作業、提高成績）；（2）增加班級功能（例如：減少處室行為管教的轉介和隔離措施、危機狀況的處理、獲得較多的獎賞）；（3）降低干擾行為，以及個別行為的介入。 2. 資料：蒐集系統的資料，以偵測目標達成情形，監控學生表現和進步狀況，以決定是否需調整作法。

（續）

表 3-4 （續）

項目	內涵
評鑑	3. 實務：檢視教室本位PBS實務運作情形，是否符合EBP，以及資料本位的決策。 4. 系統：檢視系統是否支援團隊人員實施教室本位 PBS。

註：表中特定註記標示資料來源，[a] Hieneman 等人（2005）；[b] T. M. Scott 等人（2012）；[c] Simonsen 和 Myers（2015）；[d] Simonsen 等人 2011）；[e] B. Algozzine 和 Kay（2001）；[f] Fenning 等人（2004）；[g] R. Freeman 等人（2000）；[h] Farmer 等人（2020）；[i] Sprick（2006）；[j] Bock 和 Borders（2012）；[k] Cheney 和 Jewell（2012）；[l] Mitchem 和 Young（2001）；[m] Bloom（1996）；[n] Fairbanks 等人（2007）；[o] Farmer 等人（2019）。

第二節 正向行為支持的過程

PBS 不僅可以將原本負面的情境轉變成正向，而且從長遠來看，它有助於改變人們的思想結構。

以下說明正向行為支持的實施過程和時間表兩大部分。

壹、正向行為支持的實施過程

在敘述 PBS 的過程之前，先說明何謂「**標的（音ㄉㄧˋ）行為**」。本書第 4 頁已界定什麼是「行為」，而 J. O. Cooper 等人（2020）表示：「標的行為是指被選擇改變的行為。」（p. 49）S. C. Bicard 和 Bicard（2012）則界定標的行為是「要被改變的行為或是問題行為。」（p. 3）由此可知，J. O. Cooper 等人所指之標的行為較寬廣，可包含**欲減少的問題行為**和**欲增加的正向行為**；而 S. C. Bicard 和 Bicard 所指的是欲減少的問題行為。我採用寬廣的定義，而當稱呼選定欲減少的問題行為時，則名為**標的行為問題**（至於為何稱呼「行為問題」，而非「問題行為」，則於第 4 章探討）。

雖然每位個體都有獨特的特徵，也有不同的行為問題，但是仍有一些分析和介入行為問題的方法可供依循；根據這些原理原則，處理人員可以了解行為問題的來龍去脈，以擬訂 PBS 計畫。在個體的一個或多個行為問題中，選擇作為介入之**標的行為問題**，針對它，PBS 的過程包括：選擇與描述標的行為問題、診斷標的行為問題、擬訂 PBS 計畫、實施 PBS 計畫、評鑑和分享 PBS 計畫的實施成效，以及觀察與記錄標的行為七個步驟，如圖 3-7。而在這七個步驟中，觀察與記錄標的行為（包含標的行為問題和正向行為）是持續進行的。而評鑑之後，如果發現達到預定介入目標，則停止該項標的行為問題之介入；如果否，則回到上面四個步驟，檢核每一個步驟中可能造成失效的原因，而後調整改進。最後，處理人員分享 PBS 計畫的成效。

圖 3-7　正向行為支持的過程

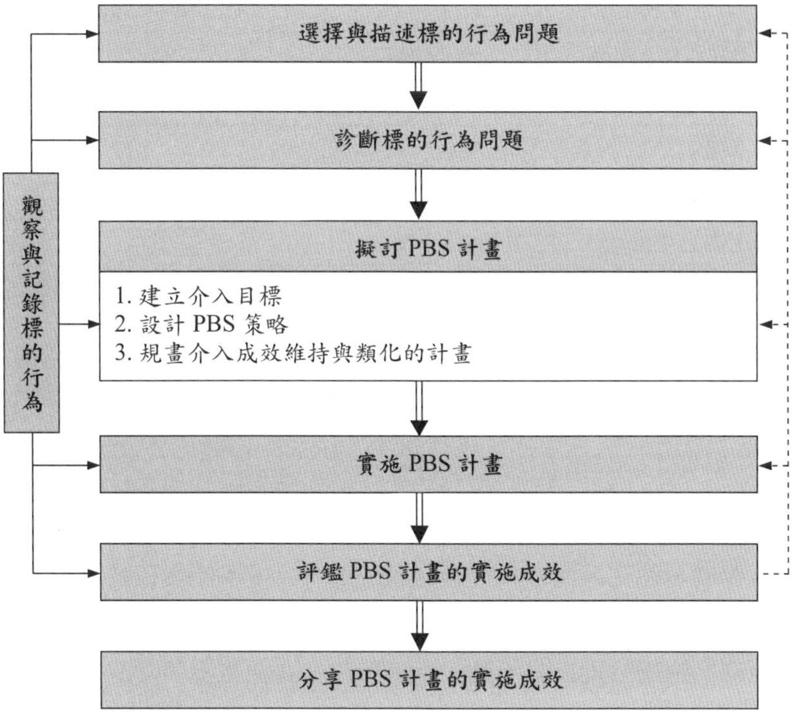

註：⟹ 代表進展到下一個階段，⟶ 是指注入於該步驟中持續進行，---► 是指回到前面階段檢核或重新開始。

貳、正向行為支持的實施時間表

這七個步驟的時間表呈現在圖 3-8，觀察與記錄標的行為是持續進行，而評鑑 PBS 計畫的實施成效，與實施 PBS 計畫是同步進行，亦即在實施過程中就評鑑其成效，一發現計畫不妥或無效，立即調整之。分享 PBS 計畫的實施成效則在評鑑後執行。

「選擇與描述標的行為問題」呈現於第 4 章——行為問題的選擇與描述；「觀察與記錄標的行為」和「診斷標的行為問題」，分別於第 5 章——行為的觀察與紀錄，以及第 6 章——行為問題的診斷中討論；「擬訂 PBS 計畫」分散呈現於第 7 至 12 章；「實施 PBS 計畫」詳述於第 13 章——PBS 計畫的實施；「評鑑和分享 PBS 計畫的實施成效」於第 14 章——PBS 計畫的評鑑與成效分享中探究。

圖 3-8　行為問題處理要素時間表

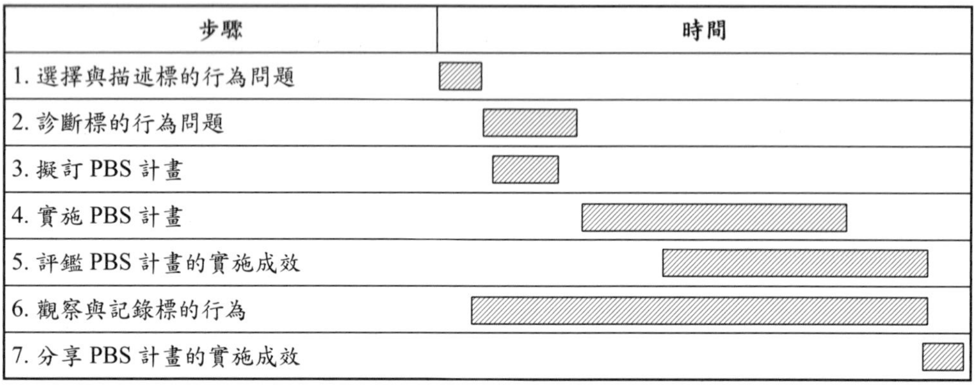
步驟
時間
1. 選擇與描述標的行為問題
2. 診斷標的行為問題
3. 擬訂 PBS 計畫
4. 實施 PBS 計畫
5. 評鑑 PBS 計畫的實施成效
6. 觀察與記錄標的行為
7. 分享 PBS 計畫的實施成效

註：參考 W. H. Evans 等人（1989, p. 19）的概念，將七個步驟放入時間表中。

實務工作者可能質疑，「診斷標的行為問題」之後，才「擬訂與實施 PBS 計畫嗎？」萬一診斷曠日彌久，而標的行為問題嚴重，難道不能做任何介入嗎？我認為，若標的行為問題具有嚴重傷害性，則需立即處理；不過處理之後，要評鑑策略的有效性。如果不需立即處理，則按兵不動、不動聲色、靜觀其變；了解行為的原因與功能之後，謀定後動，才能有效介入，此乃「事緩則圓」的理念。

第三節　正向行為支持計畫的內容

PBS 運用防患未然、環境教化、種樹成蔭、引果導效和裨補闕漏的策略介入行為問題。

PBS 計畫的內容包括建立介入目標、設計 PBS 策略，以及規畫介入成效維持與類化的計畫三個部分，詳細討論如下。

壹、建立介入目標

介入目標是指介入標的行為最終欲達成的目標，它包含三個要素：（1）具體的行為表現；（2）在什麼情況之下行為該發生或不發生；（3）達成標準，亦即在哪一段期限內，行為的頻率、持續時間或強度（品質）能達到什麼標準，此標準可以隨著時間的拉長，逐漸提高。若個體有嚴重的行為問題，除了提供行政支援外，文獻（Bishop & Jubala, 1995; Fielding, 1998）指出，行為介入目標可以納入學生的 IEP 或服務使用者的個別化服務計畫（individualized service plan，簡稱 ISP）中。Riffel 和 Turnbull（2002）提出，將 PBS 融入 IEP 宜注意處包括：PBS 計畫不只減少行為問題，更強調增加正向行為，例如：玲玲會出現尖叫行為，以引起注意和獲得想要的東西，所以介入目標如示例 3-1。將 PBS 融入 ISP 中亦是如此。

示例 3-1　撰寫能反映學生行為介入需求之教育目標

課程領域或其他時間	學年教育目標	學期教育目標	起訖日期
所有課程領域、晨光、下課、午餐、午休和清掃時間	1. 能以替代的溝通方式表達需求，以取代尖叫行為。	1-1.在直接言語提示（direct verbal prompts）下，能以手勢引起注意，1 週 5 天在想要獲取注意的狀況下 80% 做到。	2020/9/16–11/30
		1-2.在直接言語提示下，能使用溝通圖卡獲得想要的物品，1 週 5 天在想要獲取物品的情況下 80%做到。	
		1-3.在間接言語提示下，能以手勢引起注意，1 週 5 天在想要獲取注意的狀況下 90%做到。	2020/12/1–2021/1/16
		1-4.在間接言語提示下，能使用溝通圖卡獲得想要的物品，1 週 5 天在想要獲取物品的情況下 90%做到。	
		1-5.能獨立以手勢引起注意，1 週 5 天在想要獲取注意的狀況下 100%做到。	2021/2/18–3/31
		1-6.能獨立使用溝通圖卡獲得想要的東西，1 週 5 天在想要獲取物品的情況下 100%做到。	
		1-7.在學校一天的作息中，能因習得替代的溝通方式而減少尖叫行為，尖叫頻率不超過三次，而每次尖叫的持續時間不超過 1 分鐘。	2020/9/16–2021/1/16
		1-8.在學校一天的作息中，能因習得替代的溝通方式而減少尖叫行為至零次。	2021/2/18–3/31

貳、設計正向行為支持策略

Bambara 等人（2015）認為，PBS 主要包括**預防**、**教導**和**反應**三種策略；尚有其他文獻（Bambara & Knoster, 2009; L. H. Meyer & Evans, 1989; O'Neill, Albin, et al., 2015; Zarkowska & Clements, 1994）具體陳述 PBS 策略。我發現不同文獻提出的部分策略名稱雖有不同，但內涵其實相似。我綜合這些文獻的策略，提出**前事控制**、**生態環境改善**、**行為教導**、**後果處理**和**其他個體背景因素介入策略**；並將之和其他文獻所提者作比較，如附錄 6「本書所提正向行為支持策略和其他文獻之比較」。

如第 1 章所述，PBS 根源於 ABA，受到生態派典和系統改變理論的影響，採取多元理論觀點，依據 FA 的結果設計 PBS 策略。因此，我提出的 PBS 策略主要源自 FA，對標的行為問題原因和功能之分析；而後根據行為和生態模式，再融入其他模式（例如：第 2 章探討的生物、人本、心理教育、認知和認知—行為模式等），是一種多元理論觀點、多元素的介入。

前事控制策略是一種**短期預防**策略，作法為控制**特定的立即前事**（即近因），以及**背景因素**（即遠因），一方面預防導致標的行為問題，另一方面增加引發正向行為的特定立即前事和背景因素，詳述於第 7 章。

生態環境改善策略焦點在改變**環境背景因素**，是指改變個體的生態環境，以帶動其行為的改變，以及提高其 QOL，包括營造讓個體有身體和心理安全感的環境、改變周遭人的對待方式來支持個體、改變個體的生活形態，以及準備新環境以支持個體四項策略，將於第 8 章討論。

行為教導策略屬於**教導**策略，乃介入**能力**這項**個體背景因素**，作法為教導與行為問題具有相同功能的正向行為，包括替代技能（replacement skills）、因應和容忍技能（coping and tolerance skills），以及一般適應技能（general adaptive skills），使個體更能因應問題情境，以預防行為問題與提升 QOL，詳述於第 9 章。生態環境改善和行為教導策略，都是一種**長期預防**策略。

後果處理策略是一種立即**反應**策略，是指在標的行為問題出現之後，安排立即的後果，使標的行為問題無效，不能達到其功能；而使正向行為有效，能達到其功能。另外，如果個體之標的行為問題有安全之虞，還須考慮安全措施，設計危機處理計畫，見第 10 章的討論。

除了預防、教導和反應三種策略外，還有**其他**，即**其他個體背景因素介入策略**，焦點在改變「個體背景因素」，是指介入除了「能力」以外的其他個體背景因素（即生理、認知、需求或動機和情緒因素），例如：介入藥物和飲食、了解和因應個體未獲滿足的需求、積極聆聽和同理反映個體的情緒、改變個體的負面思考等，詳述於第11章。

正如圖 3-9，個體的行為問題層出不窮，甚至不斷進化，考驗著處理人員的智慧和耐力。此時，處理人員宜靜心分析行為的原因與功能，而後運用上述五類 PBS 策略，包括前事控制、生態環境改善、行為教導、後果處理和其他個體背景因素介入策略，可以幫助處理人員全方位介入行為問題，不再只是治標，而能治本，分別在達到**防患未然、環境教化、種樹成蔭、引果導效**與**裨補闕漏**的功能，最終目標是教導正向行為取代行為問題，如此可以成功處理行為問題。簡要的「PBS 計畫架構」如圖 3-10，其中立即前事（近因）、背景因素、後果─增強，以及標的行為問題之功能這四個部分是診斷標的行為問題，以分析其原因與功能，而後依據它擬訂 PBS 策略，「標的行為問題之正向行為支持計畫──架構」呈現於附錄 7，「空白表和擬訂舉例」則如附錄 8。我設計「擬訂正向行為支持計畫的應用程式」，並做示例說明，讀者可以參考應用。反之，如圖 3-9，處理人員若未分析行為的原因與功能，採取負向的處理方式，則會引發情緒和行為問題，如此會得到失敗的結果。

圖 3-9　運用和未運用正向行為支持介入行為問題的結果

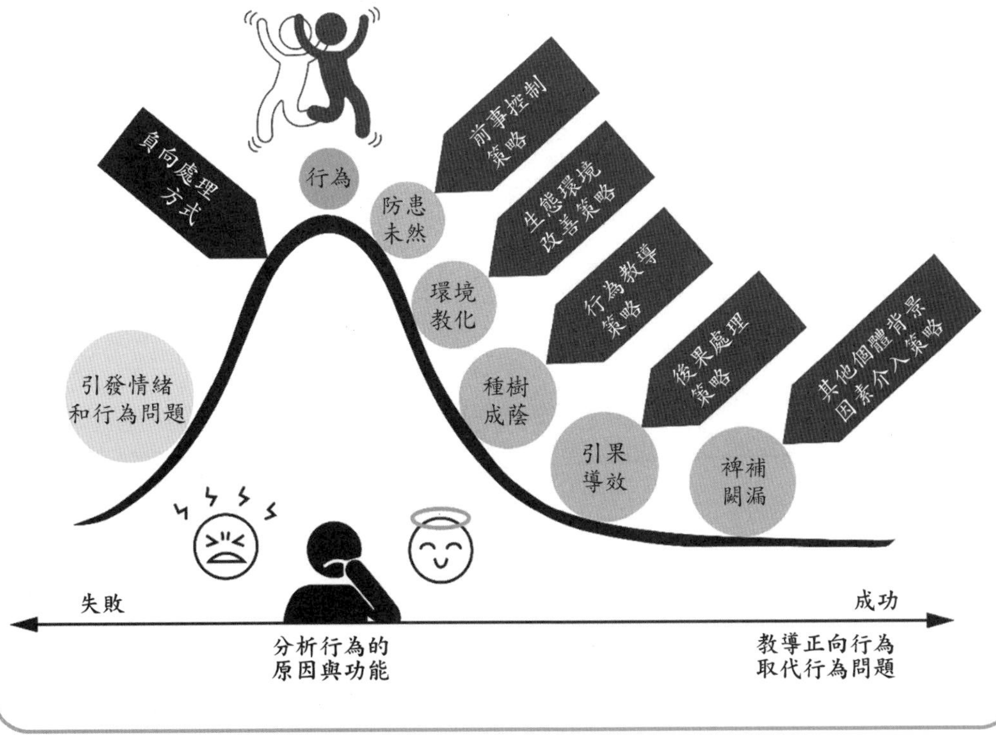

圖 3-10 正向行為支持計畫架構

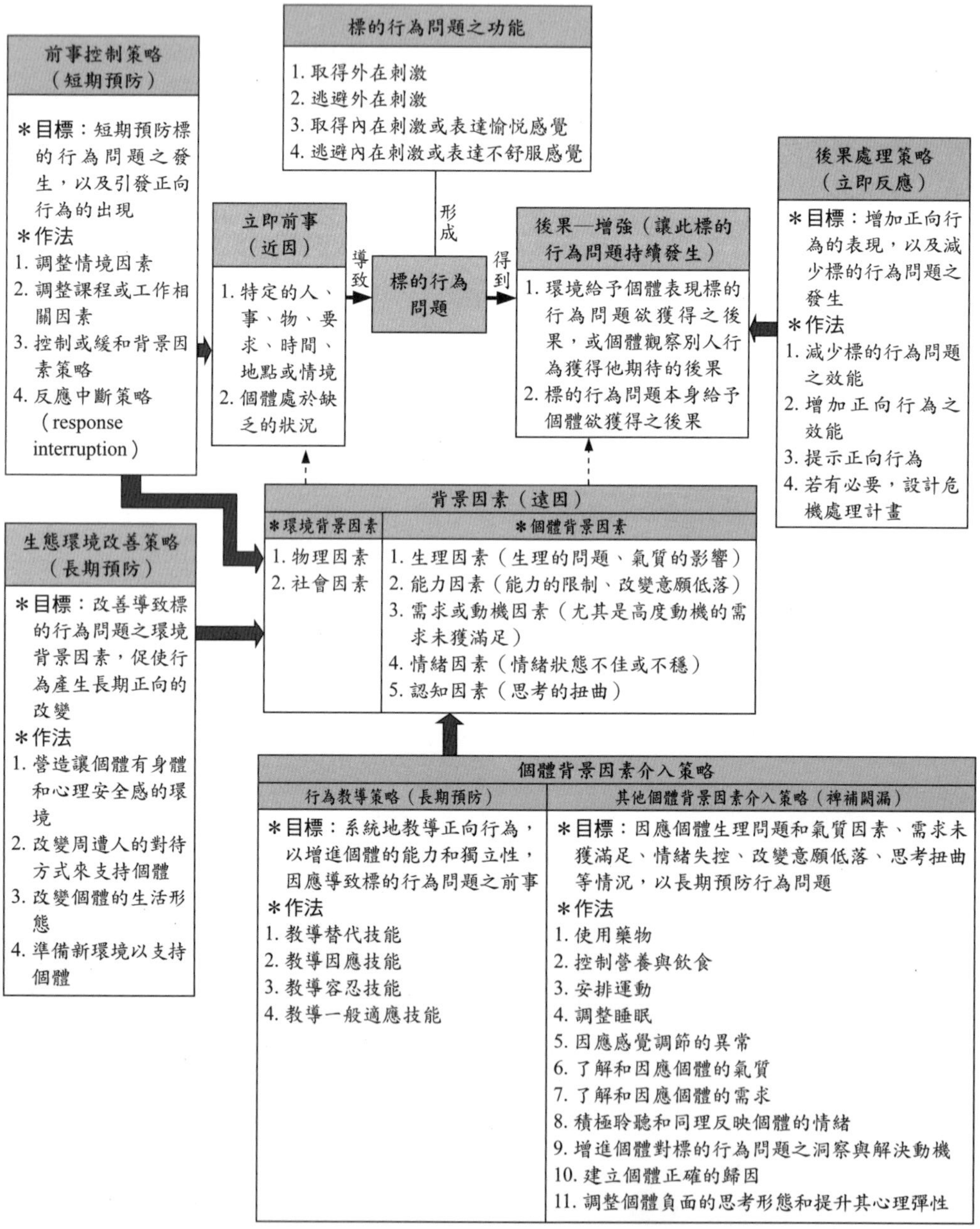

標的行為問題之功能
1. 取得外在刺激
2. 逃避外在刺激
3. 取得內在刺激或表達愉悅感覺
4. 逃避內在刺激或表達不舒服感覺
前事控制策略（短期預防）
＊目標：短期預防標的行為問題之發生，以及引發正向行為的出現
＊作法
1. 調整情境因素
2. 調整課程或工作相關因素
3. 控制或緩和背景因素策略
4. 反應中斷策略（response interruption）
立即前事（近因）
1. 特定的人、事、物、要求、時間、地點或情境
2. 個體處於缺乏的狀況
導致
標的行為問題
形成
得到
後果─增強（讓此標的行為問題持續發生）
1. 環境給予個體表現標的行為問題欲獲得之後果，或個體觀察別人行為獲得他期待的後果
2. 標的行為問題本身給予個體欲獲得之後果
後果處理策略（立即反應）
＊目標：增加正向行為的表現，以及減少標的行為問題之發生
＊作法
1. 減少標的行為問題之效能
2. 增加正向行為之效能
3. 提示正向行為
4. 若有必要，設計危機處理計畫
生態環境改善策略（長期預防）
＊目標：改善導致標的行為問題之環境背景因素，促使行為產生長期正向的改變
＊作法
1. 營造讓個體有身體和心理安全感的環境
2. 改變周遭人的對待方式來支持個體
3. 改變個體的生活形態
4. 準備新環境以支持個體
背景因素（遠因）
＊環境背景因素
1. 物理因素
2. 社會因素
＊個體背景因素
1. 生理因素（生理的問題、氣質的影響）
2. 能力因素（能力的限制、改變意願低落）
3. 需求或動機因素（尤其是高度動機的需求未獲滿足）
4. 情緒因素（情緒狀態不佳或不穩）
5. 認知因素（思考的扭曲）
個體背景因素介入策略
行為教導策略（長期預防）
＊目標：系統地教導正向行為，以增進個體的能力和獨立性，因應導致標的行為問題之前事
＊作法
1. 教導替代技能
2. 教導因應技能
3. 教導容忍技能
4. 教導一般適應技能
其他個體背景因素介入策略（裨補闕漏）
＊目標：因應個體生理問題和氣質因素、需求未獲滿足、情緒失控、改變意願低落、思考扭曲等情況，以長期預防行為問題
＊作法
1. 使用藥物
2. 控制營養與飲食
3. 安排運動
4. 調整睡眠
5. 因應感覺調節的異常
6. 了解和因應個體的氣質
7. 了解和因應個體的需求
8. 積極聆聽和同理反映個體的情緒
9. 增進個體對標的行為問題之洞察與解決動機
10. 建立個體正確的歸因
11. 調整個體負面的思考形態和提升其心理彈性

註：→外顯關係，---►內隱之影響歷程，➡策略介入。

參、規畫介入成效維持與類化的計畫

運用上述 PBS 策略介入行為問題，待介入目標達成和穩定之後，尚須規畫如何維持與類化介入成效，詳述於第 12 章。

第四節 正向行為支持計畫的擬訂原則和效度驗證

腳步不能到達的地方，眼光可以先見識到；眼光不能到達的地方，精神可以先飛越到。（Hugo, 1828/1991, p. 77）

擬訂 PBS 計畫的過程中，有一些原則宜注意，而透過效度驗證的程序，可以協助處理人員檢視這些原則的掌握情形，詳細探討如下。

壹、正向行為支持計畫的擬訂原則

O'Shaughnessy 等人（2002）指出有效介入的成分包括：（1）**與評量資料相連結**；（2）**證據本位**；（3）**根據個別學生的需求**變化介入目標、起訖時間、深度和完整度；（4）**整合有效介入的原則**；（5）**促進家長的參與**；（6）**監控個別學生的進步情形**；（7）**評鑑社會效度和介入完整性**（treatment integrity）。運用有效介入成分於 PBS 計畫中，則分成擬訂與實施兩大部分，擬訂時宜注意**根據 FA 擬訂 PBS 計畫**、**選擇有證據本位的介入策略**（對應成分 1 和 2）、**考慮個體和環境擬訂適合的介入目標**、**配合個體的情境脈絡擬訂 PBS 計畫**（這兩項對應成分 3），我還加入**具備專業、法律和倫理責任**，以及**採取多元素的介入**，以下詳述這六項原則。實施時宜注意**將 PBS 計畫融入個體的生活作息中**、**注意介入策略適用於何種情境**（這兩項對應成分 4）、**促成處理人員間的協同合作**（對應成分 5，除家長外並加入其他人員）、**持續評鑑 PBS 計畫的成效**（成分 6），以及**確保 PBS 的介入完整性**（成分 7），這五項實施原則將在第 13 章第 1 節詳述。而評鑑社會效度此項成分，則於下一部分敘述。

一、具備專業、法律和倫理責任

Bailey 和 Burch（2022）指出助人專業工作者必須具備**專業**、**法律**和**倫理責任**。在專業責任上，助人專業工作者必須具備專業能力和實務經驗。在行為介入上，處理人員須具備行為介入的相關知識和技能；美國特殊兒童學會〔Council for Exceptional Children（CEC），2015〕提出初階特殊教育教師共同專業能力，包括學習發展和個別學習差異、學習環境、課程內容知識、評量、教學計畫和策略、專業學習和倫理實務及協同合作七大向度，每個向度中還涵蓋知識和技能兩項，例如：改變學習環境以管理行為、盡量使用可滿足特殊學生需求的最少介入的行為管理策略等。CEC（2015）尚提出針對特定障礙類別和領域之初階特殊教育教師的專業能力，茲舉教導 E/BD 學生的特殊教育教師為例，例如：實施 FA、對 E/BD 高風險群的兒童運用預防和介入策略等。除此，針對進階的專家（如行為介入專家等）規畫專業標準，例如：行為支持和方案擬訂的概念和原則、使用策略監控 BIP 介入完整性等，詳細的「美國特殊兒童學會特殊教育教師的專業能力標準」呈現於附錄 9。再者，助人專業工作者宜持續反思自己的能力、經驗、價值觀和行動對行為介入的影響，並做自我評量、調整和修正。

在法律責任上，處理人員須遵守行為介入的相關法規，第 1 章第 5 節已詳述。而在倫理責任上，R. C. Allen（1969）提出助人專業的三項原則：**常態化**（每個人享有和其他人相同的人權）、**正義**（每個人應受到公平的待遇）和**尊重**（尊重個體的「自主獨立性」）；除了正義和尊重外，APA（2017）的《心理學家倫理原則和行為規範》（Ethical Principles of Psychologists and Code of Conduct）還主張**善意**（增進個體的福祉）、**不傷害**（保護個體免於受傷害）、**信實**（信實記錄介入過程和保存資料）、**負責**（了解個人在介入過程的專業責任）和**完整**（讓個體接受完整的介入）。於善意和不傷害上，Bailey 和 Burch（2022）指出在行為介入前，應評鑑潛在風險和可能效益，以確認效益是大於風險的，並且規畫潛在風險的預防和因應策略。除此，APA 提出介入前要尋求個體或其相關重要他人**知情同意**（informed consent），它的基本要素包括**能力**、**自主**和**知識**，意指由有「能力」的個體，在「自主」的情況下行使同意權，而前提是他們要對介入內容有充分的「知識」，且認為已被告知（Stricker, 1982）。此外，Imber 等人（1986）加上**理解**的要素，意指以可理解的形式和內容讓個體或其重要他人得知介入內容。以此為基礎，相關學會和文獻提出行為介入過程宜考量的倫理原則，我整理於表 3-5。

其中在介入計畫和過程方面，美國九個專業組織提出有關行為介入的九項主張如下（J. J. Wheeler & Richey, 2019, p. 54）。

表 3-5　行為問題介入的倫理原則

成分	具體描述
處理人員	處理人員須具備行為介入的相關知識和技能；如果他們沒有，則須提供促進其專業發展且持續成長的在職訓練機會。
介入目標	1. 個體或其相關重要他人應盡可能參與標的行為問題之選擇，以及介入目標的擬訂，並徵得個體或其家長知情同意。 2. 介入目標的擬訂應以個體和其重要他人的最高權益和福祉為優先，並以其可了解的語言描述之。
介入計畫和過程	1. 個體或其相關重要他人應盡可能參與 BIP 的擬訂，知道具體的介入程序、由誰提供、結束的標準、可能的效益及風險，並徵得個體或其家長的同意。 2. 確保BIP是證據本位的，遵守最少侵入或限制的原則，且賦予個體自我管理的權力，並應持續、定期評鑑成效，視情況做必要的調整；若須實施未被證實的有效介入，較具侵入或限制的策略，必須取得個體或其家長的同意、校內特殊教育推行委員會的核可並接受督導，以及使用科學的方法評鑑。
資料的蒐集、紀錄和獲知	1. 個體或其相關重要他人應知道將蒐集什麼資料，做成什麼紀錄。 2. 個體或其相關重要他人應該有獲知資料和紀錄、介入結果的權利。 3. 在呈現行為資料和介入成果報告時，應保護個體的隱私，確保匿名和保密的原則，其他人想閱讀行為資料和紀錄，須徵得個體或其家長的同意。

註：根據文獻（洪儷瑜等人，2015；Association for the Advancement of Behavior Therapy, 1977; Behavior Analyst Certification Board, 2014; Bloom et al., 2005; Emerson, 2001; Sigafoos et al., 2003）發展而成。

1. 無論個體的行為問題本質或嚴重程度如何，每位個體都是**獨立**的，**擁有其價值和自尊**。
2. 個體的行為反映其需求，且所有的行為都有**功能**。
3. **系統且周密地規畫學習環境，了解個體的差異和獨特性**，將能預防行為問題。
4. **家庭和個體**應為PBS計畫的重心，包含積極參與計畫的擬訂和執行，以及介入成效的評鑑。
5. 個體的獨特性反映家庭的多樣特徵（人種／種族、宗教和文化），在了解行為和處理行為問題時宜考量其**家庭的特徵**。
6. 行為問題的個體希望在**自然環境和融合情境**下學習，學校行政人員必須接受其有在自然或融合情境的受教權，提供連續性服務和安置。
7. 處理人員宜採用**自然**和**邏輯的後果**（natural and logical consequences；詳述於第10章），而非外在和人為的獎勵，以促進個體的自律、獨立和自我決策。
8. 行為介入必須是**正向**的，並且不應包含體罰或其他懲罰手段。
9. 採取的介入策略不僅抑制行為問題，還須**增加正向行為**。介入方式必須與培養個體有意義且具功能的態度和技能有關，且確實能**增進其** QOL。

二、考慮個體和環境擬訂適合的介入目標

清楚界定 PBS 計畫的介入目標，此目標的擬訂宜考慮個體和其所處環境的個別差異，並且掌握逐步漸進的原則；例如：前述介入目標中的達成標準，可依個體的特徵、標的行為問題之起點狀況，以及重要他人的期待，設定成短期、中期和長期的個別標準（如插畫 3-1）。

◀羅馬不是一天造成的，
設定漸進的行為介入目標。▶

插畫 3-1　介入目標的擬訂
介入目標的擬訂宜考慮個別差異，並且掌握逐步漸進的原則。

三、根據功能評量擬訂正向行為支持計畫

PBS 對於「行為介入」的觀點不是消除，而是**轉化**（transformation），轉化的概念為，不是評價行為是偏差的，而是配合時機和情境，轉化成符合個體需求和行為功能的適合方式。因此，PBS 計畫宜與個體的標的行為問題有關聯，根據 FA 的結果擬訂（Drasgow & Yell, 2001; McDougal et al., 2006）。有文獻回顧過去行為介入的研究發現，藉由 FA 發展 PBS 計畫，能促進 PBS 計畫的成效（Ervin et al., 2001; Heckaman et al., 2000; F. G. Miller & Lee, 2013）。另有研究（Ingram et al., 2005; Payne et al., 2007）以嚴密控制的方式，比較功能本位和非功能本位介入的差異，結果證實 FA 於發展 PBS 計畫的效能。

四、採取多元素的介入

PBS 計畫的擬訂宜符合其理論或概念，配合個體標的行為問題之功能，採多元素的介入，它不只強調個體要如何改變，也要顯示教育人員、家人或其他重要他人將如何改變，以及個體所處的環境將如何調整（Jameson et al., 2020）。Favell 和 McGimsey（1999）表示，設計有效的介入策略宜提供個體安全、結構，以及能讓其參與有意義及愉悅之活動和互動的環境。延續上一點，E. G. Carr 等人（1999）的研究結果指出，當個體的重要他人（例如：教育人員、家人）也改變他們的行為、個體所處的環境也能夠被重新安排時，PBS 會比僅要求個體本身做改變、沒有重新安排環境來得更有效。

在多元素的介入中，「前事控制策略」宜針對引發個體標的行為問題，以及增加正向行為的前事來設計。在「後果處理策略」上，要使標的行為問題沒有效，無法產生功能，或是讓標的行為問題得到不愉快的後果，此後果是自然、合理和具教育意義的；相反地，要使正向行為很有效，產生功能，或是增強正向行為。在「行為教導策略」上，教導的正向行為要能替代標的行為問題產生之功能，或是避免問題情境的發生；合乎個體的生理年齡，考慮他的需求、能力、動機和興趣，是他已有、有興趣和容易表現的行為，並且此行為具有功能性和未來環境的可應用性。在「生態環境改善策略」上，宜提供或營造支持個體行為改變的生態環境。另外，若個體尚有額外的需求，則加入「其他策略」。這些都是 PBS 策略宜掌握的基本原則，在第 7 至 11 章中有詳細的討論。

五、選擇有證據本位的介入策略

如前所述，PBS 是**選擇、組織和實施證據本位實務（EBP）的架構或取向**（Sugai & Simonsen, 2012），且證據本位是《IDEIA 2004》設計特殊教育實務的主張（Olive, 2022），它也是一種**符合倫理原則的決策**（Marya et al., 2022）。因此，選擇的介入策略宜有「科學研究為基礎」，避免盲目採用風行或無效的策略（Zane et al., 2022）；以及提出增進 EBP 的作法，並持續推廣之（Leaf, Cihon, et al., 2022）。「證據本位實務的意涵與反思」詳述於附錄 10。一些文獻提醒專業人員，避免對 EBP 產生如表 3-6 的迷思，並提出事實。

表 3-6　對證據本位實務之迷思與事實

迷思	事實
‧EBP 的證據是數量和統計資料。[a]	‧EBP 的證據是多元來源的資料，包括質性資料，不受限於數量和統計資料。[a]
‧品質優良的證據提供專業人員解決問題的答案。[a]	‧證據不是問題的解答，無法呈現決策的內容；專業人員還須考慮實務工作問題的成因，證據只能協助他們做出更明智的決策。[a]
‧EBP 可以忽略實施對象的價值觀和喜好。[b 至 e]	‧即使某項介入方案符合證據本位，但是專業人員在決策時，都不能忽略實施對象的價值觀和喜好，以及不能傷害他們。[b 至 e]
‧EBP 像食譜，可以取代專業人員對實施對象的專業知識和實務經驗，專業人員可以照本宣科地使用它。[a,b,d 至 f]	‧EBP 不可以取代專業人員對實施對象的專業知識和實務經驗，專業人員採取 EBP 時，還須考慮他們對實施對象的專業知識和實務經驗。[a,b,d 至 f]
‧EBP 適用於所有的組織、實施對象、情境和文化。[a,c,e 至 g]	‧EBP 並非適用於所有的組織、實施對象、情境和文化，專業人員選取 EBP 時，還須考慮該實務適用的組織、實施對象和情境，並且能反映文化的觀點。[a,c,e 至 g]
‧實施 EBP 後不須持續監控它的成效，也不能做調整。[c]	‧實施 EBP 後須持續監控它的成效，還要視狀況調整。[c]
‧EBP 可以作為快速提升介入效果、縮減費用的工具。[b,c,f]	‧EBP 強調對實施對象的助益，而非縮減費用，有些 EBP 花費較高、耗時較長，但是可以產生長期穩定的效果。[b,c,f]
‧個體出現學習或行為問題之後再進行 EBP。[h]	‧EBP 強調正向積極的介入，預防學習或行為問題的發生。[h]
‧只要檢視某項介入方案成效評鑑資料是有效的，即可判斷該方案是 EBP。[i]	‧除了檢視成效評鑑資料外，還須檢視介入完整性資料，是否確實執行其中的重要成分和步驟。[i]

註：表中的特定註記代表該論點整理的文獻來源，[a] Barends 和 Rousseau（2018）；[b] Mullen 和 Streiner（2004）；[c] DiGennaro Reed 等人（2017）；[d] M. C. Roberts 和 Steele（2020）；[e] Flaherty（2020）；[f] Hott 等人（2022）；[g] Alai-Rosales 等人（2021）；[h] M. K. Burns 等人（2017）；[i] Hagermoser Sanetti 和 Collier-Meek（2017）。

六、配合個體的情境脈絡擬訂正向行為支持計畫

PBS 計畫宜配合個體的情境脈絡（Knoster, 2018），擬訂時考慮個體、處理人員和環境三方面的因素（Albin et al., 1996; Moes & Frea, 2000, 2002; Sailor, 1996），分述如下。一為**個體的因素**，包括個體的生理年齡、特質、需求、能力，以及動機或興趣等因素，PBS 計畫是個體認為有需要、有助益、他喜愛和符合其生理年齡、能力者。處理人員甚至可以從個體的行為問題中看到他的特質和優勢，將之引導至適當的方

向，例如：一位學生愛扮鬼臉，教師可以給予他一個任務——擔任康樂股長，每週對全班講一個笑話；又例如：一位 ASD 學生喜歡聞別人鞋子的味道，教師安排他做整理鞋櫃的工作。

二為**處理人員的因素**，處理人員的價值觀、能力和資源會影響 PBS 計畫的成效；因此，PBS 計畫宜為處理人員能接受和勝任的。PBS 計畫的處理人員不只一人，是一個團隊，例如：包括家長、普通班教師等。若主要處理人員是一位特殊教育教師，策略不只是他本身能接受和勝任，還要考量家長、普通班教師的觀點。R. Freeman 等人（2002）指出，除了針對個體的行為問題進行 FA 外，還要評量處理團隊的能力、價值觀和資源等。參考 Albin 等人（1996）的文獻，我發展「正向行為支持計畫內容適切性問卷」（如附錄 11），協助了解家長和普通班教師對此計畫適切性的觀感。

三為**實施 PBS 計畫之環境特徵**，實施的計畫宜在個體的環境中實用可行；若實施的環境是普通班，則宜了解普通班的物理環境、心理環境、生活作息、行為管理、課程與教學等特徵；若實施的環境是家庭，則宜了解家庭的物理環境、心理環境、生活作息、教養方式、文化等特徵。舉例來說，為處理就讀普通班大祐擅自發言的行為，特殊教育教師建議給予他增強紀錄卡，當他每次舉手發言時，就在增強紀錄卡上記優點，累積一定數量的優點再兌換獎品。然而，普通班教師反應，班級增強制度是記優點在聯絡簿上，給大祐增強紀錄卡是否會讓同儕覺得不公平，他是否也會覺得自己很特殊？由此例可知：給大祐增強紀錄卡似乎不配合班級增強制度，會影響普通班教師的實施意願，以及此策略的介入效果。

總之，Knoll 和 Ford（1987）提出下列十項標準，讓處理人員考慮介入計畫是否能：（1）建立個體未來的人際網絡和自然支持？（2）促成個體融入社區？（3）協助個體安排生活作息，減少無聊或從事無建設性的活動？（4）促進個體主動參與和表現？（5）合乎最少干擾或限制的原則，融入個體的生態環境？（6）尊重個體的隱私及私人空間？（7）融入個體的日常生活作息？（8）合乎個體的生理年齡？（9）提供個體選擇的機會？（10）獲得一般大眾的認同？

貳、正向行為支持計畫的效度驗證

在擬訂好 PBS 計畫，準備實施前，宜進行效度驗證，以確保 PBS 計畫的內容完善，並且符合上述擬訂原則，這包括社會效度和內容效度兩部分，詳細討論如下。

一、正向行為支持計畫的社會效度驗證

Wolf（1978）首先介紹社會效度的概念，他指出社會效度是一種社會互動的過程；之後 Geller（1991）及 Schloss 和 Smith（1998）更進一步界定社會效度的內涵和檢核技術，包括：（1）**目標的社會效度**，是指 PBS 計畫目標的社會重要性，是否為個體或其重要他人認可和接受者，是否為個體適應其目前或未來所處生態環境中重要且需要者，此目標中設定的標準是否為其目前或未來所處生態環境認可和接受者；（2）**程序的社會效度**意指個體或其重要他人，是否認為 PBS 計畫的介入程序是適切、可接受、可行的，而且與介入目標和效果有關，並能夠使個體更加獨立、成熟和自信；（3）**結果的社會效度**意謂個體或其重要他人，是否認為 PBS 計畫有成效，達到預期的目標，能增進個體的 QOL，以及讓他維持新獲得的技能。Peters 和 Heron（1993）指出最好的實務必須有社會效度的證據。我整理社會效度的指標、意義和驗證方法如表 3-7，並舉例說明社會效度的驗證方式如示例 3-2。社會效度驗證研究示例可參見鈕文英（2021）第 15 章。

表 3-7　社會效度的指標、意義和驗證方法

社會效度的指標	意義	驗證方法
目標的社會效度	介入目標和設定標準是重要及可接受的（意指介入目標為個體或其重要他人所認可和接受者，是個體適應其目前或未來所處生態環境中重要且需要者，此目標中設定的標準為其目前或未來所處生態環境認可和接受者）。	1. 透過訪談、問卷調查等方法，蒐集個體或其相關重要他人的觀感。 2. 觀察（運用觀察法進行生態評量）。 3. 以實證方法測試表現的不同標準，以決定哪一種標準能達到最理想的結果。
程序的社會效度	1. 介入程序是適切、可被接受（包括對介入程序背後的價值觀、複雜度、實用性和花費等方面的接受度），而且和介入的目標有關，並能夠使個體更加獨立、成熟和自信。 2. 介入程序能使個體更獨立、成熟和自信。	透過訪談、問卷調查等方法，蒐集個體、其相關重要他人，或外部第三者的觀感。
結果的社會效度	介入效果確實能增進個體的 QOL，以及讓他維持新獲得的技能。	1. 以常模樣本做社會比較（例如：將個體的處理效果與同年齡者相比較）。 2. 主觀評鑑（可使用訪談、問卷調查等方式，讓直接或間接接受介入的個體，或專家做主觀評鑑）。 3. 標準化測驗。 4. 真實世界的測試。

示例 3-2　驗證正向行為支持計畫社會效度的方法

藉由觀察個案的學校生活作息，了解他有什麼行為問題，而後請家長和教師填寫「行為問題主觀量表」，找出他最優先需介入者，並且了解家長和教師對介入目標設定之標準的觀感，以確保「目標的社會效度」；在設計出 PBS 計畫初案後，請家長和教師評鑑計畫內容和程序的適切性，以保障「程序的社會效度」；行為介入結束後，訪談家長和教師以評鑑 PBS 計畫的成效，了解「結果的社會效度」（整理自鈕文英、王芳琪，2002）。

我設計「行為介入目標社會效度訪問調查問卷」（如附錄 12），以及前述附錄 11「正向行為支持計畫內容適切性問卷」，可以檢視 PBS 計畫的目標和程序社會效度；至於結果的社會效度，讀者可參見第 14 章。不過，「社會效度」這個名稱受到 Hawkins（1991）的質疑，他表示社會效度易讓人誤解為介入方案的目標、程序和結果必須是有關「社會」或「人際互動」；因此，他認為比較好的名稱為**使用者滿意度**（consumer satisfaction），此處的使用者包括直接的使用者（例如：學生）和間接的使用者（例如：學生的重要他人，像是家長）。除此，還有**處理的可接受度**（treatment acceptability; Kazdin, 1980）、**使用者的效度驗證**（consumer validation; Eaker & Huffman, 1982）等名稱被提出。Reimers 等人（1992）研究發現，處理的可接受度和其效果呈正相關。

二、正向行為支持計畫的內容效度檢核

內容效度是指，PBS 計畫的內容是否與標的行為問題有關聯，有相關的理論依據，能對標的行為問題產生效果；如果其內容效度低，將會影響介入的效果。處理人員可以透過自評和他評（尋求專業第三者）方式，評鑑 PBS 計畫是否與標的行為問題有關聯、清楚明確，以及依據 PBS 的理論，符合上述六項擬訂原則。我所設計的「正向行為支持計畫內容效度問卷」（如附錄 13），可用以評鑑 PBS 計畫的內容效度。

總結

本章首先探討PBS的介入層級，為了能貫徹預防行為問題的宗旨，PBS有全校、教室本位和個人三個層級，當個體的行為問題愈嚴重，則會愈往下接受個人的PBS。接著，探討PBS的過程，包括選擇與描述標的行為問題、診斷標的行為問題、擬訂 PBS 計畫、實施 PBS 計畫、評鑑和分享PBS計畫的實施成效，以及觀察與記錄標的行為七個步驟；而在這七步驟中，觀察與記錄標的行為是持續進行的。而後，討論 PBS 計畫的內容，包括建立介入目標、設計 PBS 策略，以及規畫介入成效維持與類化的計畫三個部分。PBS 包含預防、教導、反應和其他四種策略；其中「預防」即前事控制和生態環境改善策略，「教導」即行為教導策略，「反應」即後果處理策略，「其他」即其他個體背景因素介入策略。最後呈現 PBS 計畫的擬訂原則和效度驗證，處理人員可以藉由社會效度的驗證，了解 PBS 計畫的目標和程序是否適切，其效果是否確實能增進個體的 QOL；以及內容效度的檢核，檢視 PBS 計畫是否與標的行為問題有關聯、清楚明確、依據 PBS 理論發展而來。

作業練習 形成行為處理團隊

以一位有行為問題、讓您感到困擾的個案為對象，尋求相關人員加入行為處理團隊，共同參與介入此個案的行為問題。在描述此個案時，請使用附錄 14「個案之描述適切性問卷」，確認在描述上，是否有清楚說明資料來源；尊重個案及其家人的隱私及注意匿名與保密原則；對於個案特徵的描述，與整個行為問題處理有關聯，切忌呈現無關的資訊；並且注意用語，避免評價性、性別歧視、種族偏見的字眼。

附錄

- 附錄 6　本書所提正向行為支持策略和其他文獻之比較
- 附錄 7　標的行為問題之正向行為支持計畫——架構
- 附錄 8　標的行為問題之正向行為支持計畫——空白表和擬訂舉例
- 附錄 9　美國特殊兒童學會特殊教育教師的專業能力標準
- 附錄 10　證據本位實務的意涵與反思
- 附錄 11　正向行為支持計畫內容適切性問卷
- 附錄 12　行為介入目標社會效度訪問調查問卷

附錄 13　正向行為支持計畫內容效度問卷

附錄 14　個案之描述適切性問卷

測驗題

第三章　正向行為支持的層級、執行與原則測驗題

第四章

行為問題的選擇與描述

第一節 行為問題的意義
第二節 行為問題的類型
第三節 標的行為問題之選擇
第四節 標的行為問題之界定與描述

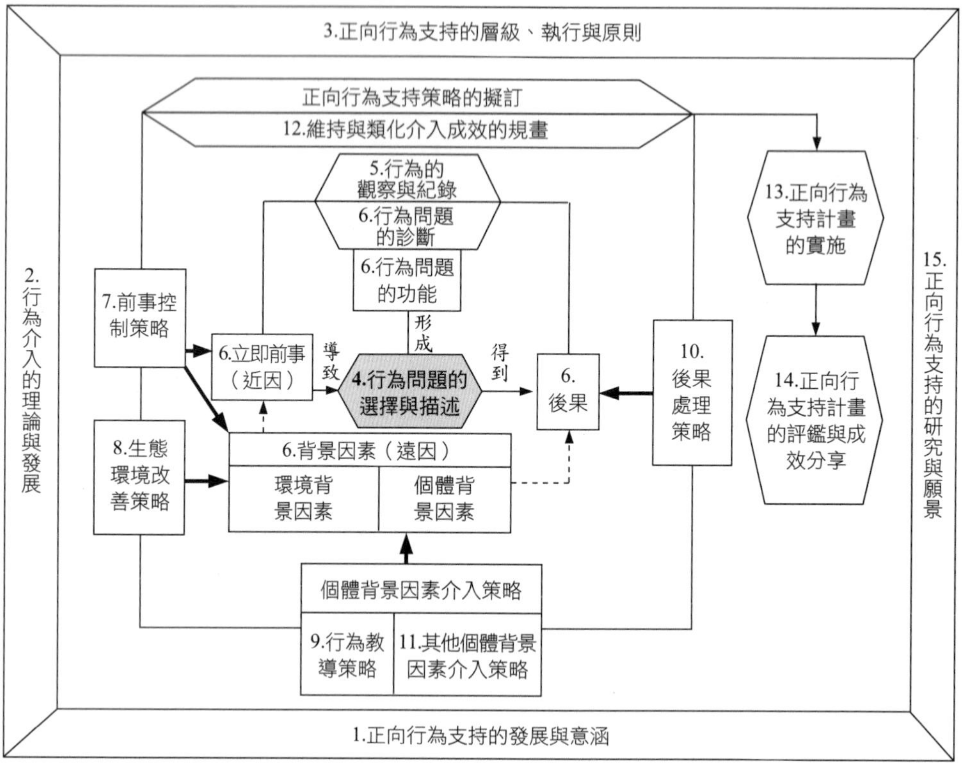
3.正向行為支持的層級、執行與原則
正向行為支持策略的擬訂
12.維持與類化介入成效的規畫
5.行為的觀察與紀錄
6.行為問題的診斷
6.行為問題的功能
形成
7.前事控制策略
6.立即前事（近因）
導致
4.行為問題的選擇與描述
得到
6.後果
10.後果處理策略
8.生態環境改善策略
6.背景因素（遠因）
環境背景因素
個體背景因素
個體背景因素介入策略
9.行為教導策略
11.其他個體背景因素介入策略
13.正向行為支持計畫的實施
14.正向行為支持計畫的評鑑與成效分享
2.行為介入的理論與發展
15.正向行為支持的研究與願景
1.正向行為支持的發展與意涵

導讀問題

1. PBS 採取何種觀點看待行為問題，此觀點與過去的觀點有何不同？
2. 對於行為問題，有哪些不同的分類方式？
3. 在認定行為是否有問題時，要考慮哪些因素？
4. 行為問題是否嚴重，可以參照哪些標準來考量？
5. 如何界定標的行為問題？界定時宜注意些什麼？
6. 如何描述標的行為之發生過程？

每一個人都有基本的生理和心理需求，當這些需求無法滿足時，便容易產生行為問題。身心障礙者由於生理和認知能力的限制，加上環境的不配合，他們的基本需求無法完全被滿足，因而產生行為問題，一旦環境給予不當的增強，行為問題便成為他們達到需求和控制環境的最有效工具。本章討論行為問題的意義、身心障礙者的行為問題的類型、標的行為問題之選擇，以及標的行為問題之界定與描述四個部分。

第一節　行為問題的意義

「evil」（邪惡）倒過來看是「live」（生活），孩子會出現行為問題，是在面對他們生活中遭遇的難題！

以下從 PBS 如何稱呼行為問題，以及 PBS 對行為問題的觀點兩方面，討論行為問題的意義。

壹、正向行為支持如何稱呼行為問題

翻閱文獻時發現，早期稱行為問題是不適應、脫序、異常、偏差、功能失常、負面、不受喜愛、不被接受的，這些詞彙給人負面評價、貶抑的感受。於 1990 年之後，受 PBS 觀念的影響，從正向的角度看待行為問題，不再標記它為負面、偏差的，而是主張它具有某種功能；稱行為問題是**不適當**（inappropriate）、**困難**（difficult）、**挑戰**（challenging）或**阻礙的**（impeding），這些詞彙較不會給人貶抑的感受。

不適當行為意謂行為發生在不適當的人物、時間、地點或情境，才構成為問題（Parrish & Roberts, 1993）。困難行為是指個體會有行為問題，是因為他像學習困難者一般，有困難表現好的行為（T. O'Brien, 2001）。挑戰行為意指個體的行為問題在挑戰社會情境，嘗試解決他面臨的問題（Horner & Carr, 1997）。處理人員可以設身處地思考：「如果我們處於個體的情境，會出現什麼樣的情緒與行為，例如：在無聊的行政會議或無益的在職教育中，我們也可能會出現不適當行為。這樣就可以真正同理個體的情緒，理解他的行為，並且給予適當的支持。」挑戰行為雖然已造成周遭人的挑戰，換個角度看，此挑戰亦是給予周遭人學習了解此行為的機會（Hewett, 1998）。阻礙行為意指，個體的行為問題已阻礙個體本身和周遭人的學習（H. R. Turnbull et al., 2001）。另外，G. Martin 和 Pear（2019）使用**行為過多和過少**（behavioral excesses and deficits）表示行為問題，亦即行為發生過多或過少，已造成個體和別人的傷害或困擾。我認為此詞彙先呈現「行為」，而不是先標記「過多或過少」。

亦有文獻使用「問題行為」（problem behaviors），行為問題和問題行為有何不同呢？Cheesman 和 Watts（1985）指出，問題行為是一種社會標記，標記此行為是有問題的。行為問題則強調將「行為」放在前面，每個人在日常生活中會表現很多行為，這些行為本身並沒有絕對的好壞，只是發生在不適當的人物、時間、地點或情境，才構成為問題。

貳、正向行為支持對行為問題的觀點

由前述的討論可知：什麼樣的行為會被認為有問題，往往因人、時、地和情境而異。一般人對個體行為的接納度，會因**個體特徵**、**個人觀點**和**環境狀況**而有不同。就個體特徵而言，一般人可能會因個體年齡、性別等的不同，在接納度上產生差異，像是學齡前的孩子，在馬路上騎腳踏車不被認可，但 12 歲以上者如此做就可能被接受。

就個人觀點而言，如插畫 4-1，有些教師可以接受男女學生勾肩搭背，有些則無法；有些教師可以允許學生在上課時間走動，有些則不許可。而其他人也會因本身處境、需求等因素，影響對個體行為的接納度，例如：在平時可以接受孩子的吵鬧聲；若在身體不舒服，或正聚精會神做一件困難工作時，也許就無法接納。依環境狀況來說，行為發生的環境（時間和地點）也會影響他人對此行為的接納度，例如：在公共場合自慰不被認可，但在自己房間裡自慰就可以被接受；在深夜打電話給別人不被認可，但在晚上 10 點前聯繫則可以。我認為行為問題是較中性、無標記的名詞，先呈現「行為」，而不是先標記「行為有問題」；因此，本書皆採用**行為問題**一詞。

插畫 4-1　影響行為接納度的因素
行為被接納的程度因人而異。

總括而言，PBS 從「正向」的角度看待行為問題，主張它具有某種功能，相似形態的行為幾乎發生在每一個人身上，但功能可能並不相同，並且在認定行為是否有問題時，宜考慮個體狀況和生態環境，包括下列四個因素：第一，**行為本身是否符合個體的年齡、性別和發展程度**；第二，**行為發生的時間、地點與情境是否適當**；第三，**個體所屬文化和其重要他人對此行為的看法**，是否視之為有問題，例如：我在美國求學的經驗發現：亞裔學生對教師畢恭畢敬，低著頭默默聽教師的教誨，不理解此文化的美籍教師，會誤以為他們抗拒；第四，**行為對個體和其所處環境而言是否不適當**（如過多或過少）、**是否已造成他和別人的傷害，以及他和別人相處的困擾**。Ryan 等人（2003）即表示：是否將個體的不專注行為（off-task behavior）視為有問題需介入時，宜將之與其他同儕的行為相比較；若他的不專注行為沒有過多，則不一定要介入。我認為若要介入，就須介入全班；否則僅處理個人，將無法產生持續的效果。

第二節　行為問題的類型

無論身心障礙者的行為問題本質或嚴重程度如何，每位身心障礙者都是獨立的個體，擁有其價值和自尊。

文獻中探討行為問題的對象多為身心障礙者和其中的 E/BD 者，根據臺灣《特殊教育法》（1984/2019）第 3 條，以及《身心障礙及資賦優異學生鑑定辦法》（2002/2013）第 9 條，身心障礙和 E/BD 者的定義分別呈現如下，至於其他類別身心障礙者的定義，以及身心障礙者的特徵，請參見鈕文英（2022）第 6 章。

> 因生理或心理之障礙，經專業評估及鑑定具學習特殊需求，係需特殊教育及相關服務措施之協助者；其分類如下：智能障礙、視覺障礙、聽覺障礙、語言障礙、肢體障礙、腦性麻痺、身體病弱、情緒行為障礙、學習障礙、多重障礙、自閉症、發展遲緩、其他障礙。
>
> 長期情緒或行為表現顯著異常，嚴重影響學校適應者；其障礙非因智能、感官或健康等因素直接造成之結果。……其鑑定基準依下列各款規定：一、情緒或行為表現顯著異於其同年齡或社會文化之常態者，得參考精神科醫師之診斷認定之。二、除學校外，在家庭、社區、社會或任一情境中顯現適應困難。三、在學業、社會、人際、生活等適應有顯著困難，且經評估後確定一般教育所提供之介入，仍難獲得有效改善。

近年融合教育強調「預防失敗」，主張及早介入有助於因應學生的特殊需求，避免問題的惡化，於是行為介入文獻的探討範圍擴大至**特殊需求學生**（students with special needs），特殊需求學生意謂，學生在感官、溝通、肢體動作、認知或學習、情緒或行為等方面有特殊需求，包含身心障礙學生、資賦優異學生和高風險群學生。

處理人員可以藉著「行為問題調查問卷」（如附錄 15），了解個體有哪些行為問題。對於行為問題，Kerr 和 Nelson（2009）、L. H. Meyer 和 Evans（1989）指出大致有三種分類方式：第一，從**行為的形態**，即行為的形式和動作，例如：固著行為、自傷行為等；第二，從**行為的功能**，例如：某人搖頭、舉手和離開座位等，其功能都是為了引起注意；第三，**從行為的病原**，例如：因妥瑞症引起的行為問題。

L. H. Meyer 和 Evans（1989）將身心障礙者的行為問題分為**固著行為**、**自傷行為**、**攻擊行為**、**不適當的社會行為**（inappropriate social behaviors）、**特殊情緒困擾**，以及**身體調節異常**六類。Bambara 等人（2015）提出五大類在學校中常見的社會和行為問題：**導致低成就的不佳學習行為**（例如：不交作業）、**孤立**、**分心**、**干擾**和**危險的行為**。Zirpoli（2015）則將行為問題分為**外向化行為**（即公開表現在外的行為，例如：攻擊、自傷等）、**內向化行為**（即隱藏在內心的困擾，外人不易察覺行為的發生，例如：焦慮、退縮等）兩種；部分文獻（例如：Maag, 2018）稱這兩類行為問題是**外顯**（overt）和**內隱**（covert）**行為**。這四篇文獻所提的類型皆是從**形態**的角度分類；接著我依 L. H. Meyer 和 Evans 的分類，詳細說明身心障礙者的行為問題。

壹、固著行為

固著行為在臺灣有不同的譯名，包括：刻板行為、習癖行為、固持行為、強迫行為、自我刺激行為（王大延，1994）、重複行為、固執行為（張正芬，1999）、反覆而固定的行為（施顯烇，1995）、同一性行為（宋維村，2000）。固執和固持行為較容易與一般人格特質混淆；強迫行為易被誤以為是強迫症；習癖及刻板行為較易與一般人做事的習慣和方式（刻板、僵化、特殊癖好）混為一談；重複行為未呈現行為的同一和固定性；反覆而固定的行為則名稱較冗長；自我刺激行為易讓人誤解其功能僅限於自我刺激，事實上它還可能有其他的功能（例如：逃避不想要的事物）。我譯為**固著行為**，強調其**固定性**（有同一性的含意）和**執著性**（有反覆和重複的意涵）。

固著行為是指長時間、重複某些特定的行為，但僅具有少許或不明顯的社會意義，且常會妨礙個體本身的學習、與他人的互動，以及日常生活的參與，它是一種常見於重度智障、自閉症和感官損傷（sensory impairments）者的不適當行為（Whitman et al., 1983）。Short（1990）指出固著行為是嬰兒期前兩年的共同特徵，成長至兒童期，逐漸由其他較具彈性和複雜的行為代之。Niehaus（2000）發現，固著行為也存在於特定族群的成人中，例如：性格固執者、完美主義者、強迫症者身上。強迫症者的強迫行為（compulsion）和固著行為之比較詳述於後文「強迫症」。然而，身心障礙兒童的固著行為和一般兒童比較起來，其出現的時間較晚，且持續的時間較久，甚至某些人之固著行為是難以破除的（Gense & Gense, 1994）。

固著行為的內容和形式因人而異，我綜合文獻（王大延，1993；DeLeon, 2003; Howlin et al., 1987; Kerr & Nelson, 2009; Sloane et al., 1997），分為以下五種。

1. **動作的固著行為**（motor mannerisms）：像是口腔習慣動作（例如：磨牙、玩舌）、踢腳、搖晃或揮舞身體的任一部位（例如：頭、腿等）、彎腰、拍手、撥弄耳朵或眼睛、不斷旋轉物體（例如：碗盤等）。
2. **口語的固著行為**（verbal routines or vocal stereotypies）：包括尖叫（screaming）、發出異常聲音（bizarre vocalization）、異常的說話（bizarre speech，例如：與主題無關的鸚鵡式複述、重複問相同問題、隱喻式語言）等。亦有研究（林迺超，2001；Prizant & Rydell, 1993）將異常的說話稱為**非慣例的口語行為**（unconventional verbal behavior）。

3. **強迫性的收集行為**（obsessional collecting behaviors）：如不斷收集時刻表、地圖等。
4. **不當的戀物行為**（maladaptive attachments of objects）：如經常攜帶棉被、石頭等在身上。
5. **固定形式而抗拒改變的行為**（resistance to change）：如反覆聽同一首歌、坐固定位子、走固定路線、堅持固定流程等。

一般而言，固著行為隨年齡或能力的增加，在內容和形式上會改變，但極少會全然不見。張正芬（1999）發現，不同教育階段自閉症者出現的固著行為不太相同，舉例而言，兒童期常見的是重複玩水、翻書等以感覺刺激為主的行為；學齡期常見的是走固定路線、坐固定位子、背時刻表、問相同問題等；青春期、成年期常見的是堅持固定流程，像是做事的先後順序等。

吳麗婷（2004）調查12所特殊教育學校的222位教師，以了解學生固著行為發生的概況後發現，固著行為的發生率為 14.07%，男生高於女生，智障者最多，且多發生在國小階段，以搖晃頭、擺動身體、咬手、吸吮手指最多。

貳、自傷行為

過去文獻曾探討自傷行為的名稱有自我攻擊（auto-aggression）、自我毀傷（self-mutilating）、自我破壞（self-destruction）、自虐（masochism or self-abusive）等。在重度智障者中，有 10% 至 25% 的人有自傷行為；因此，這類行為長期被視為最嚴重且亟需處理的問題。自傷行為有廣義與狹義兩種定義：狹義者是指個體蓄意或無意識地重複以各種方式（例如：撞頭、打臉等行為）傷害自己，導致自己身體缺損（例如：流血、破皮）；廣義者則是指任何傷害自我身體形象或健康的行為（例如：挖喉嚨誘發嘔吐）。自傷行為並沒有固定的表現形態，不勝枚舉，綜合文獻（王大延，1992；賴銘次，2000；Favell, 1982; Kerr & Nelson, 2009），有下列四類。

1. **自打、撞擊**：如撞頭，以手掌或拳頭摑打自己的臉、頰、手、頭或捶腿等。
2. **咬、吸吮身體部位**：如咬嘴唇、手指頭、手、肩膀，或吸吮身體各部位等。
3. **抓、拔、扭、擠、戳、摳、搓、刺、挖、拉、扯身體部位**：如拔或抓頭髮、抓臉、擠眼珠、摳手、刺耳朵、挖喉嚨誘發嘔吐等。
4. **吞吐空氣**：吞氣、過度換氣、屏住呼吸等。

Favazza 和 Rosenthal（1993）將自傷的臨床形態分成三大類：第一類為**重度自傷行為**，個體會突然出現不尋常的自傷行為，造成嚴重的身體傷害，例如：挖眼、閹割、截肢等。個體於自傷行為後，情緒反而顯得異常平靜，他對此行為可能無法解釋，或是將之解釋成宗教或性慾等內容；此類自傷行為最常出現在精神障礙者，也可能會出現在急性中毒、腦炎、變性慾、先天性感覺神經病變，以及孤僻型和殘餘型思覺失調症（schizoid and residual types of schizophrenia）者。第二類為**固著式的自傷行為**，個體會出現固定且規律的自傷形態，例如：經常出現撞頭、自行誘發嘔吐或抽搐等現象，最常出現在教養機構內的重度障礙者，其他如ASD、急性精神障礙、思覺失調症、妥瑞症、強迫症，或是藥物濫用者亦可見到此類行為。第三類為**表淺性或中度自傷行為**，此類行為較無規則可循，個體身體組織破壞較少，且致命的威脅性較低，例如：皮膚切開或割劃、菸頭燙傷、干擾傷口癒合等情形，此類行為大多被視為病態的自救行為，個體藉以短暫解除心理衝突和身體被控制的感覺。

張正芬（1999）的調查指出，自閉症學生最常出現的自傷行為分別是毆打、撞擊（以手打身體或身體撞擊硬物）、啃咬或吸吮身體部位；以手指擰捏、摳挖身體部位；不停嘔吐；吃食異物（例如：電池、鐵釘）等。

參、攻擊行為

攻擊行為是兒童、青少年比較常見者，它會影響他們人格的發展，也是個體社會化行為發展的重要指標（Bloomquist & Schnell, 2002）。Connor（2002）釐清攻擊和暴力（violence）的差異，暴力可能導因於人類和非人類力量產生的破壞、傷害和虐待；而攻擊是導因於人類力量，例如：颶風是暴力，但不是攻擊行為。攻擊行為常被視為發脾氣（tantrum）的一部分（Einon & Potegel, 1994）。Connor將攻擊行為分為適應和不適應的攻擊行為，**適應的攻擊行為**是指個體為了自我保護或防衛，例如：被虐待和強暴產生的攻擊行為；而**不適應的攻擊行為**則是為了達到某種需求而攻擊他人。不適應的攻擊行為被視為需介入的行為問題。

L. H. Meyer 和 Evans（1989）依「形態」把攻擊行為廣義分為三類：第一類是**身體的攻擊**，包括普通的打人、推人、咬人等；第二類是**口語和對物品的攻擊**，例如：大聲叫罵、破壞東西等，有些文獻把這種攻擊行為加以擴大，包括搗亂秩序和破壞性的行為；第三類是**抗拒和不順從行為**（resistive and noncompliant behaviors），它屬於**被動的攻擊**，因為個體顯然是藉此來反抗外界對他的控制。有文獻（B. H. Johns & Carr, 1995）將攻擊行為狹義化，僅包含身體和口語的攻擊。L. H. Meyer 和 Evans 接著從攻擊行為產生的「原因」來看，則包括因「害怕」而產生的攻擊行為、因「憤怒或挫折」而產生的攻擊行為、因「想操控他人」而產生的攻擊行為三類。

Maag（1997）指出要了解個體產生抗拒行為的原因，是「不能」或「不為」的問題，我依據 Maag 舉例說明如下：個體有能力做，做了但做得不佳，即**技能流暢性問題**，原因可能有兩項：一是**技能練習不夠**，尚未達到流暢的程度；二是**環境的問題**，亦即環境未提供個體練習的機會，或是未給予他正向的回饋。個體有能力做，但不去做，或是有時做有時不做，即**技能表現不足或動機的問題**，原因可能有以下三項：一是**信念的問題**，亦即有不合理的想法，例如：教師要求一位學生針對他口語攻擊行為向女同學道歉，他抗拒道歉的原因是：他認為同儕會因此而看扁他；二是**選擇策略的問題**，亦即選擇不適當的行為來因應前事，例如：阿偉以攻擊行為回應同學的嘲諷，可能是因為他無法評鑑攻擊行為的後果、有困難控制自己的衝動表現，或是依據其過去經驗攻擊行為有效，甚至長久變成一種習慣的因應方式，而攻擊行為便成為阻礙他表現適當行為的干擾因素；三是**環境的問題**，亦即環境未加強個體表現適當行為的動機，或是未針對阻礙個體表現適當行為的原因介入。個體不能做的原因可能有兩個：一是**技能不足**，例如：有困難以適當的溝通方式表達其抗拒的原因；二是環境沒有給予機會學習不足的技能，甚至不適當地增強個體的行為問題，如圖 4-1。

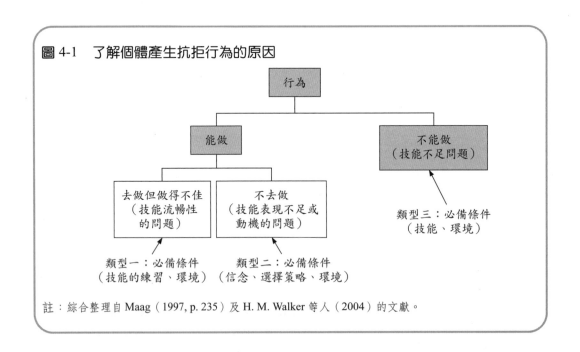

圖 4-1　了解個體產生抗拒行為的原因

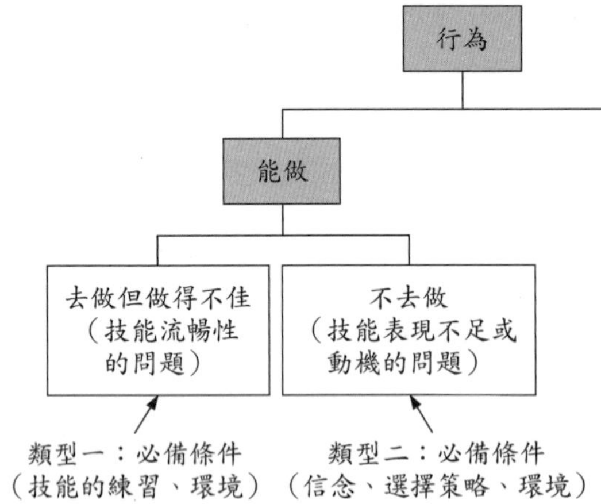

註：綜合整理自 Maag（1997, p. 235）及 H. M. Walker 等人（2004）的文獻。

肆、不適當的社會行為

不適當的社會行為又稱為**反社會行為**，是指個體表現出違反社會規範和不合禮儀的行為，侵犯他人的基本權益，或是與他人的互動不適當，因而減少他人對個體的接受度（L. H. Meyer & Evans, 1989）。它包括口語和動作干擾、逃學或曠課、逃家、說謊或欺騙、偷竊、活動過多、在公眾場合脫衣服或大小便、不適當的社交行為（例如：對他人不當的碰觸）和性行為（例如：公開自慰）等。與反社會行為相反者為**利社會行為**，意指對他人有利、獲得他人好感的積極表現，例如：分享、合作、助人、共同完成事件、等待、輪流，這些行為能幫助個體獲得良好適應，順利融入團體當中，維持個體的友誼關係（Dovidio et al., 2006/2012）。

從表現的形態來看，Kazdin（1990）將不適當的社會行為分成**外顯**與**內隱**兩種，外顯的不適當社會行為像是與人爭吵、未經許可隨意發言等；而內隱的不適當社會行為像是暗中偷竊、不回應他人的互動等。

《DSM-5》中的 AD/HD，以及**干擾、衝動控制和品行異常**（disruptive, impulse-control, and conduct disorders），較常會出現攻擊或不適當的社會行為。其中干擾、衝動控制和品行異常主要強調「情緒和行為自我控制的問題」，包括：**間歇爆發症**（intermittent explosive disorder）、**縱火症**（pyromania）、**盜竊症**（kleptomania）、**反社會人格異常**（antisocial personality disorder）、**對立反抗症**（oppositional defiant disorder）、**品行異常**（conduct disorder，或譯為「行為規範障礙症」），以及**其他特定和不特定的干擾、衝動控制和品行異常**（APA, 2013a），其定義可參見鈕文英（2022）。

伍、特殊情緒困擾

Huberty（2009）將特殊情緒困擾依個體出現的症狀，分成**內隱**和**外顯的異常**。依據《DSM-5》（APA, 2013a），有十二種特殊情緒困擾：憂鬱症、雙極症和相關異常（bipolar and related disorders）、焦慮症、創傷和壓力相關異常（trauma- and stressor-related disorders）、強迫症和相關異常（obsessive-compulsive and related disorders）、物質相關和成癮異常（substance-related and addictive disorders）、解離症（dissociative disorders）、身體症狀和相關異常（somatic symptom and related disorders）、性別苦惱症（gender dysphoria，或譯為「性別不安症」）、人格異常（personality disorder）、泛思覺失調症和其他精神障礙（schizophrenia spectrum and other psychotic disorders），以及動作異常（motor disorders）。附錄 16 呈現「行為癥狀檢核表」，可評量個體是否有情緒困擾的癥狀，以下依據《DSM-5》詳述之。

一、憂鬱症

《DSM-5》將憂鬱症從《精神疾病診斷與統計手冊（第 4 版文本修訂版）》〔*Diagnostic and Statistical Manual of Mental Disorders*（4th ed., text revision），簡稱 DSM-IV-TR〕的「情緒異常」〔mood disorders，或譯為「情感障礙（或疾患）」〕中獨立出來，包含重度憂鬱症（major depressive disorder）、持久的心情憂鬱症（dysthymia disorder）、干擾情緒失調症（disruptive mood dysregulation disorder）、經前苦惱症（premenstrual dysphoric disorder）、「物質或藥物」和「另種醫療條件」所致的憂鬱症，以及其他特定和不特定的憂鬱症（APA, 2013a），詳述前四種如下。

（一）重度憂鬱症

依據《DSM-5》，重度憂鬱症為在 2 週期間，呈現表 4-1 五種以上的情緒、認知和身體特徵，並且改變原有的行為或功能（例如：從人群中退縮；學業表現明顯低落；無法回應別人的幽默；健忘，無法完成學校課業和日常工作），進而影響個體的學習、工作、人際關係，甚至生活作息等，包含單次和反覆發作；它並非醫藥引起的生理狀況，也不能用其他精神障礙來解釋，且個體從未出現躁症（APA, 2013a）。若個體因喪親產生極度的哀慟反應，進一步引發無價值感、自殺意念、人際和工作功能變差，則可歸類於「待進一步研究之診斷」中的「**持續且複雜之哀慟症**」。

表 4-1　憂鬱症者的特徵

向度	特徵
情緒特徵	1. 幾近每天看起來憂愁、悲傷、愛哭，或經常向別人抱怨自己憂傷。 2. 幾近每天對幾乎所有的活動，明顯地減少興趣、失去樂趣，或無精打采。
認知特徵	1. 幾近每天有負面的自我概念，覺得自己沒價值，想像自己是天生輸家。責備自己，過度或不適當的罪惡感。 2. 幾近每天思考能力或注意力減退，或有困難做決定。 3. 幾近每天出現自殺的念頭或企圖。
身體特徵	1. 幾近每天慢性疲倦，失去活力。 2. 幾近每天心理動作方面顯得焦躁或遲滯。 3. 幾近每天失眠或睡眠過多。 4. 當沒有控制體重時，胃口和體重改變，包括食慾增加或減少，1 個月內體重增加或減少超過 5%。

（二）持久的心情憂鬱症

依據《DSM-5》，持久的心情憂鬱症者多數時間出現憂鬱的心情，他們描述其心情為憂愁、悲傷的，且持續兩年以上（兒童和青少年則至少一年），呈現如下至少兩種症狀：食慾增加或減少、失眠或睡眠過多、疲倦或失去活力、低自尊、注意力減退或有困難做決定，以及對人生感到無望，進而影響個體的學習、工作、人際關係，甚至生活作息等；它並非醫藥所引起的生理狀況，也不能用精神障礙來解釋（APA, 2013a）。

（三）干擾情緒失調症

依據《DSM-5》，干擾情緒失調症發生的年齡在 18 歲以前，個體會在兩種以上的情境（例如：學校、家庭），出現嚴重、週期的發脾氣，平均 1 週至少三次，且持續一年以上；即使症狀減輕，但好轉的狀況不會超過 3 個月；它並非藥物引起的生理反應，也不能歸因於另一種醫學或精神問題（APA, 2013a）。

（四）經前苦惱症

依據《DSM-5》，經前苦惱症是指，個體在過去一年多數月經週期裡，於月經開始前 1 週，在以下十一項症狀中至少出現五項，前四項中必須至少有一項，且已妨礙個體工作、學業或一般活動：情緒顯著改變、明顯易怒、心情明顯低落、特別焦慮緊張、活動的興趣減少、有困難專注、昏睡或易疲累、胃口顯著改變、嗜睡或失眠、感覺受控而無法自控，以及出現身體症狀（例如：乳房脹大或觸壓時有痛覺、關節或肌肉痠痛、體重增加等）；而這些症狀在月經開始後幾天內會緩解，在經期結束後至少 1 週後就無症狀（APA, 2013a）。

二、雙極症和相關異常

《DSM-5》將雙極症（俗稱躁鬱症）從《DSM-IV-TR》的「情緒異常」中獨立出來，更名為「雙極症和相關異常」；保留**第一型和第二型雙極症**，以及**循環性精神障礙**（cyclothymic disorder）；並加入**物質或藥物**和**另種醫療條件所致的雙極症和相關異常、其他特定與不特定的雙極症和相關異常**（APA, 2013a）。

第一型雙極症適用於有憂鬱特質的躁期或輕躁期發作，以及有部分躁期或輕躁期特質的各類憂鬱發作；在躁期發作期間，須符合以下診斷標準（APA, 2013a）。

1. 情緒異常激昂、高張或易怒，以及在目標導向的活動上表現異常，持續至少 7 天以上，下列七項症狀中至少出現三項（若僅呈現易怒的情緒，則須具備至少四項）：（1）自尊心過度膨脹或自大；（2）睡眠需求減少；（3）比平常話多或有持續說話的壓力；（4）主觀認為自我思考跳躍；（5）注意力分散；（6）目標導向之活動量增加；（7）過度且不顧後果地參與社會活動。
2. 在重度憂鬱期間，下列症狀至少出現五項，且其中一項必須為第一或第二項症狀，且持續 2 週以上：（1）幾近每天看起來憂愁、悲傷、愛哭，或經常向別人抱怨自己憂傷；（2）幾近每天對幾乎所有的活動，明顯地減少興趣、失去樂趣，或無精打采；（3）當沒有控制體重時，胃口和體重改變；（4）失眠或睡眠過多；（5）出現焦躁或遲滯的心理動作；（6）慢性疲倦、失去活力；（7）有負面的自我概念，覺得自己沒價值，或產生不適當的罪惡感；（8）注意力減退，或有困難做決定；（9）出現自殺的念頭或企圖。
3. 個體出現明顯的社會功能障礙。
4. 個體行為和態度有明顯的改變。
5. 個體在重度躁期發作時，可出現幻聽與妄想的現象。
6. 它並非物質濫用引起的生理反應，也不能歸因於另一種醫學問題。

至於輕躁期的發作，其診斷標準與躁期不同處在於，情緒高昂至少 4 天；無明顯的社會功能障礙；其他人可能發現個體的行為和態度有些改變；情緒異常地激昂、高張或易怒，以及在目標導向之活動上表現異常，持續 4 天以上（APA, 2013a）。

第二型雙極症適用於，曾重複出現重度憂鬱發作，以及至少一次輕躁期發作的人（APA, 2013a）。《DSM-5》特別提出，個體若曾有過重度憂鬱發作，但其輕躁期症狀數目不符合診斷標準，則可以列作**其他註明之雙極症和相關異常**；另外，因為使用抗鬱劑或電療所引發的躁期或輕躁期發作，亦可以構成第一或第二型雙極症的診斷。

循環性精神障礙是指，成人於兩年期間（兒童則為一年期間），歷經多次憂鬱和輕躁期症狀的循環，且憂鬱和輕躁期兩類症狀各出現一半以上的時間（APA, 2013a）。

三、焦慮症

《DSM-5》中的焦慮症包括：泛慮症（generalized anxiety disorder）、分離焦慮症（separation anxiety disorder）、特殊恐懼症（specific phobia）、社會焦慮症（social anxiety disorder）、廣場恐懼症（agoraphobia）、恐慌發作（panic attack）、恐慌症（panic disorder）、選擇性緘默症（selective mutism）、「物質或藥物」和「另種醫療

條件」所致的焦慮症，以及其他特定與不特定的焦慮症（APA, 2013a）。依據《DSM-5》，焦慮症者除了選擇性緘默症外，具備表 4-2 的認知、行為和身體特徵。以下詳述前八種焦慮症。

表 4-2　焦慮症者的特徵

向度	特徵
認知	1. 專注力問題。 2. 記憶力問題。 3. 過度敏感。 4. 問題解決能力不佳。 5. 易憂慮。 6. 認知功能失常（包含認知扭曲或認知能力不足）。 7. 歸因形態問題。
行為	1. 坐立難安。 2. 心神不寧。 3. 逃避事情。 4. 說話急促。 5. 舉止異常。 6. 易怒。 7. 退縮、膽怯、保持緘默。 8. 完美主義。 9. 缺乏參與感。 10. 無法完成任務。 11. 不願意接受挑戰，尋求容易完成的工作來做。
身體	1. 抽搐。 2. 重複、局部性疼痛。 3. 心跳加速。 4. 皮膚漲紅。 5. 容易出汗。 6. 頭痛。 7. 肌肉緊繃。 8. 睡眠問題。 9. 噁心。 10. 嘔吐。

（一）泛慮症

依據《DSM-5》（APA, 2013a），泛慮症是指，個體無法自制地全神貫注在憂慮的事物上，甚至出現頭痛和肚子痛等現象，他憂慮的並不是特殊的地點或東西，而是擔心一般的事物，如未來事情、課業表現、體能活動、社交活動、身體安危、別人觀感等，擔憂的日子比不擔憂者多，並且持續 6 個月以上，出現至少下列三項症狀，而兒童只要出現其中一項症狀：（1）坐立不安、心神不寧，或是感覺亢奮、緊張；（2）容易疲倦；（3）有困難集中注意力，或是頭腦一片空白；（4）易怒；（5）肌肉緊張；（6）睡眠困擾（難以入睡，或睡眠品質不佳）。此症狀並非物質成癮的結果，也不屬於其他生理問題（例如：甲狀腺機能亢進），或是精神異常（例如：社會焦慮症、恐慌症）；它們已顯著地讓個體苦惱，抑或影響他的社會、職業和其他生活重要層面的功能表現（APA, 2013a）。

（二）分離焦慮症

分離焦慮症最明顯的特徵是，個體想盡辦法避免和他們所依戀的人（例如：父母）分離，為了怕分離，他會拒絕上學或出門，不願自己單獨睡覺，不到別人家過夜；要是和依戀的人分離，或預期到分離的情況，會過分的緊張和痛苦，且會一再地訴說生理上的病症，例如：頭痛、胃痛或嘔吐；對於這種持續而極端的恐懼，個體會解釋成一旦和依戀的人分離就是永別（APA, 2013a）。依據《DSM-5》，這種焦慮的症狀至少持續 6 個月以上；這種情緒困擾造成個體目前的壓力和痛苦，妨礙他的社交、學校課業，或是日常生活的重要活動，而且此困擾並不是源自於一般發展的不足、思覺失調症或是其他精神障礙（APA, 2013a）。

（三）特殊恐懼症

總括文獻（M. C. Coleman & Webber, 2002; R. J. Morris et al., 1988），整理不同年齡層的人普遍害怕的事物，像是噪音、失去支持、陌生人、分離、受傷、想像的動物、黑暗、孤獨、學校、自然事件（例如：打雷、地震）、人際交往的困窘事件等，如表 4-3。

表 4-3　不同年齡層的人普遍害怕的事物

年齡	害怕的事物
出生至 1 歲	噪音、失去支持、陌生人、突發事件、沒有預期和隱藏的物品。
1 至 2 歲	分離、受傷、想像的動物、噪音、黑暗、個人環境的改變。
3 至 5 歲	大型的動物（例如：大狗）、黑暗、分離、孤獨、面具、噪音、受傷、壞人。
6 至 12 歲	分離、學校、受傷、自然事件（例如：打雷、地震）、人際交往的困窘事件、超自然的事物（例如：鬼、巫婆）。
13 至 18 歲	受傷、人際交往的困窘事件。

依據《DSM-5》，特殊恐懼症發生在所有年齡的人身上，它有五種類型：**動物型**、**自然環境型**（例如：高度、暴風雨、水等）、**血液—注射—傷害型**、**情境型**（例如：飛機、電梯、密閉的空間）、**其他型**（例如：躲避會引起嘔吐、窒息的狀況，躲避嘈雜的聲音等；APA, 2013a）。個體會對上述特定刺激產生明顯、頻率或持久度不成比例，且持續的恐懼，他會盡可能地躲避這種刺激；如果無法躲避，則會承受激烈的焦慮，一般而言，此狀況會持續 6 個月以上；這種情緒困擾造成個體目前的壓力和痛苦，妨礙他的社交、課業、職業，或是日常生活的重要活動（APA, 2013a）。

（四）社會焦慮症

《DSM-5》將原本《DSM-IV-TR》中的社交恐懼症（social phobia），更名為「社會焦慮症」，這是因為社交恐懼症的定義太過狹隘，認為僅在他人面前表現得不自在或恐懼才是社交恐懼症（APA, 2013b）。而社會焦慮症的定義較寬廣，個體可能在各種社會情境產生明顯、頻率或持久度不成比例的恐懼，此狀況會持續 6 個月以上，例如：在公眾場合演講或表演、在別人面前用餐、參加親友的聚會、與權威人物說話、與人交談或借東西等總是感到壓力沉重，甚至會有生理上的反應，像是心跳加速、發抖、發冷、發熱、冒汗、嘔吐等；這種情緒困擾造成個體目前的壓力和痛苦，妨礙他在社交、課業、職業，或日常重要活動上的功能表現（APA, 2013a）。此外，《DSM-5》移除《DSM-IV-TR》中「廣泛性」的註記，只有個體在「**公開場合**」講話或行動出現焦慮的狀況才屬於社會焦慮症，因為實務上很難評量是否在多數社會情境都會焦慮（APA, 2013b）。

（五）廣場恐懼症

依據《DSM-5》，廣場恐懼症是指，個體對至少兩個地方或情況，例如：電梯、高處、空曠地方、大眾運輸工具、大庭廣眾場所等有特殊的恐懼，他們擔心會有恐慌發作、無法逃脫出來的情況，因此會出現躲避行為，此狀況會持續 6 個月以上；這種情緒困擾造成個體目前的壓力和痛苦，妨礙他在社交、課業、職業，或日常重要活動上的功能表現（APA, 2013a）。

（六）恐慌發作

《DSM-5》取消《DSM-IV-TR》以「情境觸發程度」描述恐慌發作，只將之分為**預期型**及**非預期型**；恐慌發作經常是突然出現，通常在 5 至 10 分鐘之內，個體會極端地恐懼，害怕自己會失控，而且感到非常不舒服，甚至有瀕死的感覺，同時會出現如下的身心異狀：出汗、窒息、呼吸短促、顫抖、肌肉繃緊、頭疼、肚痛、胸痛、作嘔等會達到高潮，這種發作可能持續幾分鐘到幾個小時（APA, 2013a）。

（七）恐慌症

依據《DSM-5》，恐慌症最明顯的特徵是，一再出現無事實根據、非預期的恐慌發作（如上述恐慌發作的症狀），它和上述恐慌發作差異處為，個體經歷的通常是非預期型的恐慌發作；而個體為了逃脫讓他恐慌的狀況，會出現躲避行為，此狀況持續 1 個月以上；這種情緒困擾造成個體目前的壓力和痛苦，妨礙他在社交、課業、職業，或日常重要活動上的功能表現（APA, 2013a）。

（八）選擇性緘默症

德國 Kussmaul 醫師最早在 1877 年指出選擇性緘默的症狀，他稱之為**自願不語症**（aphasia voluntals）；之後，英國 Trammer 醫師於 1934 年將這種症狀命名為「elective mutism」，其中 elective 有意志選擇的意涵，意指他們自願選擇緘默，1952 年的《DSM》初版首先納入它（Cline & Baldwin, 1994）。後來的研究發現，選擇性緘默症者在特定社會情境不語，並非他們故意拒絕說話，而是焦慮所致，即使想說話，也不能發出任何聲音；因此，Hesselman 醫師在 1983 年將「elective」改為「selective」，意指**非自願選擇性緘默**（Cline & Baldwin, 1994），《DSM-IV》正式改名為「selective mutism」，《DSM-5》延續此名稱。

選擇性緘默症者智力和構音器官皆沒問題，但卻對某些人或是在特定環境中保持緘默，而對另一些人和在另一個環境中則講話流暢；較多發生於敏感、膽怯、退縮的兒童身上（Kauffman & Landrum, 2018）。依據《DSM-5》，選擇性緘默症的診斷標準如下（APA, 2013a, p. 195）。

A. 在某些特定的社會情境中持續無法說話（在這個情境中個體被期待能說話，例如：學校），而在其他情境則能夠說話。
B. 這樣的困擾已顯著地影響個體的教育或職業成就，或是社會溝通。
C. 此困擾已持續至少 1 個月以上（並不包括入學的第一個月）。
D. 無法說話並非源自於缺乏社會情境中口語表達的知識，或是對於口語表達不自在。
E. 此困擾不能解釋為溝通異常〔communication disorder，例如：兒童期出現的語暢異常（fluency disorder）〕，也不會單獨發生在 ASD、思覺失調症或是另一種精神障礙的病程中。

四、創傷和壓力相關異常

《DSM-5》從《DSM-IV-TR》的「焦慮症」中獨立出「壓力症」並將之更名為「創傷和壓力相關異常」；除**創傷後壓力症**（post-traumatic stress disorder）和**急性壓力症**（acute stress disorder）外，再加入**適應症**（adjustment disorders）、**反應性依附症**（reactive attachment disorder）、**去抑制社交參與症**（disinhibited social engagement disorder），以及其他特定與不特定創傷和壓力相關異常（APA, 2013a）。

依據《DSM-5》，創傷後和急性壓力症是指，個體曾經驗到或親眼目擊他人經歷（意指不需親身經歷）的創傷事件，甚至於對生命安全具有威脅的事件，例如：天災、人禍、戰爭等，因而造成焦慮或壓力、憂鬱、暴躁易怒、認知扭曲、反應僵化等現象（APA, 2013a）。二者的差異在於發病和持續的時間，創傷後壓力症之症狀不一定在創傷事件後 4 週內出現，持續至少 1 個月；而急性壓力症之症狀是在創傷事件後 4 週內發生，且持續至少 2 天，最久是 4 週（APA, 2013a）。

依據《DSM-5》，適應症是指，在壓力源發生的 3 個月內，個體出現憂鬱、焦慮的情緒，行為的困擾；這些症狀會造成其苦惱，妨礙他在社交、課業、職業，或日常重要活動上的功能表現；而在壓力源中止，或壓力後果結束後的 6 個月內，上述症狀會消失，屬於有時限的適應困難（APA, 2013a）。

依據《DSM-5》，反應性依附症意指，個體不能和主要照顧者產生依附關係，情感反應很少（APA, 2013a）。而去抑制社交參與症意謂，個體面對陌生人，表現出過度不適當的行為，例如：多話、過度熟稔的行為，缺乏應有的含蓄態度，甚至情願與不熟識的成人離開照顧者，其言行已逾越文化容許的社交界限；此行為不能解釋為 AD/HD 的過動或衝動行為（APA, 2013a）。

五、強迫症和相關異常

《DSM-5》從「焦慮症」中移除強迫症，並將之更名為「強迫症和相關異常」，它還移入**拔毛症**（trichotillomania）、**身體畸形症**（body dysmorphic disorder）；新增**摳皮症**（excoriation or skin-picking disorder）、**囤積症**（hoarding disorder）、**物質或藥物引起之強迫症、另種醫療條件所致的強迫症和相關異常**，以及**其他特定與不特定的強迫症和相關異常**（APA, 2013a），詳述如下。

（一）強迫症

強迫症的症狀有**強迫思想**（obsessions，例如：強烈認為自己會死去）和**強迫行為**（例如：強迫洗手）其中之一，或兩者都有（Kauffman & Landrum, 2018）。依據《DSM-5》，強迫思想是復發、持續的思考、推力或衝動，它並不是單純地擔憂現實生活中的問題，當個體經驗到這種干擾或不想要的思考時，會產生極度焦慮和苦惱的情緒；個體會嘗試忽略或壓抑它，抑或採取其他的思考或強迫行為，企圖淡化它（APA, 2013a）。而強迫行為是重複的行為（例如：洗手、排列、檢查）或心理動作（例如：默默祈禱、唱數或碎唸），個體感覺有一種驅力必須從事它們，以淡化強迫思想，或是它們已成為必須遵守的僵化規則；它們出現的頻率過多，其用意在防止或減輕緊張的情緒，或是用來防範災難的事件，不過這種行為是不切實際的，無法真正地沖淡思考或防止災難，並且會干擾正常的生活；而年幼的孩子無法說出這種重複行為或心理動作的目的（APA, 2013a）。此種強迫思想或強迫行為非常耗時，每天出現至少 1 小時，而且此困擾已顯著地影響個體的社會、職業或其他領域的功能表現；如果個體有其他的精神症狀，強迫思想和行為與這些精神症狀不能混為一談，例如：飲食異常者會貪食無厭，憂鬱症者會反覆地內疚，這種貪食與內疚並不算是強迫症；除此，它不是由於藥物引起的生理現象。

強迫症中的強迫行為和固著行為相同的是，皆表現重複的行為或心理動作；不同的是，強迫行為是個體感覺有從事它們的驅力，以淡化強迫思想，其用意在防範災難或減輕緊張情緒，每天出現至少1小時；而從事固著行為的個體沒有強迫思想，其用意不受限於減輕緊張情緒，還有取得感覺自娛的功能，不見得每天出現至少 1 小時。

（二）拔毛症

依據《DSM-5》，拔毛症的主要特徵為，個體通常會因焦慮情緒，不由自主、重複地拔除身上的毛髮，造成明顯的毛髮缺少；個體拔毛前會有壓力，拔毛時有興奮、滿足與放鬆感，甚至有些人會喜歡玩弄毛髮；此行為持續一段時間後，就會變成一種無法控制的習慣，它會造成個體的壓力和痛苦，妨礙他在社交、課業、職業，或日常重要活動上的功能表現。它不能用另一種精神異常來解釋，也不能歸因於另一種醫學問題（APA, 2013a）。

（三）身體畸形症

依據《DSM-5》，身體畸形症者因為關心自己的外表而有重複行為（例如：重複看鏡子、過分修飾自己的外表、搔抓皮膚，或尋求他人對自己外表的認可）或心理行動（例如：比較自己與別人的外表）。身體畸形症的相關診斷有「肌肉型身體畸形症」，意指個體擔心的是自己的肌肉太瘦弱（APA, 2013a）。

（四）摳皮症

依據《DSM-5》，摳皮症者一再摳皮膚造成皮膚傷害，持續 4 週以上，他們會重複嘗試減少或停止摳皮行為，仍然無效，它會造成個體目前的壓力和痛苦，妨礙他在社交、課業、職業，或日常重要活動上的功能表現；此行為無法歸因於另一種醫學狀況、物質使用，或是衝動、抽搐、固著動作造成的結果（APA, 2013a）。

（五）囤積症

依據《DSM-5》（APA, 2013a），囤積症者不顧所有物的實際價值，持續囤積它們，並且有困難拋棄之，只因為自覺必須保留這些物品，以及拋棄它們會產生痛苦感，以至生活空間凌亂；即使不凌亂，也是因為第三者的介入整理。囤積行為會造成個體的壓力和痛苦，妨礙他在社交、課業、職業，或日常重要活動上的功能表現；此行為無法歸因於另一種醫學狀況、物質使用，也不能用另一種精神異常來解釋（例如：強迫症中強迫思考造成的囤積行為）。

六、物質相關和成癮異常

《DSM-5》將《DSM-IV-TR》的「物質相關的異常」，更名為「物質相關和成癮異常」，保留酒精、大麻、咖啡因、鴉片、吸入物、幻覺劑、鎮定劑、安眠藥或抗焦慮劑有關的異常（APA, 2013b）。而《DSM-5》修改重點包含：（1）更改「尼古丁」為**菸草有關的異常**；（2）整合「安非他命」、「古柯鹼」和「苯環利定」為**興奮劑有關的異常**；（3）刪除**「多重物質」有關的異常**；（4）增加**非物質有關的異常——嗜賭症**（gambling disorder）；（5）整合「物質濫用和依賴」為**物質使用所致的異常**；（6）要求的診斷準則較多和嚴格（APA, 2013a）。

七、解離症

《DSM-5》的解離症包含**解離失憶症**（dissociative amnesia）、**解離身分症**（dissociative identity disorder）、**失自我感或失現實感症**（depersonalization/derealization disorder）、**其他特定的解離症**，以及**不特定的解離症**（APA, 2013a）。依據《DSM-5》，解離症者的特徵為，遭遇很大的心理衝擊、創傷或壓力後，產生分離的

主觀經驗、情緒和記憶，包括神經功能異常或肢體麻痺、癲癇、失憶、失明、失聰等症狀；經診斷後發現，他們的身體狀況良好，只是藉由身體反應來逃避心理的創傷。

依據《DSM-5》（2013a），**解離失憶症**者是短暫的失憶，他們和「器質性失憶者」不同的是，他們並沒有忘記失憶之前和現在的事件，而器質性失憶者一概不記得從小到大發生的事。如果失憶的人突然離家漫遊，等他們恢復記憶回家後，對於離家這段期間的經歷完全沒有印象，不知去了哪裡、怎麼去的，這種稱為有**解離漫遊**（dissociative fugue）的解離失憶症，它被歸類於「解離失憶症」中。**解離身分症**（之前稱為**多重人格症**）是指，個體記不起自己的個人重要資料，無法回憶每天的事件（不僅限於在「創傷」期間才出現），具有兩種或兩種以上不同身分或人格狀態，完全控制他的行為，這樣的身分困擾症狀可以被觀察和報導。**失自我感或失現實感症**是指，個體持續經驗到由自己心智或身體脫離出來的一種感受，彷彿自己是個外在的觀察者。

八、身體症狀和相關異常

《DSM-5》將《DSM-IV-TR》的「身體型異常」，更名為「身體症狀和相關異常」，包括：**疾病焦慮症**（illness anxiety disorder）、**身體症狀異常**（somatic symptom disorder）、**人為症**（factitious disorder）、**功能性神經症狀異常**（functional neurological symptom disorder）〔《DSM-IV-TR》稱之為「**轉化症**」（conversion disorder）〕、**受心理因素影響的其他病症**，以及**其他特定與不特定的身體症狀和相關異常**（APA, 2013a）。

依據《DSM-5》（APA, 2013a），身體症狀異常是指，個體持續 6 個月以上，出現一項以上的身體症狀，並且經常抱怨身體疼痛及不適，例如：腹瀉、偏頭痛、心悸等，造成生活上的困擾，但醫師找不出確切的病理因素。換言之，個體對於上述身體症狀或自身健康有過多的思考、感覺和行為，至少符合下列一項：（1）過度、不成比例地強化身體症狀之嚴重度；（2）持續且高度地憂慮自身健康狀況；（3）投注過多時間和精力在身體症狀和健康狀況上。

依據《DSM-5》（APA, 2013a），疾病焦慮症包含**慮病症**（hypochondriasis）和**疼痛症**（pain disorder），慮病症是指，個體過度、不成比例地憂慮自己是否有罹患某個疾病，但醫師找不出確切的病理因素；而疼痛症是指，個體不成比例地誇大自己的疼痛，但醫師找不出致痛的生理因素。**功能性神經症狀異常**意指，個體不成比例地強調自己神經方面的病症（例如：昏厥），造成生活上的困擾，但和實際的病理因素不完全吻合。人為症又稱作**裝病症**，是指個體其實並沒有真正生病，但運用各種方法，故意製造或假裝身體／心理的症狀，經常不停地去看醫生，此行為動機是**為了取得病患角色，並無外在誘因**（例如：獲得經濟利益、逃避法律責任），這是**加諸於自我的人為症**。如果個體裝病是要詐領保險金、逃學，或逃避某些責任，表示裝病有附帶價值，就不是人為症。還有一種裝病是宣稱個體所照顧的人生病，而這個病人必須要仰賴他的照顧（例如：母親與小孩的關係），這是**加諸於他人的人為症**。裝病的原因包括：一種是個體在成長過程中受到忽略，故希望變成病人或照顧者，獲得重視、彌補某方面情感的不足，以及取得相互依賴感；另一種是藉由裝病騙過醫生，以得到快感。

九、性別苦惱症

《DSM-5》以**性別不適配**（gender incongruence）取代《DSM-IV-TR》的「性別認同」（gender identity），因為性別認同症帶有負面的標記，且它是以二分法（男、女），而不是以多元角度看待性別角色；除此，性別認同症的診斷缺乏「排除條款」，亦即就算已經轉換性別，且心理認同和適應良好，但仍然被診斷為性別認同症（APA, 2013a）。性別不適配則強調核心問題為，個體感受到或展現的性別（可以是男、女、跨性或其他）和法定的性別（社會定義的男性或女性）不一致時，造成困擾的狀況；因此，《DSM-5》將《DSM-IV-TR》的「性別認同症」，更名為「性別苦惱症」，並且新增兩個亞型，即**有性發展異常**和**無性發展異常**，因為有研究顯示，有性發展異常的人出現「性別不適配」時，變性的比例高於無性發展異常的人。此更名可以免除負面標記，且以多元角度看待性別角色。另外，《DSM-5》新增**性別已轉換**之個案的註記，這些個案持續接受荷爾蒙療法、性別轉換手術或心理治療，他們如無困擾可以不被診斷為性別苦惱症（APA, 2013a）。

性別苦惱症的診斷刪去《DSM-IV-TR》的排除標準——個體不能感受到文化優惠某種性別；以及增加症狀須達到持續 6 個月以上的期間，並且會伴隨重大苦惱，抑或社會、職業、其他重要領域的功能損傷或風險（APA, 2013b）。而性別不適配是指個體出現下列八項症狀中的至少六項：（1）強烈渴望成為異性（或是不同於法定性別的其他性別選擇）；（2）男孩強烈偏好女性打扮，女孩明顯偏好男性衣著，並且強烈抗拒穿著符合自身法定性別的衣著；（3）在假扮或幻想遊戲中，強烈偏好跨性別的角色；（4）強烈偏好典型的異性玩具、遊戲或活動；（5）明顯喜歡異性的玩伴；（6）男孩極度拒絕典型的男性玩具、遊戲或活動，女孩激烈抗拒典型的女性玩具、遊戲或活動；（7）強烈厭惡個人的性器官；（8）強烈渴望擁有符合個人感受之性別的主要和（或）次要性徵（APA, 2013a）。

十、人格異常

依據《DSM-5》，人格異常者表現出僵化的內在經驗和外在行為模式，持續出現在個人與社會情境中，而且偏離其所屬文化對一般人的期待；一般人格異常的診斷標準如下（APA, 2013a, pp. 646–647）。

A. 個體的內在經驗和行為偏離其所屬文化的期待甚遠，持續一段時間，而且表現在下列領域中至少兩項：認知（亦即對自我、他人和事件的觀感和詮釋）、情感（情緒反應的範圍、強度、傾向和適切性）、人際功能、衝動控制。

B. 此行為持續出現在個人與社會情境中，缺乏彈性且普遍存在。

C. 此行為已讓個體產生苦惱的情緒，並且造成其社會、職業或其他重要領域功能的受損。

D. 此行為相當穩定且持久，它的發生至少可追溯至青春期或成年早期。

E. 此症狀不是發生於另一種精神障礙的病程和結果中。

F. 此困擾並不是源自於藥物對身體所帶來的直接效應，或是一般的醫學狀況（例如：頭部外傷）。

《DSM-5》將《DSM-IV-TR》人格異常的十種類型，分類組合成以下五種，並且綜合文獻（Akannil & Jacob, 2021; APA, 2013a; S. C. Shea, 2017），整理其特徵如下：第一種為**一般的人格異常**。第二種為**人格異常 A 群（自我中心的）**，包含**妄想型**（paranoid）、**孤僻型**（schizoid）和**思覺失調症型**（schizotypal）人格異常，妄想型的人對他人不信任，例如：解釋別人的動機為惡意、抱怨臨床工作人員或醫療系統；孤僻型的人與社會關係疏離、情感表達範圍局限；思覺失調症型人格異常者表現出對親密關係的不安，以及維持關係能力的不足，並且有認知扭曲及行為偏離常態的狀況。第三種為**人格異常 B 群（情緒化和偏離常軌的）**，包含**反社會型**、**邊緣型**（borderline）、**表演型**（histrionic）、**自戀型**（narcissistic）人格異常，反社會型者不尊重及侵犯他人的權益，會評論他人的表現；邊緣型者對人際關係、自我形象、情感表現等很不穩定，且非常容易衝動；表演型者表現過度情緒化，以及表現戲劇性的行為和裝扮以引起注意；自戀型者自大、操縱欲強、被讚美的需求高，以及缺乏同理心。第四種為**人格異常 C 群（焦慮和害怕的）**，包含**逃避型**（avoidant）、**依賴型**（dependent）和**強迫型**（obsessive-compulsive）人格異常，逃避型者體驗到廣泛且持久的社交不適、對他人的評價極度焦慮，以及感到能力不足；依賴型者的表現過度畏縮，廣泛且持續地依賴及順從他人；強迫型者過度執著於秩序、完美主義，以及思考與人際關係的控制，因而失去彈性和效率。第五種為**其他人格異常**，包含另種醫療條件所致的人格異常、其他特定與不特定的人格異常。

十一、泛思覺失調症和其他精神障礙

在《DSM-5》泛思覺失調症和其他精神障礙中，包括**思覺失調症**、**思覺失調形式症**（schizophreniform disorder）、**短暫的精神障礙**、**妄想症**（delusional disorder）、**思覺失調情感症**（schizoaffective disorder）、**思覺失調症型異常**、**物質或藥物引起的精神障礙**、由於**一般醫療條件引起的精神障礙**，以及**特定與不特定的泛思覺失調症和其他精神障礙**（APA, 2013a）。

關於思覺失調症，《DSM-5》刪除《DSM-IV-TR》中混亂、緊張、妄想和未分化四種亞型，取消「人聲幻覺」與「怪異妄想」任一項即符合標準的規定，將之合為**一般幻覺與妄想**，而要在五項症狀中出現至少兩項才算符合標準；除此，強調**妄想**、**幻覺和解構性語言**三種症狀的必要性，三者必須具備至少有一項才符合標準，如此排除《DSM-IV-TR》單純型的思覺失調症（APA, 2013b）。依據《DSM-5》，思覺失調症的診斷標準如下（APA, 2013a, p. 99）。

A. 在 1 個月期間（或經成功的治療後少於 1 個月），明顯出現下列症狀兩項（或以上），前三項症狀中至少包含一項：（1）妄想；（2）幻覺；（3）說話紊亂、沒組織；（4）行為表現全面混亂或緊張；（5）負面症狀（例如：情感表達減少、意志力低）。
B. 社會或職業方面失調：在出現思覺失調症的困擾之後，個體在職業、學業、人際關係、自我照顧等多方面的功能表現上，明顯低於出現此症前，或是達到外在的期待。
C. 上述社會或職業方面失調的狀況持續出現至少 6 個月，這 6 個月期間，標準A的症狀持續出現至少 1 個月（或經成功的治療後少於 1 個月），以及可能包含一些殘餘的症狀（僅出現標準A中的負面症狀，或是還伴隨其中劇烈的症狀，例如：怪異的信念、不尋常的知覺經驗）。
D. 排除情緒異常和思覺失調情感症。
E. 此困擾並不是源自於藥物對身體所帶來的直接效應，或是一般的醫學狀況。
F. 釐清與全面發展遲緩或 ASD 間的關係：如果個體有 ASD 或其他兒童期出

現的溝通異常的歷史，則個體必須出現明顯的妄想或幻覺症狀至少 1 個月以上（或經成功的治療後少於1個月），才能給予額外思覺失調症的診斷。

《DSM-5》新增**緊張症**（catatonia），其診斷標準如下（APA, 2013a, p. 119）。

A. 出現以下三項以上的症狀：
1. 呆滯：心理動作和環境無關。
2. 僵直：被動地擺成對抗地心引力的姿勢。
3. 僵硬地彎曲：輕微或完全抗拒檢查者幫個體所做的擺位。
4. 緘默：沒有或很少口頭回應，失語症除外。
5. 否定：對指令或外界刺激無反應或對抗。
6. 固定姿勢：自動維持同一種姿勢。
7. 扭捏作態：表現怪異且誇張的模仿行為。
8. 固著行為：反覆、過多或非目標導向之動作。
9. 不是導因於外界刺激的激動情緒。
10. 扮鬼臉。
11. 模仿他人言語。
12. 模仿他人動作。

十二、動作異常

在《DSM-5》中，**妥瑞症**被歸類於「動作異常」中，動作異常還包括**發展協調症**（developmental coordination disorder）、**固著動作症**（stereotypic movement disorder）、**抽搐症**、**慢性的動作或聲音抽搐症**（chronic motor or vocal tic disorder）、**暫時性抽搐症**（provisional tic disorder）、其他特定和不特定抽搐症。妥瑞症的診斷標準如下（APA, 2013a, p. 81）。

A. 出現多元的動作和一個或多元的聲音抽搐，二者不一定會同時出現。
B. 抽搐的症狀持續 1 年以上，即使頻率會減少一些。
C. 出現在 18 歲以前。
D. 此困擾並不是源自於藥物（例如：咖啡因）對身體帶來的直接效應，或是一般的醫學狀況〔例如：亨丁頓疾病（Huntington's disease）或是腦炎〕。

妥瑞症發病時間最早在 1 歲左右，最晚在 20 歲以前，但最常在 7 歲左右發病；男童發生率約為千分之一，女童發生率則為男童的三分之一，有 50% 的機會伴隨強迫症和 AD/HD（簡淑真、曾世杰，2001）。依據王煇雄和郭夢菲（1999），妥瑞症不會造成認知的障礙，它的主要症狀是抽搐，意指不自主、突然、快速、反覆、無韻律，但有時固著的動作或語言，包括：（1）**簡單的動作抽搐**，像是快速眨眼、動鼻、吐舌，只牽動少數肌肉；（2）**複雜的動作抽搐**，像是扮鬼臉、走一步退兩步等；（3）**簡單的聲音抽搐**，像是清喉嚨、低吟、喘氣；（4）**複雜的聲音抽搐**，像是發出或模仿某種聲音或字詞句、重複自己說過的話、突然改變音量或聲調，少部分會口出穢語等。有些妥瑞症在熟睡、專注的情況下，抽搐症狀會暫時消失；但是在壓力、無聊、疲憊及興奮的情況下，抽搐的頻率和強度會明顯增加。

陸、身體調節異常

身體調節異常是指個體表現的行為問題，主要根源於身體在調節日常生活所需攝取或代謝物上，產生運作失調的現象（H. M. Meyer & Evans, 1989）。依據《DSM-5》，身體調節異常包括**餵食和飲食異常**（feeding and eating disorders）、**排泄異常**、**睡眠—清醒異常**（sleep-wake disorders）三種（APA, 2013a）。

一、餵食和飲食異常

《DSM-5》將《DSM-IV-TR》的「飲食異常」，更名為「餵食和飲食異常」，包含**神經性厭食症**（anorexia nervosa）、**神經性暴食症**（bulimia nervosa）、**暴飲暴食症**（binge eating disorder）、**迴避或限制食物攝入量症**（avoidant/restrictive food intake disorder）、**異食癖**、**反芻症**，以及**其他特定和不特定的餵食和飲食異常**（APA, 2013a）。各種餵食和飲食異常的診斷標準如表 4-4。

J. Marshall 等人（2014）文獻回顧 1992 至 2012 年間 44 篇研究發現，ASD 者的**拒食**（food refusal，拒絕某種質地或類別的食物）、**恐懼新食物**（food neophobia，是指害怕或拒絕嘗試吃過的食物）、**飲食多樣性的限制**、**僵化的用餐習慣**（例如：在固定地點、使用固定餐具、採取固定的儀式，以及以固定形式吃特定食物），是家長和教師最感困擾的問題之一，會造成營養攝取不均衡、體重不適當等健康問題，以及進食的行為問題（例如：看到討厭的食物嘔吐、破壞或丟棄）。Seiverling 等人（2018）的研究發現，ASD 者有 43.6%出現進食問題，而一般兒童只有 20%的出現率。

表 4-4 餵食和飲食異常的類型與診斷標準

類型	診斷標準
神經性厭食症	1. 拒絕維持下限的體重，例如：一再節食，導致體重低於同年齡、同身高孩子 85% 的體重；或是正在成長中的孩子，其體重的增長低於一般孩子體重增長的 85%。 2. 極端害怕自己體重增加或變胖，甚至已經體重不足還憂心忡忡。 3. 因為對自己的體重或體型不滿意，所以對自我有不佳的評價，或是否認自己體重過輕的嚴重性。
神經性暴食症	1. 一再出現暴飲暴食的情況，包括以下兩種特徵：（1）個體在一段時間（如 2 小時）內，吃下遠超出一般人在同一時段、同一種情境中所能吃的食物；（2）在這種暴飲暴食的情況中，個體感到完全失控，例如：一吃就不知道停止，也不知道什麼可以吃、能吃多少。 2. 一再使用不適當的補救行為來防止體重的增加，例如：自我催吐、使用瀉藥、節食或禁食，以及過度的運動。 3. 暴飲暴食和不適當的補救行為平均每週至少發生一次，且持續 3 個月以上。 4. 評價體型對個人產生深刻不利的影響。 5. 這種困擾除了在厭食症發作的情況下不會發生外，其他情況都會發生。
暴飲暴食症	一再出現暴飲暴食的情況，例如：在一段時間（如 2 小時）內，個體完全失控地吃下遠超出一般人在同一時段、同一種情境中所能吃的食物，呈現出以下特徵：（1）比一般人吃得更快速；（2）吃到已腹脹到不舒服；（3）即使不飢餓，還是吃大量的食物；（4）因為擔心引人側目，所以會一個人用餐；（5）暴飲暴食後，會產生憂鬱、厭惡自我和罪惡感的情緒；然而，暴飲暴食症者不會出現不適當的補救行為來防止體重的增加。暴飲暴食的狀況每週至少發生一次，且持續 3 個月以上。
迴避或限制食物攝入量症	1. 個體會害怕和迴避某種類型或顏色的食物，食慾差，食物攝入量少，飲食速度慢，此令人困擾的餵食或飲食經驗必須具備以下至少一種特徵：（1）由於食物的攝取量不充足，所以營養不良；（2）成人呈現體重下降的現象，而兒童呈現體重不增的狀況；（3）心理功能衰退；（4）為了維持營養均衡和身體健康，必須依賴補給品。 2. 此種飲食困擾並非源於食物不足、身體或心理疾病等因素。 3. 個體未出現身體意象扭曲的症狀。
異食癖	1. 持續吃沒有營養的物品或東西（例如：菸頭、紙、繩、泥土、布條、鐵釘、橡皮筋、迴紋針等）1 個月以上。 2. 吃無營養物品的行為就個體的發展而言是不適合的。 3. 這種行為並非個體環境文化所允許的。
反芻症	1. 重複反芻和咀嚼食物，並且持續 1 個月以上。 2. 這種行為並非由於胃腸疾病或其他醫學的症狀（例如：食道逆流）。 3. 這種行為不會發生在厭食和貪食發作的情況下。

註：整理自 APA（2013a, pp. 329–350）。

二、排泄異常

《DSM-5》將「排泄異常」獨立成一個類別，它包含**遺尿症**（enuresis）和**遺糞症**（encopresis）、**其他特定及不特定的排泄異常**（APA, 2013a）。依據《DSM-5》，遺尿症的診斷標準如下：（1）重複出現遺尿的現象；（2）至少 1 週出現兩次，並且持續 3 個月以上，或是出現社會、學業、職業，或其他重要功能的損傷；（3）實齡至少是 5 歲以上（或相同的發展層次）；（4）這樣的行為並非藥物引起的生理反應，也不能歸因於另一種醫學問題。

依據《DSM-5》，遺糞症的診斷標準如下：（1）不管是有意或無意，重複出現遺糞的現象；（2）至少 1 個月出現一次，並且持續 3 個月以上；（3）實齡至少是 4 歲以上（或相同的發展層次）；（4）此行為並非藥物引起的生理反應，也不能歸因於另一種醫學問題，亦非源自於便祕產生的生理機轉反應（APA, 2013a）。

三、睡眠—清醒異常

《DSM-5》將《DSM-IV-TR》的「睡眠異常」，更名為「睡眠—清醒異常」，是指關於入眠、睡覺，以及清醒過程中的各類異常，包括：（1）**失眠症**（insomnia）；（2）**嗜睡症**（hypersomnolence）；（3）**猝睡症**（narcolepsy）；（4）**呼吸有關的睡眠異常**（breathing-related sleep disorders）；（5）**異睡症**（parasomnias）；（6）**物質或藥物引起的睡眠異常**；（7）**其他特定和不特定的失眠症、嗜睡症及睡眠—清醒異常**（APA, 2013a）。前五種睡眠—清醒異常的診斷標準如表 4-5。

第三節　標的行為問題之選擇

參透為何選擇，才能迎接任何行動。

以下說明標的行為問題之選擇標準和形態兩大部分。

表 4-5　睡眠─清醒異常的類型與診斷標準

類型	診斷標準
失眠症	即使有足夠的睡眠機會，每週至少有三個晚上，仍然重複出現難以睡眠的現象，持續至少 3 個月，包含下列症狀之一：（1）難以入眠；（2）有困難維持睡眠，頻繁地醒來，或是醒來後難以再入眠；（3）很早醒來，清醒後便難以入眠。個體因此產生困擾，進而導致社會、學業、職業或其他重要功能的損傷。這種現象並不單獨發生在猝睡症、呼吸有關的睡眠異常、晝夜節律睡眠─清醒症、異睡症的狀況下，不是由於物質或藥物作用的結果，共存的精神障礙和醫學症狀亦不足以解釋為失眠的主因。
嗜睡症	個體儘管自陳主要睡眠時間長達 7 小時，每週至少有三個晚上，仍然出現過度想睡的現象，持續至少 3 個月，包含下列症狀之一：（1）一天內反覆睡眠；（2）雖然每天睡眠時間超過 9 小時，但仍然無法恢復體力；（3）突然睡醒後難以保持完全清醒。個體因此產生困擾，進而導致社會、學業、職業或其他重要功能的損傷。這種現象並不單獨發生在猝睡症、晝夜節律睡眠─清醒症、呼吸有關的睡眠異常、異睡症的狀況下，不是由於物質或藥物作用的結果，共存的精神障礙和醫學症狀亦不足以解釋為嗜睡的主因。
猝睡症	一天內反覆出現無法抗拒睡眠或小睡，每週至少有三個晚上，持續至少 3 個月。
呼吸有關的睡眠異常	包含阻塞睡眠的呼吸暫停通氣不足症、中樞睡眠呼吸暫停症、睡眠相關的通氣不足症，以及晝夜節律睡眠─清醒症四種。這四種的病因分別為：（1）與睡眠有關的呼吸症狀（例如：肺部換氣不足、睡眠時呼吸中止）；（2）腦中樞呼吸暫停；（3）二氧化碳濃度升高；（4）日夜節律系統的改變，或內在日夜節律和個人睡眠─清醒作息失調，造成個體持續或反覆的睡眠中斷，以至出現想睡或失眠的情形。個體因此產生困擾，進而導致社會、學業、職業或其他重要功能的損傷。這種現象不能被另一種精神障礙解釋，也不是由於藥物的作用或其他醫學症狀所致。
異睡症	包含非快速眼動睡眠─清醒異常、快速眼動睡眠行為異常、夢魘症和腿部不寧症。其中非快速眼動睡眠─清醒異常又包括夢遊症和睡眠驚恐症，夢遊症是指，個體重複出現夢遊的現象，當他在夢遊時，面無表情，別人與他說話沒有反應，而且很難被叫醒；當清醒時，不知道他做了些什麼。睡眠驚恐症是指，個體經常從睡眠中驚醒，伴隨有呼吸急促、流汗、心跳快速等恐懼的現象，而且混亂、不知身在何處，無法回憶夢的細節。快速眼動睡眠行為異常是指，睡眠期間反覆出現清醒伴隨聲音／複雜動作的情形。夢魘症是指，個體經常從睡眠中驚醒，且能回憶夢的細節。腿部不寧症意指，在休息或不活動期間，個體出現移動腿部的衝動，通常伴隨腿部不舒服和不愉快的狀況。個體因這些異睡症狀產生困擾，進而導致他社會、學業、職業或其他重要功能的損傷，此症狀不能被另一種精神障礙解釋，也不是藥物作用的結果，或其他醫學因素所致。

註：整理自 APA（2013a, pp. 329–350）。

壹、標的行為問題之選擇標準

如果個體有許多行為問題，如何從中選擇作為優先介入之「標的行為問題」，通常會考慮其嚴重性，這往往因人、時、地和情境而異。D. W. Baker（1980）從**行為後果**將嚴重行為問題分為三類：（1）嚴重妨礙學習活動或工作；（2）嚴重擾亂家庭或社會的秩序；（3）造成個體本身或他人身體上的傷害或財務上的損失。

L. H. Meyer 和 Evans（1989）進一步從**行為後果的嚴重程度**，將行為問題按優先處理順序分為：**緊急**、**嚴重**及**過多行為**（urgent, serious, and excess behaviors）三大類。Bambara 等人（2021）亦按優先處理順序，分類行為問題成**破壞**、**干擾**及**分心行為**（destructive, disruptive, and distracting behaviors）三大類：破壞行為是指損壞個人或公共物品（例如：分解一個物品；使用一個物品破壞其他物品；從牆壁、地板或家具上撕下一些物品，或將它們打凹）；干擾行為是指中斷班級或活動進行，包括口語干擾（例如：尖叫、大聲講話、玩物品發出噪音）和動作干擾（例如：不適當地離座、未經允許移動桌椅和物品）；分心行為又稱作**不專注行為**，意指未參與被要求的工作／作業、活動，而從事任何其他無關的行為（例如：趴在桌上、玩物品、走動、看外面、講話）。Hieneman 等人（2006）則提出選擇標的行為問題之 5D 特徵，除了具破壞和干擾性 2D 外，還提出具**危險性**、**令人討厭**和**發展不適配**（dangerous, disgusting, and developmentally inappropriate）3D 特徵。三篇文獻有一些相似之處，皆強調以**對個體重要的社會和學習成果**，以及**對環境之影響範圍**，來檢視行為後果的嚴重程度，而不是從行為的外在表徵和內在特質，以及帶給特定他人的煩惱程度判斷之。舉例來說，一位男性青少年留長髮，做事優柔寡斷；即使父親對孩子的外表和猶豫不決的特質感到煩惱，但如果這位孩子的行為不會影響他的學習及人際關係，也不會造成他人的傷害，則他的行為不會被視為問題來介入。

我整合上述三篇文獻，使用 L. H. Meyer 和 Evans（1989）的類別，加入 Bambara 等人（2021）的觀點說明如下：第一類是**緊急行為**，主要是指會危及生命或有礙健康的行為，例如：自傷行為。第二類是**嚴重行為**，符合以下標準的任何一項就可稱作嚴重：（1）行為干擾教學，以及個體本身或其他人的學習及活動的參與；（2）如果不處理，行為會日趨嚴重；（3）以危及他人或自己的危險方式破壞物品；（4）教養人員關切的行為；（5）行為會阻礙個體與他人的社會關係，例如：干擾行為。第三類是**過度行為**，是指達到偏差標準的不當行為，這些行為雖然不當，但是因為一般人也會有這些行為，故其嚴重性還不至於需立刻處理，例如：分心行為。這類行為通常有下列特徵：（1）如果不處理，行為不會改善；（2）行為會讓物品受損，但不至於破壞；（3）行為和其身心發展不適配，會造成周遭人對個體的負面觀感，妨礙社區對個體的接納度；（4）介入此行為有助於其他行為的改善；（5）行為在某段時間可能會造成問題。

綜觀上述不同文獻提出的標準可發現，H. M. Meyer 和 Evans（1989）除了依據行**為後果**發展行為介入優先順序的判準外，還考慮**教養人員的觀點**，這就是著重**目標的社會效度**；Hieneman 等人（2006）尚提及**行為和身心發展的適配情形**。施顯烇

（1995）認為還可加上兩個時間條件——**經常性**和**持續性**；換言之，行為問題出現的頻率很高，而且持續一段很長的時間。

I. M. Evans 和 Meyer（1985）發展「行為問題主觀量表」，我整合其他文獻修改之（如附錄 17），以了解行為問題的嚴重性，作為選擇優先介入之標的行為問題之指標。圖 4-2 呈現一位個案的四種行為，處理人員從「嚴重度和受關注度」及「發生率和持續度」兩個角度檢視後發現，攻擊行為是嚴重度和受關注度及發生率和持續度最高者，故以它為標的行為問題。

圖 4-2　標的行為問題之選擇

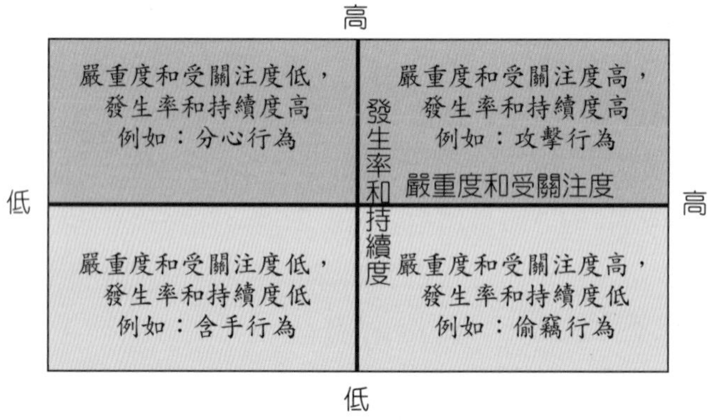

貳、標的行為問題之形態

要注意的是：標的行為問題不見得是單一形態的行為問題，Vittimbergo 等人（1999）指出也有可能是介入**反應類別**（response classes），它是指具有相同功能但不同形態的行為，包括三種（如圖4-3）：第一種是**反應叢集**（response clusters），具有相同功能，同時或快速交替出現的行為，例如：某位學生為了抗拒某項作業，同時或快速交替出現咬手和拍打耳朵的行為。第二種是**反應連鎖**（response chains），具有相同功能，連續出現的行為，例如：某位學生為了抗拒某項作業，先尖叫而後撕作業，行為強度愈加嚴重。處理人員盡早介入，則不會引發更嚴重的行為問題。第三種是**反應階層**（response hierarchies），具有相同功能，但出現在不同立即前事下的行為，而且這些行為的效率不同，例如：某位學生在抗拒一般同儕給的國語作業，是用

圖 4-3　三種反應類別

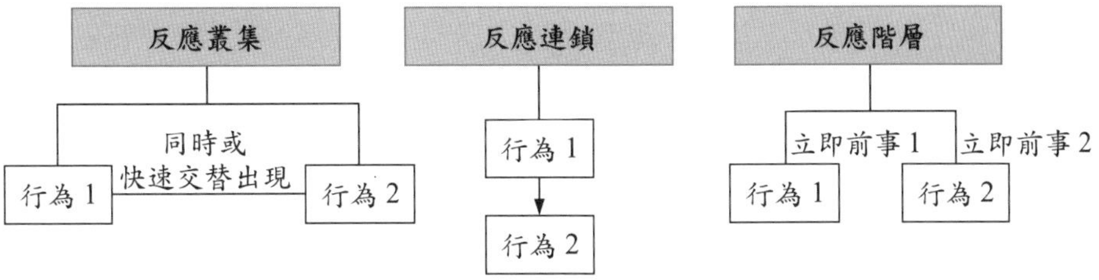

尖叫的，他一尖叫，同儕馬上停止給予作業，很有效率；而在抗拒教師給的國語作業，是用身體攻擊的方式，教師不會馬上停止，效率較低。個體亦有可能表現一種以上的反應類別，舉例如示例 4-1。

若是「反應類別」的行為，則處理人員可以視為一個標的行為問題，進行 FA 和介入。但如果不是「反應類別」的不同形態之行為問題，則宜分開進行 FA 和介入，如思考問題 4-1。

示例 4-1　反應類別的舉例

大明抗拒行為的功能皆為逃避作業，它呈現多種行為形態，包含「反應階層」，亦即在一般同儕和教師叫他寫作業兩種前事下，表現的行為形態不同；在一般同儕叫他寫作業時，他會尖叫。而在教師叫他寫作業時，他會先推開作業本，並且呈現「反應連鎖」的情形，亦即若推開作業本無法達到其功能，他將哭鬧；若仍無法達到其功能，他將用身體攻擊教師。

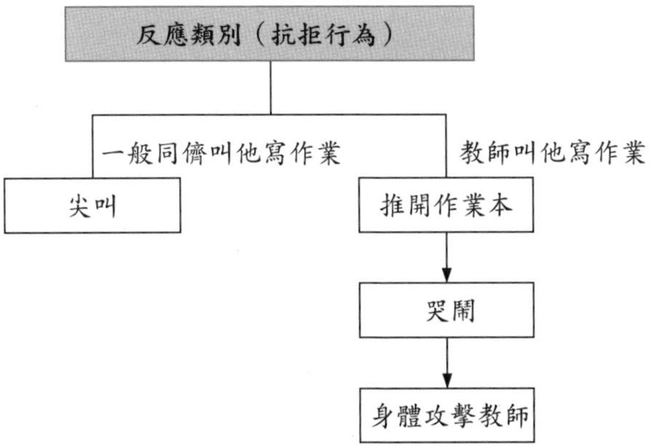

思考問題 4-1 標的行為問題之選擇

一位個案的行為問題是攻擊，對教師採用的是口語和物品的攻擊，發生在教師要求個案完成他不想要做的工作／作業。而對同學採取的是身體攻擊，發生在下課情境，個案會推或捏同學，推或捏完後聽到同學的叫聲，會表現出開心的表情。處理人員可以設定什麼作為標的行為問題？

☞ 口語和物品的攻擊，以及身體的攻擊行為，其形態、針對的對象、發生的情境，以及功能不同，口語和物品攻擊行為的功能是逃避工作／作業要求，身體攻擊行為的功能則是取得注意；而若處理人員無法同時介入，可以設定其中一項作為標的行為問題。假如三種形態的攻擊行為皆會出現在教師和同學身上，發生的情境和功能相似，皆是逃避外在刺激（一個是逃避工作／作業要求，另一個是逃避嘲諷），則會設定廣義的攻擊行為（是一種反應類別）作為標的行為問題。

第四節 標的行為問題之界定與描述

我們住在字詞的海洋，但是我們就像水中的魚般，經常沒有覺察它的存在。

在選定標的行為問題來介入後，接著須界定與描述它，包含標的行為問題之界定和發生過程之描述兩部分。

壹、標的行為問題之界定

清楚界定標的行為問題，處理人員根據此定義，便能清楚知道標的行為問題是否已發生或結束，如此才能做行為的觀察與紀錄，介入的標的行為問題也才會有共識。J. O. Cooper 等人（2020）指出有兩種界定標的行為（包括標的行為問題和正向行為）之方式，一種是**功能本位的定義**，另一種是**形態本位的定義**。功能本位的定義是從行為對環境造成的**結果或效用**來定義行為；而形態本位的定義是從行為的**樣貌或形式**來定義行為，我舉例如表 4-6。

表 4-6　標的行為功能和形態本位定義之示例

標的行為	功能本位的定義	形態本位的定義
1. 抗拒行為	未與教師商議且未經允許下，出現任何不接受工作／作業指派的口語或肢體行為。	說出「我不要做」的語言，或是做出「搖頭、甩手」的動作，表達不接受教師工作／作業的指派。
2. 干擾行為	未經教師允許，任何身體離開座位，或移動座位等干擾教師教學和同學、其本身學習的行為。	屁股離開座位。
3. 不適當異性交友行為	在異性同學面前，任何以不符合年齡、學生身分或場合的方式不適宜地裝扮自己（例如：擦口紅、塗指甲油、配戴項鍊或戒指）；或將裙子折得很短，以至於露出內褲。	在異性同學面前，擦口紅、塗指甲油、配戴項鍊或戒指；抑或將裙子折到膝蓋上方 30 公分以上的位置。
4. 專注書寫作業的行為	能在書寫作業的過程中，手拿著筆，眼睛看著作業簿，在時限內，書寫教師指定的語文國字抄寫數量。	能在書寫作業的過程中，手拿著筆，眼睛看著作業簿，未出現一邊寫作業，一邊玩弄文具、與人聊天等不專注動作與口語行為，並且在時限內，以一次寫一個完整筆畫的方式，完成教師指定的語文國字抄寫數量。

功能本位的定義考量標的行為發生之情境脈絡，並且較能簡潔、全面地包含對環境造成某項結果或效用的所有行為；而形態本位的定義則未考量行為發生的情境脈絡，並且可能會遺漏某些對環境造成相同結果或效用的行為（J. O. Cooper et al., 2020）。舉例來說，表 4-6 第一至第三例中，形態本位的定義可能會遺漏某些抗拒、干擾和不適當異性交友行為的形態，例如：「撕毀作業簿」、「屁股未離座但移動座位」的動作，或是「其他不符合年齡、學生身分或場合」的裝扮行為（像是戴假髮）。另外，形態本位的定義未排除「與教師商議並經允許」、「經教師允許」、「符合場合（例如：演戲）」這些情境下的不接受工作／作業指派、離座和裝扮行為。再者，功能本位的定義強調行為產生的「功能或結果」（J. O. Cooper et al., 2020），以表 4-6「不適當異性交友行為」，其中一項形態——將裙子折到膝蓋上方 30 公分以上的位置為例，如果個體的裙子雖未離膝蓋 30 公分以上，但特意將內褲拉下並露出，以形態本位的定義論之，它不算不適當異性交友行為；然而，以功能本位的定義視之，它是符合的，因為個體還是達到引起異性注意的功能。此外，有時行為的形態不易測量，例如：處理人員較難在某個距離外，目視個體的裙子是否離膝蓋 30 公分以上，除非用尺丈量，而且對不同身高的人而言，有些人可能不用折到 30 公分

就露出內褲，而有些人可能折到 30 公分仍未露出內褲。相對地，較容易觀察個體是否露出內褲。

形態本位的定義亦有其適用性，它適用於某些需要精準定義其形態的行為，以避免納入不合宜形態的行為（J. O. Cooper et al., 2020）。以表 4-6「專注書寫作業的行為」作例子，如果學生分解字的筆畫抄寫，一邊寫作業，一邊玩弄文具、與人聊天；即使手拿著筆，眼睛看著作業簿，並且能在時限內完成抄寫數量，但是他仍未專注於書寫的國字，而且這樣的抄寫對他形成國字部件的概念是無意義的。此時，形態本位的定義則可以具體界定，以一次寫一個完整筆畫的方式抄寫國字，並且未出現一邊寫作業，一邊玩弄文具、與人聊天等不專注動作與口語行為。由此可知，處理人員可視個體標的行為之狀況，採用功能本位／形態本位的定義界定之。

在界定標的行為問題時，宜將之**具體化**，客觀、明確描述五官（眼、耳、口、鼻、身）所感知者，而此行為的描述是可**觀察**且**度量**的。界定時不需要呈現行為的動機、內在心理歷程和情緒狀態，並且強調從**與環境互動**的角度描述行為，而非描繪行為是天生、固有的（S. C. Bicard & Bicard, 2012），亦不要對行為做價值評斷，例如：不要敘述行為是「阿瑋過動、魯莽，時常製造麻煩」。舉例言之，「大強很自私」是一個模糊的描述，每個人界定的自私可能不同，故須清楚界定大強有哪些行為被界定為「自私」，像是大強拒絕別人跟他一起玩他的玩具。又例如：大華口語攻擊行為，宜明確完整地界定其要素，例如：第一，**口語內容**，什麼樣的口語被界定為「口語攻擊」。第二，**口語攻擊的對象**，是否針對特定對象說出上述語言，才被視為口語攻擊行為；無人在場時，自言自語謾罵，或是針對其他動物或物品說出上述語言，是否被界定為口語攻擊行為。釐清這些要素後，詳述屬於和不屬於口語攻擊的行為。鐘文英（2008）介入一位學前 ASD 兒童的尖叫行為，她將尖叫行為界定為：在教師課業要求，或喜愛物品出現時，發出大的叫聲；而她在課堂中寫作業時，具自娛功能的叫聲與喃喃自語行為，並不會干擾他自己、同儕或教師的上課，不被列為標的行為問題。表 4-7 比較定義具體和不具體之標的行為問題，思考問題 4-2 呈現標的行為問題界定之討論。

表 4-7 定義具體和不具體之標的行為問題之比較

標的行為問題之類型	定義具體的例子	定義不具體的例子
固著行為	1. 前後搖晃自己的身體。 2. 用右手或左手摸或玩弄自己的頭髮。 3. 發出阿不里、啊、bye-bye 等聲音，或是重複說自己的名字。	1. 無目的之行為 2. 重複行為 3. 沉溺於行為中
干擾行為	1. 在上課情境，未經教師同意擅自離座。 2. 在上課情境，未經教師允許擅自說話或吵鬧。	1. 不配合教學 2. 不守秩序
攻擊行為	1. 用手抓同學的頭髮，並且用力拉扯。 2. 咒罵或威脅同學，例如說：「你給我記住」、「我要你好看」、「你去死」等。	1. 冒犯同學 2. 出言恐嚇
自傷行為	1. 用自己的下巴撞擊桌面或地面。 2. 以手掌或拳頭摑打自己的臉頰。	1. 討厭自己 2. 讓自己受傷

思考問題 4-2 標的行為問題之界定

處理人員定義阿瑋的行為問題如下：在沮喪或想要玩具時會動怒打人；會說出不雅的言語；天性頑皮，愛故意挑釁別人；行為魯莽，時常製造麻煩。此定義是否適當？

☞ 此定義有以下四項不適當之處。

1. 不夠明確，何謂不雅的言語、頑皮、挑釁、魯莽和時常製造麻煩。再者，打人的具體動作是什麼。
2. 動怒是內在的情緒狀態，不需要呈現。
3. 不雅、魯莽、時常製造麻煩等用語已對行為做價值評斷，並認定天性頑皮，行為是天生、固有的，是故意挑釁，故意是指個體明知此行為不適當、會有的後果，但仍決心使其發生或任其發生；而處理人員尚未做 FA，如何確認其行為的動機就是固有、故意的呢？
4. 敘寫時不宜推論個案的動機為「沮喪或想要玩具時」，行為的動機必須透過 FA 才能得知。

貳、標的行為問題發生過程之描述

除了界定標的行為問題外，處理人員還要了解其發生過程，例如：大雄的自傷行為，一開始是來回踱步，3、5分鐘之後開始唸唸有詞，然後臉皮繃緊，大約在1分鐘後他就會以頭撞壁；大雄的來回踱步、唸唸有詞和臉皮繃緊是自傷行為的**先兆**，它給處理人員預警，一旦先兆出現，就要盡快處理，以避免更大的傷害。

在界定標的行為問題之先兆時，可注意不同功能之標的行為問題先兆是否不同，例如：一位學生自傷行為的功能是要引起某位教師的注意時，其先兆是眼神注視教師；而功能是逃避內在不舒服、焦慮等狀態時，其自傷行為先兆是蹙眉、握拳。

總結

本章從形態的角度，將身心障礙者的行為問題分為固著行為、自傷行為、攻擊行為、不適當的社會行為、特殊情緒困擾和身體調節異常六類。PBS 主張在認定行為問題時，宜考慮個體與生態環境兩方面，即個體本身、行為發生的時間和地點、個體所屬文化和重要他人對此行為的看法、行為的適當和嚴重性。而處理人員可以從「行為後果」和「時間性」，檢視行為問題的嚴重性和持續度，作為選擇優先介入之標的行為問題的標準，同時注意個體重要他人的觀點，使標的行為問題之決定具有目標社會效度。接著，具體描述標的行為問題之定義和發生過程。

作業練習 標的行為問題之選擇與描述

延續第三章的作業，以該位有行為問題，讓您感到困擾的個案為對象，完成以下「標的行為問題之選擇與描述」作業：

一、標的行為問題之選擇與描述

（一）行為問題的發現（說明個案的所有行為問題）

（二）標的行為問題之選擇（從上述的行為問題中，選擇最需優先處理之行為問題作為標的行為問題，並且說明理由）

（三）標的行為問題之界定和描述（具體描述標的行為問題之定義和先兆）

作業練習 標的行為問題選擇與描述之評鑑

關於標的行為問題之選擇和描述，您可以運用「標的行為問題之選擇與描述適切性問卷」（如附錄 18），自我檢視此步驟的執行和敘寫品質。

附錄

附錄 15　行為問題調查問卷
附錄 16　行為癥狀檢核表
附錄 17　行為問題主觀量表
附錄 18　標的行為問題之選擇與描述適切性問卷

測驗題

第四章　行為問題的選擇與描述測驗題

第五章

行為的觀察與紀錄

第一節 行為觀察與記錄的方法、原則和資料描述

第二節 行為的觀察信度評量

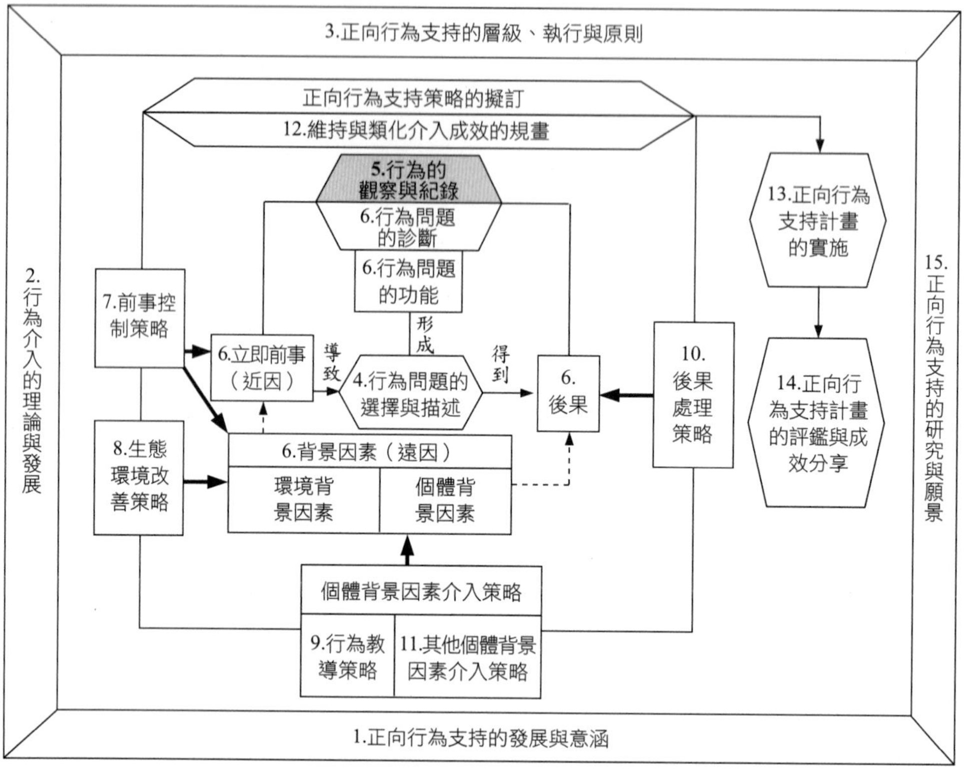
3.正向行為支持的層級、執行與原則
正向行為支持策略的擬訂
12.維持與類化介入成效的規畫
5.行為的觀察與紀錄
6.行為問題的診斷
6.行為問題的功能
形成
2.行為介入的理論與發展
7.前事控制策略
6.立即前事（近因）
導致
4.行為問題的選擇與描述
得到
6.後果
10.後果處理策略
13.正向行為支持計畫的實施
14.正向行為支持計畫的評鑑與成效分享
15.正向行為支持的研究與願景
8.生態環境改善策略
6.背景因素（遠因）
環境背景因素
個體背景因素
個體背景因素介入策略
9.行為教導策略
11.其他個體背景因素介入策略
1.正向行為支持的發展與意涵

導讀問題

1. 為何要做行為的觀察與紀錄？
2. 行為觀察與記錄的方法有哪些類型？
3. 觀察與記錄行為時，宜注意哪些原則？
4. 最常用來表示觀察信度（observer reliability）的方法是什麼？如何求得？
5. 何謂標的行為問題之基線資料（baseline data）？如何描述？

第 3 章描述 PBS 的過程中，觀察與記錄標的行為是持續進行的，以蒐集選擇與描述標的行為問題、診斷標的行為問題、擬訂和實施 PBS 計畫，以及評鑑計畫實施成效所需的資料。而要確保觀察紀錄的有效性，須有觀察信度的資料。本章探討行為觀察與記錄的方法、原則和資料描述，以及行為的**觀察信度**評量。

第一節 行為觀察與記錄的方法、原則和資料描述

工欲善其事，必先利其器。若想了解行為，必先不辭辛勞設計觀察記錄工具，涓滴蒐集資料。

要對行為問題做系統化的觀察與紀錄，部分處理人員可能會反對，原因包括：（1）必須教學，沒有足夠的時間做觀察紀錄；（2）蒐集行為資料對教學沒有幫助；（3）沒有得到任何回報和支持。施顯烇（1995）指出，做行為觀察與紀錄的四個理由：（1）行為紀錄是一個重要的指標，有了正確的行為資料，處理人員才能確實了解行為變化的動向，也才能知道介入計畫是否有效；（2）如果有詳盡的行為資料，處理人員往往會發現以前想像不到的行為現象；（3）在很多實例中，家長或教師開始做紀錄，個體的行為就開始好轉，不須進一步改變行為；（4）如果觀察紀錄顯示行為有進步，對處理人員不啻為一大鼓勵。處理人員可以運用「行為觀察記錄工具」，觀察和記錄標的行為問題和正向行為。以下探討行為觀察記錄工具之意義與類型，以及行為觀察與記錄的方法、原則和資料描述。

壹、行為觀察記錄工具之意義與類型

B. F. Skinner（1953）指出：「行為……是極為複雜的；因為它是一個過程，而不是一件物品，不容易被固定下來觀察。行為是改變、流動的。」（p. 15）由此可知，因應不斷改變和流動的行為，須選擇適當的行為觀察記錄工具，持續監控行為的變化。行為觀察記錄工具是用來觀察記錄行為表現的工具，它依觀察情境、記錄的方式、觀察者與觀察對象的接觸方式、記錄的行為資料特徵，以及記錄的時間來看，而有不同的類型，詳細討論如下。

一、依觀察情境

從觀察的情境來看，觀察方式可分為，**自然情境**和**模擬情境的觀察**兩種（Browder, 2001）。Browder 進一步指出，自然情境的觀察是在自然環境下，對當時正在發生的事情進行觀看、傾聽和感受的一種活動，它是最有效且可信的方法，也是最常用來了解個體的方法；而模擬情境的觀察則是通常在具有單面鏡、攝影和錄音設備的實驗室內，或者是在有控制的情境中進行，它用來觀察一些發生次數不多（例如：需要道歉、說謝謝的行為），或一些比較私密的行為（例如：被騷擾、誘拐需要自我保護的行為）。為了評量這些行為，處理人員可以用角色扮演的方式，製造欲觀察的事件情境，再從旁觀察，這種方法的好處是可以觀察到研究者想觀察的行為，限制是可能較無法反映在真實情境中表現的行為。

二、依記錄的方式

記錄的方式則包含**現場**和**錄影觀察紀錄**兩種（Cozby & Bates, 2019），兩種方式各有其優勢和限制，比較如表 5-1。

三、依觀察者與觀察對象的接觸方式

根據觀察者與觀察對象的接觸方式來看，可以分成**直接觀察**和**間接觀察**兩種（Bernard, 2018）。直接觀察是指，處理人員在標的行為發生之當下進行觀察紀錄，例如：標的行為是課堂專注行為，直接觀察個體專注行為的百分比。間接觀察是指，處理人員並未直接觀察正發生的標的行為，而是在標的行為發生之後，檢視所造成的結果來做紀錄，例如：檢視課本上的筆記，以推論個體上課專注的狀況。

有些情況（標的行為出現在家裡或是在私密的情況下），處理人員不方便或很難直接觀察標的行為之發生，或是沒有需要直接觀察標的行為之發生，因為它會製造相

表 5-1　現場和錄影觀察紀錄之比較

方法	優點	限制
現場觀察紀錄	1. 做紀錄的過程可以使觀察者保持警醒的狀態，能掌握觀察情境的狀況，完整而正確地記錄行為資料，並且針對觀察的現象給予立即的回應和解釋。 2. 節省時間。 3. 對觀察對象較不具威脅和干擾性。 4. 易產生工具的問題，例如：錄影設備電池沒電了等問題。	1. 觀察者須馬上決定要記錄什麼，以及快速地做紀錄。若觀察者的角色不只觀察，還需教學；或是同時要記錄多人的行為，或一個人的多種行為，則會出現困難。 2. 觀察者若為外來者，和觀察對象不熟悉，則須注意如何進入觀察情境，以及可能會產生觀察者效應的問題（例如：觀察對象的行為產生改變，和平常表現不一樣）。 3. 無法讓觀察的內容重演。 4. 不易記錄影象和聲音的資料。
錄影觀察紀錄	1. 可重複放映許多次，讓觀察的內容重演，有時間做較完整的紀錄。 2. 可以同時記錄許多人的行為，例如：教師、個別學生或一群學生的行為。	1. 無法記錄某些資料，例如：觀察情境裡的溫度、氣味，以及沒有被鏡頭拍到的事件等。 2. 錄影設備的架設可能會對觀察對象產生影響。 3. 分析資料的時間會增加。

當持久的結果，處理人員只要在它發生之後，測量其結果就可以知道標的行為的動態，此時便會採取間接觀察（Schloss & Smith, 1998）。由於間接觀察的內容（例如：課本上的筆記）與被觀察的現象（例如：個體課堂專注的狀況）並非同時發生，處理人員很難檢驗觀察結果的有效性，因此可能造成推論不正確的情形（Lune & Berg, 2017）。由此可知，直接觀察的有效性較高。

四、依記錄的行為資料特徵

綜合文獻（G. Martin & Pear, 2019; Schloss & Smith, 1998），行為資料的類型包括**形態**（topography）、**頻率**（frequency）、**比率**（rate）、**強度**（intensity）、**持續時間**（duration）、**延宕時間**（latency）和**品質**（quality）七類；J. O. Cooper 等人（2020）另提出**反應時距**（interresponse time）、**百分比**（percentage）和**達到標準的嘗試數**（trials-to-criterion）。

依記錄的行為資料特徵，可分為頻率紀錄、達到標準的嘗試數紀錄、持續時間紀錄、延宕時間紀錄、比率紀錄、反應時距紀錄、百分比紀錄、工作（或活動）分析紀錄和等級量表（rating scale）九種，其中工作（或活動）分析紀錄和等級量表用以記錄上述形態、強度和品質的行為資料，詳細討論如下。

（一）頻率紀錄

頻率紀錄是指在單位時間（例如：一天、一節課）內，記錄標的行為之出現次數（Schloss & Smith, 1998），又稱為**事件紀錄**（event recording; J. O. Cooper et al., 2020）。採取頻率紀錄時，宜清楚界定何謂標的行為出現一次，例如：記錄「搖晃身體」的頻率時，宜清楚界定何謂搖晃身體一次，是指身軀前傾後仰一次。又例如：記錄「嘲諷同學」的頻率時，宜清楚界定何謂符合「嘲諷」定義的話語，說一句嘲諷的話就定義為一次；或是當發生一次事件（例如：同學在課堂中發表一次言論）時，不管講多少句嘲諷的話語才認定為一次。示例5-1呈現僅記錄一項行為；示例5-2呈現記錄兩項以上的行為，包含標的行為問題和正向行為。

示例 5-1　行為頻率記錄工具（記錄一項行為）

個案：大華　觀察者：王老師　觀察情境：教室
標的行為：口語攻擊行為（定義為……）

觀察日期	觀察時間	次數	備註（可補充記錄個案的表現）
5/20	8:00–16:00	11 次	
5/21	8:00–16:00	12 次	
5/23	8:00–16:00	10 次	

◎摘要：在 3 天觀察中，大華每天出現口語攻擊行為的次數介於 10 至 12 次之間，平均每天 11 次。

示例 5-2　行為頻率記錄工具（記錄兩項以上行為）

個案：大華　觀察者：王老師　觀察情境：教室
標的行為問題：身體攻擊行為（定義為……）
正向行為 1：以手勢引起教師的注意（定義為……）
正向行為 2：以圖卡表示想要某樣物品（定義為……）
正向行為 3：以圖卡表示拒絕不想要的物品或要求（定義為……）

觀察日期	觀察時間	次數				備註（可補充記錄個案的表現）
		標的行為問題	正向行為 1	正向行為 2	正向行為 3	
5/20	8:00–16:00	15 次	1 次	0 次	0 次	
5/21	8:00–16:00	12 次	3 次	2 次	3 次	
5/23	8:00–16:00	8 次	5 次	5 次	4 次	

◎摘要：在 3 天觀察中，大華每天出現標的行為問題之次數介於 8 至 15 次之間，平均每天 11.7 次；正向行為 1 的次數介於 1 至 5 次之間，平均每天 3 次；正向行為 2 的次數介於 0 至 5 次之間，平均每天 2.3 次；正向行為 3 的次數介於 0 至 4 次之間，平均每天 2.3 次。

當特定時段內，達成某項目標的次數過低（例如：次數限於四次以下，像是否準時到校，一天有準時到校只採計一次），或累計次數很重要（例如：教師想了解學生一學期習得之功能性詞彙總數，累計數量便成為其評量學生學習狀況的最佳證據）時，可運用 B. F. Skinner 於 1957 年發展出的**累計紀錄**（cumulative records），它是將每次觀察記錄的次數，累計於前幾次觀察記錄的次數中；若使用非累計記錄，則較難偵測個體在標的行為上之改變（引自 J. O. Cooper et al., 2020, p. 134）。示例 5-3 呈現個案是否準時到校的累計記錄工具，還可以計算反應比率，如註解說明。之後畫曲線圖時，便可呈現累計記錄圖。

（二）達到標準的嘗試數紀錄

達到標準的嘗試數是指，達到標的行為預設標準之嘗試次數（J. O. Cooper et al., 2020），例如：標的行為是「能依照指令拿出正確的學用品」，預定的標準是「第一次就能獨立正確拿出」；如果要到第八次才拿出正確的學用品，則達到標準的嘗試數是 8 次；而如果第一次就能拿出正確的學用品，則達到標準的嘗試數是 1 次，如示例 5-4。

示例 5-3　行為累計記錄工具

個案：大慶　觀察者：張老師　觀察情境：教室
標的行為：準時到校（定義：早上 7:40 之前到達班級）

觀察日期	觀察時間	標的行為出現與否[a]	累計次數	反應比率[b]	備註（可補充記錄個案的表現）
9/10	7:40	×	0	0	
9/11	7:40	×	0	0	
9/12	7:40	○	1	0.33	
9/13	7:40	○	2	0.50	
9/14	7:40	×	2	0.40	
9/15	7:40	○	3	0.50	
9/16	7:40	○	4	0.57	

◎**摘要**：在 7 天的觀察中，大慶準時到校的累計次數為 4 次，反應比率是 0.57。

註：[a] 標的行為出現與否的記錄方式為：○表示出現；×表示未出現。
[b] 反應比率的計算方式為反應總次數，除以觀察次數。以 9 月 16 日之反應比率為例，其計算方式為 4（反應總次數），除以 7（觀察次數），等於 0.57。

示例 5-4 行為達到標準的嘗試數記錄工具

個案：莉莉　觀察者：黃老師　觀察情境：教室
標的行為：能拿出正確的圖卡表達需求（定義為……）

觀察日期	預定的標準	達到標準的嘗試數	備註（可補充記錄個案的表現）
5/20	能第一次獨立拿出正確的圖卡表達上廁所的需求。	5	
	能第一次獨立拿出正確的圖卡表達喝水的需求。	4	
	能第一次獨立拿出正確的圖卡表達吃東西的需求。	3	

◎摘要：在三次評量中，莉莉能拿出正確圖卡表達需求的達到標準嘗試數介於3至5次之間，平均4次。

（三）持續時間紀錄

持續時間紀錄是指，在一段特定的觀察時間內，記錄個體發生標的行為之總時間（Miltenberger & Cook, 2021），例如：阿英洗澡時，從進入浴室到穿好衣服，總共花費1小時，一般人則只需20分鐘就可以洗完澡。採取持續時間紀錄時，宜清楚界定何謂標的行為之開始和結束；又例如：標的行為是未經允許離開座位，持續時間則是指在未經教師的許可，安安從屁股離開其座位開始，至回到他座位坐好為止的時間長度，如示例5-5。除了記錄持續時間外，還可同時記錄頻率和持續時間，如示例5-6。

示例 5-5 行為持續時間記錄工具

個案：安安　觀察者：朱老師　觀察情境：教室
標的行為：未經教師允許自言自語（定義為……）

觀察日期	觀察時間	標的行為開始時間	標的行為結束時間	標的行為持續時間	備註（可補充記錄個案的表現）
3/15	8:10–9:00	8:20	8:30	10 分鐘	
	9:10–10:00	9:20	9:32	12 分鐘	
	13:30–14:20	13:45	13:59	14 分鐘	

◎摘要：在一天三節課的觀察中，安安未經允許自言自語的持續時間介於10至14分鐘，每節平均出現12分鐘。

示例 5-6　行為頻率和持續時間記錄工具

個案：恩恩　觀察者：陳老師　觀察情境：教室
標的行為：未經允許離開座位（定義為……）

觀察日期	觀察時間	次數	持續時間	備註（可補充記錄個案的表現）
3/15	8:10–9:00	1 次	10 分鐘	
	9:10–10:00	2 次	5 和 6 分鐘	
	13:30–14:20	3 次	5、4、6 分鐘	

◎摘要：在一天三節課的觀察中，恩恩未經允許離開座位的次數介於 1 至 3 次，每節平均出現 2 次；持續時間介於 4 至 10 分鐘，每次的平均持續時間為 6 分鐘。

（四）延宕時間紀錄

延宕時間紀錄是指，記錄特定刺激出現到引發標的行為所需之時間（Bailey & Burch, 2018），例如：自鬧鐘【特定刺激】響起，到大宇離開床鋪【標的行為】，一共延遲 50 分鐘，稱為大宇起床的延宕時間。延宕時間紀錄不只用於記錄延宕過長之標的行為，其介入目標是縮短延宕時間，亦可用於記錄延宕過短之標的行為，其介入目標是拉長延宕時間（J. O. Cooper et al., 2020），例如：一位學生因為無法等待教師說完問題就回答以至於答錯，另一位學生則因為同儕極輕微的言語挑釁就立刻報復，沒有給自己更多時間深思熟慮適當的因應方法。記錄延宕時間時，宜清楚界定何謂特定刺激的出現和標的行為之開始，如示例 5-7。

示例 5-7　行為延宕時間記錄工具

個案：大宇　觀察者：吳老師　觀察情境：教室
標的行為：聽到教師的指令【特定刺激】後遵循指令做事【標的行為】（定義為……）

觀察日期	觀察時間	特定刺激出現時間	標的行為出現時間	標的行為延宕時間	備註（可補充記錄個案的表現）
3/20	9:10–10:00	9:20	10:00	40 分	
3/21	9:10–10:00	9:20	9:50	30 分	
3/22	9:10–10:00	9:20	9:55	35 分	

◎摘要：在 3 天的觀察中，大宇聽到教師的指令後遵循指令做事的延宕時間介於 30 至 40 分，每次平均延宕 35 分。

（五）比率紀錄

比率是指某一單位時間（可能是 1 分鐘、1 小時或其他）標的行為的平均次數或持續（延宕）時間，亦即記錄總標的行為次數或持續（延宕）時間之後，再除以觀察時間單位，轉換成**反應比率**（Schloss & Smith, 1998），例如：一天 9:00 至 11:00 這 2 小時的觀察時間內，佳佳出現口語攻擊行為的次數為 12 次，1 小時出現的比率即為 6 次；另有一天 12:00 至 13:30 這 1.5 小時的觀察時間內，佳佳出現口語攻擊行為次數為 10 次，1 小時出現的比率即為 6.7 次。比率紀錄適用在觀察時間單位不一樣時，能將標的行為次數轉換成可以比較的單位值（J. O. Cooper et al., 2020）。處理人員除了能將標的行為次數轉換成比率外，亦能將持續和延宕時間轉換成比率，如示例 5-8。呈現比率資料時，宜標示何種單位時間下的平均次數或持續（延宕）時間，如思考問題 5-1。

示例 5-8 行為比率記錄工具

a. 行為比率記錄工具的示例 1——次數比率

個案：佳佳　觀察者：李老師　觀察情境：教室

標的行為：口語攻擊行為（定義為……）

觀察日期	觀察時間	次數	比率（次數／每小時）[a]	備註（可補充記錄個案的表現）
5/20	8:00–9:00	5 次	5 次	
5/21	9:00–11:00	12 次	6 次	
5/22	12:00–13:30	10 次	6.7 次	
5/23	13:00–15:00	15 次	7.5 次	

◎摘要：在 4 天觀察中，佳佳平均每小時出現口語攻擊行為的次數比率介於 5 至 7.5 次之間，平均每小時 6.3 次。

註：[a] 比率的計算方式為「次數 ÷ 觀察時間」（＝平均每分鐘出現的次數）× 時間單位（每小時：60 分）。舉例言之，5 月 22 日的次數比率為，10 次 ÷ 90 分＝（0.11 次）× 60 分＝ 6.6 次／每小時。

（續）

示例 5-8　（續）

b. 行為比率記錄工具的示例 2——持續時間比率

個案：大豪　觀察者：紀老師　觀察情境：教室

標的行為：擅自離開座位行為（定義為⋯⋯）

觀察日期	觀察時間	持續時間[a]	比率（持續時間／每小時）[b]	備註（可補充記錄個案的表現）
4/20	8:15–9:00 9:13–10:00 11:13–12:00 （139 分鐘）	30 分鐘	12.9 分鐘	
4/21	9:13–10:00 10:13–11:00 （94 分鐘）	20 分鐘	12.6 分鐘	
4/22	11:13–12:00 13:30–14:15 15:20–16:05 （137 分鐘）	35 分鐘	15 分鐘	
4/23	9:15–10:00 11:15–12:00 13:30–14:15 15:20–16:05 （180 分鐘）	45 分鐘	15 分鐘	

◎摘要：在 4 天觀察中，大豪每小時出現擅自離開座位行為的持續時間比率介於 12.6 至 15 分鐘之間，平均每小時 14 分鐘。

註：[a] 持續時間是指，標的行為（擅自離開座位）在觀察時間內，所有發生次數累加的持續時間。舉例言之，4 月 20 日的觀察中，共出現 2 次，各持續 14 和 16 分鐘，合計為 30 分鐘。

[b] 比率的計算方式為「持續時間 ÷ 觀察時間」（=平均每分鐘出現的持續時間）× 時間單位（例如：60 分）。舉例言之，4 月 23 日的持續時間比率為，45 分 ÷ 180 分（= 0.25 分）× 60 分 = 15 分鐘／每小時。

思考問題　5-1　觀察記錄方法的選擇

一份研究在探討 PBS 計畫對一位 AD/HD 學生干擾行為的成效，研究者每天在上課時間觀察，除週三僅半天，觀察四節課外，其他時間都觀察七節課。研究者主張合計每天的總次數；而協同研究者主張合計每天的總次數後，再除以觀察節數，以求得的次數比率繪製曲線圖，橫軸是天次，縱軸是干擾行為次數，結果介入前有 5、6、5.4 等。兩位研究者的作法是否適當？

思考問題 5-1 （續）

☞ 由於 1 週 5 天觀察的節數不完全相同，故不適合用次數紀錄，宜採取比率紀錄。然而，橫軸是天次，縱軸不應是干擾行為的次數，因為這樣會讓人誤以為是一天的總次數，介入前一天總次數為 5、6 次等似乎不甚嚴重；事實上是平均每節的次數比率，故縱軸應標示為「干擾行為的平均次數（每節）」。

（六）反應時距紀錄

反應時距是指連續兩次反應間的相隔時間，亦即從一個反應結束至下一個反應起始間的相隔時間，最常使用來測量特定行為之**時間軌跡**（J. O. Cooper et al., 2020），如圖 5-1。

圖 5-1　反應時距之意義

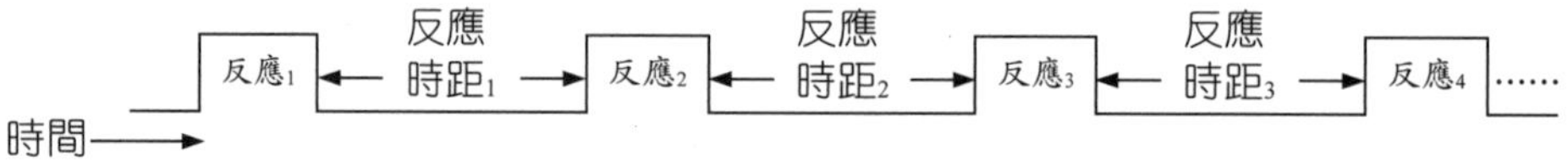

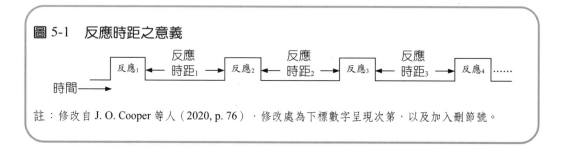

註：修改自 J. O. Cooper 等人（2020, p. 76），修改處為下標數字呈現次第，以及加入刪節號。

J. O. Cooper 等人（2020）指出，雖然反應時距是一個時間軌跡的直接測量，但它與反應比率有關；較短的反應時距會伴隨著較高比率的反應，而較長的反應時距則會出現較低比率的反應，例如：示例 5-9 中阿昌擦桌子的平均反應時距是 13 分鐘，由此可知他擦每張桌子的間隔時間（亦即休息時間）平均約 13 分鐘；伴隨而來的是在有限的時間內擦拭的桌子數量就比較少，工作效率自然不佳。再舉例言之，一個人欲透過運動來減肥，雖然每次運動的持續時間長達 3 小時，但一次運動和下一次運動的反應時距是 120 小時，這樣要達到減肥的效果是有限的；要達到減肥的效果，每次運動的持續時間可能不需太長，但反應時距短，且具規律性，此時評量反應時距就有其必要。

示例 5-9　行為反應時距記錄工具

個案：阿昌　觀察者：洪老師　觀察情境：教室
標的行為：擦桌子（定義為……）

觀察日期	觀察時間	前一個反應結束時間	下一個反應開始時間	標的行為反應時距	備註（可補充記錄個案的表現）
5/15	11:00–12:20	11:10	11:20	10 分鐘	
		11:30	11:43	13 分鐘	
		11:50	12:06	16 分鐘	

◎摘要：在一次的觀察中，阿昌擦桌子的反應時距介於 10 至 16 分鐘，平均反應時距是 13 分鐘。

（七）百分比紀錄

百分比是從直接測量行為的次數或時間資料衍生，是一種**衍生量數**（derived measures）；它顯示某些事件的比例量，在每 100 次可能會發生的機會中實際發生的次數，它結合兩個相同向量，像是頻率（即次數 ÷ 次數）或時間（即持續時間 ÷ 持續時間、延宕時間 ÷ 延宕時間；J. O. Cooper et al., 2020），例如：一位學生在 50 個裝配作業中正確完成 30 個，則他的正確百分比為：作業正確完成數量除以評量數量，再乘以 100（%），即（ 30 ÷ 50）× 100（%） = 60%，這是結合兩個次數，示例 5-10 呈現兩個行為次數衍生的百分比記錄工具。又例如：一位學生在 50 分鐘的課堂時間中專注參與了 20 分鐘，則他專注參與的時間百分比為：專注參與時間除以總時間再乘以 100%，即（20 ÷ 50）× 100（%）= 40%，這是結合兩個持續時間，示例 5-11 呈現持續時間資料衍生的百分比記錄工具。

再者，一位學生在教師開始問問題 8 秒後即搶著回答，而這個問題問完的長度是 30 秒，也就是需要學生延宕 30 秒後才回答，但是該生只延宕 8 秒即回答，則他回答問題延宕時間的百分比為，（8 ÷30）×100（%）＝ 27%，這是結合兩個延宕時間。示例 5-12 呈現延宕時間資料衍生的百分比記錄工具。

用 100 或是更大的除數計算時，百分比最能準確反映行為的水準與改變；然而，多數人使用的除數是比 100 來得更小的，基於小的除數之百分比，會因為行為的小改變而做不恰當的推論，例如：每 10 個機會中有 1 個反應正確，則百分比為 10%（J. O. Cooper et al., 2020），尤其是當處理人員未說明除數或原始數量時，更容易出現不當推論的情形，例如：一本書的銷售量今年增加 50%，乍聽之下會覺得很可觀；但如果

示例 5-10 行為次數衍生的百分比記錄工具

a. 個案：阿偉　觀察者：陳老師　觀察情境：教室
標的行為：裝配作業表現（定義為……）

觀察日期	觀察數量	正確數量	正確率	備註（可補充記錄個案的表現）
3/15	50	10	20%	
3/18	50	20	40%	
3/21	60	40	67%	

◎摘要：在三次的觀察中，阿偉裝配作業表現的正確率介於 20% 至 67%，平均正確率為 42.33%。

※正確率＝（正確數量÷評量數量）×100（%）。

b. 個案：阿儒　觀察者：秦老師　觀察情境：教室
標的行為：能適當回應他人的問話（定義為……）

觀察日期	觀察次第	出現情形	出現率	備註（可補充記錄個案的表現）
10/15	1	－	40%	
	2	0		
	3	＋		
	4	＋		
	5	－		
10/16	1	＋	50%	
	2	＋		
	3	－		
	4	－		
	5	＋		
	6	＋		
	7	－		
	8	－		

◎摘要：在兩天 13 次的觀察中，阿儒能適當回應他人問話的出現率介於 40%至 50%之間，平均出現率為 45%。

註：＋表示有出現標的行為；－表示未出現標的行為；0 表示沒有反應。
※出現率＝（勾選「＋」的次數 ÷ 觀察數量）× 100（%）。

知道原始數量是從 100 本增加到 150 本，可能就會覺得沒什麼。J. O. Cooper 等人指出，使用小於 20 的除數計算百分比是不智的，而設計的測量系統，**除數最好不要少於 30**。除此，最好能呈現除數。由此可知，評量的作業總數若少於 30，例如：只有八個，則不適合換算成百分比，直接以正確完成個數呈現曲線圖，以及做後續的分析。

示例 5-11 行為持續時間衍生的百分比記錄工具

個案：阿傑 觀察者：余老師 觀察情境：教室
標的行為：能專注參與課堂活動（定義為……）

觀察日期	節次	課堂活動時間	標的行為之持續時間	出現率	備註（可補充記錄個案的表現）
5/15	1	50 分鐘	20 分鐘	40%	
	2	40 分鐘	10 分鐘	25%	
	3	45 分鐘	12 分鐘	27%	
	4	45 分鐘	15 分鐘	33%	

◎摘要：在一天四節課的觀察中，阿傑專注參與課堂活動的持續時間，其出現率介於 25% 至 40%，每節平均出現率為 31.3%。

※出現率＝（出現標的行為之持續時間 ÷ 課堂活動時間）× 100（%）。

示例 5-12 行為延宕時間衍生的百分比記錄工具

個案：阿祥 觀察者：歐老師 觀察情境：教室
標的行為：能在教師問完問題【特定刺激】後才回答問題【標的行為】

觀察日期	觀察時間	特定刺激出現時間（需個案延宕的時間）	標的行為出現時間	標的行為延宕時間	出現率	備註（可補充記錄個案的表現）
5/15	8:10–8:50	8:20:01（10 秒）	8:20:05	5 秒	50%	
	9:00–9:40	9:40:01（30 秒）	9:40:08	8 秒	27%	
	10:40–11:20	10:50:01（20 秒）	10:50:06	6 秒	30%	
	13:30–14:10	14:00:01（50 秒）	14:00:10	10 秒	20%	

◎摘要：在一天四次的觀察中，阿祥能在教師問完問題後才回答的延宕時間，其出現率介於 20%至 50%，平均延宕時間出現率是 32%。

※出現率＝（標的行為延宕時間 ÷ 需個案延宕的時間）× 100（%）。

有時百分比的正向變化可能錯誤說明行為的進步，例如：正確百分比增加，同時錯誤百分比維持相同或是甚至增加；假設一位學生在週一回答問題的正確率是 50%（10 個問題中有 5 個回答正確），而在週二為 60%（20 個問題中有 12 個回答正確），即使正確率有進步，但其實錯誤題數是增加的，從 5 題增加到 8 題（J. O. Cooper et al., 2020）。由此可知，當報導介入前後正確百分比增加的同時，亦宜注意錯誤百分比的變化。

（八）工作（或活動）分析紀錄

工作分析可以將複雜的行為分析成較精簡且易於執行的步驟，能促使教學目標更具體及系統化（Schloss & Smith, 1998）。**活動分析**則是擴展的工作分析（Rainforth & York-Barr, 1997），活動具有三個特徵（Wilcox & Bellamy, 1987）：（1）在自然情境下一連串的行為；（2）與生活情境配合，而且有自然後果；（3）對個體具有功能性。綜合文獻（F. Brown et al., 1987; Rainforth & York-Barr, 1997），活動包括系列和交織兩大成分：**系列成分**是指活動包含一連串的行為，從**開始**、**準備**、**核心**至**結束**；**交織成分**則包含交織於活動中所需的技能，例如：知覺動作、溝通、社會等核心技能，活動的表現品質和速度，以及因應刺激變化和例外狀況該有的反應、問題解決能力，「活動分析之成分與內涵」詳述於附錄 19；而工作分析只分析系列成分中的核心部分。工作（或活動）分析紀錄可以採取**正確情形**，以及**獨立表現的程度**兩種計分方式，如示例 5-13。

示例 5-13 行為工作分析記錄工具

個案：大義　觀察者：王老師　觀察情境：教室
標的行為：刷牙（定義為……）
評量方法：□單一機會　■多重機會

	10/5	10/12	10/19					
1. 拿起牙刷。	1	3	5					
2. 把牙刷弄濕。	1	3	5					
3. 把牙膏擠到牙刷上。	1	2	4					
4. 刷牙。	0	1	2					
5. 把口中的牙膏吐出來。	1	2	3					
6. 沖洗牙刷。	1	2	3					
7. 把牙刷放回架子上。	1	2	3					
8. 漱口。	1	2	4					
9. 用毛巾擦拭嘴巴。	1	2	5					
出現率	17.8%	42.2%	75.6%					
備註（可補充記錄個體的表現）								

◎摘要：在 3 天的觀察中，大義標的行為之出現率介於 17.8%至 75.6%之間，平均出現率為 45.2%。

註：評量結果代號說明：5：獨立反應；4：姿勢或表情提示下反應；3：言語提示下反應；
2：示範提示下反應；1：身體提示下反應；0：身體提示下無反應或抗拒反應。
※出現率＝{每個步驟的得分之總和 ÷〔總步驟數 × 最高分（5 分）〕} × 100（%）。

工作（或活動）分析紀錄的評量方法包括兩種：一為**單一機會法**，另一為**多重機會法**。單一機會法是指，處理人員依步驟評量個體時，只要他在某一個步驟上的表現錯誤或無反應、順序不對，抑或超過該步驟的時限，就會停止後面步驟的評量，直接記為「不正確」；多重機會法是指評量個體時，如果他在某項步驟上表現錯誤或無反應、順序不對，或超過該步驟的時限，處理人員就會幫他完成此項步驟，並將評量結果記為「不正確」，然後評量他下一步驟的表現（J. O. Cooper et al., 2020）。宜注意的是，處理人員要確保評量與教導不會混合。我整理二者的優弱勢如表 5-2。

表 5-2　單一和多重機會法之優弱勢

優弱勢	單一機會法	多重機會法
優點	1. 能節省評量時間。 2. 能減少個體從評量中獲得學習機會。	1. 較能獲知個體的真實能力。 2. 提供處理人員更多有關個體每一步驟表現的資訊，以作為後續介入的參考。
限制	1. 在獲知個體真實能力上較為保守。 2. 較無法提供處理人員有關個體每一步驟表現的資訊。	1. 評量較費時。 2. 會增加個體從評量中獲得學習機會的可能性。

註：整理自 J. O. Cooper 等人（2020）。

圖 5-2 呈現選擇單一或多重機會法進行評量之決策步驟，由此可知：第一，若評量旨在了解個體技能或行為的現況，以決定訓練方式，則採用多重機會法，因其優點是較能獲知他的真實能力，並提供處理人員更多有關他的每一步驟表現之資訊，以作為後續介入的參考；第二，若評量目的不是了解個體技能或行為的現況，而是在了解介入成效，且如果介入前後的評量只有一次，則採用多重機會法，因為只評量兩次，較不會讓他從多次評量中獲得學習機會，且較能獲知他的真實能力；第三，若介入前後的評量有多次，且地點不適合耗時進行評量（例如：人多時在捷運站評量搭捷運的技能），或個體的模仿能力佳，則採用單一機會法，因為如此不只能節省評量時間，還能減少他從多次評量中模仿學習，致使處理人員難以確認介入效果；第四，若介入前後的評量雖然有多次，但地點適合耗時進行評量（例如：人少時在捷運站評量搭捷運的技能），且個體的模仿能力不佳，則可採用多重機會法。

綜合文獻（J. O. Cooper et al., 2020; Gruber-Wilkinson & Brown, 2020），研究者可以使用三個方法發展工作（或活動）分析的步驟：一為觀察和記錄擅長此工作（或活動）的人們如何執行之；二為諮詢精熟這項技能的專家或人們；三為親自做一遍。接著，透過預試讓預試對象試做，而後修改步驟。示例 5-13 呈現使用多重機會法和獨立

圖 5-2　選擇單一或多重機會法進行評量之決策步驟

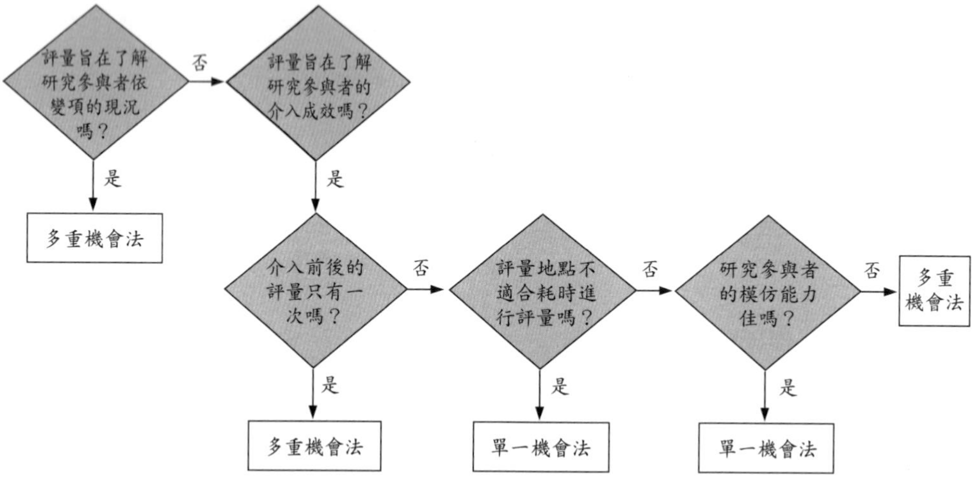

註：◆表示決策步驟；□表示採取的作法。

表現程度計分方式，所做的工作分析記錄工具；示例 5-14 呈現使用單一機會法和正確情形計分方式，所做的活動分析記錄工具。

（九）等級量表

等級量表可用來了解標的行為之**形態**、**強度**和**品質**，它的設計宜考慮標的行為之特性，例如：對於寫字、清潔工作等的品質，或是哭鬧形態或強度，界定不同等級，而給予不同分數。設計等級量表的步驟包括三個：（1）**明確界定標的行為**，例如：與人交談時未注視說話者；（2）**明確界定期待個體達到的終點行為目標**，例如：與人交談時能注視說話者達 5 秒以上；（3）**明確界定是在哪個向度區分等級**，例如：從兩個向度，一為「獨立的程度」，分成言語提示和獨立兩種；另一為「注視說話者的時間」，分成達 1 秒、超過 1 秒未達 5 秒、5 秒以上三種，組合後可以區分出六個等級（例如：經言語提示可注視說話者達 1 秒；經言語提示可注視說話者超過 1 秒，未達 5 秒），再加上完全沒做到（即經言語提示仍未注視說話者，或注視未達 1 秒）此等級，總共七個等級，如示例 5-15。

示例 5-14　行為活動分析記錄工具

個案：丁丁　觀察者：王老師　觀察情境：教室
標的行為：能在速食店用餐（定義為……）
評量方式：■單一機會　□多重機會

活動分析成分 ＼ 觀察日期	3/5	3/12	3/19		
【開始】1. 在自然提示（例如：肚子餓、用餐時間到）下，知道要進行用餐活動。	+	+	+		
【準備】2. 準備足夠的金錢。	−	+	+		
3. 準備適合的交通工具，到達社區的速食店。	−	+	+		
4. 能辨識速食店的餐點名稱，並構思好想吃的餐點。	−	−	+		
5. 能辨識速食店的標誌。	−	−	+		
【核心】6. 當櫃檯服務生詢問：「這裡用或帶走？」會回答：「這裡用。」	−	−	+		
7. 當櫃檯服務生遞上點菜單時，會告訴服務生點餐內容（或查看櫃檯上方列出的菜單，並告訴服務生點餐內容）。	−	−	−		
8. 取錢結帳。	−	−	−		
9. 取統一發票、找錢（如果有的話，確認找的錢是否正確）。	−	−	−		
10. 取餐點（確認餐點是否正確）、其他所需東西（例如：吸管）。	−	−	−		
11. 端餐盤行走。	−	−	−		
12. 找尋座位坐下。	−	−	−		
13. 用餐，並注意用餐禮儀（要講話時，會先將食物嚥下再開口）。	−	−	−		
【結束】14. 用餐完畢，收拾桌面，並將餐具歸位，垃圾丟入垃圾桶中。	−	−	−		
15. 椅子歸位（如需要的話），拿好自己隨身所帶的物品並離去。	−	−	−		
【相關刺激與反應變化或例外處理】16. 有人在櫃檯前時，能排隊等候。	0	−	−		
17. 遇到點餐問題時，知道如何向服務生求助。	−	−	−		
18. 找不到空位，必須與他人合用一張餐桌時，會詢問：「我可以坐這裡嗎？」	−	−	−		
出現率	5.5%	16.7%	33.3%		
備註（可補充記錄個體的表現）					

◎**摘要**：在 3 天的觀察中，丁丁標的行為之出現率介於 5.5%至 33.3%之間，平均出現率為 18.5%。

註：＋表示正確反應；－表示不正確反應；0 表示沒有反應。
※出現率＝（勾選「＋」的步驟數 ÷ 總步驟數）× 100（%）。

（續）

示例 5-15 行為等級量表記錄工具

個案：阿維　觀察者：林老師　觀察情境：教室、校園
標的行為：與人交談時未注視說話者（定義為……）
終點目標：與人交談時能獨立注視說話者達 5 秒以上

觀察日期	觀察時間	標的行為等級							備註（可補充記錄個案的表現）
		1	2	3	4	5	6	7	
		經言語提示仍未注視說話者，或注視未達1秒。	經言語提示可注視說話者達1秒。	經言語提示可注視說話者超過1秒，未達5秒。	經言語提示可注視說話者達5秒以上。	獨立注視說話者達1秒。	獨立注視說話者超過1秒，未達5秒。	獨立注視說話者達5秒以上。	
9/11	8:30	✓							
	10:00		✓						
	11:30	✓							
	13:00		✓						
	14:30	✓							
	16:00		✓						

◎**摘要**：在一天六次的觀察中，阿維的行為等級介於 1 和 2 之間，平均等級為 1.5。

五、依記錄的時間

依記錄的時間，可分成連續紀錄、時距紀錄和時間取樣紀錄（continuous, interval, and time sampling recording; Schloss & Smith, 1998），以及**結果的測量**（product measures; Miltenberger & Cook, 2021）四種；其中前三種是採取**直接觀察**，而結果的測量是採取**間接觀察**的方式做紀錄，詳細討論如下。

（一）連續紀錄

連續紀錄是在某一特定時間內，從頭至尾記錄發生的標的行為，完全不遺漏。特定觀察時間可以短，例如：一節課開始的前 10 分鐘；亦可以長，例如：前面示例 5-1 標的行為頻率記錄工具中，觀察時間從早上 8 點至下午 4 點，觀察者從頭至尾記錄口語攻擊行為的頻率。

（二）時距紀錄

時距紀錄是指，把觀察時間等分為數個小段落（即時距），然後逐一觀察和記錄在此小段落內標的行為發生與否，而後將發生標的行為之時距數除以總時距數，計算出標的行為占觀察時間之百分比；這種紀錄的好處是，可以大約看出行為的次數和持續時間，而且行為的紀錄相當方便（G. Martin & Pear, 2019）。時距紀錄又分為**整個**和**部分時距紀錄**，整個時距紀錄是指在設定的時距內，都有出現標的行為才被記錄有發生；部分時距紀錄是指在設定的時距內，任何時間有出現標的行為，不管發生多少次，也不管持續多久，即可被記錄有發生（Schloss & Smith, 1998），例如：每 5 分鐘觀察記錄尖叫行為的出現率，在 8:10 至 8:15 之間，8:10 至 8:13 出現一次尖叫行為，持續 3 分鐘，即使 8:14 到 8:15 未出現尖叫行為，採部分時距紀錄方式則仍會記錄有發生；而如果採整個時距紀錄，則需 8:10 至 8:15 都有出現尖叫行為，才會記錄有發生。至於一個時距要訂多長，端視標的行為出現頻率，如果頻率高，則時距要短；如果頻率低，則時距可拉長（Kazdin, 2021）。示例 5-16 呈現一項行為的時距記錄工具，示例 5-17 呈現兩項以上行為的時距記錄工具。宜注意的是，時距紀錄呈現的是標的行為占觀察時間之百分比，而不是頻率，如思考問題 5-2。

示例 5-16　行為時距記錄工具（一項行為）

個案：大智　觀察者：林老師　觀察情境：教室

標的行為：尖叫行為（定義為……）

時距紀錄類型：□整個時距紀錄　■部分時距紀錄

時距長度：5 分鐘一個時距

觀察日期	觀察時間	時距 1	2	3	4	5	6	7	8	9	10	出現率	備註（可補充記錄個案的表現）
9/10	8:10–9:00	✓	✓	–	✓	–	✓	✓	–	✓	✓	70%	
	9:10–10:00	–	✓	✓	–	✓	✓	–	✓	–	–	50%	
	10:10–11:00	✓	–	✓	✓	–	✓	–	✓	✓	–	60%	

◎摘要：在一天三次的觀察中，大智尖叫行為的出現率介於 50% 至 70% 之間，平均出現率為 60%。

註：✓表示標的行為有出現；－表示標的行為未出現。

※出現率＝（勾選「✓」的時距數 ÷ 總時距數）× 100（%）。

示例 5-17 行為時距記錄工具（兩項以上行為）

個案：大成　觀察者：林老師　觀察情境：教室
標的行為問題：尖叫行為（定義為……）
正向行為 1：以手勢引起教師的注意（定義為……）
正向行為 2：以圖卡表示想要某樣物品（定義為……）
正向行為 3：以圖卡表示拒絕不想要的物品或要求（定義為……）
時距紀錄類型：□整個時距紀錄　■部分時距紀錄
時距長度：5 分鐘一個時距

觀察日期	觀察時間	時距	記錄出現與否				備註（可補充記錄個案的表現）
			標的行為問題	正向行為 1	正向行為 2	正向行為 3	
9/10	8:10–9:00	1	✓	–	–	–	
		2	–	✓	–	–	
		3	✓	–	–	–	
		4	–	✓	–	–	
		5	–	✓	–	–	
		6	–	–	✓	–	
		7	–	–	✓	–	
		8	–	–	–	✓	
		9	–	–	–	✓	
		10	✓	–	–	–	
		出現率	30%	30%	20%	20%	

◎摘要：在一節課 50 分鐘的觀察中，大成標的行為問題和正向行為 1 出現率最高，各占 30%。

註：✓表示標的行為問題和正向行為有出現；–表示標的行為問題和正向行為未出現。
※出現率＝（勾選「✓」的時距數 ÷ 總時距數）× 100（%）。

思考問題 5-2 觀察記錄的方法和標的行為之資料類型

一位處理人員採時距紀錄，觀察記錄負向人際互動行為的次數，並且在曲線圖縱軸上呈現「次數」的尺度。此觀察記錄的方法和標的行為之資料類型是否適切？

☞ 若採時距紀錄，則尚須說明是整個時距或部分時距紀錄。時距紀錄呈現的行為資料類型應為百分比，但處理人員呈現的卻是次數，不一致。

（三）時間取樣紀錄

時間取樣紀錄和時距紀錄相似，也是把觀察時間分為數個小時距，只是不一定要固定時距，也可以是不固定時距；另一個不同點是處理人員不須持續觀察行為，只要在一段時間的最後幾秒鐘，看行為是否發生，又稱為**片刻時間取樣紀錄**（momentary time sampling; Schloss & Smith, 1998），如示例 5-18。

示例 5-18 行為時間取樣記錄工具

個案：大華　觀察者：王老師　觀察情境：學校教室、校園
標的行為：咬指甲（定義為……）

觀察日期	觀察時間	出現	未出現	備註（可補充記錄個案的表現）
9/18	9:30	✓		
	10:00	✓		
	10:20		✓	
	10:25	✓		
	10:40	✓		
	11:00		✓	
	11:15	✓		
	11:30	✓		
	11:50	✓		
	12:00		✓	

◎摘要：在一個整天 10 次的觀察中，大華咬指甲行為的出現率為 70%。

（四）結果的測量

結果的測量適用於，處理人員不方便或很難直接觀察標的行為發生，或是沒有需要直接觀察標的行為發生，只須測量其結果就能知道標的行為之動態（Miltenberger, 2019），又稱為**永久性結果的測量**（measurement by permanent product; J. O. Cooper et al., 2020）、**永久性結果的紀錄**（permanent product recording; Schloss & Smith, 1998），例如：要了解個體是否上課專心，處理人員可以從他完成作業的數量和品質得知。要知道個體是否有自傷行為，可以檢視身體是否有傷痕，而傷痕就是行為的**形態**資料，是指行為的外觀。欲評量個體是否會自我照顧，而處理人員不方便至他們家

裡直接觀察，可以從他身體的清潔程度、頭髮的梳理情形、指甲修剪的狀況等方面了解。結果的測量紀錄可以記錄標的行為造成之結果的**形態**、**次數**、**強度**和**品質**。

J. O. Cooper 等人（2020）表示，使用結果測量的紀錄時，首先宜注意：**標的行為是否可以用結果來測量**，例如：以測量個體在身體留下的傷痕，作為他自傷行為的結果的測量指標，宜注意其自傷行為是否都會留下傷痕，有沒有不會留下傷痕的自傷行為？接著，宜注意該**結果的測量是否僅為個體標的行為產生之成果**，有沒有可能是標的行為以外的行為造成的，例如：傷痕有沒有可能是個體的其他行為（像是跑得太快、跌倒撞到頭等）；或是個體以外的人造成的，例如：傷痕有沒有可能是別人導致的，像是被家人打。如果無法符合這兩項原則，就不適合使用此方式。結果的測量只能估計標的行為之狀況，它不如直接觀察標的行為來得正確，如示例 5-19。上述「行為觀察記錄工具」如附錄 20。

示例 5-19　行為結果的測量記錄工具

個案：玉琪　觀察者：張老師
標的行為：梳洗頭髮（定義為……）
記錄的結果量數：頭髮清潔和梳理的等級為 1 至 4：1 表示未梳洗頭髮；2 表示有梳頭，但未洗頭髮；3 表示有洗頭髮，但未梳頭；4 表示有梳洗頭髮。

記錄日期	結果的紀錄（頭髮清潔和梳理的等級為 1 至 4）	備註（可補充記錄個案的表現）
9/10	2	
9/11	1	
9/12	3	

◎摘要：在 3 天的紀錄中，玉琪梳洗頭髮的結果紀錄中，頭髮清潔和梳理的等級介於 1 至 3 之間，平均等級為 2。

貳、行為觀察與記錄的原則

綜合文獻（Kerr & Nelson, 2009; Miltenberger & Cook, 2021），做行為觀察與紀錄時，宜注意的原則如下。

一、具體界定欲觀察之標的行為

具體界定欲觀察之標的行為，例如：上課遲到的行為，宜具體界定自上課鈴聲響完，多長時間（例如：5 分鐘）以上未進教室者。

二、設計行為觀察記錄的類型和實施方式

正如前述，行為觀察記錄的類型依觀察情境來看，有**自然情境和模擬情境的觀察**；如為模擬情境的觀察，宜說明情況和人員是如何安排的。依欲觀察的行為資料特徵觀之，有**頻率**、**持續時間紀錄**等。從觀察者與觀察對象的接觸方式而言，有**直接和間接觀察**，直接觀察中依欲觀察記錄的時間來看，有連續、時距和時間取樣紀錄；而間接觀察則是採結果的測量紀錄。若採取時距紀錄，宜說明**時距的長度和其設定理由**，以及採取**整個或部分時距**的記錄方式；若採取時間取樣紀錄，宜說明**時間取樣的方式和其設定理由**。以觀察記錄方式言之，是採**現場和錄影觀察紀錄**，若是現場觀察紀錄，宜說明觀察者如何進入觀察情境，以及位於觀察對象的哪一個方位和距離；若是錄影觀察紀錄，則宜說明如何錄影。

至於觀察記錄的實施方式，處理人員宜敘述以下要點：（1）**觀察者**；（2）**觀察的時間、次數和長度**，選擇最容易觀察到標的行為之時間，以及最能反映標的行為狀態之觀察次數和長度，例如：若負向人際互動行為（不適當的肢體接觸）最常發生在下課期間，則宜安排多個下課期間做觀察；（3）**觀察的地點**，是在什麼地點做觀察，選擇最容易觀察到標的行為之地點。

依據文獻（Kerr & Nelson, 2009），設計觀察記錄的類型時，處理人員宜考慮**標的行為之特徵和介入目標**、**觀察者**、**觀察的時間**、**觀察的地點和情境**、**可使用的測量工具**、**要求的正確性**，以及**資料蒐集給誰看**等因素，選擇**具體**、**敏銳**，**且容易實施者**，如表 5-3 的說明。各個觀察記錄類型都有其優點和限制，資料蒐集中常見的陷阱是：處理人員企圖蒐集每一種行為資料，以及使用一些複雜、不容易實施的觀察策略，如插畫 5-1，讓自己過於忙碌又沒效率。選擇適合的觀察記錄類型和設計實施方式之後，就可以設計行為觀察記錄工具。讀者可依據附錄 21「行為觀察記錄工具之選擇決策圖」，選擇適合之工具。

另外，從基線期（baseline，介入前）、介入期（intervention，介入中），乃至追蹤期（follow-up，漸進撤除介入後追蹤行為維持和類化的結果）等不同階段，**觀察記錄的類型和實施方式皆需標準化**，例如：行為介入的研究須安排在相同的時間、地點進行觀察，且觀察者和觀察方式皆相同，僅介入期有 PBS 的引進，基線期沒有。如果介入的是自傷和攻擊行為，雖然基線期評量不做介入，但是若嚴重傷害到某種程度

表 5-3 選擇行為觀察記錄類型宜考慮的因素

向度	內涵	示例說明
標的行為之特徵和介入目標	・標的行為問題之特徵是：頻率多或少？時間長或短？強度高或低？ ・介入目標是改變形態／頻率／比率／持續、延宕時間／強度／品質／百分比／反應時距／達到標準的嘗試數？	・若參與者之標的行為出現次數不高，例如：未經允許離開座位的次數不多，但每一次持續的時間很長，則介入目標宜設定在縮短離開座位的持續時間，如此宜採用「持續時間紀錄」。若標的行為頻率高，分散於各時間點，則可採用「時距紀錄」；但如果標的行為頻率高且集中於短時間內出現，則宜採用「連續紀錄」，從頭至尾記錄標的行為發生次數（鍾儀潔、鈕文英，2004）。 ・介入目標是降低或增加標的行為強度或品質，則使用「行為等級量表」。
觀察者	受訓練的觀察者／未受訓練的觀察者？成人／學生或服務使用者？	若觀察者是學生或未受過訓練的人，觀察記錄工具宜簡便，並且教導他們如何觀察記錄；若他們有困難做紀錄，則用口述的方式告知記錄結果。
觀察的時間	整天／一節課／很多節課中的部分時間／一節課中的部分時間／下課時間／午餐時間／其他時間？充足／有限？	若觀察者能觀察記錄的時間有限，例如：必須一邊教學一邊觀察時，則可採取「時距紀錄」或「時間取樣紀錄」。另外，觀察記錄工具宜更簡便，例如：考慮觀察者教學時必須時常移動，不方便至講臺做紀錄，觀察者可以貼一張用紙做的手環在手腕上，若欲採時距紀錄，還可將此手環設計成手錶，將錶面劃分成時距數，移動中隨時可做紀錄，如此既方便，又不易讓學生察覺。
觀察的地點和情境	・是／不是處理人員任職的場域？ ・團體教學／個別作業情境？ ・一對多／一對一？ ・標的行為出現情境之頻率高／低？	・若觀察地點不是處理人員任職的場域，或是處理人員不方便或很難進入該觀察地點，則可安排該地點的相關人員做觀察；或是該標的行為會製造相當持久的結果，則採取「間接觀察」，做「結果的測量」紀錄。 ・若觀察情境是團體教學情境，宜避免干擾教學的進行。若觀察情境是個別作業情境，宜注意是否會讓學生察覺觀察者在做觀察紀錄，例如：可以用圍棋中的黑棋代表負向行為的頻率，白棋代表正向行為的頻率，負向行為出現一次，則觀察者放一個黑棋在盒子中，之後再謄寫於正式觀察記錄工具上。 ・若是一對多觀察，則處理人員宜考慮能同時記錄多少位參與者，避免超過自己能負荷者。處理人員尚須設計簡便的觀察記錄工具，最好能加上「錄影觀察紀錄」。 ・若標的行為出現情境之頻率低，例如：需要道歉、致謝的情境，則可以採取「模擬情境的觀察」。
可使用的測量工具	馬表／錄音、錄影設備／紙和筆／其他？	若可使用的測量工具只有紙和筆，則採用「現場觀察紀錄」。若有錄影設備，則可採用「錄影觀察紀錄」。
要求的正確性	・需要／不需要觀察信度？ ・觀察者必須／不須受訓練？	・若需觀察信度，則要安排協同觀察者。 ・若觀察者必須受訓練，則要安排訓練方案。
資料蒐集給誰看	專業人員／家長／學生？	若資料蒐集給家長／學生看，則呈現方式宜考慮他們的理解和接受度。若給專業人員看，則宜呈現蒐集過程的詳實資料。

註：第一和第二欄整理自 Kerr 和 Nelson（2009）及 Miltenberger 和 Cook（2021）的文獻。

插畫 5-1　行為觀察記錄工具的設計
讓行為觀察記錄工具簡單、具體，且容易實施。

（須訂定標準），還是會如介入期般採用相同的危機處理策略，並且須在曲線圖上以箭頭說明該次評量中運用了危機處理策略。另外，如果處理人員還評量 PBS 對正向行為（例如：替代溝通技能）的成效，在個案無反應或反應不正確時，會給予從最少量至最多量提示，並在其反應正確後給予想要的後果，則基線期亦須採取相同的評量程序，且給予正確反應想要的後果。

參、行為觀察與記錄的資料描述

處理人員著手行為介入之前，宜建立行為的起點狀況或**基線資料**，即行為在介入之前的狀況。描述基線資料時，宜說明觀察的長度和次數，以及行為起點狀況（例如：次數、時間資料等），像是經過 3 週共 10 天的觀察紀錄後發現，大雄每天打人的次數介於一至五次之間，平均每天打人三次。

處理人員可以採用本章觀察記錄的方法，建立基線資料。建立時宜注意：有些個體知道有人在觀察記錄他的行為時，他會自動改變，如此蒐集到的基線資料並不確實。遇到這種情形時，可以經過一段時間讓個體習慣被觀察，才開始建立之。在行為介入之後，可以持續使用相同的觀察記錄方法，了解介入的效果。

第二節 行為的觀察信度評量

信度不是可以用技術購買的商品，它就像真誠、品德和品質，要根據行為蒐集之目的和情境進行評鑑。

為何要取得行為觀察的信度資料，主要有以下三個理由（Schloss & Smith, 1998）：（1）只有達到某種程度的一致性，觀察才是有效的；（2）可減少個別觀察者可能有的誤差；（3）觀察信度能夠反映標的行為是否界定得夠清楚。觀察信度又名**觀察者間一致性**（interobserver agreement, IOA; J. O. Cooper et al., 2020），包括**觀察者間**和**觀察者內信度**，觀察者間信度是指，不同觀察者同時觀察某個行為的一致情形；觀察者內信度是指，同一位觀察者在不同時間觀察某個行為的一致情形（Trochim et al., 2016）。

以下討論觀察者之選擇與訓練、觀察信度之安排與表示方法、避免觀察信度偏差的方法，以及描述觀察信度宜包括的資料四個部分。

壹、觀察者之選擇與訓練

選擇有相關知識背景，例如：修習過行為問題處理或兒童行為觀察與紀錄等課程，而且有意願，時間又能配合的觀察者當然是最好。不管是否有相關知識背景，觀察者都須經過訓練，以訓練其了解要觀察的行為，並具備高度純熟的觀察和紀錄技巧。訓練觀察者時，宜注意以下三點。

1. 觀察者的訓練方式宜愈明確愈好，訓練者宜編寫訓練手冊，說明欲觀察之標的行為、記錄的方法、觀察程序等（Schloss & Smith, 1998）。
2. 觀察訓練方法宜為實際情境的翻版，因此最好能取得與實際觀察情境有關的訓練影片，實行訓練計畫，並且蒐集觀察者的測試資料，測試資料最好能與處理人員記錄的資料，達到至少 80%（最好是 90%）的信度係數後，才進入正式的觀察。若在訓練期間無法蒐集到行為資料，例如：在基線期觀察之前，個體從未表現功能性溝通行為，其等級一直在最低等級，觀察者沒有機會評量到其他等級，也無從取得其他等級的觀察信度；解決方法是在介入後，個體表現功能性溝通行為時再訓練觀察者，一直達到**至少 80%（最好是 90%）的信度係數後**，才進入正式的觀察。

3. 在觀察記錄的過程中，特別是長時間的觀察，觀察者宜接受再訓練，以避免因倦怠產生的誤差（Schloss & Smith, 1998）。

貳、觀察信度之安排與表示方法

就**觀察者間信度**而言，不需要所有的行為觀察都取得信度資料，只要抽樣部分資料求得觀察信度即可。至於抽樣多少，文獻間有不同的說法，例如：Kazdin（2021）指出，宜占全部觀察次數的**至少十分之一**（即 10%）**到六分之一**（即 17%），並且在各階段實施；而 S. Y. Wang 和 Parrila（2008）提出蒐集至少 20% 的觀察信度資料。不只處理人員進行觀察，若有兩位觀察者蒐集資料以求得觀察信度，則除了計算處理人員分別與兩位觀察者的信度外，最好也能求得兩位觀察者彼此之間的信度。

由於有可能觀察者間信度雖然高，但是兩位觀察者出現一致的誤差，因此有必要做**觀察者內信度**。Hegde 和 Pomaville（2017）指出，觀察者內信度是一種重測信度，求得的方法為，檢核觀察者本身在不同時間，針對觀察對象的相同行為，重複觀察記錄的一致性。研究者可以錄影某個時間、地點觀察對象的某項行為，讓觀察者在不同時間（例如：兩次間隔 1 週）做觀察紀錄，以檢核是否一致。

觀察信度表示方法常見的有**次數比率**（frequency ratio）、**點對點一致性比率**（point-by-point agreement ratio）和 **Kappa 一致性係數**（coefficient of agreement）；至於選擇何種方法計算觀察信度，取決於下列三個因素：**觀察記錄的方法**、**資料的特徵**和**標的行為出現之頻率**（Kazdin, 2021）。以下討論次數比率和點對點一致性比率，至於 Kappa 一致性係數如附錄 22「觀察信度的表示方法」。

一、次數比率

次數比率只能表示，兩位觀察者同意行為發生總數之接近程度，但無法斷言兩位觀察者所見是否相同，或是說兩位觀察者同意的事件是否全部一樣，計算方式如下（Kazdin, 2021），例如：觀察者甲記錄大明尖叫行為有 16 次，觀察者乙記錄有 20 次，則次數比率為 16 除以 20，再乘上 100（%），等於 80%。

$$\textbf{次數比率}=\frac{\text{兩位觀察者記錄標的行為總數小者}}{\text{兩位觀察者記錄標的行為總數大者}}\times 100\ (\%)$$

次數比率不只用在次數資料的信度評量，亦可以用在持續和延宕時間資料（Schloss & Smith, 1998），例如：觀察者甲記錄大華未經允許離開座位，一節課的總持續時間為 25 分鐘，觀察者乙記錄有 30 分鐘，則次數比率為 25 除以 30，等於 83%。又例如：觀察者記錄小明聽到鬧鐘至起床的延宕時間是 15 分 10 秒，協同觀察者記錄的時間是 15 分 20 秒，他們之間的觀察信度是〔15 分 10 秒（910 秒）÷ 15 分 20 秒（920 秒）〕× 100（%），等於 99%。

二、點對點一致性比率

點對點一致性比率只能用在有**獨立的時距、分立的測試或類別之次數資料**（Kazdin, 2021），適用於時距紀錄、時間取樣紀錄、等級量表、工作（或活動）分析紀錄，以及由分立的測試或類別之次數衍生的百分比紀錄。Kazdin 指出有三種計算方式如下：第一種是**整體的一致性比率**，它是較不嚴謹的計算方法。第二種是**標的行為有發生之一致性比率**，當標的行為之出現率低於 75% 時應計算之。第三種是**標的行為沒有發生之一致性比率**，當標的行為之出現率 75%以上時應計算之。後兩種是較保留的計算方法，因為它們可以排除觀察者因疲倦、分神，以先前經驗猜測造成的觀察誤差，只要其中一位觀察者記錄標的行為高於或低於 75%就可計算。

$$\textbf{整體的一致性比率}=\frac{\text{兩位觀察者記錄一致的次第數（包括標的行為有和沒有發生一致之次第數）}}{\text{總次第數}}\times 100\ (\%)$$

$$\textbf{標的行為有發生之一致性比率}=\frac{\text{兩位觀察者記錄「標的行為有發生」一致之次第數}}{\text{任何一位觀察者記錄「標的行為有發生」之次第數}}\times 100\ (\%)$$

$$\textbf{標的行為沒有發生之一致性比率}=\frac{\text{兩位觀察者記錄「標的行為沒有發生」一致之次第數}}{\text{任何一位觀察者記錄「標的行為沒有發生」之次第數}}\times 100\ (\%)$$

舉一例說明觀察信度的計算如示例 5-20，它是採時距紀錄，故應運用點對點一致性比率計算信度，整體信度係數為 65%；但因觀察者記錄標的行為之出現率在 75%以上，故另計算標的行為沒有發生之一致性比率，結果得到 22.22% 的信度係數；而由於觀察者甲記錄標的行為之出現率是 70%，低於 75%，因此還可計算標的行為有發生之一致性比率，求得 61.11%。由此可知，兩位觀察者間在整體、標的行為沒有和有發生之一致性比率皆低。

示例 5-20　時距紀錄中點對點一致性比率的計算

時距	1	2	3	4	5	6	7	8	9	10	11	12	13	14	15	16	17	18	19	20	出現率
觀察者甲	✓	—	—	✓	✓	✓	✓	—	—	—	✓	✓	—	✓	✓	✓	✓	✓	✓	✓	70%
觀察者乙	✓	✓	✓	✓	✓	✓	✓	—	✓	—	✓	✓	✓	✓	✓	✓	—	—	✓	—	75%

註：✓表示標的行為有發生；－意指標的行為沒有發生。

1. 整體點對點一致性比率＝（13÷20）×100（%）＝65%。
2. 觀察者乙的75%出現率是由勾選「✓」的時距數 ÷ 總時距數，即15除以20求得。由於觀察者乙記錄標的行為之出現率是75%，在75%以上，因此還可以計算標的行為沒有發生之一致性比率，等於〔2（是指兩位觀察者記錄「沒有發生」一致的次第數，包含第8和10兩個時距）÷9（是指任何一位觀察者記錄「標的行為沒有發生」之次第數）〕×100（%），求得22.22%。
3. 而由於觀察者甲記錄標的行為之出現率是70%，低於75%，因此還可以計算標的行為有發生之一致性比率，等於11（是指兩位觀察者記錄「有發生」一致的次第數，包含第1、4至7、11至12、14至16，以及19共11個時距）÷18（是指任何一位觀察者記錄「標的行為有發生」之次第數），求得61.11%。

再舉例說明，在工作（或活動）分析紀錄中，整體點對點一致性比率的計算如示例 5-21，由此可知，點對點一致性比率為 50%。有些研究運用次數比率計算觀察信度，結果觀察信度為100%（即25%÷25%），此觀察信度算法是不正確的。

而在百分比紀錄中，若屬分立的測試或類別之次數資料，則須採用點對點一致性比率，如示例5-22標的行為（例如：能回應他人問話）的評量，整體點對點一致性比率為60%；而因為兩位觀察者記錄標的行為之出現率皆在75%以上，故附帶計算標的行為沒有發生之一致性比率，結果為 0%。如果處理人員運用次數比率計算信度，則結果為100%，誇大了實際的觀察信度，故此計算方法是不正確的。

怎麼樣的觀察信度才是可接受的？一般而言，信度係數最好介於80%至100%之間（Kazdin, 2021），是指次數比率，以及整體和有或沒有發生的點對點一致性比率宜在80%以上。而能求得兩位以上觀察或評分者間信度的Kappa一致性係數，則必須在60%以上（Horner, Carr, et al., 2005）。話雖是如此，但作為一位讀者，可以根據標的行為之界定、觀察訓練的程序、記錄的系統、計算信度的方法，以及最後的信度係數等，來決定行為觀察記錄工具的信度是否良好（Kazdin, 2021）。

參、避免觀察信度偏差的方法

為避免觀察信度的偏差，首先要界定造成觀察信度偏差的來源，接著針對它們做

示例 5-21　工作（或活動）分析紀錄中點對點一致性比率的計算

工作分析成分 ＼ 觀察日期（觀察者）	10/5（觀察者甲）	10/5（觀察者乙）
1. 能面對說話者。	－	－
2. 眼神能注視說話者。	0	0
3. 聽說話者說完話，眼神不離開。	＋	－
4. 對說話者的內容，做出反應。	－	＋
出現率	25%	25%

註：＋表示正確反應；－表示不正確反應；0 表示沒有反應。
1. 整體點對點一致性比率＝〔2（兩位觀察者記錄一致的次第數，淺灰色網底處）÷ 4（總次第數）〕×100（%）＝ 50%。
2. 觀察者乙的 25%出現率是由（勾選「＋」的步驟數 ÷ 總步驟數）×100（%），即（1÷4）×100（%）求得。
3. 標的行為有發生之一致性比率＝0（兩位觀察者記錄「＋」一致的次第數）÷ 2（任何一位觀察者記錄「＋」的次第數）×100（%）＝0%。

示例 5-22　百分比紀錄中點對點一致性比率的計算

觀察人員	問題或評量次第										出現率（%）
	1	2	3	4	5	6	7	8	9	10	
觀察者甲	＋	＋	－	＋	－	＋	＋	＋	＋	＋	80%
觀察者乙	＋	＋	＋	＋	＋	＋	＋	0	＋	－	80%

註：＋表示正確反應；－表示不正確反應；0 表示沒有反應。
1. 整體點對點一致性比率＝（6÷10）×100（%）＝60%　。
2. 觀察者乙的出現率是由（勾選「＋」的次第數 ÷ 總次第數）×100（%），即（8÷4）×100（%）求得。
3. 標的行為沒有發生之一致性比率=〔0÷4（即任何一位觀察者有記錄「－」或「0」的次第數，共 4 個）〕×100（%）＝0%。

因應。我從**觀察系統和情境**、**觀察者**和**處理人員**三方面，整理造成觀察信度偏差的來源及避免方法，如表 5-4。此處的觀察者是指處理人員安排第三者全程觀察，而處理人員抽樣進行信度評量。

表 5-4　造成觀察信度偏差的來源及避免方法

造成觀察信度偏差的來源	避免觀察信度偏差的方法
一、觀察系統和情境方面	
1. 觀察系統模糊和複雜，例如：標的行為之界定不清楚、不具體或不完善；行為觀察記錄工具的設計不良，或是採用的記錄方法不當等。 2. 觀察情境受到干擾，例如：家長突然進入教室等。	1. 設計簡易和清楚的觀察系統，例如：明確界定標的行為；設計清楚具體且容易記錄的觀察工具和記錄方法，減少使用主觀標準，並且做試探性觀察，若有問題即可在正式觀察前做修改。 2. 盡可能減少觀察情境受干擾，如無法完全免除，也應有應變措施。
二、觀察者方面	
1. 觀察者的訓練背景和經驗不夠充分。 2. 觀察者未確實做紀錄，對標的行為之定義產生改變。	1. 提供觀察者充分的訓練和實作機會。 2. 宜定期進行信度評量，若發現有觀察不確實或標的行為定義變動的現象，則與他們討論或做再訓練。
三、處理人員方面	
1. 處理人員對觀察者所做的紀錄給予不適當的回饋，例如：在介入期記錄標的行為（例如：自傷行為）減少，則給予正向回饋；反之，則給予負向回饋。 2. 處理人員進行信度評量產生的反作用力（reactivity），也就是觀察者知道要做信度評量，便會改變他們的行為，例如：相較於不知道時，傾向於較認真記錄，在基線期記錄較多的標的行為（例如：干擾行為），介入期則記錄較少。	1. 處理人員宜避免影響觀察者所做的觀察紀錄。 2. 處理人員不讓觀察者知道何時要做信度評量，以及觀察資料屬於基線期、介入期或追蹤期哪個階段（例如：讓觀察者觀察記錄行為的錄影資料時，隨機排序，不讓他們知道觀察資料屬於哪個階段）。

註：造成觀察信度偏差的來源整理自兩篇文獻（K. Ayres & Ledford, 2014; Kazdin, 2021）。避免觀察信度偏差的方法整理自三篇文獻（K. Ayres & Ledford, 2014; Kazdin, 2021; S.-Y. Wang & Parrila, 2008）。

肆、描述觀察信度宜包括的資料

在一份行為介入研究裡，描述觀察信度宜包括以下資料（Kazdin, 2021）：第一，觀察者的背景與訓練。第二，觀察者採取的觀察紀錄方法，是現場觀察或錄影觀察紀錄；如果是現場觀察紀錄，觀察者如何進入觀察情境，以及位於觀察對象的哪一個方位和距離；如果是錄影觀察，錄影的方法是什麼。若採取時距紀錄，使用何種工具或策略，以確定觀察者抽取相同的時距。第三，觀察信度抽樣次數的百分比。第四，計算觀察信度的方法。第五，訓練階段的觀察信度，針對觀察不一致的部分，對行為觀察記錄工具做了哪些修改。第六，正式研究階段（包含不同時期，例如：基線期和介入期）的觀察信度，可以呈現全距（最小值和最大值）及平均觀察信度的資料，如示例 5-23。

示例 5-23 觀察信度之撰寫

本研究為增加觀察信度，進行觀察時除了研究者本身之外，另有四位協同觀察者（A、B、C、D）參與，各兩位分開針對研究參與者甲和乙做觀察紀錄。協同觀察者中有三位是特殊教育系畢業，為現職特殊教育教師，而且是研究參與者甲、乙班級中的任課教師；另一位為特殊教育系 3 年級學生，之前已在研究參與者甲的班級中見習過一段時間，他們都修習過特殊教育導論、行為改變技術及智障研究等課程【觀察者的背景】。研究者在向協同觀察者解說並確認其了解無誤之後，研究者與協同觀察者進入教室，現場觀察記錄研究參與者甲和乙的行為，直到觀察信度達到 80% 以上，才終止協同觀察者的訓練【觀察者的訓練】。

訓練階段總共做了三次現場觀察紀錄，最後的觀察信度為 92%【訓練階段的觀察信度】。訓練過程中不一致的部分在於，研究參與者尖叫次數的計數何謂一次，後來釐清為尖叫聲出現至停頓或中止，例如：發出「啊」聲至停頓或中止，不管停頓多長時間，像「啊、啊、啊」計數為三次【針對觀察不一致的部分，對行為觀察記錄工具做了哪些修改】。之後協同觀察者進入現場正式觀察，他們均位於研究參與者側後方，便於觀察其行為，又不會對研究者的教學產生干擾之處，記錄的方法為連續紀錄，記錄尖叫行為及溝通技能的頻率和等級【觀察者採取的觀察紀錄方法】。研究者請協同觀察者針對所有觀察紀錄總次數（30 次），以抽籤法隨機抽取三分之一進行觀察信度的檢核，且分布在基線期、介入期和追蹤期三個階段，各二、六、二次【觀察信度抽樣次數的百分比】。

對於研究參與者尖叫行為的觀察信度指標是採次數比率，依據 Kazdin（1982），計算方法為……；而表達行為功能之溝通技能等級之觀察信度指標是採「點對點一致性比率」，依據 Kazdin 計算方法為……【計算觀察信度的方法】。在總計 10 次的共同觀察評量中，研究者和兩位協同觀察者（A、B）對研究參與者甲尖叫行為的觀察信度，於基線期落在 96% 至 99% 範圍內，平均 97%；介入期落在 86% 至 99% 範圍內，平均 93%；追蹤期落在 91% 至 99% 範圍內，平均 95%；整體的平均觀察信度為 95%【正式研究階段的觀察信度】。……（省略研究參與者甲其他行為，以及研究參與者乙之行為的觀察信度結果）。（綜合整理自王芳琪，1998，76–77 頁、85–86 頁、第 93 頁）

總結

本章探討行為觀察與記錄的方法，從觀察的情境來看，可分為自然和模擬情境的觀察兩種。依記錄的方式來分，則有現場和錄影觀察紀錄兩種。依欲「記錄的行為資料特徵」來分，有頻率、比率、持續時間、延宕時間、工作（或活動）分析、達到標準的嘗試數、反應時距、百分比和等級量表等九種記錄方法。依欲「記錄的時間」來分，則有連續、時距、時間取樣和結果的測量四種記錄方法。至於該選擇何種觀察與記錄的方法，宜考慮標的行為之定義、特徵、介入目標、觀察情境、觀察者、可觀察的時間、可使用的測量工具、要求的正確性，以及資料蒐集給誰看等因素。而要確保觀察記錄的可靠性，還宜有觀察信度的資料。

作業練習 標的行為之觀察與紀錄

延續第四章的作業，以該位有行為問題，讓您感到困擾的個案為對象，完成以下「標的行為之觀察與紀錄」作業：

一、標的行為問題之選擇與描述（已完成）

二、標的行為之觀察與紀錄（包含標的行為問題和正向行為之觀察與紀錄）

（一）標的行為觀察與記錄之方法（包括：行為資料的類型、記錄的方法和工具）

（二）標的行為之觀察信度（包括：觀察者的背景與訓練，使用的觀察紀錄方法，觀察信度的抽樣百分比、計算方法，以及訓練和正式研究階段的觀察信度）

（三）標的行為之基線資料（包括：觀察的長度和次數，以及行為起點狀況）

作業練習 標的行為觀察與紀錄之評鑑

關於標的行為之觀察與紀錄，讀者可以運用「標的行為觀察與紀錄適切性問卷」（如附錄 23），自我檢視此步驟的執行和敘寫品質。

附錄

附錄 19　活動分析之成分與內涵

附錄 20　行為觀察記錄工具

附錄 21　行為觀察記錄工具之選擇決策圖

附錄 22　觀察信度的表示方法

附錄 23　標的行為觀察與紀錄適切性問卷

測驗題

第五章　行為的觀察與紀錄測驗題

第六章

行為問題的診斷

第一節 行為功能評量的意旨和內容
第二節 行為功能評量的實施方式、過程和原則
第三節 身心障礙者行為問題的功能

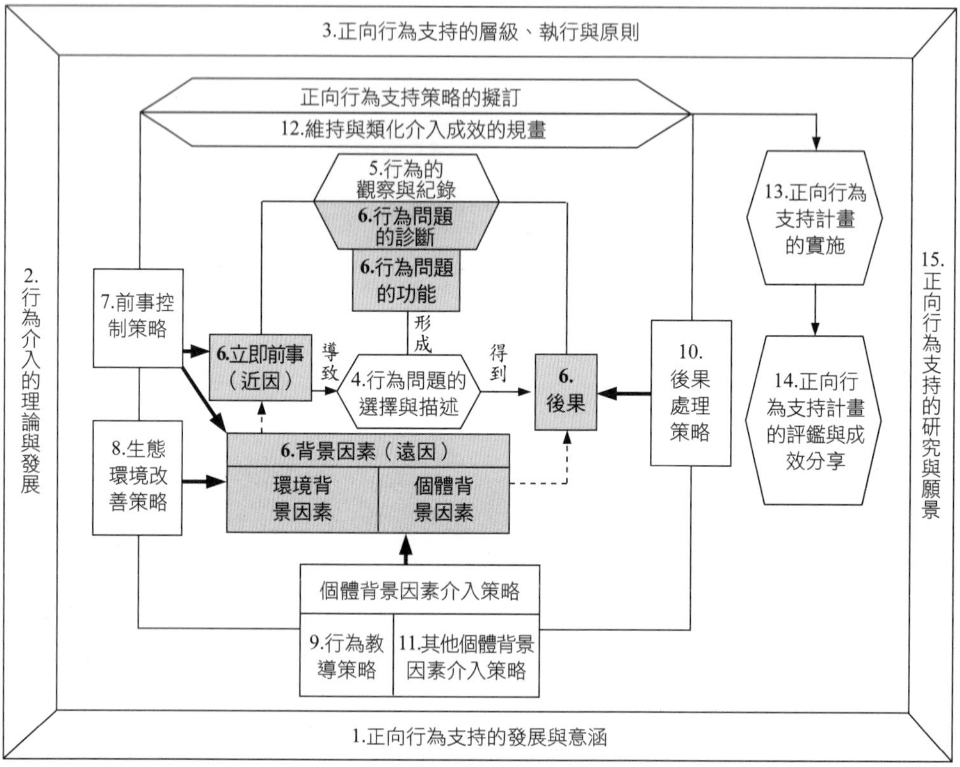
3.正向行為支持的層級、執行與原則
正向行為支持策略的擬訂
12.維持與類化介入成效的規畫
5.行為的
觀察與紀錄
6.行為問題
的診斷
6.行為問題
的功能
形成
2.
行為介入的理論與發展
7.前事控
制策略
6.立即前事
（近因）
導致
4.行為問題的
選擇與描述
得到
6.
後果
10.
後果
處理
策略
13.正向行為
支持計畫
的實施
14.正向行
為支持計畫
的評鑑與成
效分享
15.
正向行為支持的研究與願景
8.生態
環境改
善策略
6.背景因素（遠因）
環境背
景因素
個體背
景因素
個體背景因素介入策略
9.行為教
導策略
11.其他個體背景
因素介入策略
1.正向行為支持的發展與意涵

導讀問題

1. 實施功能評量（FA）的理由和目的是什麼？
2. FA 的意義和內容是什麼？
3. FA 的實施方法有哪些？
4. FA 的實施過程如何？
5. 功能分析的實施方式有哪些？
6. FA 的實施原則有哪些？
7. 身心障礙者的行為問題有哪些功能？

第 2 章已探討各理論對行為問題起源的看法，由此可知所有行為問題絕非空穴來風，只要追根究柢就會發現，每一種行為不管好壞，對個體而言都有其存在的價值和作用。故介入行為問題的第一步就是診斷行為問題，包括使用 FA 了解行為問題的原因、發生情境和功能，然後才能設計一個完整而明確的BIP。本章將探討行為FA的意旨和內容，方式、過程和原則，以及身心障礙者行為問題的功能三部分。

第一節　行為功能評量的意旨和內容

傾聽是了解的開始，智慧是一生傾聽的報酬，讓智者傾聽以增長學習，讓敏銳的人傾聽以獲得方向。（《舊約・箴言》，第 1 章第 5 節）

有文獻（Barnhill, 2005; Fad et al., 1998; J. R. Nelson et al., 1998; O’Neill, Hawken, & Bundock, 2015）稱 FA 為**功能行為評量**（functional behavioral assessment）。Witt 等人（2000）指出，FA 不只用來分析行為問題的成因與功能，以發展 BIP；亦可以用來分析學業問題，以發展學業介入計畫；為區分二者，一種名為**功能行為評量**，另一種名為**功能學業評量**。FA 的提倡被視為處理行為問題最大的轉變，也是了解行為問題功能最有效的一種方法（J. E. Carr & Wilder, 2004; Chandler & Dahlquist, 2014; Cipani, 2018; J. A. Miller et al., 1998）。T. M. Scott 和 Caron（2005）更指出，FA 是預防行為問題的最佳實務。以下討論 FA 的意義和目的、三個層級 FA 的特徵與考量及內容。

壹、功能評量的意義和目的

FA 的概念開始於 1960 年代，最早由 Bijou 和 Baer（1961）提出概念，接著 Bijou 等人（1968）直接觀察行為發生的前事和後果，他們針對的是一般兒童。而最早一篇分析發展障礙（developmental disabilities）者行為功能的研究是，Lovaas 等人（1965）對於自閉症者自傷行為的分析；之後，Crosson（1969）發表〈行為功能分析——特殊教育實務的科技〉（"The Functional Analysis of Behavior: A Technology for Special Education Practices"）一文。E. D. Evans（1971）分析**背景事件**（setting events，又譯為**情境事件**）在行為問題中扮演的角色；E. G. Carr（1977）探討自傷行為的動機。再者，Iwata、Dorsey 等人（1982/1994）提出**功能分析**研究自傷行為。Neef（1994）主編的《應用行為分析期刊》第 27 卷第 2 期，專刊討論功能分析在行為評量和介入的應用。F. C. Mace 和 Roberts（1993）指出，一直到 1980 年代才奠定 FA 在了解行為問題功能上的重要角色。接下來，有愈來愈多的研究使用 FA 分析行為問題，呈現上升趨勢（Dunlap & Kincaid, 2001）。

O'Neill、Albin 等人（2015）指出，實施 FA 有兩個理由：第一，蒐集行為問題在何種情況下發生的資料，對設計一個有效的 BIP 是極為有用的；第二，為有嚴重行為問題者實施 FA 是一項專業準則，美國《IDEA 1997》便明確指出 FA 的重要性，該法案強調，將學生進一步轉介到其他學校或機構之前，學校必須實施功能評量，並依其結果發展 BIP 後執行之。

O'Neill、Albin 等人（2015）指出 FA 有三項基本假設：（1）不只是減少行為問題，更要了解這些行為的結構和功能，以進一步發展正向行為；（2）不只是檢視造成行為問題的個體因素，更要分析行為問題與環境因素之間的關係，以預測何種情境或條件下行為會或不會發生；（3）目標在診斷行為問題的原因和功能，進而發展 BIP，這個計畫必須以個體的尊嚴為基礎。Witt 等人（2000）提出**功能行為評量的 VAIL 模式**，包括**確認**（validate）**問題**、**評量**（assessment）、**解釋**（interpret）、**連結至介入**（link to intervention）和**介入**（intervention）五個步驟，如圖 6-1。由此可知 FA 在行為介入過程中的重要地位。

FA 和**功能分析**這兩個名詞常被混淆，部分文獻（例如：Crone et al., 2015; O'Neill, Albin, et al., 2015; Vollmer & Northup, 1996）將功能分析狹義化，是指以實驗操弄方法了解行為問題的功能。部分文獻將功能分析廣義化，指的是所有分析行為功能的方法，例如：Kratochwill 和 McGivern（1996）將功能分析分為**描述**與**實驗分析**兩種：訪問與直接觀察屬於描述分析；而**模擬的功能分析**（analogue functional analysis）則屬

圖 6-1　功能行為評量的 VAIL 模式

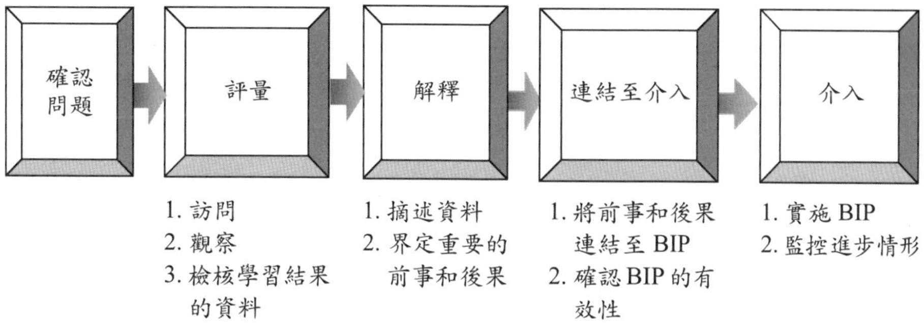

註：修改自 Witt 等人（2000, p. 99），修改處為將步驟內的細節作法加入圖中呈現。

於實驗分析。O'Neill、Albin 等人（2015）釐清 FA 與功能分析二者，指 FA 涵蓋所有分析行為問題功能的方法，包括**相關人士報導法**（informant methods）、**直接觀察**和**功能分析**；前兩者為「描述分析」方法，功能分析為「實驗分析」方法，使用實驗操弄方式了解和驗證行為問題的功能，即 Kratochwill 和 McGivern 所指**模擬的功能分析**、E. G. Carr 等人（1994）所謂的**模擬評量**（analogue assessment，或譯成「類比評量」）。我沿用 O'Neill、Albin 等人的觀點，使用「功能評量」（FA）一詞涵蓋所有分析行為問題功能的方法。

貳、三個層級功能評量的特徵與考量

T. M. Scott 和 Caron（2006）從標的行為問題、參與的重要他人、評量的考慮、評量策略、介入的考量和介入策略六方面的特徵，說明三個層級 FA 的特徵與考量如表 6-1。由此可知，二級和三級預防 FA 參與人員更多元且特定：評量策略的實施情境更多元，方法更多元且正式，並且以正式的分析方法，測試標的行為問題功能之假設是否正確。

參、功能評量的內容

過去的評量採取**性向 — 處理互動取向**（aptitude-treatment interaction approach），

表 6-1　三個層級功能評量的特徵和考量

特徵	初級預防	簡易的次級預防	複雜的次級預防	三級預防
標的行為問題	任何發生在學校的可預測性標的行為問題（例如：午餐時間出現奔跑、喊叫、推擠、混亂、不當的用餐行為、未清潔餐具等行為）。	教師提供處室行為管教轉介，是普通班管理無法有效處理之次要標的行為問題。	是簡短次級預防無法有效處理的簡單標的行為問題，或是不具危險性的干擾行為。	是複雜次級預防無法有效處理之困難標的行為問題，或是具危險性的行為。
參與的重要他人	所有學校中的成人（有學生的參與）。	提出轉介的教師／重要的代表人物（例如：諮商師、學校心理師）。	增加與學生有接觸的所有學校成人，加上家長和其他必要的人員。	增加學生所有生活層面的相關人員：心理健康專業人員、醫療專業人員、同儕等。
評量的考慮	界定標的行為問題之對象，以及何地、何時、何事和為何發生，決定預測標的行為問題之原因及其功能。	簡化的程序：界定標的行為、分析前事和後果以界定標的行為問題之功能。	較為複雜但實際的策略，持續評量以界定標的行為問題之功能。	蒐集充分且足以正確界定標的行為問題功能之資料。
評量策略	共同合作腦力激盪或是分析學校資料，並且以介入結果測試標的行為問題功能之假設是否正確。	互相討論和檢視現有的資料，並且透過觀察介入的結果，以測試標的行為問題功能之假設是否正確。	使用簡短的觀察、問卷調查蒐集資料，並且以正式的分析方法測試標的行為問題功能之假設是否正確。	跨情境、多元的直接觀察資料，行為散布圖，並且以正式的分析方法測試標的行為問題功能之假設是否正確。
介入的考量	讓所有學校人員參與做決策的過程，決策必須是邏輯和實際的，而且是大家的共識。	簡化的程序：讓維繫介入成效的必要人員參與。	較為複雜但實際的介入，有較多人員參與。	採取一致的介入策略，可能考量學生教育安置的適切性。
介入策略	教導全校學生不同地點的正向行為期待，發展常規以預防行為問題，以及主動監督學生的行為。	教導替代的正向行為，並且藉由簡單的提示和後果處理策略，以促進 PBS 在自然情境中的應用效果。	教導替代的正向行為，並且藉由個別化的提示和後果處理策略，以促進PBS在自然情境中的應用效果。	教導替代的正向行為，並且藉由高度個別化的提示和後果處理策略，以促進 PBS 在自然情境中的應用效果。

註：整理自 T. M. Scott 和 Caron（2006, pp. 15–16）。

認為行為問題導因於個體因素，例如：能力、障礙類別和程度等，忽略了環境的因素；FA 主張**特定情境取向**（context-specific approach）來了解和處理行為問題，FA 視評量為持續不斷的過程，評量和行為介入是交互進行的（Maag, 2018）。

F. C. Mace 等人（1991）具體指出，FA 的程序為評量**前事**、**行為**和**後果**的關係，進而找出個體從事某種行為的目的。而 O'Neill、Albin 等人（2015）則指出，FA 除了確認行為與環境因素之間的關係外，還須確認行為與個體因素（例如：生理因素）之間的關係，而後進一步分析行為的功能。Maag（2018）表示實施 FA 後，可以對行為問題形成功能、情境和課程假設，亦即能了解行為問題發生在什麼課程和情境中，其功能是什麼。而我認為廣泛的情境就包含課程，故課程假設可以歸屬於情境假設。

Kern 等人（2021）表示，FA 蒐集的資料包括**廣泛和特定的資訊**。廣泛資訊主要在了解個體和環境的全面資訊，以對其有整體的了解，包含**個體的特徵和生活形態**（例如：身體和健康狀況、學業技能和工作表現、優勢和需求、喜好、行為問題的歷史、主要的生活事件、整體的 QOL），以及**環境的廣泛資訊**（例如：過去的介入）；特定資訊則是指**標的行為出現前後的特定前事和後果**。由上述四組文獻可發現，FA 的內容愈來愈廣泛。以下從了解個體和環境的廣泛資訊，以及分析造成行為問題的特定前事和特定後果與功能四方面，探討 FA 的內容。

一、了解個體和環境的廣泛資訊

透過蒐集廣泛資訊，整體了解個體和環境，以下探討了解個體的特徵和生活形態，以及個體所處的環境三方面（Kern et al., 2021）。

（一）了解個體的特徵

從第 2 章行為問題的理論可知：造成行為問題的個體因素包括氣質的影響、生理的問題、能力的限制、思考的扭曲、高度動機的需求未獲滿足、情緒狀態不佳或不穩。處理人員可以透過多種方法和來源廣泛蒐集個體上述資料，以對個體本身有更深入的了解。綜合文獻，整理個體特徵資料的類型和內涵，如表 6-2。

除了上述個體特徵外，亦可了解個體是否有**獨特的互動風格**，例如：ASD 學生阿哲的普通班導師反應阿哲不服從指令，即使簡單的工作亦是如此。特殊教育教師訪問家長和觀察他們與阿哲的互動後發現：阿哲很喜歡《星際爭霸戰》（*Star Trek*）的影集，自許為星際戰艦中的一員，家長若說：「星際戰艦艦長指示阿哲做……。」他就會說：「阿哲接到星際戰艦艦長的命令做……，阿哲馬上去做。」這是阿哲特有的互動風格，導師採用此互動方式後，阿哲就未出現不服從指令的情形。

（二）了解個體的生活形態

在個體的生活形態方面，處理人員可以蒐集**個體主要的生活事件**、**整體的生活品**

表 6-2 蒐集個體特徵資料的類型和內涵

類型	內涵
個人基本資料	性別、年齡、生理特徵、障礙類別和程度、教育程度等。
生理因素	1. 遺傳基因、腦神經系統、腦神經生物化學傳導物質、新陳代謝或內分泌狀況、身體器官的發展、健康狀況（例如：是否有疾病），以及飲食、睡眠、運動和生活作息情形。 2. 氣質。 3. 身體發展狀況（例如：身高、體重等）。 4. 藥物使用和其副作用的情形。
認知因素	1. 自我概念。 2. 對事件的思考、態度和想法。
能力因素	能力的優勢和需求（例如：溝通、認知和學習、自我照顧、居家生活、休閒、身體動作、壓力和情緒因應、社交、職業等方面能力的優勢和需求）、改變行為的動機。
需求或動機和情緒因素	1. 喜好和興趣。 2. 對基本需求（例如：生理、安全、愛與隸屬、自我實現等）的要求程度。 3. 對刺激或增強物類型和數量的需求情形。 4. 情緒狀態和穩定度。

質，以及**行為問題的歷史**三方面資料（Kern et al., 2021）。在個體主要的生活事件方面，處理人員可以了解個體是否經歷傷痛事件（例如：死亡、疾病），是否遭遇生活上的重大變異（例如：父母離婚、搬家、轉學；Kern et al., 2021）。在整體的 QOL 方面，處理人員可以評量第 1 章所謂QOL的客觀和主觀指標。在行為問題的歷史方面，處理人員可以了解行為問題的長遠和近期歷史，長遠歷史追溯此行為問題第一次出現在何時；近期歷史則比較容易追溯，如果有完整的行為資料，這一年來行為的變化是惡化或是好轉，就可以一目了然。如果行為問題近來突然惡化，處理人員還要詢問主要教養人員，這種變化的關鍵是來自何處？

（三）了解個體所處的環境

PBS 的行為評量不只要了解個體，也要深入了解個體所處的環境（Cipani, 2018）。有些行為問題是由於個體需求與環境供給間有衝突，環境分析旨在找出個體與環境間的差異或不適配處。一般而言，造成行為問題的環境因素主要包括周遭人對個體的態度，是否給予個體學習、控制與選擇的機會，是否提供溫暖與支持的環境，課程或工作要求是否符合個體的能力等，例如：一些研究（Munk & Repp, 1994; Wolery & Winterling, 1997）指出，身心障礙學生的行為問題與課程和教學因素有關，是教師需注意的。

在了解個體所處的環境方面，處理人員可以蒐集個體的**環境背景資料**，以及**行為的介入歷史**兩方面（Kern et al., 2021）。環境背景資料涵蓋**物理和社會因素**，物理因素是指環境的物理特徵；社會因素包括個體目前所處的主要生態環境（例如：家庭、學校／機構或職場）、其中重要他人與個體間的關係和互動情形等（Dunlap et al., 2021）。整理環境背景資料的類型和內涵，如表 6-3。我發展「**環境支持度問卷**」（如附錄 24），可供了解個體所處環境的支持度。

另外，行為的介入歷史可以提供前車之鑑，以避免今後處理行為問題時重蹈覆轍。這個歷史包括過去曾針對標的行為問題或其他行為問題，實施的 BIP 和其效果；如果使用藥物來控制個體的行為問題，也要把藥物治療的歷史和效果做詳細的報告。

二、分析造成行為問題的特定前事

除了解廣泛資訊外，處理人員尚須分析造成標的行為問題之特定前事和後果，以下先探討特定前事。E. G. Carr、Carlson 等人（1998）從**微觀**和**鉅觀**兩種取向來看前事：微觀取向就是分析導致標的行為問題之**立即前事**；而鉅觀取向就是分析影響標的行為問題之**背景因素**，它是廣泛存在於情境中，不會立即影響行為的因素。以下詳細討論立即前事和背景因素。

（一）立即前事

立即前事是指，立即發生於標的行為問題之前的特定事件，包括特定的人、事、物、要求、時間、地點或情境（例如：作業要求太難、工作時間太長或有壓力；無聊的情境；從事一項活動太久；太多人，無法獲得注意）；處於缺乏的狀態（例如：欠缺社會互動、活動，以及以適當方式表達其需求的機會；基本生理需求沒有被滿足等），Miltenberger（1999）稱之為**區辨性刺激**（discriminative stimulus，即 S^D）。Kerr 和 Nelson（2009）指出班規、作息時間表、課程、師生互動、同儕互動、物理環境等，是教室中會影響行為的重要立即前事。

如果立即前事發生在特定的時間，處理人員可以檢視行為問題是否有**週期性**（Burgio et al., 2001），例如：有些行為問題總是在嚴寒或酷熱的天氣中才會發生，有的出現在女性月經期間，有的則在週末才會發生。如果能找出行為問題的週期性，處理人員就能預測，也易於控制。在分析立即前事時，須詳細地界定出立即前事的哪些特徵導致行為問題（Horner & Carr, 1997），例如：個體逃避工作／作業要求，是逃避工作／作業的**內容**、**分量**、**長度**、**難度**、**使用的材料**、**呈現形式**、**完成方式**、**完成時間**、**工作夥伴**，或是**執行時間**、**地點／環境**等的哪種特徵。又例如：個體逃避食物

表 6-3 蒐集環境背景資料的類型和內涵

類型	內涵
物理因素	1. 環境空間的大小、照明、色彩、溫度、通風、動線安排的情形。 2. 環境的吵雜、擁擠和干擾程度。 3. 座位安排。 4. 個體取得環境中設備與器材的難易度。 5. 環境中設備與器材符合個體需求的情形。
社會因素（家庭）	1. 家庭的組成。 2. 家人的性別、年齡、教育程度、職業、健康情形、障礙情形等。 3. 家庭社經地位。 4. 家長的態度、期待和教養方式。 5. 家人與個體間的關係與互動情形。 6. 家人對個體行為問題的看法和可能影響。 7. 家中壓力事件和重要損失。 8. 家庭生活情形。 9. 寄宿的歷史（曾寄宿的家庭或機構和其環境、教養人員的管教方式、對行為問題的看法，其他住宿人員的性別、年齡、健康狀況、障礙情形、一般能力、有無行為問題等，個體與教養人員和其他住宿人員的互動關係）。
社會因素（學校／機構）	1. 學校和班級（或機構）的結構及組成。 2. 教師（或服務人員）的性別、年齡、健康情形等。 3. 教師（或服務人員）的態度、期待和教育方法。 4. 教師（或服務人員）和同儕對個體行為問題的看法。 5. 同儕對個體的態度。 6. 個體與教師（或服務人員）間的關係和互動情形。 7. 個體與同儕間的關係和互動情形。 8. 個體參與課程和活動的情形。 9. 課程、活動適合個體能力、興趣和需求的情形。 10. 個體遇到困難時，得到教師（或服務人員）明確指示或協助的情形。 11. 生活作息的穩定性和可預測情形。 12. 個體與教師（或服務人員）和同儕溝通系統的建立情形。
社會因素（職場）	1. 職場的結構和組成。 2. 雇主與同事的態度、期待和管理方法。 3. 雇主與同事對個體行為問題的看法。 4. 個體與雇主和同事間的關係及互動情形。 5. 個體參與工作的情形。 6. 工作適合個體能力、興趣和需求的情形。 7. 個體遇到困難時，得到雇主與同事明確指示或協助的情形。 8. 工作流程的穩定性和可預測情形。 9. 個體與雇主和同事溝通系統的建立情形。

註：綜合整理自 E. G. Carr、Reeve 等人（1996）、Dadson 和 Horner（1993）、Dunlap 等人（2021）、G. Groden（1989）、Luiselli（1998）、Reiss 和 Havercamp（1997）、Romanczyk（1996）、Romanczyk 和 Matthews（1998）及 Wiesler 和 Hanson（1999）的文獻。

／物品，是逃避食物／物品的內容、分量、溫度、顏色、口感／觸感、盛裝的容器、造型或呈現形式、品牌或廠牌，或是呈現的時間、地點／環境等的哪種特徵。舉例來說，一位 ASD 學生喜歡吃奶昔，有一次抗拒吃奶昔，經了解後發現，他不是討厭奶昔本身，而是抗拒奶昔未放在他認定的盛裝容器中。

除了分析導致行為問題的立即前事外，亦可分析**不會導致行為問題的立即前事**，稱之為 S^{Δ}（唸成 S delta，即**非區辨性刺激**；Miltenberger, 1999）；像是大華不會攻擊體型較強壯的同儕，並且當他從事喜歡的休閒活動（例如：跳床、騎腳踏車）時，則較不會出現攻擊行為。

（二）背景因素

背景因素是指在特定時間，能改變立即前事和行為之間關係的因素，稱為 S^{e}（Bijou, 1996）。有文獻（Zarkowska & Clements, 1994）稱之為**背景條件**（setting conditions），或稱為**背景事件**（E. G. Carr, Carlson, et al., 1998; Dunlap et al., 2005）、**生態變項**（ecological variables; Kern, Dunlap, et al., 1994）、**動機操作**（motivation operation）、**建立操作**（establishing operation; Michael, 1982, 1993; Miltenberger, 1999）。背景因素在個體的環境和日常生活作息中，不是立即發生在行為問題之前，而是比較遙遠的事件或因素，例如：在家裡被責罵、藥物使用情形、生理問題（如感冒）、睡眠品質、飲食狀況、物理環境的特徵（如過於擁擠）等（Horner et al., 1996; P. McGill, 1999）。綜合文獻（E. G. Carr, Carlson, et al., 1998; Horner et al., 1996; R. G. Smith & Iwata, 1997），背景因素透過兩種管道改變立即前事和行為之間的關係，提高行為問題的發生率，一種是**暫時影響個體對立即前事的接受度**；另一種是**暫時改變後果對個體的價值，進而影響他的行為**，如圖 6-2。

舉示例 6-1 來說，玲玲匆忙上學，沒有吃早餐【**背景因素**】，到學校後教師要求她寫作業【**立即前事**】，她有兩個可能的行為，一個是寫作業【**期待的行為**（desirable behavior）】，可以得到教師的讚美；另一個是推開作業，可以獲得逃避作業要求的後果。而她同時看到同學桌上有食物，她最後選擇推開作業，搶奪同學食物，這是因為「沒有吃早餐」這項背景因素，會暫時增加「逃避作業要求」和「食物」這些後果的價值，相對減少「教師讚美」的價值。教師可運用有效力的增強物，促進學生表現正向行為的動機，例如：玲玲完成一小部分作業後讓她吃東西，這是「後果處理策略」；或是先讓玲玲吃東西，之後再要求她寫作業，這是「前事控制策略」。另一個背景因素是，玲玲早上在家吃早餐與姊姊吵架，到學校後要好的同學吳莉跟她開玩笑【**立即前事**】，她出現打吳莉的行為。沒有出現此背景因素時，她不會在意這些玩

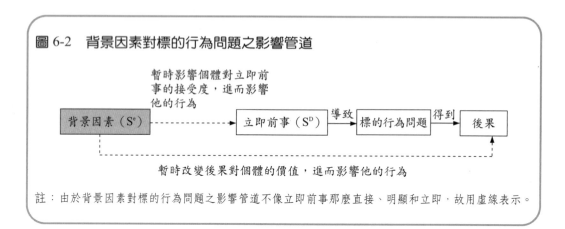

圖 6-2　背景因素對標的行為問題之影響管道

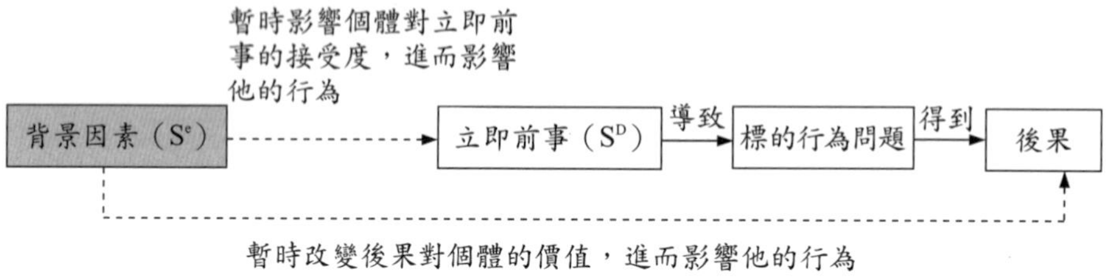

註：由於背景因素對標的行為問題之影響管道不像立即前事那麼直接、明顯和立即，故用虛線表示。

示例 6-1　背景因素對標的行為問題之影響

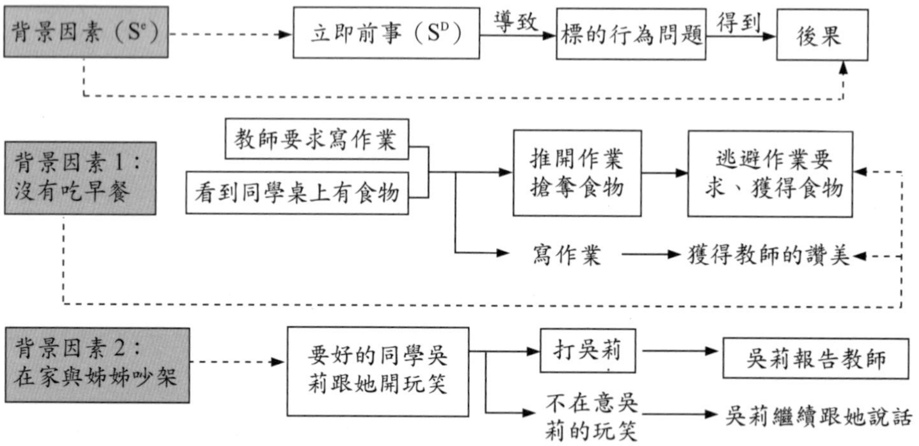

笑的話語，這是因為「與姊姊吵架」這項背景因素，暫時影響她對「吳莉開玩笑」的接受度，進而影響她的行為。

「背景因素」和「動機操作」這兩個名詞，有些文獻認為其意義相同，都是指能改變立即前事和行為問題之間關係的因素；有些文獻則認為二者意義有重疊，但不完全相同。J. O. Cooper 等人（2020）表示，動機操作是指能改變立即前事和行為間關係的一種前事，它會暫時改變後果對個體的價值，進而影響他的行為動機。Laraway 等人指出，動機操作之所以會暫時改變後果對個體的價值，是因為該後果**被剝奪**或**過於飽足**，有兩種動機操作，一種是**建立操作**，另一種是**廢除操作**（abolishing operation）。建立操作意指會增加某種後果之價值的遠因，例如：沒有吃早餐（食物被剝奪）會增加食物的價值；而廢除操作是指會減少某種後果之價值的遠因，例如：早餐吃得太飽（食物被提供得過多），則食物的價值降低，個體便會逃避餐飲製作的作業。

而背景因素則不一定會暫時改變後果對個體的價值，它是由 Kanter 於 1959 年，根據**人類行為間的關聯事實**所提出，是指一個前事會影響一個人的行為，此行為又會影響下一個行為（引自 Kennedy & Meyer, 1998, p. 333）。背景因素提供行為問題出現的**動機**，而立即前事製造行為問題發生的**機會**。我認為背景因素的意義較為寬廣，故全書皆採用此名稱，而且在整理文獻時，不管原作者使用的是「背景事件／條件」或「生態變項」，皆一致以「背景因素」稱之。

Durand（1990）具體指出，背景因素包括**生理**、**社會**和**物理因素**；Zarkowska 和 Clements（1994）則將背景因素統整為**個體**和**環境**兩大部分。比較二者發現，Durand 所指的生理因素即個體背景因素，社會和物理因素即環境背景因素。Kennedy 和 Meyer（1998）從背景因素影響的範圍，分成**特定**和**一般**的背景因素，特定的背景因素是指該因素影響的範圍較為局限；一般的背景因素是指，該因素影響的範圍較為廣泛和長久。舉例來說，特定背景因素如環境中突然出現的一陣噪音，影響的範圍僅在當下對處理人員指令的接受度變低；一般背景因素如個體在班級中欠缺社會互動和社會關係不佳，影響的範圍就會較廣泛和長久，例如：個體會特別重視處理人員和同儕對他的注意，因而導致許多行為問題。我將背景因素分成個體和環境背景因素兩部分，詳述如下。

1. 個體背景因素

個體背景因素除了包括 Durand（1990）所提的「生理因素」外，還可以從前面個體廣泛資訊的蒐集，進一步分析造成行為問題的特定個體背景因素，例如：氣質的影響、能力的限制、思考的扭曲、高度動機的需求未獲滿足、情緒狀態不佳或不穩等。正如插畫 6-1，行為問題只是冰山之一角，冰山之下的是，隱藏於個體內在的限制和不足，處理人員宜了解冰山底層下的問題。

啟思故事 6-1 中，村民剛開始不了解惡魔的生理需求，使用暴力的方式欲擊退惡魔，但是都得到慘敗的下場。只有傑克發現，惡魔是因為肚子餓才會堵住村莊的出口，給他食物便滿足他的需求。

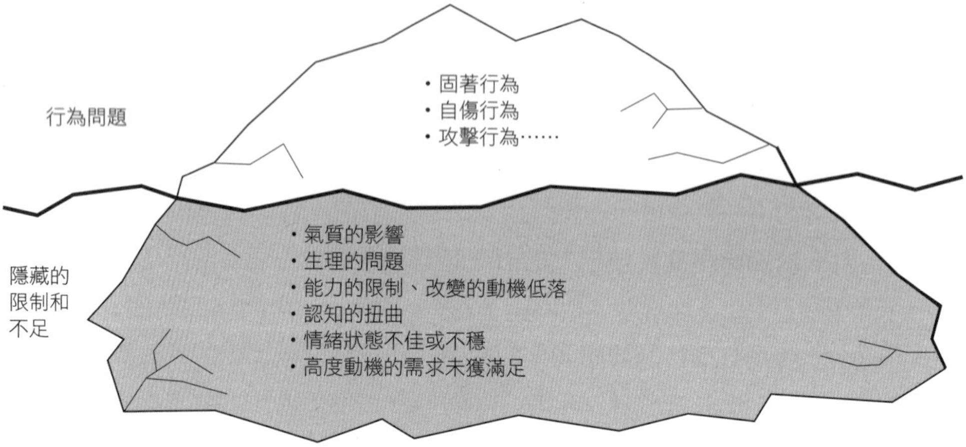

插畫 6-1　身心障礙者的行為問題

行為問題只是冰山之一角，冰山之下的是隱藏於個體內在的限制和不足。（修改自 Schopler, 1995, p. 2；修改處為冰山中的文字）

啟思故事　6-1　了解行為的原因與功能才能用對方法

在 Piper《不只是對手的巨人》（*The Giant Who Was More Than a Match*）中提及一個故事（引自 Simmons, 2006, pp. 158–159）：很久以前，有個被凶殘惡魔詛咒的小村莊，惡魔堵住村莊唯一的進出道路，許多勇敢的騎士挺身而出對抗他，但不論他們使用木棍、火焰、銳劍等何種武器，惡魔的魔法都能使出雙倍的力量，打敗他們的武器。這些騎士的命運打消了其他人營救村莊的嘗試，村民也學會在這樣的環境下度日。有一天，村裡的傻子——傑克想到一個消滅惡魔的方法。大多數村民都嘲笑他，只有勇氣十足的人願意幫助他，帶著食物前往惡魔擋路的地方。當傑克抓起一顆蘋果問惡魔：「你餓嗎？」旁觀者莫不倒抽一口氣。惡魔的眼睛瞇成一條縫，聞了聞蘋果，然後從傑克顫抖的手中接過蘋果。惡魔高舉起他的拳頭，剁開蘋果成兩顆，比他剛吃下的那一顆更紅、更多汁。此時傑克和惡魔相視而笑，流露的溫情讓村民發現，這個惡魔對他們來說是個恩賜而非詛咒。

Kerr 和 Nelson（2009）指出，身心障礙者比一般人更容易伴隨生理的問題，因此宜先確認標的行為問題是否存在生理因素，如果是，使用藥物介入；如果否，或是藥物介入無效，則進行更進一步的 FA，了解行為問題是導因於生理以外的其他哪些因素。

2. 環境背景因素

從前面環境背景資料的蒐集，可以進一步分析造成行為問題的特定環境背景因素，例如：物理和社會因素等。啟思故事 6-2 中，詹先生因為下雨天而感到厭煩，以至忘了親吻詹太太，「天氣不佳」是環境背景因素中的「物理因素」。而詹太太沒有被親吻，是環境背景因素中的「社會因素」，它暫時影響她對小強衣服的接受度。

啟思故事　6-2　背景因素對人類行為的影響

在《好一個吵架天》（Zolotow, 1991/2002）此繪本中，敘述發生在灰濛濛下雨天的故事，詹先生上班前忘了親吻詹太太。由於這樣，又因為下雨讓那天變得很陰沉，詹太太就覺得很生氣；於是她遷怒於小強，嫌他穿的衣服髒死了。小強又把這樣的壞心情轉移到莎莎身上，莎莎到校後也將心中的不愉快，發洩在要好的朋友——小莉身上，批評她穿的雨衣很可怕。小莉回家則對弟弟——阿迪發脾氣，阿迪覺得很生氣，於是把在床上的小狗推下床。然而，小狗覺得阿迪在跟牠玩，開心地搖尾巴。在小狗舌頭的搔弄下，阿迪開懷地笑了起來，他不計較姊姊的無禮，甚至對她做出善意的回應。如此美好的感覺，從一隻不理會天氣的小狗身上，一個接一個擴散開來，最後天氣也晴朗了。

我整理個體和環境背景因素的內涵如表 6-4。Horner 等人（1996）回顧 15 篇功能評量的研究發現，個體的生理狀況（身體不舒服、疲倦）、教學人員和慣例的改變，以及嫌惡事件（例如：在搭校車到校的途中與同學產生衝突、預期的增強物消失），是與立即前事產生共變，進而導致個體出現行為問題的背景因素。其中，個體的生理狀況是屬於「個體背景因素」；而教學人員和慣例改變及嫌惡事件是屬於「環境背景因素」，二者會互相影響。Kennedy 和 Meyer（1996）則發現，睡眠不佳和過敏是行為問題的背景因素。McGill 等人（2003）調查 18 所教養機構人員，對 22 名智障者行為問題背景因素的看法後發現，出現率在 50% 以上的背景因素依序為：緊張和焦慮、情緒不佳、擁擠空間、憂鬱或難過、困難工作、噪音、有疑惑、無聊、活動等待時間太長、早餐沒吃或未吃飽、睡眠被干擾、不了解他人。

表 6-4 個體和環境背景因素的內涵

類型	內涵
個體背景因素	1. 氣質的影響（活動量、趨避性、適應度、規律性、反應閾、反應強度、堅持度、注意分散度和情緒本質等氣質因素的影響）。 2. 生理的問題（生物化學傳導物質失衡，腦神經系統異常，遺傳和染色體異常，器官發展不健全，疾病、藥物和生理期的影響，新陳代謝或內分泌異常，以及飲食、睡眠、運動和生活作息的失調等）。 3. 能力的限制（溝通、認知、社會、休閒、因應和容忍等技能的限制）、改變的動機低落。 4. 思考的扭曲（錯誤歸因、非理性信念、自發性負面思考）。 5. 高度動機的需求未獲滿足（生理、安全、愛與隸屬、尊重、認知、審美、自我實現、超越等需求未獲滿足）。 6. 情緒狀態不佳或不穩。
環境背景因素	1. 物理因素 1-1. 天氣轉變（例如：太熱、太冷）。 1-2. 環境空間擁擠、照明不佳、通風不好、色彩不良、動線不順。 1-3. 不易取得環境中物品。 1-4. 環境吵雜和有干擾刺激。 2. 社會因素 2-1. 在家裡發生讓個體情緒波動的事件（例如：與家人衝突的不愉快事件）。 2-2. 從家裡到學校（或機構、職場）的途中發生讓學生情緒波動的事件（例如：被責罵）。 2-3. 在學校（或機構、職場）發生讓個體情緒波動的事件（例如：與教師或服務人員、同儕有衝突或負向的互動）。 2-4. 環境中的人員產生改變（例如：主責教師或服務人員請長假，由其他人員代理）。 2-5. 受到教師或服務人員 、同儕或家人的排斥。 2-6. 環境未提供個體參與活動或獲得關注的機會。 2-7. 環境未提供個體選擇或決定的機會。 2-8. 個體在群體中的社會角色低落。 2-9. 個體在群體中的社會關係疏離。 2-10. 作息過於緊湊，比平常匆忙或趕時間。 2-11. 個體正準備轉銜至新環境，新環境的人員不了解個體的狀況。

三、分析造成行為問題的特定後果

後果則是指，標的行為問題發生後得到的後果；假如這些後果正中個體的下懷，包含**環境給予個體標的行為問題不適當的後果**，或**標的行為問題本身具有增強效果**，此後果就會與標的行為問題相**關聯**（relevant），而此標的行為問題就變得很有**效果**（effective），加上如果個體不費力，不用表現多次，很快就可以得到他想要的結果，那麼此標的行為問題就變得很有**效率**（efficient），它就會持續發生（J. R. Nelson et al., 1998; O'Neill, Albin, et al., 2015）。尚有**個體觀察別人行為獲得他想要的後果**。以下詳述這三項後果帶給標的行為問題之增強效果，導致標的行為問題持續發生。

（一）環境給予個體標的行為問題不適當的後果

環境給予不適當的後果包括**環境正增強和負增強**（environmental positive and negative reinforcement）兩方面，環境正增強係指，標的行為問題可以讓個體獲得他想要之事物的後果，因此他會持續表現此行為（Iwata, Pace, et al., 1990）。E. G. Carr（1977）稱之為**外在正增強和負增強**，G. Martin 和 Pear（2019）稱之為**社會正增強和負增強**，例如：處理人員可能對個體的干擾行為給予注意，雖然並不一定每次都給予注意，但對於易受忽略的身心障礙者，間歇地提供注意，即使是責罵，也已足夠維持其干擾行為了。如啟思故事 6-3，阿漢上課期間持續出現在教室外遊走的原因是，「追叫他」讓此行為獲得環境正增強，使他成為注意的焦點。

啟思故事　6-3　**環境給予標的行為問題正增強是促成它續發的因素**

上課鐘響，教師說：「咦！阿漢呢？」小朋友此起彼落地說：「老師，阿漢又跑出去了！」「小朋友，你們先把課本拿出來，老師去找阿漢。」「主任，阿漢又跑出去了，請幫我找一下。」主任追在阿漢後面呼喊：「阿漢，停下來。」阿漢樂不可支地笑說：「來啊！來追我啊！」阿漢入學不久，每天都在校園裡上演著阿漢跑在前面，主任在後面追的戲碼，自此阿漢成為學校裡的大紅人。

環境負增強係指，標的行為問題可讓個體得到逃避他不喜歡之事物的後果，因此他會持續表現此行為（Iwata, Pace, et al., 1990）。部分身心障礙者較無法容忍不喜歡的事物或情境，而且他們又不知道如何適當地拒絕；因此容易運用標的行為問題，例如：哭鬧、自傷、打人等，迫使外界結束其厭惡的事物或情境。而如果處理人員在個體出現這些標的行為問題時，即中止該事物或情境【給予的後果】，則個體當下會因為達到目的而停止標的行為問題【最後結果】。處理人員以為終於可以不被此行為侵擾，但是個體因此學會下次再出現不喜歡的事物或情境時，持續表現此標的行為問題以逃避之。反之，如果處理人員在個體出現這些標的行為問題時，不理會他們，他們無法逃避不想要的事物或情境【給予的後果】，則個體可能會持續標的行為問題一段時間，或表現另一項負向行為【最後結果】，逼迫處理人員就範，處理人員的堅持會讓個體知道，表現此標的行為問題無法達到逃避的目的。

另外，後果也不見得要立即發生在標的行為問題之後（Kern et al., 2021），例如：阿偉向處理人員咆哮抗議不合理的要求，下課後得到同學的肯定，讓他感覺在同學心目中的社會地位提升，如此也會維持阿偉抗議行為的出現。再者，標的行為問題出現後，不見得每一次都得到該項後果，才能維持標的行為問題持續發生，有時**間歇增強**便具有維持效果（Kern et al., 2021）；例如：阿迪尖叫便可得到教師的協助，即使教師並非每次阿迪尖叫都協助他，但已足夠維持阿迪尖叫行為的出現。

（二）標的行為問題本身具有增強效果

標的行為問題本身具有增強效果是指，標的行為問題之增強是來自於個體本身，而不是從他人身上獲得，包含**自動正增強和負增強**（automatic positive and negative reinforcement; Iwata, Pace, et al., 1990），E. G. Carr（1977）稱之為**內在正增強和負增強**，Kennedy（2000）指出標的行為問題是受**生理增強物**所維持。自動負增強是指，標的行為問題本身對個體就是一種負增強，可幫助他逃避內在不愉快刺激（例如：逃避身體不舒服、心理困頓的狀態；Iwata, Pace, et al., 1990）。舉例言之，Turner 等人（1996）指出，含手行為可能是個體為了紓解手部肌膚乾癢的不舒服感覺，即受到「自動負增強」維持。

自動正增強是指，標的行為問題本身對個體就是一種正增強，可幫助他取得內在愉快刺激（例如：視覺、聽覺、觸覺、身體動覺、嗅覺、口腔覺等刺激，以獲得感覺自娛的效果；Iwata, Pace, et al., 1990）。受自動正增強維持之標的行為問題所獲得的感覺自娛，可以來自於內在和外在感覺刺激的提供，而分成**內在及外在感覺的正增強**（internal and external sensory positive reinforcement; G. Martin & Pear, 2019），例如：一位 4 歲的發展遲緩（developmental delays）孩子將媽媽心愛的珍珠項鍊剪斷，而後沖進馬桶裡，他受到玩此遊戲之視聽覺效果的增強，即屬於被「外在感覺正增強」維持的示例。部分 ASD 者出現搖晃身體、彈手、摑臉等固著行為，以尋求來自內在身體的自我刺激，即受到「內在感覺正增強」所維持。Iwata、Zarcone 等人（1994）認為，因為身心障礙者常有很多獨處、無聊，或與外界隔離的時間；而且由於他們能力的限制，經常無法如一般人由外在環境獲得刺激之滿足，在此情況下，他們就容易利用本身的行為滿足自己的需求，而養成受自動正增強維持之標的行為問題。

（三）個體觀察別人行為獲得他想要的後果

上述維持標的行為問題之後果來自於個體本身獲得後產生的增強效果，Kauffman 和 Landrum（2018）表示還有一項後果不是個體本身獲得的，而是來自於個體觀察他人行為獲得他想要的後果，所帶來的**替代增強**，例如：個體看到同儕因攻擊某人而得到別人的讚賞，因此間接鼓勵他表現攻擊行為。Rutherford 和 Nelson（1995）即指出，**社會學習**（觀察並模仿他人的行為）可能是個體攻擊或正向社會行為最重要的決定機制。

O'Neill、Albin 等人（2015）指出標的行為和後果相「關聯」，且具有「效果」又有「效率」，則其**效能**提高，行為效能主要在了解三方面：第一，個體的標的行為使用多少精力，例如：長時間的大聲呼叫或是簡短的口頭抗議；第二，一旦標的行為問題發生，個體是否得到想要的後果，例如：引起別人的注意、逃避工作等，而得到後果的頻率又如何；第三，從標的行為問題發生到獲得後果之間相隔多長時間，立刻或是經過一段時間才得到。除了分析標的行為問題之效能外，處理人員也可以了解個體表現正向行為的效能，如此可以讓處理人員發現標的行為問題持續產生的原因。有些個體並不是沒有正向行為，只是正向行為的效能沒有像標的行為問題來得那麼大（O'Neill, Albin, et al., 2015），例如：一位智障者發現尖叫比正向行為——舉手，在滿足行為功能——獲取食物上的效能來得大，因此他會不斷尖叫。為了讓正向行為取代標的行為問題，處理人員必須降低標的行為問題之效能，增加正向行為的效能。

四、分析行為問題的功能

針對行為問題的功能，不同文獻有不同的分法，我整理於附錄25，由此可知，部分文獻（例如：Durand, 1990; O'Neill, Albin, et al., 2015）是從**導致行為問題的前事**分析行為問題的功能，像是逃避嫌惡的情境；部分文獻（例如：G. Martin & Pear, 2019; Tang et al., 2002）是從**維持行為問題的後果**分析之，像是環境正增強；部分文獻（例如：I. M. Evans & Meyer, 1985; L. M. Frey & Wilhite; Maag & Kemp, 2003）則是從**行為問題對個體的意義**分析之，像是社會溝通、心理需求的意義。

綜合上述文獻，我從「導致行為問題之前事」和「維持行為問題之後果」的角度，以及加入「行為問題對個體的意義」，歸納出行為問題的功能主要涵蓋以下四種：**取得外在刺激**、**逃避外在刺激**、**取得內在刺激**或**表達愉悅感覺**、**逃避內在刺激**或**表達不舒服感覺**，如表 6-5。取得外在刺激包括得到注意、獲得想要的物品、活動等。逃避外在刺激包括逃避嫌惡的人或物、注意、懲罰、不舒服的物理環境（例如：燥熱、吵雜、昏暗、擁擠等）、不想要的工作或活動、身體被觸碰、被打斷或受剝奪、作息或活動的改變等；Tang 等人（2002）發現，自閉症者摀耳朵的行為是為了逃避環境中的噪音。取得內在刺激或表達愉悅感覺是指，內在感覺刺激的獲得，當個體在獨自、無聊，從事一項活動太長的情況下最容易出現，它具有自娛或表達愉悅感覺

表 6-5　標的行為問題之立即前事、後果和功能間的關係

立即前事（近因）	後果—增強	標的行為問題之功能
1. 出現個體想要獲取外在刺激之事件或狀況。 1-1. 想要的食物、物品出現，或在特定／一段時間未獲得食物、某樣物品。 1-2. 想要的活動出現，或在特定／一段時間未從事活動。 1-3. 想見到的某個人出現，在特定／一段時間未獲得注意或周遭人注意的焦點未在個體身上。 1-4. 出現引起個體情緒的事件或其需求未獲滿足的狀況。 1-5. 參與或完成課程、活動，或做工作／作業時遭遇困難。 1-6. 周遭人（例如：同儕）拒絕與個體互動或讓他參與活動。 1-7. 在特定事物上周遭人直接幫個體做決策，抑或個體想要控制的人事物等情境出現。 1-8. 周遭人（例如：同儕）表現標的行為問題得以獲取個體想要的外在刺激，以讓他模仿。	1. 個體獲取他想要的外在刺激（讓個體獲得環境正增強），或個體看到表現標的行為問題之他人獲取他想要的外在刺激（讓個體獲得替代增強）。 1-1. 個體得到想要的食物、物品。 1-2. 個體得到想要的活動。 1-3. 個體得到注意。 1-4. 個體的情緒或需求獲得關愛和回應。 1-5. 個體得到協助。 1-6. 個體得到隸屬感和聯盟關係。 1-7. 個體獲得對外在環境的控制權。 1-8. 個體看到表現標的行為問題之他人獲得他想要的外在刺激。	1. 取得外在刺激。 1-1. 獲得想要的食物、物品。 1-2. 獲得想要的活動。 1-3. 獲得注意。 1-4. 獲得關愛和回應。 1-5. 獲得協助。 1-6. 獲得隸屬感和聯盟關係。 1-7. 獲得對外在環境的控制權。
2. 出現個體想要避開外在刺激之事件或狀況。 2-1. 不想要的食物、物品出現。 2-2. 不想要的聲音出現。 2-3. 不想見到的某個人出現。 2-4. 他人（例如：同儕）表現不符合個體期待的語言或行為。 2-5. 處於不舒服或陌生的某個地點或情境。 2-6. 被詢問、批評、指正、責罵、警告或懲罰，或是不公平對待。	2. 個體避開他不想要的外在刺激（讓個體獲得環境負增強），或個體看到表現標的行為問題之他人避開他不想要的外在刺激（讓個體獲得替代增強）。 2-1. 不想要的食物、物品被拿走。 2-2. 不想要的聲音停止。 2-3. 不想見到的人走開。 2-4. 他人（例如：同儕）不符合個體期待的語言或行為停止。 2-5. 離開令個體感到不舒服或陌生的地點或情境。 2-6. 中止對個體的詢問、批評、指正、責罵、警告或懲罰。	2. 逃避外在刺激。 2-1. 逃避不想要的食物、物品。 2-2. 逃避不想要的聲音。 2-3. 逃避不想見到的人。 2-4. 逃避他人（例如：同儕）不符合期待的語言或行為。 2-5. 逃避不舒服或陌生的地點或情境。 2-6. 逃避詢問、批評、指正、責罵、警告或懲罰，或是不公平對待。 2-7. 逃避課程、活動，或工作／作業要求。

（續）

表 6-5　（續）

立即前事（近因）	後果—增強	標的行為問題之功能
2-7. 被要求參與或完成不想從事的課程、活動，或工作／作業。 2-8. 個體的物品被拿走。 2-9. 個體的身體或物品被觸碰。 2-10. 預定的作息改變，或是要個體中止他目前正進行的活動。 2-11. 個體的座位／空間被更動或侵犯。 2-12. 個體被嘲弄。 2-13. 周遭人（例如：同儕）表現標的行為問題得以避開個體不想要的外在刺激，以讓他模仿。	2-7. 中止對個體的課程、活動，或工作／作業要求。 2-8. 個體的物品被歸還。 2-9. 中止對個體身體或物品的觸碰。 2-10. 讓個體逃避作息改變的狀況，或撤消要個體中止活動的指令。 2-11. 停止對個體座位／空間的更動或侵犯。 2-12. 中止對個體的嘲弄。 2-13. 個體看到表現標的行為問題之他人逃避他不想要的外在刺激。	2-8. 逃避物品被拿走。 2-9. 逃避身體或物品被觸碰。 2-10. 逃避作息的改變或活動的中止。 2-11. 逃避座位或空間被更動或侵犯。 2-12. 逃避嘲弄。
3. 出現個體想要獲取內在感覺刺激或表達愉悅感覺之事件或狀況。 3-1. 在獨處[a]情境中無所事事、等待或從事一項活動太久；個體想要的感覺刺激出現；或是個體正在做某個他想要進行的事情或活動。 3-2. 在獨處[a]情境中，個體處於愉悅的情緒狀態。	3. 個體獲取他想要之內在感覺刺激或表達愉悅感覺（讓個體獲得自動正增強）。 3-1. 個體獲得想要的感覺刺激，減輕無聊感，產生自我娛樂的效果，表現愉悅的表情。 3-2. 個體得以表達愉悅的情緒。	3. 取得內在刺激或表達愉悅感覺。 3-1. 獲得感覺自娛（視覺、聽覺、觸覺、身體動覺、嗅覺、口腔覺等刺激）。 3-2. 表達愉悅的情緒。
4. 出現個體想要避開或表達內在不舒服狀態之事件或條件。 4-1. 在獨處[a]情境中，個體處於身體欠佳（例如：飢渴、疼痛）的狀態。 4-2. 在獨處[a]情境中，個體處於心理困頓（例如：焦慮、煩躁）的狀態。	4. 個體避開他不想要之內在不舒服的狀態或表達不舒服感覺（讓個體獲得自動負增強）。 4-1. 個體減輕或表達身體的不舒服感。 4-2. 個體減輕或表達心理的困頓感。	4. 逃避內在刺激或表達不舒服感覺。 4-1. 逃避或表達身體欠佳（例如：飢餓）的狀態。 4-2 逃避或表達心理困頓（例如：焦慮）的狀態。

註：[a] 獨處是指個案獨自一人，無事可做或正在進行某個活動；或是即使有其他人在場，但未安排課程、活動給個體，亦沒有與他互動。

的效果，許多身心障礙者有自我刺激的行為（例如：拍打耳朵為了聽覺自娛）即屬於此種功能。逃避內在刺激或表達不舒服感覺是指，逃避或表達身體不舒服的狀況，以及焦慮、緊張、挫折、壓力等情緒困頓的狀況。

行為功能不見得是單一，有可能是多元的功能（LaBelle & Charlop-Christy, 2002）。PBS 強調不是相同形態之標的行為問題都可以使用同樣的策略，擬訂策略時宜考慮標的行為問題之功能。Hitzing（1992）表示，如果處理人員未了解個體標的行為問題之功能，便欲快速解決之，可能會不恰當地增強其標的行為問題；當個體發現標的行為問題能獲取他想要的外在刺激，或逃避他不想要的外在刺激，成為有效的手段之後，會導致它不斷發生，而處理人員便落入此「不適當前事和後果連結學習的惡性循環」中，如圖 6-3。

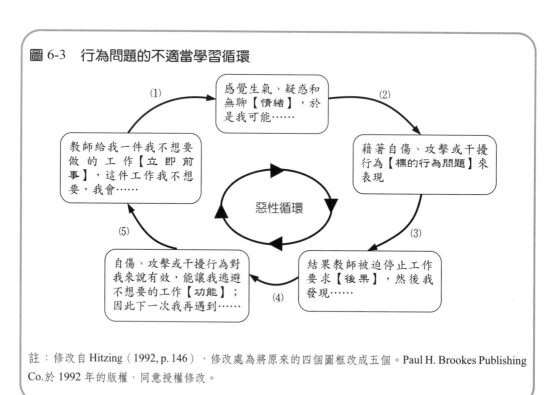

圖 6-3　行為問題的不適當學習循環

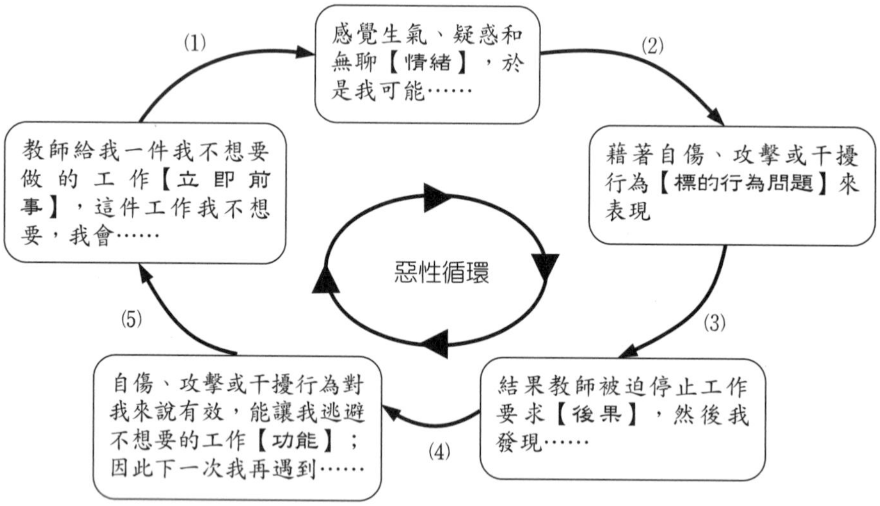

註：修改自 Hitzing（1992, p. 146），修改處為將原來的四個圖框改成五個。Paul H. Brookes Publishing Co.於 1992 年的版權，同意授權修改。

總之，前事和後果因素與標的行為問題之關係，如圖 6-4，接著便可發展標的行為問題之原因和功能假設敘述。原因和功能假設敘述包括三種資料：前事和後果因素、標的行為問題與功能（Kern & Commisso, 2021）；結構為：當發生**【立即前事／背景因素】**時，**【個體】**會出現**【標的行為問題（若有先兆則描述它）】**，為了**【標**

圖 6-4　標的行為問題之功能評量

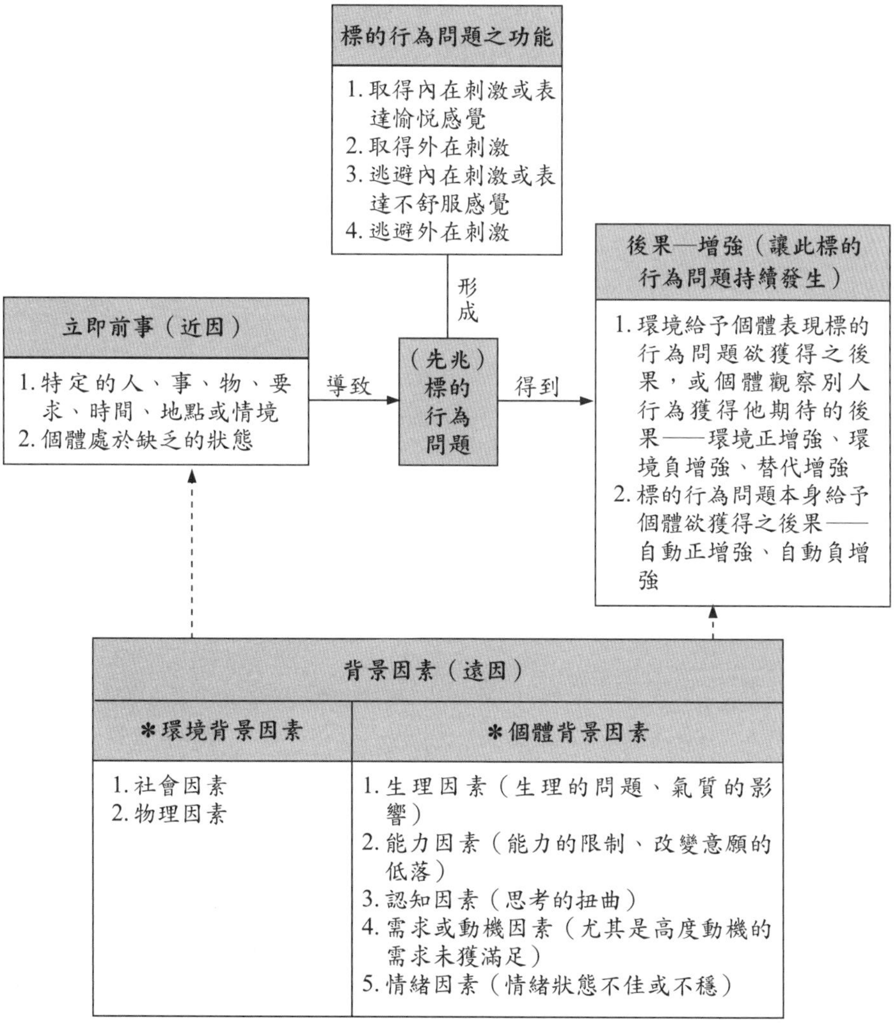

註：——►表示外顯關係，- - - -►表示內隱的影響歷程。

的行為問題之功能】；而當【標的行為問題】之後，得到【個體想要的後果】，它便會受【維持標的行為問題之後果—增強】維持。要注意的是，標的行為問題之「功能」和「原因」意義是不同的；T. M. Scott 等人（2008）即指出，許多人混淆功能和原因，如此會形成非功能本位的假設，例如：大宇攻擊的行為功能是口語能力有限制、有不好的家庭環境，或是沒有服藥，這是原因，而非功能；功能應為「逃避工作」。

舉示例 6-2 來說，玲玲之標的行為問題是尖叫，其原因和功能假設敘述為，玲玲口語能力有限制，當發生玲玲匆忙上學，沒有吃早餐，以至肚子餓，到學校後又被要求做困難的語文或數學作業【**立即前事／背景因素**】時，玲玲【**個體**】會出現閉眼，接著尖叫的行為【**（先兆）標的行為問題**】，為了逃避外在刺激（困難的作業）【**標的行為問題之功能**】；而當尖叫之後，得到教師中止作業要求的後果【**個體想要的後果**】，此行為便會受環境負增強【**維持標的行為問題之後果—增強**】維持。標的行為問題之功能要正確，如此才能擬訂有效的功能本位介入。

示例 6-2　標的行為問題之功能評量

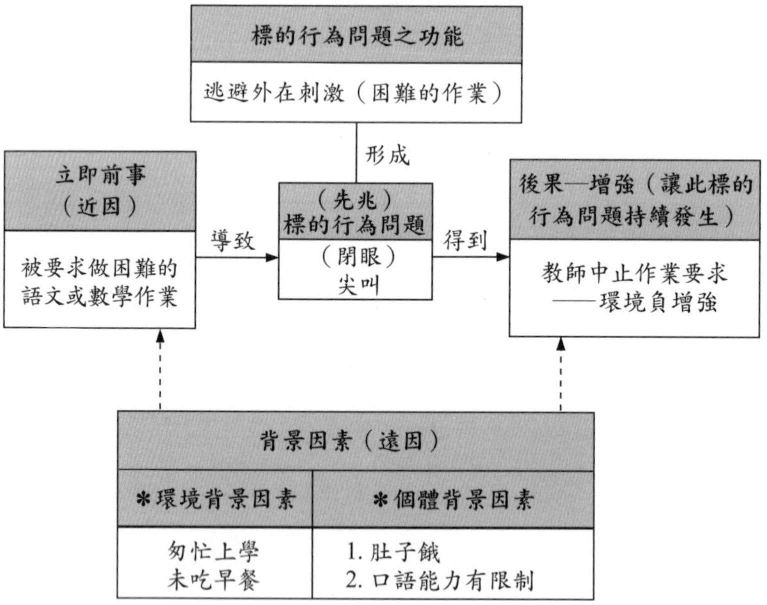

註：——►表示外顯關係，- - - -►表示內隱的影響歷程。

第二節 行為功能評量的實施方式、過程和原則

FA 將處理人員的心智塑造成一面鏡子或玻璃，能夠反映個體行為的原因與功能。

延續第 1 節，本節將探討 FA 的實施方式、過程，以及實施和運用原則。

壹、功能評量的實施方式

Durand（1990）指出，FA 的方法有兩個考量的向度，一為**環境狀態**，另一為**蒐集資料的方法**。其中環境狀態分為**自然的**（即自然情境）及**修正的**（即經過人為操弄的情境）；而蒐集資料的方法則可分為**回顧的**（蒐集過去的資料）及**同時的**（蒐集此時此地的資料）兩種。我以 Durand 的架構為基礎，加上 O'Neill、Albin 等人（2015）的文獻，綜合整理如圖 6-5。其中檢視過去的臨床資料和行為介入紀錄、結構式訪問調查，以及以量表、檢核表、問卷蒐集資料，即 O'Neill、Albin 等人所指的相關人士報導法，由個體的重要他人，如家長、教師、手足等提供資料。此外，評量方法又可分為直接和間接兩種方式，直接觀察和功能分析屬於**直接評量**，蒐集相關人士提供的資料則屬於**間接評量**（Miltenberger, 1999; Tobin, 1994）。以下討論相關人士報導法、直接觀察和功能分析三種方法。

一、相關人士報導法

相關人士報導法是指，從個體的重要他人，例如：家長、教師、特殊教育助理員、同儕、醫生、職業輔導員等，蒐集與個體行為問題有關的資料（O'Neill, Albin, et al., 2015）。以下探討相關人士報導法的內涵，以及優點與限制。

（一）相關人士報導法的內涵

相關人士報導法包括：檢視過去的臨床資料（例如：就醫資料）、行為介入紀錄（例如：日誌或事件報告），運用結構式訪問的問卷、量表、檢核表等，以蒐集相關人士提供的資料（O'Neill, Albin, et al., 2015）。我整理現有「行為功能評量的調查工具」如附錄 26。

圖 6-5　功能評量方法

蒐集資料的方法	環境狀態：自然的	環境狀態：修正的
回顧的	• 檢視過去的臨床資料（例如：醫學資料等） • 檢視過去的行為介入紀錄（例如：日誌或事件報告） • 結構式訪問調查 • 以問卷進行調查 • 以量表（例如：行為動機量表）蒐集資料	• 檢視過去的行為介入紀錄（例如：日誌或事件報告）
同時的	• 直接觀察（例如：行為前後事件觀察記錄工具） • 以檢核表（例如：背景因素檢核表）蒐集資料	• 模擬評量（或功能分析）

註：修改自 Durand（1990, p. 42），修改處為加入 O'Neill、Albin 等人（2015）的示例說明。The Guilford Press 於 1990 年的版權，同意授權修改。

另外，為了解一般學生對班上身心障礙同儕的觀感，進而了解身心障礙學生在普通班中的人際關係和社會地位，處理人員可以採用**社交計量法**（sociometry），以評定學生在團體中被接納和排斥的程度，以及發現學生間互動關係和團體內部結構（Kubiszyn & Borich, 2013）。涂春仁於 1994 年設計電腦化的社交計量法，之後於 2009 年正式出版，可以求得以下七種資料：**正向和負向提名**、**被喜和被拒次數**、**互喜和互拒次數**、**喜拒差**、**社會喜好指數**（被喜 Z 值減去被拒 Z 值）、**社會影響指數**（被喜 Z 值和被拒 Z 值相加）、**社會地位和次級團體**。其中，社會地位可以歸類為**受歡迎**（被喜歡的程度高、被討厭的程度低）、**被拒絕**（被喜歡的程度低、被討厭的程度高）、**被忽視**（被喜歡和被討厭的程度均低）、**受爭議**（被喜歡和被討厭的程度均高）和**普通**五組；次級團體是指有互喜關係者的共同組合，還可以分析團體的開放或封閉情形，封閉性團體是指所有該次級團體成員的喜歡對象皆是團體成員，否則屬開放性團體（涂春仁，2009）。

為獲得社交計量資料，首先須實施「社交計量問卷」，涂春仁（2009）發展以「分組學習」和「舉辦郊遊」為題目的問卷。鈕文英等人（2001）發現，涂春仁設計的問卷較適合中高年級填寫，低年級學生有困難閱讀那些喜歡和不喜歡的理由，甚至無法寫出班上同學的名字；於是他們針對低年級學生修改問卷，以「分組學習」和

「舉辦聚餐」為題目，了解學生通常喜歡和不喜歡某位同學的理由，而後使用低年級學生常用的語彙，彙整成喜歡和不喜歡的理由代碼，並加上注音，且給予全班同學名字貼紙，便於不會寫名字的同學作答，最後找一個低年級的班級進行預試並做修改。附錄 27 呈現「社交計量工具之編製與分析」。

I. S. Schwartz 等人（2001）表示，若課程是引發學生行為問題的前事，還要做**課程本位評量**（curriculum-based assessment，簡稱 CBA），以了解學生在學習此課程上的困難和需求。J. W. Wood（2006）提出 CBA 的實施步驟，我將之整合如下：（1）依邏輯順序，列出該單元課程中重要的目標；（2）準備評量材料測試每一個目標；（3）計畫要如何實施 CBA；（4）教學前實施該單元的 CBA，以決定學生的起點行為，以及先備技能的具備情形；（5）教學後再實施該單元的 CBA，以了解學生達成目標的情形，決定學生是否可以學習下一個單元，是否需要額外的教學、練習或是課程內容的修正；（6）在一段時間之後，再實施該單元的 CBA，以測試學生精熟和維持的情形。J. W. Wood 指出，在決定學生的起點行為，以及先備技能的具備情形之後，教師便可設計課程與教學調整方案因應學生的需求。

我依據文獻發展「標的行為問題原因與功能訪問調查問卷」（附錄28）、「標的行為問題動機量表」（附錄 29）、「行為背景因素檢核表」（附錄 30），這些都是相關人士報導法。茲舉例說明「標的行為問題動機量表」的填寫如示例 6-3。由示例可發現：該個案「自傷（拍打頭部）」的主要功能為取得實物／活動。

此外，行為問題是一種溝通的方式，某些身心障礙者由於溝通能力的限制，以至產生行為問題，行為問題可能是他們用來表達需求的最有效工具（Durand, 1990; Horner & Day, 1991; Lalli et al., 1995）。諸如生氣、害怕、無聊的情緒，生理的疼痛，或是要求明確的物品等，如果無法透過語言表達，行為問題如踢門、咬指甲、撞頭等行為都有可能出現。我參考 O'Neill、Albin 等人（2015）的文獻，修改成「行為溝通分析檢核表」（如附錄31），可以幫助處理人員了解行為的溝通功能。茲舉玲玲的行為溝通分析檢核表如示例 6-4，它顯示該個案口語表達能力有限制，多用動作（例如：用力抓別人、推人）要求別人的注意和協助；要求想要的食物、東西或活動；顯示某東西、某地方；表示困擾、悲傷、生氣或害怕；對別人安排的情況或活動表示不滿或抗議，其中「要求別人的注意」是最多數的溝通功能。而她還有拿實物給別人看、用單字或部分口語、點頭和搖頭等較正向的溝通行為，只是頻率較少。

示例 6-3 標的行為問題動機量表

題目	1 很少如此	2 偶爾如此	3 一半如此	4 多數如此	5 經常如此
1. 當個案獨處[a]時會出現這個行為。	☑	☐	☐	☐	☐
2. 在無人制止下，個案反覆表現這個行為至少 5 分鐘。	☐	☑	☐	☐	☐
3. 即使周圍沒人在，個案也會出現這個行為。	☑	☐	☐	☐	☐
4. 個案出現這個行為時，不會顧慮他人的存在。	☐	☑	☐	☐	☐
5. 當您指派個案做某項工作／作業時，他會出現這個行為。	☐	☑	☐	☐	☐
6. 當您不指派個案做某項工作／作業時，他會停止這個行為。	☐	☑	☐	☐	☐
7. 當您要求個案參與某項課程／活動時，他會出現這個行為，以反抗您的要求。	☐	☐	☑	☐	☐
8. 當您不要求個案參與某項課程／活動時，他會停止這個行為。	☐	☐	☑	☐	☐
9. 當您不注意個案時，他會出現這個行為來引起您注意，並花一點時間與他在一起。	☐	☐	☐	☑	☐
10. 當您注意個案時，他會停止這個行為或表現愉快的表情。	☐	☐	☑	☐	☐
11. 當個案做工作／作業遭遇困難時，他會出現這個行為。	☐	☐	☑	☐	☐
12. 當您協助個案做工作／作業時，他會停止這個行為或表現愉快的表情。	☐	☐	☐	☑	☐
13. 當個案得不到他想要的食物時，他會出現這個行為。	☐	☐	☐	☑	☐
14. 當喜愛的物品出現時，他會出現這個行為。	☐	☐	☐	☑	☐
15. 當個案無法從事他有興趣的活動時，他會出現這個行為。	☐	☐	☑	☐	☐
16. 當您給個案想要的事物或活動時，他會停止這個行為。	☐	☐	☐	☑	☐
17. 當個案獨處[a]，處於身體欠佳的狀態（例如：疼痛、疲倦、飢渴）時，他會出現這個行為。	☑	☐	☐	☐	☐
18. 當個案獨處[a]，處於心理困頓的狀態（例如：焦慮、煩躁、憤怒）時，他會出現這個行為。	☑	☐	☐	☐	☐
19. 當個案從事這個行為時，會讓他減輕身體的不舒服感，或是心理的困頓感。	☑	☐	☐	☐	☐
20. 即使周遭人在現場，或是制止個案，他可能短暫停止，但仍然出現這個行為。	☑	☐	☐	☐	☐

項目＼功能	取得內在刺激	逃避外在刺激	取得注意／協助	取得實物／活動	逃避內在刺激
題目得分	1. 1	5. 2	9. 4	13. 4	17. 1
	2. 2	6. 2	10. 3	14. 4	18. 1
	3. 1	7. 3	11. 3	15. 3	19. 1
	4. 2	8. 3	12. 4	16. 4	20. 1
總分	6	10	14	15	4
平均數	1.5	2.5	3.5	3.8	1
排序	4	3	2	1	5

註：[a] 獨處是指個案獨自一人，無事可做或正在進行某個活動；或是即使有其他人在場，但未安排課程、活動給個案，亦沒有與他互動。

示例 6-4　行為溝通分析檢核表

溝通行為 ＼ 溝通功能	口語					手語／手勢			動作								臉部表情		實物／符號			其他（請說明：　）	總計
	完整的口語（成句）	複誦	部分口語（不成句）	用單字表示意思	口出聲音但無語言	完整的手語	使用單字手語	指點	搖頭、點頭	拉別人的手來帶領	增加身體的動作（例如：抱別人身體）	把身體挪近別人	用力抓住別人、推人	打人等攻擊行為	自傷行為	從某情況中走開	面部表情	眼睛凝視	拿實物給別人看	拿圖卡或照片給別人看	拿字卡給別人看		
要求別人的注意			✓	✓						✓			✓	✓					✓				6
要求別人的協助									✓		✓								✓				3
要求想要的食物、東西或活動											✓												1
要求休息一會兒																							0
顯示某東西、某地方											✓												1
表示身體不舒服（例如：頭痛）				✓																			1
表示困擾													✓										1
對別人安排的情況或活動表示不滿或抗議													✓										1
表示很無聊																							0
表示悲傷、生氣或害怕													✓										1
總計	0	0	1	2	0	0	0	0	1	1	3	0	4	1	0	0	0	0	2	0	0	0	15

（二）相關人士報導法的優點與限制

相關人士報導法有以下優點：它能廣泛地從個體的重要他人處，獲得許多行為問題過去和現在的資料；但限制是：它採間接的方式蒐集資料，無法直接蒐集個體此時此刻的行為資料，可能有偏誤，通常會搭配直接觀察一起使用（Dunlap et al., 2021）。另外，Hanley 等人（2003）建議訪問個體最關鍵的重要他人，以有效率地蒐集較正確的資料。

二、直接觀察

直接觀察是一種處理人員直接進入個體的自然環境，觀察周遭和標的行為問題有關之事件，以發現其原因和功能的方法，以下探討直接觀察的內涵、優點與限制，以及實施原則。

（一）直接觀察的內涵

直接觀察可以獲得下面的資料（Artesani, 2000; O'Neill, Albin, et al., 2015）：（1）標的行為問題之次數；（2）最可能與最不可能發生標的行為問題之時間；（3）最可能與最不可能發生標的行為問題之地點；（4）導致標的行為問題之前事；（5）標的行為問題獲得之後果。現有的「行為功能評量的直接觀察記錄工具」如附錄 32。

我發展「標的行為問題原因與功能觀察記錄工具」（如附錄 33），茲舉例說明如示例 6-5，由此可發現，大平尖叫行為的主要功能為逃避外在刺激（修改作業、中止玩玩具的指令、牛奶、同學幫他拿出課本），以及取得外在刺激（注意、協助）。

示例 6-5 標的行為問題原因與功能觀察記錄工具

日期	時間	地點	課程或活動	背景因素	立即前事	（先兆）標的行為問題	後果	最後結果	可能的功能	備註
11/23	10:25 ｜ 11:05	教室	數學	無	上課鈴聲響，教師叫他收拾正在把玩的玩具，回到座位上。	尖叫：發出阿聲 3 分鐘	與他約定再玩 5 分鐘。	停止尖叫。	逃避中止玩玩具的指令。	約定時間到，他仍然不放下玩具。
11/24	10:25 ｜ 11:05	教室	社會	無	上課玩弄鉛筆，致鉛筆掉到桌下，想撿卻撿不到。	尖叫：發出嘰聲 1 分鐘	請大強幫他撿鉛筆。	停止尖叫。	獲得教師的注意及同學的協助。	

（續）

示例 6-5　（續）

日期	時間	地點	課程或活動	背景因素	立即前事	（先兆）標的行為問題	後果	最後結果	可能的功能	備註
11/25	8:10 | 9:20	教室	語文	無	教師要他修改作業。	（閉眼） 尖叫：發出嘰聲 3 分鐘	停止要求他修改作業。	停止尖叫。	逃避修改作業的指令。	
11/26	10:25 | 11:05	教室	數學	無	做作業過程中遇到困難，不知道如何做。	（閉眼） 尖叫：發出嗚聲 3 分鐘	教師安撫他，叫他不要急，並且教他怎麼	停止尖叫。	獲得教師的協助。	
11/27	8:10 | 9:20	教室	語文	無	上課鈴聲響，教師叫他收拾正在把玩的玩具，回到座位上。	（搖頭） 尖叫：發出阿聲 3 分鐘	教師不理會他尖叫，幫他收拾玩具，並且帶他回到座位上。	尖叫 5 分鐘後停止。	逃避中止玩玩具的指令。	
11/30	7:40 | 8:00	教室	晨光時間	無	拿牛奶給他喝。	（閉眼） 尖叫：發出嘰聲 30 秒	教師將牛奶拿走。	停止尖叫。	逃避不想要的物品（牛奶）	
12/1	10:25 | 11:05	教室	社會	下課時，大強未經大平同意把玩他從家裡帶來的玩具。	教師要求他拿出課本，他不拿，教師請大強幫他拿時。	尖叫：發出阿聲 1 分鐘	教師一邊安撫他，一邊幫他拿課本。	停止尖叫。	逃避大強幫他拿出課本，並且獲得教師的注意。	大強坐在大平旁邊，平常大強幫他拿課本，他不會尖叫，今天會尖叫，可能是背景因素影響他對大強幫他拿課本的接受度。
12/1	11:20 | 12:00	教室	綜合活動	無	聯絡簿寫錯。	（皺眉） 尖叫：發出阿聲 1 分鐘	教師安撫大平，叫他不要急，並且幫他擦掉錯誤，讓他重寫。	停止尖叫，繼續抄聯絡簿。	獲得教師的協助。	

Steege 等人（2019）提出**行為流程紀錄**（behavioral stream recording），是指像是溪流般完整觀察和記錄行為發生的過程；在記錄時，不必像行為前後事件觀察記錄工具區分成前事和後果變項。行為前後事件觀察記錄工具只能記錄複雜情境中的一小部分；而行為流程紀錄可以提供關於行為更多、更詳細的情境脈絡資訊，讓處理人員對行為有更全面的了解，舉一例如示例 6-6，「行為流程記錄工具」如附錄 34。

示例 6-6　行為流程紀錄

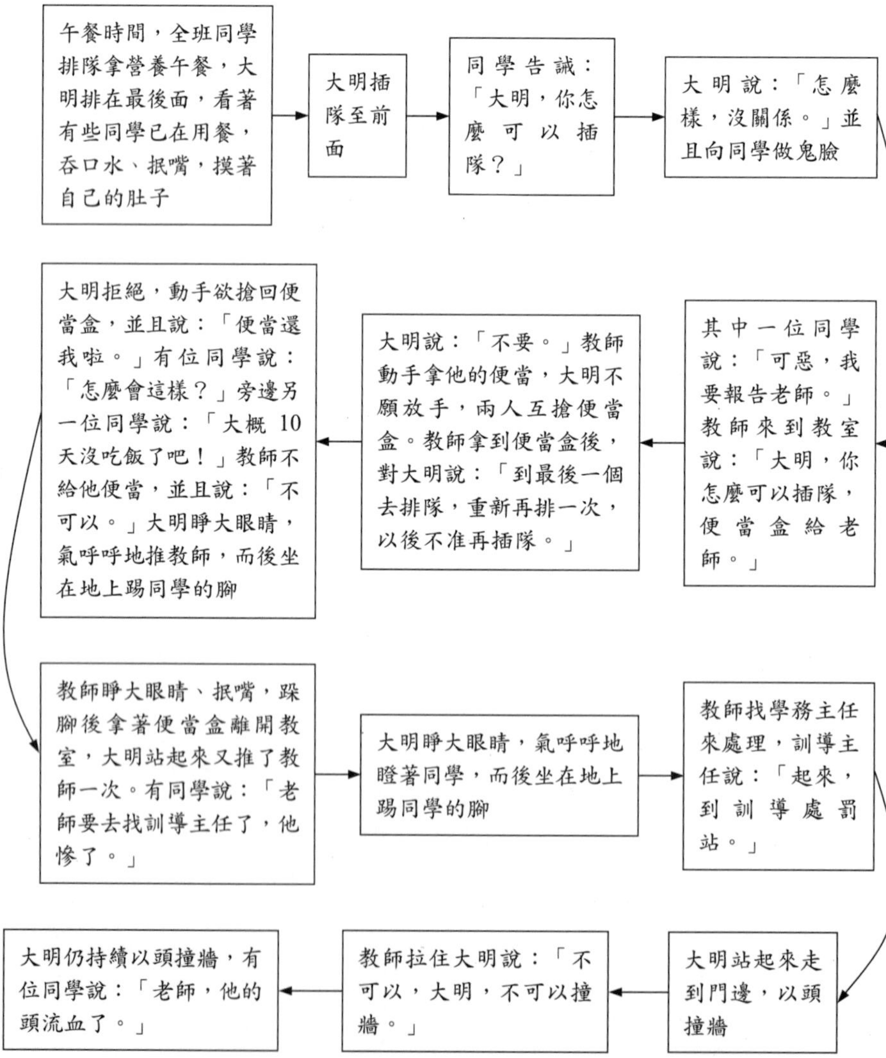

註：參考 Steege 等人（2019）的「行為流程紀錄」，再以《愛他更要有好方法——特教學生的行為處理策略》（國立教育資料館製作）影片中的實例記錄而成，並且更改學生名字。

使用直接觀察蒐集行為資料後，可以使用 Sterling-Turner 等人（2001）提出的**條件概率**（conditional probability，簡稱 CP）方法，分析前事、後果和標的行為問題之間的關係。舉例來說，分析後果和標的行為問題間關係的 CP 公式如下；同樣地，分析前事和標的行為問題間關係的 CP 公式為將分子改成：獲得特定前事的標的行為問題數，再乘上 100（%），就可換算成百分比。直接觀察蒐集的資料可以彙整如示例 6-7，我並呈現 CP 資料。

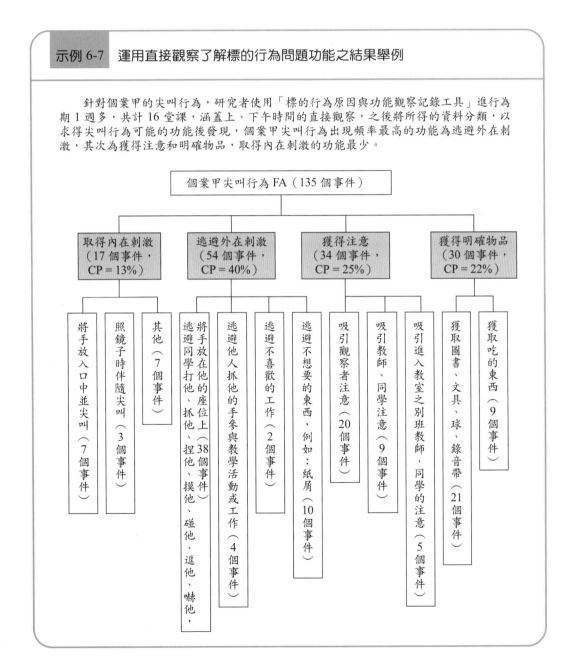

示例 6-7　運用直接觀察了解標的行為問題功能之結果舉例

針對個案甲的尖叫行為，研究者使用「標的行為原因與功能觀察記錄工具」進行為期 1 週多，共計 16 堂課，涵蓋上、下午時間的直接觀察，之後將所得的資料分類，以求得尖叫行為可能的功能後發現，個案甲尖叫行為出現頻率最高的功能為逃避外在刺激，其次為獲得注意和明確物品，取得內在刺激的功能最少。

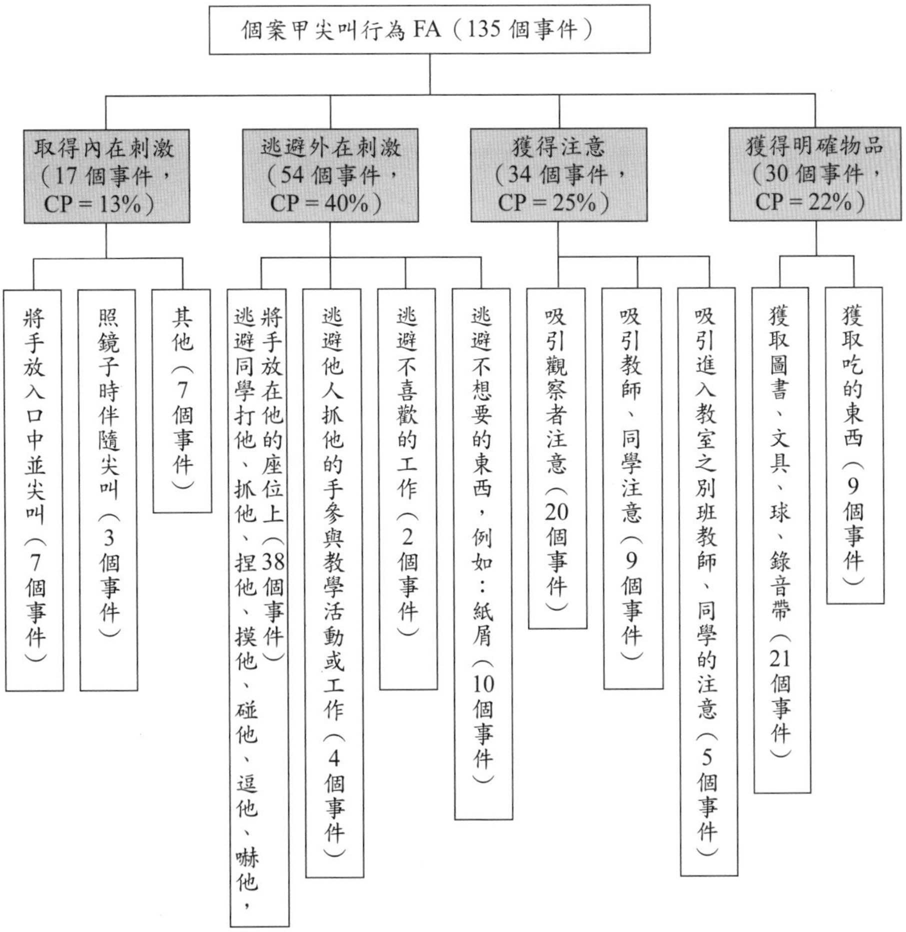

$$CP = \frac{\text{獲得特定後果的標的行為問題數}}{\text{在觀察期間全部標的行為問題數}}$$（Sterling-Turner et al., 2001, p. 215）

處理人員除了觀察記錄導致標的行為問題之立即前事外，亦可記錄不會導致標的行為問題之立即前事，甚至是產生正向行為的前事，如示例 6-8，「正向行為的直接觀察記錄工具」如附錄 35。

示例 6-8　正向行為的前後事件記錄工具

立即前事	正向行為	後果
■ 上某個課程（可能是他想要的）：體育	■ 未出現標的行為問題或其他不適當行為	■ 獲得教師或同儕的增強
■ 某個活動出現（可能是他想要的）：看影片	■ 參與課程或活動	□ 獲得感覺自娛
□ 某個人出現（可能是他想要的）：______	■ 服從指令	□ 忽略
□ 某樣食物、物品出現（可能是他想要的）：______	■ 完成作業或工作要求	□ 其他：______
□ 給予某項工作／作業（可能是他想要的）：______	□ 與他人有良好的互動或合作	
■ 獲得教師或同儕的正向注意：口頭讚美	□ 輪流等待	
□ 教師或同儕提供明確的指令：______	□ 其他：______	
□ 教師或同儕提示他正向行為：______		
■ 教師或同儕提供協助：協助困難的作業		
□ 提示活動的轉換		
■ 提供選擇：活動項目的選擇		
□ 調整座位：______		
□ 調整物理環境：______		
■ 加入愉悅的刺激：音樂		
□ 其他：______		

（二）直接觀察的優點與限制

直接觀察的優點是能直接蒐集到此時此刻行為的前事和後果；但限制是無法獲得過去的資料，而且需較多時間蒐集資料，以及分析獲得的資料（Demchak & Bossert, 1996）。T. M. Scott 等人（2000）調查 63 位在大學教導和研究「FA」的人，對 FA 方法之觀點後發現，每一種方法都是充分，但非百分之百必要，其中「直接觀察」的必要性最高（87% 的人認為有必要），而且約有 75% 的人認為須至少觀察五次，才足以找出行為與問題的功能；其次是檢視檔案資料（55%）和量表（50%），二者皆屬於相關人士報導法。

（三）直接觀察的實施原則

使用直接觀察宜注意以下九點實施原則。

1. 在做觀察紀錄前，宜確認和界定標的行為問題，針對相同之標的行為問題做紀錄。ASD的菲菲未經他人同意，會拆他人身上衣物的線頭；被教保員制止後會大聲喊叫，標的行為問題是拆他人身上衣物的線頭，而非大聲喊叫。
2. 處理人員最好能在不同情境觀察，以蒐集更多元的資料（Lalli & Goh, 1993）。
3. 在做觀察紀錄時，若有看到標的行為問題之先兆，宜記錄下來，以作為擬訂介入策略的依據。
4. 在做觀察紀錄時，宜完整記錄立即前事，如此才不會錯誤界定立即前事（E. G. Carr, Carlson, et al., 1998），例如：一位學生作業做得不好，教師給予負向的回饋，而後才出現攻擊行為；這時「教師給予負向回饋」才是導致攻擊行為的立即前事，而不是作業做得不好。又例如：學生是在教師要他將完成的洞洞板拿出來再做一次時，才出現抗拒行為，而不是教師第一次命令他做就出現。再者，一位 ASD 學生一進學校就開始出現彈手指行為，並不是在某個想要的事物或活動，或是教師要求他做什麼事之後才出現，則立即前事不能寫成：想要的事物或活動出現，或是教師要求他做什麼事；而應是無事可做，或是教師未一對一帶著他從事需雙手一起運用的工作／作業。
5. 在做觀察紀錄時，宜記錄標的行為問題得到之後果和最後結果，如此才能確認是什麼後果增強個體之標的行為問題。舉例來說，示例 6-5 中大平看到別班的女生來到班上就尖叫，這是為了取得外在刺激（引起注意）或逃避外在刺激（別班女生的進入）呢？此行為的功能是取得或逃避外在刺激，取決於得到的後果和最後結果。若得到的後果是女生離開，最後結果是大平停止尖叫，則是逃避外在刺激；若得到的後果是女生注意他，最後結果是大平停止尖叫，產生愉悅的表情，則是取得外在刺激。而當個體無法由標的行為問題達到他的功能，他會持續表現標的行為問題，或是表現其他行為，而此後果—最後結果的過程可能持續一段時間，處理人員可以注意和記錄什麼樣的後果比較能緩和個體的情緒，減少且不會增強他的標的行為問題。舉例來說，示例 6-5 中大平尖叫後，教師與他約定再玩 5 分鐘後便停止尖叫；然而約定時間到，他仍然不放下玩具。另一次大平尖叫後，教師忽略他尖叫，幫他收拾玩具，並且帶他回到座位上，大平尖叫 5 分鐘後停止。由此可發現，忽略相較於與他約定再玩 5 分鐘，不會增強他的標的行為問題，是未來可採用的處理策略。

6. 在做觀察紀錄時，宜記錄日期、時間、地點、課程或活動等情境脈絡，以檢視標的行為問題是否有週期性，發生在特定的地點、課程或活動，以作為界定標的行為問題之參考。ASD的阿美聽到咳嗽或清喉嚨聲，就會產生自傷行為，此自傷行為的功能是逃避內在刺激或外在刺激？功能的判斷取決於個體所處的環境、得到的後果和最後結果。如果環境中有人，她自傷行為後得到的後果是周遭人停止咳嗽或清喉嚨聲，而後她就停止自傷行為，表示自傷行為的功能為逃避外在刺激。如果環境中沒有特定的人，她自傷行為後遠處的咳嗽或清喉嚨聲未停止，她一直重複自傷行為，表示自傷行為的功能為逃避內在刺激。
7. 在做觀察紀錄時，宜留意同儕是否表現標的行為問題讓個體模仿。舉例來說，同學碎唸「我很笨」而獲得教師的協助，讓個案得到替代增強，進一步模仿此行為。
8. 在做觀察紀錄時，宜記錄標的行為問題是否針對特定的人事物，發生在特定的情境；如果不是，而是普遍出現在很多人事物和情境，則要留意大範圍的環境背景因素和個體背景因素。舉例來說，同學下課玩在一起，看到大偉就躲開他，或說不要打我；大偉出現追同學或推開同學的攻擊行為；得到的後果是同學跑開，最後結果是持續攻擊行為直到教師制止。此行為的功能是取得注意，或是獲得隸屬感和聯盟關係呢？此行為的功能是哪一種，取決於他表現標的行為問題針對的對象。如果是針對某些特定的對象，則功能是取得注意；如果不是，而是針對一個群體的所有人，進一步觀察大範圍的環境背景因素後發現，同學排斥大偉，則攻擊行為的功能是獲得隸屬感和聯盟關係。又例如：阿斌在教養機構中每一次用餐都會搶奪其他住民的食物，且教保員規定他在特定時間和地點從事活動時，會出現違抗行為，顯示此標的行為問題是普遍出現在很多人事物和情境，進一步觀察大範圍的環境背景因素後發現，教養機構很少給予服務使用者選擇與控制的機會，則標的行為問題之功能是獲得對外在環境的控制權。而如果標的行為問題是針對特定教保員、住民、食物、活動，或是吃完自己的食物後才表現搶奪行為，則功能才是取得外在刺激或逃避外在刺激。ASD的菲菲未經他人同意，會拆他人身上衣物之線頭，此行為普遍出現在很多人事物和情境，教保員給她其他可拆線頭的衣物，即使她暫時配合，但還是會拆他人身上衣物的線頭，且會摳掉牆壁上的任何裝飾品、掛鉤等，則此行為功能與她的個體背景因素——趨避性和堅持度高的氣質有關，藉此逃避讓她焦慮的狀況。

9. 在做觀察紀錄時，宜注意是否每次立即前事出現，皆會引發標的行為問題；若不是，則宜注意和記錄該立即前事之前，是否有出現背景因素。舉例來說，示例 6-5 中大強幫大平拿課本時，大平出現尖叫行為，平常大強幫他拿課本，他不會尖叫，當天會尖叫，可能是背景因素影響他對大強幫他拿課本的接受度。

總之，標的行為問題之 FA 要正確，如此才能擬訂有效的功能本位介入，如思考問題 6-1。

思考問題 6-1　標的行為問題功能

a. 以下是一位學生哭鬧行為的 FA 結果，此功能的界定是否正確？

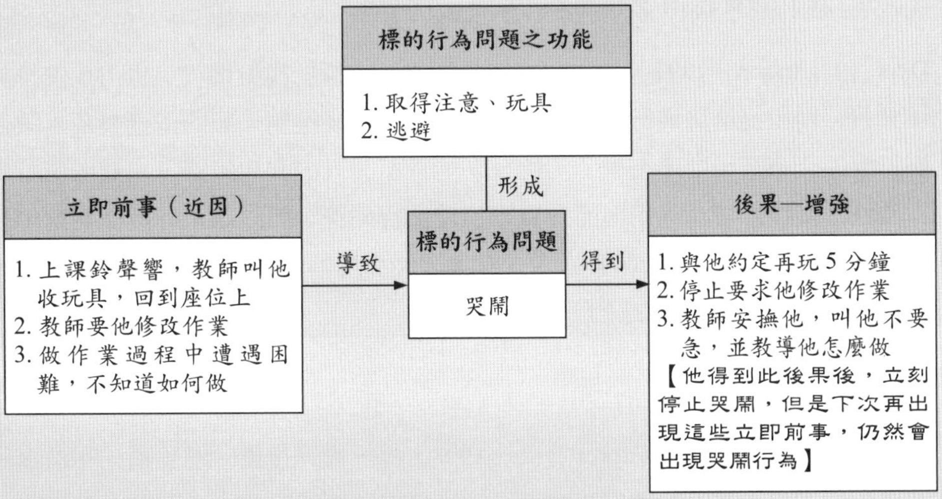

☞ 哭鬧行為功能的界定不完全正確，我評論如下：

1. 取得玩具並不是該生哭鬧行為的功能，因為玩具在他的手上，他玩得正開心。他亦不是要取得教師的注意，而是逃避要他收玩具的指令。
2. 未具體界定該生逃避的具體內涵——修改作業。
3. 該生做作業的過程中遭遇困難，其功能是逃避困難作業或獲得教師的協助，取決於他表現的行為、得到的後果和最後結果。如果當教師給他此份作業時，他一開始就拒絕，並表示好難；或是如果一開始接受此份作業，過程中遭遇困難才哭鬧，即使教師給予協助，他仍然哭鬧，則哭鬧的功能為逃避困難作業；而假如教師給予協助後他停止哭鬧，則哭鬧的功能為獲得教師的協助，該生哭鬧的功能即屬此種。

總之，該生哭鬧行為的功能為逃避外在刺激（教師要他收玩具的指令、修改作業），以及取得外在刺激（教師的協助）。

三、功能分析

Donnellan 等人（1988）具體把功能分析的程序劃分為，評量前事、行為和後果之間的關係。Vollmer 和 Northup（1996）認為，功能分析就是有系統地操弄環境因素，也就是刻意安排各種不同的情況，觀察個體在不同情況下的行為，以找出維持或抑制行為問題的原因。如果行為發生不頻繁，直接觀察可能費時而獲得的資料有限；或是行為功能的組型不明顯，須做進一步確認，在這些情況下，處理人員可以使用功能分析的方法（Wacker et al., 1998）。以下探討功能分析的實施情境和方式、優點和限制，以及實施原則。

（一）功能分析的實施情境和方式

Dyer 和 Larsson（1997）指出，功能分析可以安排於模擬情境，也可以安排於真實情境進行。於模擬情境進行功能分析的優點是，容易控制無關的干擾變項；限制是無法確實反映真實情境的所有變項，由此功能分析設計的介入策略，未能考量真實情境的複雜性，可能影響其應用，而於真實情境進行的優點與限制正好與模擬情境相反（O'Neill, Albin, et al., 2015）。實施方式有擴展和簡短的功能分析（extensive and brief functional analysis）兩種，詳述如下。

1. 擴展的功能分析

在擴展的功能分析中，Wacker 等人（1998）提出操弄**後果—增強物**，和**前事—行為**間關係兩種方式。這兩種都只單方面操弄後果或前事；除此，我回顧文獻發現，有研究同時操弄後果和前事，以了解**前事—行為—後果**間的關係。O'Neill、Albin 等人（2015）提出最常做功能分析的單一個案研究設計有：**ABA 或 ABAB 撤回設計**（withdrawal design）、**多重介入設計**（multitreatment design）和**交替介入設計**（alternate treatment design），欲了解這些設計的內涵可參見鈕文英和吳裕益（2019）。以下詳細說明操弄「後果—增強物」、「前事—行為」和「前事—行為—後果」間的關係這三種方式。

（1）操弄「後果—增強物」間的關係

操弄後果—增強物間的關係是指操弄行為的後果，以了解它和增強物間的關係，可以操弄兩種狀況（Wacker et al., 1998）：第一種是對標的行為問題給予個體想要的後果（例如：注意），未出現標的行為問題則不給予；反之，第二種是在個體出現標的行為問題時，不給予他想要的後果，當他未出現標的行為問題或出現正向行為時才給予，以確認此後果是否為個體欲獲得的增強物。在第一種狀況若標的行為問題增加，而在第二種狀況若標的行為問題減少，則驗證後果—增強物間的關係，O'Heare（2019）稱之為**後效分析**（contingency analysis）。以下介紹操弄四種情境、不同的感覺刺激和特定的後果，以分析維持行為問題的增強物。

①在「四種情境」下操弄後果以分析維持標的行為問題之增強物

有一些研究在操弄後果—增強物間的關係，以分析標的行為問題之功能，綜合文獻（Iwata, Dorsey, et al., 1982/1994; Kennedy et al., 2000; F. C. Mace, 1994; Northup et al., 2004; VanCamp et al., 2000），主要操弄以下四種狀況：第一種是**沒有互動**（no interaction）或**獨處**（alone）、**不理會**（ignore）、**沒有行為後果**（no-consequence）的情境，旨在了解標的行為問題之功能是否受**自動正增強**維持。鍾儀潔和鈕文英（2004）功能分析兩位自閉症兒童的固著行為，在沒有互動情境下，研究者與他們同處於一個小房間；但不提供任何互動或玩具，只靜坐在一旁假裝看書，不論他們有否出現固著行為皆不理會之。在沒有互動或獨處、沒有行為後果的情境中，標的行為問題出現率高，大多數研究將之歸類為受「自動正增強」維持；但較嚴謹的研究會進行再確認的步驟，例如：Vollmer、Marcus 等人（1995）利用**延伸非互動期**，再確認於連續長時間的非互動期間，是否仍有高比例之標的行為問題發生。

第二種是**引起注意**（attention）、**斥責**（reprimand）、**社會不贊同**（social disapproval）的情境；或**取得事物／物品／食物**（tangible/material/edible）的情境，旨在了解標的行為問題之功能是否受**環境正增強**維持。鍾儀潔和鈕文英（2004）的研究在社會不贊同情境下，研究者提供自閉症兒童喜歡的玩具，告訴他們可以玩所有的玩具；若他們出現固著行為，則對他們說：「不要玩你的手，我不喜歡你這樣！」若他們未出現固著行為則不理會。唐榮昌和李貞宜（2007）以四位高中智障學生為研究參與者，採功能分析了解他們固著行為的功能，在取得食物的情境，研究者呈現他們喜愛的食物在其前方的桌上，讓他們看得到卻拿不到；一旦他們有固著行為發生，研究者立即給予一小塊食物；而當固著行為停止，則立刻移除食物。

第三種是**要求**（demand）或**逃避**（escape）的情境，旨在了解行為問題的功能是否受**環境負增強**維持。鍾儀潔和鈕文英（2004）以功能分析兩位自閉症兒童的固著行為，在課業要求情境下，研究者要求他們從事稍具難度的課業活動；若他們依要求反應，則給予口頭讚美；5 秒鐘內若無反應，則從最少量至最多量提示，引導他們從事活動；在此期間，若出現固著行為，則立刻停止要求，休息 30 秒，30 秒後，若固著行為不再發生，研究者則立即給予課業活動，並重複前述作法。

第四種是**遊戲**（play），或**娛樂／休閒**（leisure/recreation）、**控制**（control）情境，旨在以遊戲或娛樂／休閒情境作為控制情境，了解於豐富的環境刺激下，能否降低標的行為問題（通常用於分析固著行為）之出現率，以與其他三種情境相對照，進一步了解和確認固著行為的功能。鍾儀潔和鈕文英（2004）的研究在非結構性遊戲情境下，研究者與自閉症兒童同處於一個小房間並肩坐下，並且提供他們喜歡的玩具；若他們在 30 秒內沒有出現固著行為，則給予口頭讚美（例如：「你好棒！都沒有玩你的手。」）；若出現固著行為，則不理會。另外，以上四種情境，除了第四種為控制情境外，其他三種情境都是在操弄對標的行為問題給予個體想要的後果，未出現標的行為問題則不給予；若標的行為問題在某一情境增加，則驗證該後果—增強物間的關係；若在兩種以上情境出現高頻率之標的行為問題，則屬受**多重變項控制**，以及多重功能的行為（Lohrmann-O'Rourke & Yurman, 2001）。我發現目前文獻最常評量的四種情境中，較欠缺受**自動負增強**維持之標的行為問題評量。

舉例來說，鍾儀潔和鈕文英（2004）以功能分析兩位自閉症兒童的固著行為，採抽籤隨機安排的方式，將沒有互動、遊戲、社會不贊同和要求四種情境帶入「交替介入設計」，以取得**對抗平衡**（counterbalancing，為避免固定情境安排順序招致的問題），於 20 分鐘的觀察時段，每個情境每次出現 5 分鐘，記錄 5 分鐘內出現固著行為的頻率。圖 6-6 的結果可發現，就個案乙而言，固著行為在沒有互動情境頻率最高，而在遊戲此控制情境頻率低；顯示他的固著行為受自動正增強維持，並且於豐富的環境刺激下，能降低固著行為的出現率。

鍾儀潔和鈕文英（2004）功能分析發現，個案乙的固著行為受自動正增強維持後，採用延伸非互動期再做進一步的確認，如圖 6-7，結果發現個案乙在延伸非互動期，每分鐘固著行為的平均次數為 3.22，比隨機出現四種情境時的非互動期還高（2.23），更確認他的固著行為受自動正增強維持。

②在「不同感覺刺激」下操弄後果以分析維持標的行為問題之增強物

針對前述受**自動正增強**維持的標的行為問題，可以運用**感覺遮蔽**（sensory masking）**評量**，進一步分析該標的行為問題是受何種感覺刺激的**自動正增強**維持。感覺遮蔽評量可包括視覺、聽覺、觸覺、嗅覺、口腔覺和身體動覺的遮蔽評量，旨在測試若個體欲獲得的某種感覺刺激被遮蔽後，他的標的行為問題是否減少；如果是，表示個體是為了取得該種感覺刺激（唐榮昌，2006；唐榮昌、李淑惠，2002a、2002b；鄭光明，2005；鍾儀潔、鈕文英，2004；Patel et al., 2000; Rapp et al., 1999; Tang et al., 2002）。此操弄方法就是 Wacker 等人（1998）所謂在個體出現標的行為問題時，不給予他想要的後果，以驗證後果—增強物間的關係。

圖 6-6　以交替介入設計分析不同立即前事下標的行為問題之出現率

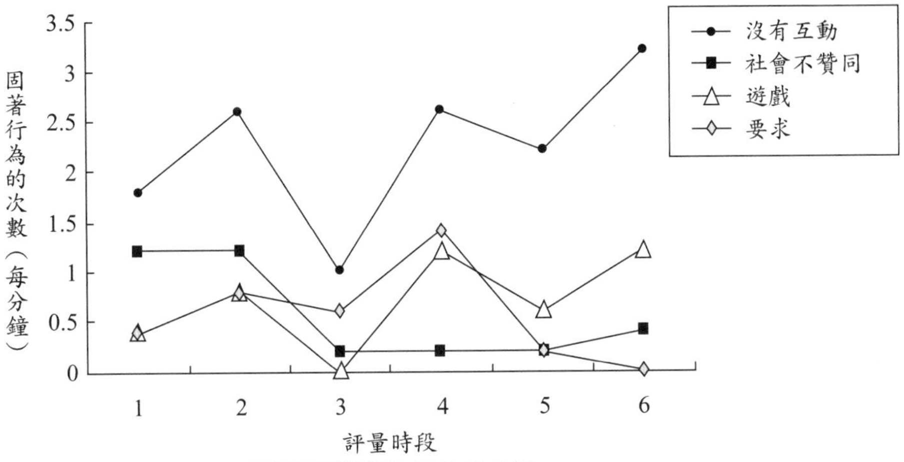

個案乙固著行為的功能分析

註：取自鍾儀潔和鈕文英（2004，第 185 頁）。本圖未依交替的次序畫出資料路徑，易被誤解為同時介入設計，請讀者注意。

圖 6-7　採用延伸非互動期確認標的行為問題之自動正增強功能

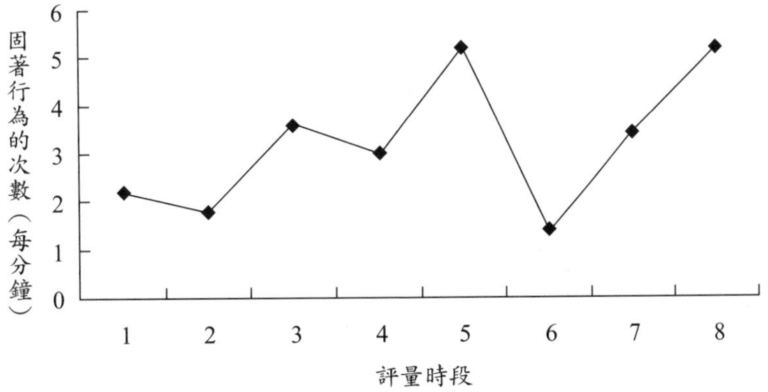

個案乙延伸非互動期評量

註：取自鍾儀潔和鈕文英（2004，第 186 頁）。

綜合上述文獻，加入個人看法，於視覺遮蔽情境，使用眼罩或墨鏡為遮蔽物，或是遮蔽個體想看的物品；如果個體不願意配合，則採用改變感覺形式，干擾個體欲獲得的視覺刺激，例如：提供強烈的燈光對比（明、暗）或閃爍的燈光。於聽覺遮蔽情境，使用軟質耳塞為遮蔽物，或是遮蔽物品發出的聲音（例如：在地面鋪上軟墊，讓個體扔杯子在地上聽不到破碎的聲音）；如果個體不願意配合，則採用**改變感覺形式**，干擾個體欲獲得的聽覺刺激，例如：提供其他高節奏感的音樂。至於觸覺、嗅覺、口腔覺與身體動覺無法完全遮蔽，因此採用改變感覺形式，增加反應所需費力程度來達到部分遮蔽的功能；在觸覺遮蔽情境，例如：讓個體戴上棉質手套，或是將物品覆上一層遮蔽物，以改變感覺形式；在身體動覺情境，使用套於手腕之肌力練習環，以增加反應所需費力程度；在嗅覺遮蔽情境，改變原有物品的氣味或加入其他氣味；在口腔覺遮蔽情境，改變原有食物的味道或加入其他味道的食物。

唐榮昌和李淑惠（2002a）對一位自閉症兒童做含手的感覺遮蔽評量發現：他含手行為與視、聽覺無關，當觸覺遮蔽（戴上手套）時，其含手行為立即下降。唐榮昌和李淑惠（2002b）對多重障礙（multiple disabilities）兒童做彈手指的感覺遮蔽評量發現：他彈手指行為欲獲得的是視覺刺激。鍾儀潔和鈕文英（2004）以功能分析兩位自閉症兒童的固著行為，在確定固著行為於非互動期出現頻率最高後，進一步採交替介入設計，對其中一位願意配合者做感覺遮蔽評量，圖 6-8 結果發現，他的固著行為在視覺遮蔽情境頻率最低，顯示他的固著行為受視覺刺激之自動正增強維持。

值得注意的是，進行感覺遮蔽評量時，不見得所有的感覺都須做遮蔽評量，可以根據另兩種 FA 的方法，以及前述功能分析的資料，假設標的行為問題可能獲得的感覺刺激，再針對這幾項感覺做遮蔽評量，例如：一般來說，含手行為可能有聽覺、觸覺、視覺、口腔覺的增強，而如果個體在含手時，他都閉著眼睛，或即使張開眼睛，也不會看其手部動作，則表示他不需要視覺刺激的增強，故可以排除視覺遮蔽評量；又假若他含手時，都不會發出聲音，或是聲音極小，則表示他不需要聽覺刺激，故可以排除聽覺遮蔽評量。排除後剩下來的只有觸覺和口腔覺刺激，進行觸覺和口腔覺遮蔽評量後，若確認為觸覺，接著須檢視個體欲獲得的是口或手部的觸覺刺激或二者？Goh 等人（1995）因應此問題，對研究參與者進行「口對玩具」、「手對玩具」和「手對口」的實驗發現，他在手對玩具的操弄次數比口對玩具者多，故認為含手行為的感覺刺激主要來自手部，而且他操弄玩具的行為可以取代含手行為。鄭光明（2005）以四名多重障礙學生為研究參與者，探討其含手行為的功能後發現，其中一位含手行為欲尋求觸覺刺激；之後便參考 Goh 等人的作法，確認是口部或手部的觸覺刺激，選出三種增強物讓他操作，每種增強物操作三次，每次操作 15 分鐘，分別記

圖 6-8　以感覺遮蔽評量分析不同感覺刺激下標的行為問題之出現率

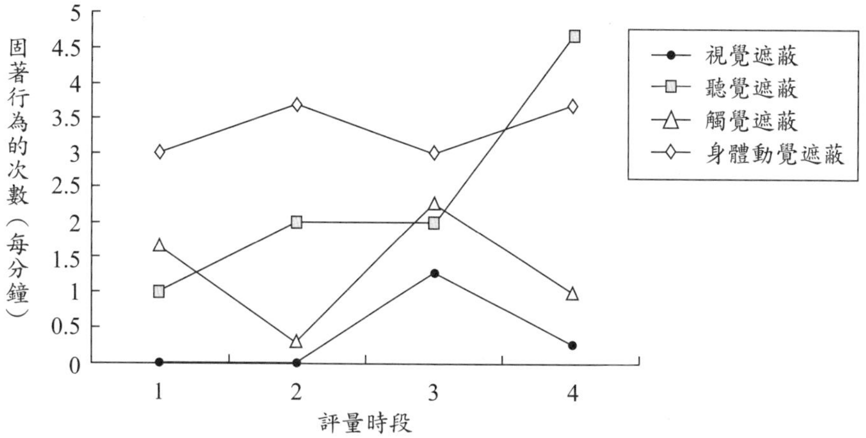

個案甲感覺遮蔽評量

註：取自鍾儀潔和鈕文英（2004，第 187 頁）。本圖未依交替的次序畫出資料路徑，易被誤解為同時介入設計，請讀者注意。

錄他以手和口操作增強物的百分比後發現，他以手操作的百分比高於口部，可知刺激部位是手部。

另外一個在做感覺遮蔽評量時宜注意的問題是：當遮蔽某種感覺刺激時，是否也遮蔽其他感覺刺激？舉含手為例，用手套進行觸覺遮蔽時，除了遮蔽觸覺外，是否也遮蔽視覺和口腔覺，亦即是否因為沒有看到手，或是手套的口腔覺不如裸手，而致使含手行為降低？我認為須注意採用的遮蔽物和遮蔽方式，若要解決上述問題，或許可採用透明的手套，讓個體可以看得到手；或是拿一個嚐起來味感與裸手接近的玩具，像洋娃娃的手，如果個體含洋娃娃手的頻率高，表示他欲獲得的是口部觸覺刺激。還有在釐清是口部或手部觸覺刺激時，也須注意提供的增強物是否為一個影響來源，例如：鄭光明（2005）及 Goh 等人（1995）的研究中，採用的玩具是否會影響口對玩具、手對玩具的實驗，某些玩具的質地握在手裡舒服，但放在嘴裡「口感」或「味道」卻不佳。我認為或許可採用摸起來的觸感和嚐起來的口感或味道與裸手接近的玩具，例如：洋娃娃的手；另一方面也要觀察個體拿到玩具的第一個反應、口和手對玩具時的表情，以及在不同玩具上的反應是否一致。

除了檢視個體需要的是哪種感覺刺激外，還須更細步地了解他需要的是何種特定的視覺、聽覺、觸覺、嗅覺、口腔覺或身體動覺刺激，例如：個體抓人頭髮或含手行為需要的是手部觸覺刺激，他需要的是哪種觸感的刺激呢？什麼樣的觸覺活動才能滿足他的需求呢？洋娃娃頭髮的觸感是否能取代真人頭髮的觸感？手捏玩具的觸感和觸覺活動是否能取代手放在嘴巴者？這些都須再進行**刺激偏好**（stimulus preference）和**增強物評量**得知，於下一部分呈現。

③操弄「特定後果」以分析維持標的行為問題之增強物

操弄特定後果是評量在特定後果消失或出現的情況下，標的行為問題之出現率。Hanley 等人（1997）針對兩位中重度智障者的破壞行為，採用 ABAB 設計進行功能分析後發現，破壞行為的主要功能為引起注意；之後比較非後效注意（noncontigent attention）和給予物品，以及後效注意（contingent attention）兩種情況，破壞行為的出現率，非後效注意詳述於第 7 章。圖 6-9 呈現在非後效注意和給予物品的情況下，亦即在未出現破壞行為時，給予注意和物品，破壞行為較後效注意者減少。

（2）操弄「前事—行爲」間的關係

前事對 E/BD 和 AD/HD 的影響力很大，卻經常被忽視（Flood & Wilder, 2002; R. G. Smith & Iwata, 1997）；而且早期對於背景因素的探討著重在生理因素，較少論及課程與教學等因素，在前事評量上也傾向於實驗情境中進行，研究參與者多為重度發展障礙者（例如：重度智障、ASD）的攻擊和自傷行為，較少針對 E/BD 和其他行為

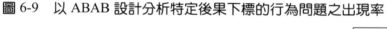

圖 6-9　以 ABAB 設計分析特定後果下標的行為問題之出現率

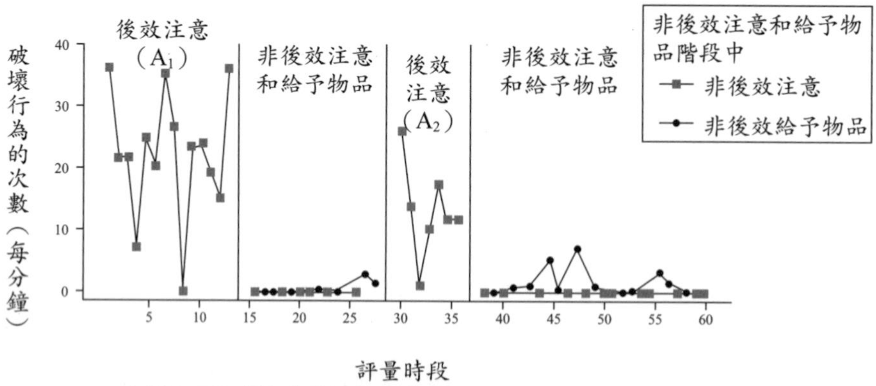

分析在不同「注意給予之後效性」下破壞行為的出現率

註：修改自 Hanley 等人（1997, p. 234），修改處為僅呈現一位研究參與者的圖，更改階段間的虛線為實線，修改非後效注意的幾何圖形為實心正方形，以及將不同幾何圖形的意義另以主調標示。*Journal of Applied Behavior Analysis* 於 1997 年的版權，同意授權修改。

（例如：干擾、分心行為；Conroy & Stichter, 2003; Wilder & Carr, 1998）。為因應此問題，Stichter 和 Conroy（2005）提出**結構分析**（structural analysis），有文獻（C. M. Anderson & Long, 2002）稱之為**結構的** FA（structured FA），它強調在自然情境中，系統地評量前事和標的行為問題間的關係，它也能了解何種前事能支持正向行為的出現。Stichter 等人（2005）進一步指出，結構分析的實施程序與功能分析類似，不同處在於，結構分析的焦點是前事和標的行為問題間之關係，而傳統的功能分析著重在檢視維持標的行為問題之後果因素；結構分析雖然和功能分析的發展歷史一樣長，但在 E/BD 上的應用仍然非常有限。T. M. Scott 和 Kamps（2007）表示，結構分析有助於處理人員設計前事控制策略，例如：學業介入、教學調整，有研究（English & Anderson, 2006; Hagan-Burke et al., 2007; J. Peck et al., 1997; Sasso et al., 1998; Stichter et al., 2005; Stichter, Lewis, et al., 2004; Stichter, Sasso, & Jolivette, 2004; Umbreit & Blair, 1997）使用結構分析擬訂 BIP。

操弄前事─行為間的關係是指，操弄前事以了解它和標的行為間的關係，有兩種操弄前事的方式，一種是評量在立即前事消失或出現的情況下，行為問題的發生率；另一種是將立即前事固定，在背景因素消失或出現的情況下，了解背景因素對促進行為問題的效能（Wacker et al., 1998），詳述如下。

①分析「特定立即前事」下標的行為問題之出現率

分析特定立即前事下標的行為問題之出現率包括：分析單一、特定和多重、特定立即前事消失或出現，以及不同感覺刺激出現的情況下，標的行為問題之發生率三種。

a.分析「單一、特定的立即前事」下標的行為問題之出現率

舉例來說，O'Neill、Albin 等人（2015）採 ABAB 設計，分析不同工作難度下攻擊行為的出現率，如圖 6-10，結果發現從事簡單的工作，攻擊行為降低許多。王芳琪（1998）對一名極重度智障學生之尖叫行為做 FA，為了解這位學生是否有「取得物品」這項功能，研究者採交替介入設計，針對獲取錄音帶這個較常出現的情況進行測試，在教室以 40 分鐘為一測試單位，前 20 分鐘只要該學生表現出他想聽錄音帶（例如：一直看著錄音帶），研究者就將錄音帶拿給他，並告訴他可以用耳機聽，後 20 分鐘則不提供錄音帶；然後分別記錄他尖叫行為發生的次數，下次情境測試的時間安排則前後互換，如此循環，以取得對抗平衡，共測試四次。結果發現個體有音樂刺激時，尖叫行為的發生頻率明顯下降，如圖 6-11。

圖 6-10　以 ABAB 設計分析單一、特定立即前事下標的行為問題之出現率

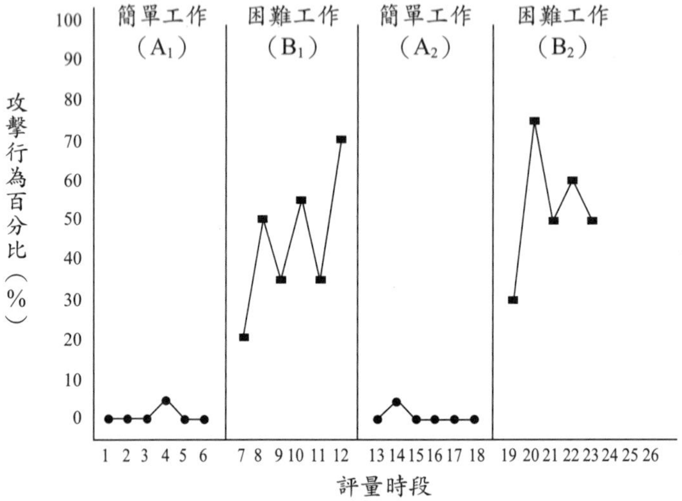

功能分析不同工作難度下攻擊行為的出現率

註：修改自 O'Neill 等人（1997, p. 59），修改處為將階段間的虛線改成實線。Brookes/Cole Publishing Co.於 1997 年的版權，同意授權修改。

圖 6-11　以交替介入設計分析單一、特定立即前事下標的行為問題之出現率

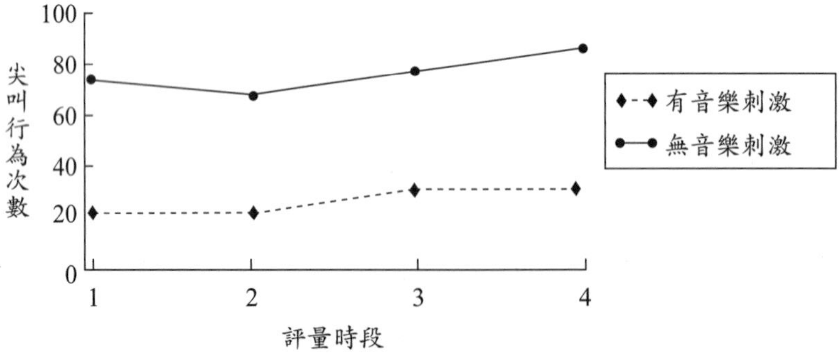

功能分析有無音樂刺激下尖叫行為的出現率

註：取自王芳琪（1998，第 45 頁）。本圖未依交替的次序畫出資料路徑，易被誤解為同時介入設計，請讀者注意。

確定何種特定前事導致標的行為問題之後，還可以進一步分析，多少數量的前事會對行為產生影響，這就是**參數分析**（parameter analysis），例如：個體被剝奪食物多久，會導致他自傷行為（Vollmer & Van Camp, 1998）；又例如：個體多久未獲得注意，會造成他出現干擾行為以引起注意；何種程度的困難工作／作業，會導致個體出現行為問題以逃避它。

b.分析「多重、特定的立即前事」下標的行為問題之出現率

上述關於特定立即前事下行為問題發生率的分析，乃針對單一、特定的立即前事；然而部分行為問題可能具有多重功能，出現在兩種以上特定的立即前事下，於是有文獻主張多重功能的功能分析，例如：L. J. Cooper 等人（1992）主張用**階層方法**（hierarchical method），針對行為問題的可能多重功能，先分析單一功能，而後再逐步分析兩種功能。舉例而言，Hoff 等人（2005）針對一位 AD/HD 合併對立反抗症學生的干擾行為，首先運用訪問調查和直接觀察，初步提出「取得同儕注意」和「逃避不喜歡的活動」兩項功能；接著採 ABAB 設計，結合兩種假設的功能進行功能分析，在取得同儕注意此項功能上，安排「喜歡的同儕坐在附近和遠處」兩種狀況，而在逃避不喜歡的活動此項功能上，安排「較多和較少喜歡的材料」兩種狀況，結合便有四種條件，其中「喜歡的同儕坐在附近和較少喜歡的材料」為原來教室的情境。由圖 6-12 發現，在「喜歡的同儕坐在遠處和較多喜歡的材料」此條件下，干擾行為最低，「喜歡的同儕坐在附近和較多喜歡的材料」次之；由此可知：結合兩種策略對減少干擾行為產生更佳的介入效果。

Stichter 和 Conroy（2005）提出的**結構分析**，強調在自然情境中，系統地評量多重前事和行為問題之間的關係，它也能了解何種前事能支持正向行為的出現。結構分析擴展 L. J. Cooper 等人（1992）的階層方法，同時評量多重前事和行為問題與正向行為之間的關係，例如：Stichter 等人（2005）分析導致兩位 E/BD 學生負向互動和專注行為的前事，他們首先使用問卷和直接觀察，提出可能的功能假設；而後針對這些假設，在自然情境中做系統的安排，實施結構分析，其中一位學生的結果如圖 6-13。圖 6-13 顯示，該生無論是團體或獨立工作、簡單數學和早上時間的學習，以及在有教師接近的情況下，他的專注行為相較於困難數學和下午時間，以及沒有教師接近的情況下來得多，負向互動行為較少；而在獨立工作時，沒有出現讓他容易分心的刺激，他的專注行為相較於有分心刺激者來得多，負向互動行為較少（Stichter et al., 2005）。根據結構分析的結果，Stichter 等人進一步設計多元素介入，包含能增進專注行為的前事，結果發現有成效。

圖 6-12　以 ABAB 設計分析多重、特定立即前事下標的行為問題之出現率

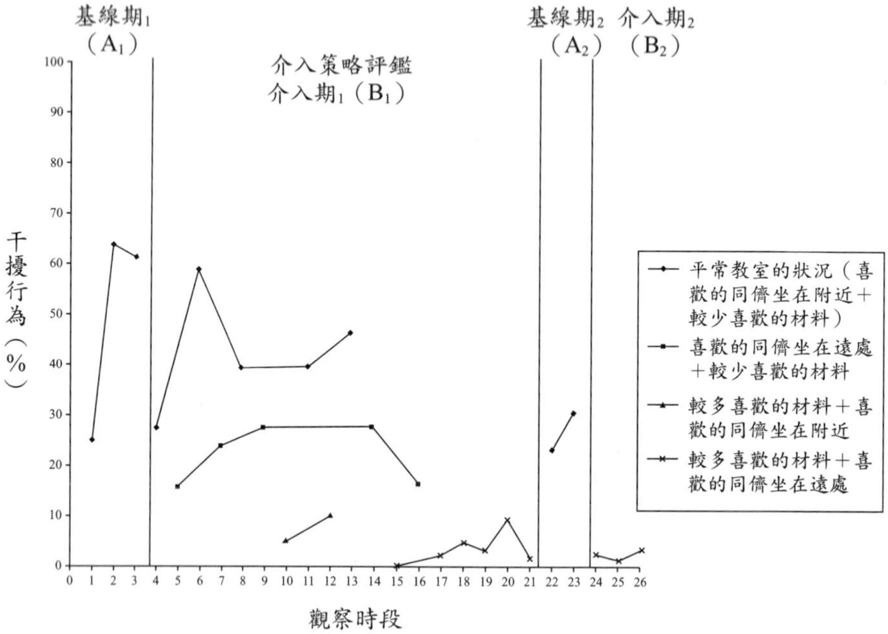

分析「取得同儕注意」和「逃避不喜歡的活動」兩項功能下干擾行為的出現率

註：修改自 Hoff 等人（2005, p. 52），修改處為更改階段間的虛線為實線，以及將不同幾何圖形的意義另以主調標示。*School Psychology Review* 於 2005 年的版權，同意授權修改。

在運用相關人士報導法和直接觀察，進行 FA 之後，假如兩種方法沒有明確且一致的結果，處理人員可以提出可能的功能假設，而後針對這些假設實施功能分析，例如：表 6-6 針對阿德的行為問題，提出工作時間、工作難度、訓練人員和工作情境四個可能的功能假設，提出一些策略，比較使用和未使用這些策略行為問題的出現率。

c.分析「不同感覺刺激」出現的情況下標的行為問題之出現率

在確認個體需要的是哪種感覺刺激後，接著可以進行刺激偏好和增強物評量，以找出個體喜歡、具有相同功能，又可以減少行為問題的感覺刺激（K. R. Logan et al., 2001; Ringdahl et al., 1997; VanCamp et al., 2001）。在刺激偏好評量方面，很多研究都將「刺激偏好物」當成「增強物」，其實刺激偏好物並不等於有效的增強物，有時最偏好的刺激反而引發更多的固著行為，所以處理人員宜釐清刺激偏好及增強物的不同（K. R. Logan et al., 2001; K. Morrison & Rosales-Ruiz, 1997; Piazza et al., 1996）。刺激

圖 6-13　結構分析多重、特定立即前事下標的行為問題和正向行為之出現率

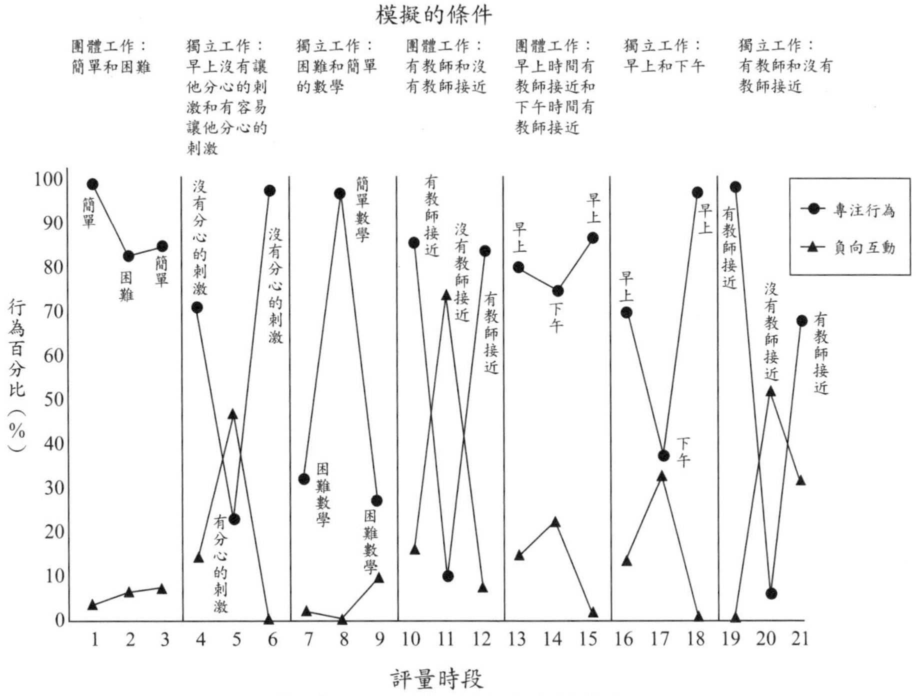

結構分析負向互動和專注行為的前事

註：修改自 Stichter 和 Conroy（2005, p. 412），修改處為將不同幾何圖形的意義另以主調標示，以及增加不同條件的說明。*Journal of Behavioral Education* 於 2005 年的版權，同意授權修改。

表 6-6　行為問題的可能功能假設

行為問題	可能的功能假設	功能分析（如果採取以下策略，個體的行為問題是否會減少）
在大約工作 15 分鐘之後，阿德開始大叫，並將材料丟到地上，然後離開工作場所跑到休息區。	1. 他很容易累，並且在工作一段時間後情緒會失控（工作時間）。	1-1.在工作 10 分鐘後，給他聽 5 分鐘的音樂並休息。 1-2.縮短每一步驟的工作時間。 1-3.將工作分解成較小的步驟。
	2. 工作太難了，而且他無法面對壓力與錯誤（工作難度）。	2-1.教他如何使自己不會犯錯的策略。 2-2.替換成較簡單但同等重要的工作。
	3. 他不喜歡此訓練人員（訓練人員）。	3. 替換另一位訓練人員。
	4. 他不喜歡此受督導的情境（工作情境）。	4. 調整受督導的情境為低要求的情境。

註：修改自 L. H. Meyer 和 Evans（1989, p. 57），修改處為刪除另外兩個例子，並且將功能假設從三個細分成四個，以及調整其呈現順序。Paul H. Brookes Publishing Co.於 1989 年的版權，同意授權修改。

偏好及增強物評量，就刺激呈現個數可分成三種：最早是每次呈現一個刺激（Pace et al., 1985），之後是每次呈現兩個刺激（W. Fisher et al., 1992; Lavie & Sturmey, 2002; Piazza et al., 2000），稱為**配對刺激偏好評量**；還有每次呈現多個刺激（Windsor et al., 1994），稱為**多重刺激偏好評量**；以上的方式都須呈現每個刺激若干次，然後計次個體選的刺激，計次最多者就被當成是刺激偏好物。其中最常被引用的是 W. Fisher 等人（1992）及 Piazza 等人（2000）的配對刺激偏好評量，DeLeon 和 Iwata（1996）指出其優點是較能為刺激分出偏好程度；而多重刺激偏好評量的優點是較省時。

若就**刺激呈現時間**和**允許操作選擇之刺激的時間**，有以下兩種：「刺激呈現」和「允許操作選擇之刺激」兩項時間都較短者（未滿 10 秒），有 Pace 等人（1985）、W. Fisher 等人（1992）及 Windsor 等人（1994）的刺激偏好評量；時間較長者（10 秒以上）如 Roane 等人（1998）、Ringdahl 等人（1997）及 K. R. Logan 等人（2001）的研究，其中 Ringdahl 等人除了記錄每個選擇過的刺激的次數外，還記錄在操作該刺激時行為問題的發生次數，他們秉持的理由是：偏好刺激要成為增強物的條件應是該刺激同時能降低行為問題。

鍾儀潔和鈕文英（2004）在確定兩位自閉症兒童固著行為受「自動正增強」維持後，進一步做刺激偏好和增強物評量，根據兒童母親提供他們平常喜歡的七種玩具，當成七種評量刺激。研究者首先採用 W. Fisher 等人（1992）的配對刺激偏好評量，為刺激偏好分出程度（由高偏好到低偏好）；接著，分別參考 K. R. Logan 等人（2001）及 Roane 等人（1998）的作法，將刺激呈現時間定為 30 秒，以 5 分鐘作為允許操弄選擇之刺激的時間；之後，以 K. R. Logan 等人建議之操弄次數和時間為判斷指標，選出前三名偏好的刺激，進入增強物評量。最後，研究者參照 Ringdahl 等人（1997）的作法，記錄自閉症兒童在 15 分鐘內，操作這三個刺激時固著行為的次數，少於延伸非互動期固著行為平均次數者，則該刺激被視為增強物；若出現固著行為次數相同者，則同列為增強物，提供他們選擇。

②分析「特定背景因素（或建立操作）」下標的行為問題之出現率

固定立即前事和後果之後，分析特定背景因素（或建立操作）消失或出現的情況下，標的行為問題之出現率，以了解背景因素對促進標的行為問題之效能。Horner 等人（1996）功能分析在建立操作出現或消失的情況下，五位發展障礙兒童攻擊或自傷行為的出現率後發現，在建立操作（教職員和作息改變）出現的情況下，攻擊行為的發生率比較高；在建立操作消失的情況下，自傷或攻擊行為的出現率比較低，如圖 6-14 呈現一位發展障礙兒童攻擊行為的功能分析結果。

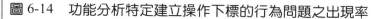

圖 6-14　功能分析特定建立操作下標的行為問題之出現率

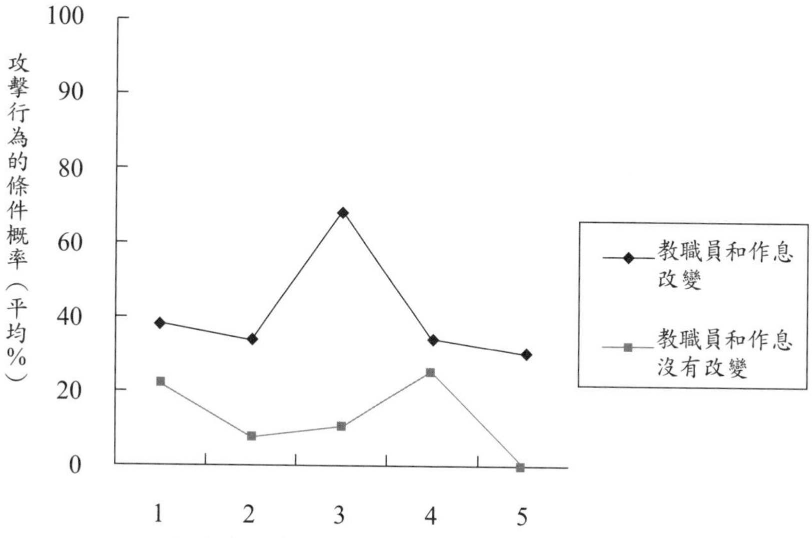

功能分析「教職員和作息」有無改變的情況下攻擊行為的條件概率

註：修改自 Horner 等人（1996, p. 395），修改處為僅呈現一位研究參與者的圖，更換幾何圖形，以及將不同幾何圖形的意義另以主調標示。本圖未依交替的次序畫出資料路徑，易被誤解為同時介入設計，請讀者注意。Paul H. Brookes Publishing Co. 於 1996 年的版權，同意授權修改。

（3）操弄「前事—行爲—後果」間的關係

操弄前事—行為—後果間的關係是指，評量在某種前事出現或消失的情況下，提供或不提供某種後果，標的行為問題之出現率。舉例來說，前事為工作時間長或短，後果為給予非後效注意，以及完成工作後提供較長時間的休息和活動，或給予後效注意和短時間的休息，操弄前事和後果便有四種組合，分析在四種情況下尖叫行為的發生率。圖 6-15 的結果發現，不管工作時間長或短，只要給予非後效注意，以及完成工作後提供較長時間的休息和活動，ASD 的阿德尖叫行為的出現率會低於另外兩種情況；顯示不管是工作時間長短，只要給予適當的後果，就能減少尖叫行為。

又例如：洪儷瑜（1992）實施「行為動機量表」後發現，一位智障者不專注行為的可能動機為「逃避工作」和「取得注意」後，再利用功能分析，安排「工作性質是喜愛或困難的工作」【立即前事】和「注意給予的高或低」【後果】，形成四種組合情況（高注意力和喜愛的工作、高注意力和困難的工作、低注意力和喜愛的工作、低

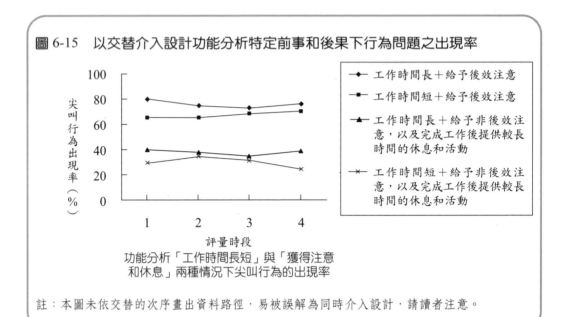

圖 6-15　以交替介入設計功能分析特定前事和後果下行為問題之出現率

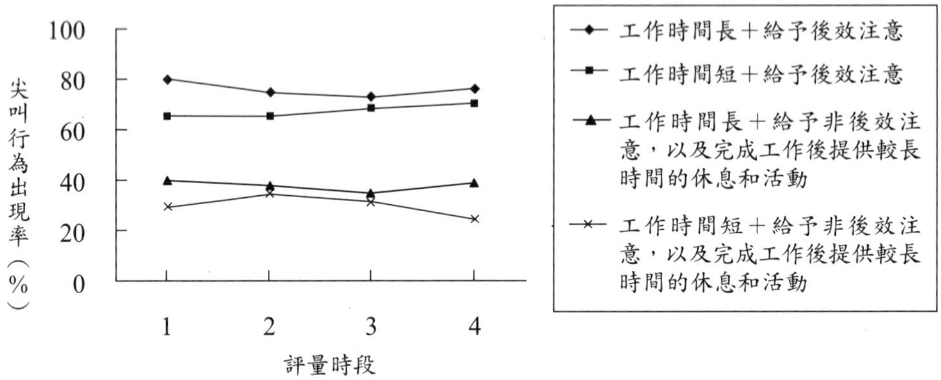

功能分析「工作時間長短」與「獲得注意和休息」兩種情況下尖叫行為的出現率

註：本圖未依交替的次序畫出資料路徑，易被誤解為同時介入設計，請讀者注意。

注意力和困難的工作）後發現，只要給予高注意力，不管是喜愛或困難的工作，他的不專注行為最低，在喜愛的工作下又稍低於困難者，顯示他不專注行為的主要功能為「取得注意」。

2. 簡短的功能分析

擴展的功能分析較費時，如此個體的行為問題可能會更惡化，更難介入；為了因應此限制，文獻（Cihak et al., 2007; Doggett et al., 2001; Kahng & Iwata, 1999; Northup et al., 1991; Tincani et al., 1999; Vollmer et al., 1995; Wallace & Knights, 2003）簡化和調整功能分析的程序，發展出「簡短的功能分析」。簡短的功能分析時大約耗時 90 分鐘，時間較短，較有效益，特別適用於行為問題發生次數較高和穩定，以及當分析時間有限時。研究（唐榮昌、李貞宜，2007；Kahng & Iwata, 1999; Tincani et al., 1999; Vollmer et al., 1995; Wallace & Knights, 2003）比較簡短和擴展的功能分析二者的效果後發現，簡短的功能分析可以有效找出 63% 至 85% 行為問題的功能，它的偵測效果與擴展的功能分析近似，有很高的一致性。然而，簡短的功能分析因為費時較短，無法反覆操弄與觀察相同的情境，分析的正確性有時遭質疑，可能較適合分析比較簡單的行為問題；而對於較複雜、有多種功能的行為問題，宜採用擴展的功能分析。

圖 6-16　標的行為問題之簡短的功能分析

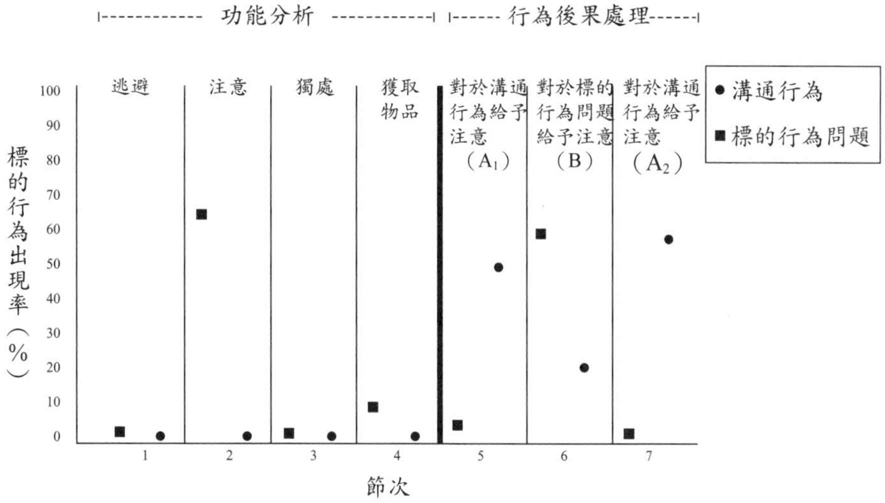

簡短的功能分析標的行為問題之功能

註：修改自 O'Neill、Albin 等人（2015, p. 64），修改處為將幾何圖形的意義另以主調標示。Brookes/Cole Publishing Co.於 2015 年的版權，同意授權修改。

舉例來說，圖 6-16 呈現兩個階段之簡短的功能分析：階段 1 採用多重介入設計，評量逃避、注意、獨處和獲取物品四種情境下，標的行為問題和溝通行為的出現率後發現，溝通行為在四種情境中都沒有出現；而在注意情境下，標的行為問題的出現率最高，初步分析其功能為「取得注意」。階段 2 採用 ABA 設計，針對「取得注意」此項功能進行後果處理後發現，對於溝通行為給予注意，則溝通行為增加，標的行為問題減少；相反地，對於標的行為問題給予注意，則標的行為問題增加，溝通行為減少，「標的行為問題功能分析工具」如附錄 36。

O'Neill、Albin 等人（2015）之簡短的功能分析針對四種情境，較為複雜；Hanley（2012）提出**實用的功能分析**（practical functional analysis，簡稱 PFA），以提升功能分析的效率和實用性。他表示 PFA 是指在行為問題發生當下的情境脈絡，安排單一的測試情境，將獨特的後效整合進來。Hanley 等人（2014）針對三位 ASD 兒童，在訪問和觀察後進行 PFA，分析行為問題的功能後進行介入，以確認功能分析的正確性。Jessel 等人（2016）將採用的 PFA 命名為**訪問訊息整合後效分析**（interview-informed, synthesized contingency analysis，簡稱 IISCA）。Coffey 等人（2021）運用

IISCA，分析兩位 ASD 兒童的標的行為問題（包括干擾、物品和身體攻擊行為等），作法為在訪問後初步得知標的行為問題發生的情境脈絡後，安排單一的測試情境，包含**測試**和**控制**兩個情境，採用交替介入設計，在測試情境（例如：作業要求）下，當研究參與者出現標的行為問題時，才給予他想要的增強物；而在控制情境下，研究參與者可隨意取得增強物，其中一位研究參與者的分析結果如圖 6-17。由此可知，於控制情境下研究參與者未出現行為問題，在測試情境下，標的行為問題的出現率增加，表示其功能是逃避作業要求，以及取得想要的增強物。

圖 6-17　使用訪問訊息整合後效分析了解行為問題的功能

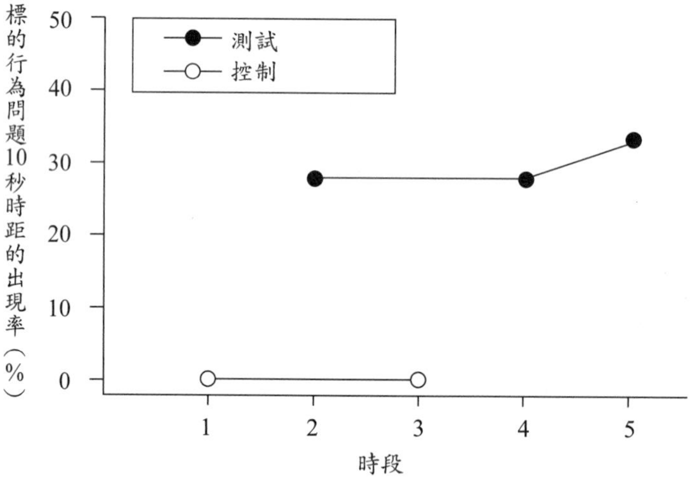

註：修改自 Coffey 等人（2021, p. 308），修改處為刪除另一位研究參與者的分析資料，以及取消名字的呈現。*Behavioral Interventions* 於 2021 年的版權，同意授權修改。

（二）功能分析的優點和限制

綜合文獻（唐榮昌、王明泉，2006；Broussard & Northup, 1995; Schill et al., 1996; Tincani et al., 1999; Wacker et al., 1997），功能分析的優點是可以應用在任何實驗分析中，評量前事和後果對標的行為問題之影響，也可以直接操弄變項，以驗證功能假設，有利於之後 BIP 的擬訂，而且其費時較短，比較有效益。Sasso 等人（1992）比較描述與實驗分析，在偵測標的行為問題功能之一致性後發現，二者有很高的一致性。

綜合文獻（Demchak & Bossert, 1996; Durand & Merges, 2001; Halle & Spradlin, 1993; Hanley, 2012; Repp, 1994），功能分析有以下五項限制，我並舉例如下：第一，有些狀況是無法操弄的，像是處理人員無法操弄個體「生病」這個因素。第二，功能分析會招致倫理的議題，因為要安排一些可能會導致行為問題的情況，這樣有違倫理。第三，如果個體的標的行為問題非常嚴重，就不適用，因為功能分析可能會產生危險，造成個體及他人的傷害。第四，實施功能分析時，若自然情境中導致標的行為問題前事的所有特徵，無法於實驗情境中被操弄，則可能造成錯誤的分析結果。舉例來說，阿志有逃避刷牙的行為，但在實驗情境中，由處理人員帶領他刷牙時，則未出現逃避的行為，這可能是因為刷牙此前事的其他特徵，未完全於實驗情境中被操弄，例如：刷牙地點、指導者和自然情境不同。第五，功能分析須採用嚴謹的實驗設計，目前多由專家在實驗情境中進行，較少延伸到自然情境中，由實務工作者實施；而且若由實務工作者實施，他們需要功能分析的專業訓練。除此，Hanley（2012）指出較難以針對低比率、內隱的行為問題進行功能分析。

（三）功能分析的實施原則

綜合文獻，進行功能分析宜注意以下原則。

1. 功能分析宜在權衡其益處和所需時間、技術，以及顧慮個體安全下進行；若需要很多時間和技術，個體的安全堪憂，而它獲益又不高時，則不宜做功能分析（O'Neill, Albin, et al., 2015; Stichter, 2001）。
2. 處理人員對標的行為問題必須有初步的了解，只是無法確定引發標的行為問題之因素；如果對個體和他的標的行為問題毫不知悉，功能分析就無從做起（L. J. Cooper & Harding, 1993; O'Neill, Albin, et al., 2015; Stichter, 2001）。
3. 清楚界定欲功能分析之標的行為問題（Hanley et al., 2003; F. C. Mace, 1994; O'Neill, Albin, et al., 2015; Stichter, 2001）。
4. 描述要操弄和分析的情境，可以從相關人士報導法或直接觀察中，界定出標的行為問題發生之可能情境，再進行功能分析加以確認（O'Neill, Albin, et al., 2015; Stichter, 2001）。Jessel（2022）指出 IISCA 可以有效分析行為問題的功能，並且提升功能分析的效率和實用性，讓實務工作者容易上手。除此，Thomason-Sassi 等人（2011）建議採用**延宕時間本位的功能分析**（latency-based functional analysis），以因應具危險性行為的功能分析，意指進行功能分析時，不是記錄行為問題出現的頻率、比率或百分比，而是延宕時間，當操弄情境時，例如：操弄「要求」的情境時，只要研究參與者出現標的行為問題時，就停止要求，記錄延宕時間，該情境延宕時間愈短，表示該情境引發標的行為問題的機率愈大。舉例來說，Kamlowsky 等人（2021）採用延宕時間本位的功能分析，探究三位自閉症兒童脫逃行為（elopement）的功能，其中一位的結果如圖 6-18，顯示這位研究參與者脫逃行為在「物品」的延宕時間最短，其次是「注意」，再來是「逃避」，表示其功能為「取得物品和注意」，以及「逃避要求」。Lambert 等人（2017）訓練一位新手特殊教育教師對一位自閉症兒童的干擾行為，執行延宕時間本位的功能分析。Dozier 等人（2022）表示，先兆和延宕時間本位的功能分析皆在持續改進功能分析，以因應功能分析可能會產生的危險議題。

圖 6-18　一位自閉症兒童脫逃行為之延宕時間本位的功能分析

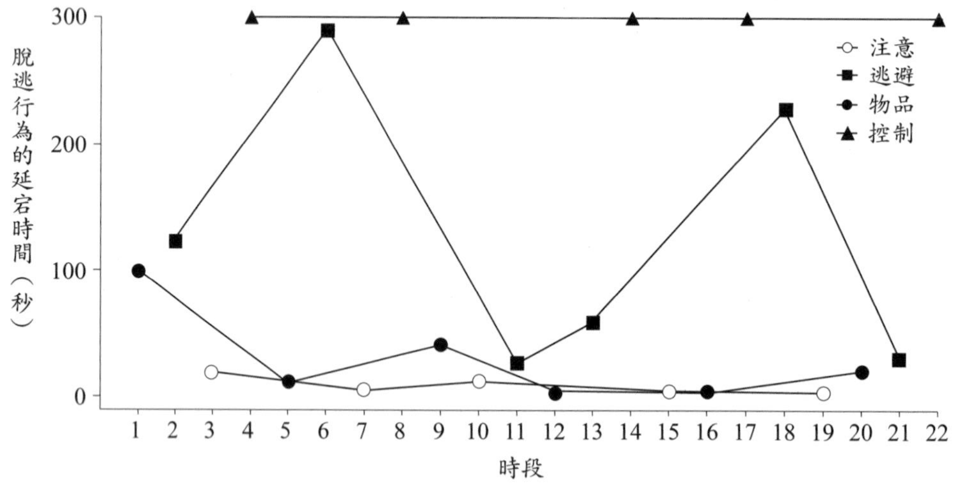

註：取自 Kamlowsky 等人（2021, p. 334）。控制情境是指安排研究參與者自由活動時間，沒有要求，可以隨時取得物品和注意，以作為與其他情境對照之用。*Behavioral Interventions* 於 2021 年的版權，同意授權重印。

5. 說明功能分析可能會產生的危險，而對於有危險性的行為，須發展安全和保護措施，包括有足夠的人員（最好是團隊）參與；使用保護裝備；設定終止功能分析的標準，也可以採用標的行為問題之先兆作為終止之訊號（Fuhrman et al., 2021; Hanley, 2012; O'Neill, Albin, et al., 2015）。

6. 針對功能分析可能會產生的危險，Berg 和 Sasso（1993）建議亦可以拿正向行為作為功能分析的目標，分析在何種前事和後果下會增加正向行為。另外，一旦發現標的行為問題之**先兆**，即可針對先兆或危險癥兆進行功能分析（例如：Borrero & Borrero, 2008; Najdowski et al., 2008; Ricciardi et al., 2021; R. G. Smith & Churchill, 2002）。
7. 獲得重要他人的知情同意，在操弄欲分析的條件時，為增進它的生態效度，宜邀請個體重要他人參與功能分析的過程，並且納入自然情境的特徵（例如：學習材料），甚至在自然情境中實施；除此，還要控制會干擾推論的無關因素，以掌握實驗操弄的完整性（Hanley et al., 2003; O'Neill, Albin, et al., 2015）。
8. 採取適當的資料蒐集和設計程序，若功能分析沒有一致的結果，則宜注意以下兩方面：一為**是否正確且一致地操弄條件**，例如：在操弄工作難度此條件上，此工作對該個體是否真的困難；又例如：欲了解該個體在獨處情境下的行為，是否他因為看到或聽到其他人而受影響；假使未正確且一致地操弄條件，則須修改操弄的條件（O'Neill, Albin, et al., 2015）。另一為**檢視是否有其他未發現的前事或後果**，若有，則宜重新提出標的行為問題功能的假設，進一步採取功能分析驗證（Stichter, 2001）。

貳、功能評量的實施過程

E. G. Carr 等人（1994）表示 FA 的實施有三個步驟：第一步驟為**描述**，進行描述分析，即運用 O'Neill、Albin 等人（2015）的相關人士報導法和直接觀察兩種方法，以獲得行為問題情境和功能的初步資料。第二步驟為**分類**，處理人員分類整理描述分析得到的資料，以歸納出行為問題的可能原因和功能。Gable 等人（2000）建議可進行**三角查證**（triangulation），了解從不同方法和來源獲得的資料彼此是否一致。第三步驟為**驗證**，是指在經過描述和分類之後，處理人員對行為問題的情境和功能產生一些假設；如果處理人員對這些假設信心不足，則須透過功能分析驗證之。三種 FA 方法的比較如表 6-7。

有研究比較不同 FA 方法間，在界定行為問題功能的一致性，例如：Crawford 等人（1992）以四位重度智障成人為研究參與者，探討行為動機量表、直接觀察和功能分析三種方法，在界定行為問題功能的一致性後發現，三種方法間未呈現高度一致性，但行為動機量表和直接觀察被視為簡易的兩種方法。Cunningham 和 O'Neill（2000）以三位學前特殊教育班自閉症兒童為研究參與者，探討訪問教師和特殊教育助

表 6-7　三種功能評量方法之比較

功能評量的方法	優點	限制
相關人士報導法	能廣泛地從個體的相關重要他人處，獲得許多標的行為問題過去和現在的資料。	採間接的方式蒐集資料，無法直接蒐集個體此時此刻的標的行為問題資料，可能有偏誤。
直接觀察	能直接蒐集到此時此刻標的行為問題之前事和後果。	1. 無法獲得過去的資料。 2. 須花費較多時間蒐集和分析資料。
功能分析	1. 可以直接操弄變項以驗證功能假設，釐清前事和後果，有利於之後介入策略的擬訂。 2. 花費時間較短，比較有效益。	1. 有些狀況是無法操弄的。 2. 功能分析會招致倫理的議題。 3. 如果個體的標的行為問題非常嚴重，就不適用，因為功能分析可能會產生危險狀況，造成個體及他人的傷害。 4. 實施功能分析時，若自然情境中導致標的行為問題前事之所有特徵，無法於實驗情境中被操弄，則可能造成錯誤的分析結果。 5. 功能分析須採用嚴謹的實驗設計，目前多由專家在實驗室情境中進行，較少延伸到自然情境中，由實務工作者實施；而且若由實務工作者實施，他們需要功能分析的專業訓練。

理員、行為動機量表、直接觀察與功能分析四種方法，在界定行為問題功能的一致性後發現，對其中兩位研究參與者功能的界定，四種方法間呈現一致的結果，對另一位研究參與者的界定則較不一致。

Cunningham 和 O'Neill（2007）再以 20 位普通班的 E/BD 學生為研究參與者，探討訪問（教師、特殊教育助理員、學校相關人員和學生本人）、量表和問卷（教師和特殊教育助理員填寫「行為動機量表」及「問題行為問卷」）、直接觀察與功能分析四種方法，在界定行為問題功能的一致性後發現，教師和特殊教育助理員間，在行為動機量表和行為問題問卷上的填寫一致性不高；但訪問（教師或學生）、直接觀察和功能分析三種方法間的一致性高，其中訪問學生和教師與功能分析的一致性，分別為 71% 和 50%。他們最後提出以下結論：因各方法間的一致性並不是很高，故尚無法歸納出一個既有效又易執行的 FA 方法；但由於訪問學生和教師與功能分析的一致性頗高，因此宜將教師和學生納入 FA 的過程裡。

Murdock 等人（2005）以七位 E/BD 和一位國中學障生為研究參與者，探討訪問（教師和學生本人）及直接觀察兩種方法，在界定行為問題功能的一致性後發現，訪談教師、學生與直接觀察三者間的一致性達 64%，而訪問教師與直接觀察二者間的一致性達 100%；他們認為宜將教師和學生納入 FA 的過程，而且由於國中生已能了解自己的行為，因此也宜將他們納入。總括來說，要歸納一個有效又易執行的功能評量方法並不容易；但對於普通班輕度障礙學生，宜將教師和學生納入 FA 的過程裡。

Crone 等人（2015）依據《IDEA 1997》，提出實施 FA 和 PBS 計畫的流程。若學生沒有遭停學、退學或重新安置之危機，以及處理人員對標的行為問題情境和功能之假設有信心，則進行簡短描述分析（例如：針對教師進行簡短的訪問）；然而，若學生有遭停學、退學或重新安置之危機，處理人員對標的行為問題情境和功能之假設信心不足，或 PBS 計畫無效時，則宜進行完整的描述分析（包括：針對教師、家長和學生進行簡短或延伸的訪問、直接觀察，以及檢視檔案紀錄）。在進行完整的描述分析和 PBS 計畫之後發現，還有一些行為評量資料不明確和介入無效時，則宜進一步執行功能分析，如圖 6-19。我認為進行完整的描述分析之後，進入設計 PBS 計畫之前，還須加入「對標的行為問題原因和功能的假設是否有信心」此檢核步驟；若評量結果不明確、對標的行為問題原因和功能的假設信心不足時，則進行功能分析，待清楚界定出標的行為問題之原因和功能時，才設計和執行 PBS 計畫。

雖然 FA 的文獻愈來愈豐富，並且已發展出許多方法，諸多研究也指出其在臨床上的有效性；然而 FA 在實務工作中的使用率卻偏低，實務工作者最關注的問題是：在應用情境中實施 FA 時，哪些是適當、有效率又有效能的方法（S. S. Johnston & O'Neill, 2001; T. M. Scott & Nelson, 1999）？S. S. Johnston 和 O'Neill 提出在應用情境（學校）中實施 FA 的流程（如圖 6-20），處理人員可依據對學生和環境的熟悉情形決定採用間接評量，或發展標的行為問題功能之假設，而後視假設被接受與否決定接下來的評量方法。若處理人員對學生和環境相當熟悉，則可直接發展標的行為問題功能之假設，並進行直接觀察；反之，則以相關人士報導法（例如：訪問和問卷調查）開始；假如直接觀察沒有明確且一致的結果，無法支持標的行為問題功能之假設時，處理人員可以實施「試驗性的介入」（一種功能分析的方法；S. S. Johnston & O'Neill, 2011）。

由上述三篇 FA 方法實施過程的文獻發現，相關人士報導法使用機會最多，直接觀察可以作為輔助之用；而如果處理人員對學生和環境相當熟悉，並且對標的行為問題功能之假設有信心，則不需相關人士報導法。功能分析使用機會最少，但在描述分析之後，仍無法明確界定標的行為問題之功能時，有其重大的使用價值。不管使用哪一種方法，都要注意工具的適當性和實施程序的嚴謹性。

圖 6-19　實施功能評量和正向行為支持計畫的流程

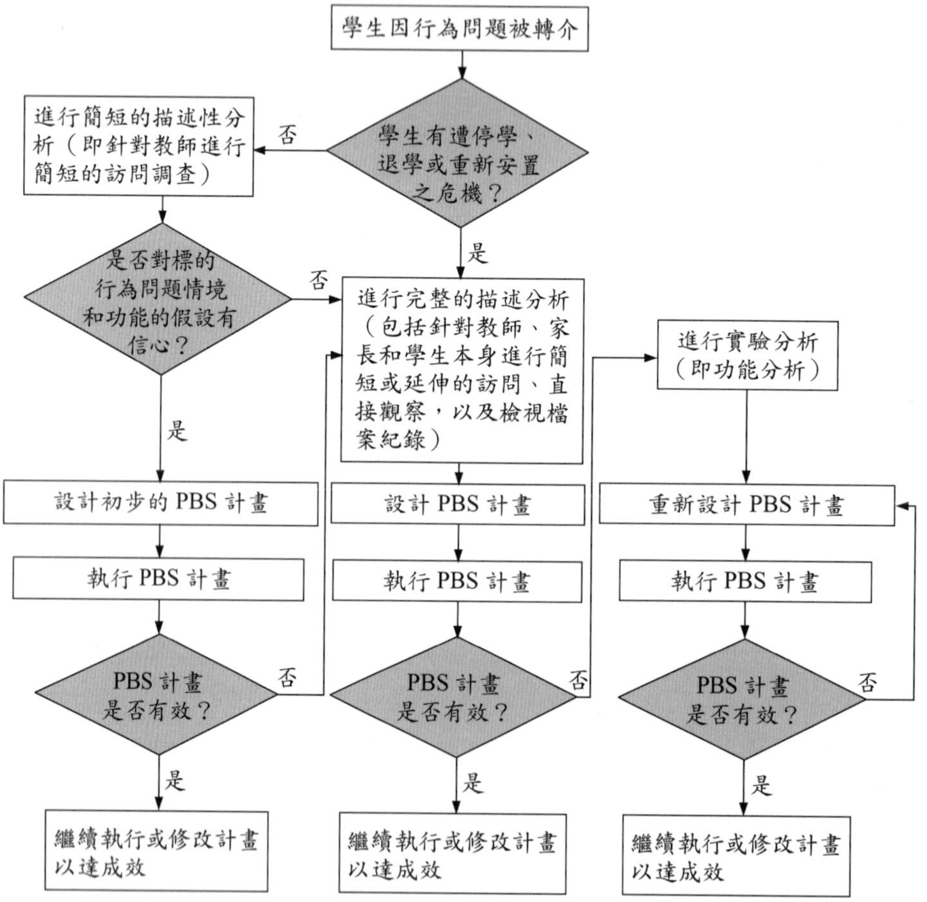

註：◇代表檢核步驟，□代表實施 FA 的步驟。修改自 Crone 等人（2015, p. 40），修改處為將簡短的 FA 改為「簡短的描述分析」；將完整的 FA 改為「完整的描述分析」；將功能分析界定改為「實驗分析」，以對比描述分析方法；並且補充說明這些方法的內容。The Guilford Press 於 2015 年的版權，同意授權修改。

圖 6-20　在應用情境實施功能評量的流程

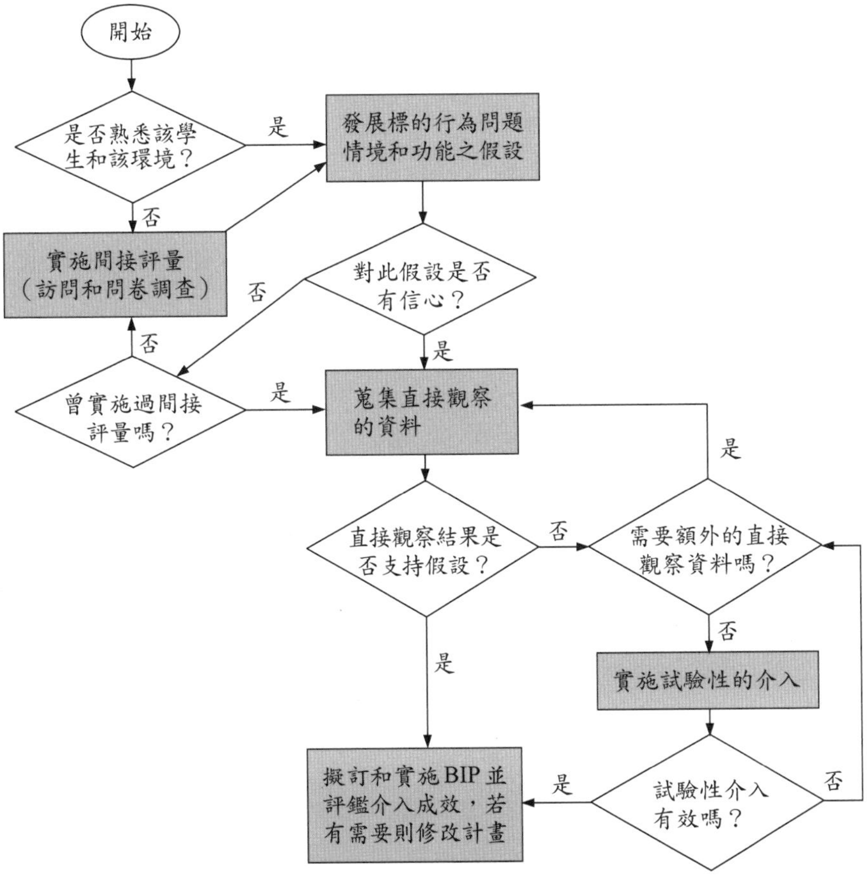

註：◇代表檢核步驟，■代表實施 FA 的步驟。修改自 S. S. Johnston 和 O'Neill（2001, p. 206），修改處為改變圖框，以及說明圖框的意義。*Focus on Autism and Other Developmental Disabilities* 於 2001 年的版權，同意授權修改。

參、功能評量的實施和運用原則

FA 的實施和運用宜注意以下七項原則。

1. T. M. Scott 等人（2008）提出 FA 的五項原則，這些原則的首字組合在一起便成為「TEAMS」：（1）發現（target）需要協助的學生；（2）使用正式和非正式的方法評量（evaluate）行為問題；（3）運用（apply）證據本位的行為介

入；（4）定期監控（monitor）行為介入的進展與成效；（5）根據蒐集來的行為資料，以提供是否須改變 BIP 的建議（suggest）。

2. 由於三種 FA 方法都各有其優缺點，所以處理人員可藉由各種方式以相互彌補不足之處。Alter 等人（2008）的研究發現，兩種間接的 FA 方法（訪問和行為動機量表）間之評量一致性較低，而直接觀察與功能分析間之評量一致性較高；因此，他們建議處理人員只使用間接評量方法了解行為功能時宜非常謹慎。
3. 每一個行為問題需要的不只是一次 FA，FA 是一個持續的過程，不應被視為一次事件（Horner, 1994）。在行為介入的過程中，只要環境中有改變，就要針對新的改變做 FA。當行為介入成效不佳時，也應再度實施 FA，確認之前做的 FA 有無錯誤；若證實評量有誤，就應修改 BIP。
4. E. L. Rogers（2001）認為，FA 需要各方面人員的參與，以及各種策略的運用，因此提出以團隊的方式，在學校情境實施 FA。
5. 有些行為的功能不是單一，而是多重功能，針對不同功能，宜有對應的 BIP（Cipani, 2011）。
6. 過去強調成人對個體行為的影響，成人的行為既是造成行為問題的前事，也是維持行為問題的後果，但忽略「個體行為」對成人的影響（E. G. Carr et al., 1991）。J. C. Taylor 和 Carr（1993）提出嚴重行為問題是，個體與周遭成人相互影響的結果，除了探討**成人效應**（adult effects），也須了解**兒童效應**，它是指兒童的行為會影響成人的行為。McConnachie 和 Carr（1997）進一步指出，在進行 FA 時，不只評量個體標的行為問題的發生情境和功能，也要進一步了解控制處理人員行為的變項，個體和處理人員之間如何相互影響，如此才能擬訂可行且有效的 BIP，此 BIP 才能與個體所處的情境脈絡相適配。Hastings（1999）提出分析模式如圖 6-21，我並舉例說明如下。一位媽媽說：「帶孩子到文具店或百貨公司，他看到新奇的東西就想買，有些東西家裡也有；不買給他，他就大哭，非常拗。他在人多的地方哭得特別大聲，哭到店員都來跟我說：『你就買給他嘛！又不貴，而且我還可以再算你便宜一點。』孩子這樣哭，我真的很沒面子，有時就順他的意。我也知道這樣不對，可是我無計可施，老師，請你告訴我該怎麼辦？」由此例可知，媽媽會受制於孩子在人多處大聲哭鬧而就範，因此處理人員宜教導媽媽如何因應此狀況。孩子由於很多人觀望而哭得更大聲；媽媽則因為在意他人眼光而答應孩子的索求，之後她獲得解除心理壓力的增強效果，孩子亦習得以哭鬧獲得他想要的物品。「在意他人眼光」是讓媽媽行為受控的因素，此狀況是處理人員要協助媽媽因應的。

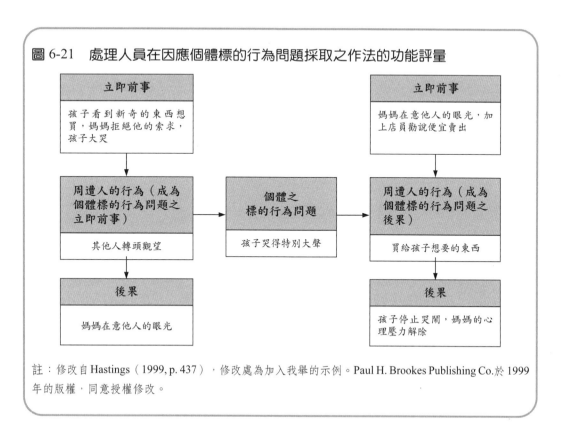

圖 6-21　處理人員在因應個體標的行為問題採取之作法的功能評量

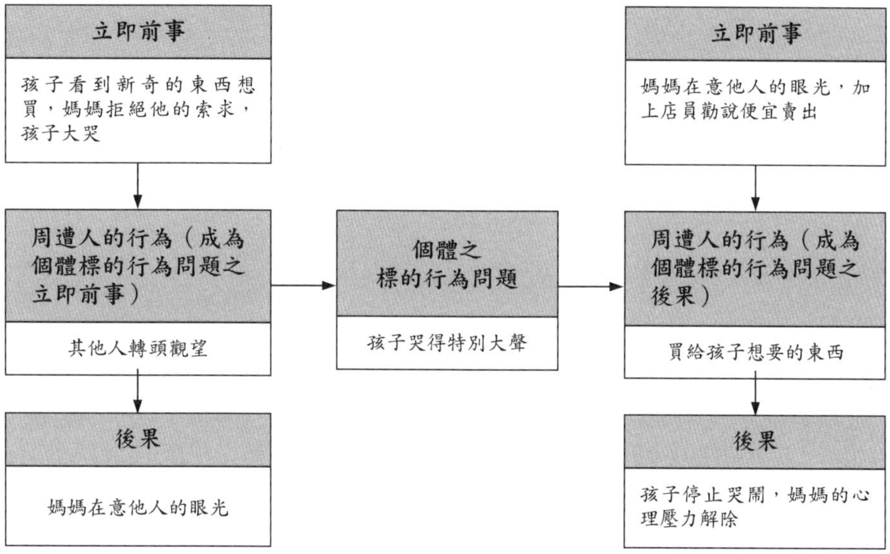

註：修改自 Hastings（1999, p. 437），修改處為加入我舉的示例。Paul H. Brookes Publishing Co.於 1999 年的版權，同意授權修改。

7. C. Davis 和 Fox（2001）指出，FA 轉變人們在研究和實務的思考方式，過去有關行為介入的研究，推論聚焦在「障礙類別」：對某類身心障礙者有效的某種介入策略，是否對另一類身心障礙者同樣有效？舉例來說，區別性增強（differential reinforcement，簡稱 DR，詳述於第 10 章第 1 節）對「輕度障礙者」有效，是否對「重度障礙者」同樣有效？FA 將研究推論的焦點轉變成：某種介入策略對「特定原因和功能之行為問題」的優勢與可類推性，例如：區別性增強對功能為「取得注意」的攻擊行為有效，是否對功能為「逃避作業」者同樣有效？

第三節 身心障礙者行為問題的功能

FA 就像是手電筒，照亮和引導處理人員發現行為與個體及環境因素間的關係，進一步理解行為背後的功能。

以下探討身心障礙者固著、自傷和攻擊行為的功能。

壹、固著行為的功能

Guess 和 Carr（1991）使用三個層次的模式，分析規律型固著和自傷行為發生的原因和功能：第一層是一種**內在調節的行為狀態**，在嬰兒期便已開始發展；第二層是**對環境刺激不足與過度的調適反應**；第三層是一種**具有社會功能、學習而來的行為**。他們並主張這三個層次是互動的，如圖 6-22，詳述如下。

圖 6-22　規律型固著和自傷行為發生原因和功能之分析模式

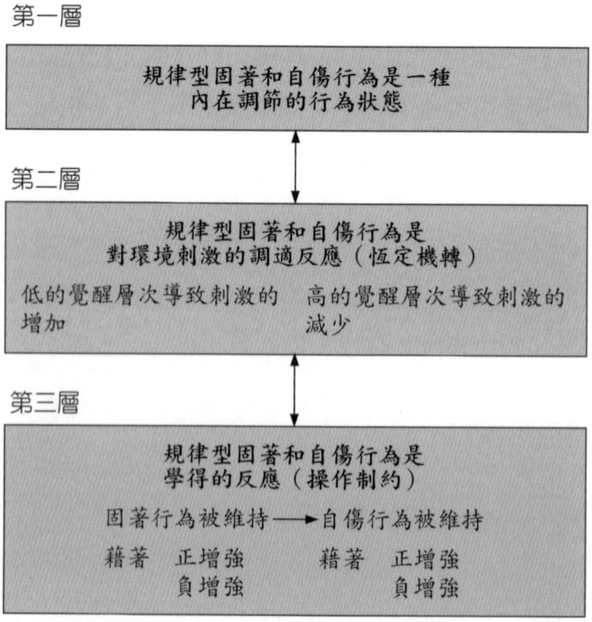
第一層
規律型固著和自傷行為是一種
內在調節的行為狀態
第二層
規律型固著和自傷行為是
對環境刺激的調適反應（恆定機轉）
低的覺醒層次導致刺激的增加
高的覺醒層次導致刺激的減少
第三層
規律型固著和自傷行為是
學得的反應（操作制約）
固著行為被維持
自傷行為被維持
藉著　正增強
負增強
藉著　正增強
負增強

註：取自 Guess 和 Carr（1991, p. 305）。*American Journal and Mental Retardation* 1991 年的版權，同意授權重印。

一、內在調節的行為狀態

固著行為可能是日後自發動作的內部發展先兆，這些行為具有探索外在世界的功能，行為之所以繼續下去，可能與生理、障礙狀況和認知功能等個體因素有關。Gense 和 Gense（1994）主張不論視障或自閉症者，因為其個體因素造成的障礙，形成固著行為具有處理外界訊息的功能，可以說是他們獨特的學習形態。

二、對環境刺激不足與過度的調適反應

每一個生物體皆有保持適度興奮的傾向，於是「缺」則尋求增高，「過」則尋求減低，所謂靜極思動、動極思靜，以求得生理上的平衡。Guess 和 Carr（1991）提出**恆定機轉**（homeostatic mechanism）的概念，是一種神經生理系統的平衡機轉，意謂如果環境刺激不足，例如：在獨自、無聊的情況下，個體處於低的覺醒層次，會試圖以各種固著行為引起身體不停的動作，以補充個體活動不足的現象，因此固著行為具有增加刺激和喚醒的功能。相反地，如果環境刺激過多，特別是會引起焦慮、壓力和挫折的刺激，則個體也會產生固著行為，以減低高的覺醒層次，求得生理上的均衡，因此固著行為具有阻斷外來刺激、降低興奮的功能（Guess & Carr, 1991）。總之，固著行為具有自我調節（self-regulatory）的功能，是一種對環境刺激不足與過度的調適反應。

對環境刺激不足與過度的調適反應使得固著行為產生兩種功能：一為**取得內在刺激**，另一為**逃避內在刺激**。取得內在刺激是指尋求感覺刺激，發生在環境刺激不足的情況下，固著行為能產生感覺回饋而形成自動正增強（Ahearn et al., 2007; J. E. Carr et al., 2002; Derby et al., 1997; Goh et al., 1995; Hanley et al., 2003; Lovaas et al., 1987; Pyles et al., 1997; L. L. Ross et al., 1998; Shore et al., 1997; Tang et al., 2002; Vollmer et al., 1995），例如：拍手、搖晃手臂、撥弄眼睛，可能分別由聽覺、視覺和觸覺的回饋作用引起。

逃避內在刺激是指逃避疼痛、飢餓、焦慮、壓力和挫折等內在不舒服的感覺，它又會被自動負增強維持（J. Groden et al., 1994; Repp et al., 1988）。

三、具有社會功能、學習而來的行為

從操作制約理論的觀點看固著行為，認為它是學習而來的行為，且具有社會功能（Durand & Carr, 1987），有取得與逃避外在刺激兩種功能。**取得外在刺激**包括得到注意、獲得想要的物品、活動等，而環境如果又給予固著行為正增強，便成為它續發

的因素（E. G. Carr & Durand, 1985; Kennedy et al., 2000; Lancaster et al., 2004; Repp et al., 1988; Tang et al., 2002; Wilder et al., 2001）。

逃避外在刺激是指，逃避課業或工作的要求、不舒服的物理環境（例如：噪音）等；它又會被環境負增強維持（Durand & Carr, 1987; Hanley et al., 2003; Kennedy et al., 2000; Repp et al., 1988; Tang et al., 2002）。

貳、自傷行為的功能

前述 Guess 和 Carr（1991）模式中的第二、三層也可用來分析自傷行為的功能，即對環境刺激不足與過度的調適反應；以及具有社會功能、學習而來的行為。對環境刺激不足與過度的適應使得自傷行為產生兩種功能：一為取得內在刺激，另一為逃避內在刺激。取得內在刺激是指尋求感覺刺激，自傷行為能產生感覺回饋而形成自動正增強（Favell, 1982; Goh et al., 1995; Iwata, Dorsey, et al., 1994; Richman et al., 1998）。逃避內在刺激是指逃避疼痛、飢餓、焦慮、壓力、沮喪和挫折等內在不舒服的感覺，它又會被自動負增強維持（張正芬，2000；J. Groden et al., 1994; Hilt et al., 2008）。J. Groden 等人的研究指出，自閉症者在罹患中耳炎時，自傷行為的頻率會升高很多。

另外，自傷行為具有社會功能，有取得與逃避外在刺激兩種功能。取得外在刺激包括得到注意、獲得想要的物品、活動等，而環境如果又給予自傷行為正增強，便成為它續發的因素（張正芬，2000；E. G. Carr & Durand, 1985; H. M. Day et al., 1994; Goh et al., 1995; Hagopian et al., 1994; Lerman & Iwata, 1993）。逃避外在刺激是指，逃避不喜歡的學習內容、厭惡的課業或工作要求、不舒服的物理環境（例如：噪音）等；它又會被不適當的環境負增強維持（J. Groden et al., 1994; Lerman & Iwata, 1993; Vollmer et al., 1995），例如：J. Groden 等人的研究發現，高要求情境較低要求或遊戲情境，出現較高的自傷行為。Iwata、Dorsey 等人（1994）對 152 位有自傷行為的研究參與者，長達十一年實施功能分析後發現，自傷行為被社會性負增強（例如：逃避要求）的比例有 38.1%，被社會性正增強（例如：取得他人注意）的比例有 26.7%，被自動正增強（例如：感覺自娛）的比例有 25.7%，具有多重因素的占 5.3%，和情境無明顯關係的僅有 4.6%。

參、攻擊行為的功能

從操作制約理論的觀點看攻擊行為，認為它是學習而來的行為，且具有社會功能，有取得與逃避外在刺激兩種功能。取得外在刺激包括得到注意、獲得想要的物品或活動等，而環境如果又給予這種行為正增強，便成為攻擊行為續發的因素（張正芬，2000；Donnellan et al., 1984）。除此，干擾行為亦有取得外在刺激的功能（Umbreit, 1995a, 1995b）。逃避外在刺激是指，逃避不喜歡的學習內容、厭惡的課業或工作要求、不舒服的物理環境（例如：太熱、太吵、太雜亂、太擁擠的環境）、喜歡的東西被拿走等；它又會被不適當的環境負增強維持（張正芬，2000；McAfee, 1987; Pace et al., 1994; R. C. Simpson & Myles, 1998），例如：R. C. Simpson 和 Myles 指出，自閉症者在壓力情境，以及沒有預期的環境改變下會出現攻擊行為。McAfee 研究教室空間和身心障礙者行為問題間的關係後發現，教室空間密度愈高，愈容易出現攻擊行為。

總結

處理行為問題的第一步就是診斷行為問題，本章使用 FA 診斷標的行為問題之原因和功能，有相關人士報導法、直接觀察和功能分析三種方式。由此可發現行為問題的功能，大致涵蓋取得外在刺激、逃避外在刺激、取得內在刺激或表達愉悅感覺，以及逃避內在刺激或表達不舒服感覺四種。

作業練習　標的行為問題之診斷

延續第五章的作業，以該位有行為問題、讓您感到困擾的個案為對象，完成以下「標的行為問題之診斷」作業：

一、標的行為問題之選擇與描述（已完成）

二、標的行為問題之觀察與紀錄（已完成）

三、標的行為問題之診斷

（一）標的行為問題功能評量之實施

（二）標的行為問題之原因與功能

作業練習　標的行為問題診斷之評鑑

關於標的行為問題之診斷，讀者可以運用「標的行為問題診斷之適切性問卷」（如附錄 37），自我檢視此步驟的執行和敘寫品質。

附錄

附錄 24　環境支持度問卷

附錄 25　行為問題功能的文獻

附錄 26　行為功能評量的調查工具

附錄 27　社交計量工具之編製與分析

附錄 28　標的行為問題原因與功能訪問調查問卷

附錄 29　標的行為問題動機量表

附錄 30　行為背景因素檢核表

附錄 31　行為溝通分析檢核表

附錄 32　行為功能評量的直接觀察記錄工具

附錄 33　標的行為問題原因與功能觀察記錄工具

附錄 34　行為流程記錄工具

附錄 35　正向行為的直接觀察記錄工具

附錄 36　標的行為問題功能分析工具

附錄 37　標的行為問題診斷之適切性問卷

測驗題

第六章　行為問題的診斷測驗題

第七章

正向行為支持策略的擬訂（一）：前事控制策略

第一節 前事控制策略的種類
第二節 前事控制策略的實施原則

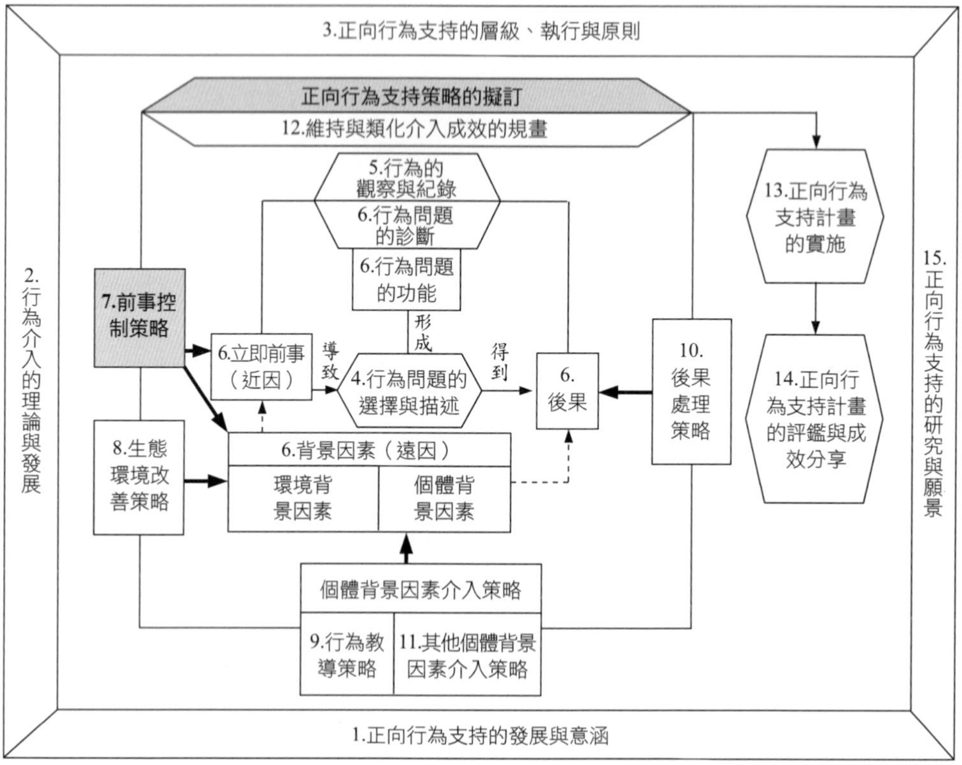
3.正向行為支持的層級、執行與原則
正向行為支持策略的擬訂
12.維持與類化介入成效的規畫
5.行為的觀察與紀錄
6.行為問題的診斷
6.行為問題的功能
形成
13.正向行為支持計畫的實施
2.行為介入的理論與發展
7.前事控制策略
6.立即前事（近因）
導致
4.行為問題的選擇與描述
得到
6.後果
10.後果處理策略
14.正向行為支持計畫的評鑑與成效分享
15.正向行為支持的研究與願景
8.生態環境改善策略
6.背景因素（遠因）
環境背景因素
個體背景因素
個體背景因素介入策略
9.行為教導策略
11.其他個體背景因素介入策略
1.正向行為支持的發展與意涵

導讀問題

1. 何謂前事控制策略？其目的是什麼？
2. 前事控制策略的類型有哪些？
3. 使用前事控制策略宜注意哪些原則？
4. 決定是否要褪除前事控制策略時，有哪些考慮因素？

行為問題處理的最佳策略是防患於未然，一旦行為發生，造成人事物的傷害可能是無法彌補的。前事控制策略是一種短期預防策略，作法為一方面預防導致行為問題的特定立即前事和背景因素，另一方面增加引發正向行為的特定立即前事和背景因素。本章將探討前事控制策略的種類，以及使用前事控制策略須注意的原則。

第一節　前事控制策略的種類

一句話語擁有表達的力量，能管理個人身體和情緒壓力的基因。（Newberg & Waldman, 2012, p. 3）

從第 6 章 FA 中，處理人員可以發現「易引起標的行為之特定前事」，包含**立即前事**（S^D）和**背景因素**（S^e）兩部分，也會發現**不會引起標的行為問題之特定前事**（S^Δ），前事控制策略即可從這些「前事」著手，這是**洞燭機先、防患未然**的作法，也呼應《黃帝內經》所云：「上醫治未病，中醫治欲病，下醫治已病。」由此可知，「未病先防，既病防變」是中醫的健康觀。就醫術言之，上醫、中醫和下醫做的分別是養生、保健和醫療，養生和保健二者屬於預防醫學；而就行為介入言之，三種層次執行的是長期預防、短期預防和後果處理。

綜合文獻（Bambara & Knoster, 2009; Horner et al., 1996; Kern & Clarke, 2021; L. H. Meyer & Evans, 1989），前事控制策略有以下八種作法：（1）**消除**（remove）或**減少**（decrease）引發標的行為問題之立即前事；（2）**改變**（modify）引發標的行為問題之立即前事；（3）**分散**（intersperse）引發標的行為問題之立即前事；（4）**增加**

圖 7-1 前事控制策略的運用

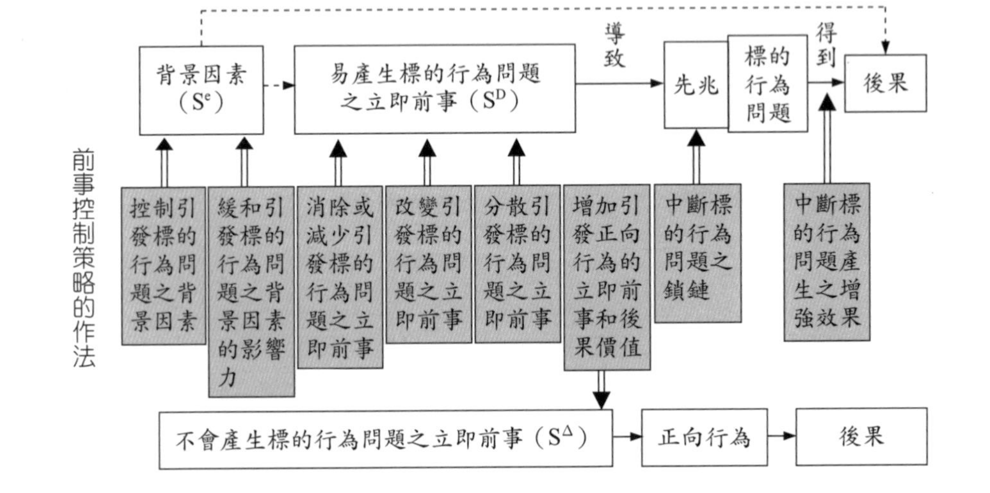

註：→外顯關係，- - →內隱之影響歷程，⟹策略介入。

（add）引發正向行為的立即前事和後果價值；（5）**控制**（control）引發標的行為問題之背景因素；（6）**緩和**（neutralize）背景因素的影響力；（7）**中斷**（block）標的行為問題之鎖鏈；（8）**中斷**標的行為問題產生之增強效果，如圖 7-1。

FA 發現易引起標的行為問題之特定立即前事，若此立即前事適合且能夠消除，可採取「消除引發標的行為問題之立即前事」，像是消除嫌惡的刺激（例如：蟑螂），這是**調虎離山**的作法。若此前事適合消除，但無法完全消除，可採取「減少引發標的行為問題之立即前事」，像是減少環境的不舒服刺激（例如：噪音），這是**防微杜漸**的作法。若此前事不適合消除，因為消除它，個體就少了學習的機會，但能夠被修改，可採取「改變引發標的行為問題之立即前事」，像是簡化工作／作業的難度，這是**引君入甕**的作法。若此立即前事在修改上有困難，可採取「分散引發標的行為問題之立即前事」，像是分散困難的工作在較簡單或愉悅的工作中，以增加個體的接受度，這是**化整為零**、**溫水煮蛙**的作法。

另一方面，FA 發現不會引起標的行為問題之特定立即前事，可採取「增加引發正向行為的立即前事和後果價值」，例如：提供符合個體能力、興趣和需求的課程，這是**因勢利導**、**順勢操作**的作法。評量發現背景因素會影響立即前事對標的行為問題的作用力，若此背景因素能夠被控制，則採取「控制引發標的行為問題之背景因素」，例如：控制搭校車途中同儕對個體的嘲諷，這是**釜底抽薪**的作法。然而，部分背景因素不易控制，若碰到此狀況，就要採取「緩和背景因素的影響力」，這是**緩兵之計**的作法，例如：在立即前事出現前，做暖身活動，以緩和背景因素的負面影響力。若易引起標的行為問題之特定前事未被控制，或是採取上述策略無效，標的行為問題仍然出現時，可採取「中斷標的行為問題之鎖鏈」，在發現標的行為問題之先兆時，即中斷之，避免它更嚴重，這是**先發制人**的作法。最後，對於取得內在刺激或表達愉悅感覺功能的行為問題，還可採取「中斷標的行為問題產生之增強效果」，例如：將桌面鋪上軟墊，以削弱個體用下巴撞擊桌面產生的聽覺回饋，這是**偷樑換柱**的作法。

這八種前事控制策略的作法下，有很多策略可以採用，綜合文獻（Horner et al., 1996; L. H. Meyer & Evans, 1989），統整成**調整情境因素**、**調整課程或工作相關因素**、**控制或緩和背景因素策略**，以及**反應中斷策略**四大類，而每一大類下又有許多細項，我將之整理於表 7-1，並且呈現這些策略介入之標的行為問題功能於附錄 38「前事控制策略之作法、內涵和介入之標的行為問題功能」，詳述如下。

壹、調整情境因素

調整情境因素主要在調整那些容易引起行為問題的人、時、地、物和活動等，以減少行為問題和引發正向行為，Maag（2018）稱之為**情境調整**（situational inducement）。綜合文獻，我整理出以下十四種策略，詳述如下。

一、重新安排環境中的人們

若發現個體的行為問題發生於與特定人在一起時，則重新安排環境中的人們，將減少許多行為問題（G. Martin & Pear, 2019）。舉例來說，大華和之宇坐在一起時，常會耳語，上課不專心，於是將他們的座位分開；每當張先生督導阿明工作時，阿明必然會發脾氣，而李先生督導時則不會，於是暫時由李先生全權督導阿明。另外，亦可透過此策略增加引發正向行為的立即前事，像是阿吉有與人互動上的困難，於是安排樂於助人的阿英坐在他旁邊，協助他口語表達，並提示他適當的互動行為。

二、調整座位

安排學生的座位時，宜考慮其需求，讓他們能參與班級活動，如此可避免行為問題，例如：罹患黏多醣症的阿寶，身高明顯矮小，一般的座椅不適合他，他坐下來雙

表 7-1　前事控制策略之作法和內涵

前事控制策略之內涵	前事控制策略之作法							
	消除或減少引發標的行為問題之立即前事	改變引發標的行為問題之立即前事	分散引發標的行為問題之立即前事	中斷標的行為問題之鎖鏈	中斷標的行為問題產生之增強效果	控制引發標的行為問題之背景因素	緩和引發標的行為問題之背景因素的影響力	增加引發正向行為的立即前事和後果價值
A. 調整情境因素								
1. 重新安排環境中的人們	◎							◎
2. 調整座位	◎							◎
3. 調整物理環境	◎							◎
4. 調整活動的地點	◎							◎
5. 調整活動的時間	◎							◎
6. 消除或減少誘發行為問題的刺激	◎							
7. 設定清楚和適當的期待	◎							◎
8. 建立明確、可預測、配合個體需求的作息								◎
9. 妥善安排轉換時刻（transition time）								◎
10. 預告（priming）								◎
11. 加入引發正向行為的刺激或提示								◎
12. 提供功能等值的替代感覺刺激								◎
13. 安排非後效增強（noncontingent reinforcement，簡稱 NCR）								◎
14. 刺激控制（stimulus control）								◎
B. 調整課程或工作相關因素								
1. 提供符合個體能力、興趣與需求的課程和活動								◎
2. 調整作業／工作	◎	◎	◎					◎
3. 提供選擇作業／工作項目的機會								◎
4. 改變從事活動的位置或姿勢								◎
5. 調整學習或工作時間表								◎
6. 改變互動方式	◎							◎
7. 使用教導的控制（instructional control）建立服從指令的行為								◎
C. 控制或緩和背景因素策略								
1. 背景因素控制策略						◎		◎
2. 背景因素效果緩和策略							◎	◎
D. 反應中斷策略								
1. 警覺加強裝置（awareness enhancement device，簡稱 AED）				◎				

（續）

表 7-1　（續）

前事控制策略之內涵	前事控制策略之作法							
	消除或減少引發標的行為問題之立即前事	改變引發標的行為問題之立即前事	分散引發標的行為問題之立即前事	中斷標的行為問題之鎖鏈	中斷標的行為問題產生之增強效果	控制引發標的行為問題之背景因素	緩和引發標的行為問題之背景因素的影響力	增加引發正向行為的立即前事和後果價值
2. 言語暗示（verbal cueing）正向行為				◎				
3. 促進溝通並表達關切				◎				
4. 促進身心的放鬆				◎				
5. 刺激轉換（stimulus change）				◎				
6. 動手阻遏（manual blocking）				◎				
7. 感覺削弱（sensory extinction）					◎			
8. 感覺改變（sensory change）					◎			
9. 彌補或保護措施（prostheses）					◎			
10. 增加反應耗力（response effort）					◎			
11. 刺激厭膩（stimulus satiation，或譯為「刺激飽足」）					◎			

註：◎表示該前事控制策略採取此作法。

腳離地面還有一段距離，他覺得不舒服，為了逃避這種不舒服的感覺，他經常離開座位。若能更換適合他身高的座椅，便能解決其行為問題。Prickett 和 Welch（1995）指出，對於中央和遠距離視力缺損的視障學生，無法看清楚遠距離的物品，故教師宜安排他們坐在靠近黑板、離教師很近的位置；對於周圍視力缺損的視障學生，視野較局限，故教師宜安排他們坐在中間的位置。對於聽障學生，宜安排他們坐在中間、靠近黑板、容易聽到教師說話，或看到教師臉部、方便讀脣語的位置。對於容易分心的學生，安排他們坐在教師或同儕容易監控與協助、不易分心或受干擾的位置，例如：AD/HD 學生的座位不適合安排在靠門口和走道，因為此位置有許多易引起其分心的刺激。除此，可調整座位以營造正向的同儕關係與影響力，van den Berg 和 Stoltz（2018）藉由將社會地位低的學生安排坐在社會地位高者旁邊，得以提升他們的被接納度，並引導正向行為。

三、調整物理環境

很多行為問題與物理環境因素息息相關，例如：採光、溫度、通風、色彩、動線、空間大小、受干擾情形和設備的安排等；處理人員宜調整那些會讓個體產生行為問題的因素；或是安排物理環境以引發正向行為（Shelton & Pollingue, 2009）。舉例來說，阿偉在擁擠的空間下容易出現行為問題，則消除或減少空間的擁擠度；文文會半夜起來以頭撞壁，因此為他調整床位，以頭撞壁的行為就大為減少；大禹寫作業容易分心，就應調整物理環境，以消除或減少干擾他專注的因素（如插畫 7-1）等。

如果個體容易分心，就別給他
太多不相關的視覺及聽覺刺激喔！

插畫 7-1　控制環境中干擾個體專注的因素
如果個體容易分心，就宜消除或減少環境中不相關的視覺和聽覺刺激。

綜合文獻（T. Gordon, 2003; McGee & Daly, 1999），調整策略可包括在環境上增加、在環境上減少、在環境上做變化、在環境內計畫四類，每一類別下有不同目的的調整策略，我舉例整理成表 7-2。**在環境上增加**旨在減少因無聊和厭倦感，或環境受限制而產生的行為問題。**在環境上減少**意在減少環境的不相關刺激，或限制行為發生的環境，以預防行為問題的發生。**在環境上做變化**的目的乃從個體的角度安排環境，降低環境的複雜度；以及改變物理環境中造成行為問題的因素，或是變換環境中設備或器材的模樣，以減少行為問題。**在環境內計畫**的宗旨在預先、有系統地規畫環境，或提供回饋機制，以增進正向行為和減少行為問題。

總之，在規畫教室空間時，T. E. C. Smith 等人（2016）提醒宜注意增加教室的**安全性、便利性和可用性**，以及部分感官和肢體障礙（physical disabilities，簡稱肢障）

表 7-2 物理環境調整的策略內涵

類型	調整策略	目的	舉例
在環境上增加	豐富化	提供靈活、多樣化的空間安排，使個體有多種的刺激和選擇，並且能操作和使用，以減少因無聊和厭倦感而產生的行為問題。	1. 在教室中的一角放置圖書、各式休閒器材等。 2. 在教室中一角設置演戲的小舞臺，放各種布偶、道具等。 3. 播放輕鬆愉快的音樂，營造環境的氣氛。
	擴大	擴大環境至外界，減少因環境受限制，或限制時間過長而產生的行為問題。	1. 將個體帶到外面（例如：公園、游泳池、廣場、體育館或練習場等）進行教學或活動。 2. 將個體帶到可以大聲喊叫的場所，例如：庭院、操場、海邊等。
在環境上減少	去除	減少環境的不相關刺激，以降低分心或受干擾的情形。	1. 午休之前，將音樂關小，並減低教室的亮度。 2. 在個體做作業時，減少干擾的刺激，不做分散注意力的行為。 3. 教室內面對黑板方向的布置最好不要太雜亂，以免分散個體的注意力。
	限制	限制行為發生的環境，以預防行為問題的發生。	1. 指定在某區域從事某種活動。 2. 限制同一時間、同一地點的使用人數。 3. 為設備或休閒器材的使用編排輪流表。
在環境上做變化	簡易化	從個體的角度安排環境，降低環境的複雜度，使個體容易取得和使用，以符合人性化的原則。	1. 課桌椅的高度、大小宜符合人體工學。 2. 鏡子要掛在和個體齊高處。 3. 洗手檯前置放踏臺，使個體使用時，沒有高度的障礙。 4. 掛鉤的位置設在較低處。 5. 在個體使用的設備或休閒器材上標明使用的方法和規則。
	改變位置、屬性或模樣	改變物理環境中造成行為問題的因素，或是變換環境中設備或器材的模樣，以增加安全性，以及減少行為問題。	1. 在電器插座上加裝飾外套。 2. 將玻璃杯改成用塑膠杯。 3. 關門時避免巨響的設計（例如：門縫加上貼條）。 4. 在通道上不放東西。 5. 調節空氣、調整光線、調配室內色彩、更動用具或座位的擺設。 6. 調整環境外觀，盡可能和同年齡者相仿。
在環境內計畫	系統化	對環境事先做有系統的規畫，以預防行為問題的發生。	1. 對將來臨的事件或活動先行公布計畫，並說明準備事項和規則等。 2. 在醒目處貼上個體該完成工作的流程圖、課表或生活作息表。 3. 教室布置隨教學內容、個體需求和年齡增長，做彈性的調整。 4. 提供結構性且具體的教室空間規畫，例如：劃分出教學區、情緒轉換區、休閒活動區等，但又不失彈性。
	提供回饋	在環境中提供回饋的機制，提示或增強個體正向行為。	1. 在環境中布置一些能提示個體正向行為的規定、標語；能紓解個體情緒的連環漫畫、智慧諺語，以及好笑的圖畫和照片。 2. 張貼個體的作品，提示或增強他好的表現和正向行為。

學生需要之**特殊化設備**。在特殊化設備的安排上，例如：對於視障學生，教師可以提供稍微傾斜的桌子，或是提供書架，使他們不用靠近及彎腰就能看見視覺材料；還可以在座位上加裝檯燈，提供額外的光源（Cox & Dykes, 2001; Prickett & Welch, 1995）。另外，設備和器具宜放在固定位置；同樣地，若是將作業呈現在黑板上時，也宜注意擺放在固定的位置，讓視障學生容易定向。

四、調整活動的地點

處理人員可以調整會引起個體行為問題的活動地點，至能促發正向行為的活動地點（G. Martin & Pear, 2019），例如：安安在家無法專心讀書，可以到圖書館，看到別人讀書，更能增進專注閱讀的行為。又例如：阿琪到大賣場非常興奮，常會拿賣場的物品把玩，甚至曾不小心將玻璃杯摔破；為因應此問題，先調整活動地點在大賣場的某個區域，此區域的物品在把玩時不會損壞，處理人員藉機教她如何適當拿取和把玩。

五、調整活動的時間

若個體的行為問題多發生在特定時間，改變生活順序，調整某些活動的時間，便能減少行為問題（G. Martin & Pear, 2019），例如：吳莉早上經常賴床，如果匆忙叫她起床，她會哭鬧，進而動手打人；因此建議媽媽在她該醒的 15 分鐘前，放上她喜歡聽又能讓她清醒的音樂，使她逐漸從睡眠進入清醒狀態。又例如：處理人員發現大強易在午休後第一節課出現攻擊行為，故調整體育等動態的課程和活動在午休後第一節課，藉由體能活動讓他消耗體力，以降低攻擊行為的出現率。Touchette 等人於 1985 年的研究發現，一位自閉症女生之固著行為，最常出現在長時間的團體活動和吵雜的情境中，於是更改成小組、時間較短的活動，結果成功減少其固著行為（引自 Rojahn et al., 1997, p. 202）。

六、消除或減少誘發行為問題的刺激

前面第 6 章敘及行為問題 FA 時，曾分析哪些嫌惡的刺激（例如：物品、身體被觸碰）會引發標的行為問題，找出這些因素後，處理人員就可以消除或減少它們的出現，例如：玲玲看到紙屑就會尖叫，於是處理人員盡量把地板收拾乾淨。又例如：ASD 的大明有觸覺防衛，身體被觸碰就會尖叫，所以處理人員提醒周遭人不要觸碰他，包括戶外教學時，為顧及安全，教師和他手牽呼拉圈的各一端，藉此避免他亂跑。

七、設定清楚和適當的期待

設定期待可以讓個體了解處理人員對他行為的期待，增進他對所處環境的預測和控制，而此期待宜清楚，且適合他的能力和需求，是他可以達到的。在班級中，教師可以藉由與學生共同訂定班規，設定清楚和適當的期待。綜合文獻（Bosch, 2006; Kerr & Nelson, 2009; Schloss & Smith, 1998），訂定班規要注意以下九個原則：（1）選擇限量的規則，最好不要超過七個，太多學生記不起來；（2）讓學生了解班規的意義和功能，並且參與訂定規則；（3）使用具體而簡短扼要的語言描述班規；（4）強調要學生表現的正向行為；（5）透過示範和練習教導班規，並且確保所有學生都已學到；（6）與學生討論違反班規的後果；（7）不要只在學生犯錯時才提到班規，平時也要提醒學生；（8）將班規貼在教室中醒目的地方；（9）定期檢討班規。

八、建立明確、可預測、配合個體需求的作息

如果一天當中的活動變換無常，生活作息讓人捉摸不定，會使人失去安全感而大發脾氣。因此，與個體一起訂定生活作息時間表，例如：決定 1 週之間預定看電視的時間、週末的閒暇活動、該做的事情等，可讓他學習分配時間，以及增進他對生活作息的預測和控制，如插畫 7-2。

插畫 7-2　與個體一起訂定生活作息時間表

與個體一起訂定生活作息時間表，可讓他學習分配時間，以及增進他對自己生活作息的預測和控制，這是建立規律化生活的重要項目。

作息時間表除了明確、可預測外，還宜配合個體的需求（Mesibov et al., 2002）。Lalli 等人（1994）的研究發現，提供可預測的作息時間表和忽略逃避的行為，能減少「逃避」功能的行為。舉學校的作息表為例，一張設計良好的作息時間表宜包含當日重要的課程和活動，讓學生能預期今天要做些什麼，以下是發展作息時間表要注意的原則。

1. **依據個體的能力狀況彈性調整活動所需時間**（Murdick & Petch-Hogan, 1996），例如：對於某些肢體有困難、動作較緩慢的學生，可以視其需要，增加某些活動（如用餐）的花費時間。
2. **考慮個體的生理和情緒狀況安排作息時間表**（Wolery, 1994），例如：對於某些 AD/HD 學生，若他們精力旺盛，不想睡午覺，可以安排午睡時間能進行的活動。下午第一節課，學生剛睡醒，比較不適合安排靜態的課程。另外，如果學生每個星期一有週一症候群，早上的行為問題特別多，在週一早上可安排學生較有興趣的課程，並紓解其情緒。對於學生比較不喜歡的課程或活動，可採「**三明治**」的排課方式，夾在兩門他喜歡的課程或活動中間（Kerr & Nelson, 2009）。除了班級作息時間表外，也可為個別學生的特殊需求，與他討論後設計個別作息時間表，並給予視覺線索。
3. **依據個體的年齡、健康、體能和注意力持續時間，適度調整活動時間的長短**（Marzano et al., 2003），例如：考慮學生注意力持續時間安排教學活動，靜態和動態的教學活動宜適當搭配。年齡較小的學生，活動時間為 20 至 30 分鐘；年齡較大者，活動時間可延長為 40 至 50 分鐘之間。又例如：對於某些健康和體能上有限制的學生，若有需要，可以調整在學校學習時間的長度（像是允許上學時間延後）。
4. **盡量依照預定的時間表進行整日的活動**，若有更動或加入新的活動，應盡可能事先告知個體（Maanum, 2004）。
5. 於空暇時間（例如：下課），**讓個體能夠選擇或安排合宜的休閒活動**。
6. **確定個體能理解作息時間表的內容**，並且放置在固定且醒目的地方。

F. Brown（1991）的研究發現，一位住在社區家園之重度障礙者出現自傷和攻擊行為的原因是，其作息被固定，功能為逃避不喜歡和長時間的活動。因此，處理人員調整時間表和提供選擇機會，作法為：除了服藥、刷牙、洗澡是安排在固定時間外，其他活動採開放式，並將長時間的活動修改為 15 分鐘，讓他可以選擇**【以上是前事控制策略】**；他若完成活動，且未出現自傷和攻擊行為時，可以到廚房10分鐘作為獎勵**【這是後果處理策略】**；而因為他喜歡在廚房工作，結果能有效降低他的自傷和攻擊行為。

九、妥善安排轉換時刻

Mastropieri 和 Scruggs（2018）指出，教室中的不專注行為最常出現在**轉換時刻**。除此，其他行為問題諸如干擾、自傷、不適當的社會行為等，亦容易出現在轉換時刻（Harrower & Dunlap, 2001; Maag, 2018）。教學時間可分為**參與時刻**（engaged time）和轉換時刻：參與時刻是指教師實際教學，讓學生參與學習的時間；而轉換時刻是指在教學過程中，轉換不同課程主題或活動，或是教學地點花費的時間（Maag, 2018）。若在轉換時刻，學生為了等待參與活動、獲取所需物品或請求協助，耗費的時間超過總上課時間的 10% 至 15%，學生便容易產生行為問題（Wolery et al., 1988）；因此，盡可能增加學生的參與時刻，減少轉換時刻，就變得很重要了。

綜合文獻（Paine et al., 1983; Wolery et al., 1988），轉換時刻可包括：（1）**從一個地點轉換到另一個地點進行活動**，可能是教室中不同區域的轉換（例如：從自己的座位轉換到圖書區進行活動），或是教室和學校其他教室、活動地點（例如：操場）之間的轉換；（2）**同一節課中，從一個課程主題或活動轉換到另一個主題或活動**；（3）**不同領域或科目課程的轉換**；（4）**從一個分組轉換到另一個分組的時刻**。Paine 等人即指出，妥善安排轉換時刻可以協助教師有效管理教室時間，除了能減少學生的行為問題外，還能增加教師教學，以及學生學業學習的時間。

然而轉換時刻有時是不可避免的，至於如何減少轉換時刻產生的問題，宜注意以下六個原則。

1. 教師事先準備好課程需要的教材、教具和活動，盡量減少學生等待參與活動的時間，或是安排一些學生在等待時可從事的活動（Friend & Bursuck, 2019; Maag, 2018）。教師還須計畫備案（與課程主題相關、簡短、有趣的活動），以因應預定活動提早完成之需。Friend 和 Bursuck 表示教師可以採用**海綿活動**（sponge activities），以「吸收」短暫多餘的班級時間，此時間已不足以教導新概念，例如：教師可以利用它讓學生練習或複習課堂教過的內容，像是在英文課裡，要學生找出教室中字母首字是「D」的物品；在數學課裡，要學生說出一個 5 的倍數等。
2. 做任何轉換之前，教師先**預告**，讓學生心理有準備，例如：在欲結束該活動 10 分鐘前，拉回學生的注意力，一致地使用具體的訊號（如音樂），表示在 10 分鐘內完成此活動，轉換至下一個活動（Harrower & Dunlap, 2001; Maag, 2018）。

3. 在進行轉換前，教師宜告知學生轉換的下一個課程主題、活動或地點為何，教導適當的轉換行為（例如：行進時保持安靜），並且口頭讚美學生好的行為表現，對於不佳表現者，告知會有的負向後果（例如：在轉換時刻浪費時間者，則要從自由活動、休息時間或放學後補回來；Maag, 2018; Paine et al., 1983; Wolery et al., 1988）。
4. 從一個教學地點轉換到另一個教學地點時，要注意動線，以讓學生快速方便到達為主，除非教師在學生移動的過程中，另有其他教學活動的安排。此外，也可分組，由能力好的同學帶領到達另一個教學地點。
5. 從一個分組換到另一個分組時，要先安排好分組的位置，而後給每一組不同的標示，如顏色或動物的標示，接著給學生提示卡，協助他們很快找到其所在的組別（Denno et al., 2004; Maag, 2018），例如：Clarke 等人（2002）介入一位 12 歲伴隨其他障礙的 ASD 學生，在轉換時刻出現的行為問題，採取預告策略，於 5 分鐘前關掉電視、視聽輔助器材等會讓他分心的刺激，而後言語和視覺提示他適當的轉換行為（像是請你站起來，走到門口……），並且因應他視覺和動作的限制，給他充分的時間進行轉換，結果能有效解決其行為問題。
6. 某些適應度較低的學生（例如： ASD 學生），在從一個課程主題活動轉換到另一個，乃至於不同課程的轉換，尤其是從高度喜愛的課程主題或活動，轉換至低度喜愛者，可能會出現適應上的困難，進而出現行為問題。因應此問題，Kern 和 Clarke（2021）建議**安排轉換活動**，作法為安排一項喜愛的活動，藉由平穩的轉換過程以減少行為問題，例如：蓉蓉拒絕離開體育教室，回到自己班級上國語課，她會賴在地板上大聲尖叫；為處理此問題，教師在上完體育課進入國語課前，會安排一個她喜歡的閱讀賓果遊戲，如此她就願意上國語課。同理，同一個課程領域中，從一個課程主題或活動轉換到另一個時，增加相同的成分，或是增加新教和舊學之課程主題或活動間的連結，以促進平穩的轉換。

十、預告

除了上述於轉換時刻預告外，預告還可用在全新作息和活動的加入，人員、作息、活動等的改變，或是放完長假後，從家庭轉換到學校、職場，這些轉換對於部分適應度較低的個體，容易出現適應上的困難，例如：Schreibman 等人（2000）針對 ASD 學生在轉換新的作息時，容易出現行為問題之狀況，採用**影片預告**（video priming）策略，亦即播放影片預告接下來的作息為何，讓他心理有準備。Tustin（1995）的研究發現，運用預告策略能有效降低自閉症學生的固著行為。

除此，可運用**輔助科技**（assistive technology，簡稱 AT）進行預告，引發正向行為（O'Reilly et al., 2014）。A. B. Mace 等人（1998）採用**警示刺激**（warning），讓學生對於中止一項喜好的活動有心理準備，如此能避免行為問題，而且他們認為多元警示會比單一警示更有效，例如：在電腦使用時間將結束前的5分鐘，然後2分鐘、1分鐘時提出警示，此警示可以單獨以口語，或另外伴以視覺、聽覺線索，如倒數鐘或計時器，警示也是一種預告策略。

十一、加入引發正向行為的刺激或提示

在加入引發正向行為的刺激或提示方面，包括能促進正向情緒或行為的刺激，例如：音樂、物品等。Orr 等人（1999）採用有旋律、讓人感到放鬆的音樂，介入自閉症者的固著行為，結果發現能有效降低之。Ausderau 等人（2019）針對十二個家庭介入 ASD 孩子拒食行為的觀察發現，有些家庭會將食物比喻成動物、物品，或是其他孩子喜歡的對象，給予食物想像的力量，以增進他們用餐的參與度。再者，可採用 AT；例如：三篇研究（Amato-Zech et al., 2006; Boswell et al., 2013; Legge et al., 2010）使用 MotivAider® 結合自我監控（self-monitoring，詳述於第 9 章第 2 節）策略，教導輕度障礙、中度智障、自閉症和其他障礙學生監控自我課堂專注度。MotivAider® 是一種**電子的觸覺振動提醒輔具**，可以提醒個體監控自己的表現。

在加入引發正向行為的提示方面，Colvin 等人（1993）提出**前矯正策略**，以養成學生適當的社會行為，包括七個步驟：（1）界定立即前事和標的行為問題；（2）描述期待的行為；（3）計畫如何系統地調整立即前事；（4）進行言語複誦或行為演練（verbal and behavior rehearsal）；（5）對期待的行為提供強而有力的增強物；（6）提示期待的行為；（7）監控計畫的執行。他們並舉一例說明如何使用前矯正策略，處理學生在上課鈴聲響，準備進教室時出現的不適當行為，如表 7-3。

舉例來說，ASD 的阿德很害怕看電影時黑暗的情境，教師幫他拍了一系列的照片，協助他預習看電影的程序，並在程序中加入因應黑暗情境的策略，以及提示宜表現的正向行為和其後果。AD/HD 的至奇會以重拍他人的方式與人打招呼，教師在迎面看到他時，舉起右手提示他以擊掌的方式打招呼。此外，他經常在教師講課時插嘴、搶話，教師在課前就跟他「約法三章」，並寫在卡片上提醒他：「老師說話時，請你不要講話；但是老師每隔 10 分鐘會讓你發表意見或回答問題，所以你要仔細聽課並且抄筆記，問的問題就在老師講的內容裡。」智障的阿祐在做作業時容易分心，教師會在過程中提醒他：「阿祐，如果你在接近 10 點時完成了你的作業，將會怎樣？」（教師停頓，讓學生回答）「對，你可以玩電腦，直到該上美術課時。」這三

表 7-3　前矯正策略的步驟和示例

前矯正策略的步驟	舉例
1. 界定立即前事和標的行為問題	立即前事：在上課鈴聲響學生進教室時； 標的行為問題：學生大聲吵鬧、嬉笑和推擠。
2. 描述期待的行為	上課鐘聲響，學生能安靜地進入教室，坐在自己的座位上，開始做自己應該做的事。
3. 計畫如何系統地調整立即前事	計畫在上課鈴聲響時，教師站在教室門口與學生會面，提示學生安靜地進入教室，而後坐在自己的座位上，開始做自己應該做的事。
4. 進行言語複誦或行為演練	在下課前，要學生說出或做出什麼是期待的行為。
5. 對期待的行為提供強而有力的增強物	教師告訴學生如果表現期待的行為，則可以提早 5 分鐘下課。
6. 提示期待的行為	教師在門口提示學生安靜，並指向黑板上所列的活動。
7. 監控計畫的執行	在 10 節課裡，教師計時檢視學生在上課鈴聲響後多久能回座，開始做自己應該做的事，並統計有多少學生能做到。

註：修改自 Colvin 等人（1993, p. 146）。

個例子中，教師使用照片、動作、字卡和口語，提示學生正向行為和其後果。

Kauffman 等人（2010）指出，教師宜對學生強調適當行為將獲得的正向後果，而不是威嚇行為問題將獲得的負向後果，如此可幫助學生對自己的行為負責，而且維持正向、支持的班級氣氛。相關研究亦顯示，加入引發正向行為的提示或刺激對減少行為問題的效果，例如：Storey 等人（1994）的研究以言語提示一位幼兒自我監控程序，結果能減少其干擾行為。Ebanks 和 Fisher（2003）針對一位伴隨廣泛發展異常之智障者的破壞行為，採用**分散工作／作業要求**（task interspersal），穿插困難的工作在簡單者中；以及改變提示的時間，在破壞行為發生前，提示正向行為，而不是在它發生後給予**矯正性回饋**，結果能有效減少其破壞行為。

十二、提供功能等值的替代感覺刺激

對於功能為取得內在刺激或表達愉悅感覺的行為問題，最常出現在固著行為上，許多研究顯示提供**功能等值**的替代感覺刺激，亦即和行為問題有相同增強效果者，能有效減少行為問題。舉例來說，阿英不斷用手拍胸膛以獲得身體動覺刺激；處理人員讓她坐在按摩椅上，由其震動感替代拍打刺激。阿福喜歡摸他人的頭髮，以取得觸覺刺激；處理人員讓他摸洋娃娃的頭髮，但洋娃娃的頭髮必須與真人頭髮的觸感相同，才算符合功能等值的條件。

許多研究亦顯示功能等值替代感覺刺激的效果，例如：Kern 等人（1982）每天安排慢跑的活動，有助於減少 ASD 兒童搖晃身體和揮舞雙手的行為。邱紹春和謝岱珍（1997）以拍手動作訓練，有助於減少 ASD 學生的自傷行為。兩篇研究之所以有效的原因在於，個案標的行為問題之功能在取得身體動覺的刺激，而慢跑和拍手是與標的行為問題功能等值的活動，故能取代標的行為問題產生之增強效果。

在口腔覺上，C. R. Ellis、Singh 等人（1997）指出反芻和異食癖具有自我刺激的功能，因此宜提供功能等值且適當的活動或刺激，如嚼口香糖；等到正向行為建立起來之後，再逐步褪除。Favell 等人（1982）即使用替代的感覺刺激，取代兩位智障者異食癖。Luiselli（1994）提供用軟橡皮做成、可咀嚼且安全的細棒，給一位經常出現咬物品行為的 10 歲女生，以取代其欲獲得之口腔覺刺激。

在觸覺上，Thompson 等人（1998）評量一位重度智障學生摩擦臉頰行為的功能，結果發現其行為受觸覺自動正增強維持；於是提供他震動器刺激臉頰，以獲得同質的觸覺刺激，研究顯示能有效減少摩擦臉頰行為。Vollmer 等人（1994）評量三位智障學童含手行為的功能，找出維持其行為的感覺刺激，而後提供其喜歡且功能等值的玩具，結果能有效減少含手行為。其他對含手行為的介入研究（Derby et al., 1994; H. Goh et al., 1995; Piazza et al., 2000; Turner et al., 1996），亦證實提供功能等值替代感覺刺激的效果。由上可知，處理人員首先須確認行為問題的功能是感覺自娛，而後分析個體欲獲得何種感覺刺激，此策略才能發揮效果。

十三、安排非後效增強

非後效增強（NCR）是指增強時機與標的行為問題沒有關聯，亦即不在個體標的行為問題出現後給予想要的後果（不管是獲得注意和喜歡的物品，或是逃避嫌惡的前事），而是在他尚未出現標的行為問題之前即給予欲取得的外在刺激，例如：每隔一段時間，個體未出現標的行為問題之前，就給予注意、物品、感覺增強物（像是按捏會發出聲音的玩具），即**非後效注意**、**非後效給予物品**、**非後效感覺增強**；或是移除個體欲逃避的外在刺激，例如：每隔一段時間，個體未出現標的行為問題之前，就消除、減少或修改嫌惡的前事，例如：消除部分單調的工作／作業項目、減少其分量、降低其難度、修改其完成方式，即**非後效逃離**（J. E. Carr et al., 1998, 2000），它又稱為**獨立於反應的增強**，是指獨立於標的行為問題，或和它沒有關聯的增強（Vollmer, 1999）。

NCR 適合介入受**環境正增強和負增強**維持的行為問題（Britton et al., 2000; Tucker et al., 1998）。H. Goh 等人（1995）研究 12 位極重度智障者含手行為的功能後發現，有一位的含手行為是為了引人注意；因此，對他採取非後效注意，亦即每隔 30 秒稱讚他無含手行為，結果能有效降低其含手行為的次數。其他研究亦發現，NCR 對減少受「環境正增強」維持的干擾（Buchanan & Fisher, 2002; C. L. Coleman & Holmes, 1998; Hagopian et al., 1994; K. M. Jones et al., 2000; T. J. Lewis & Sugai, 1996）、攻擊（Lalli et al., 1997）、自傷（Fischer et al., 1997; Lalli et al., 1997; T. J. Lewis & Sugai, 1996; Vollmer et al., 1993）、咬物品（Roane et al., 2003）、破壞物品行為（Hanley, Piazza, & Fisher, 1997）；以及降低受「環境負增強」維持的干擾（C. L. Coleman & Holmes, 1998）、自傷（Vollmer et al., 1995）、多重問題行為（Butler & Luiselli, 2007），以及增進作業參與度（Cihak & Gama, 2008）等具有良好的效果。

Iwata、Zarcone 等人（1994）即提出針對行為功能有效與無效的處理策略，對照如表 7-4。其中有效的處理策略之一是 NCR，其他有效策略則是運用後果處理策略，減少標的行為問題之效能（例如：忽略、感覺削弱等），以及增加正向行為的效能（包括：區別性增強、負增強）。無效的處理策略是在標的行為問題之後，給予個體

表 7-4　針對行為功能有效與無效處理策略對照表

行為功能（維持行為問題的後果）	有效的處理策略	無效的處理策略
取得外在刺激（由「環境正增強」維持的行為問題）	1. 非後效注意或 NCR。 2. 忽略為引起注意或取得物品的行為問題。 3. 區別性增強另類行為（DR of alternative behaviors，簡稱 DRA）。	1. 口語斥責（verbal reprimand）。 2. 後效注意或後效增強。
逃避外在刺激（由「環境負增強」維持的行為問題）	1. 非後效逃離（消除嫌惡的前事，例如：提供休息時間）。 2. 非後效逃離（改變嫌惡的前事，例如：降低工作／作業的難度和分量）。 3. 忽略逃避的行為。 4. DRA（例如：順從行為），或是運用負增強的策略，增強達到逃避功能的正向行為（例如：適當表達求助的語言或動作）。	1. 後效逃離。 2. 隔離。
取得內在刺激或表達愉悅感覺（由「自動正增強」維持的行為問題）	1. 持續地安排個體接近替代感覺刺激的機會。 2. 感覺削弱或感覺改變。 3. DRA。 4. 反應中斷。	1. 忽略（功能不是取得或逃避外在刺激的行為問題）。 2. 隔離。
逃避內在刺激或表達不舒服感覺（由「自動負增強」維持的行為問題）	1. 非後效逃離。 2. 忽略逃避行為帶來的增強效果。 3. 運用負增強的策略，增強達到逃避功能的正向行為（例如：以適當的口語或非口語溝通方式，表達其不舒服或情緒困頓）。	1. 後效逃離。 2. 隔離。

註：整理自 Iwata、Zarcone 等人（1994）及 J. E. Carr 等人（2000）的文獻。

欲獲得的後果（例如：隔離、口語斥責、後效逃離、後效注意或後效增強等〕，如此會不恰當增強行為問題，讓它們持續發生。

然而，Poling 和 Normand（1999）認為「NCR」這個名稱不恰當，容易讓人混淆增強此名詞的含意，因為 NCR 並未像增強策略般增加正向行為，而是減少行為問題，他們建議直接以**固定比率／時距給予注意或逃離嫌惡前事**稱之。Vollmer（1999）則回應他們的批評指出：NCR確實不是很正確的名詞，但強調它只是一個概括的名稱，說明增強時機與行為問題沒有關聯性，而不管行為問題的功能是取得注意或逃離嫌惡前事。比較 NCR 和區別性增強其他行為（differential reinforcement of other behaviors，簡稱 DRO），我認為二者相同處為，目標皆在減少行為問題；相異處在於，NCR 給予的增強物是**功能的刺激**，屬於「前事控制策略」，而 DRO 給予的增強物則不一定為功能的刺激，可能是**喜愛的刺激**，喜愛的刺激不一定具有功能性，屬於「後果處理策略」，這兩種刺激的意義見第 10 章第 1 節。

十四、刺激控制

刺激控制是指行為發生在某種刺激出現時，這種行為會獲得增強；因此，每當同樣的刺激出現時，這種行為發生的可能性便大為增加（Cuvo & Davis, 1998）。應用刺激控制處理行為問題時，主要的工作是將個體的行為控制在某些刺激之中（施顯烇，1995），例如：阿冬在學校的行為問題是喜歡問東問西，問的問題常和上課內容無關，且答非所問，甚至胡言亂語來引人發笑。這些行為不但嚴重妨礙教室秩序，也使他無法和同學建立良好關係，於是教師使用刺激控制處理此問題。方式是教師每天抽出一節課做個別教學，教師把 50 分鐘分成 10 段，每段 5 分鐘，在單數時段中，舉起寫著「可以發言」的綠色紙牌，這時不管他說什麼，教師都會回應並誇獎他；雙數時段中，教師取下綠色紙牌，告訴他要等到綠色紙牌被舉起時才能發言。一旦綠色紙牌控制阿冬擅自發言的行為後，綠色紙牌被舉起的時間逐漸減少。之後再把這樣的訓練帶進教室內，並要其他同學配合增強他適當行為，以及忽略他不適當行為。

刺激控制是一個相當有效的策略，但它的效能僅止於「控制」至可接受的範圍，而非根除行為問題，因此標的行為問題之選擇要深思熟慮。一些危險性的行為需完全根除，使用刺激控制並不妥當；相反地，對於某些只要求發生在適當時間和地點的行為，刺激控制就非常適合。使用刺激控制宜注意刺激和反應兩方面因素，如圖 7-2。在刺激因素上，要注意：引發正向行為的刺激必須相當明顯、容易辨識，且不能太複雜，以及增加相關刺激（例如：提示個體注意），以減少不相關刺激的干擾；在反應因素上，要注意：在引發正向行為的刺激出現，正向行為發生時，須立即增強，並且

圖 7-2　影響刺激控制成效的因素和處理策略

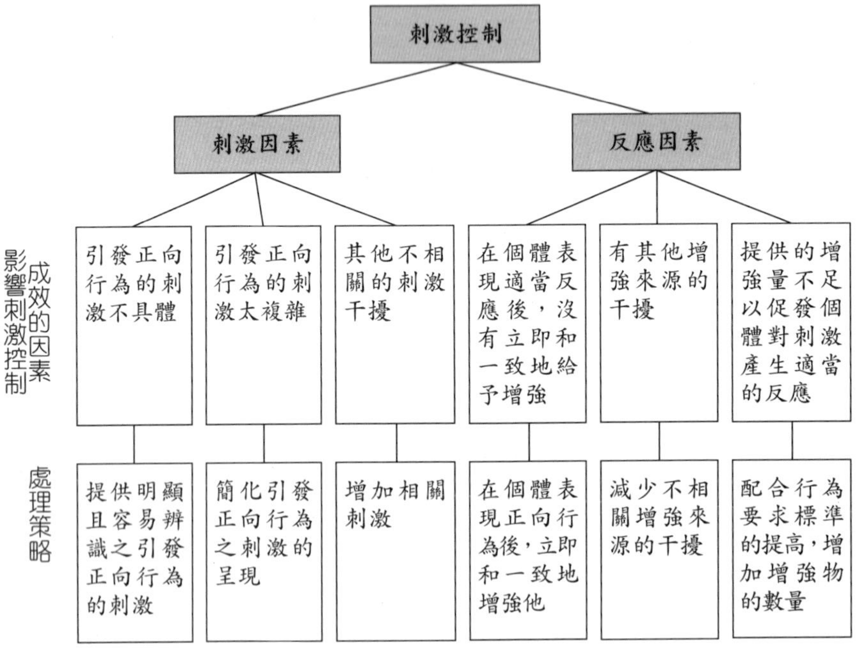

註：修改自 McComas 和 Progar（1998, p. 312），修改處為加入網底。Paul H. Brookes Publishing Co. 於 1998 年的版權，同意授權修改。

配合行為要求標準的提高，增加增強物的數量，以及減少不相關刺激的干擾（施顯烇，1995；McComas & Progar, 1998; Schloss & Smith, 1998）。

貳、調整課程或工作相關因素

調整課程或工作相關因素用在當行為問題一致地發生在上課，或有課程／工作要求的情境中，包括兩種狀況：一為課程或工作要求出現後，行為問題立即發生；二為在從事課程學習和工作一段時間之後，行為問題才發生，如圖 7-3。處理人員可以藉著增加課程或工作要求的吸引力、引發正向行為之成功經驗；使用教導的控制建立服從指令的行為；減少長時間參與課程或工作產生的厭倦、注意力分散等來達到。我依據文獻整理出下列七項策略。

圖 7-3　調整課程或工作相關因素之運用

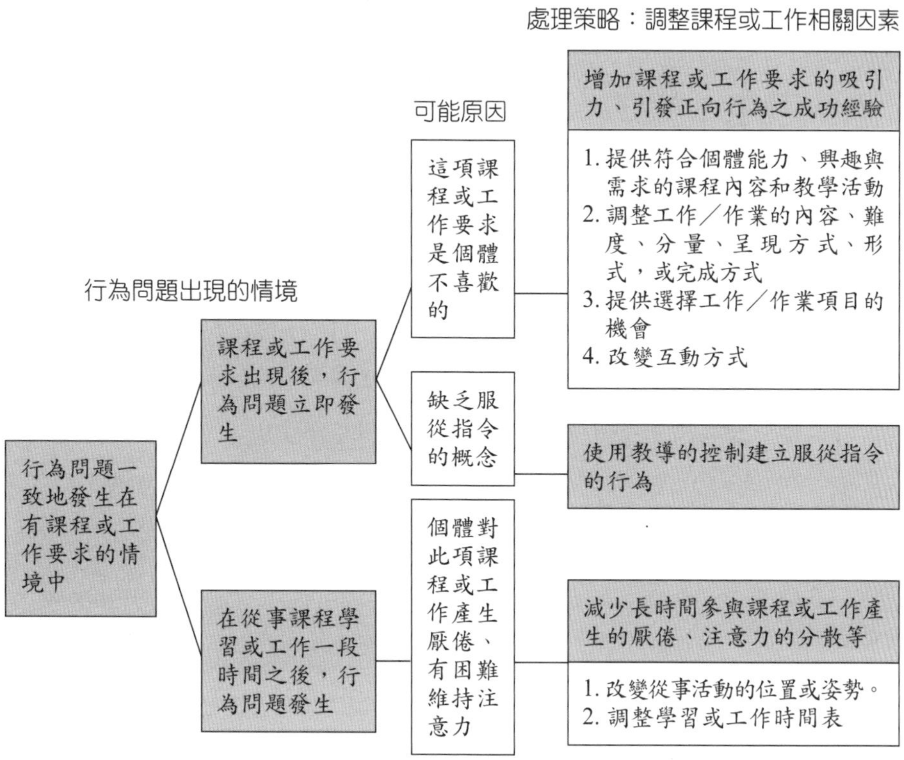

註：修改自 Kern 和 Dunlap（1998, p. 301），修改處理策略的內容。Paul H. Brookes Publishing Co. 於 1998 年的版權，同意授權修改。

一、提供符合個體能力、興趣與需求的課程和活動

Maag（1999）指出，學生全部在學校的時間可能很長，但實際被分配到的教學時間是較少的；而真正接受到教學的時間又少於被分配到的教學時間；在真正接受到教學的時間中，學生真正參與的時間再次打折；而能夠符合學生需求、有意義之學業學習的時間還要再縮減，如圖 7-4。對於身心障礙學生更是如此，他們一天學業學習的時間可能是非常少的，多數時間是鴨子聽雷，當班級中的客人，陪別人來上課。

圖 7-4　各種校內指定活動占校內活動時間之百分比

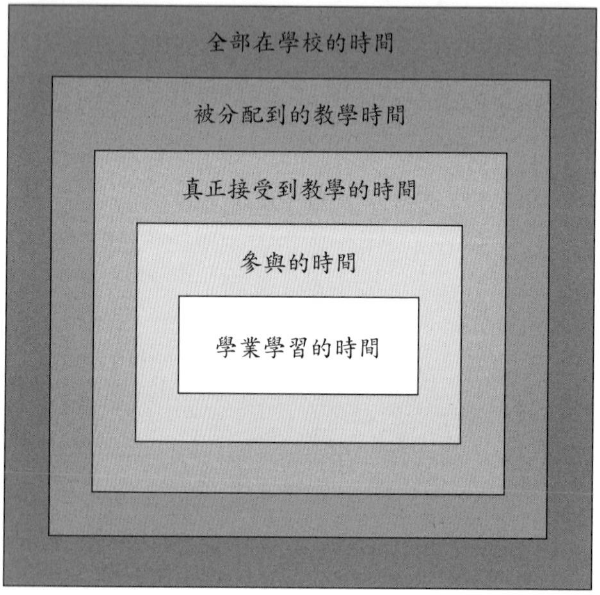

註：修改自 Maag（2018, p. 195），修改處為加入網底。Singular Publishing Group 於 2018 年的版權，同意授權修改。

許多身心障礙者在班級中當客人，於是他們會表現一些行為問題來表達逃避學習、引起注意和感覺自娛等功能，這可能是因為課程內容和教學活動對他們來說太難、無法引起興趣、不符合其需求。正如插畫 7-3，Barbetta 等人（2005）所示：「有效教學是處理行為問題的第一道防線。」（p. 17）如果課程內容和教學活動能符合個體的能力、興趣和需求，則將減少行為問題發生的可能性（J. W. Wood, 2006）；Dunlap 和 Kern（1993）稱它為**課程本位的介入**（curriculum-based intervention）。研究（Blair et al., 1999; Munk & Karsh, 1999; Wheeler & Wheeler, 1995）發現，調整課程和教學，例如：配合學生需求、喜好和學習風格，設計課程內容及教學活動，可以有效減少重度智障者的行為問題（包括：離座、抗拒學習和攻擊行為），擴大他們的學習參與。其他研究（Chandler et al., 1999; Clarke et al., 1995; Daly et al., 1998; Dunlap et al., 1996; Jolivette et al., 1999; Klatt et al., 2002; Y. Lee et al., 1999a, b）亦發現，課程本位介入對減少行為問題、增加學習參與度的效果。

插畫 7-3　教師是課程的魔法師
教師是課程的魔法師，一方面要提供學生適當和能促進其學習動機的課程；另一方面還須時時調整課程來因應學生的需要。

課程和教學的調整可從調整**教學成分**，包含**調整教室的物理環境和心理環境**、**教師的教學語言**；以及**課程成分**，包括**課程的目標**、**內容**（教材和作業）、**組織和運作過程**（教學活動、方法和教具，教學地點和情境，教學人員，教學時間，教學評量）兩方面著手，亦可尋求特殊教育資源的協助，這些調整最重要的基礎在於教師教學態度的調整。我整理「融合教育課程與教學調整策略檢核表」如附錄39。因應學生困難的狀況，而有不同層次的調整，我舉例說明如圖 7-5，此例子中課程主題是「針對主題寫作文」，一般學生的目標為：「針對一個題目，完成一篇涵蓋三個段落的作文。」針對困難度不同的學生，舉例說明從少量調整到多量調整的示例。

二、調整工作／作業

教師或家長想教孩子新的知識或技能，會要求孩子做作業、做清潔工作等，行為問題如哭鬧、摔東西等隨之而來。很顯然地，這些行為的功能不在於引起注意，而是逃避不想要做的工作／作業。此時處理人員必須了解個體的能力，把工作／作業調整到他可以勝任的程度，讓他能夠從中嘗到成功的滋味，待他的興趣和自信心提升後，再逐漸加深、加多工作／作業的內容（Umbreit et al., 2004）。以作業來說，Friend 和 Bursuck（2019）指出教師在給予學生作業時，宜思考下面五個問題：（1）學生本身的技能是否足以完成作業；（2）學生的背景知識是否足以完成作業；（3）學生是否

圖 7-5　課程與教學調整策略的舉例說明

<table>
<tr><th colspan="4">調整的類型和向度</th><th>舉例</th></tr>
<tr><td colspan="4">基本的調整策略</td><td>教師針對全班調整教學方法，提供與此作文題目相關的圖畫，讓學生先腦力激盪，說出他們關於此主題的想法。</td></tr>
<tr><td rowspan="6">針對個別學生的調整策略</td><td colspan="3">內在調整策略（教導學習策略和行為）</td><td>教導 A 生主題寫作策略，他能針對一個題目，完成一篇涵蓋三個段落的作文。</td></tr>
<tr><td rowspan="5">外在調整策略</td><td colspan="2">調整教學成分，或課程中的運作過程成分</td><td>1. 教師用閩南語對 B 生說明作文題目，並鼓勵 B 生針對一個題目，完成一篇涵蓋三個段落的作文。
2. C 生的課程目標與其他同學相同，教師只針對 C 生調整教學方法，讓他先說出關於此主題的想法；而後要他針對此題目，完成一篇涵蓋三個段落的作文。</td></tr>
<tr><td rowspan="4">調整課程成分</td><td>在相同的課程主題下，調整課程目標中目標行為出現的條件，以及（或）表現學習結果的行為或動作</td><td>1. 調整目標行為出現的條件：
・在獲得三個段落寫作重點的情況下，D 生能針對一個題目，寫出一篇涵蓋三個段落的作文。
・給 E 生與此作文題目相關的圖畫和引導句，E 生能寫出三個段落的作文。
2. 調整表現學習結果的行為或動作：
・針對一個題目，F 生能使用電腦打出一篇涵蓋三個段落的作文。
・針對一個題目，G 生能說出涵蓋三個段落的作文。
3. 調整目標行為出現的條件，以及表現學習結果的行為或動作：
・給 H 生與此作文題目相關的圖畫，他能說出涵蓋三個段落的作文。</td></tr>
<tr><td>在相同的課程主題下，調整課程目標中學習結果的概念層次或難度，或調整課程目標中的達到標準</td><td>1. 調整課程中學習結果的概念層次：
・I 生能說出寫一篇作文的方法與過程（從「應用」層次降低成「知識」層次）。
2. 調整課程中學習結果的概念難度：
・J 生能說出一段他昨天晚上回家以後做的事情。
3. 調整達到的標準：
・針對一個題目，K 生能寫出一個段落的作文。
4. 調整目標行為出現的條件和達到的標準：
・給 L 生與此作文題目相關的圖畫和引導句，他能寫出一個段落的作文。
5. 調整目標行為出現的條件、表現學習結果的行為或動作，以及達到標準：
・給 M 生與此作文題目相關的圖畫和詞彙卡，他能組合完成一個段落的作文。</td></tr>
<tr><td>替換不同的課程主題和目標，並進行重疊教學</td><td>・N 生能認讀和說出與此作文題目相關的五個常用詞彙（例如：作文題目是「我的家人」，教師給 N 生家人稱謂的詞卡，要 N 生詢問三位同學有哪些家人，同學說出後，N 生要從詞卡中找出。另外，在同學寫完的作文中，讓 N 生閱讀另外三位同學寫的文章，而後說出他們寫的家人有誰）。</td></tr>
<tr><td>替換不同的課程主題和目標，個別教導替代性課程</td><td>・O 生能認讀社區中常見的文字和標誌（例如：便利商店、郵局）。
・P 生能使用溝通圖卡表達其需求。
・Q 生能認讀與「我的家人」相關的詞彙。</td></tr>
</table>

低 ← 課程與教學需個別調整的程度 → 高

註：以網底表示課程與教學調整的部分。

了解作業的目的；（4）學生是否清楚作業中的指導語；（5）完成作業的時間是否足夠。如果上述問題的答案為「否」，則宜進行作業的調整。

在融合班級給予學生家庭作業方面，M. H. Epstein 等人（1993）及 Polloway 等人（1996）提出七點建議：（1）及早告訴學生作業的內容；（2）提供與學生興趣和需求相關聯的作業；（3）給予學生能夠獨立完成的家庭作業；（4）提供學生足夠的指引以完成家庭作業；（5）讓學生在課堂中敘寫部分作業，並且給予指導；（6）給予適當分量的作業，讓學生能夠在合理的時間內完成；（7）立即提供學生作業表現的回饋。Harniss 等人（2001）還指出，教師宜與家長充分溝通對其孩子家庭作業的作法。

綜合文獻（Polloway et al., 1994, 1996; T. E. C. Smith et al., 2016），從時間來看，作業調整可以在作業撰寫前、中和後三大階段實施，在作業撰寫前實施的調整策略為**指導作業的撰寫**。在作業撰寫中實施的調整策略包含：（1）作業內容與其他同學相同，只是**調整作業的繳交時間**；（2）**調整作業的形式**，像是以錄音呈現作業內容給學生；（3）**調整作業的分量**，像是減少作業的字數；（4）**調整學生寫作業的方式**，舉說例來說，讓學生用電腦文書處理的方式做作業；（5）**調整作業的內容**，乃因應學生的狀況，給予適合的作業內容。在作業撰寫後實施的調整策略為「**調整作業的評分和回饋**」。我整理「作業調整策略內涵」於附錄 40。上述作業的調整，亦可參考運用在工作的調整中，我討論以下六種工作／作業的調整。

（一）調整工作／作業的分量或長度

很多人有能力完成工作／作業，但一看到分量很多的作業、長時間的工作，就會卻步而產生「逃避」功能的行為。剛開始減少工作／作業的分量或縮短其長度，能夠增加其接受度，讓他們能夠從中嘗到成功的滋味，待其興趣和自信心提升後，再逐漸加多或加長工作／作業（Kern & Clarke, 2021）。

（二）調整工作／作業的難度

有時困擾個體的不是工作／作業的分量，而是難度，例如：Gunter 和 Denny（1996）指出：很多研究顯示太難的工作／作業是行為問題的導因，尤其對發展障礙、學障和 E/BD 學生更是如此。身心障礙者由於部分能力的限制，常有習得的無助感，若周遭環境又沒有提供必要的協助，挫折感便會產生，當個體在挫折和厭煩的情緒中，行為問題會隨之而來（Schloss & Smith, 1998）。因此，營造成功的經驗是很重要的，不只因成功是自我滿足，以及來自於他人的增強，也因為錯誤可能干擾學習。要個體獨立工作，宜安排他能在高正確率下完成者；而在教學時，稍微低一點的正確率是能夠被接受的。另外，在調整工作／作業的難度時，也宜考慮個體過去的失敗經驗，或是對錯誤的忍受度，宜個別考量其正確度（Kern & Clarke, 2021）。若難度降低，正確度還是沒有提高，就要了解原因，再做調整。Umbreit 等人（2004）的研究發現，調整工作／作業的難度能增進教室的學習行為。

（三）調整工作／作業的完成方式

有時不需要調整工作／作業的分量和難度，只須調整完成方式，考量個體的障礙和能力狀況，以最能發揮其潛能的方式完成，例如：讓學生用電腦、計算機完成作業，分別對書寫障礙和計算困難的學生有幫助。Kern 等人（1994）針對一位 5 年級學生因拒絕學習，而產生的發脾氣和自傷行為，考慮他精細動作能力不佳，允許他用非書寫（即打字）的方式寫作業，給予問題解決而非反覆練習的作業、很多簡短的作業而非單一冗長的作業，坐在獨立學習桌學習，以及使用自我監控程序，這五種課程調整結合自我管理的包裹策略，結果他拒絕學習行為降低許多。Dunlap 等人（1993）針對一位 6 歲發展障礙兒童，抗拒做「數數看」之書面作業問題，改變作業的完成方式，讓他數樂高積木，結果能有效降低其抗拒行為。

（四）調整工作／作業的呈現形式

有時只需要調整工作／作業的呈現形式，考量個體的障礙和能力狀況，以他最能接受和理解的形式呈現；像是以錄音取代文字，呈現工作／作業內容給個體；提供做工作／作業的線索（例如：提示解題步驟、提示關鍵字、針對作業中的計算符號給予提示、給予提取正確詞彙的視覺線索），或額外的範例。

（五）調整工作／作業的給予方式

除了簡化或減少工作／作業的難度和分量外，處理人員也可以調整作業／工作的給予方式，有兩種策略：一種是**分散作業／工作要求**，另一種是**行為動力**（behavioral momentum）；兩種策略很類似，都是為了增加個體對工作／作業要求的接受度，以及完成它的動力（Kern & Clarke, 2021）。

1. 分散工作／作業要求策略

分散工作／作業要求有五種作法：一是**分散給予工作／作業的方式**，以少量多餐的方式給予；同樣都要個體做 10 題作業，每次呈現一題，就比一次呈現 10 題來得易讓人接受。二是**穿插討厭的工作／作業在喜歡者中**，例如：大禹不喜歡寫字，教師將寫字穿插在其喜歡的活動——從神奇寶貝卡中找到欲寫的目標字中，找到後再寫下來。又例如：針對至潔做數學作業哭鬧的行為，處理人員將作業穿插於她喜歡的活動——闖關或走迷宮的作業中。三是**穿插困難的工作／作業在簡單者中**。四是**穿插陌生的工作／作業在較熟悉者中**。五是**穿插剛學會的工作／作業在精熟者中**。第二至第五種作法皆可以採取前面提的「三明治」安排方式。

Horner 等人（1991）以分散工作要求策略，穿插困難的工作在簡單者中，結果成功地減少三位重度智障者的自傷和攻擊行為。P. Logan 和 Skinner（1998）以分散作業要求策略，介入國小 6 年級低成就學生作業完成率的行為，作法為每三題四位數乘一位數的題目，就穿插一題一位數加一位數的題目，結果發現能提高該生的作業完成率。

2. 行爲動力策略

若個體的行為問題是為了逃避工作或不服從指令，增加個體服從度的有效策略之一為運用「行為動力」策略，亦即處理人員先提供接受度高的指令，可能是個體喜歡的活動，或是較簡單的工作；該指令可以引發個體的服從行為，利用此產生的暖身效果，再給予接受度低的指令，以增加個體執行低服從度指令的可能性（F. C. Mace & Belfiore, 1990; A. B. Mace et al., 1988）。Singer 等人（1987）提出的「**工作前要求**」（pretask requesting），以增進個體服從工作要求，和「行為動力」是同樣的策略，例如：ASD 的佳佳很喜歡畫畫，每次教師叫佳佳放下蠟筆參與閱讀課程時，她總是尖叫；後來教師運用行為動力策略，在叫她放下蠟筆參與閱讀課程之前，先提供接受度高的指令，像是要求她拍手，接著與她握手，而後給予口頭讚美，最後再要求她將蠟筆放好並參與閱讀課程。又例如：一位幼兒園教師在帶領全班合奏打擊樂時，過去的經驗顯示小朋友會動來動去，甚至講話；這次教師在要求他們拿起樂器前，帶領他們先做「1、2、3，摸摸你的鼻子；1、2、3，摸摸你的眼睛……」。而後給予口頭讚美，最後再要求他們拿起樂器，另如思考問題 7-1。

思考問題 7-1　行為動力策略之應用

一位幼兒園教師帶一群小朋友初次戶外教學，在校車上，小朋友由於太過興奮，整車吵得要翻過去，教師大聲下達要他們安靜的指令，或是威脅再吵要懲罰，都無法讓小朋友安靜。如何因應此問題呢？

☞ 幼兒園小朋友自制能力較弱，加上初次戶外教學太過興奮，保持安靜對他們而言是「接受度低」的指令，建議先改下「接受度高」的指令，例如：要他們學小動物的叫聲，像是狗叫、貓叫……，並且鼓勵他們服從指令的行為；接下來要他們學蝸牛的叫聲，全車安靜到目的地。

Romano 和 Roll（2000）研究「行為動力」對重度障礙者服從指令的效果後發現，事先呈現三至四個高度服從指令（服從度在80%以上），或中度服從指令（服從度在 50% 至 70% 之間）；接著再呈現低度服從指令（服從度低於 40%），能夠增加重度障礙者對於低度服從指令的接受度。

（六）調整工作／作業的內容

前述工作／作業的調整都未調整其內容，有時個體抗拒的是工作／作業的內容，而不是分量、難度等，像是有些個體排斥單一重複、無意義的工作／作業。這時就要調整工作／作業的內容，例如：配合學生的興趣和能力，給予他們有興趣、能夠獨立完成的作業內容（像是到便利商店購物）；或是有意義、具功能性的工作／作業，這是指個體完成後，對自己和他人能產生有價值的後果（Kern & Clarke, 2021），這樣的後果對個體就具有增強的效果，周遭人不須再另外給他增強物，如思考問題 7-2。

思考問題 7-2　安排具功能性的工作／作業

張老師為了訓練重度障礙者阿茹的精細動作能力，給她一個插洞板和單一顏色的木棍，要她將木棍插入插洞板中，而後再拿出來，重複進行此活動兩回合。阿茹在被要求拿出木棍時，就顯得不高興，張老師再進一步要求，她開始哭鬧。阿茹為什麼會出現哭鬧行為呢？

☞ 處理人員發現，此工作對阿茹而言，單一、重複，且意義度和功能性皆不高；阿茹沒有口語能力，她可能心裡覺得很疑惑，已完成的工作為什麼還要重新開始，但又無法用言語表達。為因應此問題，處理人員建議多準備幾個插洞板，並且給阿茹不同顏色的木棍和圖案，要她一方面插入木棍，另一方面組合成圖案，完成後再向全班展示其作品。全數插洞板都用完後，詢問她要不要重新開始，完成新的作品。此例中調整後的工作就顯得有趣，意義度和功能性皆提高了。

前例 Kern 等人（1994）的研究中，給予問題解決而非反覆練習的作業，即調整工作／作業的內容。Dunlap等人（1991）針對一位 13 歲多重障礙學生抗拒寫作業的行為，採用有意義、具功能性的作業，亦即在相片的空白處寫上一些說明，以及將數學題融入於蛋糕烘焙中（例如：測量麵粉的數量、切割四分之一塊奶油），取代原先重複性的書寫和數學作業，結果非常有效。Dunlap 等人（1995）也證實有意義、具功能性的工作，對減少抗拒行為的成效。茲舉一例說明調整作業的作法，如示例 7-1。

示例 7-1　調整作業

SC2（輕度智障學生）之前在家完成國語和數學習作上有很大的困難，因此乾脆就選擇不交作業；教師在調整國語習作後，亦即刪除和改換部分題目，於難字加註注音，在造句的題目上給予視覺提示，提供造詞的題目選項以供選擇，從課本中找問答題的答案，調整學生的反應方式（從書寫改成口述或剪貼），以及調整作業繳交期限；教師在調整數學習作上，刪除部分較難的題目，提供範例、線索或協助，以降低作業的難度，並提供清楚的作業說明，SC2 便能完成和繳交習作（SC2 學習紀錄-1、2）。（鈕文英，2005，304–305 頁）

三、提供選擇工作／作業項目的機會

個體會在工作／作業要求出現後立即出現行為問題，有可能是個體不喜歡這項工作／作業要求，或是由於他較少機會做選擇和決定，想藉著行為問題展現他的存在和對外界的控制權，因此處理人員可以提供他選擇工作／作業項目的機會。以作業為例，教師可以提供學生選擇作業內容的機會，例如：為全班設計的「菜單」，裡面有全部學生都須完成的「主菜」，搭配他們可以選擇的「小菜」，再加上可以選擇吃或不吃的「點心」。提供學生選擇與決定課程和作業的機會，G. M. Johnson（1999）稱之為**學生導向的學習**（student-directed learning），它能促進學生的學習動機。

Bambara 等人（2015）的研究指出，一位住在社區家園的 50 歲智障者，在做廚房的工作時出現大叫、罵髒話、攻擊等行為，FA 發現缺乏對廚房工作項目的選擇和控制是主因，於是給予他選擇的機會，例如詢問他：「你要做果汁或擦桌子？」等，結果顯示他參與工作的頻率增加，行為問題減少。Dunlap、Deperczel 等人（1994）的研究顯示，提供三位 E/BD 學生作業的選單，基本上這些作業都與教學目標有關聯，讓他們有機會挑選他們想做的，結果發現能有效降低其干擾行為，以及增加學習的參與度。

四、改變從事活動的位置或姿勢

一般人不管站太久或坐太久，對身體和手腳都是很重的負荷，也會影響學習或工作效率，更何況是身心障礙者，尤其是肢體障礙者呢！因此，這些生理因素必須盡量克服才能讓他們專心工作或學習，改變位置或姿勢就是一個增進學習或工作效率的方法。在教室裡，教師可以安排與課程內容相關的動態活動，讓學生改變姿勢，不但可減少行為問題，又可增加學習效果，例如：王老師在教完「概數」的意義後，唸一些句子，要學生辨識教師唸的句子中若有概數時，就用肢體動作做○（兩手臂舉高過頭做環狀）；反之，則打×（兩手在胸前打叉），此活動既可以讓學生改變姿勢，又可以複習已教過的概念。

五、調整學習或工作時間表

如前所述，身心障礙者由於生理或認知的限制，難以如一般人學習或工作很長的一段時間，所以除了改變位置或姿勢之外，調整學習或工作時間表也是很重要的；但這樣的調整只是暫時的，之後還要逐漸將時間表常態化，例如：對一位 AD/HD 者，剛開始每段學習或工作的時間要短，配合其注意力持續的時間，而後再逐步拉長時間；像是 30 分鐘的閱讀時段可被切割成兩個 15 分鐘，分別安排在上午及下午；安排簡短的工作時間，有簡短的休息，而不是長時間工作後再給予長時間的休息。

六、改變互動方式

有時候行為問題不是源自於要求或指令，而是來自於它的表達方式；以命令或嚴格的語調傳遞的指令，可能導致行為問題（Kauffman et al., 2010）。Crowley（1993）訪談安置於普通班一年以上的六位 E/BD 學生，學生表示：「師生溝通」是影響他們之間關係和適應狀況的關鍵，包括教師是否能尊重其意見、清楚表達對其學業和行為的期待、保持彈性及提供選擇等。舉例來說，E/BD 的大智，在教師「命令或威脅口語」（像是「你不可以愛吵架，不然就會沒有朋友！」）下容易出現情緒，處理人員建議修正指令的傳達方式，採用「建議的口語」（像是「你可以問同儕需不需要幫忙，這樣同儕就會喜歡你，覺得你是他們的好朋友」）。

七、使用教導的控制建立服從指令的行為

教導的控制是刺激控制的分支，例如：規定、指令、標誌、提示等，都是教導的控制。日常生活隨時隨地存在著教導的控制，例如：馬路上紅綠燈的標誌、教室中的班規等，可說俯拾皆是。然而某些人完全不服從指令，因此處理人員須使用教導的控制建立服從指令的行為。使用教導的控制之前，處理人員要問自己：「在目前的情況中我要不要下達這個指令？」；「我有沒有充分的準備，能夠貫徹指令，要個體徹底服從？」。有三方面的因素會影響教導的控制之效果，即刺激、反應和個體本身的因素，如圖 7-6。

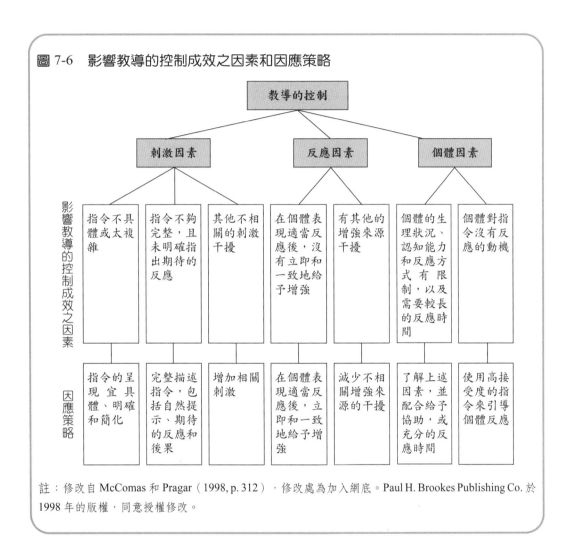

圖 7-6　影響教導的控制成效之因素和因應策略

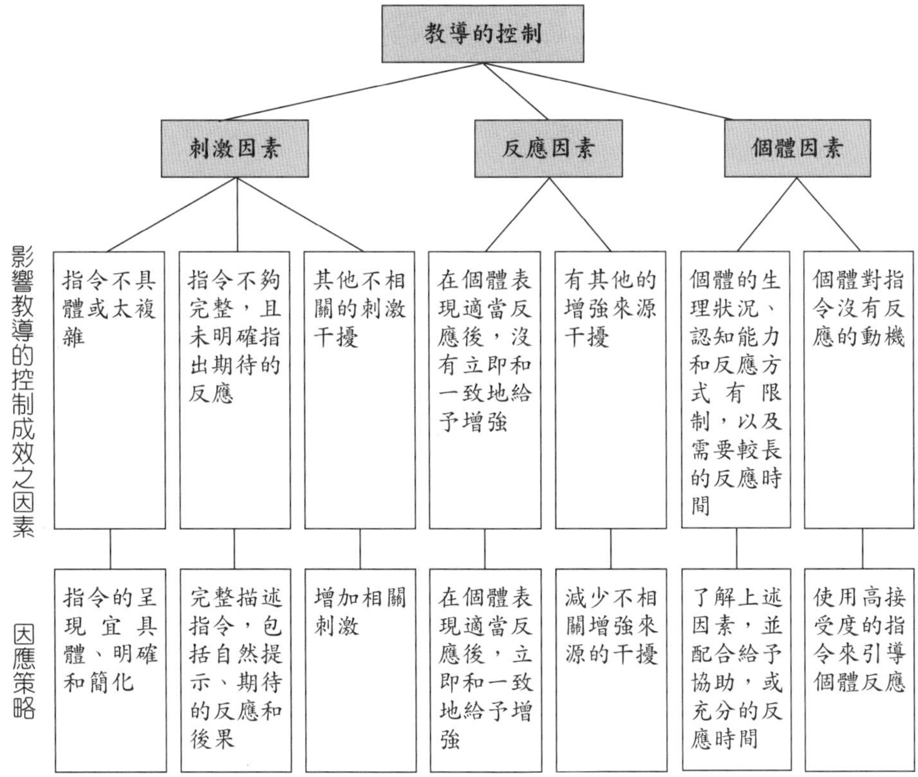

註：修改自 McComas 和 Pragar（1998, p. 312），修改處為加入網底。Paul H. Brookes Publishing Co. 於 1998 年的版權，同意授權修改。

在刺激因素方面，要注意下列三個原則：第一，**指令的呈現宜具體、明確和簡化，讓個體容易了解**（如插畫 7-4），避免模糊不清和鎖鏈式的指令，並且將指令的嫌惡感減到最低的程度。再者，若給予的指令讓個體有選擇餘地，則在指令中明確指出選項，避免疑問句的指令（Holland et al., 2015）。Kauffman 等人（2010）即指出，確保學生了解教師講的話並不容易，部分教師有不正確的假設──認為「大聲和重複」會讓學生了解自己說的話；雖然大聲和重複有時是需要的，但是在大多數情況下，需要更好的溝通技巧，例如：說話內容和時間、非語言行為等都是關鍵技巧。第二，**配上自然提示，明確指出期待的反應**，例如：「地板有紙屑，請你拿掃把掃地。」還有讓個體明白完成與不完成的後果是什麼；然後當服從行為建立之後，逐漸

插畫 7-4　指令的傳達
成人傳達指令時，宜考慮個體的理解、專注和記憶力，注意指令之簡潔、明確和數量，還可以要求個體重述指令，以核對他的接收狀況。

褪除指令，而改由自然提示引發行為。第三，**增加相關刺激**，如可配合言語，使用姿勢或表情和圖片提示個體注意，以減少不相關的刺激干擾；如果他的反應不符合要求，再呈現一次指令，並在不正確反應出現之前，用言語或身體提示指導他做出正確的反應。

在反應因素方面，要注意下列兩個原則：（1）在指令出現時，一旦正向行為發生，要立即給予增強；（2）減少不相關增強來源的干擾（McComas & Pragar, 1998）。在個體因素方面，要注意下列兩個原則：（1）了解個體抗拒的原因，例如：個體的生理狀況（像是視力、聽力）、認知能力和語言理解能力對其抗拒行為造成的影響，也要了解個體的反應方式，以及他需多少時間才能有適當的反應，如對口語理解能力有限制的學生，可使用其他姿勢或表情、視覺提示等；（2）如果個體沒有反應的動機，即「不為也，非不能也」，使用高接受度的指令訓練個體服從，而後再漸進加入他較抗拒的指令（McComas & Pragar, 1998; Schloss & Smith, 1998，即前述「行為動力策略」）。

參、控制或緩和背景因素策略

當行為問題不一致地發生在某些立即前事，那是因為背景因素暫時影響個體對立即前事的接受度，或是改變後果對個體的價值，進而影響他的行為。因此，處理人員可以採取背景因素控制策略，或背景因素效果緩和策略，以削弱背景因素的影響力，詳述如下。

一、背景因素控制策略

當行為問題不一致地發生在某些立即前事，那是因為背景因素的影響；因此，處理人員可以控制背景因素，包括消除或減少其出現（Horner et al., 1996），例如：每次只要玲玲匆忙上學，沒有吃早餐，到學校後又被要求做困難作業時，都會出現尖叫和摔東西的行為，沒有吃早餐便是背景因素。因此，處理人員與家長溝通每天讓她吃完早餐才上學，要是來不及在家吃完早餐，則帶到學校吃。又例如：林娟每次只要搭校車來上學，都會拒絕進行晨間活動，若教師勉強她，她便會攻擊教師，但媽媽送她來上學時，則不會有此行為；FA 發現，搭校車要花費比較長的時間，坐太久的車會讓她頭暈。因此，處理人員調整校車的行駛路線，縮短行駛時間。

然而，某些背景因素，例如：生理期、睡眠狀況不佳，是很難消除或減少的。此外，發生在學校之外（如家庭、社區）的事件，須仰賴其他人的配合，這是學校人員較難控制處，例如：上段玲玲沒有吃早餐的例子，要家長每天讓她吃完早餐才上學，需要家長的配合；若家長做不到，就要採取下面的「背景因素效果緩和策略」。除此，可消除、減少、修改或分散引發標的行為問題之立即前事，例如：阿英每當生理期來的時候，最容易被同學開玩笑的話語激怒而打人，於是處理人員會在其生理期來臨之前，提醒同學注意避免開玩笑的話語，以消除引發她打人行為的立即前事。

二、背景因素效果緩和策略

當背景因素無法被控制時，可採用背景因素效果緩和策略，例如：加入愉悅的刺激、做暖身活動等，像是安排個體有興趣的活動，做放鬆活動，或是與其做愉快的互動，以營造正向的社會情境，帶動正向的情緒，進而緩和背景因素的效果（Sasso et al., 1997）。第 6 章已陳述背景因素來自個體和環境兩方面，就個體背景因素為例，阿傑若前一天晚上睡眠不足，到學校後又被要求做工作／作業時，都會出現攻擊行為；因此，處理人員在要求其做工作／作業前，做肌肉鬆弛活動。阿英每當生理期來的時候，最容易被同學開玩笑的話語激怒而打人，處理人員知道她喜歡吃巧克力，而且它會舒緩生理期帶給她的不適感，於是提供它。E. G. Carr 等人（1996）介入智障女性的行為問題，其中一位在生理期對指令的接受度較低，容易出現攻擊行為，處理人員減少引發攻擊行為的立即前事，以及採用背景因素效果緩和策略如下：當她在生理期，覺得不舒服時，教師減少對她的要求或提供較多的協助；緩和她身體不舒服的狀況，例如：喝熱水、做按摩和放鬆活動、提供藥物和特別的飲食（減少酸性食物，避免因胃酸過量導致不舒服）等；結果發現此介入實施一年半後，她的攻擊行為不再出現，並且能完成社區家園內規定的工作。之後，E. G. Carr 等人（2003）的研究亦證實，介入「生理期」此背景因素的效果。

就環境背景因素為例，前面提到每次只要玲玲匆忙上學，沒有吃早餐，到學校後又被要求做困難作業時，都會出現尖叫和摔東西的行為。若家長無法配合每天讓她在家吃完早餐，則由教師在要求其做作業前，讓她吃一些食物，以緩和沒有吃早餐帶來的影響力。另外，背景因素也許是某種引發個體心情低落的事件，處理人員可以先同理和安撫其情緒，除了言語，圖片、熟悉的物品等都可以引導正向情緒，像是在旅行途中若感到寂寞時，看家人的照片會使心情好些。同樣地，處理人員可以收集一些個體，或與家人、朋友在一起擁有快樂時光的照片，當他低潮時可以看，例如：心萍在離開家前沒有被媽媽擁抱，到學校後即情緒惡劣，拒絕進教室，一直想回家，教師藉著給她看媽媽的照片緩和其情緒。Dadson 和 Horner（1993）介入一位重度智障女生罵髒話、尖叫和不服從等行為發現，每當校車遲到 5 分鐘以上，或她前一晚睡眠少於 8 小時，到校後對指令的接受度較低，處理人員採取以下背景因素效果緩和策略：第一，當她到學校，安排特殊教育助理員去教室外迎接，給予口頭讚美（例如：穿著、打扮），以提升她的正向情緒。第二，增加選擇的機會，包括：（1）早上一對一課程，允許她可以選擇特殊教育助理員；（2）體育課允許她不做有氧體操，改做喜歡的伸展動作；（3）工作時讓她可以選擇工作的順序，結果能有效降低她的行為問題。總之，介入背景因素的作法如圖 7-7。

肆、反應中斷策略

有些行為問題發生前會有明顯的先兆，處理人員可以在出現先兆時，即採取反應中斷策略，打斷行為的鎖鏈。而對於取得內在刺激或表達愉悅感覺功能的行為問題，亦可採取反應中斷策略，中斷行為問題的增強效果。以下呈現十一項反應中斷策略。

一、警覺加強裝置

一些研究（Ellingson et al., 2000; Stricker et al., 2001）發現，警覺加強裝置（AED）能降低吸吮手指行為。AED 一端可繫在手腕，另一端繫在衣服上；當個體手接近頭或臉時，AED 會發出 65 分貝的聲音，藉此提醒他，它可以在個體獨處時仍持續監控

圖 7-7　介入背景因素的作法

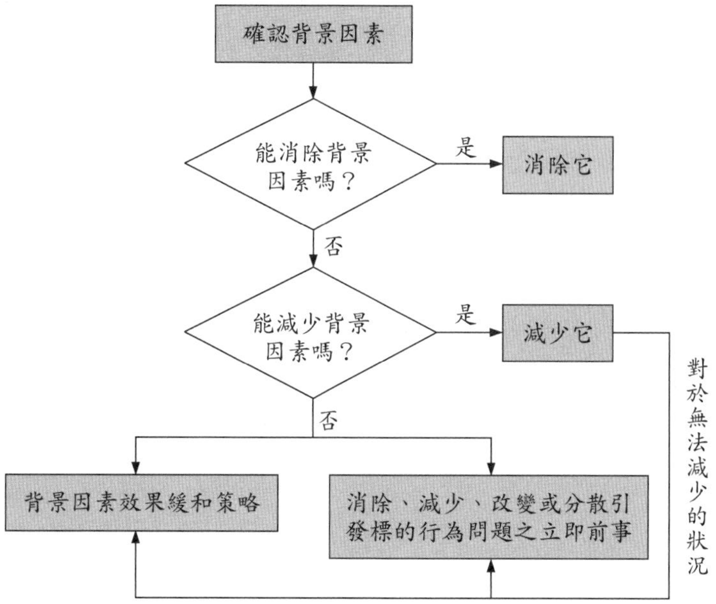

註：▭表示作法，◇表示檢核步驟。參考 Kern 和 Clarke（2021, p. 294）的概念整理而成。

及記錄。AED 不只是聲音的警示，還可以採用視覺、觸覺、動覺線索，或是結合兩種以上的警示裝置，視個體的特徵選擇他能接收的警示，例如：針對視障者採用聲音的警示。

二、言語暗示正向行為

當個體已有傷人或自傷的先兆時，處理人員可以使用言語暗示正向行為，例如：告訴他：「請你保持安靜。」來阻止行為的延續（L. H. Meyer & Evans, 1989）。又例如：重度障礙的大益靠近其他服務使用者時，會攻擊他們；當他發出「嗯！」聲音的攻擊行為先兆時，教保員便以言語暗示他正向行為：「大益，要轉彎。」

三、促進溝通並表達關切

很多嚴重行為問題的發生是由於個體溝通能力有限，無法表達他內心的需求和感受。一個人開始有情緒變化，或有傷人或自傷的先兆時，就要盡快促成彼此的溝通，讓他宣洩情緒，避免問題繼續升高。鼓勵一個人溝通最常用的方法是問他有什麼需求？想表達什麼？處理人員不但要鼓勵他把問題說出來，而且要傾聽他的說辭，並設法了解他說這些話的內心感受，讓他感覺受到關切。

四、促進身心的放鬆

如果個體怒氣難消，已有攻擊別人的先兆時，可以使用放鬆的方法。促進身心放鬆的第一步是承認他內心的憤怒，同理反映他的情緒：「我知道你很生氣。」然後告訴他安靜下來：「你坐下來，把心情放輕鬆；你看（做示範），把兩手舉到頭上來，深深地吸一口氣，再慢慢地呼出來。」要是這種簡單的放鬆方法不能達成緩和情緒的效果，最好將個體帶離到一個「安靜的地方」，使他能恢復對自己的控制，防止嚴重行為問題的爆發。

五、刺激轉換

刺激轉換是指，在行為問題或其先兆出現時，突然呈現一種強烈的刺激，或是轉變現有的刺激狀況，因而中斷行為問題或暫時減少它的頻率，並利用這一段寧靜的時間引進其他行為處理策略（施顯烇，1995）。若用在行為問題先兆出現時，刺激轉換是一種前事控制策略；若用在行為問題出現之後，則它是一種後果處理策略。作法為利用自然環境中發生的事件，或精心設計特殊情況來暫時回應行為，例如：一位盛怒的員工用刀子把雇主逼到牆角，正在最危急的時候，突然響起防空演習警報，此時他放下刀子，和大家一起做避難演習，因而化險為夷，這就是利用自然環境中發生的事件。又例如：一個小孩一直哭鬧不停，父母突然大聲播放他喜歡的音樂，小孩的注意力被這突如其來的音樂聲給轉移，因而停止哭鬧，父母也才能利用此空檔引進其他行為處理策略，這就是精心設計特殊情況來暫時因應行為問題。

使用刺激轉換宜注意下列四個原則（施顯烇，1995；Schloss & Smith, 1998）：（1）利用自然發生的機會，例如：新學期、新工作項目開始、學生轉進新的班級等，這時個體因為新奇的關係，行為問題會暫時減少，因此處理人員須及時設計和實施行為處理策略；（2）刺激轉換最好愈明顯愈好，如此才能產生效果；（3）刺激轉換只能偶爾為之，同樣的方法一再使用就會失去效果；（4）刺激轉換要與其他行為處理策略同時使用才能產生良好效果。

六、動手阻遏

當個體已有傷人或自傷的先兆時，這時處理人員使用動手阻遏，例如：阻遏他打頭的動作，或暫時握住他的手阻止行為的延續；此外，這種策略的延伸是調整個體的身體位置，阻止傷害行為的發生，例如：將他移離現場等（L. H. Meyer & Evans, 1989）。因此，這是一種保護措施，而不是用來懲罰行為問題。

七、感覺削弱

某些個體的行為是為了尋求感覺刺激，了解維持個體反覆從事此行為的感覺刺激後，處理人員可採取感覺削弱策略，中斷此行為產生的增強效果，適用於尋求感覺刺激的規律型固著和自傷行為（Rincover, 1978; Rojahn et al., 1997）。舉例來說，阿偉喜歡以頭撞擊地面自娛，於是教師事先將地板鋪上軟墊，結果撞頭觸覺自娛的感覺被削弱。又例如：Rincover 使用感覺削弱策略（將餐桌表面覆蓋上一層地毯，以隔絕因轉動餐盤製造的噪音），成功地減少一位重度障礙者轉動餐盤，製造聲響，獲得聽覺回饋的行為。

八、感覺改變

感覺改變是感覺削弱策略的一種變型，亦即使行為問題產生的感覺改變，同樣適用於功能為尋求感覺刺激的行為，只是無法完全削弱行為帶來的感覺刺激，故採取感覺改變策略（Rojahn et al., 1997）。Rojahn 等人針對一位重度障礙者揮手的固著行為，使用感覺改變策略，亦即在其手臂上戴上一條項鍊，讓個體不只獲得所欲的身體動覺，還接收到所厭惡的聽覺刺激，使他揮手行為的感覺改變，結果成功地減少他的揮手行為。

九、彌補或保護措施

對於一些以自傷達到自我刺激的人，處理人員讓他們事先戴頭盔，以減少對頭部的損傷；戴上手套以防咬手指頭；穿特製的約束衣，以避免他們傷害自己的身體等，都是彌補或保護措施，它不只具有保護的功能，也可以產生感覺削弱的效果（L. H. Meyer & Evans, 1989）。Mazaleski 等人（1994）比較非後效保護措施（一直讓學生戴上防熱手套，這是前事控制策略）和後效保護措施（當咬手行為發生後才戴上防熱手套，這是後果處理策略），對減少咬手行為的成效後發現，二者都有效，非後效保護措施的效果優於後效者。然而，Mazaleski 等人也提醒處理人員不要濫用之，因為經常使用這些保護措施，不只減少行為問題，也增加表現正向行為的難度，過度使用會變成懲罰。

十、增加反應耗力

有些裝備（例如：手腕加重力器）除了有感覺削弱的效果，還具有藉由增加「反應耗力」，亦即達成反應所需做出的努力，以降低自傷行為（Hanley et al., 1998; Irvin et al., 1998; Stricker et al., 2002）。這三篇研究皆發現：讓研究參與者在手臂戴上特製的袖套帶、手腕加重力器，能有效降低個體吸吮手指等自傷行為。然而，因為經常使用這些增加反應耗力的裝備，不只減少行為問題，也增加表現正向行為的難度，故使用時宜特別留意。

十一、刺激厭膩

刺激厭膩是指，當個體很喜歡某物或做某事時，就給他大量的機會獲得滿足，直到其厭膩為止。應用刺激厭膩的主要原則是找出維持行為問題的增強物，然後不管行為問題是否出現，繼續不斷地給予增強物，其結果會使行為問題逐漸減少（施顯烇，1995），例如：阿德喜歡收集廣告單，愈是抑制他，他愈會反抗。根據刺激厭膩的原理，處理人員找來成堆的廣告單，塞滿他的房間，因此他對廣告單逐漸失去興趣，也減少他收集廣告單的行為。

使用刺激厭膩策略宜注意下列五個原則：第一，清楚界定維持行為問題的增強物。第二，在個體的生活環境中，增強物可以無限量、持續被供應，且不會對個體造成傷害，例如：有些教師在處理學生抽菸行為時，採刺激厭膩策略，命令他們同時放很多菸在嘴裡抽，我認為這樣的作法不恰當，因為抽菸對身體有害（如插畫 7-5）。

插畫 7-5　刺激厭膩策略的不當使用
不當使用刺激厭膩策略會變成嫌惡策略。

第三，刺激厭膩必須達到減少行為問題的目的，處理人員宜注意策略的效果，若未達到此目的，表示它無效，宜轉而使用其他策略。第四，刺激厭膩不同於懲罰，所以當個體已對該刺激失去興趣時，處理人員不可再強迫給予。第五，刺激厭膩只是一個暫時的作法，還要使用其他的行為處理策略。

第二節 前事控制策略的實施原則

> 病已成而後藥之，亂已成而後治之，譬猶渴而穿井，鬥而鑄錐，不亦晚乎！
> （《黃帝內經》）

前事控制策略的實施須注意以下五點原則。

壹、切勿造成其他人的不便

切勿只為了解決個體的行為問題，而造成其他人的不便或困擾（L. H. Meyer & Evans, 1989），例如：一位教保員提及大華會從冰箱偷拿別人的食物來吃，為防止此問題，教保人員決定將冰箱上鎖，要拿食物的人必須來向他索取鑰匙，雖然因而杜絕了大華偷拿食物的行為，但也相對造成其他人的不便。要是其他人都覺得很受干擾，這種前事控制策略就無法長期使用。

貳、避免限制個體正向行為和學習的機會

前事的控制不可矯枉過正，只顧阻止行為問題的發生，結果也連帶限制個體正向行為和學習機會（L. H. Meyer & Evans, 1989），例如：萍萍的父母在帶她出門時，怕她亂跑走失而將她用繩子拴住牽著，雖然她因此不會亂跑走失，但她也可能感覺沒面子，不說話，甚至不理會父母的教導。又例如：每當教師帶雲雲到超級市場購物時，她經常因好奇而把玩貨品，曾有不小心摔壞貨品的情形，讓教師覺得很困擾。如果教師因而不帶雲雲到超級市場購物，當然可以預防此問題，但相對地也限制了她學習的機會，長期來看，問題並沒有得到解決。因此，比較好的方法是，先帶她到超級市場中某些比較不易發生因粗心觸摸而弄壞貨品的區域，例如：衣服區、文具區等，教師

可乘機教導雲雲購物和觸摸貨品應注意的事項，待其養成正向行為後，再漸進地帶她到其他區域。

參、避免帶給個體嫌惡感受和負向標記

前事控制策略宜避免帶給個體嫌惡感受、負向標記，以及造成周遭人對他的不佳觀感。L. H. Meyer 和 Evans（1989）提出三個使用反應中斷策略宜注意的原則：（1）它是用來預防行為問題的發生，不可用來懲罰個體，否則會變成嫌惡刺激；（2）它宜符合常態化原則，像是約束衣應該盡量仿製普通衣服，不可一看就知道是用來束縛一個人的行動；（3）它只是暫時的措施，因為它會影響周遭人對個體的觀感，不可長期或過度使用，因此須逐漸褪除。L. H. Meyer 和 Evans 的建議是針對警覺加強裝置、動手阻遏、彌補或保護措施、增加反應耗力等策略而言。

肆、採取多元素的前事控制策略

為了舉例，在描述上述策略的使用時，多數舉單一前事控制策略為例。事實上，PBS 大多會採取多元素的前事控制策略，Kern 和 Clarke（2021）指出理由有三點：（1）多元素前事控制策略會增加 PBS 計畫的效能，例如：縮短工作長度和提供選擇都能減少行為問題；（2）多元前事經常影響行為問題的發生，多元素前事控制策略能因應不同前事對行為問題的影響；（3）當在不同情境下實施 PBS 計畫時，例如：多位教師在教導不同課程中實施，就有必要採取多元素前事控制策略，以配合不同情境的需求。

舉例而言，阿美是一位高中智障學生，學校幫她安排在學校餐廳做午餐準備的工作，這是其職場實習的一環，然而她會在準備過程中出現自傷行為。處理人員進行 FA 發現，造成自傷行為的立即前事有三：開罐頭、補充餐巾紙的容器，以及在深的鍋中舀起食物，於是採取三種前事控制策略：（1）取消補充餐巾紙的容器，因為這並非未來職場必備的技能；（2）提供電動開罐器開罐頭；（3）給予伸縮的長柄杓舀起深鍋中的食物。思考問題 7-3 呈現前事控制策略宜注意的原則。

思考問題 7-3　前事控制策略之設計

以下是針對一位學生自傷行為設計的前事控制策略，它是否適切？

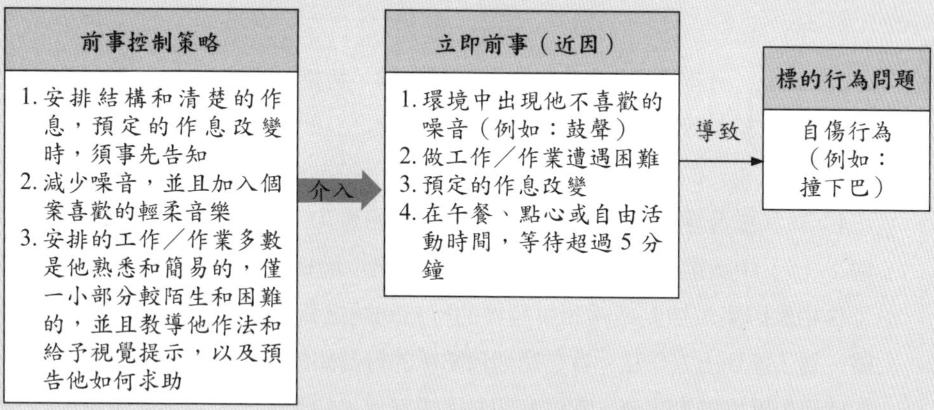

☞ 該生自傷行為的立即前事有四項，前事控制策略卻只有三項，少了策略因應「在午餐、點心或自由活動時間，等待超過 5 分鐘」此立即前事，建議加入之。

伍、使用褪除策略

並不是所有前事控制策略都需褪除，有些維繫介入成效，並且長期實施是合理的必要策略，可以不用褪除；但是其他暫時性的防範措施，在個體行為穩定，已學會了替代的正向行為，而且生活形態已改變後，則須褪除（Kern & Clarke, 2021）。其中一種方式是褪除「刺激的消除」，乃**刺激褪除**（stimulus fading）**策略**，讓個體漸進地面對誘發其行為問題的刺激，例如：導致尖叫的紙屑、造成攻擊行為的身體接觸等，並且教導他使用替代行為面對之（Kern & Clarke, 2021）。舉例言之，前述玲玲沒有口語，看到紙屑就會尖叫，處理人員剛開始消除紙屑，但無法長時間隨時隨地讓紙屑絕跡，所以還須教她替代的溝通行為，例如：用手勢示意別人有紙屑，或教她撿紙屑。待正向行為建立後，處理人員使用刺激褪除策略，褪除「紙屑的消除」，讓她漸進地面對紙屑並表現正向行為。

Kern 和 Clarke（2021）指出，考慮以下因素決定有無必要褪除前事控制策略：（1）是否減少個體未來所需技能學習的機會？（2）是否限制個體參與生態環境的機會？（3）是否在現今或未來會帶給個體負向的標記？（4）個體是否已建立了正向行為以替代行為問題？（5）個體是否已學習到正向行為以因應前事，而此前事已不會導致其出現行為問題？若這些問題的答案是肯定的，則可以褪除此前事控制策略；否則就不適合。

總結

本章探討前事控制策略的種類，包括以下作法：（1）消除或減少、改變、分散引發標的行為問題之立即前事；（2）增加引發正向行為的立即前事和後果價值；（3）控制引發標的行為問題之背景因素；（4）緩和引發標的行為問題之背景因素的影響力；（5）中斷標的行為問題之鎖鏈；（6）中斷標的行為問題產生之增強效果。而採用調整情境因素、調整課程或工作相關因素、控制或緩和引發標的行為問題之背景因素策略，以及反應中斷策略，為了達到上述作法，旨在短期預防標的行為問題，以及引發正向行為之出現。在使用前事控制策略時，宜注意切勿造成其他人的不便，避免限制個體正向行為和學習的機會，避免帶給個體負向標記和嫌惡感受，採取多元素的前事控制策略，且使用褪除策略，讓個體漸進面對誘發其行為問題的刺激。

作業練習　正向行為支持策略的擬訂（一）——前事控制策略

延續第六章的作業，以該位有行為問題，讓您感到困擾的個案為對象，完成以下「正向行為支持策略的擬訂（一）——前事控制策略」作業：

一、標的行為問題之選擇與描述（已完成）

二、標的行為問題之觀察與紀錄（已完成）

三、標的行為問題之診斷（已完成）

四、標的行為問題正向行為支持計畫之內容與實施

（一）標的行為問題正向行為支持計畫之內容

1. 介入目標

〔說明介入目標的決定依據（例如：進行目標社會效度的驗證），以及介入目標的內容。〕

2. 正向行為支持策略

〔說明 PBS 策略的決定依據（例如：依據 FA 的結果，以及程序社會效度驗證的資料。）〕

（1）前事控制策略

作業練習 正向行為支持策略的擬訂評鑑（一）——前事控制策略

關於前事控制策略，讀者可以運用「前事控制策略擬訂之適切性問卷」（如附錄41），自我檢視此步驟的執行和敘寫品質。

附錄

附錄 38　前事控制策略之作法、內涵和介入之標的行為問題功能

附錄 39　融合教育課程與教學調整策略檢核表

附錄 40　作業調整策略內涵

附錄 41　前事控制策略擬訂之適切性問卷

測驗題

第七章　正向行為支持策略的擬訂（一）：前事控制策略測驗題

第八章

正向行為支持策略的擬訂（二）：生態環境改善策略

第一節 生態環境和行為問題之間的關係
第二節 生態環境改善策略的種類

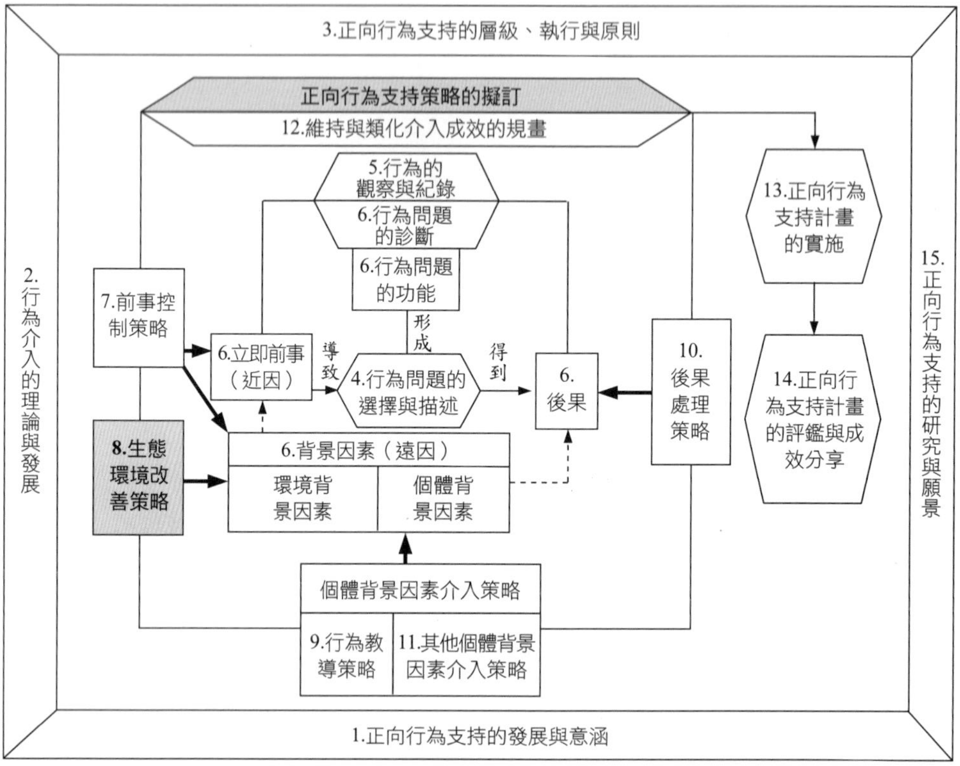
3.正向行為支持的層級、執行與原則
正向行為支持策略的擬訂
12.維持與類化介入成效的規畫
5.行為的觀察與紀錄
6.行為問題的診斷
6.行為問題的功能
7.前事控制策略
6.立即前事（近因）
導致
4.行為問題的選擇與描述
形成
得到
6.後果
10.後果處理策略
8.生態環境改善策略
6.背景因素（遠因）
環境背景因素
個體背景因素
個體背景因素介入策略
9.行為教導策略
11.其他個體背景因素介入策略
13.正向行為支持計畫的實施
14.正向行為支持計畫的評鑑與成效分享
2.行為介入的理論與發展
15.正向行為支持的研究與願景
1.正向行為支持的發展與意涵

導讀問題

1. 生態環境和行為問題之間的關係如何？
2. 生態環境改善策略的意義和功能是什麼？
3. 生態環境改善策略的種類有哪些？

PBS 主張行為問題是個體與環境互動的結果，那麼介入行為問題也宜從改變環境著手。若 FA 發現，生態環境有一些導致行為問題的因素，為了促使行為產生長期正向的改變，還須改善之。除此，有時可能無法發現特定的個體和環境因素，遇到這種情況時，可行作法是整體地改變大環境來帶動行為的改變，這是「**環境教化**」的作法，屬於「長期預防」的策略。本章首先探討生態環境和行為問題之間的關係，而後討論生態環境改善策略的種類。

第一節　生態環境和行為問題之間的關係

一味改變個體，無法真正解決問題，也必須調整環境。

PBS 視行為問題為個體和環境互動的結果，如果處理人員發現個體之行為適當，問題出在重要他人對個體行為的觀感負向，則介入焦點在於改變重要他人對個體標的行為問題之觀感；反之，如果重要他人對個體行為的觀感正向，個體之標的行為問題不適當，則介入焦點在於改善個體之標的行為問題，增進正向行為，如圖 8-1。

生態環境和行為問題間的關係呈現於：（1）生態環境對個體的態度；（2）生態環境的溫暖與支持度；（3）生態環境為個體塑造的生活形態，包括個體的社會角色、社會關係、對環境的控制與選擇、活動參與的機會等。Risley（1996）研究與 QOL 相關的鉅觀和微觀因素後發現，良好的 QOL 絕大部分受生活形態的影響。本節即從社會態度、社會角色、社會關係、控制與選擇、活動參與，以及溫暖與支持度六方面，探討生態環境和行為問題之間的關係。

圖 8-1 決定個體標的行為之介入焦點

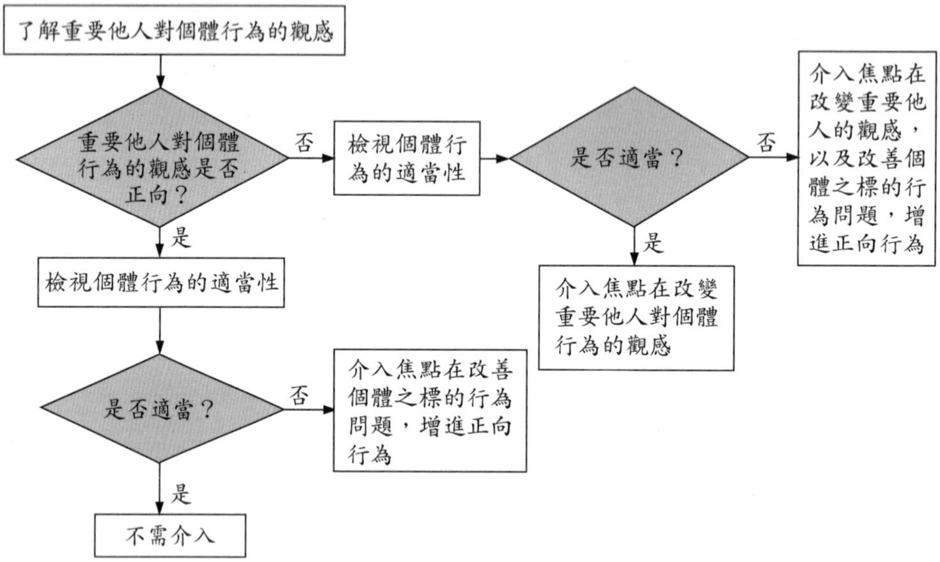

註：□表示執行步驟，◇表示決策步驟。

壹、社會態度

從微視體系中重要他人（例如：教師、同儕、家人、雇主、同事的態度），乃至於外圍體系中鄰里和社區民眾、鉅視體系中社會大眾，對身心障礙者抱持的態度會影響其社會角色，更會間接影響其行為。舉例來說，在學校中，教師怎麼看學生會影響他們如何看待自己，以及同學對他們的觀點。如果教師用限制教導學生，他們就會學到限制；如果教師用希望教導他們，就會發現他們的潛能，並且讓他們對自己永保希望（如插畫 8-1）。教師的態度與行為會影響一般學生選擇何種方式面對身心障礙同儕。當教師對身心障礙學生使用不符合其實齡的語言，教師即示範不適當的對待、互動方式與協助行為（Downing & Eichinger, 2008）。Kauffman 和 Landrum（2018）指出，當教師對有行為問題學生表現出低包容度，不願意引導他們表現較多的適當行為，這對他們是不利的。

插畫 8-1　教師對學生的觀點

教師的角色被定位為「看不見的手」，發揮隱蔽、無形的影響力（Farmer et al., 2011）。教師怎麼看學生會影響他們如何看待自己，以及同學對他們的觀點。如果教師用「限制」教導學生，他們就會學到「限制」；如果教師用「希望」教導他們，就會發現他們的「潛能」，並且讓他們對自己永保希望。

除教師外，同儕的排斥會造成身心障礙學生的行為問題，以及人際關係不佳。Kauffman 和 Landrum（2018）指出，一般學生面對事件的解釋和處理的態度，會根據互動對象的特徵及評價而有不同，例如：一位學生丟球打到另一位學生的頭，若丟球的學生被評價為受歡迎的，則會被視為「意外事件」；若他被評價為不受歡迎的，就會被解釋成「故意攻擊」。Hamm 等人（2020）稱此現象為**聲譽偏見**（reputation bias），意指人們會依據對互動對象的喜好而對同一行為有不同評價。另外，若身心障礙者進入職場，許多文獻（J. W. Hill et al., 1986; Luecking et al., 2004; McDonnell & Hardman, 2009; Wacker et al., 1989）指出，除了工作技能外，工作環境中人（例如：雇主、同事）的態度也與身心障礙者工作適應有密切的關係。

貳、社會角色

一般人透過扮演的角色定義自我，包括子女、學生、朋友等。有嚴重行為問題的個體常被周遭人視為負面、沒有價值的角色，如此可能導致低落的自我概念，降低他對環境的隸屬感，此結果又會反過來加重他的行為問題。舉例來說，一位參加幫派而逃學的學生，可能是因為他在幫派中扮演被看重的角色，獲得他想要的自我價值感，而此角色是班級中無法獲得的。

參、社會關係

Maslow（1943）及 Glasser（1992）皆提出**愛與隸屬**是人類共同需求之一。而「社會關係」關乎個體愛與隸屬需求的滿足，人無法離群而索居，從出生第一天就依賴別人的照顧才能生存；隨著年齡的增長，社會接觸的層面也日益擴大，從微視體系與家人、教師、同儕，乃至於外圍體系與鄰里和社區民眾的接觸，身心障礙者對社會關係的需求與一般人並無不同。然而，由於身心障礙者社會技能的不足，以及周遭人認識與接納度的限制，社會關係的建立變成他們的一大問題。

Kennedy 和 Itkonen（1996）即指出，行為問題與社會關係之限制有密切的關係。舉例來說，師生關係的品質會影響學生的學習動機、學業表現和教室行為（V. F. Jones & Jones, 1998; S. Rogers & Renard, 1999; Wehby et al., 1998）。許多研究指出，很多自傷行為是身心障礙者引起他人注意，拉近與他人關係的唯一手段（E. G. Carr, 1977; H. Goh et al., 1995; Iwata, Dorsey, et al., 1994），這說明社會關係和行為間的關係。Goleman（2006）表示，學校的社會世界是學生的生活中心，它是一座活生生的實驗室，學校宜讓他們學習如何與他人建立正向的連結，方法為增進每一位學生的社會關係。

肆、控制與選擇

G. Lang 和 Berberich（1995）指出，「自由」是每一個人的基本需求。Glasser（1992）也提出，**權力與自由**是人類的共同需求，其中權力是指讓個體充權賦能，有機會做選擇與決定，如此不只讓個體有自由、受尊重的感受，心理的主控權亦會間接影響個體的生理（洪蘭，2010）。

從控制權的角度來看，嚴重行為問題（例如：自傷或攻擊）可說是個體用來行使控制權的利器，特別是在他極少被賦予選擇和控制機會的情況下（H. Lovett, 1996）。就以攻擊為例，這種行為發生時，教師可能不再強求他完成作業或清潔活動等，攻擊顯然是用來逃避不想要的人事物。Guess 等人（1985）指出，做選擇和決定是表達個人自主和受尊重的一種方式。然而，許多研究（Kozleski & Sands, 1992; J. O'Brien, 1987; Sands & Kozleski, 1994; Wehmeyer et al., 2000; Wehmeyer & Metzler, 1995）發現，身心障礙者和一般人比較起來，很少被提供做選擇和決定的機會，例如：Kozleski 和 Sands（1992）調查 4,544 位智障青年後發現，他們之中僅 33% 有做選擇的機會（像是選擇室友、工作或活動等），而 88% 的一般人有做選擇的機會；同樣地，控制環境的機會如房間的擺設、金錢的使用等也受限。

鈕文英和陳靜江（1999）訪談 12 名 16 至 30 歲智障青年，了解其心理 QOL 現況後發現，在人事物的選擇和決定上，他們於工作機會、結婚、交友對象的選擇方面均較受限制；另有八位表示衣服多為家人為其選購，甚至部分個體每天起床或洗澡之後要穿的衣服均是家人為其準備。整體來看，智障者在日常事務做選擇和決定的能力和機會上，確實比一般人來得低和少。Wehmeyer（2005）進一步釐清一般人對自我決策的迷思——自我決策等同於「完全獨立」，認為能完全獨立生活和溝通想法的人才能自我決策，此迷思阻礙了重度障礙者自我決策機會的獲得，以及其自我決策能力的發展；事實是即使無法獨立生活和溝通想法的人，也能在提供輔助或替代策略下自我決策。

J. O'Brien（1987）及 Harding 等人（1999）指出，身心障礙者在生活中能夠擁有多少選擇機會，會反映他們與一般人生活形態的相似程度。一般成人能夠選擇的項目包含在居家、學校或機構和社區生活中，於哪些人、時、地、物和活動上有選擇的機會。**人**包括選擇要和誰做朋友或室友，一起從事活動（例如：用餐、看電影）？**物**包含選擇使用什麼食物、物品或材料（例如：吃什麼餐點、穿什麼衣服、用什麼口味的牙膏刷牙、看什麼電視節目）？**時**涵蓋選擇在何時開始和結束從事活動、從事活動的頻率或持續時間（例如：假日選擇幾點起床或睡覺、一週在家或外出用餐的次數）？**地**意謂選擇在何地從事活動（例如：選擇在哪裡與朋友聚餐）？**活動**是指選擇是否要從事某項活動，選擇的活動類型、內容、方式或流程（例如：選擇是否參加家庭活動？在家招待朋友或外出拜訪朋友？培養什麼嗜好或習慣？週六或晚餐後做哪些運動？要以什麼方式打籃球）？將身心障礙者與一般人的生活形態圖比較，便可知道其間的差異有多大。我於附錄 42 呈現「選擇機會問卷」，藉以了解個體選擇和控制日常事務的情形。

伍、活動參與

有些學生在教室裡一再出現行為問題，是因為課程內容不適合他們的能力或需要，或是教師沒有提供他們參與活動的機會；有些身心障礙者因欠缺參與符合實齡之休閒活動機會，而從事固著行為。研究（Guess et al., 1999; Guess & Siegel-Causey, 1995）提出學生的**擺位和地點**、**活動參與情形**、**材料的可取得性和類型**，以及**社會接觸**四項，是與重度及多重障礙者**行為狀態**（behavioral states）最有關聯的環境變項。其中，「活動參與情形」屬於本點所提，「社會接觸」則和前述「社會關係」有關。關於「行為狀態」的論述，讀者可以參考李佩秦和鈕文英（2006）的文章。

Bates 等人（1984）將實習教師分成兩組，各看一個簡短的影片。第一組看的是一位唐氏症婦女在融合的安置中，從事功能性和符合實齡活動的影片；第二組看的則是這位唐氏症婦女在隔離的安置中，從事非功能性和不符合實齡活動的影片。Bates 等人發現，這兩組實習教師原來對智障者抱持的態度相同，但看了兩個不同的影片之後，第一組教師對這位婦女的評價很高，對她未來的期望也相當樂觀；相反地，第二組教師對這位婦女的評價很低，對她的未來抱持悲觀的態度。由此可見，身心障礙者的活動內容會影響大眾對他們的態度；而大眾對身心障礙者的態度又會反過來左右其活動內容。

J. O'Brien（1987）比較身心障礙者與一般人的生活形態後指出，二者間有很大的差異，此差異存在於身心障礙者的生活方式較為隔離，較少機會參與社區活動、與一般人接觸，以及做選擇和決定。Sands 和 Kozleski（1994）也表示，智障者不只在做選擇的機會上受限，參與社區活動的量和質上也比一般人少而差。兩篇研究均顯示，身心障礙者容易產生行為問題，乃源自於較少參與活動的機會，行為問題成為他們控制環境的工具。

陸、溫暖與支持度

Maslow 提出**安全**的需求；安全包括身體和心理、情緒的安全，它是形成愛與隸屬、尊重、自我實現的基礎（引自 Pastorino & Doyle-Portillo, 2012, p. 288）。Goleman（2006）也表示，情緒和認知是緊密連結在一起的，當個體處於威脅之中時，大腦就會降低它的功能，亦即無法思考和學習，進而產生行為問題。由此可知，安全感對有效學習和正向情緒的重要性。

很多問題青少年來自缺乏溫暖與支持的家庭和學校，行為問題便成為他們尋求關懷的工具。Combs 表示：「*不被疼愛的人，怎麼感受得到愛？不被期待的人，怎麼知道什麼是期待？不被接納的人，怎麼了解接納的感覺？*」（引自 Cumming, 2000/2002, p. 41）當個體獲得足夠的溫暖與支持時，他只會把愛流露出去，而不會以行為問題索求關懷。

第二節 生態環境改善策略的種類

讓個體生活在沒有恐懼或羞辱的環境中，關愛自我和他人，並且以自己的速度和方式，學習認識這美好的世界。

前面已呈現生態環境和行為問題間的關係，接著探討生態環境改善策略。生態環境改善策略是針對 FA 中環境背景因素（包含物理和社會因素）進行介入，此環境包括目前和個體將轉銜之未來環境，含括**營造讓個體有身體和心理安全感的環境**、**改變周遭人的對待方式來支持個體**、**改變個體的生活形態**，以及**準備新環境以支持個體**四項策略，如表 8-1。

表 8-1　生態環境改善策略之作法與內涵

生態環境改善策略之內涵	生態環境改善策略之作法		
	針對目前環境中的物理因素進行調整或改善	針對目前環境中的社會因素進行調整或改善	針對個體將轉銜之未來環境中的物理和社會因素進行準備
1. 營造讓個體有身體和心理安全感的環境	◎	◎	
2. 改變周遭人的對待方式來支持個體		◎	
3. 改變個體的生活形態		◎	
4. 準備新環境以支持個體			◎

註：◎表示此生態環境改善策略採取的作法。

生態環境改善策略和前事控制策略不同處在於，前事控制策略是針對特定、小範圍的立即前事和環境背景因素做介入，屬於短期預防；而生態環境改善策略則是針對大範圍，甚至不確定的環境背景因素做介入，屬於長期預防，例如：大強之標的行為問題是帶女生至廁所做性騷擾的動作，立即前事是下課時間看到他喜歡的該班或隔壁班女生，前事控制策略是減少大強和這些女生接觸的機會；環境背景因素是被性騷擾的女生沒有拒絕，生態環境改善策略是教導這些女生表達明確拒絕的態度和策略，這是「改變周遭人的對待方式來支持個體」。以下詳述這四種策略。

壹、營造讓個體有身體和心理安全感的環境

文獻（L. H. Meyer & Evans, 1989; Meyers et al., 2021）指出，教師營造有身體和心理安全感的環境，會增進師生關係，減少行為問題，促進有效學習。身體的安全感可以藉由**全方位設計**（UD）來達成，UD 緣起於 1970 年代的早期，Mace 建立北卡羅萊納州立大學的 UD 中心（The Center for UD，簡稱 CUD）時，剛開始是應用於建築學中「無障礙環境的設計」，希望設計的產品能適應大多數使用者的需求，所有調整的功能是在設計建築物時即已整合進來，它除了滿足身心障礙者的特殊需求，也同時增進了其他人的使用便利與意願，例如：斜坡、自動門，不只對身心障礙者有助益，也便利高齡者、幼兒等的使用（S. S. Scott et al., 2003）。接著，應用特殊科技中心（The Center for Applied Special Technology，簡稱 CAST）在 1984 年成立，致力於促進科技的使用，以擴展所有人（特別是身心障礙者）參與社區的機會（Jackson & Harper, 2001）。CUD（1997）提到全方位環境設計宜注意**公平安心使用**、**彈性方便運用**、**簡易直覺應用**、**易讀資訊提供**、**寬容錯誤操作**、**節省體力負擔**、**適當空間易近**七項原則。《身心障礙者權利公約》（The Convention on the Rights of Persons With Disabilities, 2006）強調資訊對身心障礙者而言是易讀的，達到資訊平權，更進一步從易讀到**給所有人的資訊**（information for all）。附錄 43 呈現「對身心障礙者『易讀』教材、評量工具或資訊之設計」。

而心理安全感則需要教師先促進學生彼此間的認識與了解、關係和互動，進而營造一個溫暖、關注，相互接納、支持和協助的環境。在此環境中，學生可以自在地分享他們的困難和情緒，不用擔心被嘲笑和責備，例如：教師每天可安排一段心情分享時間，讓學生可以分享其喜怒哀樂的情緒；教師可以先示範如何分享，並且教導學生如何積極聆聽和同理別人的情緒，提供支持與協助。又例如：Staub 等人（2000）表示，教師要盡量營造全班相互協助的氣氛，如形成全班互相幫忙的規則，像是在找教師幫忙前，先問過三位同學。再者，Mikami 等人（2013）提出**營造社會接納度的融合教室**（Making Socially Accepting Inclusive Classrooms，簡稱 MOSAIC）方案，強調讚揚學生的優勢，發展溫暖的關係，並進行正向的互動。Farmer 等人（2013）提出**支持青少年早期學習與社會成功**（Supporting Early Adolescent Learning and Social Success，簡稱 SEALS）方案，營造具生產力與支持力的同儕動力。

Sage（2010）即指出，**語言行為**（例如：鼓勵）和**非語言行為**（例如：眼神接觸）在心理安全感的營造上扮演重要的角色。在語言行為方面，教師可以注意**語言表達的速度**，盡可能即時回應學生的問題或需求；若有困難，則設定具體時間或提供選

擇。再者，注意**語言表達的角度**，多發現學生的優勢，鼓勵他的努力和進步處（Partin et al., 2010），因為人都是往讚賞與鼓勵的方向邁進的。除此，鼓勵學生看到彼此的優點；Sapon-Shevin（1990）提出**好行為樹**，鼓勵學生看到彼此的好表現和成就，而後寫在小卡片上，表達感謝和鼓勵。教師可以先示範，讓每一位學生都感受到自己對班級的重要性，發現自己的優點。我整理「班級經營問卷」如附錄44。在啟思故事8-1 中，教師為了建立葳葳畫圖的自信心，鼓勵她畫個幾筆，葳葳留下一個再普通不過的「●」；而教師展示出葳葳畫的點，讓她看見自己的無限可能。

啟思故事　8-1　提供支持的環境以建立個體的自信心

在《點》（Reynolds, 2002/2007）此繪本中，敘述畫圖課結束了，葳葳的圖畫紙是空白的，她說：「我就是不會畫圖呀！」教師笑著說：「妳就畫個幾筆，看它最後會變成什麼。」葳葳抓起一支筆，用力在紙上「●」了一下。教師拿起紙仔細地研究；然後把紙推到葳葳面前，輕聲說：「請簽名。」一星期後，葳葳走進美術教室，看見教師座位上方掛著一個東西，她大吃一驚，那是她畫的小點點，還配上了漩渦形狀的金色畫框！「嗯！我可以畫得更好！」她打開從來沒用過的水彩盒，開始工作。葳葳畫個不停。幾個星期後，學校的畫展上，葳葳畫的那些點點非常轟動，她發現一個小男生抬頭盯著她看，他說：「妳真是一個偉大的畫家！希望我也會畫圖。」葳葳說：「你絕對沒問題！」「我？不可能，我連用尺畫直線都不會！」葳葳笑了，她遞給小男生一張白紙說：「畫給我看。」小男生畫線的時候不停發抖。葳葳仔細瞧著那條歪歪扭扭的線，然後說：「請簽名！」

貳、改變周遭人的對待方式來支持個體

PBS 不再只強調改變個體本身的行為，也要改變環境，改變環境中的重要他人對待個體的方式，包括態度、期待與行為。首先是改變重要他人對「障礙」的負面態度，以及對個體的不適當期待。J. Dickson（2000）即表示，教師宜先看到學生，珍視他們的獨特性，而不是先看到他們的障礙。如插畫 8-2：確切了解學生之後，才不會對他們有不適當的期待，也才不會用錯方法。

我不是一位低成就
學生，而是你
期望過高。
5×4 = 20
9×6 = 54
⋮
1 + 1 = 2

插畫 8-2　了解學生是所有介入服務的基礎
確切了解學生之後，才不會對他們有不適當的期待，也才不會用錯方法。

接著，改變重要他人對個體的行為。舉例來說，在融合班級裡，要教導一般學生與身心障礙同儕建立友誼，進而支持和協助他們，宜建立在了解和接納的基礎上（Falvey & Rosenberg, 1995），包括了解身心障礙同儕的特質、行為、優勢和其特殊需求。了解和接納之後，才能進一步教導一般學生如何與身心障礙同儕相處，並且給予協助，如插畫 8-3，例如：有些重度和多重障礙學生可能會做出一些特別或有點可怕的行為，像是尖叫、前後搖晃他們的頭等；這些行為一開始很難被一般學生理解，而且可能影響彼此間的人際互動。因此，協助一般學生了解他們從事這些行為的原因，可以大大減少一般學生的恐懼和排斥感。一旦這些行為的原因比較能被理解之後，處理人員可以教導一般學生協助身心障礙同儕，以一個較為被社會接受的行為來取代原來的行為。

插畫 8-3　協助一般學生了解身心障礙同儕
唯有「了解」才會關心；唯有「關心」才會行動；唯有「行動」，生命才有「希望」。（珍古德）期待一般學生能關懷和協助身心障礙同儕，必須建立在「了解」的基礎上。

另外，L. H. Meyer 和 Evans（1989）觀察一位身心障礙者在職場的社會互動後發現：他很注重個人的空間，若別人侵入他的空間，他會發脾氣；和其他工作人員交談時，他要站在帶頭的地位；若有兩人同時和他談話，或要他同時做兩件事，他會發脾氣。根據這個發現，L. H. Meyer 和 Evans 擬訂員工和他互動的準則，包括：（1）如果要進行一段長時間的對話，最好由他主動「開口」；（2）當他和其他工作人員有事交談時，第三者不可插嘴；（3）當他開始發脾氣時，不必驚慌，盡量保持鎮靜，而且就事論事；（4）不可碰觸他的身體（不管是想安撫或約束他），因為身體的接觸會引起更激烈的反抗等。鈕文英和王欣宜（1999）研究工作社會技能訓練方案，包括對智障者進行的「四項工作社會技能」，以及對其同事實施的「了解和支持智障者」兩項方案之成效，結果發現能提升兩位智障者的工作社會技能，以及三位同事「給予鼓勵與支持」的行為，他們更了解兩位智障者的身心特性和需求，進而表現出鼓勵、關懷的態度與行為。

而在改變環境中重要他人對個體的態度之前，處理人員宜先檢視自己的態度與行為，可參考第 1 章表 1-4，省思本身在行為介入上是否有迷思；對於個體棘手的行為問題，是否願意接納和面對自己專業能力的限制，與他人合作，思考和嘗試解決的方法。Newell 和 Jeffery（2002）即表示，教師與學生的關係反映教師和自己的關係；一位能接納自己的教師，會更容易接納學生的問題與錯誤。

而在非語言行為方面，教師可以注意**語言表達的溫度，表現正向情感**。Park 等人（2005）比較教師表現正向情感（熱情、面帶微笑、會隨著學生的表現而音調有高低起伏）和中性情感（音調平淡、無面部表情），對於重度障礙學生作業表現之差異後發現，教師表現正向情感時，重度障礙學生之作業表現優於教師表現中性情感時。Mazzelli（2000）針對教養機構中重度至極重度障礙成人，藉著照顧者和他們建立良好的關係、溫和指導（即把握語氣平穩、態度溫和、注意正向行為等原則）、配合其需求安排訓練課程（例如：溝通技能和職前技能訓練等），以及調整環境（例如：增加活動空間），長達 18 個月處理其各類固著行為，結果成功地減少它們。

參、改變個體的生活形態

綜合上述，處理行為問題的關鍵是建立個體常態化的生活形態，生活形態的要素包括社會角色、社會關係、控制與選擇、活動參與等。處理行為問題之前，必須先回答一個重要的問題：在身心障礙者的能力範圍之內，他們是否能夠像一般人一樣，過著常態化的生活形態。處理人員可以運用圖 8-2，先了解個體在哪些人、時、地、物

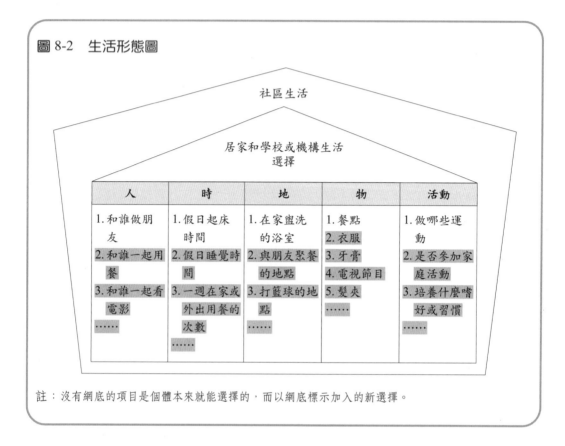

圖 8-2　生活形態圖

社區生活

居家和學校或機構生活
選擇

人	時	地	物	活動
1. 和誰做朋友 2. 和誰一起用餐 3. 和誰一起看電影 ……	1. 假日起床時間 2. 假日睡覺時間 3. 一週在家或外出用餐的次數 ……	1. 在家盥洗的浴室 2. 與朋友聚餐的地點 3. 打籃球的地點 ……	1. 餐點 2. 衣服 3. 牙膏 4. 電視節目 5. 髮夾 ……	1. 做哪些運動 2. 是否參加家庭活動 3. 培養什麼嗜好或習慣 ……

註：沒有網底的項目是個體本來就能選擇的，而以網底標示加入的新選擇。

和活動上有選擇的機會，例如：選擇和誰做朋友、餐點、做哪些運動，以及在家盥洗的浴室等。在了解身心障礙者與一般人生活形態的差異後，便可針對差異處做改變，探知個體還期待做哪些選擇，再以網底標示，例如：選擇與朋友聚餐的地點、是否參加家庭活動等，以促使他生活形態的常態化。

Risley（1996）的研究顯示，為身心障礙者安排常態化的生活，以及教導他們日常生活技能對減少行為問題有正面效果。其他研究（Berkman, 1999; Cameron et al., 1998; Fraser & Labbé, 1999; Lucyshyn et al., 1999; B. Nelson, 2005; Saunders & Saunders, 1998）也顯示，建立常態化的生活形態，包括提供個體能掌控的支持性生活作息、有意義的活動，提升個體的社會角色，為個體建立良好的社會關係，給予個體選擇與控制的機會，以及社區參與的機會等，能有效減少個體的行為問題。以下從提升個體的社會角色、為個體建立良好的社會關係、提供個體選擇與控制的機會，以及提供個體活動參與的機會四方面，探討如何改變個體的生活形態。

一、提升個體的社會角色

處理人員可以引導個體在每個環境中，選擇對自我而言重要的角色，接著協助他在此角色的扮演，提升正面、有價值的社會角色，以提升其自我概念，增加他對環境的隸屬感，進而減少行為問題（Knoster et al., 2021）。舉例來說，教師可以藉由日常生活中各種機會，讓個體能參與其中，為班級服務，成為班級中不可或缺的角色，不要因為其障礙而給予特權，或因為其行為問題而剝奪其服務的機會。正如插畫 8-4，肢障者也可以參與體育活動，不見得就是待在教室，例如：他可以幫忙放 CD、可以用手打節拍等，讓他感覺扮演很重要的角色。

插畫 8-4　提升學生的角色
每個人的脖子上都吊著一塊隱形招牌，上面寫著：「請讓我覺得我很重要。」（美國一家化妝品公司創辦人 Ash；修改自 Cumming, 2000/2002, p. 30）

除此，還可以藉由讓個體「為社區服務」，來提升其社會角色，促進其自我價值感。Karayan 和 Gathercoal（2005）主張，特殊教育的服務方式要從缺陷模式，轉移到賦權模式，其中最有效的一個策略是**服務學習**（service learning），透過這種策略使身心障礙學生由以往的「服務接受者」轉為「服務提供者」。美國 1990 年的《國家與社區服務法案》（National and Community Service Act）提出「服務學習」的作法，它結合「服務」與「學習」，以服務作為學習的策略，透過有計畫的服務活動、結構的課程與省思歷程，以滿足服務對象的需求，也促進服務者的自我成長。相關研究（Frankson & Nevin, 2007; Gent & Gurecko, 1998; L. Jackson & Panyan, 2002; M. Lewis, 2002）呈現，服務學習不僅能讓身心障礙學生學習到一些功能性技能、服務的態度和技巧，還是一個可以發揮其優勢的好方法，並且能夠讓他們產生團體的隸屬感，提升其自尊與獨立，統合於職場和社區中。處理人員可以先了解個體的自我價值感，像是詢問他：「你已經為這個地方的人做了什麼事，讓你覺得你對他們是重要的？你還期望做哪些事？」例如：圖 8-3 顯示這位個體已為機構做清潔工作，接著了解他期望再多為這個地方的人做什麼事，像是在社區中去慈濟做資源回收等。

二、為個體建立良好的社會關係

正如前述，由於身心障礙者社會技能的不足，以及周遭人認識與接納度的限制，他們無法主動地建立親密的社會關係，社會關係的建立變成他們的一大問題，包括親子、師生、同儕，進而未來在職場與雇主和同事的關係等。L. Jackson 和 Panyan（2002）即提出**關係的發展**是 PBS 的要素之一。除了教導身心障礙者社會技能外，處理人員還可以改變生態環境，協助身心障礙者建立良好的社會關係。舉例而言，在融合班級裡，可以透過**朋友圈**（circle of friend）、**特殊朋友**（special friends）、**同儕夥伴**（peer buddy）或**同儕網絡**（peer networking）等策略，協助身心障礙者建立良好的同儕關係。以下介紹這四種策略。

圖 8-3　增進個體的角色功能

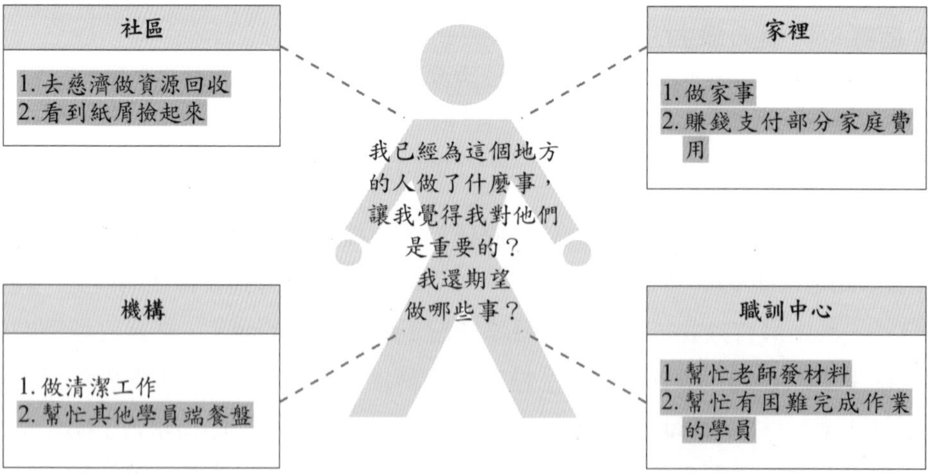

註：沒有網底的項目是個體已經為這個地方的人做的事情，而以網底標示加入期望為這個地方的人做的事情。

Pearpoint 等人（1996）指出，朋友圈旨在讓一般學生與身心障礙學生建立關係，實施過程如下：首先，教師要求一般學生以四個同心圓，表達他們目前的人際關係。其中由內而外，第一圈是**他們最親近的人**；第二圈是那些**他們喜歡以及經常看到的人**，但不像第一圈的人那樣親密；第三圈是**他們認識且偶爾會一起做事的人**；第四圈是**那些要付費才會出現的人**，例如：醫生或教師等，如圖 8-4。然後教師呈現身心障礙學生的朋友圈，讓一般學生比較他們和身心障礙學生的朋友圈，並說出其感受；最後要他們思考如何成為這位身心障礙學生朋友圈的一環（Falvey et al., 1994）。

促進身心障礙與一般學生之間友誼的方法，不同文獻有不同名稱的方案，其實目的是相同的，例如：Voletz（1983）提出**特殊朋友**，它是促進友誼的有效方案；在這個方案中，教師安排一般學生與身心障礙學生成為朋友，包括如何跟他們遊戲、溝通與分享興趣；這個方案的主要目的在建立友誼，而非同儕教導。

圖 8-4　朋友圈的內容

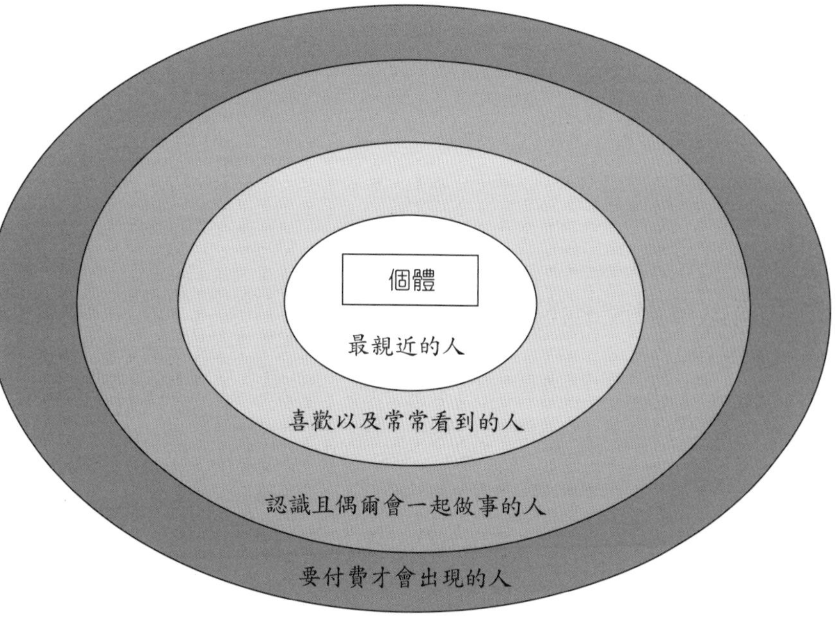

註：修改自 Pearpoint 等人（1996, p. 75），修改處為加入網底。Paul H. Brookes Publishing Co.於 1996 年的版權，同意授權修改。

綜合文獻（C. A. Hughes & Carter, 2008; C. A. Hughes et al., 1999），同儕夥伴方案進行的步驟包括以下七個：（1）設計課程教導一般學生如何成為身心障礙學生的同儕夥伴；（2）徵召願意參與同儕夥伴方案的一般學生；（3）篩選和配對一般學生和身心障礙學生；（4）訓練同儕夥伴；（5）設定此方案預期達到的目標和評鑑學生的進步情形；（6）建立午餐的聚會、同儕夥伴社團和回饋時段；（7）設立一個指導委員會，成員包括學生和其家長、參與的普通和特殊教育教師、行政人員和輔導人員等。Camoni 和 McGeehan（1997）採用**同儕夥伴**方案，促進身心障礙與一般學生之間的友誼，亦即他們成為一群一起從事活動、分享喜好的夥伴。

Utley 和 Mortweet（1997）提出**同儕網絡**方案，它是由一群有共同興趣、嗜好和休閒活動的個體組成，同儕網絡的形成包括選定同儕、由四至五個一般學生組成同儕網絡、討論可讓身心障礙者加入的方式，以及列出與他們聚會互動的時間。同儕網絡方案旨在藉由朋友，或是社會能力較佳之同儕形成的支持系統，促成一個支援身心障礙者的正向社會環境，讓他們成為一般同儕課後聯絡網的一員，其社會網絡的組成可以跨班級或學校，它能有效改善整個班級或學校的正向支持氣氛（Maheady et al., 2001; Utley & Mortweet, 1997）。

除了上述策略外，Bambara 等人（2015）提出運用**美好一天**之策略，以促進學生間正向的社會關係及溫暖的教室氣氛；其程序為每週一，選擇一位學生為焦點人物，而後教師引導學生說出這位焦點人物的才能、需求和喜好，並且進一步提出他們將對焦點人物做的特別事情，以幫助他擁有美好的一天，這些想法將被記錄在「◎◎美好的一天」海報上。

三、提供個體選擇與控制的機會

正如前述，由於身心障礙者較少機會做選擇和決定，行為問題成為他們控制環境的媒介，因此處理人員宜提供選擇與控制的機會。

三篇文獻（Jolivette et al., 2002; McCormick et al., 2003; Shevin & Klein, 2004）指出，提供學生做選擇的機會能減少其行為問題，並且增加其學習參與度，理由如下：（1）能考慮到學生對工作、活動或互動的偏好；（2）能增進學生對環境的預測和控制感；（3）能提供師生間更平穩的互動。正如插畫 8-5：外界強制的學習，被動依賴，淡而無味。反之，自己主導的學習，主動負責，回味無窮。Stafford（2005）表示即使是重度障礙學生，口語能力有限，他們同樣有機會做選擇。Glasser（1992）指出，給學生權力並非毫無限度，伴隨權力而來的是「責任的承擔」，學生必須為自己的選擇負責任。教師可以在條件允許的情況下，衡量學生能承擔的責任範圍內，讓他們學習做選擇與決定。

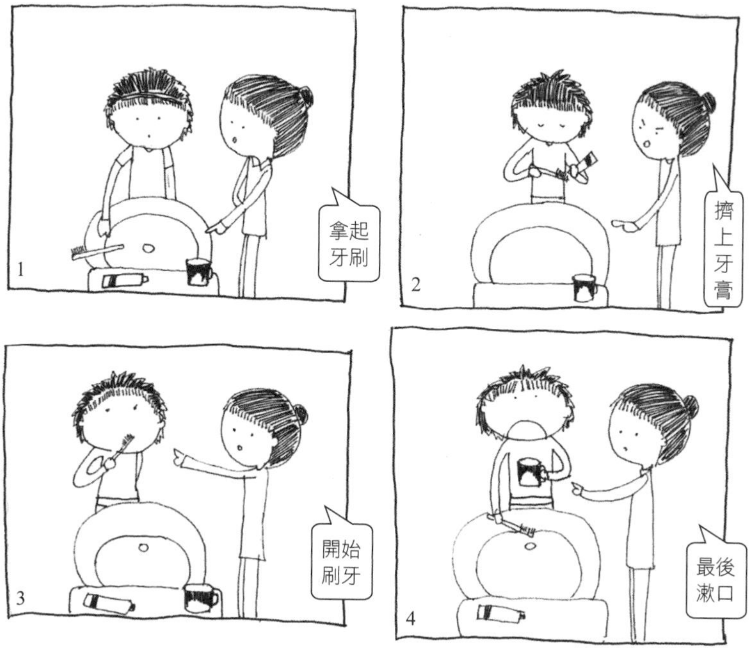

插畫 8-5　習得的被動依賴
外界強制的學習，被動依賴，淡而無味。

前事控制策略亦述及提供選擇的機會，是指提供選擇特定工作／作業項目的機會，此處指的是在範圍廣泛的日常生活事務中，提供身心障礙者選擇與控制的機會。Fromm（1956/2006）表示，愛包含四種元素：**照顧**（主動關懷所愛的人之生命與成長）、**責任**（準備回應所愛的人之心理需求）、**尊重**（讓所愛的人以他期待的方式發展），以及**理解**（站在所愛的人之視框來理解）。其中，最重要的兩個元素是尊重和理解：愛若缺乏尊重為基礎，則照顧和責任容易變成控制與占有；愛若沒有以理解做引導，則照顧和責任容易淪為盲愛與壓力。Weiss 和 Knoster（2008）即表示，PBS 中的「正向」強調積極提供選擇的機會，讓身心障礙者能表達其觀點和控制其生活。而選擇與控制機會的提供要立基於「尊重」和「理解」上。

L. H. Meyer 和 Evans（1989）提出**影響你自己環境的訓練**，給予身心障礙者控制環境的權力，安排一些練習機會，教導他們用適當的方式控制環境。處理人員可以提供日常生活事務讓身心障礙者選擇，例如：決定吃什麼、穿什麼、看什麼電視節目等；他們漸漸會發現能掌控自己的生活方式，而不必再訴諸攻擊、自傷等行為以滿足其基本需求。在提供選擇與控制機會的同時，周遭人也必須對身心障礙者的基本需求有高敏感度，特別是對那些語言能力有限制的人。Kearnery 等人（1995）對曾居住在大型發展中心，而後搬遷至多樣、小型住處的 57 位重度障礙者，使用各式工具評量新的居住環境對他們的影響；新的居住環境不同之處在於，提供他們選擇的機會，例如：早上起床的時間、衣服、室友、洗澡的時間等，結果發現提供選擇的機會能夠增進他們的適應行為。Wehmeyer 和 Schwartz（1997）的研究發現，自我決策能力高的智障和學障學生，相較於自我決策能力低者，受雇的比例較高，賺取的時薪較高。

四、提供個體活動參與的機會

正如前述，因身心障礙者較少機會參與符合其實齡的活動，故容易產生行為問題。因此，處理人員宜提供他們活動參與的機會，包括學習、休閒、職業訓練活動等，而且這些活動最好是多元、符合實齡、能與一般人融合、有價值之角色扮演者；即使他有生理或認知上的困難，無法獨立參與，也能在協助或提示下「部分參與」。I. Schwartz 等人（2006）即表示，**增加有價值之角色、活動和情境的參與**能提升身心障礙學生隸屬感、社會關係及技能表現，這是融合教育的主要成果指標。正如插畫 8-6，透過提供身心障礙者參與活動的機會，會讓他們在心理上養成自尊和獨立的性格，並且覺得自己是個有價值的人，因而減少行為問題的發生。

插畫 8-6　透過「部分參與」的原則讓身心障礙學生參與班級活動

周遭人提供「機會」給個體，則他將擴展其能力去填補它（Ginzberg；引自 Hammeken, 2000, p. 90）。身心障礙學生即使無法完全獨立地參與全班或全校的活動，也能透過某種調整或協助部分參與。

肆、準備新環境以支持個體

個體隨著生涯的發展，會面對環境的改變，這當中可能包括學習環境的轉換，例如：從幼兒園轉換到國小、從國小轉換到國中、從特殊班轉換到普通班等；工作環境的轉換，例如：從支持性轉換到競爭性就業環境、從一個職場轉換到另一個職場等；家庭環境的轉換，例如：從原生家庭轉換到寄養家庭，或是家庭成員產生變化等。這些環境的改變部分是在預期中，部分則超乎預期，無法控制，此改變可能會讓個體的行為問題復發，處理人員宜準備新環境以支持個體，傳承行為介入策略給新環境的人員，使處理效果得以延續。

總結

本章首先從社會態度、社會角色、社會關係、控制與選擇、活動參與，以及溫暖與支持度六方面，探討生態環境和行為問題之間的關係。之後呈現生態環境改善的策略，包括營造讓個體有身體和心理安全感的環境、改變周遭人的對待方式來支持個體、改變個體的生活形態，以及準備新環境以支持個體四種策略，目標在長期預防行為問題，促使行為產生長期正向的改變；其中改變個體的生活形態又包括：提升個體的社會角色、為個體建立良好的社會關係、提供個體選擇與控制的機會，以及提供個體活動參與的機會四項策略。

作業練習　正向行為支持策略的擬訂（二）——生態環境改善策略

延續第七章的作業，以該位有行為問題，讓您感到困擾的個案為對象，完成以下「正向行為支持策略的擬訂（二）——生態環境改善策略」作業：

一、標的行為問題之選擇與描述（已完成）

二、標的行為之觀察與紀錄（已完成）

三、標的行為問題之診斷（已完成）

四、標的行為問題正向行為支持計畫之內容與實施

（一）標的行為問題正向行為支持計畫之內容

1. 介入目標（已完成）

2. 正向行為支持策略

（1）前事控制策略（已完成）

（2）生態環境改善策略

作業練習 正向行為支持策略的擬訂評鑑（二）——生態環境改善策略

關於生態環境改善策略，讀者可以運用「生態環境改善策略擬訂之適切性問卷」（如附錄 45），自我檢視此步驟的執行和敘寫品質。

附錄

附錄 42　選擇機會問卷

附錄 43　對身心障礙者「易讀」教材、評量工具或資訊之設計

附錄 44　班級經營問卷

附錄 45　生態環境改善策略擬訂之適切性問卷

測驗題

第八章　正向行為支持策略的擬訂（二）：生態環境改善策略測驗題

第九章

正向行為支持策略的擬訂（三）：行為教導策略

第一節 行為教導的內容
第二節 行為教導的策略
第三節 行為教導方案的實施流程
第四節 行為教導策略的實施原則

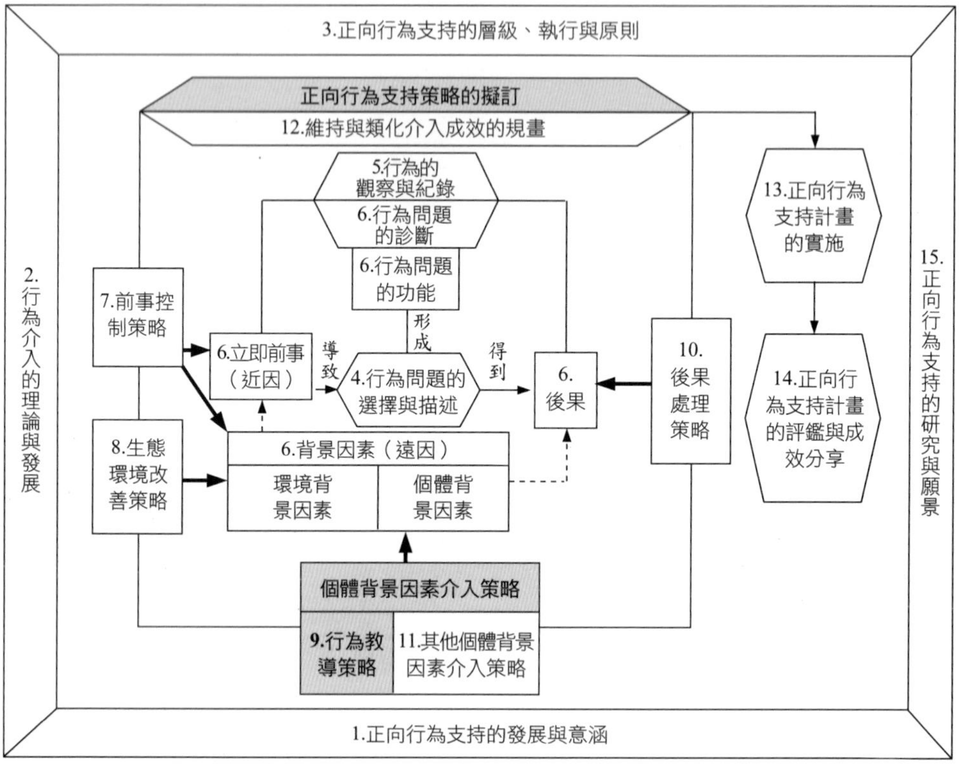
3.正向行為支持的層級、執行與原則
正向行為支持策略的擬訂
12.維持與類化介入成效的規畫
5.行為的觀察與紀錄
6.行為問題的診斷
6.行為問題的功能
形成
7.前事控制策略
6.立即前事（近因）
導致
4.行為問題的選擇與描述
得到
6.後果
10.後果處理策略
8.生態環境改善策略
6.背景因素（遠因）
環境背景因素
個體背景因素
個體背景因素介入策略
9.行為教導策略
11.其他個體背景因素介入策略
13.正向行為支持計畫的實施
14.正向行為支持計畫的評鑑與成效分享
2.行為介入的理論與發展
15.正向行為支持的研究與願景
1.正向行為支持的發展與意涵

導讀問題

1. 何謂行為教導策略？處理人員可以教導哪些行為，以替代標的行為問題或支持行為的改變？
2. 行為教導的策略有哪些？
3. 行為教導方案的實施流程為何？
4. 在教導正向行為時，宜注意哪些原則？

第7章已探討前事控制策略，它雖然能防止行為問題的發生；但這只是暫時的防範措施，從長遠的觀點來看，處理人員仍須使用褪除策略，讓個體漸進地面對導致行為問題的前事，並且教導他以正向行為替代或轉化行為問題，這是**未雨綢繆、種樹成蔭**的作法。本章首先探討行為教導的內容和策略，接著討論行為教導方案的實施流程，最後說明行為教導策略的實施原則。

第一節　行為教導的內容

要想除掉野草，唯一的方法就是「種植」，讓替代野草的植物不斷成長。處理行為問題最根本的方法是擴充個體的行為目錄。

處理人員希望個體表現**期待的行為**，例如：服從指令、完成工作／作業要求等，以因應環境對個體的要求。然而，個體不表現期待行為是值得探究的，有可能是**能力或動機**的問題。如果是「動機」的問題，則移除阻礙個體表現動機的因素，提升他表現期待行為的動機。如果是「能力」的問題，個體有困難表現期待行為所需的技能，例如：有困難表現完成作業所需的專注、求助技能等，則宜納入教導之，此即PBS強調者——教導正向行為。

Favell和McGimsey（1999）表示，教導正向行為的目標在增進個體之能力和獨立性，以因應導致行為問題的前事。從事行為教導的先前步驟是從 FA 了解標的行為問題之功能，而後選取和教導正向行為，以取代標的行為問題。Reichle等人（2021）將行為教導的內容分為三類：**替代技能**、**因應和容忍技能**、**一般適應技能**，他們總稱為**另類技能**（alternative skills），詳細討論如下。

壹、替代技能

替代技能是指與標的行為問題功能相同的替代技能，第 6 章已陳述行為問題的四種功能，則有這四種功能的替代技能，其示例如表 9-1，例如：菲菲在面對困難作業時，會出現「撞下巴」行為，功能為逃避困難作業，這時教導她「適當地拒絕語言或動作」便是**逃避外在刺激的替代技能**。又例如：大強以「抓阿美頭髮」欲取得她的注

表 9-1　針對標的行為問題功能教導之替代技能示例

行為功能類型	何種功能之標的行為問題	教導的替代技能
取得外在刺激	1. 取得注意的行為（例如：抓同學頭髮）。	1. 適當地取得注意的語言或動作（例如：打招呼和詢問）。
	2. 取得活動的行為（例如：撞頭）。	2. 適當地表達從事某項活動的語言或動作（例如：活動的圖卡）。
	3. 取得物品的行為（例如：尖叫）。	3. 適當地取得物品的語言或動作（例如：按鈴）。
取得內在刺激或表達愉悅感覺	1. 取得聽覺刺激的行為（例如：拍打耳朵）。	1. 從事適當的聽覺自娛的活動（例如：聽音樂）。
	2. 取得視覺刺激的行為（例如：看電扇轉動）。	2. 從事適當的視覺自娛的活動（例如：看會閃動圖片的玩具）。
	3. 取得觸覺刺激的行為（例如：摸他人的頭髮）。	3. 從事適當的觸覺自娛的活動（例如：摸洋娃娃的頭髮）。
	4. 取得嗅覺刺激的行為（例如：聞他人鞋子的氣味）。	4. 從事適當的嗅覺自娛的活動（例如：整理鞋櫃）。
	5. 取得身體動覺刺激的行為（例如：搖晃身體）。	5. 從事適當的身體動覺自娛的活動（例如：慢跑）。
	6. 取得口腔覺刺激的行為（例如：咬物品）。	6. 從事適當的口腔覺自娛的活動（例如：咬用軟橡皮做成，可咀嚼且安全的細棒）。
逃避外在刺激	1. 逃避某種形態（可能是單調、重複，學生沒有興趣）工作／作業要求的抗拒行為。	1. 適當地拒絕工作／作業的語言或動作。
	2. 逃避工作／作業要求長度的抗拒行為。	2. 適當地要求休息的語言或動作。
	3. 逃避工作／作業要求難度的抗拒行為。	3. 適當地要求協助的語言或動作。
	4. 逃避工作／作業要求分量的抗拒行為。	4. 適當地終止活動的語言或動作。
	5. 逃避工作／作業要求完成時間的抗拒行為。	5. 暫停某項工作／作業，先做其他活動的商議語言或動作。
逃避內在刺激或表達不舒服感覺	1. 逃避身體不舒服的行為（例如：摸性器官）。	1. 從事能讓身體感到舒服的活動（例如：清潔性器官）；或是適當地表達身體不舒服的語言或動作，以尋求別人的協助。
	2. 逃避焦慮、緊張、挫折、壓力等情緒困頓的行為（例如：撞下巴）。	2. 從事紓解情緒困頓的活動（例如：以觸覺球按摩下巴）。

意，教導他「適當的人際互動行為」便是**取得外在刺激的替代技能**。教導阿志從事「聽覺自娛的活動」，取代他「拍打耳朵」的行為，即是**取得內在刺激或表達愉悅感覺的替代技能**。插畫 9-1 中教導玲玲以「繪畫」的方式，替代「咬自己的手」來宣洩情緒，便是**逃避內在刺激或表達不舒服感覺的替代技能**。這些替代技能包括溝通技能、社會技能和休閒技能（recreational skills）等，於第三部分再詳述。Sugai 等人（1998）認為，替代技能之教學宜納入 IEP 的目標中。在教導替代技能前，要先決定是否適合鼓勵此替代技能（Reichle et al., 2021），例如：阿忠在面對多項工作／作業時，會出現哭鬧行為以示抗拒，此時不適合教導他達到抗拒功能的替代技能，因為如此他就欠缺學習工作／作業的機會了，而宜教導因應和容忍技能。

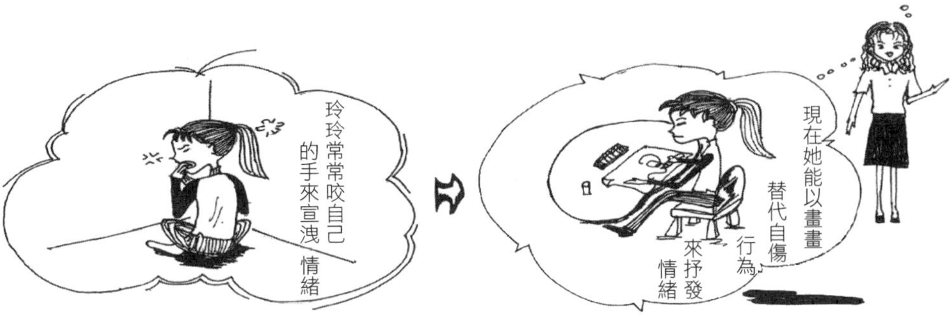

插畫 9-1　教導替代技能取代行為問題
教導替代技能可以擴充個體的行為目錄，長期預防行為問題。

貳、因應和容忍技能

Reichle 等人（2021）表示，個體有時會面臨不應該或無法避免的問題情境，或是個體需求無法立即被滿足的情況下，處理人員便可以教導第二類——**因應和容忍技能**，以因應困難的情境，包括因應憤怒、壓力、焦慮等情緒，以及輪流和等待技能，詳細說明如下。

一、因應技能

Bloom（1996, p. 6）依據 Albee 於 1983 年提出的精神異常發生率方程式，修改如下。由此可知，提升個體的因應技能，可以減少精神異常的發生率（Albee, 1983）。

$$\text{精神異常發生率} = \frac{\text{生物因素} + \text{壓力} + \text{剝削}}{\text{因應技能} + \text{自尊} + \text{支持團體}}$$

在因應技能上，主要教導個體：（1）**情緒調整**（emotional regulation）**技能**，以因應憤怒等情緒；（2）**壓力因應**（stress coping）**技能**，以面對壓力情境；（3）**自我調整技能**，以因應誘發行為問題的前事；（4）**問題解決技能**，以因應問題情境。舉前面阿忠的例子來說，教導他「因應挫折和壓力的技能」，像是「規畫工作／作業」、「使用電腦完成書寫作業」的能力，以面對多項工作／作業；或是教導他問題解決技能，以因應問題情境，以下說明這四種技能。

（一）情緒調整技能

正如 Rivera 等人（2015）提到《腦筋急轉彎》（*Inside Out*）電影所示：人有多種情緒，不要排斥任何一種情緒，而是面對它、了解它，進而調整它。處理人員可以帶領個體認識情緒，像是運用具體的視覺情緒溫度計（如圖 9-1），顯示自己的情緒狀態，進一步引導個體如何因應。

圖 9-1　情緒溫度計

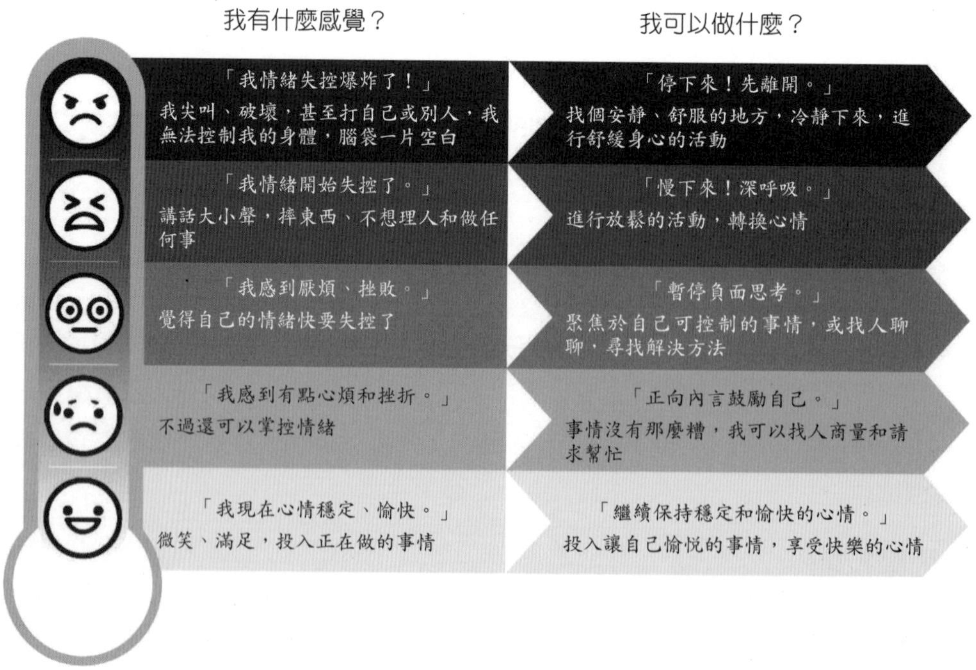

我有什麼感覺？
我可以做什麼？
「我情緒失控爆炸了！」
我尖叫、破壞，甚至打自己或別人，我無法控制我的身體，腦袋一片空白
「停下來！先離開。」
找個安靜、舒服的地方，冷靜下來，進行舒緩身心的活動
「我情緒開始失控了。」
講話大小聲，摔東西、不想理人和做任何事
「慢下來！深呼吸。」
進行放鬆的活動，轉換心情
「我感到厭煩、挫敗。」
覺得自己的情緒快要失控了
「暫停負面思考。」
聚焦於自己可控制的事情，或找人聊聊，尋找解決方法
「我感到有點心煩和挫折。」
不過還可以掌控情緒
「正向內言鼓勵自己。」
事情沒有那麼糟，我可以找人商量和請求幫忙
「我現在心情穩定、愉快。」
微笑、滿足，投入正在做的事情
「繼續保持穩定和愉快的心情。」
投入讓自己愉悅的事情，享受快樂的心情

其中，憤怒是一種強烈的情緒，許多行為問題（如攻擊行為等）都與憤怒有直接關係。Glick 和 Goldstein（1987）及 Glick 和 Gibbs（2010）教導個體處於被激怒狀態下的因應方式，同時運用適宜的行為技巧以解決衝突問題。內容包括教導因應引起憤怒的刺激和影響因素，教導過程則涵蓋：（1）**認知準備階段**，教導個體記錄日常的衝突、激怒事件、分析憤怒的程度和評鑑處理的結果；（2）**技巧獲得階段**，憤怒因應訓練方案包括五個步驟，如表 9-2；（3）**應用訓練階段**，將所學的技巧實際表現出來。

表 9-2　憤怒因應訓練的步驟

步驟	定義	舉例
1. 找出引發憤怒的來源	找出引發憤怒的來源，包括外在環境發生的事件或個人本身的想法。	某一位同事接近個體，或他的隱私被侵犯。
2. 找出個體憤怒的內在和外在反應跡象	找出個體憤怒的內在、外在反應跡象，例如：握住拳頭、舉起手來、臉部發紅、聲音提高等，使人一看就知道他正在發脾氣。	握住拳頭、舉起手來、臉部發紅、聲音提高等。
3. 使用自我提醒的辦法來控制怒火	使用「自我提醒」控制怒火，包括告訴自己平靜下來，不可太激動，同時採用友善的態度來解釋別人的行為。	告訴自己「休息一下」，提醒自己把聲音壓低下來，或是教個體將提醒的話語融入《說哈囉》的歌曲中，例如：如果我很生氣，等一等（或數到 10）；如果我很生氣，想一想（或先走開），我們一起等呀，我們一起想呀，休息一下，心平氣和講出來等。
4. 使用息怒的技術	使用息怒的技術，包括做幾次深呼吸，從 100 倒數到 0，想像一個平靜安寧的景象，思考憤怒造成的結果等。	到另外一個房間聽聽音樂，到外面散一下步、欣賞圖畫等。
5. 使用自我教育的方法	告訴自己，這件事已經被處理得很圓滿。	剛開始處理人員告訴個體處理得很好，之後引導他自我增強。

註：綜合整理自 Cummings（2000）、Glick 和 Gibbs（2010）及 Larson 和 Lochman（2011）的文獻，並加入我的舉例。

（二）壓力因應技能

壓力是指身體對任何外在要求而引起的認知、情緒和生理等系列反應。壓力源（stressor）是指能引起壓力反應的任何內在、外在刺激。壓力因應技能是指教導個體認識壓力和各種壓力反應、壓力源，以及採取何種適當的方式因應壓力源。

Meichenbaum（1977）綜合自我教導（見本章第 2 節）與其他行為模式教導策略，發展出**壓力免疫訓練**，以教導個體壓力因應技能。此訓練分為三個階段：一為**教育階段**，由處理人員向個體說明壓力事件造成他困擾的歷程。二為**演練階段**，由處理人員提供各種適合個體的因應技能，例如：教導個體面對壓力情境的心理準備，像是告訴自己：「（1）現在我必須做什麼；（2）我可以先做好因應的計畫；（3）只想我能做的事，這樣比陷入焦慮要好得多；（4）停止負向的想法，只做合理的思考；（5）不要煩惱，煩惱無濟於事；（6）做放鬆練習。」三為**應用訓練階段**，一旦處理人員認為個體已熟練必要的因應技能，就建議他在實際的壓力情境中應用，使其能自行面對壓力。

（三）自我調整技能

某些人知道自己不應該做哪些事，卻無法自我調整或控制，例如：一進超級市場，看到喜歡的東西就忍不住想拿，或過於興奮跑來跑去等，他們往往需要特殊的協助才能自我調整。造成個體無法自我調整或控制的原因是，行為完全受制於某種刺激，而當此刺激太過強烈，或具有立即的增強效果時，他可能無法抵擋它的誘惑。以抽菸為例，雖然許多醫學報導它會致癌，但很多人還是無法戒除，因為並不會馬上嘗到致癌的苦果，而且無法抵擋它帶來吞雲吐霧的立即增強效果。又以一個人過於肥胖為例，他明知道運動可以減肥，但運動需早起，很多人無法做到的原因是運動的減肥效果是累加的，無法看到立即的成效，於是無法抵擋它帶來的負面感覺，例如：不能多睡一會兒等，這些例子均顯示個體自我調整能力較不足。S. W. Smith 等人（2012）指出，E/BD 者在統整認知和情緒的自我調整技能之不足，是造成攻擊行為的主因，因此有必要教導自我調整技能。

文獻中，自我控制（self-control）、自我管理與自我調整經常混用，首先釐清三者的差異。**自我控制和自我調整皆是一種能力**，Gillebaart（2018）綜合文獻指出，自我控制是期待個體產生的行為結果，能控制衝動、延遲享樂等，意謂最終行為的控制是存在於個體內在，強調透過內在機轉控制情緒與行為。自我調整是由 Bandura 提出，Bandura（1986）認為自我調整是個體、行為及環境三者彼此交互作用的結果，係指個體會透過自我觀察與經驗到外在行為後果，對自己的認知、動機、情感、行為進行判斷，產生監控、評鑑與調整，進一步決定是否和如何修正自我的行為，部分文獻（W. I. Gardner & Cole, 1989; Whitman, 1990）稱作**自我導向**。Shanker（2016）比較自我調整和自我控制的差異後指出，自我控制是抑制衝動的能力；而自我調整則是界定衝動原因，減少衝動強度，必要時提升自我抵制衝動能量的能力。**自我管理則是一**

種行為介入策略，此策略主張情緒與行為是個體和環境互動學習而來，強調透過內在及外在機轉，例如：不只透過內在認知引導，亦可以藉由自我操弄外在環境因素（像是在環境中貼上自我提示卡），協助管理自己的情緒與行為（J. O. Cooper et al., 2020; Maag, 2018）。運用自我管理策略期待個體產生的結果是自我調整或自我控制，且部分文獻亦將自我管理視作能力，故與自我調整、自我控制混用。總之，要釐清的是，自我管理是行為介入策略，而自我調整和自我控制則是一種能力。

Fagen 等人（1975）指出，自我控制技能包括下列八個成分：（1）能正確知覺周遭環境存在的訊息；（2）能記得接觸到的訊息；（3）能按預先計畫的步驟採取行動；（4）能預知行動可能的後果；（5）能分辨與積極地運用自我的感受和經驗；（6）能處理引起挫折的外在問題；（7）能抑制與延宕衝動的行為；（8）能減低內在的緊張而放鬆自己。自我控制技能的培養意指加強個體上述八個成分中的不足處，使個體能經常自我反省下列幾個問題：（1）我的行為有什麼問題？（2）我如何控制這種行為問題？（3）我正按預定計畫行事嗎？（4）我的行為表現如何？只要個體能時時反省自己的行為，便能逐漸恢復自我控制技能。Fagen 等人即針對上述八個成分發展出情緒自我控制技能的訓練課程，包含：（1）**選擇**，能集中注意不分心；（2）**儲存**，應用視、聽覺協助記憶已接收的訊息；（3）**系列和次序**，能依序排列訊息資料，作為行動依據；（4）**預期後果**，能評鑑後果，並發展替代方案；（5）**領會情緒**，能覺知情緒，重新解釋引起情緒的事件，發展積極樂觀的態度，建設性地使用情緒反應；（6）**管理挫折**，能接納挫折引發的情緒，建立因應挫折的方式；（7）**抑制和延緩**，能延緩並控制衝動，發展替代的因應方法；（8）**放鬆**，減少內在的緊張狀態。Fagen 和 Long（1998）指出選擇、儲存、系列和次序及預期後果是**認知成分**；領會情緒、管理挫折、抑制和延緩及放鬆是**情意成分**。自我調整技能除了具備上述要素外，還要界定引起衝動反應的因素，進而減少它們的干擾，以及找出能提升自我抵制衝動能量的因素，進而發揮它們的效力。於第 2 節行為教導的策略中，會探討如何運用自我管理策略，以提升個體的自我調整能力。

在訓練自我調整技能的過程中，個體的動機和內外在干擾刺激是影響成效的關鍵因素。因此，處理人員首先要找出干擾自我調整的因素，進而減少它們的誘惑力，以及提升正向行為的立即增強效果；還要引發個體對於行為改變的使命感，避免故態復萌，讓行為處理的成果維持下去。依據文獻（施顯烇，1995；Fagen et al., 1975; Kaplan et al., 2017; G. Martin & Pear, 2019; Rolider & Axelrod, 2000），整理出增進自我調整技能的策略，並加入示例說明如下。

1. **減少內在和外在刺激對個體產生的誘惑**：處理人員可以教導個體遇到內外在刺激時，在出現無可抗拒的誘惑之前，即時從事另外一種活動或行為，例如：一個想減肥的人，看到甜食就無法克制，最好的辦法是避之不見而且專心從事某種活動，連想都不去想它。
2. **提供正向行為額外的線索**：亦即讓自己面對那些會增進正向行為的刺激，例如：一個想減肥的人，可以提供他一些減肥成功的案例作為楷模，告訴他減肥的很多好處等。
3. **使用情境調整策略**：亦即調整環境以引發正向的行為，舉例來說，一個人在家無法持續和徹底地做運動，可以到公園等多人運動的地方，看到別人運動，更能引發專注運動的行為。
4. **減少不適當行為的增強效果**：要減少不適當行為的增強效果，處理人員可以藉著限制不適當行為的刺激來達到。一些研究發現一個人會暴飲暴食，不只是因為食物的誘惑力，而且還有其他伴隨飲食的增強物，例如：邊看電視邊吃東西、邊聊天邊吃東西等。因此，不是要完全消除吃東西的行為，而是規定在嚴謹的刺激範圍內才能吃東西，例如：只能在某一段時間、某一個位置吃東西，不能邊看電視或邊聊天邊吃東西等。久而久之，其他引發食欲的刺激完全喪失了誘惑力，因而減少暴飲暴食的行為。
5. **教導替代的策略控制不適當行為**：舉例來說，一個人會咬指甲，處理人員可以教他手放在口袋裡，以取代他咬指甲的行為。
6. **使用口語來抵制內外在刺激的誘惑，以及促發正向行為的發生**：處理人員可以教導個體「內言」來抵制內外在刺激的誘惑，以及促發正向行為的發生，例如說：「我如果今天吃下這個乳酪蛋糕，將會重上 2 公斤，那麼我的減肥計畫就會完全泡湯。」等。
7. **建立有效且容易實施的自我調整計畫，並自我監督**：處理人員可以讓個體參與擬訂和實施自我調整計畫，並自我監督其執行情形。
8. **設計一個公開的自我調整計畫**：公開自我調整計畫，可以得到別人的監督，有提醒的作用；也可以與同樣有此問題的同儕一起設計自我調整計畫，彼此相互督促和勉勵。
9. **定期自我評鑑**：定期自我評鑑可以隨時檢視自我調整計畫的成效。如果沒有進步，則自我警惕；如果有進步，則自我增強一番。
10. **對於自己小小的進步給予自我增強**：要是一個人在期限內達到預定的目標，則給予自我增強，甚至把此成果告知周遭人，他們自然會大大地鼓勵一番。

（四）問題解決技能

問題解決是一種外顯或認知的行為歷程，可用於行為改變，提供個體對問題情境的多樣反應，並增加有效反應的可能性。因此，問題解決可視為一般性的因應策略，旨在從問題情境中發現一些範圍較廣泛的有效行為（D'Zurilla & Gold-fried, 1971）。Gesten 等人（1987）提出**界定情緒**、**界定問題**、**界定目標**、**控制衝動**、**列出所有可能的解決方法**、**進行後果思考**（consequential thinking）、**選擇解決方法**、**克服阻礙**等八個解決問題的步驟。我依據 Gesten 等人並綜合文獻（廖鳳池，1990；D'Zurilla & Goldfried, 1971），整理問題解決的過程包括下列五個步驟，並舉一例說明如表 9-3。

表 9-3　問題解決之步驟與示例

問題解決的步驟	內涵（示例）
1. 定向問題	• **辨識及標記問題**（吳明不告而取走了大華的鉛筆，大華打吳明，吳明向教師報告）。 • **歸因問題**（教師引導吳明和大華將問題歸因為可以改變的因素，一起來努力解決問題）。 • **評鑑問題**（教師引導吳明和大華了解自己和對方的情緒與感受，例如：教師問吳明：「被大華打，你感覺如何？」「你拿了大華的鉛筆，你想他感覺如何？」問大華：「吳明拿你的鉛筆，你感覺如何？」「你打了吳明，你想他感覺如何？」教師引導吳明和大華視問題為成長的機會）。 • **個人控制**（教師引導吳明和大華視問題為可以解決的）。
2. 定義和形成問題並界定目標	• **蒐集和省思相關資料，確定問題的性質，進行正確的定義**（教師引導吳明和大華蒐集和省思相關資料，思考問題的原因）。 • **設定可行的目標**（教師引導吳明和大華說出期望的具體結果）。
3. 產生解決方法	• **產生可能的解決方法**（教師引導吳明和大華思考：「要得到上述結果，是不是有其他更好的解決方法？）
4. 做決定	• **評鑑解決方法**（教師引導吳明和大華從後果和可行性兩方面評鑑解決方法）。 • **捨棄不適當的解決方法**（教師引導吳明和大華捨棄不適當的解決方法）。 • **選擇適當可行的解決方法**（教師引導吳明和大華選擇最適當可行的解決方法）。
5. 實施和驗證解決方法	• **實施適當可行的解決方法**（教師引導吳明和大華實施適當可行的解決方法）。 • **驗證實施的效果**（教師引導吳明和大華驗證實施的效果）。

1. 定向問題

定向問題是解決問題的第一階段，目的在將注意力從會干擾問題解決的負向內言中區分出來，以及增加個體對問題的敏感度，強化正向的情緒和內言。為了達成上述目的，解決問題的當事人要建立**問題解決心向**（problem solving set），此種心向包含下述四種主要成分：（1）**辨識及標記問題**；（2）**問題將歸因於可改變的力量**，而非難以變動的內在缺陷；（3）**評鑑問題**，即視問題為挑戰，是成長的機會，而非有害的威脅；（4）**個人控制**，即視問題為可解決，且認為自己可以解決，並正確估計問題解決所需的時間和精力，而願意投注下去。

2. 定義和形成問題並界定目標

問題的定義和形成係教導個體評量問題的過程，蒐集相關資料，確定問題的性質，進行明確的定義，從而導出解決問題的目標。一個定義良好的問題宜包括四個操作成分：（1）以清楚、具體、明確的詞句，敘述和問題有關的事實及訊息；（2）清楚地區別相關和不相關訊息，客觀事實和難以驗證的推論、假定或解釋；（3）找出使事件成為有問題的原因或情境（例如：威脅、挫折等）；（4）設定實際可行的目標（例如：列出期望的具體結果）。

3. 產生解決方法

產生解決方法是要盡可能找出許多可能的解決方法，進而從中發現最好的；欲達成此目的有兩個主要方法，即**腦力激盪術**（brainstorming），以及**策略—技巧法**（strategy-tactics procedure）。腦力激盪術奠基於延緩判斷，以及以量多提升品質兩個原則，處理人員引導個體避免批評，產生愈多方法愈好，並可結合或改進原有解決方法來產生新的方法；而策略—技巧法則教個體先找出一般性的計畫（策略），再針對較適當可行的方向構思技巧的細節步驟，以迅速獲致最有效的解決方法，而不會一下子就陷入眾多龐雜的細節中。

4. 做決定

做決定是要教個體從產生的眾多解決方法中，挑選出最好、最有效的方法。個體做決定時通常考慮的因素是**重要性和可行性**。重要性的考慮涉及後果的問題，包括對長期、短期、個人和他人（社會）後果的考慮。而可行性則考慮是否有適當途徑，以及個人是否具備相關能力等。

5. 實施和驗證解決方法

實施和驗證解決方法乃個體嘗試已經選擇的方法，並評鑑其成效，看看是否與期待符合。如果不符合，再回到問題解決過程；如果符合，則自我增強，此階段包含表現、觀察、評量及增強四個步驟。

S. L. Carpenter 和 King-Sears（1997）教導個體使用 SPEED **策略**，以因應生活情境中的要求和問題，包含五個步驟：（1）**設定**（setting）**成果或表現的目標**；（2）**擬訂實現目標的計畫**（planning）；（3）**執行**（executing）**計畫**；（4）**評鑑**（evaluating）**計畫執行的情形和最後的成果或表現**；（5）**決定**（decide）下一個步驟，如圖 9-2。

Spivak 和 Shure（1974）指出要養成問題解決技能，宜訓練六種策略：**原因思考**（causal thinking，連結「事件與事件間關係」）、**替代解方思考**（alternative solution thinking，產生「多元解決方法」）、**後果思考**（預見「不同解決方法之立即和長遠後果」）、**人際敏覺力**（interpersonal sensitivity，感受到人際問題的存在）、**觀點取決**（perspective taking，了解與考慮他人會因動機差異而採取不同觀點和行為），以及**方法—目的思考**（means-ends thinking，擬訂「達到某項目標之計畫」）。除此，J. N. Hughes（1988）提出**問題界定**（problem identification，建立「問題解決心向」）。

圖 9-2　問題解決的策略

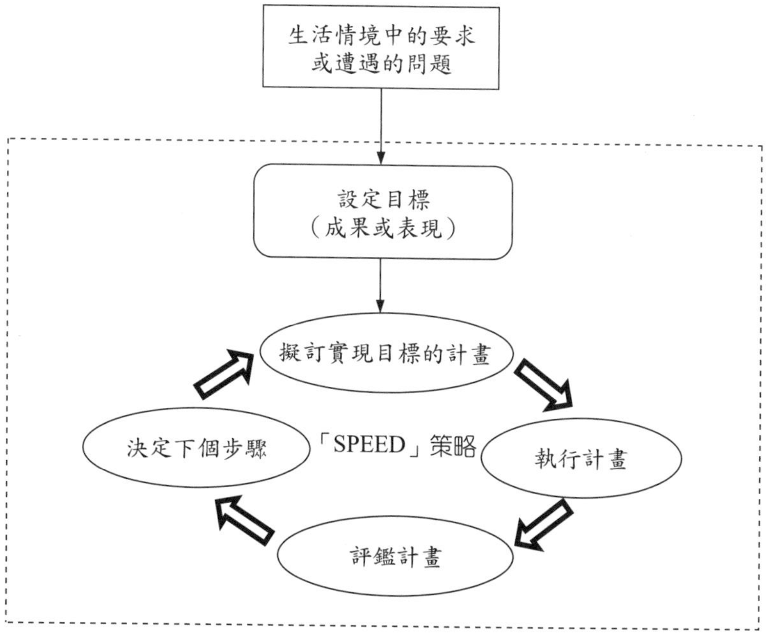

註：修改自 S. L. Carpenter 和 King-Sears（1997, p. 313），修改處為刪除原圖中有關 SPEED 的說明。Allyn & Bacon 於 1997 年的版權，同意授權修改。

Bennerson 等人（1991）針對有人際互動問題的學障學生，教導衝突和問題解決的方法，以及如何接受負向情緒，結果能增加他們解決衝突和問題的能力、與教師和同儕溝通的技能，以及提升自尊和同儕接納度。亦有文獻提出結合**自我控制**和**問題解決**技能的訓練，例如：Robin 等人（1976）採用**烏龜技術**（turtle technique，或譯為**忍者龜技術**），協助 E/BD 者控制憤怒和衝動反應，以及產生適當的解決方法，包含**烏龜反應**（學習烏龜縮進殼中，即冷靜下來）、**放鬆**和**問題解決**三個階段，如示例 9-1。

示例 9-1 烏龜技術

Turker 是一隻很棒的烏龜，他喜歡和朋友在濕湖校園裡玩耍。然而，有時候某些事情會令他非常生氣。當他生氣時，他會對他的朋友又打又踢，甚至大聲吼叫。他的朋友會因為他的拳打腳踢或大叫而生氣、難過。他現在知道一個新方法就是，當他生氣時，如何「像烏龜一樣思考」。

步驟 1：了解自己的情緒。

步驟 2：想著要「停下來」，並收好自己的手、腳和吼叫。

步驟 3：縮進自我的「殼」中並深呼吸三次，讓自己放鬆。

步驟 4：冷靜下來，並試想解決方法，想到時就探出頭，執行解決方法。

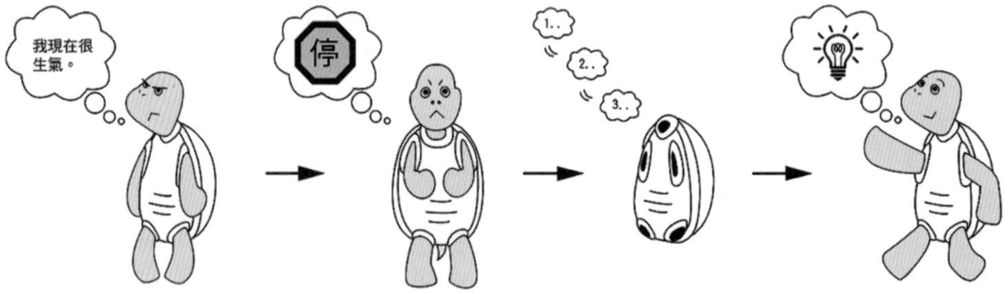

教師可以示範並讓學生練習如何保持冷靜，接著協助學生想出可能的解決方法，而後讓學生準備並協助他們因應可能會有的挫折或變化狀況，以及針對學生的表現給予回饋。教師還可以促使家庭參與學習烏龜技術，以擴大學生練習的機會。

二、容忍技能

在容忍技能上，例如：阿茹想玩玩具，教師雖然教導她以禮貌的口語尋求同意；但可能因為同學在她之前剛拿到玩具，而無法每次讓她立刻如願，此時就須教她輪流和等待的技能了，以**容忍增強的延宕**（tolerance of delayed reinforcement）。研究（Dixon & Cummings, 2001; W. Fisher et al., 2000; Hagopian et al., 2001）指出功能性溝通訓練（FCT）完成後，可採取**間歇增強**，教導個體等待，因為在真實的情境中，不可能每次的溝通都能得到立即的增強；研究還建議要協助個體發展容忍或等待時可從事的活動，如此更可以顯著減少行為問題。FCT詳述於本章第2節，間歇增強如第10章的詳述。

參、一般適應技能

Reichle等人（2021）指出，第三類是一般適應技能，它雖然無法替代行為問題，但可以擴展個體的能力，使其更能面對和處理問題情境，以預防行為問題與支持行為的改變，以及提升 QOL；包括教導造成行為問題的缺失技能。舉例來說，教導數學困難學生解二位數減法的問題；教導情緒辨識和表達的技能，像是引導有口語能力的身心障礙者說出：「我因為____，所以心情____。」教導無口語能力的身心障礙者使用**替代性溝通**（alternative communication）方式（例如：圖卡、手勢、動作），表達他們的情緒；教導與人交談有困難的學生，如何起始與他人的對話，像是詢問以下問題：「你昨晚看了什麼電視或是做了什麼運動？」「假日你去哪裡玩？」等。一般適應技能包括溝通技能、社會技能、自我決策技能、休閒技能和情況辨識技能（situational discrimination skills）；而這些技能若能替代標的行為問題之功能，則亦可以作為「替代技能」，詳述如下。

一、溝通技能

溝通是透過**口語**和**非口語**的方式（例如：溝通者的表達動作、身體所在的位置、與他人的空間距離），交換知識、想法和感受的過程，像是跟別人說：「給我紅色的球。」溝通包含**語言**（language）和**說話**（speech）兩個成分，並且注意**非口語行為**，以適當的方式與他人交換知識、想法和感受（D. D. Smith & Taylor, 2010），如圖9-3。Browder和West（1991）將溝通的功能分為**工具性**、**社會性**及**個人性**三大項，其中工具性功能是使用語言獲得想要的東西；社會性功能包括問候、發問、回應、與他人交換訊息和相互溝通等；個人性功能是使用語言表達個人的情感與思想。某些身心障礙者由於溝通技能的限制，以至產生行為問題，行為問題具有溝通的功能，正如一般嬰幼兒在溝通技能尚未發展精熟時，會以哭鬧或行為來表示（Wickstrom-Kane & Golestein, 1999）。溝通技能的教導策略詳述於本章第2節之「肆、自然取向教學的教導策略」。

圖 9-3 溝通的過程

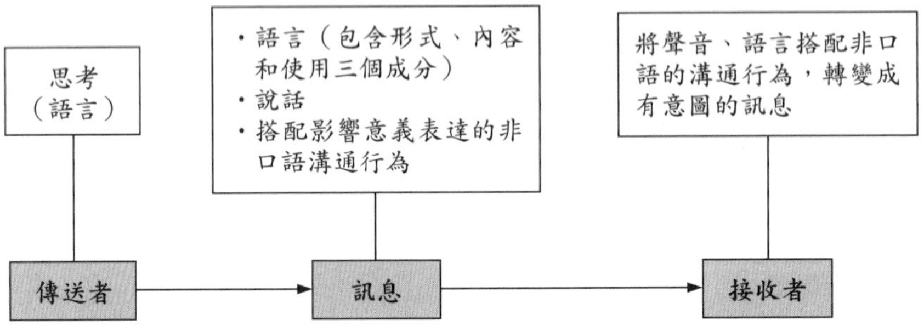

註：修改自 S. A. Kirk 等人（2006, p. 258），修改處為加入語言成分的說明。

二、社會技能

以下說明社會技能的意義與重要性，以及內涵。

（一）社會技能的意義與重要性

社會技能一詞，臺灣有些文獻使用社交技能、社交技巧和社會技巧，我認為社交技能或技巧僅局限於與人相處的能力；而社會技巧僅含括「外顯、可觀察的行為」，社會技能則不限於與人相處的能力，還包含與自己和環境相處、處理任務的能力，以及這些能力中「內隱、不易觀察的認知和情意要素」，故我主張稱作「社會技能」。為什麼教導社會技能對處理身心障礙者的行為問題那麼重要呢？這是因為行為問題具有社交的功能，社會技能會影響一個人在家庭、學校、職場及社會上的表現和接納度（L. H. Meyer & Evans, 1989）。文獻（Bloomquist, 2006; Gresham & MacMillan, 1997; Hundert, 1995; Hutching et al., 1996; Siperstein & Leffert, 1997）指出，周遭人能否接納身心障礙者，關鍵不在於其障礙程度的輕重，而在他們本身有無適當的社會技能，使其應對合宜，與環境和諧共存。

社會技能除了影響個體的接納度外，綜合文獻（N. Frey et al., 2019; Garwood & Van Loan, 2019; Gresham, 2015）發現，社會技能的學習具有以下近程和遠程的效益：在近程上，好的社會技能不但可以協助身心障礙者提升自我概念、專注力和利社會行為，滿足生理、社會和情感的需求，增進學業表現、身體和心理健康；還可以發展良好的人際關係，以及預防反社會行為的發生。在遠程上，好的社會技能可以提升身心障礙者的家庭、職業和社會適應，以及防範犯罪行為。有研究（鈕文英、陳靜江，2002；Gorenstein et al., 2020; Whittenburg et al., 2020）指出，在影響良好的職業適應的因素中，工作社會技能（job-related social skills）是其中的一個要素，而且它也是造成身心障礙者離職或被解雇的一個重要原因。教導身心障礙者學習社會技能不只對個人具有意義，對環境也非常重要，其重要性展現在能促進環境的和諧、提升環境中人員的生活品質，以及增進個體對生活環境的貢獻三方面。

（二）社會技能的內涵

綜合文獻（Chadsey-Rusch, 1992; D. Dickson et al., 1994; Elliott et al., 2001; Mathur & Rutherford, 1996; Merrell & Gimpel, 1998; Sugai & Lewis, 2004）歸納出社會技能之意義與特徵如下：社會技能可以透過「學習與回饋」而習得，它是「目標導向」的，為了達到個體設定的目標。社會技能會在「適當的社會情境」中發生，且會隨著不同的「情境」，以及與互動對象的「關係」而改變。社會技能是「複雜」的，它包含外顯、可觀察的「接收」與「表達」行為，以及「內隱、不易觀察的認知和情意要素」；另外，它是「多層次的行為組織」，彼此亦是「關聯」的。社會技能是「自然互動」的，其表現包含以「口語和非口語」的方式「起始和反應」，它需要「自我控制」，以視情境做出合宜行為的判斷，「個人」與「環境」會影響它的表現，社會技能過少或不適當都需要介入。

從「生態」的角度分析，社會技能含括在**家庭**、**學校**、**職場**和**社區**這四個情境中所需的社會技能（Schloss & Sedlak, 2007）。從成分來看，社會技能包括**自我**、**任務**、**環境**和**互動**四項，以培養與自己、他人和環境相處，以及處理任務的能力；其中自我是指對自己的認識和表達；任務乃個體對其所扮演的角色任務之表現；環境是指在其所處生態環境中的表現；互動則是指與他人溝通互動的表現，即人際互動（Cartledge & Milburn, 1995; Stephens, 1992），其詳細內容如表 9-4。

由「過程」觀之，社會技能包含**接收**、**處理**和**輸出**三方面的技能，如圖 9-4（Gustafson & Haring, 1992; Liberman et al., 1989）。過程中個體在社會情境中設定的目標會影響之後的步驟，而此目標又受到他對社會線索的理解、過去的經驗、生理因素決定的反應能力（例如：認知、溝通能力）三方面的影響；一位缺乏社會技能的人，可能是因為他設定了以自我為中心的目標，而未考慮與他人的關係。接收技能階段包含了確定互動的對象、辨識互動的情境、覺知互動對象的感受和目的（要求）、理解互動對象的口語和非口語表達內容，這需要個體對互動對象、主題和情境之社會知覺能力，例如：中度智障的大明對任何人打招呼的方式都是擁抱，而且無法區辨打

表 9-4　社會技能的內涵

向度	內容
自我	A.認識與接納自我 1.表現正向的自我概念。 2.接受自我和他人的差異處。 3.增進自我形象。 4.具備所有權與保護自我隱私及安全的概念、態度和行為。 B.認識與處理情緒和壓力 5.了解和表達自己的情緒。 6.適當處理自己的情緒。 7.察覺及辨識壓力的來源與反應。 8.適當處理自己的壓力。 C.自我肯定與自我管理行為 9.表現對自我和他人負責的行為。 10.表現自我肯定的行為。 11.表現自我管理的行為。 12.接受行為／行動後果並自我控制。
環境	A.認識與關愛環境 1.認識環境中的人事物。 2.關心和愛護周遭環境。 B.參與和使用環境的活動及資源 3.表現在環境中活動的技能。 4.適當使用環境的資源。 C.因應環境中的改變或問題 5.因應日常生活中可預期或不可預期的改變。 6.尋求方法解決碰到的困難或問題。 7.處理環境中遭遇的緊急狀況。
任務	A.角色行為 1.知道自己的角色和分際。 2.遵循環境中的指令。 3.遵循環境中的規則。 B.任務表現 4.依指示完成任務。 5.表現適當的任務行為。 6.參與環境中關於任務的討論。 7.在他人面前展現任務成果和品質。
互動	A.社交認知 1.遵守與環境人員相處的倫理規範。 2.辨識失禮情境，並避免讓人產生「尷尬的狀況」。 3.了解和尊重他人特徵（觀點、意圖、情緒、行為、性傾向和性別認同等）及其原由。 4.理解和因應他人非表面語意之語言。 5.具備人我身體界限的概念、態度和行為。 6.表現社交禮儀。

（續）

表 9-4　（續）

向度	內容
互動	B.非語言溝通
	7.了解他人非語言行為的意義及原由。
	8.以適當的非語言行為表達自己的觀點。
	9.專注傾聽他人說話。
	C.社交起始
	10.表現主動與他人合作的行為。
	11.表現關注和鼓勵他人的行為。
	12.向他人表達自我。
	13.在適當時機，以適當方式介紹家人、朋友或其他人員。
	14.適當尋求他人注意、協助和同意。
	15.以適當的方式與他人對話及參與活動。
	16.具備發展和維持人際關係的技能。
	D.社交互惠
	17.適當回應他人的關注和鼓勵行為。
	18.適當回應他人的請求行為。
	19.在適當時機，以適當方式回應他人幽默或開玩笑的互動行為。
	20.適當回應與處理他人非正向的互動行為。
	21.具備適當處理人際互動問題的認知、態度和行為。
	22.表現輪流和等待的行為。
	23.表現分享的行為。

註：綜合整理自《十二年國民基本教育身心障礙相關之特殊需求領域課程綱要》（2019）、Begun（1995）、Bellini（2011）、Cartledge 和 Milburm（1995）、N. Frey 等人（2019）、A. P. Goldstein（1999）、Sargent（1998）、Stephens（1992）、Wilkerson 等人（2014）、J. Wilkinson 和 Cante（1982）的資料和文獻。

招呼的適當時間和地點，像是在廁所中看到正站在小便斗前的李老師也上前擁抱，讓李老師感到不自在，他的問題是無法辨識互動的情境、覺知李老師的感受和目的。處理技能階段包含解釋接收到的社會線索、搜尋反應方式、決定反應方式，這需要個體具備社會知覺、社會溝通、社會問題解決、產生和評鑑反應選項的能力。以大明為例，他無法理解這個情境李老師在忙，不適合打招呼，並且不知道還有其他反應方式，因而決定不適當的反應方式——擁抱。輸出技能階段即執行決定的反應方式（包含口語和非口語表達及表達技巧），此過程會受到個體的氣質、情緒調整能力、衝動或自我控制能力、溝通技能等的影響，例如：大明打招呼的反應會受到他是否具備口語溝通能力的影響。

圖 9-4　社會技能的過程

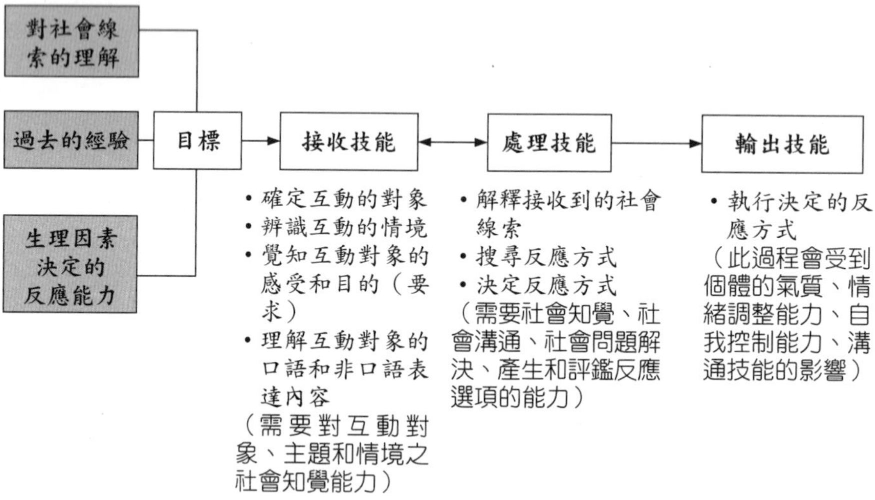

註：綜合整理自 Liberman 等人（1989, p. 68）及 Gustafson 和 Haring（1992, p. 30）的文獻。

自「表現的技能」分析社會技能之要素，它涵蓋**認知**、**情意**和**行為**三項（Milligan et al., 2017; Trower et al., 1978）。以「功能」論之，社會技能區分為**個人**、**工具**和**情感**的社會技能（Browder & West, 1991; Liberman et al., 1989）。從「行為問題的類型」分析社會技能之內涵，可包括**替代反社會行為**，尤其是反社會行為具有溝通和社交功能時，例如：替代攻擊、自傷行為等的社會技能（Glick & Gibbs, 2010）。我從成分、表現的技能和生態三個面向，整合社會技能課程之內涵，這些內涵為了達到個人、工具和情感的功能，替代反社會行為，如圖 9-5。我於附錄 46「社會技能教學目標」整理家庭、學校、職場和社區四個生態環境中，自我、任務、環境和互動四個成分，行為、情意和認知三項要素的社會技能教學目標。

三、自我決策技能

文獻（Wehmeyer, 1996; White et al., 2018）指出，只要訓練得法，身心障礙者程度再嚴重都可以自我決策，教導此技能可以擴大身心障礙者的生活空間，增長他們的自主權，提升他們的 QOL。以下探討自我決策技能的意涵，以及教學和研究。

圖 9-5　成分、表現的技能和生態三個面向之社會技能教學內涵

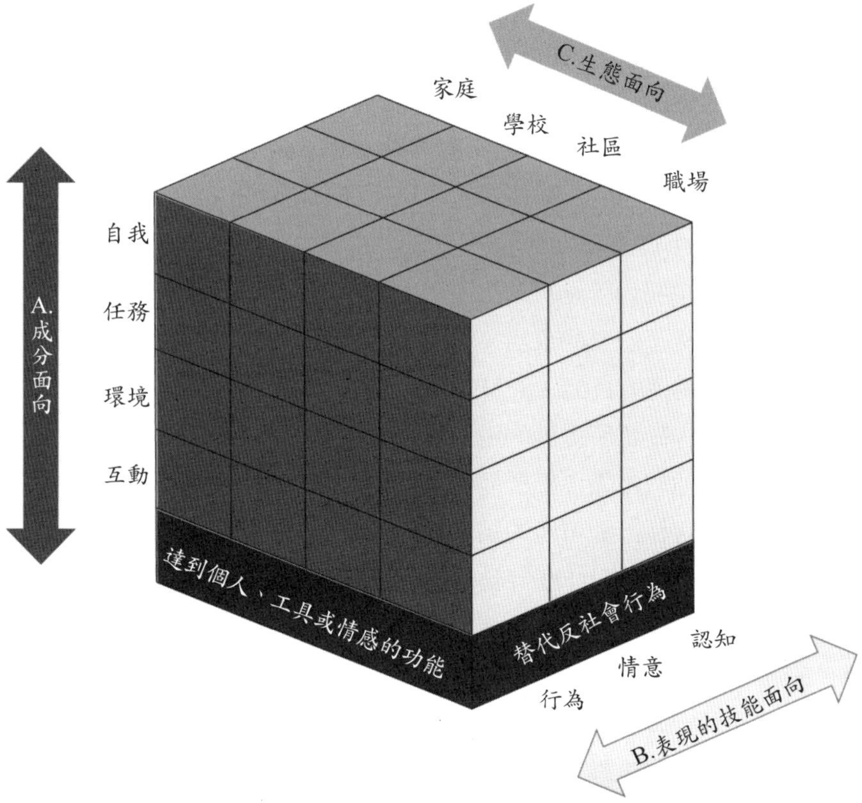

（一）自我決策技能的意涵

綜合文獻（S. Field & Hoffman, 1996; Powers et al., 1996; Shogren et al., 2015; Wehmeyer & Schwartz, 1998），自我決策是一項多向度的構念，包含**自我覺知**（self-awareness）、**自我知識**（self-knowledge）、**自我倡議**（self-advocacy）、**做選擇**（choice-making）、**做決定**（decision-making）、**目標設定和達成**（goal setting and attainment）、**問題解決**、**自我管理**和**自我效能**等成分，但不受限於這些。其中，依據 Carden 等人（2022），自我覺知旨在了解自我和自我對他人的影響，其要素包含從個人內在和人際兩個觀點來闡述，個人內在包括覺知自己的信念和價值觀、內在心理狀態（認知／思考、感覺／情緒）、生理反應、個人特質和動機等；人際是指覺知自己的行為和對他人的感知，會別人產生的影響。自我覺知的方法包括自我評鑑（理解

和覺察、內省和反思）、在生活經驗的歷程中持續覺知自我，以及注意經驗當下的思考、情緒、生理反應和行為。Sun 和 Vazire（2019）界定自我知識為，個體對自我的觀點反映他實際狀況的情形（p. 405）。自我倡議是為自己發聲，為了讓自己的需求和權利能夠被達成而提出想法（B. Cook & Purkis, 2022, p. 18）。

做選擇是自我決策的基礎，做選擇是從自己熟悉和經驗過的選項中，表達喜好的能力，最後能形成自己喜歡和想要什麼事物的知識，甚至能建構可獲得的選項（Bambara, 2004）。由此可知，做選擇是主動表達喜好的能力，而不是被動地從不熟悉或未經驗過的選項中做選擇。Senge（1990）即指出，「我要」是被動的，表達一種「缺乏」的狀態，想要我所沒有的東西；「我選擇」是主動的，表達一種「充足」的狀態，選擇擁有我真正想要的東西。Bambara 表示周遭人不只要提供個體做選擇的機會，還要教導他做選擇的技能。S. M. P. Peterson 等人（2005）指出，提供身心障礙者選擇時，專業人員宜確認所提供的選擇機會，能充分反映存在於社會情境中所有形態的機會，並且幫助他們辨識會影響他們選擇的因素，以及選擇後要面對的挑戰和後果。做決定是指針對各種行動可能的結果進行評估，此評估需要了解影響決定的多元因素，而後再依據它做出採取什麼行動的決定（Shogren, Wehmeyer, Lassmann, & Forber-Pratt, 2017）。目標設定和達成包括五個步驟：一是選擇適合的目標；二是設定表現的標準；三是發展達到標準的計畫；四是藉著與預定的標準作比較，以監控自己的表現；五是若有必要，調整行為以達到目標（Copeland & Hughes, 2002）。問題解決和自我管理已於本節前面論述；自我效能則於第 2 章論述過。

自 1990 年以來，愈來愈多文獻提出增進身心障礙者自我決策技能的方案，例如：在 1994 年底的《職業復健雜誌》（*Journal of Vocational Rehabilitation*），即專刊介紹影響和提升身心障礙者自我決策技能的研究，例如：S. Field 和 Hoffman（1994）提出增進身心障礙者自我決策技能的模式，它包括五個要素：**認識自己**、**看重自己**、**計畫**、**行動**，以及**經驗結果和學習**，如圖 9-6。

Fullerton（1995）為自閉症學生設計一個增進自我決策技能的方案，它包括教導學生三方面的能力：（1）**自我知識**，了解自己的興趣、能力、長短處等；（2）**生活知識**，學習一些成人應具備的知識與技能；（3）**計畫生活**，學習界定目標、發展和實施計畫的過程。W. M. Wood（2005）回顧重度障礙者自我決策技能的介入研究後，提出以下的評論：教導重度障礙者自我決策技能，宜結合 FCT，並且改變周遭環境，願意提供他們做選擇和決定的機會。

Wuerch 和 Voeltz（1982）提出協助家長教導重度障礙孩子做選擇技能的方案，包括日常生活中晚餐菜餚、家庭清潔事務和休閒活動的選擇，孩子的學習目標為在自然提示出現後能夠做選擇；若他無法做選擇，家長提供教學提示，如表 9-5。

圖 9-6　提升身心障礙者自我決策技能的模式

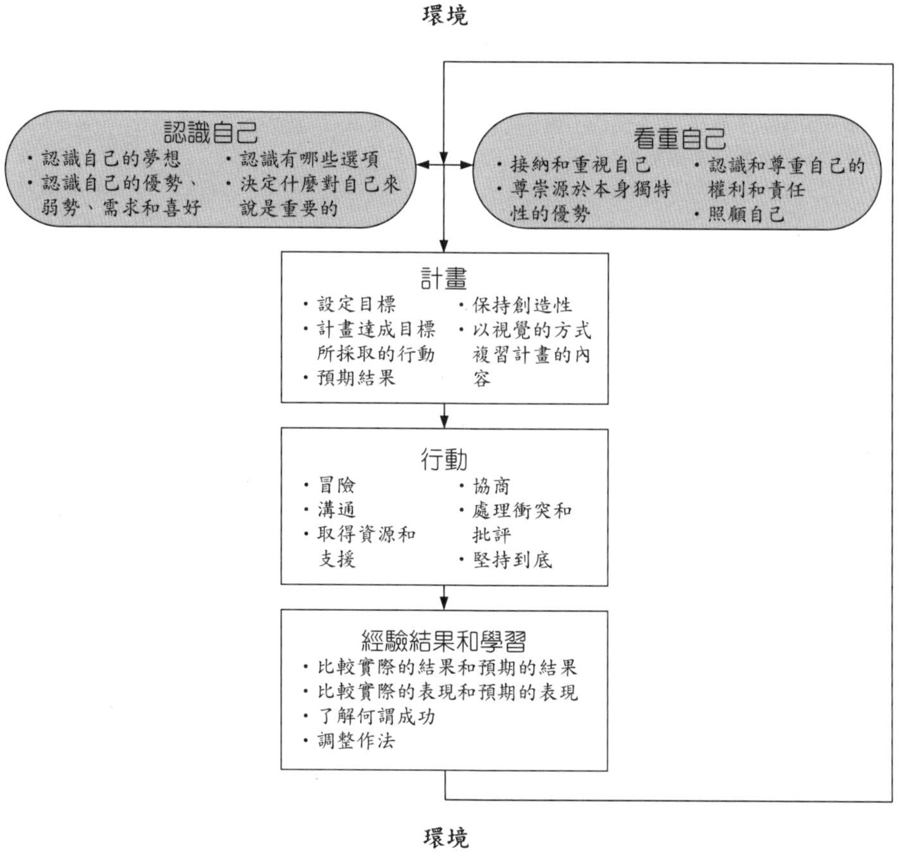

註：修改自 S. Field 和 Hoffman（1994, p. 161），修改處為將認識自己和看重自己兩個圖框加上網底，表示它們是其他要素的基礎。*Career Development for Exceptional Individuals* 於 1994 年的版權，同意授權修改。

Sigafoos（1998）提出「教導做選擇技能」，以處理行為問題的程序，包括四個步驟：第一，**界定個體使用的選擇策略**，個體做選擇的策略不一定只限於口語，其他非口語的方式，例如：眼神、聲音、手勢、接觸（觸摸想要的東西）、臉部表情、頭部動作（點頭或搖頭）和身體動作（身體前傾或身體後仰）等都是。第二，**界定做選擇的場合和機會**，例如：何時、何地、何種情境。第三，**配合行為問題的功能找到相關的選擇形態**，例如：行為問題的功能為尋求注意，則了解個體是要尋求誰的注意、注意的主題，以及注意的開始和結束時間等，由此界定相關的選擇形態。第四，**創造**

表 9-5　一位重度障礙者做選擇技能的教學方案

教導項目	教學目標	自然提示	教學提示
晚餐菜餚的選擇	自然提示出現後，在 5 秒之內就能點出他想要再吃的菜。	吃完第一次盛的飯菜之後，每一個人都再盛第二次。	母親用手來指著飯桌上各種不同的菜，然後問他：「你要不要再吃一碗？」
家庭清潔事務的選擇	自然提示後的 5 秒之內，開始洗碗盤或是拖地板。	晚餐後大家都要動手清理廚房用具，母親拿出洗碗精和拖把。	母親用手指著洗碗精和拖把，並告訴他：「我們要開始收拾，你要洗碗盤還是要拖地板？」
休閒活動的選擇	自然提示大家可以休息時，從兩種不同的休閒活動，選擇他喜愛的活動。	晚餐之後全家有 1 小時的休閒活動時間，母親提出兩種活動供他選擇。	母親用手指點電視和口琴並問他：「你要看電視還是要吹口琴？」。

選擇的機會，包括下列六個要素：（1）提供選擇的機會；（2）詢問個體想要做什麼選擇；（3）等待個體反應；（4）個體反應其選擇；（5）給予個體選擇的項目作為增強物；（6）若個體沒有反應，則給予教學提示，如圖 9-7，並舉例如示例 9-2。

圖 9-7　教導做選擇技能以處理行為問題的步驟

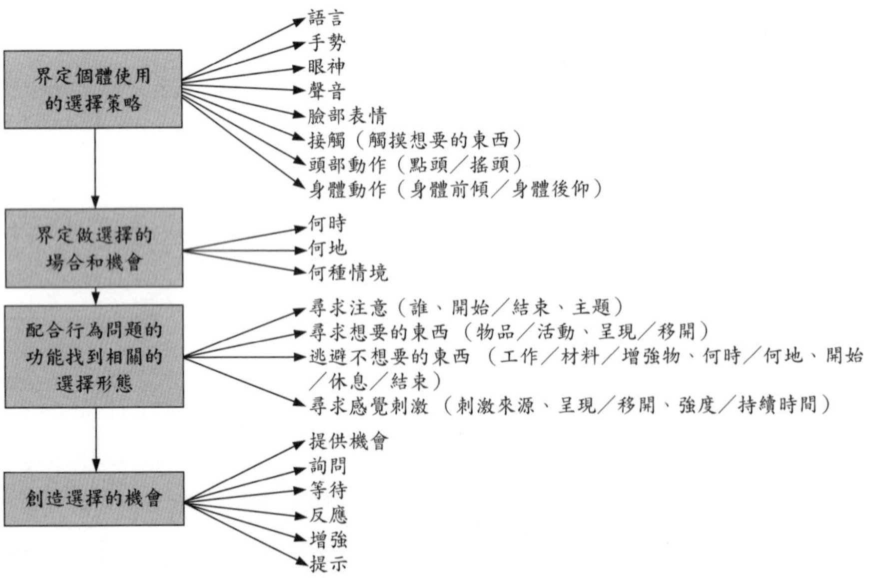

註：修改自 Sigafoos（1998, p. 203），修改處為改變圖的形式。Paul H. Brookes Publishing Co.於 1998 年的版權，同意授權修改。

示例 9-2　教導「做選擇技能」以處理抗拒行為

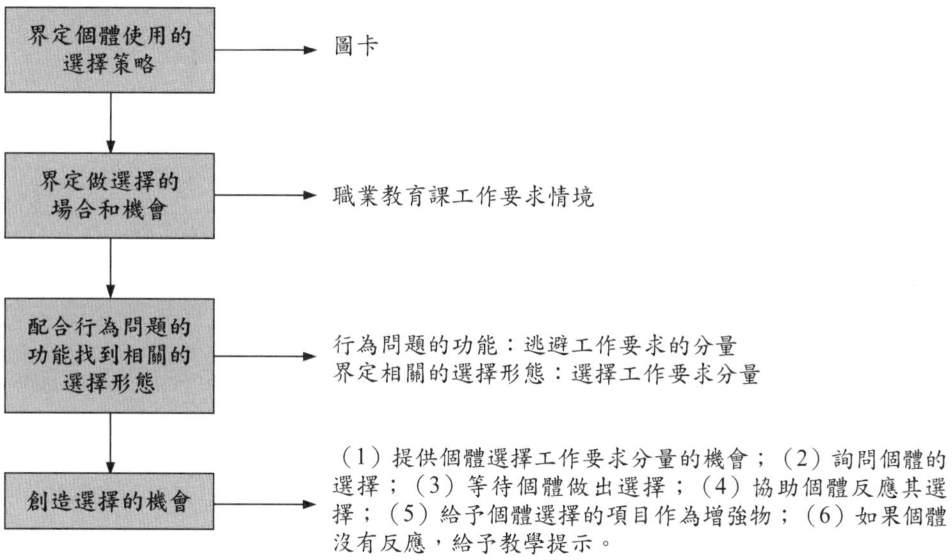

由上可知，做選擇能力不需單獨教導，而是穿插在生活作息中**隨機教學**（incidental teaching），食衣住行育樂無一不是教導的機會（Browder, 2001; Holverstott, 2005），以刷牙為例，標準和提供選擇的工作分析如表 9-6。隨機教學是指運用真實情境中自然發生的機會，教導個體正向行為（Charlop, 2018）。

（二）自我決策技能的教學和研究

相關研究發現，教導做選擇技能對減少干擾、不專注、自傷、發脾氣和攻擊行為，以及增加學習、工作、生活自理和休閒活動的參與度與表現有正面成效，而且它可以運用在很多環境和活動中（邱惠姿，2010；顏毓潔，2014；Bambara et al., 1995; C. L. Cole & Levinson, 2002; Dattilo & Rusch, 1985; Dunlap et al., 1994; Dyer et al., 1990; Foster-Johnson et al., 1994; Harding et al., 2002; Jolivette et al., 2001; Kelly & Shogren, 2014; Kern et al., 1999; Kern et al., 2001; Lancioni et al., 1996; Parsons & Reid, 1990; S. M. Peck et al., 1996; S. M. P. Peterson et al., 2001; Realon et al., 1990; Romaniuk & Miltenberger, 2001; Watanabe & Sturmey, 2003），例如：顏毓潔探討提供選擇的活動分析，對增進一位國中極重度多重障礙學生刷牙意願之成效，結果發現有立即成效與維持成效。

表 9-6　標準和提供選擇的工作分析

標準的工作分析	提供選擇的工作分析
1. 去洗手間	1. 要現在刷牙還是吃完早餐後刷牙
	2. 選擇一個洗手間（樓上或樓下）
2. 拿起牙刷	3. 拿起牙刷
3. 把牙刷弄濕	4. 把牙刷弄濕
4. 把牙膏擠到牙刷上	5. 選擇喜歡的牙膏
	6. 把牙膏擠到牙刷上
5. 刷牙	7. 刷牙
6. 把口中的牙膏泡沫吐出來	8. 把口中的牙膏泡沫吐出來
7. 沖洗牙刷	9. 要先沖洗牙刷還是先漱口
	10. 再完成上一個步驟的另一項（漱口或沖洗牙刷）
8. 把牙刷放回架子上	11. 把牙刷放回架子上
9. 漱口	12. 選擇一條毛巾（用來擦拭嘴巴）
10. 用毛巾擦拭嘴巴	13. 用毛巾擦拭嘴巴

註：修改自 Browder（2001, p. 173），修改處為用網底顯示兩者間不同的步驟。The Guilford Press 於 2001 年的版權，同意授權修改。

五篇系統回顧或後設分析（meta-analysis; B. Algozzine et al., 2001; Burke et al., 2020; Kern et al., 1998; Luckner et al., 2020; Shogren et al., 2004）分別回顧有研究同儕評鑑，符合設定標準之 22、34、14、80 和 15 篇，橫跨 1972 至 2017 年間的研究，除了 Kern 等人和 Shogren 等人分析的是做選擇技能，其他三篇研究皆是針對自我決策技能（做選擇、自我倡議、目標設定等），研究發現做選擇和自我決策技能經常應用於職業和居家、學業、休閒和社會活動，它能增進大多數身心障礙者的行為，並且肯定教導身心障礙者自我決策技能的成效。

四、休閒技能

以下說明休閒技能的意涵與教學。

（一）休閒技能的意涵

休閒是相對於「工作」而言，意指於閒暇或自由時間，從事「不工作或非經濟性」的活動；它通常不是社會大眾所謂「極重要」的活動，但是對個體而言，卻是富有意義，能讓自我從疲倦、厭煩狀態中恢復能量、提振精神，產生愉悅情緒的娛樂活動（Nyberg et al., 2016）。休閒的面向非常多元，沒有固定形式，並強調個人的觀感、選擇與決定，是持續發展的動態歷程，它需要規畫與管理；休閒技能是除了社區、職業和居家生活技能以外，需教導的重要技能，包括教導身心障礙者規畫休閒生活、學習休閒技能，以充實閒暇時間的生活內涵，產生愉悅情緒的教育活動（Westling et al., 2021）。文獻（鈕文英、陳靜江，1999；Wuerch & Voeltz, 1982）指出，身心障礙者的休閒技能較缺乏，休閒活動的範圍相當狹隘，以「在家觀賞電影或電視或聽音樂」為最多。身心障礙者和其他人一樣，也有休閒活動的需求和欲望，但在可望不可即的情況下，只好轉求諸己。

若 FA 發現個體的行為有取得內在刺激或表達愉悅感覺的功能，最常出現在固著行為上，則許多研究顯示提供功能等值的替代感覺刺激，能有效減少行為問題（第 7 章已討論）。此替代感覺刺激可成為個體無聊時從事的休閒活動材料。處理人員不只提供替代感覺刺激，若個體不會操作這些刺激，還須教導之。由此可知，教導休閒技能是行為問題處理中不可或缺的一環。

（二）休閒技能的教學

休閒技能的教導步驟如下：首先，找出哪些活動或材料具備功能等值的特徵，最能配合行為問題功能，引起個體興趣者；接著列出可能有的休閒項目；然後使用「休閒活動選擇量表」（如附錄 47），採三個標準評量可能的休閒活動，得分愈高，表示這種活動愈可採用。這三個標準是**常態化原則**（是否適合個體的年齡以及常態化生活的目標）、**個別化原則**（是否適合個體的興趣、能力和障礙情況），以及**環境的考慮**（是否太昂貴，個體玩不起，或是無法持續）。一旦找出功能等值，個體喜歡，又符合上述三個標準的活動或材料之後，就可以有系統地教導休閒技能。舉例來說，阿偉藉著拍臉製造聲響以自娛，處理人員教他「拍響板或鈴鼓等打擊樂器」；彬彬戳眼睛以尋求視覺刺激，處理人員教他「玩能產生高視覺刺激的電腦遊戲」。又例如：C. R. Ellis、Parr 等人（1997）針對反芻行為提出運用特殊的餵食技巧，它和一般餵食不同處在於，增加個體在過程中的參與，個體不再只是被動地接受食物，而是教導他要從事一些口腔運動。

五、情況辨識技能

以下說明情況辨識技能的意涵與教學。

（一）情況辨識技能的意涵

某些行為在某種場合中完全適合，在另一種場合中則違反社會規範。一般人都知道高聲談笑在觀看球賽時無傷大雅，在正式的宴會中就顯得較沒禮貌。同樣地，在光天化日下從事自慰行為，自然會招來異樣的眼光甚至斥責；但如果出現在適當的時間、地點，以及頻率不會過高，則不會被視作行為問題。因此，處理某些行為問題，並不是禁止它們的出現，而是教導個體在適當的情況下才為之。對於認知功能較低的人，須經過系統化的教學才能學會情況辨識技能。

（二）情況辨識技能的教學

教導情況辨識技能可以有效阻止行為問題的惡化，例如：青青高興時會發出聽似有旋律的聲音，不高興時則會自言自語，而後就會大聲喊叫，接著攻擊鄰近的人；如果禁止她，她會變本加厲。FA 發現，青青此行為由來已久，而且有紓解情緒的功能；因此，介入目標是青青能分辨自言自語的地點，以及發出聲音宜注意的事項；作法為，教她辨識在室外或無人處，她可以發出聲音，但在室內她必須輕聲，且教師會給予姿勢或表情提示；若是自言自語，她必須到教室中一個固定區域內，而此區域是遠離其他同學的。結果發現因沒有人接近她，她自言自語一段時間後就會停止，而且不會造成進一步的傷害。又例如：大明對任何人打招呼的方式都是擁抱，而且無法區辨打招呼的適當時間和地點，如在廁所中看到正在小便的教師也上前擁抱，此舉動常會讓一些不熟悉大明的人感到不自在，或是受到驚嚇，於是處理人員藉著表 9-7 的各種情況，讓大明辨識打招呼的適當情境，以及針對不同對象和情境可使用的打招呼方式。另外，處理人員可以搭配「刺激控制」策略教導個體分辨情況，並且控制行為頻率在可接受的範圍，這部分於第 7 章已詳述。

表 9-7　教導分辨打招呼情況的能力

情況描述	辨識情境		決定		
	看到誰？	對方在做什麼？（有沒有空？）	可不可以打招呼？	不可以，為什麼？	可以，如何打招呼？
1. 在廁所中看到正在小便的王老師	王老師	正在小便	不可以	因為王老師正在忙	
2. 下課時在走廊遇到陳老師迎面走來	陳老師	迎面走來	可以		陳老師好

又例如：學生社交認知能力較薄弱，有困難分辨與親疏關係不同的人，會有相異的互動方式，因此採用 Walker-Hirsch 和 Champagne（1991）所提，**以不同顏色表示親疏關係不同的圓**（如圖 9-8），最中心的紫色代表自己，是最重要的人，可以決定誰可以觸碰自己；同樣地，其他人亦可以決定是否接受觸碰，需要獲得尊重。

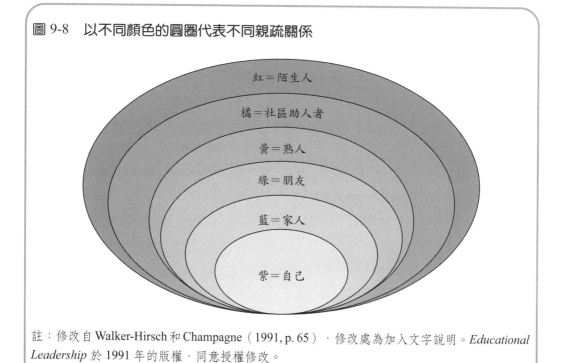

圖 9-8　以不同顏色的圓圈代表不同親疏關係

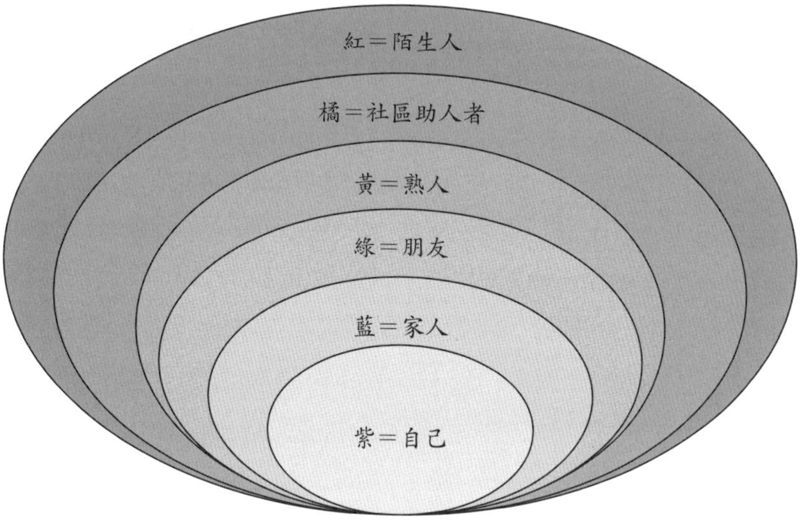

註：修改自 Walker-Hirsch 和 Champagne（1991, p. 65），修改處為加入文字說明。*Educational Leadership* 於 1991 年的版權，同意授權修改。

總括來說，當教導正向行為時，處理人員宜考慮替代技能、因應和容忍技能、一般適應技能這三種正向行為。舉例來說，住在教養機構、無口語能力的阿偉，常會因吃不飽而偷吃別人的東西，處理人員除了教他「使用圖卡」要求想再吃東西，這是**替代技能**；也教他「分辨自己和別人的東西」、「如何分配 1 週食物以控制飲食」，這是**一般適應技能**；以及教他「因應無法立即滿足口欲的情況」，這是**因應技能**。另如思考問題 9-1。

思考問題 9-1 三種另類技能之區辨

同學嘲笑ASD的大智，會導致大智的攻擊行為，此時教導他以下三種技能，分屬哪類正向行為呢？

1. 告訴同學：「我不喜歡你們笑我，請不要笑我。」
2. 離開現場，調整自己的情緒，告訴自己不要生氣。
3. 與同學玩遊戲的技能。

☞ 第一個是替代技能〔替代「逃避外在刺激（嘲笑）」功能的技能〕，第二個是因應技能（情緒因應技能），第三個是一般適應技能。

值得注意的是，期待行為的增加（例如：因為個體易分心，期待行為是提高專注行為；因為個體寫作業時尖叫，期待的行為是增加作業完成度）和標的行為問題之減少（例如：停止尖叫並做作業；減少分心）是一體兩面，不宜將期待行為的增加視作正向行為的習得。PBS 強調了解標的行為問題之原因與功能，教導針對個體有困難表現期待行為所缺乏或不足的技能，如思考問題 9-2。

思考問題 9-2 正向行為之決定

一份論文之研究問題寫道：

1. PBS 對減少 AD/HD 學生分心行為是否有立即成效？
2. PBS 對增進 AD/HD 學生專注行為是否有立即成效？此寫法是否適切？

☞ PBS 強調了解學生分心行為之原因與功能，可能因為課程內容或作業太難，分心是逃避學習或作業一種方式，因此可教導他溝通技能，表達聽不懂或不會做，需要教師的協助，這是「替代技能」。如果學生容易被無關的刺激所干擾，則可教導他如何因應讓他容易分心的情境，例如：使用耳塞隔絕干擾的聲音，這是「因應技能」。另外，可以教導他如何讓自己專注的技能，例如：一邊讀書，一邊用手指著課本的文字，這是「一般適應技能」。

第二節　行為教導的策略

當個體犯錯時，處理人員需要教導他，讓他知道有不同的選擇。

Kolb（2000）指出社會技能介入模式分成**行為**、**認知**及**認知—行為模式**。不僅社會技能，其他正向行為亦可採取這三種模式。除上，Kaiser 和 Grim（2006）指出有**自然取向教學**（naturalistic teaching）的教導策略。我從學習的意義，以及介入方式與過程兩方面，於表 9-8 比較行為、認知、認知—行為和自然取向教學四種教學模式。以下討論這四種教學模式的教導策略，至於選擇何種策略，處理人員可以考慮個體的能力和行為教導的內容而定，亦可綜合不同模式的教導策略。

表 9-8　行為、認知、認知—行為和自然取向教學四種教學模式之比較

項目	行為模式	認知模式	認知—行為模式	自然取向教學模式
學習的意義	視學生為被動者，依賴外在力量改變其行為。學習是學生接受「刺激—反應」被動的連結過程。[a]	學習是學生主動建構知識的歷程，學生為改變 自己行為的主動者。認知可以監控與改變，認知改變，行為也會改變。[a, b, c]	學習是學生主動建構知識的歷程，學生為改變自己行為的主動者。認知可以監控與改變，認知改變，行為也會改變。[a, b, c]	學習到日常生活中功能性的活動與技能，使其能參與社會，與他人溝通互動，進而能與一般人融合。[d]
介入方式與過程	直接傳遞知識、技能和價值觀給學生，不重互動和啟發，著重教導學生在特定情境使用的特定技能。[a]	介入認知扭曲和認知限制兩個成分，強調教導學生因應不同社會情境，表現適當行為的普遍性過程。[a, b, c]	介入認知和行為成分，認知成分注意認知扭曲和認知限制兩個要素；行為成分則注意環境影響和技能限制兩個要素。[a, b, c]	主張自然情境才是學習的最佳環境，教學發生於學校、家庭或社區的日常生活情境。[d]

註：表中的特定註記代表該論點整理的文獻來源，[a] Kolb（2000）；[b] Mennuti 等人（2012）；[c] S. W. Smith 等人（2020）；[d] Kaiser 和 Grim（2006）。

壹、行為模式的教導策略

行為模式的教導策略包括**直接教學**（direct instruction，簡稱 di）、**單一嘗試訓練**（discrete trial training，簡稱 DTT，或譯為「分立嘗試訓練」）、**結構化教學**（structured teaching），以及**應用行為分析（ABA）的教導策略**四種。

一、直接教學

直接教學（此處是指小寫 di）是由 Rosenshine 和 Stevens（1986）回顧有關教學效能的研究所提出，它和大寫的直接教學（DI）的差異處可參見鈕文英（2022）。Price 和 Nelson（2007）歸納指出，di 運用「**示範（教師示範給學生看）—引導（教師引導學生練習）—測驗（教師測驗學生）**」的教學流程。綜合文獻（Archer & Hughes, 2011; Carnine et al., 2017; Gersten et al., 1987; Rosenshine & Stevens, 1986），di 包括下列九項重要特徵：第一，**編選組織精密、結構清晰、系統而層次分明的教材**，和**運用明確漸進的步驟進行教學**。第二，**複習先備知識和技能**。第三，在教導學生學習某個概念的過程中，教師發展的每一個步驟，學生須達到的**精熟標準**。第四，教師**使用清楚、簡潔的語言**說明教學內容。第五，教學生一個概念時，會**提供充足而多元的範例**，而且會**提供正例**（即正確的例子）**和反例**（即不正確的例子），讓學生對概念有充分的了解，例如：教導打招呼的技能，會提供許多適合與不適合打招呼的正例和反例。第六，強調給予學生**充分而系統練習的機會**，並且做**累積和不同形式的複習**，且每節課通常包含**新教、練習與複習等教學活動**。第七，在學生練習的過程中，如果發現有做錯之處，則強調診斷學生錯誤的原因，並**尋求方法糾正或補救學生所犯的錯誤**。第八，**逐步從教師指導的活動，褪除為學生獨立進行的活動**。第九，**重視形成性的評量**，對學生的進步情形與學習成果**給予立即的回饋**。di 教學流程中教師和學生的責任如圖 9-9。

二、單一嘗試訓練

DTT 源自 Lovaas（1987）採用 ABA 原則，包括前事（A）、行為（B）和後果（C）三項基本要素；將技能細分為數個小單元，一次只教導一個技能直到精熟為止，在教導過程中，教師依需要給予大量的增強，以增加正確反應，減少不正確反應。DTT 適用所有年齡層的學習，常用在教導新技能或區辨不同刺激，應用範圍廣泛，例如：認知、遊戲、社交、日常生活、溝通等技能；它的要素包括**區辨性刺激**、**學生反應**、**增強反應**、**教學提示**及**教學間距**（de Boer, 2018），敘述如下。

1. **區辨性刺激**：DTT 所採用的辨識訓練，就是使用刺激控制的原理，由教師呈現簡單明確的口語或非口語指令，引發學生反應。
2. **學生反應**：教學指令之後，給予學生 2 至 4 秒的反應時間，以增加刺激和反應的連結。
3. **增強反應**：若學生反應正確，則教師立即增強學生，反應和增強中間的時間要

圖 9-9　直接教學流程中教師和學生的責任

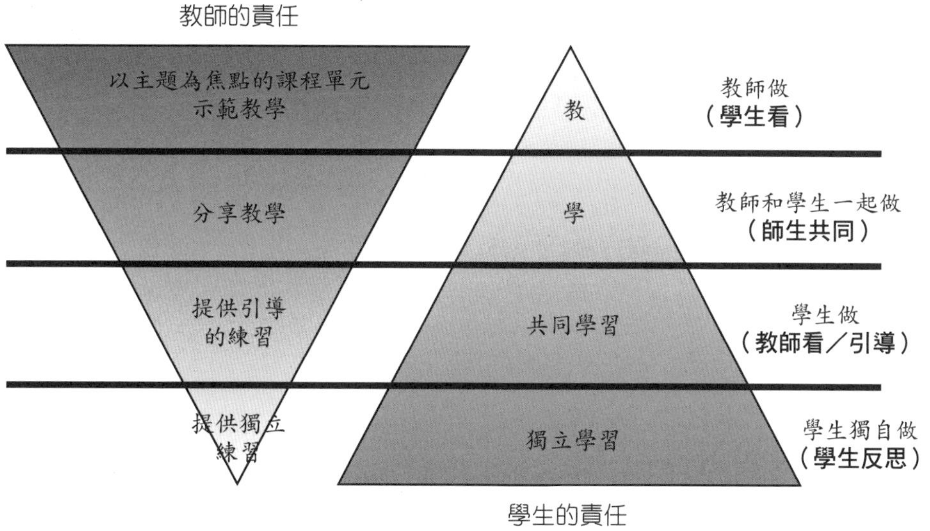

註：參考 D. Fisher 和 Frey（2021, p. 4）的概念繪製。

縮短，盡量控制在 1 秒以內，使刺激與反應產生強化作用；若學生反應錯誤，教師以堅定的語氣回答「不對」或拿走增強物，以減少不正確反應的出現率。增強時間約 3 至 5 秒較適當，可配合社會性增強。

4. **教學提示**：包括不同程度的教學提示，如身體提示、示範提示、言語提示等，教學提示的類型將詳述於「ABA 的教導策略」。
5. **教學間距**：每個教學間距宜停頓約 3 至 5 秒，讓學生有機會消化學得的資訊，也可讓教師有時間整理剛才的教學，並為下一次教學所需調整做準備。若間距太短，學生會有鸚鵡式反應的情形；若間距過長，會造成學生注意力分散，教師宜掌控呈現教材間距的適當性。

DTT 包括**聚焦**、**辨識**、**精熟** 1 和**精熟** 2 四個教學階段，說明如下（de Boer, 2018）：在聚焦階段，只呈現教學的區辨性刺激，重點在確認學生學會該區辨性刺激與反應的連結。於辨識階段，逐漸加入新的區辨性刺激，重點在於確認新的區辨性刺激與反應間的連結。進入精熟階段 1，教師隨機地呈現區辨性刺激及其他相關的區辨性刺激，重點在於讓學生熟練該區辨性刺激與反應的連結。最後來到精熟階段 2，教師隨機地呈現該區辨性刺激及其他已學會的刺激，重點在於讓學生熟練該區辨性刺激與反應的連結。

DTT 是一種明確的教學方法，其教學技巧包括（de Boer, 2018; Sigafoos et al., 2019）：（1）將一個技能細分為數個小單位；（2）一次只教一個小單位的技能直到學生精熟為止；（3）提供密集的教學；（4）依需要提供教學提示，以及逐漸褪除教學提示；（5）適當應用增強策略。

依據文獻（Fazzio & Martin, 2011; Sigafoos et al., 2019），DTT 的優勢和限制如下。在優勢上，ASD 者學習時容易分心，易被複雜的環境干擾而中斷學習，DTT 具有以下優勢，有助於他們的學習：（1）每個分立單元進行的時間短，同一個單元學生有很多練習機會；（2）一對一教學，教師能依據學生的反應和學習進度，彈性調整教學內容；（3）每個分立單元有固定練習的格式，具有明確的開始和結束，學生容易了解，能避免不相關的線索干擾其學習注意力。然而，DTT 有以下限制：（1）學生容易依賴教師的指令或教學提示後才會有反應；（2）因各技能間分立，缺乏連貫性，以至於學生有困難將所學得的技能整合運用在日常生活中。Leaf、Ferguson 和 Cihon（2022）系統回顧 DTT 的相關研究後發現，它對 ASD 者的技能教學是 EBP。

三、結構化教學

結構化教學是由 Schopler 等人（1980），在其**自閉症及相關溝通障礙兒童的治療與教育**（Treatment and Education of Autistic and Related Communication Handicapped Children，簡稱 TEACCH）專案中提出。結構化教學緣起於 ASD 者利用視覺多於其他感覺，所以視覺策略是教導 ASD 者的其中一個有效方法（Schopler et al., 1995）。依據文獻（Kabot & Reeve, 2012; Mesibov & Howley, 2003; Mesibov et al., 2004, 2012），結構化教學就是運用視覺策略，有組織和系統地安排教學環境、材料及程序，讓學生從中學習，包括四個要素，進一步說明其意涵如下：**物理環境的組織和結構化**（physical organization and structure）、**每日作息**（daily schedules）**的結構化**、**活動材料的視覺結構化**（visual structure of materials in activities）和**個人工作系統**（work systems）**的結構化**。物理環境的組織和結構化是指，將教室分成五個區域，例如：作業區、遊戲區、飲食區、轉換區和冷靜區等。每日作息的結構化是指建立每日作息的時間表；活動材料的視覺結構化乃運用視覺線索，系統組織活動材料，讓 ASD 者易於了解。而個人工作系統的結構化也是應用視覺結構化的原理，呈現 ASD 者例行的工作／作業項目，如示例 9-3 是阿嘉的個人工作系統，此工作系統中有六個步驟，全部以照片顯示，若完成該步驟，則將插棒從未完成的紙袋移至已完成者中。其他示例呈現於附錄 48「結構化教學的示例」。A. S. Freeman 等人（2022）使用結構化的活動作息，開啟 ASD 者的社會互動。

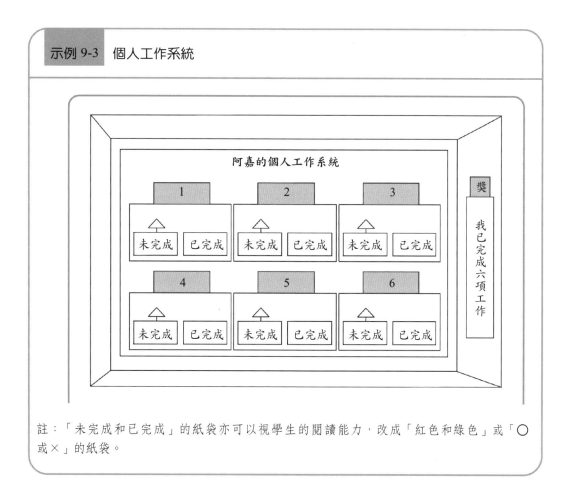

示例 9-3　個人工作系統

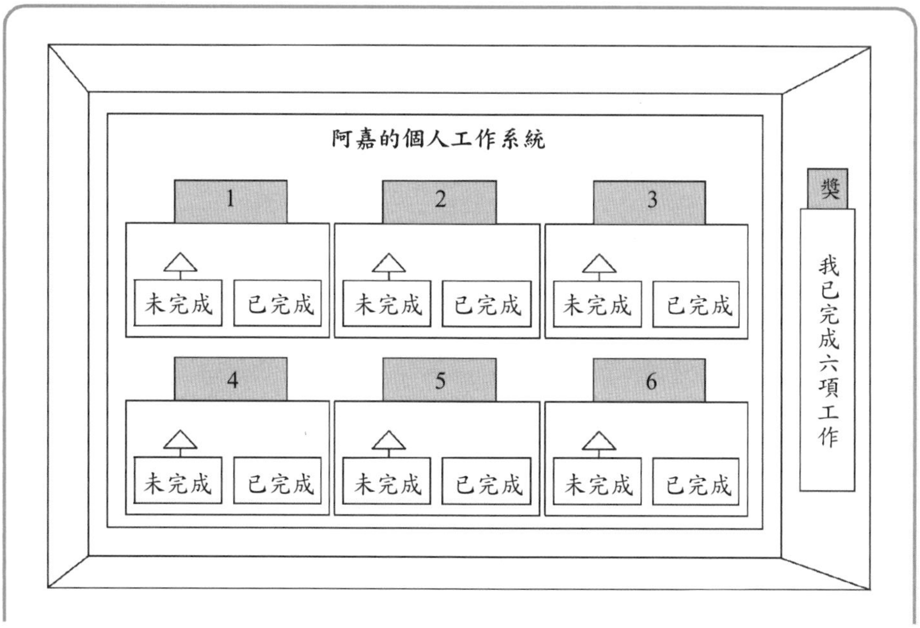

註：「未完成和已完成」的紙袋亦可以視學生的閱讀能力，改成「紅色和綠色」或「○或×」的紙袋。

綜合文獻（Hodgdon, 1995; Mesibov & Howley, 2003; Mesibov et al., 2004, 2012），結構化教學具有下列優點：在接收資訊方面，視覺策略能幫助建立及維持 ASD 者的專注力，且能將抽象的概念具體化，使指令呈現完整、清晰和統一，減少重複提示的次數，使 ASD 者容易接收和理解資訊，並掌握其中的意義及概念等。在組織資訊方面，使用視覺策略能使 ASD 者的生活更有組織和安全感，能幫助他們記憶和自我提示，並培養他們依序學習和工作的習慣，進而提升其穩定感、專注力和獨立性。除上，結構化教學也應用於智障學生，提升教學的結構化和班級經營的效能（陳冠杏、石美鳳，2000；楊碧桃，2000）。Howley（2015）系統回顧 1990 至 2012 年間，結構化教學對 ASD 者的成效後發現，結構化教學能提升他們的學習參與度和獨立工作／作業完成度，以及減少行為問題。

四、應用行為分析的教導策略

ABA 的教導策略包括示範、教學提示和線索（instructional prompts and cues）、時間延宕（time delay）、行為塑造、連鎖、回饋、演練、行為後效契約（contingency contracting）、提示—褪除（prompts-fading）、系統減敏感法、肌肉鬆弛法（muscle relaxation）十一種。

（一）示範

以下說明示範的意涵、示範的類型，以及影響示範效能的因素。

1. 示範的意涵

一個人新行為的建立大部分是模仿別人的舉止，因此處理人員要個體學習正向行為，最好的方法是提供其行為的**楷模或示範者**，並且在他面前增強之。示範是指教師安排自己、他人或學生本身為楷模演示正向行為，引導學生觀察和模仿，其主要目的有二：一為協助個體學得尚未學會的正向行為；二為鼓勵個體表現已學會的正向行為，以取代行為問題（Westling et al., 2021）。有些書會譯成**模仿**，但我認為此譯名是從學生的角度呈現學習的方式，即透過觀察與模仿他人行為而學習；而示範是從教師的角度命名，行為塑造、連鎖、提示等策略皆是從教師的角度命名，用示範一詞較能與其他教學策略一樣，皆從教師的角度命名。

2. 示範的類型

以示範的方式來區分，有**自然**、**模擬**和**符號示範**（in-vivo, analogue and symbolic modeling）三種（Schloss & Smith, 1998）。其中，自然示範和模擬示範皆屬於 Ergenekon 等人（2014）所云**現場示範**（live modeling），它是相對於符號示範而言，是指將真實人物當作楷模，在現場示範正向行為，讓個體模仿，包括成人和同儕示範（Ergenekon et al., 2014）。符號示範使用書籍、錄影資料中的某個人物作為楷模，讓個體模仿（Schloss & Smith, 1998）。茲比較三種示範的意義和優弱勢，如表 9-9。

關於符號示範中運用的錄影資料，包括現成的影片和教師自製的影片，教師運用影片進行教學即成為**影片示範**（video modeling，簡稱 VM）。VM 是以影片線索為主的教學策略，個體觀察並模仿教師在影片中提供的楷模，練習正向行為的過程（Taber-Doughty et al., 2011）。Ergenekon 等人（2014）的研究在比較 VM 和現場示範對 ASD 者餐飲製備技能連鎖反應的成效，結果顯示現場示範較快展現出成效，但影片示

表 9-9　三種示範的比較

類型	意義	優點	限制
自然示範	拿自然情境中的楷模作為個體模仿的對象。	較容易獲得個體的信賴和接納，並且能從自然情境中檢索相關線索和獲得增強。	無法預期楷模的行為反應。
模擬示範	拿模擬情境中的楷模作為個體模仿的對象。	可確定楷模的行為反應，處理人員可以控制個體觀察學習的品質，並且可以視需要中斷演練。	因為是在非自然情境，個體可能會覺得不真實或不可信。
符號示範	使用書籍、錄影資料中某個人物作為楷模，讓個體模仿。	可事先準備與教導主題有關的示範影片，而且可以重複使用。	無法像自然示範一樣獲得個體的信賴和接受。

範最快達到 100%的正確率，並且保持穩定，且較有成本效益。S.-Y. Wang 等人（2011）以後設分析，比較九篇同儕中介的介入和五篇 VM 後發現，兩者皆同樣顯著地增進 ASD 者的社會能力。

VM 的優勢包括以下七點：（1）適用於教導包含多重、複雜步驟的技能（H. T. Wang & Koyama, 2014）；（2）由於 VM 包含視覺及聽覺的刺激，容易引起個體興趣並專注於學習活動上；（3）教師可以根據個體的需求做彈性化的設計，影片透過有目的性之攝影及剪輯，只保留環境中的必要刺激，避免無關者，並做重點提示，而且可以重複觀看（王慧婷，2013；Corbett & Abdullah, 2005）；（4）所有教學內容和策略都可以包含於影片中，易於確保教學的一致性（Gena et al., 2005; Rayner et al., 2009）；（5）教師不需要很多專業能力實施 VM（Sigafoos, O'Reilly, & De La Cruz, 2007），實施上較不費力（Charlop-Christy et al., 2000; Gena et al., 2005）；（6）可以減少教師的重複教學和提示，具有成本效益（Charlop-Christy et al., 2000; Rayner et al., 2009）；（7）可以讓個體自行操作，達到獨立學習的目的（Carnahan et al., 2012; N. E. Rosenberg et al., 2010）。此外，VM 能因應 ASD 者的特質進行介入，包括：（1）ASD 者面對人群容易焦慮，可以從影片中獨立學習（王慧婷，2013；Delano, 2007）；（2）視覺和操作學習是 ASD 者的優勢及喜好，VM 運用他們的優勢及喜好進行介入（王慧婷，2013；H. T. Wang & Koyama, 2014）。

傳統的影片示範受到設備及地點限制，要跨情境執行較有困難，但智慧型手機及平板電腦等行動裝置（mobile devices）可提供立即的行為示範，而不受時空限制，操作和觀看簡易，使用上更彈性，並且可分享給學生的重要他人（K. M. Ayres et al., 2013; Hong et al., 2016; C. A. Miltenberger & Charlop, 2015）。

從VM的拍攝和呈現方式來區分，包括**第一人**和**第三人觀點**（first-person and third -person perspectives）兩種 VM（K. M. Ayres & Langone, 2007）。第一人觀點 VM 又稱作**（主觀）視點** VM（[subjective] point-of-view VM; R. A. Mason et al., 2013; McCoy & Hermensen, 2007）、**非人像** VM（non-figure VM；王慧婷，2013），它是以第一人稱的視角，拍攝和呈現正向行為，只會看到手部及物品（K. M. Ayres & Langone, 2007）。第三人觀點 VM 又稱作**現場觀點** VM（scene view VM; D. W. Moore et al., 2013），它是以第三人稱的視角，拍攝和呈現正向行為，可以讓個體看到示範者在前面示範全部的正向行為（K. M. Ayres & Langone, 2007）。

以示範者（即楷模）來看，包含**他人**和**自我**示範，第三人觀點 VM 亦可有這兩種；他人 VM 又可分成**同儕**和**成人** VM 兩種（Rayner et al., 2009）。他人和自我示範屬於王慧婷（2013）所指**人像** VM（figure VM）。自我 VM 又可分成**正向的自我回顧**（positive self-review）和**前饋控制**（feedforward），正向的自我回顧是指自我示範的行為完全正確，所有負向行為都被移除；而前饋控制則是指自我示範的行為不完全正確，可重新拍攝或編輯以更正操作步驟，移除負向行為（Dowrick, 1999）。王慧婷另提出**動畫的** VM（animated VM），包含以玩偶、卡通人物或其他似人像者為示範者製作而成的示範影片。三種 VM 的優弱勢如表 9-10。

表 9-10　三種影片示範的優弱勢

類型	優點	限制
第一人觀點 VM	由於教師是從個體的視角拍攝和呈現，較符合個體的生活經驗，能讓個體了解自己應該如何達成正向行為。[a,b]	影片的拍攝是否清楚呈現目標行為，會影響其成效。[a,b]
他人 VM	所需金錢及時間成本較少，其示範者由個體熟識之人擔任為佳，特別是與個體特質相近的同儕更好。[b,c]	楷模是否為個體熟悉、喜歡和敬重者，會影響其成效。[b,c]
自我 VM	對個體在行為改變上能獲得較好的成效，例如：個體看到自己能夠成功學習技能，進而增強其自信及學習動機。[b]	教導個體及影片剪輯須花費大量時間。[b]

註：表中特定註記表示資料來源，[a] R. A. Mason 等人（2013）；[b] Van Laarhoven 等人（2009）；[c] Delano（2007）。

有一些研究比較三種影片示範之成效差異：Sherer 等人（2001）比較同儕和自我 VM；Ayres 和 Langone（2007）比較第一及第三人觀點之他人（成人）VM；Hong 等人（2016）則比較三種 VM，顯示這些 VM 皆有效果，且差異不大。Cihak 和 Schrader

（2008）的研究顯示自我 VM 的效果優於他人 VM；Van Laarhoven 等人（2009）則發現他人 VM 的正確率高於自我及第一人觀點 VM。由此可知，何種 VM 成效最佳尚無定論；但研究皆指出，如能結合不同種類 VM 會更好，教師宜依學生的需求選擇適合的 VM，並結合其他策略（Van Laarhoven & Van Laarhoven-Myers, 2006; R. A. Mason et al., 2012）。

VM 運用在 ASD 者技能的教導已被視為 EBP（DeBar et al., 2022; Gelbar et al., 2012; National Professional Development Center on Autism Spectrum Disorders, 2021），並能有效增進身心障礙者居家和社區生活技能（王瑞婉等人，2021；王慧婷，2016；吳柱龍，2012；何欣、佘永吉，2016；Buggey, 2005; Burckley et al., 2015; Burton et al., 2013; Drysdale et al., 2015; S. J. Gardner & Wolfe, 2015; McLay et al., 2015; Murzynski & Bourret, 2007; Shipley-Benamou et al., 2002）、溝通和社會技能（Banda et al., 2011; S. Halle et al., 2016; Olçay Gül, 2016; Tetreault & Lerman, 2010）、職業技能（Alexander et al., 2013; Cihak & Schrader, 2008; Spriggs et al., 2015）。這些研究中除了 VM，Burckley 等人結合增強策略；Olçay Gül 和 S. Halle 等人結合社會故事（social story）；Spriggs 等人結合視覺提示；Murzynski 和 Bourret 及 Drysdale 等人結合提示和連鎖；王瑞婉等人、McLay 等人及 Weng 和 Bouck 結合提示和增強策略；S. J. Gardner 和 Wolfe 結合增強、影片提示（video prompting，簡稱 VP）及系統化的錯誤矯正策略。社會故事將在「貳、行為模式教導策略」中詳述，影片提示則於下一部分詳述。

H. T. Wang 和 Koyama（2014）參考 PBS 三個層級預防的概念：第一層是**對全部學生採用自我執行一般的** VM，第二層是**對部分學生採用團體本位的** VM，第三層是**對個別學生採用一對一執行個別化的** VM。第一和二層運用的影片可以是現成或教師自製的影片，第三層運用的影片則是針對個別學生需求自製的影片。

最後，從楷模表現的行為來看，有**外顯**和**內隱示範**（overt and covert modeling）兩種：外顯示範是指楷模真正表現外顯行為讓個體模仿；內隱示範則是指楷模未真正表現外顯行為讓個體模仿，而是個體想像一位楷模表現行為讓自己模仿（Cormier & Cormier, 1998）。

3. 影響示範效能的因素

Schloss 和 Smith（1998）歸納出**個體**、**楷模**和**外在**三類影響示範效能的因素，我依據他們的觀點，加入其他文獻說明如下：個體因素包括個體是否有能力模仿楷模表現的行為、期待成功獲得增強的程度、視楷模的行為在其生活情境中的應用情形、是否有正向的自我概念，以及是否有相似情境的成功經驗（Schloss & Smith, 1998）。

VM 還須具備記憶能力，若個體有記憶困難，則需額外提示；採取行動裝置的 VM 尚須教導個體如何使用，以養成其獨立操作的能力（Carnahan et al., 2012）。

在楷模因素方面，楷模的特徵，例如：性別、其特質是否溫暖親和、為個體喜歡和敬重等，都會影響示範的效能（Schloss & Smith, 1998）。在外在因素方面，包括楷模表現的行為是否得到增強、提升其地位等（Schloss & Smith, 1998）。Carnahan 等人（2012）另提出 VM 宜注意：影片長度是否能引起個體注意、是否清楚呈現目標行為，以及螢幕大小是否適當，個體能否清楚觀看影片。因此，運用示範策略時要注意這些因素，並且要變化楷模和表現的情境，以增加行為的類化。

（二）教學提示和線索

以下說明教學提示和線索的意涵，以及教學提示和線索的使用原則三大部分。

1. 教學提示的意涵

提示意指影響技能發生的刺激因素，可分為**自然**和**人為提示**（natural and artificial prompts; Schloss & Smith, 1998）或**教學提示**（Snell & Brown, 2011）兩種。自然提示是指，環境中的自然線索本身就能產生提示效果，個體覺察到此自然線索便能表現技能（Snell & Brown, 2011），例如：在聽到教師對全班說「可以發言」時，大雄才舉手，並且等待教師叫到他時才發言，不需要教學提示，表示他已能獨立表現舉手行為。在此例中，「教師說可以發言」就是**自然線索**（即**區辨性刺激**）。教學時要引進自然提示，告訴個體在何種情境要從事此活動或表現此技能，例如：要從教室至五樓餐飲教室，或從百貨公司的五樓至地下一樓超市時，要搭電梯。若能善加運用自然時間表，或情境教學時間教學，例如：在上完體能課後，教導學生洗臉、換衣服等，自然提示就很容易被帶進來。若自然提示未出現，教師也可以營造，例如：教學生操作多媒體播放器音量控制按鈕，教師可在學生播放前，先把音量控制按鈕調至大聲的位置，等學生播放時發現太大聲，而在此時教導操作音量控制按鈕。如果個體能在自然提示下，表現技能即「獨立」。

教學（或人為）提示是指自然線索出現，仍無法引起個體覺察和反應時，教師提供額外、特定的訊息或協助，直接引導其表現技能，包括**刺激**和**反應提示**（stimulus and response prompts）兩種（Snell & Brown, 2011）。G. Martin 和 Pear（2019）稱刺激和反應提示為**刺激內**和**刺激外提示**（within and extra stimulus prompts）。以下說明刺激和反應提示。

（1）刺激提示

刺激提示是指，教師做出直接指著或拿著區辨性刺激的動作，將區辨性刺激放在靠近個體的位置，或提供區辨性刺激額外明顯的訊息，例如：給予區辨性刺激顏色、箭頭或其他視覺刺激，以協助個體表現技能，刺激提示的類型有**動作**、**位置**和**重複的刺激**（movement, position, and redundancy stimuli）三種（Snell & Brown, 2011）。重複的刺激中又包含**刺激添加**（stimulus superimposition）和**刺激整合**（stimulus integration）兩種（Conners, 1992），其意涵與示例如表 9-11。刺激提示的優點包括：教師不須靠近個體，有益於需要認知判斷的技能，適用於以視覺學習、容易依賴提示的個體；限制是較無法運用於社會互動技能的學習（Snell & Brown, 2011）。

表 9-11　三種刺激提示的意涵與示例

類型	意涵	示例
動作的刺激	教師做出動作，例如：直接指著或拿著區辨性刺激。	教師給予「楊」和「揚」的字卡，要學生選擇哪一個是「楊桃」的「楊」；在他無反應或反應不正確之後，教師指著或直接拿著「楊」的字卡。
位置的刺激	教師將區辨性刺激放在靠近個體的位置。	教師將「楊」放在靠近學生的位置。
重複的刺激	教師提供區辨性刺激額外明顯的訊息，例如：將區辨性刺激放大、加粗、給予顏色、箭頭或其他視覺刺激，如此改變區辨性刺激的特徵，以協助個體表現技能。有兩種提供方式： 1. 刺激添加：將已知的刺激添加在未知的刺激之上，例如：教導個體認讀字彙，將圖片添加在該字彙之上，一種是放在字彙外，另一種是放在字彙中。Conners（1992）指出，圖片放在字彙中的效果，要比放在字彙外來得好。 2. 刺激整合：是指將已知的刺激整合於未知的刺激之中，圖畫整合是其中一種，將個體熟悉的圖畫整合於字彙中，以加強字彙的視覺效果，提升個體的理解和記憶。Conners 系統回顧研究後發現，刺激整合和添加對認讀字彙均能產生良好的效果，但刺激整合的效果比刺激添加來得更好。	1. 教師將熱的圖片放在「熱」字的外或中，這是刺激添加。  圖片放在字彙外　圖片放在字彙中 尚有以下示例：（1）在量杯上貼一段膠帶，標示要倒多少清潔劑屬適量；（2）在兩隻鞋子的內側各畫一點或圖案，當穿鞋子時，兩個點或圖案對在一起，就不會穿反。 2. 教導學生辨識飲水機和熱水器上「熱」字，將之整合於紅色火焰中；教師融入楊桃樹的圖片和顏色於「楊」字中，這是刺激整合。 

註：類型和意涵綜合整理自 Conners（1992）、Holowach（1989）及 Snell 和 Brown（2011）的文獻。

（2）反應提示

反應提示是指，在個體面對自然線索無反應或反應不正確之後，為了增加個體表現技能，處理人員給予的提示（Snell & Brown, 2011）。反應提示和刺激提示之不同處在於，反應提示不會改變區辨性刺激的特徵，而是在環境中另外加上刺激，以引發學生的正向行為，故稱為刺激外提示；而刺激提示會改變區辨性刺激的特徵。AD/HD的至奇會以重拍他人之方式與他人打招呼，教師教導同學在迎面看到他時，舉起手提示他以擊掌的方式打招呼，這是在同學此自然線索上提供重複的刺激，因此屬刺激提示；而如果至奇沒反應或是重拍同學，則教師舉起手提示他要以擊掌的方式打招呼，則是反應提示中的姿勢或表情提示。

反應提示包括以下五種（Downing, 2010; Snell & Brown, 2011; Westling et al., 2021）：**姿勢或表情**（gestural）**提示**、**言語**（verbal）**提示**、**視覺**（visual）**提示**、**示範提示**及**身體**（physical）**提示**，詳述如下。

①姿勢或表情提示

姿勢或表情提示是指，教師藉著身體姿勢或臉部表情，引導個體表現技能（Westling et al., 2021），其類型、意涵與示例如表 9-12。有些書譯成手勢提示，我認為此譯名會局限該提示的使用範圍，因為它不止於用手勢給予提示，還可以是動作、臉部表情。依據文獻（Holowach, 1989; Westling et al., 2021），探討姿勢或表情提示的

表 9-12　姿勢或表情提示的類型、意涵與示例

類型	意涵	示例
從姿勢或表情提示的形態來區分	1. 手勢 2. 表情 3. 動作	1. 指向地上的紙屑，提示學生撿起來；比出聲調的手勢，提示學生此生字的聲調。 2. 做出張口說話的表情，提示學生說出求助的語言。 3. 彎腰做出撿拾的動作，提示學生撿起來；做出點頭的動作，提示學生遵守教師的指令並表示：「好，我去做。」
從姿勢或表情提示提供的完整或明顯度來區分	1. 直接姿勢或表情提示：即提供完整或明顯的手勢、表情或動作。 2. 間接姿勢或表情提示：即提供部分或不明顯的手勢、表情或動作。	1. 指向地上的紙屑，提示學生撿起來；做出明顯彎腰撿拾或點頭的動作，提示學生撿紙屑或遵守教師的指令。 2. 指向紙屑的方向，或是指向撿地上紙屑的同學，提示學生撿起來；做出微微彎腰撿拾或點頭的動作，提示學生撿紙屑或遵守教師的指令。

註：類型和意涵綜合整理自 Downing（2010）、Holowach（1989）及 Westling 等人（2021）的文獻。

優點和限制如下：優點包括適用於單一技能，或不需社會互動之技能的教導；有益於有觸覺防衛，或語言理解能力較弱的個體；容易褪除。限制含括：個體需要敏銳的視覺，或良好的社會認知能力；個體可能不易理解姿勢或表情的意義。

②言語提示

言語提示是指教師藉著口語、手語或文字指導，告訴個體做什麼和如何做，以引導他表現技能（Westling et al., 2021），其類型、意涵與示例如表 9-13。有些書譯成口語提示，我認為此譯名會局限該提示的使用範圍，因它不止於口語的提示，還可以是手語或文字。依據文獻（Holowach, 1989; Westling et al., 2021）探討言語提示的優點和限制如下：優點包括適用於口語或社會互動技能的學習，有益於以聽覺學習、語言理解能力佳的個體，另藉由手語指導則有益於聽障者；教師可以對一群人進行教學，不須靠近個體。限制含括：個體需要良好的語言理解和專注能力；可能不易褪除。

表 9-13　言語提示的類型、意涵與示例

類型	意涵	示例
從提供的來源來區分	1. 人們的口語、手語或是文字。 2. 預錄的錄音口語或錄影手語，或是預先製作的提示文字。其中，以口語呈現的言語提示，進一步將之製作成錄音材料，C. L. Wood 等人（2007）稱之為**聽覺（audio）提示**。	1. 求助的提示卡。 2. 預錄之沖泡即溶飲料步驟的錄音口語。
從言語提示提供的完整或明顯度來區分	1. 直接的言語提示：藉由指令或明確的訊息，直接告訴個體正確的反應。 2. 間接的言語提示：不直接告訴個體正確的反應，而是用以下六種形式間接言語提示： （1）問句。 （2）暗示性的口語。 （3）給予聯想的線索。 （4）提供依循的規則。 （5）呈現部分步驟、部分國字部件，或英文單字的部分字母。 （6）給予選項擇其一。	1. 打開窗戶；喝水的喝是口部，寫出來。 2. （1）接下來的步驟是什麼？ （2）我很熱，你會不會熱？ （3）喝水的「喝」是用什麼來喝？以提示學生部首；告訴學生「肥的人下巴有很多肉」，要其寫出肥字。 （4）只說出紅燈停、綠燈走的規則，提示學生過馬路。 （5）只說出燒燙傷處理的四個步驟，要學生說出其中一個步驟，如沖、脫、〇、蓋、送；只說出肥的部件「巴」，要學生寫出肥字；只說出 ST__，要學生拼出 STOP。 （6）喝水的喝是口部或水部？

註：類型和意涵綜合整理自 Downing（2010）、Westling 等人（2021）、Wolery 等人（1992）及 C. L. Wood 等人（2007）的文獻。

③**視覺提示**

視覺提示是指，教師提供靜態或動態之視覺形態資料，引導個體表現技能（Westling et al., 2021），其類型、意涵與示例如表 9-14。視覺提示和刺激提示常被混淆，因為都有提供視覺刺激，二者差異處在於：刺激提示是提供自然線索動作、位置或重複刺激等明顯訊息，改變了自然線索的特徵，例如：在茶杯外側上貼一段顏色膠帶，標示倒茶水的適量位置，屬於刺激內提示；而視覺提示屬於刺激外提示，並未改變自然線索的特徵，教師在學生無反應或反應不正確後，給予能引導其技能表現的視覺形態資料，例如：一個人倒適量茶水之動作，以及裝有適量茶水之茶杯的照片或影片。又例如：對於寫字筆順有困難的學生，教師提供筆順字卡，這是視覺提示；而給他有筆順鏤空的字讓他直接在上面習寫，則是刺激提示，即提供自然線索重複刺激。

視覺提示中的 VP 與 VM 皆屬於**影片本位的教學**（video-based instruction; Syriopoulou-Delli & Sarri, 2021）。VP 是以影片線索為主的策略，此影片單純只有影像，則會歸類於視覺提示；而如果結合影像和言語，則會歸類於混合提示，換言之，結合視覺和言語提示。研究（Domire & Wolfe,2014; Mechling & Gustafson, 2008; Van Laar-

表 9-14　視覺提示的類型、意涵與示例

類型	意涵	示例
從視覺資料的形態來區分	1. 靜態之視覺形態資料： （1）平面之視覺形態的資料：以照片、圖片（或圖片加文字）、線畫或符號呈現。 （2）立體之視覺形態資料：以物品模型或實物呈現。 2. 動態之視覺形態資料：以影片提示個體無反應或反應不正確的技能中某項步驟，即影片提示（VP）。	1. （1）呈現沖泡即溶飲料步驟的照片。 （2）以餐具、抹布、菜瓜布、掃把和拖把的模型呈現餐後整理的五步驟——收拾餐具、拿抹布擦餐桌、用菜瓜布清洗餐具、拿掃把掃地、以拖把拖地。 2. 呈現沖泡即溶飲料步驟數個短片的影片。
從視覺提示提供的完整或明顯度來區分	1. 直接視覺提示：提供技能所有步驟的照片、圖片（或圖片加文字）、線畫、符號、物品模型或影片，以及給予明顯的視覺提示。 2. 間接視覺提示：只提供技能部分步驟的照片、圖片（或圖片加文字）、線畫、符號、物品模型或影片，以及給予模糊的視覺提示。	1. 提供顏色清晰、虛線的連接緊密、部件突出點明顯，以協助學生書寫他寫錯的實用性字彙。 2. 提供顏色不清晰、虛線的連接不緊密、部件突出點模糊，以協助學生書寫他寫錯的實用性字彙。

註：類型和意涵綜合整理自 J. O. Cooper 等人（2020）、Downing（2010）及 Westling 等人（2021）的文獻。

hove et al., 2010）顯示，VP 的效果優於圖片提示。VP 如同 VM，可以與行動裝置結合，Bereznak 等人（2012）及 Bennett 等人（2016）分別以 iPhone®和 iPad®進行 VP，成功教導 ASD 者習得使用洗衣機和影印機、煮麵等技能。另外，研究（Armendariz & Hahs, 2019; Goodson et al., 2007; Rayner et al., 2009; Sigafoos, O'Reilly, et al., 2007）中第一篇使用 VP 結合錯誤矯正策略，其他三篇使用 VP 結合褪除、倒向連鎖（backward chaining，或譯為「逆向、後向連鎖」）及錯誤矯正策略，成功地教導 ASD 者休閒活動中社交起始行為和生活技能。倒向連鎖將於「（五）連鎖」中詳述。

前文已提及 VM，VP 和它的差異處在於：VM 呈現技能的完整流程，在教導個體執行技能前即播放給他看，片長為數分鐘；而 VP 則依技能的步驟分解成數個短片，每一段平均長度約少於 30 秒的影片，若個體執行某個步驟無反應或反應不正確後，再呈現該步驟的影片作為提示（Cannella-Malone et al., 2006; Spencer et al., 2015）。一些研究比較 VP 與 VM 對技能學習成效的差異，結果發現 VP 的效果優於 VM（Cannella-Malone et al., 2006, 2011; Domire & Wolfe, 2014）。

依據文獻（J. O. Cooper et al., 2020; Westling et al., 2021），探討視覺提示的優點和限制如下：優點包括適用於組合或有順序之技能的教導；有益於語言理解能力較弱的個體；不需教師靠近或在場。限制含括：個體需要敏銳的視覺或社會認知能力；個體可能不易理解抽象或不清晰照片、圖片（或圖片加文字）、線畫、符號、物品模型或影片的意義。我整理這些形態的視覺提示和言語提示中的文字／符號的具體程度和提示量如圖 9-10，教師宜視個體的認知能力選擇適合的視覺提示形態。

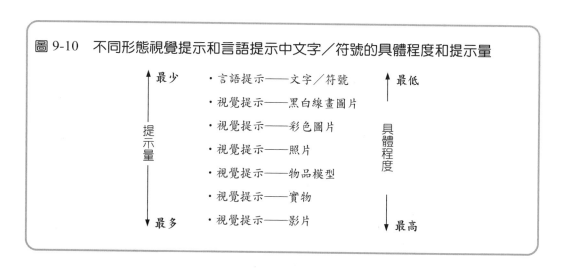

圖 9-10　不同形態視覺提示和言語提示中文字／符號的具體程度和提示量

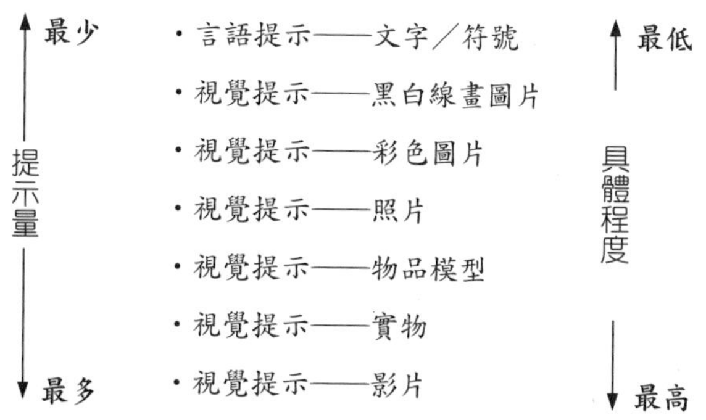

④**示範提示**

示範提示是指，在個體面對自然線索無反應或反應不正確之後，教師安排楷模示範技能，旨在增加個體技能的表現。它和前面示範之不同處在於，示範並不是出現在個體面對自然線索無反應或反應不正確之後才使用，而是教師以正式教學方式，安排情境教導個體習得尚未學會的技能；或是以隨機教學方式，安排楷模示範技能，鼓勵個體表現已學會的技能。

⑤**身體提示**

身體提示是指教師藉著肢體接觸，引導個體表現技能，包括完全和部分身體提示兩種（Downing, 2010），其意涵與示例呈現於表 9-15。身體提示、示範提示、姿勢或表情提示中動作形態的提示，和刺激提示中提供動作的刺激，都牽涉到動作而常被混淆。示範、姿勢或表情和刺激三種提示皆未對個體做肢體接觸，示範提示是指楷模完整地表現技能，例如：做出完整撿拾紙屑丟進垃圾桶的動作，以讓個體模仿；姿勢或表情提示中動作形態的提示是指，教師做出正向行為的部分動作，例如：彎腰做出撿拾的動作，提示個體撿紙屑；刺激提示中提供動作的刺激是指，地上有紙屑和碎石，教師指著地上的紙屑，提示個體撿拾紙屑而非碎石。身體提示藉著肢體接觸，例如：教師直接將手放在個體的手上面，用手全程帶領其做出完整撿拾紙屑丟進垃圾桶的動作。依據文獻（J. O. Cooper et al., 2020; Westling et al., 2021），探討身體提示的優點和限制如下：優點包括適用於動作技能的學習；有益於外顯行為問題較多、視覺或聽覺易分心，或語言理解能力較弱的個體。身體提示的限制含括：個體可能會被烙上能力不佳的印象，以及對觸覺防衛高的個體較不適用。

表 9-15　兩種身體提示的意涵與示例

類型	意涵	示例
部分身體提示	只給予個體部分身體的線索，包括： 1. 身體接觸的線索（touch cues）。 2. 手腕的線索（wrist cues）。 3. 手放在下面的協助。	1. 教師將手接觸學生的左手，部分引導他穿進外套的左衣袖裡。 2. 教師將手的拇指和中指各放在學生左手腕的兩邊，部分引導他穿進外套的左衣袖裡。 3. 教師將手放在學生的手下面，引導他按燈的開關。
完全身體提示	教師直接將手放在個體的手上面，用手全程帶領個體完成指定的動作。	教師直接將手放在學生的手上面，用手全程帶領他穿衣服。

註：類型和意涵綜合整理 Downing（2010）、Holowach（1989）及 Westling 等人（2021）的文獻。

⑥**混合提示**

除了上述單一的反應提示，尚有**混合提示**（mixed prompts），意指結合兩種以上的反應提示，例如：結合言語提示和示範提示、言語提示和身體提示、言語提示和視覺提示等，以引導個體表現技能（Westling et al., 2021）。混合提示的優點是能結合兩種以上提示的優勢，限制是可能不易褪除。

2. 教學線索的意涵

和教學提示相似的另一個策略是**教學線索**，二者不同處在於：教學提示提供額外、特定的協助，直接引導個體表現出技能；而教學線索則提供額外、一般的協助，鼓勵個體開始或持續表現技能（Lasater, 2009），例如：由少至多的線索量，教師可提供以下協助：說出「繼續做」的言語（言語的線索，以口語呈現的言語線索，若進一步將之製作成錄音材料，則稱為**聽覺的線索**）、在要擦的桌面貼上「繼續做」的圖片（**視覺的線索**）、做出「持續工作」的手勢（**姿勢或表情的線索**）、碰觸「個體的手」（**肢體的線索**），暗示他要持續擦第二張桌子，這些線索不僅限於對擦桌子給予線索，亦可用於掃地等其他任務的完成，所以教學線索是提供一般的協助。

3. 教學提示和線索的使用原則

使用教學提示和線索宜注意以下十項原則。

（1）評量個體須學習之技能的目前水準和特徵，以決定使用教學提示或線索的種類和分量（Holowach, 1989）。

（2）所有的教學提示或線索宜精心設計，如此這些教學提示或線索才能逐步褪除（Holowach, 1989）。

（3）建立**最少量之提示系統**（system of least prompts，簡稱 SLP，如圖 9-11），亦即在給予教學提示時，宜注意其分量不要超過能促使個體產生正確反應的量，否則會增加其依賴性（Westling et al., 2021）。在建立 SLP 方面，依據 Westling 等人，可以有兩種呈現方式：一種是**從最少量至最多量的提示**，例如：從間接言語提示至直接言語提示，從部分身體提示至完全身體提示；另一種是**從最多量至最少量的提示**，即**逐漸改變的身體引導**（graduated guidance），它結合身體提示與褪除策略，例如：教導穿衣服，從完全身體提示（用全部的手）到部分身體提示，部分身體提示則由手放在下面的協助，至手腕的線索，再到肢體接觸的線索。圖 9-12 舉教「當交通號誌燈轉成綠色時，學生會過馬路」這項目標為例，呈現如何運用 SLP。

圖 9-11　由少至多之教學提示系統

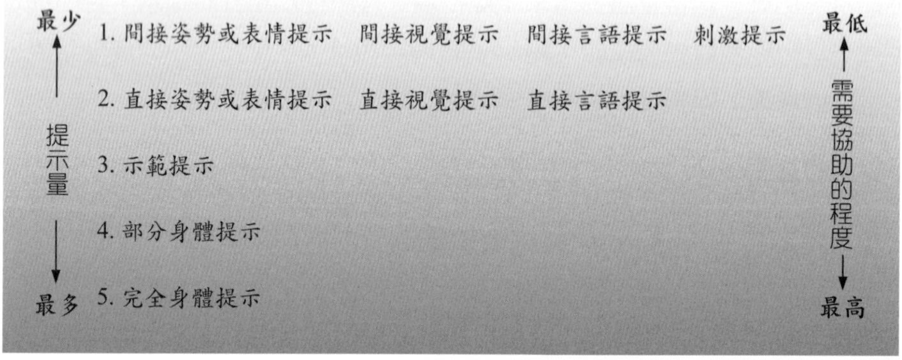

註：相同提示層次多種教學提示中，例如：間接姿勢或表情提示、間接視覺提示、間接言語提示和刺激提示，其提示量的多少排序，須視課程目標與學生能力而定。舉例來說，課程目標為能說出求助語言，視覺提示的提示量會比言語提示量來得少。反之，目標為能沖泡即溶飲料，言語提示的提示量會比視覺提示來得少。然而，如果某生的視覺接收能力低於語言理解能力，則言語提示的提示量就會比視覺提示來得多。

（4）給予個體任何教學提示或線索前，都要確認他的注意力。

（5）可配合使用**時間延宕策略**（下一個部分再詳述），亦即教學提示或線索後，給予個體一些反應的時間，例如：數 5 秒，不要一再重複教學提示或線索；若無反應，再進入下一層次的提示（Westling et al., 2021）。

（6）在教導個體技能時，要帶進自然線索，並且讓他察覺此線索呈現的自然提示；如果自然提示下個體無反應或反應不正確，才引進教學提示或線索，如思考問題 9-3。

圖 9-12　運用最少量之提示系統教導學生過馬路

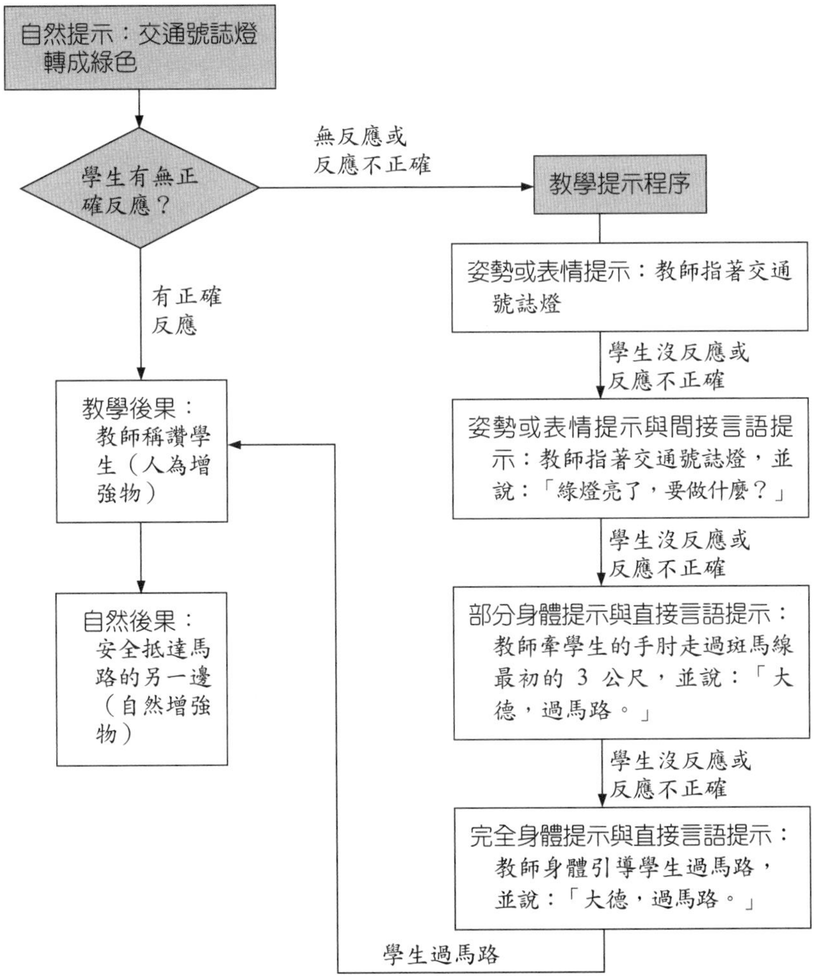

註：█ 是指提示形態為自然或教學提示，□ 表示執行步驟，◇ 表示決策步驟。修改自 Holowach（1989/1997, p. 174），修改步驟內容。心理出版社於 1997 年的版權，同意授權修改。

思考問題 9-3 教學提示策略之使用

一份研究在介入重度障礙者尿濕褲子的行為，研究者教導他拿馬桶的圖卡表達需要協助上廁所。在接近個案可能會如廁的時間時，研究者提示他要拿圖卡表達如廁需求，個案一聽到研究者的言語提示後，便會拿圖卡給研究者，研究者帶他去廁所，但個案有時尿，有時沒尿。如何因應此問題呢？

☞ 由個案有時尿，有時沒尿的行為來看，顯示他可能是被研究者的言語提示所制約，而不是察覺自然提示（例如：膀胱脹大，有尿意）才拿圖卡表達如廁需求。我建議教學上要讓個案察覺有無自然提示，有的話才拿圖卡表達如廁需求。

（7）待行為建立後，教學提示或線索的形態與數量宜逐漸減少，直到個體不再接受任何的教學提示或線索，而能對自然提示產生反應。J. O. Cooper 等人（2020）提出可運用兩種方式將教學提示轉移至自然提示：一種是**將自然提示重疊於教學提示中**，而後再逐步褪除教學提示；另一種是淡入自然提示，淡出教學提示，即**刺激淡入和淡出策略**（fading stimulus in and out），此作法運用於將刺激提示轉移至自然提示，則是**刺激控制塑造策略**（stimulus control shaping），如示例 9-4。Patel 等人（2001）使用刺激淡入和淡出策略，介入一位飲食異常者抗拒高纖維食物的行為，作法的首步為，將 20%的即食早餐包加進 240 毫升的水；接著漸進將 25%、30%、40%、……100%的即食早餐包加進 240 毫升的水；再來是 100%的即食早餐包，淡入 10%的牛奶，淡出 10%的水，即 10%牛奶和 90%水；而後是 100%的即食早餐包，漸進淡入 20%、30%、40%、……100%的牛奶，淡出 20%、30%、40%、……100%的水，最後是 100%的牛奶。

（8）一致地使用教學提示或線索的程序（Westling et al., 2021）。

（9）如果結合直接或間接言語提示，教師宜變化說的話，如此個體才能因應言語提示的變化有反應（Holowatch, 1989），例如：將「做下一個步驟」改成「下一個步驟是什麼？」或「接下來要做什麼？」

（10）如果個體正確表現技能，則須立即增強（Westling et al., 2021）。

示例 9-4　刺激控制塑造策略的兩種方式

a. 將自然提示重疊於刺激提示中，而後再逐步褪除刺激提示。

a1. 將自然提示重疊於刺激提示（刺激添加）中，而後再逐步褪除刺激提示。

a2. 將自然提示重疊於刺激提示（刺激整合）中，而後再逐步褪除刺激提示。

b. 淡入自然提示，淡出刺激提示。

（三）時間延宕

時間延宕是指，在刺激呈現和給予提示間加入多少的時間；教學初始，刺激呈現和給予提示間是 0 秒，亦即刺激和提示同時呈現，這是**同時提示**（simultaneous prompting）的作法，它是一種產生**零錯誤學習**（errorless learning）的策略，零錯誤學習和**嘗試錯誤學習**（trial-and-error learning）相反，它營造安全的正向學習環境，提供足夠的支持與提示教導學生新的技能，讓個體得到成功經驗和正向回饋，減少失敗及做錯的機會、降低錯誤的反應，以及避免惱怒不安的情緒，特別適用於自信心不足，以及容易固著於舊有學習經驗的個體（McDonnell et al., 2020）。而後拉長時間，拉長的時間如果皆保持固定，則為**固定時間延宕**策略，例如：都固定 5 秒，刺激呈現後等待 5 秒，如果 5 秒鐘到個體尚無反應，教師才給予提示；而拉長的時間如果採累進的方式，則為**漸進時間延宕**策略，例如：從 0 秒累進至 1 秒，做過幾次練習，而後從 1 秒累進至 2 秒，再做幾次練習，以此類推（Westling et al., 2021）。Collins（2022）指出時間延宕策略的執行包括：給予注意力線索、等待注意的反應、給予工作的指令、等待回應、提供教學提示、提供後果、記錄資料和重複八個步驟，如圖 9-13。

圖 9-13　時間延宕策略的實施流程

1. 給予注意力線索：考慮給予一般或特定的線索。

↓

2. 等待注意的反應：考慮要個體表現一般或特定的反應。

↓

3. 給予工作的指令：考慮給予口語、符號或書寫的指令。

↓

4. 等待回應：考慮完成該工作／作業達到流暢標準所需的時間。

↓

5. 提供教學提示：初始階段教師採用同時的提示策略，亦即立刻給予提示，0 秒延宕；接著實施有時間延宕的提示策略，亦即延宕給予提示的時間，直至個體達到流暢的標準為止，有固定和漸進時間延宕兩種作法。
（1）固定時間延宕：拉長的時距皆保持固定（例如：拉長的時距皆是 5 秒）。
（2）漸進時間延宕：逐步少量地拉長延宕的時距（例如：3 秒、6 秒、……至 12 秒）。

↓

6. 提供後果：考慮給予增強或錯誤矯正，亦可以加入非目標的訊息。

↓

7. 記錄資料：考慮記錄教學提示前後正確或錯誤反應的資料。

↓

8. 重複：考慮針對工作／作業中的特定步驟再教導或重複試做。

註：整理自 Collins（2022, pp. 178–179），並加入步驟間的箭頭，以及將考慮的要點融入於步驟冒號後做說明。

（四）行為塑造

要一下子改變個體的行為，或要其學得一個原本不會的行為，不是一件容易的事情；因為即使表面看來是一個很簡單的行為，實際上卻是一件極其複雜的外顯動作與內在認知的結合。就像外表富麗堂皇的一座建築物，其實是由鋼筋、水泥、磚瓦等建材，在建築師巧妙設計及建築工人逐步施工下，才蓋起來的。協助個體學得新行為的歷程，可視為行為塑造的歷程。**行為塑造**的原理和蓋高樓有兩方面是相似的：首先高樓的設計由建材累積而成，「萬丈高樓平地起」，高樓是一層層逐一累積建成，行為塑造也是採取**逐步漸進**的方式建構的。行為塑造又稱作**逐步養成**，意指藉由正增強及提示增加個體成功的機會，用以發展新的技能；它是逐步正增強與終點目標最為接近的一連串反應，而不僅是終點目標本身（Cihon, 2022）。

J. O. Cooper 等人（2020）指出有**跨反應形態**和**反應內的行為塑造**（shaping across and within response topographies）兩種，跨反應形態的行為塑造意指塑造的行為形態不同；反應內的行為塑造意指該行為的形態不變，但是逐步增加反應的頻率、持續時間、延宕時間和強度等，以朝向終點目標。舉例來說，塑造個體表現聆聽說話者的非語言行為形態，從面對說話者、張開眼睛、看著說話者的手，至注視說話者的臉部（如圖 9-14），這是跨反應形態的行為塑造。

反應內的行為塑造除了 J. O. Cooper 等人（2020）所指逐步增加反應的頻率、持續時間、延宕時間和強度外，我認為尚可增加反應時距、反應品質、反應的獨立程度等，舉例如表 9-16。舉例來說，塑造個體經提示可注視說話者達 3 秒，再到 5 秒；而後未經提示可注視說話者達 3 秒，再到 5 秒，如圖 9-14，它是**逐漸提高持續時間和反應的獨立程度**。

綜合文獻（G. Martin & Pear, 2019; Schloss & Smith, 1998），行為塑造宜注意的原則有：（1）清楚界定終點目標；（2）了解起點行為，即個體標的行為之現況；（3）在起點行為和終點目標之間，設立符合個體能力，有次序、連貫和系統性的中間步驟，這些步驟可被視為達到終點目標的次目標；（4）遵照步驟逐一移動，只有前一個次目標已達到，才能進展到下一個次目標，不能操之過急；（5）建立增強及提示系統；（6）對個體說明實施過程及教學目標；（7）宜結合**提示—褪除**策略，逐步褪除教學提示（之後詳述）；（8）鼓勵個體在各種情境練習新習得的技能；（9）隨時評鑑行為塑造的實施情形，假如它未達效果，宜檢討可能原因，並且修改之。

圖 9-14　跨反應形態的行為塑造之示例

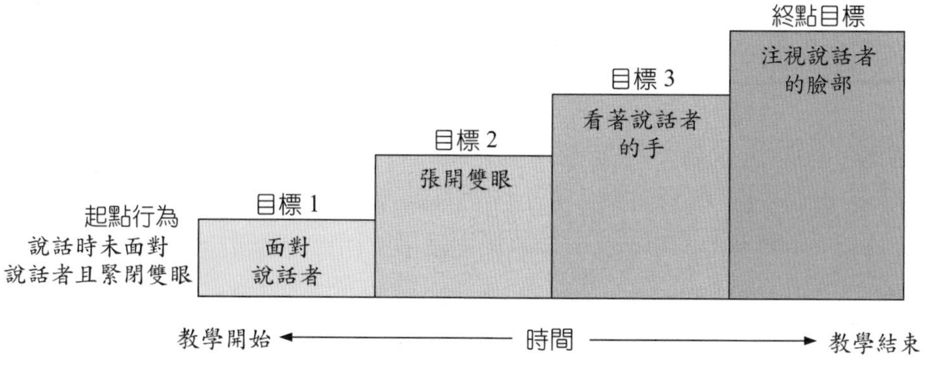

表 9-16　反應內的行為塑造之向度和示例

反應內的行為塑造之向度	示例
1. 反應的數量（個數、容量、頻率、比率或百分比）	・增加每分鐘正確書寫國字的字數。 ・增加以圖卡溝通生理需求的次數比率。 ・增加裝配作業表現的正確率。 ・減少咖啡因攝取量。 ・在減少錯誤嘗試次數下，能依照指令拿出正確的學用品。 ・在減少獲得視覺提示的步驟數下，能正確完成洗米煮飯的活動。
2. 持續時間	・增加寫作業專注度的時間。 ・增加專注聆聽溝通對象說話的時間。
3. 延宕時間	・縮短聽到教師的指令後遵循指令做事的時間。 ・延長等待教師說完問題再回答的時間。 ・在教師延宕給予提示的時間（例如：從 3 秒延宕至 10 秒）下，能使用溝通圖卡獲得想要的東西。
4. 反應強度	・增加說話音量（例如：從 45 至 65 分貝）。 ・增加對食物的接受度（從輕碰到吞下）。
5. 反應時距	・縮短擦拭每張桌子的反應時距（例如：擦每張桌子的間隔時間從 5 分鐘縮短至 10 秒）。
6. 反應品質	・提升碗盤清洗的乾淨程度。
7. 反應的獨立程度	・提升表現的獨立程度（例如：從需要身體提示提升至獨立完成）。

（五）連鎖

以下說明連鎖策略的意義、類型、設計步驟，以及影響連鎖策略實施成效的因素及使用原則。

1. 連鎖策略的意義

連鎖係指運用增強策略，使多個**「刺激—反應」的環節**連成一個熟練的複雜行為；其中，每一個環節均由一項刺激引發某一特定反應，再由此一反應引發下一個「刺激—反應」環節（Alberto & Troutman, 2022），如圖 9-15。在連鎖中的每一個反應產生一個刺激改變，該刺激改變即成為該反應**制約的正增強**，以及下一個反應的**區辨性刺激**，故也稱作**刺激—反應連鎖**（stimulus-response chain; J. O. Cooper et al., 2020）。依據 Alberto 和 Troutman 及 J. O. Cooper 等人，比較連鎖和行為塑造的相同和差異處如下。連鎖和行為塑造間有三點相同處：（1）目的皆在教導新行為；（2）都運用增強策略；（3）均強調「逐步漸進」的原則建立新行為。二者間有兩點相異處：（1）就教導的行為而言，行為塑造是用在教導單一的行為，而連鎖則是用在教

圖 9-15　連鎖的原理

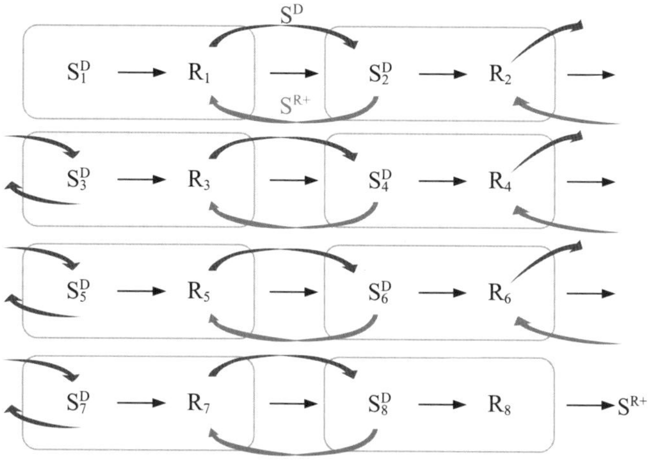

註：以八個步驟的技能連鎖為例；S^D 代表區辨性刺激，S^{R+} 代表制約正增強。

導有多個步驟的複雜行為；（2）就教導的作法而言，行為塑造是在起點行為和終點目標之間，設立符合個體能力，有次序、連貫和系統性的次目標，逐步增強次目標；而連鎖的作法則為運用工作（或活動）分析，建立多個「刺激—反應」的環節。

2. 連鎖策略的類型及設計步驟

關於連鎖策略的類型，從教導程序、反應形態，以及有無設定時限三方面有不同的分類。依據 J. O. Cooper 等人（2020），就**教導程序**而言有三種連鎖：第一種是**整體工作呈現法**（total task presentation，或譯為「全工作呈現法」），是指學生接受工作或活動分析所有「刺激—反應」環節的教導，且每次練習時都要從頭到尾做一次，直到精熟所有的步驟為止。第二種是**倒向連鎖**，意指教師從工作或活動分析最後一個「刺激—反應」環節開始教導，學生精熟最後一個環節後，教師教導學生從最後一個環節連接至倒數第二個刺激—反應環節，以此類推，直到教完所有步驟為止。第三種是**前向連鎖**（forward chaining，或譯為「順向連鎖」），意指教師從工作或活動分析第一個「刺激—反應」環節開始教導，學生精熟第一個環節後，教師教導學生從第一環節連接至第二個刺激—反應環節，以此類推，直到教完所有步驟為止。除此，還有一種倒向連鎖的變型是**跳躍式的倒向連鎖**（backward chaining with leap-aheads），是由 Spooner 等人（1986）所提出，因為學生已經精熟行為連鎖中的部分「刺激—反應」環節，所以跳過這些環節不教導，以減少全部教導時間，但學生仍須執行每個環節才能獲得增強。

就反應形態而言，則有**同質**及**異質連鎖**（homogeneous and heterogeneous chaining）兩種：同質連鎖是指每一環節的反應具有相同的特質，例如：教導一位兒童拿出四種不同顏色的卡片；反之，異質連鎖是指每一環節的反應具有不同的特質，例如：教導一位兒童整理床鋪（Schloss & Smith, 1998）。就**有無設定時限**而言，分為**有限時**和**無限時行為連鎖**：有限時行為連鎖是指，學生必須在特定時間內正確表現行為連鎖才會獲得增強，它不只強調行為表現的正確性，還重視表現的速率（J. O. Cooper et al., 2020）。以教導智障者穿襪子的八個步驟為例，這三種連鎖方式的實例如圖 9-16。

圖 9-16　三種連鎖方式的舉例

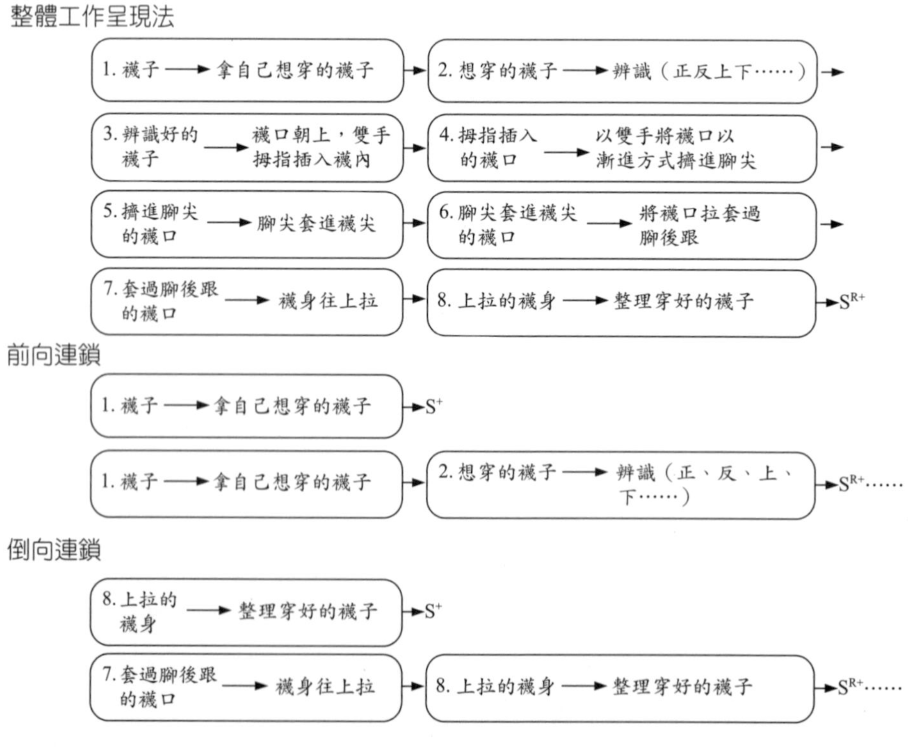
整體工作呈現法
1. 襪子 → 拿自己想穿的襪子
2. 想穿的襪子 → 辨識（正反上下……）
3. 辨識好的襪子 → 襪口朝上，雙手拇指插入襪內
4. 拇指插入的襪口 → 以雙手將襪口以漸進方式擠進腳尖
5. 擠進腳尖的襪口 → 腳尖套進襪尖
6. 腳尖套進襪尖的襪口 → 將襪口拉套過腳後跟
7. 套過腳後跟的襪口 → 襪身往上拉
8. 上拉的襪身 → 整理穿好的襪子
S^R+
前向連鎖
1. 襪子 → 拿自己想穿的襪子
S^+
1. 襪子 → 拿自己想穿的襪子
2. 想穿的襪子 → 辨識（正、反、上、下……）
S^R+……
倒向連鎖
8. 上拉的襪身 → 整理穿好的襪子
S^+
7. 套過腳後跟的襪口 → 襪身往上拉
8. 上拉的襪身 → 整理穿好的襪子
S^R+……

註：S^{R+} 表示正增強，……意指下面步驟以此類推。

關於連鎖策略的設計步驟，包括以下三個：一是**建構**與**檢驗工作（或活動）分析**，於第 5 章已討論工作（或活動）分析，建構完工作（或活動）分析後，還要檢驗該行為或活動步驟是否適合學生，如果不適合，則修改步驟。二是**評量學生的初始表現**，評量方法包括單一機會法和多重機會法（J. O. Cooper et al., 2020），於第 5 章已詳述。三是**決定如何運用連鎖策略教導行為**，包含決定連鎖策略的類型，以及搭配採用的其他策略。三種連鎖的優點、適用性和限制如表 9-17。選用哪一種連鎖策略是依

表 9-17　三種連鎖的優點、適用性和限制

連鎖的類型	優點	適用性	限制
整體工作呈現法	1. 避免花太多時間在某個「刺激—反應」環節的單獨訓練，而聚焦於全部行為連鎖的教導，因此可以讓學生更快學會。[a] 2. 可讓學生理解學習此行為連鎖的意義。[a]	1. 教導的行為連鎖簡短、不複雜。[b] 2. 學生可獨立完成行為連鎖中的許多「刺激—反應」環節，但是有困難依順序串連所有環節。[c] 3. 學生具備模仿能力。[c]	教導的行為若冗長且複雜，則較費時，專注力弱的學生會有困難執行全部的行為連鎖。
前向連鎖	1. 可以將小單位的「刺激—反應」環節，連結成大單位的「刺激—反應」環節。[a] 2. 簡單易行，教師容易在教室中執行。[a] 3. 可以單獨訓練學生有困難的某個「刺激—反應」環節。[a]	1. 教導的行為很冗長或複雜，可以分成幾個大的部分。[b] 2. 教導的行為步驟由易而難排列。[b]	不能讓學生滿足其生活上的立即需求，理解學習此行為的意義。[a]
倒向連鎖	1. 可以單獨訓練學生有困難的某個「刺激—反應」環節。[a] 2. 學生在行為連鎖的每個「刺激—反應」環節中，都會接觸到終點的增強物，可提升學生的學習動機。[a] 3. 刺激在增強物之前立即出現，會增加它的區辨特性。[a] 4. 對已精熟部分「刺激—反應」環節的學生，可採用跳躍式的倒向連鎖，以減少教學時間。[a]	1. 教導的行為很冗長或複雜，可以分成幾個大的部分。[b] 2. 教導的行為步驟由難而易排列。 3. 學習動機低落的人。	對於參與較被動的學生，可能會限制其學習整個行為的數量。

註：表中特定註記代表該論點整理的文獻來源，[a] J. O. Cooper 等人（2020）；[b] Miltenberger（2019）；[c] Test 等人（1990）。

據工作（或活動）分析評量的結果、考慮教導的行為連鎖是簡短或繁複、「刺激—反應」環節難易度的排列，以及學生的起點狀況、學習特徵和需求。

除了上述三種連鎖外，J. O. Cooper 等人（2020）指出某些行為連鎖是不適當的，例如：飲食過量，教師可藉由**行為連鎖中斷策略**（behavior chain interruption strategy，簡稱 BCIS）**破壞不適當的行為連鎖**，有三種中斷方式。

（1）找出引發不適當行為連鎖的初始區辨性刺激，改變此區辨性刺激，或以新的區辨性刺激取代它。個體會暴飲暴食，不只是因為食物的誘惑力，而且還有其他伴隨食物的刺激，例如：電視和聊天的朋友，邊看電視、邊聊天、邊吃東西，它們增強了食慾。因此，不是要完全消除吃東西的行為，而是規定在嚴謹的刺激範圍內才能吃東西，像是只能在獨自一人的時段、遠離電視的位置吃東西。

（2）擴展行為連鎖，例如：飲食過量的不適當行為連鎖，出現在個體尚未咀嚼完口中的食物，就準備好吃下一口；因此，藉由擴展行為連鎖，要求個體在前一口和吃下一口食物間，增加「將餐具放在桌上」的步驟。

（3）建立時間延宕，例如：要求個體在吃下一口食物前「延宕 3 至 5 秒」，以中斷「飲食過量的行為連鎖」。

依據 J. O. Cooper 等人（2020），舉例來說，一位教師教導一位中度智障者清理餐桌，他接受四個「刺激—反應」環節行為連鎖的教導後，可以精熟地表現清理餐桌的行為；然而到了職場工作，出現在空桌上而不是在推車上清理髒盤子的行為。本來的步驟是髒盤子在推車上（區辨性刺激）才要清理盤子，但他看到髒盤子在空桌上（非區辨性刺激）就清理盤子。分析這位中度智障者錯誤行為的原因為，髒盤子在推車上（區辨性刺激）和髒盤子在空桌上（非區辨性刺激）二者同時存在，且表現「刺激—反應」環節的時間點太接近，以至於他產生混淆的情形；加上應用情境可能出現某些於教學情境不會有的新奇刺激（例如：消費者進進出出、髒盤子和垃圾量非常多、職場人員催促他動作快、同事可能給他不一樣的指導等），分散他的注意力，擾亂行為連鎖的次序。此可藉由擴展行為連鎖，從四個「刺激—反應」的環節擴展為六個，且運用改變區辨性刺激的策略，將清理髒盤子的反應，安排於「髒盤子在廚房水槽」此區辨性刺激之後，在第五個「刺激—反應」環節，此刺激和「髒盤子在空桌上」有明顯的差異，且存在於不同空間，表現的時間點有段距離，因此可避免他混淆。另外，增加把托盤放在桌上及將髒盤子置於托盤裡兩個步驟，它會比放髒盤子在推車上容易執行，尤其是在髒盤子和垃圾量非常多的情況下。除此，還要留意新奇刺激對他產生的影響，教導他區辨和因應新奇刺激。

另外，教師可藉由**行為連鎖中斷策略教導另一項標的行為**（J. O. Cooper et al., 2020）。舉例來說，Albert 等人（2013）的研究帶一位學生去自助餐廳點餐，學生沒有看到餐盤，此時教導他詢問服務生：「餐盤在哪裡？」這項標的行為。

3. 影響連鎖策略實施成效的因素及使用原則

關於影響連鎖策略實施成效的因素及使用原則，影響因素包括以下六點，我進一步探討其使用要注意的原則。

（1）**工作（或活動）分析的步驟是否適切**，如果不適切，會影響連鎖的成效（J. O. Cooper et al., 2020）。因此，宜確認行為或活動的每個「刺激—反應」環節，以及環節宜以合適的次序呈現。

（2）**如果個體有困難，有無搭配使用合適的教學提示策略**，會影響連鎖的成效（Schloss & Smith, 1998）。因此，在執行過程中若個體有困難，則可以給予教學提示，待技能養成後，再逐步褪除教學提示。

（3）**自然情境的區辨性刺激是否和訓練情境者相同**，如果不相同，會影響連鎖的成效（J. O. Cooper et al., 2020）。因此，盡可能於教學情境中，安排自然情境常出現的相關區辨性刺激，並且教導如何因應刺激的變化。

（4）**在執行過程中是否出現不相關刺激和例外狀況**，會影響連鎖的成效（J. O. Cooper et al., 2020）。因此，宜教導個體區辨不相關刺激，以及因應例外狀況。

（5）**是否正確示範技能的連鎖**會影響連鎖的成效；因此，教師宜正確示範「刺激—反應」環節，且確保個體都有做到每個環節（G. Martin & Pear, 2019）。

（6）依據 J. O. Cooper 等人（2020），**教師是否在正向行為後提供學生正增強，錯誤反應後給予矯正性回饋**，會影響連鎖的成效。因此，個體產生正向行為，教師宜立即給予正增強，而且要注意避免錯誤地增強不適當的行為連鎖。個體產生錯誤反應時，教師宜立即給予矯正性回饋。

（六）回饋

回饋意指將評鑑的訊息提供給個體，如此可以促使個體維持正向行為，或自我修正不適當的行為，以符合他人期望（Schloss & Smith, 1998）。回饋包括**正向**和**矯正性回饋**兩種，正向回饋是指針對個體適當行為給予正面的評價，即「讚美」；矯正性回饋是指針對個體不適當行為或錯誤反應提供矯正的訊息，讓個體知道什麼是不適當行為或錯誤反應和其理由，以及什麼是正向行為或正確反應和其後果（Houten, 1998）。Mastropieri 和 Scruggs（2005）針對學生不同的反應提供回饋的建議如表 9-18。

表 9-18　針對學生不同的反應提供回饋

學生的反應	回饋
正確	1. 明顯地向學生表示：「你在____方面做對了。」 2. 不用過多的詳述。 3. 在步調快速的練習活動中，回饋可以少一點。
部分正確	1. 正向回饋學生做對的部分。 2. 提供教學提示或重述問題。 3. 給予正確的答案；或是若有必要，叫另一位學生回答或表現，之後再叫這位學生回答或表現。
不正確	1. 簡明地向學生表示：「你在____方面的反應不正確。」 2. 對於明顯不知道如何反應的學生，避免繼續探測他的反應。 3. 給予正確的答案，或是叫另一位學生回答或表現。 4. 切忌批評學生，除非不正確的反應是由於不專心、缺乏努力，或拒絕遵循指示，宜審慎地給予表現肇因的回饋，引導改進的方向。
無外顯反應	1. 進一步了解學生無反應的原因。 2. 引導學生外顯的反應。 3. 當學生外顯反應是正確或不正確，則依照前述的建議回饋。

註：修改自 Mastropieri 和 Scruggs（2005, p. 16），修改處為加入序號，以及部分文字的敘述。Pro-ed 於 2005 年的版權，同意授權修改。

給予正向回饋時宜注意以下七點原則：（1）設定適合個體起點行為的目標，處理人員再針對個體在此目標上的表現給予回饋（Schloss & Smith, 1998）；（2）立即回饋；（3）回饋宜具體、客觀描述，加入個體名字，讓個體清楚明白回饋的內容（Houten, 1998; Maag, 2018; Schloss & Smith, 1998）；（4）回饋要讓個體感受到處理人員的熱情，而不是表面、冷冰冰的回饋，並且要有變化，避免個體產生厭膩感（Maag, 2018）；（5）個體達到相同的目標，他得到的回饋是一致的（Schloss & Smith, 1998）；（6）引導同儕給予個體回饋（Schloss & Smith, 1998）；（7）除了給予個人回饋外，也要給予團體回饋，以增進團隊合作的精神。

而在給予矯正性回饋時，要注意以下六點原則：（1）立即回饋（Houten, 1998; Schloss & Smith, 1998）；（2）確定肢體動作和臉部表情，均與口語傳達一致的訊息（Houten, 1998）；（3）為顧及個體的尊嚴，盡量在私底下實施矯正性回饋，使用個體可以聽到的音量即可（Friend & Bursuck, 2019）；（4）給予矯正性回饋時，宜留意平衡地給予正向回饋（Schloss & Smith, 1998）；（5）秉持堅定、正向、對事不對人的態度，以平和的語調，直接、簡潔明確、個體能了解的語言傳達（Friend & Bursuck, 2019; Houten, 1998），切忌嘮叨和謾罵，以及羞辱、諷刺等評斷用語，讓個體知道是他的某項行為不適當或反應不正確；（6）指出此時此刻的行為或反應，而不要舊事重提，如思考問題 9-4 的討論。

思考問題 9-4　矯正性回饋宜注意之處

E/BD 的阿俊，時常未舉手就發問，以下是三位教師給予的矯正性回饋，它們是否適當？

教師 A 說：「我知道你因為太感興趣而急著想問問題。」

教師 B 說：「昨天我已經告訴你：不可以沒舉手就發問，你又犯了。」

教師 C 說：「你沒舉手就急著問問題，像幼兒園小朋友。」

☞ **三位教師的矯正性回饋都不適切，教師 A 未直接針對阿俊的不適當行為進行回饋；教師B未指出此時此刻的行為，而是舊事重提；教師C採用諷刺的用語。我建議的回饋如下：**「阿俊，我很高興你對這個主題感興趣**【正向回饋，使它和矯正性回饋間取得平衡】**，但是你沒舉手就發問，老師正在說的話會被突然打斷，老師和同學也無法專心聽取你的問題**【矯正性回饋：不適當行為和後果】**。我需要你舉手再發問，這樣老師和同學才有聽你發言的心理準備**【矯正性回饋：正向行為和後果】**。」

回饋的方式可以採口語、文字、圖表或錄影回饋等，例如：Embregts（2002）發現，採取錄影回饋可以具體呈現個體的社會行為表現，並且再進一步教學。

（七）演練

在教導一項新行為時，除了使用示範、提示等方法外，處理人員也會使用演練策略，包括**言語複誦**和**行為演練**。言語複誦是指讓個體說出或寫出正向行為的步驟（Manning, 1991）。而行為演練是指讓個體實際演練正向行為的步驟，包括**模擬**和**自然情境的行為演練**，使用行為演練宜注意的原則如下（Schloss & Smith, 1998）。

1. 清楚界定欲演練的行為。
2. 找出行為的自然提示。
3. 找出行為的自然後果。
4. 使用自然情境的行為演練時，宜找出自然提示和自然後果都會出現的演練時間。
5. 使用模擬情境的行為演練時，宜盡可能安排與自然情境相似的模擬情境。
6. 建立演練計畫，配合使用示範、提示、行為塑造、回饋和增強等策略。

7. 個體在演練較為複雜的內容時，可能會感到困難；處理人員可以將其細分成幾個較簡單的步驟，逐一演練。
8. 依個體的能力和需求，提供充分的演練次數。一個新行為要經由不斷的回饋、演練，才能逐漸熟練，處理人員千萬不要以自己的能力水準，判斷個體需演練的次數，不足的演練次數常使個體臨場無法表現正向行為。
9. 當行為養成後，可逐步褪除演練計畫中的其他策略。

（八）行為後效契約

行為後效契約是處理人員與個體之間的一種承諾，藉以促進正向行為，或減少行為問題；一份良好的契約包括以下七個重要內容：（1）達成的目標或標準；（2）記錄行為的方式；（3）個體須表現的正向行為和處理人員的職責；（4）達到或未達目標的後果，以及持續維持正向行為可獲得的獎勵；（5）執行目標的起訖日期；（6）評鑑或重新協商契約的日期；（7）個體和處理人員的簽名及契約的生效日期（Schloss & Smith, 1998），一個「行為後效契約」的格式如附錄 49。綜合文獻（R. V. Hall & Hall, 1998a; Schloss & Smith, 1998），訂定行為後效契約宜把握以下十個原則。

1. 選定重要的正向行為作為目標，而且宜注意此正向行為是否為個體能力所及。
2. 是雙方協商的結果，考慮個體的興趣和希望達到的目標。
3. 清楚地敘寫契約，並且由雙方簽字認可。
4. 有明確的開始和結束時間。
5. 宜以正向的語句描述，像是「如果我做到……，那麼我就可以……；如果我未做到……，那麼我就要……。」
6. 具體載明個體表現的正向行為和標準，以及處理人員的職責（包含工作項目和提供的行為後果）。
7. 當個體實施契約有進步時，宜予以鼓勵。
8. 若有必要，則可以協商和修訂契約。
9. 提供和保存履行契約的紀錄。
10. 在正向行為建立後，宜漸近地褪除契約。

（九）提示—褪除

提示—褪除策略係指，**褪除提示的形態和程度**，包括（J. O. Cooper et al., 2020; Westling et al., 2021）：第一，**從教學提示褪除至自然提示**。第二，**在教學提示中，由最多量的提示類型逐漸褪除至最少量的提示類型**，例如：從身體提示褪除至言語提示。第三，**在同一類型的教學提示中，由最完整或明顯的提示，褪除至較不完整或明顯的提示**，例如：從直接言語提示褪除至間接言語提示；從完全身體提示褪除至部分身體提示；在刺激提示中，藉由逐漸撤除額外明顯的訊息，以褪除刺激提示的程度，這是一種**刺激褪除**策略，像是逐漸褪除刺激突出點和外形的改變（例如：擴大和加粗的部件會變回原樣、部件的突出點變模糊、會提示正確反應的刺激外形變回原樣）、仿字顏色（例如：變淡），或虛線的緊密度（例如：虛線的緊密度變鬆），以協助學生寫字等。刺激褪除策略除了運用於建立正向行為外，亦可應用於減少行為問題，它是指褪除「嫌惡刺激的消除」，第 7 章第 2 節已敘述。第四，**在同一個教學提示中，提示的數量逐漸減少**，包含頻率（例如：言語提示的次數、視覺提示的步驟數）；時間（例如：給予延宕提示的時間）；位置，在身體提示中，逐漸改變身體提示的位置，即**空間褪除**（spatial fading），例如：教師將手接觸學生的左手，漸進地改變至左手腕、左手肘，最後至左手上臂，部分引導他穿進外套的左衣袖裡，這時提示的位置逐漸拉遠。另一種是從手放在下面的協助，改變成**尾隨**（shadowing），即教師的手距離學生的身體約 1 英寸的距離，緊跟著學生的動作，但不碰觸。從完全身體提示褪除至部分身體提示，再逐漸改變身體提示的位置，即逐漸改變的身體引導，示例如圖 9-17。示例 9-5 另呈現不同提示—褪除之教學目標示例。

圖 9-17　逐漸改變的身體引導示例

最多（↑ 提示量 ↓）最少

1. 完全身體提示
2. 部分身體提示——對學生左手提供肢體接觸的線索
3. 部分身體提示——對學生左手提供腕關節的線索
4. 部分身體提示——對學生左手提供手放在下面的協助
5. 褪除部分身體提示——尾隨學生的左手
6. 褪除部分身體提示——對學生左手進行空間褪除，教師從尾隨學生的左手，改變至尾隨左手腕
7. 褪除部分身體提示——尾隨學生的左手肘
8. 褪除部分身體提示——尾隨學生的左手上臂
9. 褪除全部的身體提示

最高（↑ 需要協助的程度 ↓）最低

示例 9-5 教學提示的形態和數量之撰寫

a. 在教師**間接言語提示一個步驟**下，能清洗個人的餐具。
b. 在 40 分鐘的課堂時間中，能專注聽講、寫作業或接受評量，教師的**直接言語提示在五次以內**。
c. 在教師**三個步驟**的**視覺提示**（提供參與團體活動步驟的照片）下，能完成參與團體的活動。
d. 在教師**直接言語提示**下，能使用溝通圖卡獲得想要的東西，但教師**延宕提示的時間至 10 秒**。
e. 在**教師手尾隨身體約 3 公分的距離**下，能穿套頭無鈕扣的 Polo 衫。
註：畫線中黑體為提示—褪除的形態和數量。

綜合文獻（J. O. Cooper et al., 2020; Westling et al., 2021），使用提示—褪除策略宜注意的原則如下：（1）使用前宜確定行為是否已精熟，已穩定或精熟即可褪除教學提示，褪除得太慢，學生會產生提示依賴；（2）宜考量是否有足夠時間，使學生發展出自然提示與行為之間的連結關係；（3）在褪除的同時，逐步協助學生發展自我控制的策略；（4）宜循序漸進，不可操之過急，褪除得太快會增加錯誤機率；（5）提供足夠的機會在自然情境中練習。Cengher 等人（2018）系統回顧 1973 至 2014 年間，針對 ASD 和發展障礙者，採用提示—褪除策略的 45 篇和 46 個研究後發現，提示—褪除策略對增進行為的獲得上，整體來說是有效的。

（十）系統減敏感法

系統減敏感法可以培養個體因應環境中令人不舒服的刺激，以減少負向的情緒（Wolpe, 1992）。Wolpe 指出，系統減敏感法已有效處理以下幾方面的恐懼和焦慮：公開場合說話、參與大團體的聚會、坐飛機、上學、考試、動物、高度、水等。系統減敏感法係將會引起個體焦慮的各種刺激或情境，建立一套焦慮層次，然後逐層教導其減輕或消除對這類刺激的敏感度（陳榮華，1986）；目標是使個體在充分放鬆的心情下逐漸接近懼怕的事物，俟其對於懼怕事物的敏感度逐漸減輕，甚至完全消失為止。使用要領為：（1）確定個體焦慮的來源、情境和反應等；（2）配合肌肉鬆弛訓練；（3）依個體懼怕事物的刺激強度，建立階層，並由低階逐步至高階刺激進行減除敏感；（4）採漸進原則，使個體逐漸接近懼怕的刺激或類化刺激（Miltenberger, 2019），如示例 9-6。使用系統減敏感法時，也可配合使用**情緒想像**（emotive imagery），藉著心靈圖象制約正向情緒反應，例如：大平非常怕狗，讓他想像一條狗，有著像地毯般的毛，非常安詳地躺在他面前，牠的毛摸起來很舒服。

示例 9-6　系統減敏感法中的焦慮層次舉例

1. Schloss、Smith、Santora 和 Bryant 於 1989 年針對一位智障男性，害怕談論異性話題的行為，建立焦慮層次如下，而後由低階至高階刺激逐步進行減除敏感（引自 Schloss & Smith, 1998, p. 120）：
   （1）告訴他一個描述異性之故事。
   （2）談論男人與女人間之差異。
   （3）談論婚姻關係。
   （4）討論如何與異性交談。
   （5）討論如何與異性做身體的接觸（例如：握手）。
   （6）討論如何與異性做身體的接觸（例如：擁抱）。
2. Deffenbacher 和 Kemper（1974）針對一班 28 位，有考試焦慮的國中生，建立的焦慮層次如下，而後由低階至高階刺激逐步進行減除敏感：
   （1）你來班級上課。
   （2）你聽說某人將接受一個考試。
   （3）你在家複習功課，你們正在閱讀平時做的作業。
   （4）你在班上，教師宣布再過 2 週將有一個考試。
   （5）你在家複習功課，以準備 1 週後的考試。
   （6）你在家複習功課，以準備 3 天後的重要考試。
   （7）你在家複習功課，以準備 2 天後的重要考試。
   （8）你與另一個同學討論明天的考試。
   （9）你在家複習功課，以準備明天的考試。
   （10）今天要考試，你剩下 1 小時可以準備。
   （11）今天要考試，你一直在複習功課，現在正走到考場準備應試。
   （12）你在考場的外面，與其他同學討論即將到來的考試。
   （13）你正坐在考場裡，等待試卷的發放。
   （14）你正離開考場，與其他同學檢討剛才考試的答案，你和他們的答案很多不一樣。
   （15）你正坐在教室，等待教師發回已批改好的試卷。
   （16）就在考前，你聽到一位同學正詢問你一個可能的考試問題，而你不會。
   （17）你正在接受一個重要的考試，當你費盡心思想答案時，你發現你身旁的每個人都振筆疾書。
   （18）當你正在應試時，你遭遇到一個你不會回答的問題，你留下空白。
   （19）你正在接受一個重要的考試，教師宣布離考試終了只剩 30 分鐘，而你還需 1 小時才能完成。
   （20）你正在接受一個重要的考試，教師宣布離考試終了只剩 15 分鐘，而你還需 1 小時才能完成。

使用系統減敏感法時，要注意界定所有引起個體焦慮的刺激，而後建立一套焦慮層次；若未完全界定所有焦慮來源，則會如插畫 9-2，個體原來害怕的是所有毛絨絨的東西，並非只是貓咪身上的毛。

Love 等人（1990）針對兩位學前自閉症兒童的特殊恐懼症（害怕到戶外和用水龍頭沖水），使用母親作為參與治療者，採取系統減敏感法，讓母親示範逐步接近自閉症孩子害怕的刺激，並且引導其接近。若做到則給予社會增強，結果有效降低他們的恐懼行為，並且分別在 5 和 12 個月後追蹤發現，他們都能維持處理的效果。

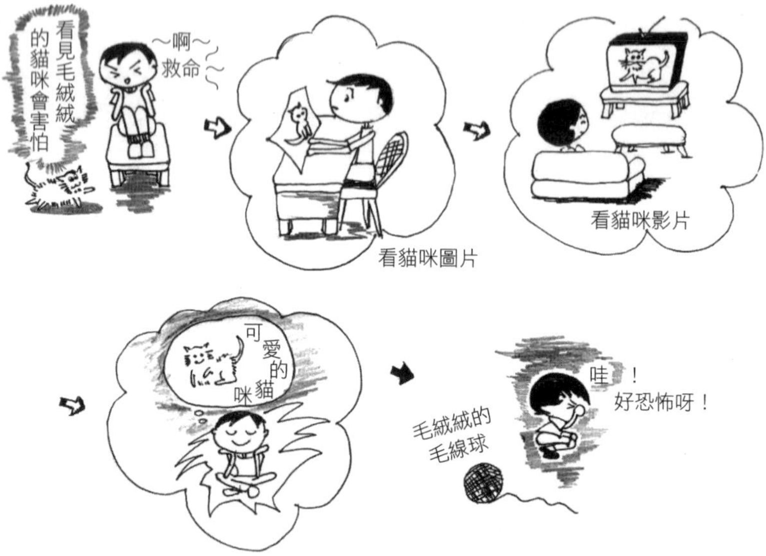

插畫 9-2　未界定所有引起個體焦慮之刺激產生的後果
使用系統減敏感法時，要注意界定所有引起個體焦慮的刺激。

（十一）肌肉鬆弛法

肌肉鬆弛法是系統減敏感法的基礎（Schoenfeld & Morris, 2008）。當個體處於焦慮、憤怒等負面的情緒狀態下，處理人員可以教導肌肉鬆弛法，達到緩和情緒、自我冷靜的效果（Shapiro, 1996/1998）。Jacobson 於 1938 年出版《漸進式放鬆》（*Progressive Relaxation*），乃肌肉鬆弛法的先鋒；據他的觀察，有壓力者常常肌肉很緊，可以利用漸進式的放鬆練習減低壓力，亦即逐步拉緊、再放鬆每一個隨意肌，一直到全身的肌肉都有放鬆的機會，如此可以幫助個體了解拉緊和放鬆二者的差別，且內心的焦慮和憤怒也會煙消雲散（引自 Schloss & Smith, 1998, pp. 121–122）。

肌肉鬆弛法的步驟如下：（1）找到一個「安靜的場所」，要是真找不到，可以使用其他鎮定的活動，例如：到外面空氣新鮮的地方散步、坐在搖椅或鞦韆上輕輕地搖動；（2）找一個舒服的地方可以坐或躺下來，盡量地使個體感到舒服自在；（3）解釋肌肉鬆弛的用意；（4）要個體做一次深呼吸；（5）進入**拉緊—放鬆循環階段**，逐步拉緊和放鬆手指、手臂、肩膀、腿部，一直到全身的肌肉都放鬆為止；（6）進入**只是放鬆**階段，目的是要讓個體進入更深度的放鬆，個體不再進行拉緊和放鬆循環，只注意每個肌肉部位，讓它愈來愈放鬆；（7）進入**深度放鬆**階段，讓個體全部的身體放鬆，只專注在想像的愉快情景上，例如：想像在一個晴空萬里的日子，躺在樹蔭下的草地上等（Schloss & Smith, 1998）。Mullins 和 Christian（2001）的研究發現，「漸進式放鬆」能減少一名 10 歲自閉症者異常發聲和自傷行為，他們並建議宜在容易出現行為問題的前事，讓個案先進行放鬆練習。此外，處理人員宜先教導個體運用肌肉鬆弛法調整情緒，而不是在未事先教導下，即於個體情緒爆發時貿然使用。

上述 ABA 教導策略中，Creem 等人（2022）回顧文獻提及，**教導互動程序**（teaching interaction procedure）和**行為技能訓練**（behavioral skills training）應用於 ASD 者，除了教學外，還運用示範、演練和回饋策略；教導互動程序另加入學習互動技能的理由，以及適當和不適當互動技能的區辨。Leaf 等人（2015）的系統回顧研究發現，二者皆為 EBP。

貳、認知模式的教導策略

認知模式的教導策略包括社會故事、心智理論（theory of mind）教學，以及力量卡策略（power card strategy，或譯為「充電卡策略」）三種，詳述如下。

一、社會故事

以下探討社會故事的意涵和研究。

（一）社會故事的意涵

社會故事是由 Gray（1994）為 ASD 者發展的，乃家長或教師用文字敘述自閉症者感到困難的社會情境，並撰寫成故事；故事中會描述特定情境中的社會線索，以及環境要求的適當反應。有效撰寫與運用社會故事的步驟包括：（1）設定社會技能；（2）蒐集訊息，如活動中的社會線索；（3）設定情境，確認個體感到困難的情境，例如：個體有問「WH」問題的困難，則社會故事中使用「WH」問題作為主標題或副標題，在故事中回答「WH」問題；個體有困難解釋社交情境中的社會線索，則在故事中解釋人們的動機和行動，並涵蓋詳細的社會脈絡和訊息；（4）和個體分享觀察到的，例如：某事件中其他人的觀點、看法與適當反應為何；（5）支持新學到的社會技能，使個體的重要他人也能了解社會故事呈現的意義，並支持和參與個體社會技能的發展（Gray, 1995）。編寫社會故事時，會使用六種句型，我整理如表 9-19。

表 9-19 社會故事的句型

句型	意義和示例
描述句（descriptive sentences）	描述事件發生的背景與原因，或指出與情境有關的特徵，出現頻率最高，例如：下課了，我看到心萍在走廊上跟阿英說話，我想找心萍玩，可是她最近都不理我。我以前拉心萍的頭髮，是想和她打招呼，希望她能跟我玩。
觀點句（perspective sentences）	描述特定情境裡其他人的想法、感覺或動機的句型，盡量具體描述他人的觀點，來協助 ASD 者設身處地揣摩。此外，觀點句也可以用來描述泛自閉症者的內在感受與觀點，例如：可是我用這個方法，心萍不但不和我玩，還大聲喊痛，並且報告老師；然後，就不理我了，表示心萍不喜歡我抓她的頭髮。
指示句（directive sentences）	在故事中用來建議 ASD 者可採取的反應或選擇；此類句型雖然是故事的核心主旨，卻應限制其出現的比例，以避免因過度強調而引起 ASD 者的排斥感，例如：我最好先看看心萍現在在做什麼，如果她和同學在講話或者在玩；那我就先不要去找她，因為她可能沒有空理我。如果心萍現在沒有在做什麼，我想我可以走到她的旁邊，微笑地看著她，並且小聲地跟她說：「嗨！心萍。」等她轉過頭來看我，我就有機會問她要不要跟我一起玩了。
肯定句（affirmative sentences）	具有提醒或安撫的作用，強調普遍的價值觀或規則，讓 ASD 者了解社會對某項行為的看法；通常肯定句會緊跟在一個描述句、觀點句或指示句之後，就像是個附加的句子一樣，例如：不要抓心萍的頭髮【指示句】，這樣她才不會喊痛，也才不會不理我【肯定句】。
控制句（control sentences）	從 ASD 者的觀點，指出在社會情境中，他們可以選用哪些策略來幫助自己記得要表現的行為，例如：當我想找心萍玩時，我要記得提醒自己：「沒有一個人喜歡被抓頭髮，我要用『打招呼和詢問』的方式。」
合作句（cooperative sentences）	用來描述在 ASD 者學習新的技能時，將會得到什麼樣的協助，同時也提醒教師、家長、同儕或專業人員可以如何協助 ASD 者。在個體對故事較為熟練之後，合作句也可以改成類似「填充題」的形式，讓個體選擇他喜歡的協助方式，例如：如果我用了「打招呼和詢問」的方式，心萍還是不理我時，我可以請教老師，老師可以幫助我。

註：社會故事的句型的意義乃綜合整理自楊蕢芬（2005）、Gray（1995, 2000）及 Rowe（1999）的文獻；示例乃參考我指導之研究生——林宛儒（2005）撰寫的社會故事增修而成，讀者串聯每一個句型的例子，可以形成完整的社會故事。

綜合文獻（楊蕢芬，2005；Gray, 1995, 2000; Sansosti et al., 2004; Swaggart et al., 1995），社會故事的撰寫宜注意下列原則，這些原則可反映社會故事的內容效度，「社會故事內容效度問卷」如附錄 50。

1. 撰寫的社會故事符合學生的需求或行為的功能。
2. 描述句的內容能夠盡量接近事實，並且具體指出情境中的重要特徵，如思考問題 9-5。
3. 撰寫社會故事時能注意避免使用「一定會發生」的語氣，而是採用「有時、經常、可以」等，並且盡量符合現況。

思考問題 9-5　撰寫社會故事宜注意的原則

一篇研究社會故事的部分內容如下：「我應該在打擾到別人的時候，才說對不起。沒有打擾到別人的時候，不必說對不起。」是否適切？

☞ 此社會故事有兩點不適切之處：第一，什麼叫做打擾到和沒有打擾到別人，研究者未具體描述出來；我建議具體描述，該研究參與者面對打擾和沒有打擾之社會情境的重要特徵。第二，研究者用了「應該」、「不必」這些用詞，不符合指示句「宜以不武斷語氣描述」的原則；我建議將「應該」、「不必」分別改成「最好」、「可以不用」。

4. 指示句能夠盡量與事實吻合，而且以不武斷的語氣、彈性的句子描述，如思考問題 9-5。
5. 觀點句宜是一般人，而不是特定人士的觀點。
6. 某些句型（例如：合作句、控制句）可採取填充式的「部分句」，讓學生填入他的觀點、選擇和作法。
7. 符合社會故事的句型安排比率，亦即每二至五個描述句、觀點句、肯定句或合作句，搭配零至一句指示句或控制句。
8. 社會故事中要包括引言、主要內容和結語。
9. 社會故事的每一頁只描述一個社會情境。
10. 社會故事中欲教導的正向行為要符合學生的能力、特質、問題情境和功能。
11. 使用正面的語彙描述欲教導的正向行為。
12. 使用第一人稱來寫作。
13. 若要描述他人的錯誤行為，則採用第三人通稱，不特別指明是某人表現此行為。
14. 使用具體、學生能理解的語彙來撰寫社會故事。
15. 對於閱讀文字有困難的學生，能使用具體、學生容易理解的圖畫來呈現社會故事。
16. 字體大小適合學生閱讀。
17. 社會故事的標題活潑生動，能引起學生閱讀的興趣。
18. 社會故事的長度適合學生的閱讀能力。
19. 教導社會故事的時間，能配合故事內容發生的情境。
20. 教導社會故事後，能檢核學生是否了解故事中的每句話或圖畫之意思。
21. 當學生學會社會故事之後，能藉由延宕閱讀社會故事的時間，或逐漸減少社會故事中句子的數量，以逐步褪除社會故事。

（二）社會故事的研究

研究發現單獨使用文字，或文字加圖片或照片形式的社會故事，對 AD/HD 和 ASD 者有以下效益：減少行為問題（例如：尖叫、哭鬧、發脾氣、干擾、攻擊、不適當的社交行為；吳秀雲，2008；林宛儒，2005；黃郁茗，2008；謝翠菊，2006；Adams et al., 2004; Crozier & Tincani, 2005; Kuoch & Mirenda, 2003; Okada et al., 2008; Ozdemir, 2008; Quality, 2007; Reynhout & Carter, 2007; M. F. Rogers & Myles, 2001; Scattone et al., 2006），預防行為問題（Kuttler et al., 1998; Sunarsih & Susila, 2020），增加溝通和社會技能及社會適應（例如：解讀社會情境的線索、打招呼、分享、輪流、開啟對話等社會互動行為；李玉鳳，2008；吳庭妤，2006；周佩樺，2008；梅雅翔，2006；陳淑娟，2005；郭雨生，2004；陳淑萍，1999；楊千慧，2008；葉琬婷，2004；廖肇瑞，2007；蔡佳芬，2007；羅素菁，2006；劉碧如，2004；鐘淑華等人，2003；蕭麗珠，2004；Chen, 2018; Norris & Dattilo, 1999; Thiemann & Goldstein, 2001），提高專注行為（王嘉珮，2013），撫慰心靈、解決睡眠問題（Moore, 2004），準備新奇的活動（例如：生日舞會、購物、玩不熟悉的玩具；M. L. Ivey et al., 2004）。另外，黃美慧和鈕文英（2010）描述和後設分析 2000 至 2009 年間，臺灣及國外 19 和 27 篇社會故事介入 ASD 者之成效，結果發現，臺灣社會故事具有「中等效果」，優於國外的「稍有效果」；對學齡前幼兒的實施成效最佳；對增加研究參與者正向行為之效果，優於減少負向行為者；單純使用社會故事的介入效果低於加入其他策略者。Camilleri 等人（2022）檢視 17 篇社會故事介入 ASD 者，進行系統回顧或後設分析的研究發現，社會故事對 ASD 者的效能不太一致，整體來說具有中度效果，且分析維持和類化成效的研究較不足，是未來研究待努力的方向。

社會故事不見得以文字的形式呈現，還可以採用**文字加圖片或照片**（Agosta et al., 2004; Barry & Burlew, 2004; Bledsoe et al., 2003）、**電腦輔助多媒體**（郭雨生，2004；廖肇瑞，2007；Chen, 2018; Hagiwara & Myles, 1999; Ozdemir, 2008; Sansosti & Powell-Smith, 2008）、**歌謠**（楊千慧，2008；Brownell, 2002）、**布偶**（梅雅翔，2006；M. F. Rogers & Myles, 2001）等形式。在發展社會故事的過程中，可以使用**概念圖策略**（concept diagram；李玉鳳，2008）、**同儕合作方式**（周佩樺，2008）。在教導社會故事的過程中，結合其他策略，包括**整合性遊戲團體**（葉琬婷，2004）、**家長提供協助**（Adams et al., 2004）、**錄製臉部表情**（Bernad-Ripoll, 2007）、**言語提示**（Crozier & Tincani, 2005; Scattone et al., 2006）、**社會性增強**（Reynhout & Carter, 2008）、**影片回饋或示範**（Sansosti & Powell-Smith, 2008; Scattone, 2008; Theimann & Goldstein,

2001）、**連環漫畫會話**（comic strip conversations; M. F. Rogers & Myles, 2001）等。介入地點不只在學校，亦可在家庭（Lorimer et al., 2002）。上述研究的參與者除了兩篇（林宛儒，2005；周佩樺，2008）為 AD/HD 者，Okada 等人（2008）包含 ASD 和 AD/HD 者外，其他均為 ASD 者。

二、心智理論教學

以下探討心智理論教學的意涵和研究。

（一）心智理論教學的意涵

心智理論乃推論他人的心智狀態，例如：信念、願望和意圖等，並且使用這些訊息解釋、了解或預測他人情緒、想法或行為的能力（Baron-Cohen & Howlin, 1993; Hill, 2004）。綜合文獻，我整理心智理論的教學內容如表 9-20。

心智理論和認知模式都提到信念，二者間的差異在於，心智理論的信念是指個體對外在人事物的觀點，根據什麼樣的資訊、知識會有此觀點，包括真實和錯誤信念：真實信念是指預測別人採取的行動是依據其所知的，別人的信念與自己的信念或事實一樣；錯誤信念是指知道人們的信念可能會和自己的信念或事實不一樣。個體的情緒來源與信念的關聯性在於，其信念（我想、我認為，或我相信⋯⋯）和願望達成間的吻合狀況。認知模式的信念是指，對實際發生、個體經歷，通常是不幸事件或情境肇因的解讀（我認為會發生這個事件是因為⋯⋯），它會影響個體的情緒或行為。個體的情緒來源是對不幸事件或情境的負面解讀，即非理性信念。

（二）心智理論教學的研究

我整理 1995 至 2021 年心智理論教學的研究發現，研究參與者年齡在 2 至 18 歲不等，其中以 8 至 11 歲的國小學齡兒童最多。以障礙類別來看，以 ASD 者最多。教學內容多著重於教導基礎心智理論，涉及教導高階心智理論的研究較少；且多以心智理論相關測驗為介入方案藍本，僅少數將研究參與者的日常生活事件作為教學內容。教學方式大多數為個別教學，少數為小組教學、小組結合個別教學。

在教學方法上，研究大多將心智解讀之原則和技巧步驟化，由易而難進行教學；並且因應 ASD 者視覺優勢的學習特徵，包括**圖片或照片指導**（林嵐欣，2013；黃玉華，2000；張金調，2002；張婕，2015；謝宛陵，2005；簡冠瑜，2011；N. Fisher & Happé, 2005；Gevers et al., 2006; Hadwin et al., 1996; Silver & Oakes, 2001; Swettenham,

表 9-20 心智理論的教學內容

項目	內容
	一、初階心智解讀能力之教導
A. 情緒之理解	（一）辨識情緒 1. 從「整個真人臉孔、照片臉孔、圖畫臉孔」辨識「基本」的情緒（高興、生氣、難過、害怕）。 2. 從「部分真人臉孔（眼神、嘴部）、聲音、表情和肢體動作」辨識「基本」的情緒（高興、生氣、難過、害怕）。 3. 從「整個真人臉孔、照片臉孔、圖畫臉孔」辨識「複雜」的情緒（尷尬、羞愧、嫉妒、內疚、驕傲、驚訝）。 4. 從「部分真人臉孔（眼神、嘴部）、聲音、表情和肢體動作」辨識「複雜」的情緒。 （二）了解情緒的來源 1. 辨識因「情境或事件」產生的情緒，例如：收到禮物會感到高興，不小心跌倒會感到難過。 2. 辨識因「願望」引起的情緒，也就是學生的情緒導因於其願望是否被滿足，有以下四種因願望引起的基本情緒：（1）獲得想要的事物，情緒是高興的，例如：一個人會高興是因為他得到他想要（want）的，屬「如願以償」；（2）未獲得想要的事物，情緒是難過的，例如：一個人會難過是因為他得不到他想要的，屬「事與願違」；（3）獲得不想要的事物，情緒是難過或生氣的，屬「忿忿不平」；（4）未獲得不想要的事物，情緒是高興的，屬「正中下懷」。 3. 辨識因「信念」引起的情緒，也就是學生的情緒導因於其信念和願望達成情形間之吻合狀況，有以下八種因信念引起的基本情緒：（1）認為（think）可能獲得想要的事物，而真的得到了，情緒是高興的，例如：一個人會高興是因為他認為可以獲得想要的事物，而他真的得到他想要的，屬「心想事成」；（2）認為可能獲得想要的事物，而實際上沒有得到，情緒是難過的，例如：一個人會難過是因為他認為可獲得想要的事物，而實際上沒有得到，屬「期待落空」；（3）認為可能不會獲得想要的事物，而意外得到了，情緒是高興的，屬「喜從天降」；（4）認為可能不會獲得想要的事物，而真的沒有得到，情緒是難過的，屬「果如所料」；（5）認為可能會獲得不想要的事物，但實際上未得到，情緒是高興的，屬「幸免於禍」；（6）認為可能獲得不想要的事物，而真的得到了，情緒是難過或生氣的，屬「果不其然」；（7）認為可能不會獲得不想要的事物，而真的未得到，情緒是高興的，屬「不出所料」；（8）認為可能不會獲得不想要的事物，但實際上得到了，情緒是難過或生氣的，屬「始料未及」。 （三）了解情緒和行為、行為和後果間的關係，以及選擇適當的行為來因應情緒 1. 由他人的情緒預測行為，由他人的行為預測後果。 2. 了解因應情緒所採取的行為之後果，選擇適當的行為來因應情緒，並對選擇的行為負責；最後由結果逆推行為選擇的適當性，並且檢視是否須修正行為。
B. 預測他人心智狀態訊息來源的辨識	1. 具備「視覺觀點取決」（visual perspective-taking）技能：層次 1 是能預測他人看到什麼（簡單的視覺觀點取決技能），是指教導學生理解：別人看到的事物和我們所見可能不同，取決於他們所在的位置，例如：在教師和學生之間拿起一張雙面圖卡（像是蛋糕／茶壺），詢問他：「你能看到什麼？」「我能看到什麼？」；層次 2 是能推斷別人的觀點，人們從不同的方式看事物，看到的是不一樣的，例如：當桌上放置一張面向學生的圖片（如大象）時，他能想像在桌子對面的人看到的是顛倒之圖片。另外，教導學生從別人眼神的方向，推論他正在想什麼或他可能想要什麼。

（續）

表 9-20　（續）

項目	內容
	2. 理解「看到導致知道」原則：是指教導學生理解「眼見為憑」的概念，人們必須透過視覺，才能對事物有進一步的認知，但如果沒看到，就不會知道，例如：唯有看過盒子內容物的人，才真正知道盒子裡裝的是什麼。 3. 具備「真實信念」：真實信念是指預測別人採取的行動是依據其所知的，別人的信念與自己的信念或事實一樣。 4. 理解「錯誤信念」：錯誤信念是指知道人們的信念可能會和自己的信念或事實不一樣。會產生錯誤信念的原因為，當事人不知道發生了某些事件（例如：物品移位、活動改變、缺少所需物品、突發狀況）而產生變化。
C. 假裝性遊戲的理解與應用	1. 分辨「外觀」和「真實」。 2. 理解「假裝」和「真實」之差別。 3. 能進行「假裝性遊戲」。
D. 初級錯誤信念之理解	1. 理解「初級錯誤信念」（first-order false belief）：初級錯誤信念是指，理解他人的信念可能會和自己的信念或事實不一樣，有五種初級錯誤信念：（1）當事人預期不會獲得想要的事物，但未知改變；（2）當事人預期會獲得想要的事物，但未知改變；（3）當事人預期會獲得不想要的事物，但未知改變；（4）當事人預期不會獲得不想要的事物，但未知改變；（5）當事人原先認為已知的事物或訊息，但未知改變。 2. 辨識因「初級錯誤信念」引起的基本情緒。
	二、高階心智解讀能力之教導
A. 次級錯誤信念之理解	1. 理解「次級錯誤信念」（second-order false belief）：次級錯誤信念是指，理解他人對第三者的信念可能會和自己、第三者的信念或事實不一樣，包括以下五種次級錯誤信念：（1）當事人預期第三者認為不會獲得想要的事物，但未知改變；（2）當事人預期第三者認為會獲得想要的事物，但未知改變；（3）當事人預期第三者認為會獲得不想要的事物，但未知改變；（4）當事人預期第三者認為不會獲得不想要的事物，但未知改變；（5）當事人認為第三者原先已知的事物或訊息，但未知改變。 2. 辨識因「次級錯誤信念」引起的基本情緒。
B. 非表面語意之理解	1. 理解「迂迴的問題」。 2. 理解「隱喻語詞」的意義。 3. 理解「諷刺語詞」的意義。 4. 區辨「玩笑」與「謊言」之差異。
C. 失禮情境之辨識	1. 辨識「失禮」和「非失禮」情境。 2. 能避免讓他人產生「尷尬」的狀況。
D. 人際互動情境語言之使用	1. 對特定的聽者交談適當的話題。 2. 依據聽者已經知道或需要知道的內容，調整對他們說話的內容。 3. 表現對談的禮節，例如：真誠、禮貌、相關和簡潔。 4. 與他人對話中保持適當的輪替。 5. 知道在特定情境說什麼話是恰當的，說什麼話是不恰當的。 6. 敏銳地察覺其他人在對談的貢獻。 7. 與他人互動時持續交談話題。 8. 改變話題時，能讓聽者有心理準備。

1996）、**電腦影片**（柯宥璿，2011；涂卯桑，2010；陳奕蓉，2009；蔡淑玲，2002；鄭津妃，2004；簡冠瑜，2011; Charlop-Christy & Daneshvar, 2003; Gaesser et al., 2018; LeBlanc et al., 2003; Silver & Oakes, 2001; Swettenham, 1996）、**照片結合思考泡泡**（Wellman et al., 2002）、**角色扮演**（柯宥璿，2011；涂卯桑，2010；陳奕蓉，2009；謝宛陵，2005；Hadwin et al., 1996; Ozonoff & Miller, 1995）、運用**腦中有照片**策略（N. Fisher & Happé, 2005; Wellman et al., 2002）、**結合家長進行教學**的策略（謝宛陵，2005；Gevers et al., 2006），以及利用**不同情境的演練**來增進遷移成效。

研究結果均顯示，心智理論教學能有效增進 ASD 者心智解讀能力，ASD 者在接受教學後，能順利通過心智解讀相關測驗。有研究認為 ASD 者僅學到通過測驗的原則，但囿於他們有困難將所學應用至日常生活中，故較無法在真實情境中表現心智解讀能力（Hadwin et al., 1996; Ozonoff & Miller, 1995; Swettenham, 1996）。

三、力量卡策略

以下說明力量卡策略的緣起與意義、發展、實施步驟，以及相關研究。

（一）力量卡策略的緣起與意義

在從事自閉症教學與研究多年後，Gagnon（2001）提出力量卡策略，並受到廣泛重視。隔兩年，由 Keeling 等人（2003）發表第一篇力量卡策略的研究。Gagnon 認為很多教學策略雖然對大部分 ASD 者具有效果，卻無法引起他們的興趣，在缺少動機的情形下，他們學習效果自然受到影響。Gagnon 在教導一位拒學的 ASD 女孩——Claudia 時，他發現其特殊興趣是《芝麻街》（*Sesame Street*）大鳥（Big Bird），於是以大鳥為主角編寫一個專心上課的社會故事，意外吸引 Claudia 的注意。之後，Gagnon 又製作一張小卡片，卡片上放了大鳥的圖片及簡單的指導語，結果成功改善 Claudia 拒學的問題。起初，Gagnon 將這項策略稱為「Claudia 的卡片」（Claudia's card），並將它應用到其他 ASD 者上，頗具成效，於是將它正式命名為「力量卡策略」。

對於 ASD 者而言，特殊興趣常是其強而有力的學習動機（Klin et al., 2007; Winter-Messiers, 2007）；而力量卡策略是利用 ASD 者的**特殊興趣或喜愛的英雄人物**作為學習動機，編寫成**簡短的個人化劇本**，並且提供他們**視覺線索**作為輔助，以協助他們理解社會情境，進而引導他們發展適當的社會行為（Gagnon, 2001; Keeling et al., 2003）。

依據 Gagnon（2001），使用 ASD 者的英雄人物或特殊興趣的目的有三：一為提供動機，這是最主要的功能；ASD 者較缺乏學習動機，但是提到他們的英雄人物或特殊興趣時，往往能吸引他們的注意。二為不具威脅性，比起「你必須這樣做」這種由上而下的命令，ASD 者更容易遵照這類劇本的指示。三為建立 ASD 者與其英雄人物間關係的連結；由於 ASD 者想仿效其英雄人物，他們比較可能照著英雄人物的建議去做。

（二）力量卡策略的發展

依據 Gagnon（2001），力量卡策略包含一個**簡短的個人化劇本**及一張**力量卡**，分別說明如下。

1. 簡短的個人化劇本

Keeling 等人（2003）整理出簡短的個人化劇本包含五項元素：第一，以 ASD 者的英雄人物或特殊興趣作為故事主角，用他們可以理解的語言水準，針對其感到困難的情境或行為問題，以現在式（描述現在發生的情境時）或未來式（預期即將發生的情境時）撰寫簡短的個人化劇本；第二，使用與 ASD 者之特殊興趣有關的圖片，如雜誌圖片、電腦合成照片、教師或學生的繪畫作品等；第三，在劇本中敘述英雄人物如何解決與 ASD 者類似經驗的問題，並且說明英雄人物表現正向行為的理由；第四，以三至五個簡單的步驟，說明 ASD 者的英雄人物如何解決這個問題，以及描述此英雄人物使用這個方法成功地解決問題；第五，鼓勵 ASD 者仿效其英雄人物，嘗試新的方法或行為。茲列舉和解析 Keeling 等人研究的個人化劇本如示例 9-7，它是為一位遊戲玩輸時會哭鬧與尖叫的 10 歲 ASD 女孩所設計，利用她最喜歡的卡通人物——《飛天小女警》（*Powerpuff Girls*）裡的三位主角，編寫一個簡短的個人化劇本。

比較力量卡策略中的個人化劇本與社會故事可以發現，個人化劇本大致遵循社會故事的編寫方式，都是提供社會情境中相關的社會線索，以及描述期待個體表現的行為。使用的句型也與社會故事相似，不過它不像社會故事那麼強調句型的比例。另外，社會故事的主角通常是「我」，而力量卡策略中的個人化劇本則是以 ASD 者的英雄人物或特殊興趣為主角，不會直接用「我」來陳述。再者，雖然兩者都提供問題解決的策略；但是力量卡策略中的個人化劇本強調將問題解決的策略分解成三至五個步驟，更為具體清楚。

示例 9-7 力量卡策略中的「個人化劇本」

飛天小女警喜歡玩遊戲【描述ASD者的英雄人物或特殊興趣】。有時候飛天小女警玩遊戲會贏，當她們贏了，她們感到高興，她們可能會微笑，相互擊掌或是說：「吔！」有時候飛天小女警玩遊戲也會輸掉，當她們輸了，她們可能不高興【敘述與ASD者類似的問題情境】。飛天小女警可能會深呼吸對她們的朋友說：「做得好。」或是對自己說：「沒關係，下一次或許有機會贏。」【指陳英雄人物或特殊興趣如何解決與ASD者類似的問題情境】。

飛天小女警希望每個人玩遊戲時都是開開心心的【說明英雄人物或特殊興趣表現正向行為的理由】。飛天小女警希望你玩遊戲時記得以下三件事【連結 ASD 者和他的英雄人物或特殊興趣間的關係】：

1. 玩遊戲對每個人來說都應該是開開心心的。
2. 當你玩遊戲贏了，你可以微笑、擊掌或是說：「吔！」
3. 當你玩遊戲輸了，你可以深呼吸對你的朋友說：「做得好。」或是對自己說：「沒關係，下一次或許有機會贏。」【提供三個步驟的問題解決策略】。

當你以飛天小女警的方式玩遊戲，你的朋友與你玩遊戲時會感到很開心【鼓勵ASD者嘗試新的正向行為並說明此正向行為的後果】。

註：修改自 Keeling 等人（2003, p. 105），修改處為加入隸書體文字的解析。*Focus on Autism and Other Developmental Disabilities* 於 2003 年的版權，同意授權修改。

2. 力量卡

力量卡是一張約名片或書籤大小的小卡片（約 8 公分乘上 13 公分），上面有 ASD 者的英雄人物或特殊興趣的圖片，以及解決 ASD 者問題的指導語（即上述劇本提供的三至五個簡單步驟；Keeling et al., 2003）。力量卡的設計需方便個體隨身攜帶，也能擺在他的書桌上，具有隨時提示的功能，並可作為行為類化的輔助工具（Gagnon, 2001）。延續示例 9-7 的個人化劇本，設計的力量卡如示例 9-8。

（三）力量卡策略的實施步驟

Gagnon（2001）建議力量卡策略的實施包含十二個步驟。

1. 確認行為問題或情境，一次只介紹一個行為問題或情境。
2. 利用增強物調查表或訪問，找出個體的特殊興趣。
3. 實施 FA 找出行為問題的原因與功能。

示例 9-8　力量卡策略中的「力量卡」

力量卡的正面

飛天小女警希望每個人玩遊戲時都是開開心心的。飛天小女警希望你玩遊戲時記得以下三件事：

1. 玩遊戲對每個人來說都應該是開開心心的。
2. 當你玩遊戲贏了，你可以微笑、擊掌或是說：「咆！」
3. 當你玩遊戲輸了，你可以深呼吸對你的朋友說：「做得好。」或是對自己說：「沒關係，下一次或許有機會贏。」

當你以飛天小女警的方式玩遊戲，你的朋友與你玩遊戲時會感到很開心。

力量卡的背面

註：取自 Keeling 等人（2003, p. 106）。*Focus on Autism and Other Developmental Disabilities* 於 2003 年的版權，同意授權重印。

4. 評鑑是否適用力量卡策略，有些個體的情況並不適用，包括：（1）具有特殊感覺需求，像是無法忍受某些特定的聲音或氣味；（2）有嚴重的認知限制，有困難閱讀個人化劇本；（3）口語理解能力薄弱；（4）偶爾才出現的行為問題，且無法確認其功能；（5）教師與個體間尚未建立正向的關係；（6）行為問題正處於危機狀態；（7）無明顯的特殊興趣。
5. 蒐集標的行為問題之基線期資料。
6. 編寫簡短的個人化劇本及設計力量卡。
7. 開始編寫個人化劇本前，宜先和個體討論力量卡的功能及如何使用。在完成個人化劇本和力量卡之後，教師先與個體一起閱讀並討論。接著，若個體閱讀能力佳，則鼓勵他們把劇本和力量卡唸給重要他人聽，目的是讓重要他人取得問題情境及適當行為的共識。
8. 蒐集介入力量卡後個體的行為表現，以及使用狀況的資料。
9. 評鑑介入成效，如果介入後 2 週內行為沒有改善，就要評鑑是否需要調整個人化劇本或實施程序。若需調整，一次只改變一個變項。

10. 讓個體參與決定力量卡使用的持續時間。
11. 依據個體的進步情形，逐漸撤除個人化劇本的閱讀，但仍保留力量卡的使用。至於撤除的時間點，宜視個體的個別需求而定，並且讓他參與做決定。
12. 當個體已學會應用力量卡解決問題時，則可以撤除它，撤除的原則與個人化劇本之閱讀相同。

（四）力量卡策略的相關研究

力量卡策略的研究有 15 篇，多數應用於 ASD 者，少數用在智障者，結果發現能減少他們遊戲玩輸時的哭鬧與尖叫行為，增進其因應輸贏後果及安慰輸家的能力（Keeling et al., 2003）；減少課堂自言自語及反覆問相同問題之行為（蔡宗武等人，2012）；於轉換時刻表現適當的行為（Hume et al., 2014）；提高專注行為（廖培如，2012；劉慧鈴，2010；Devenport, 2004）；增加遵循指令（Angell et al., 2011; Campbell & Tincani, 2011）、社會技能（Darley, 2014; Daubert et al., 2015; Kuligowski, 2010; Lanou et al., 2012; Prince, 2018; Spencer et al., 2008），以及與他人對話的比率（K. M. Davis et al., 2010; McGee, 2017）。Rose（2020）後設分析 12 篇力量卡策略介入社會技能的成效，結果發現它是一個有效的策略；然而，分析維持和類化成效的研究較不足，是未來研究待努力的方向。

參、認知—行為模式的教導策略

認知—行為模式的教導策略主要有自我管理、家庭作業和想像本位暴露法（imagery-based exposure treatment），以下詳述之。

一、自我管理

以下探討自我管理策略的意義與類型及研究。

（一）自我管理策略的意義與類型

自我管理策略是指，個體依據設定的目標，透過內在認知引導及外在因素調整的過程，擬訂和實施能達成目標之自我管理行為，以影響受管理的行為（J. O. Cooper et al., 2020），例如：阿英為了建立運動習慣【目標】，她要求自己初期每天跑步半小時【受管理的行為，即標的行為】，並設計一個記錄工具，監控自己每天執行的狀況【管理的行為】。

綜合文獻（J. O. Cooper et al., 2020; Maag, 2018; Marshall & Rohrer, 2022），自我管理策略具有以下優點：（1）可影響無法藉由處理人員改變的行為，介入處理人員經常錯過的重要行為；（2）可促進行為改變的維持與類化；（3）運用少部分的自我管理策略就可控制許多行為，具成本效益；（4）不同能力的人都能學習自我管理；（5）使個體充權賦能；（6）有些人在自己設定目標和標準時表現得更好；（7）培養個體智能和道德的自主性，管理自我的情緒與行為是教育之終極目標；（8）促使團體更有效能與效率。M. V. Field 和 Tarlow（1996）即表示：「今天我們在班級中培養學生智能和道德的自主性，就是對明日良好社會結構的投資。」（p. 182）

綜合文獻（J. O. Cooper et al., 2020; C. A. Hughes et al., 1991; Maag, 2018; B. F. Skinner, 1953），我從前事、行為和後果三個層面，整理出**前事、行為和後果本位自我管理策略**，另有自我管理策略整合上述兩個以上層面而成，故命名為**多元素自我管理策略**，呈現於表 9-21，並說明如下。

表 9-21　自我管理策略的類型

前事本位 自我管理策略	行為本位 自我管理策略	後果本位 自我管理策略	多元素 自我管理策略
・操弄動機操作 ・調整行為表現的難度 ・提供增進正向行為的反應提示 ・表現正向行為連鎖的初始步驟 ・安排能引發正向行為的環境 ・移開標的行為問題所需的材料或情境 ・將標的行為問題限制在特定的刺激條件下	・自訂契約 ・自我規畫 ・自我教導 ・自我決定 ・自我監控 ・自我評鑑 ・轉移注意力做另一項行為	・自我執行 ➢自我增強 ➢自我懲罰	・目標設定 ・習慣破除

1. 前事本位自我管理策略

前事本位自我管理策略旨在由個體操弄標的行為之前事，包括消除或減少引發標的行為問題之立即前事和動機操作，以及增加引發正向行為的立即前事和動機操作，又稱作**環境計畫**，包括操弄動機操作、調整行為表現的難度、提供增進正向行為的反應提示、表現正向行為連鎖的初始步驟、安排能引發正向行為的環境、移開標的行為問題所需的材料或情境，以及將標的行為問題限制在特定的刺激條件下（J. O. Cooper et al., 2020），詳述如下。

（1）操弄動機操作

依據J. O. Cooper等人（2020），操弄動機操作的作法是，以創造動機的方式，增加或減少標的行為之頻率。想像你受邀至米其林餐廳享用吃到飽的晚宴，為了能好好享用每一樣食物【受管理的行為】，你透過刻意跳過午餐【管理的行為】，這是操弄**建立操作**。相反地，去超市採購前，你先飽餐一頓【管理的行為】，以減少採購高糖、高熱量食物【受管理的行為】，這是操弄**廢除操作**。

Michael（2007）指出有兩種動機操作，即**非制約**和**制約的動機操作**（unconditioned and conditioned motivating operation，簡稱 UMO 和 CMO）。人們對某些刺激的動機是不需要學習的，它們本身就具有因價值改變而影響行為的效果，稱為 UMO。人類有九種 UMO，包含與生理需求有關的刺激，例如：食物、水、氧氣、睡眠、性需求；以及與適應環境有關的刺激，例如：對冷、熱、痛的感覺和活動需求。Michael 表示人們對某些刺激的動機是須經由與非制約刺激配對學習後，才會產生因價值改變而影響行為的效果，稱為 CMO。

Lanthorne 和 McGill（2009）進一步指出有三種制約的動機操作：**代理制約型動機操作**（surrogate CMO，簡稱 CMO-S）、**轉移制約型動機操作**（transitive CMO，簡稱 CMO-T）和**反身制約型動機操作**（reflexive CMO，簡稱 CMO-R）。當某個刺激經由與非制約刺激的配對學習後，才產生因價值改變而影響行為的效果，此刺激就稱為 CMO-S，例如：去超市採購前先飽餐一頓，而飽餐一頓時，若與「看書」配對連結，漸進地，看書便成為 CMO-S 下的刺激，亦能減少採購高糖、高熱量食物的效果。CMO-T 是指，將某個刺激因價值改變而影響行為效果的特性，移轉到另一個與該刺激有關的刺激，例如：食物匱乏不只讓食物的增強效力提高，也將此效力轉移到其他和獲得食物有關的刺激，像是餐廳的服務生、菜單、餐具等。處理人員可利用此機會，教導另一項標的行為，像是詢問服務生：「餐盤在哪裡？」此時服務生就成為 CMO-T 下的刺激。CMO-R 是指，處理人員以創造動機的方式操弄某個刺激，使其具有警示的特性，而中止該警示刺激會廢除具增強後效之刺激的增強效力。舉例來說，個體手腕帶著會發出震動訊息之警示刺激的錶，此警示刺激被設定在高糖、高熱量食物出現之前，個體若遠離這種食物，警示刺激則會停止。之後，個體去超市採購食物，當警示刺激出現時，就會提醒他避免採購高糖、高熱量食物，此時警示刺激便成為 CMO-R 下的刺激。CMO-S、CMO-T 和 CMO-R 可視情況使用。

（2）調整行爲表現的難度

調整行為表現的難度是指，一方面降低表現正向行為的難度，以增加它的出現（Maag, 2018），例如：阿英為了建立運動習慣，安排在住家附近、容易到達的運動中心做運動；另一方面增加表現標的行為問題之難度，以減少它的出現，例如：阿英如果未去運動，想待在住家沙發上看電視，就會被家人要求做一連串家事後才能看電視，以增加看電視行為的難度。

（3）提供增進正向行爲的反應提示

提供反應提示是指，提供自己面對會增進正向行為的刺激（例如：視覺、聽覺、觸覺、文字／符號；J. O. Cooper et al., 2020）。舉例來說，在行事曆寫上每週四「倒垃圾」；想減肥的人在冰箱門上或任何能找到食物的地方，貼過重人物或是自己過胖的照片，或者貼上一些減肥成功之案例的照片作為楷模，以提示自己節食。教師或家長在環境中各個他們經常看到的地方貼上「微笑和讚美」的圖示，或是做成書籤，以提示他們要注意或讚美孩子表現的期待行為。

（4）表現正向行爲連鎖的初始步驟

表現正向行為連鎖的初始步驟是指，在表現正向行為連鎖的初始步驟後，可作為引發之後行為步驟的區辨性刺激（J. O. Cooper et al., 2020）。舉例來說，在出門前30分鐘時，你聽到氣象報導說傍晚可能會下雨，這時你閃進「帶雨傘」的念頭，但是你出門前還是忘了帶。解決此問題的辦法是，當你有帶傘的念頭時，趕快將傘掛在門把上，以開啟帶傘的行為連鎖。

（5）安排能引發正向行爲的環境

安排能引發正向行為的環境是指，調整環境以引發正向行為（J. O. Cooper et al., 2020），Maag（2018）稱之為**情境調整**策略，例如：一個人在家無法持續和徹底地做運動，可以到公園等有很多人運動的地方，看到別人運動，更能引發專注運動的行為。又例如：安排免於分心做其他事情的讀書地點，以及設定電腦桌面背景為做作業的畫面，學生能提高讀書和完成作業的效率。

（6）移開標的行爲問題所需的材料或情境

移開標的行為問題所需的材料或情境是指，藉由移開材料或情境，讓標的行為問題較沒機會出現（J. O. Cooper et al., 2020）。舉例來說，吸菸者和節食者從家裡、車子和辦公室移開香菸和食物，以控制吸菸和飲食行為。

（7）將標的行爲問題限制在特定的刺激條件下

將標的行為問題限制在特定的刺激條件下是指，藉由限制標的行為問題僅能出現在特定的刺激條件下，讓此行為較無法接觸到會增強它的刺激（J. O. Cooper et al., 2020）。一些研究發現，一個人會暴飲暴食，不只是因為食物的誘惑力，還有其他伴隨飲食的增強物，例如：邊看電視邊吃東西、邊聊天邊吃東西等。因此，不是要完全消除吃東西的行為，而是規定在嚴謹的刺激範圍內才能吃東西，例如：只能在某一段時間、某一個位置吃東西，而不能邊看電視或邊聊天邊吃東西等。又例如：大雄發現他最常抽菸的情境是，家人和朋友與他聊天、看電視、讀書，或躺著放鬆時。他為了戒菸，於是設定一個「抽菸椅」，限制自己只能在那裡抽菸，而此椅子遠離電視等增強他抽菸行為的刺激。

2. 行爲本位自我管理策略

依據 J. O. Cooper 等人（2020），行為本位自我管理策略旨在教導個體自我管理行為，以產生正向行為，掌控標的行為問題，包括：自訂契約（self-contracting）、自我規畫（self-scheduling）、自我教導、自我決定、自我監控、自我評鑑，以及轉移注意力做另一項行為，詳述如下。

（1）自訂契約

自訂契約是指，個體和自己訂定契約，以確立改變或維持行為的目標，是自我改變的先決條件，也是進一步自我教導與評鑑的基礎（D. L. Watson & Tharp, 2014）。前面已提到行為後效契約，自訂契約和它不同處在於，行為後效契約是處理人員與個體之間的一種承諾；而自訂契約則是個體和自我的一種承諾，內容就沒有處理人員的職責，但個體可以找一個人擔任監督者，此時便可載明監督者的職責和附上他的簽名。此監督者可以是與自己有相同目標的同儕，彼此可以作為對方的監督者，相互督促和勉勵。

（2）自我規畫

自我規畫是指，由個體自己建立每日生活作息的流程，例如：幾點起床、幾點上學等，讓他規畫自己的生活（Schloss & Smith, 1998），我於附錄 51 第一部分呈現「自我規畫記錄工具」。

（3）自我教導

Meichenbaum（1977）使用自我教導策略增進個體的正向內言，使自我面臨某種問題情境或內外在刺激的誘惑時，立即能用發自於內在的話語，指導自我解決問題和增進行為改變。自我教導採行下述五個步驟：①**認知示範**（cognitive modeling），處理人員講述並示範正確的自我教導內容，包括達成目標的步驟、正向內言的內容，以及對良好表現的自我增強內言等，以引導個體表現正向行為；②**外顯引導**（external guidance），個體在處理人員的示範下，先大聲複誦正確的內言；③**外顯的自我引導**（overt self-guidance），讓個體以自我教導的口語，大聲指導自己表現正確的內言；④**逐漸褪除外顯的自我引導**（faded, overt self-guidance），個體輕聲反覆練習以口語指導自己的行為；⑤**內隱的自我教導**（covert self-instruction），個體以內隱的語言（例如：默唸、點頭）或心像，引導自己表達正確的內言。Yell 等人（2013）指出自我教導是一種**言語中介本位的介入**（verbal mediation-based interventions），以 Luria 於 1961 年提出的**三階段自我控制發展理論**〔從孩子的行為受環境中他人（例如：家長）的言語控制，至外顯的自我教導，最後是受內言控制〕，教導個體以適當的方式與自己交談，控制自己的行為。教導時，處理人員必須協助個體覺察及辨認其負向的內言，並且共同設計正向的內言，設計的內言應包括**行動前的準備**（包括界定問題的內言）、**行動中的指導**（將注意力聚焦在問題和計畫採取什麼內言以引導反應），以及**行動後的自我評鑑與自我增強**（評鑑內言運用的情形，做到則自我正增強；未完全做到則運用因應技能，矯正錯誤）三部分（Meichenbaum, 1977; Yell et al., 2013）。

自我教導可以協助個體調節憤怒（Anjanappa et al., 2020; Faupel et al., 1998）和節制攻擊行為（Larson, 2005; Lochman et al., 2020），茲舉憤怒調適、處理與紓解為例，說明自我教導正向內言的運用，如表 9-22。除此，自我教導策略也被運用在教導社會技能、情緒調整能力、問題解決技能和工作行為等方面，將技能成分步驟言語化，並採用關鍵字，以建立內在自我教導的過程，茲舉一些例子，如表 9-23。

Maag（2018）指出，實施自我教導策略宜注意以下兩項原則：第一，使用的自我教導語言非常重要，它必須是**具體**、**個體能理解**、**符合他常用語彙**、**簡短的字詞**（最好不超過三個字）或**一個短句**；若是智障者或年齡較小的孩子，無法說出自我教導語言，可改用圖象（例如：眼睛注視課本的圖片），最後協助他們形成內隱的心像，指導自己的行為；而且當個體剛開始表現出自我教導語言，應給予增強。第二，自我教導策略並沒有直接教導個體技能，而是促進他表現已習得的技能；所以自我教導中的技能應是個體已習得者，若他尚未具備，則須透過其他策略教導。

表 9-22　自我教導調節憤怒的正向內言

項目	正向內言的內容
憤怒調適之正向內言	• 打架不能解決問題！ • 別緊張，事情終會解決！ • 他們想要害我被罵，但我識破他們的詭計！ • 是他生氣，不是我！ • 我是否誤會他了？
憤怒處理之正向內言	• 我很生氣，但我可以處理！ • 他們又要惹（害）我了，趕快走開！ • 我開始緊張了，趕快深呼吸！ • 趕快報告老師！
憤怒紓解之正向內言	• 我做到了！我做到了！ • 我表現得很好！

表 9-23 運用自我教導策略教導正向行為

正向行為	自我教導策略
社會技能	1. 教學生參與同儕的活動，包括「**走近、看、問**」三個步驟。 2. Cummings（2000）改編自 Horn 的「**SMILE**」法則，導正學生不良行為，並且協助他們結交新朋友：「S」代表微笑；「M」代表親切地打招呼，例如碰到新朋友說：「你好，我是……」；「I」代表引導新朋友自我介紹，例如：「你之前讀哪所學校？」；「L」代表傾聽新朋友說的話，並且了解他的背景資料；「E」代表以目光接觸表達你的關切。 3. Quill 和 Stansberry Brusnahan（2017）教導自閉症學生「**做、看、聽、說**」四個成分，以協助其建立適當的社會溝通行為。 4. K. McIntosh 等人（1995）教導學生使用「**SLAM 策略**」，以接受和澄清別人對他的負向回饋，包括暫停（stop）正在做的事、看著（look）對方、詢問（ask）對方以澄清他表達的內容，以及向對方做出（make）適當的回應四個步驟。 5. M. Watson 等人（1992）以中度智障學生為研究參與者，首先教他們區辨認識和不認識的人，之後訓練他們運用**自我教導的語言「不要—走開—告訴」**（no-go-tell），以拒絕別人搭訕，保護自己。
情緒調整技能	教導學生面對情緒時，採取「**冷靜**」（calm）四個步驟的自我教導語言如下：（1）斷（cut），即斬斷初萌的負向想法；（2）覺（aware），包含覺察引起情緒的前事和想法、覺察自己的呼吸並放鬆、覺察自己的注意力是否集中在當下；（3）邏輯思考（logical thinking），包含想到後果和合理思考；（4）監控和前進（monitor and move on），包括教導學生監控想法、情緒和行為，以及離開或避免那些容易讓自己情緒衝動的情境（簡瑞良、張美華，2004）。
問題解決技能	1. 教導學生面對問題情境時，採取「**停、想、選、做**」四個步驟，選擇經過思考之後，以適當的解決方法去因應。這四個步驟的詳細內容如下：（1）停下來，包括用深呼吸法或數數法讓自己停下來，了解發生什麼事，覺察自己感覺、想法和期待，覺察別人感覺、想法和期待，對事件有正向想法；（2）想出所有解決方法，包含參考自己的感覺、想法和期待，參考別人感覺、想法和期待，回憶過去經驗，模仿別人好的作法，請教別人；（3）選擇適當的解決方法，包括分析方法優劣、選擇「你好我也好」的方法、選擇合適的方法（考慮對象、彼此關係、時間、場地、方式）；（4）做出選擇的解決方法，包含徵求別人同意，打從心底樂意、主動去做，不需別人監督能確實執行（陳培芝，2001）。 2. K. McIntosh 等人（1995）教導學生使用「**FAST 策略**」來解決人際問題，包括四個步驟：步驟 1 是冷靜且思考（freeze and think），想想看發生了什麼問題，我可以具體地說出這個問題嗎？步驟 2 是列出所有可能的解決方法（alternatives），我可以怎麼解決這個問題，將可能的方法列舉出來。步驟 3 是選擇解決方法（solution），這些可能的解決方法中，哪一種比較安全且公平？挑選一個最佳而且能夠長期使用的方法。步驟 4 為試試看（try it），實施之後，檢核它的成效如何？假如無法解決問題，返回步驟 2，再挑選另一種解決方法試試看。
工作行為	Browder 和 Minarovic（2000）建議的自我教導策略有「**did-next-now**」三個步驟：首步是「我已經完成了什麼項目？」（did）；接下來是「下一步該做什麼？」（next）；最後一步是「現在該做什麼？」（now），例如：教師指著「洗餐盤」的圖卡示範說：「現在我要去洗餐盤」，並讓學生練習說一遍；當學生完成洗餐盤的動作後，教師指著「工作檢核表」中「洗餐盤」的圖片示範說：「我已經洗完餐盤，我可以打勾。」並讓學生練習說和做一遍；接著教師指著「擦桌子」的圖卡示範說：「下一步我要擦桌子。」而後讓學生練習說一遍，以此類推，自我教導完成工作項目。

K. R. Harris（1982）提出六種基本的自我教導內言：①**確認問題**，像是「我必須做什麼」；②**集中注意力**，像是「我必須專注，只想我現在做的工作」；③**引導做計畫和反應**，像是「要小心，一次只看一個」；④**自我增強**，像是「讚，我做到了」；⑤**自我評鑑**，像是「我有沒有依照我的計畫執行，我有沒有一次只看一個」；⑥**應和矯正錯誤的選項**，像是「沒關係，即使我犯錯，我還是可以補救，並且放慢速度執行」。K. R. Harris 指出，這些自我教導內言又可區分成兩種層次：一種是**任務取向的內言**，在很多任務或工作都可以採用的一般內言，它以「任務的成分」或「個體的特徵」為焦點，例如：「我必須做什麼？第一步驟是什麼？」這是以「任務的成分」為焦點。又例如：「我必須記得放慢腳步，並且三思而後行。」這是以「個體的特徵——衝動」為焦點。另一種是**特定任務的內言**，它只能用在特定任務，例如：「我必須完成加法問題的作業，首先我必須翻到正確的一頁。」

（4）自我決定

自我決定包括三方面：一是**自我決定表現的內容**（self-determined content for performance），例如：要學習什麼技能或改變什麼行為；二是**自我決定表現的標準**（self-determined criteria for performance），達到什麼技能或行為標準才算通過；三是**自我決定增強的實施**（self-determination of reinforcement），包含正增強物和負增強物的內容與數量、獲得增強物的標準和增強的實施方式（Schloss & Smith, 1998）。

（5）自我監控

自我監控是一種常用的認知—行為改變策略，包括自我觀察（self-observation）和自我紀錄（self-recording），係指觀察及記錄自己的行為（Schloss & Smith, 1998）；Maag（2018）還加入**自我繪圖**，是指用繪圖的方式做紀錄。自我監控是自我管理過程的重要關鍵，特別是對行為問題，使用自我監控可產生「交互抑制」的效果，使行為問題消失，同時也是為獲得自我增強而鋪路（Maag, 2018）。

自我監控策略中最常使用的是「表現」與「注意力」的自我監控，**表現的自我監控**著重於監控學習表現的結果，而**注意力的自我監控**則是強調監控學習過程中的注意力（R. Reid, 1996; R. Reid et al., 2005）。Bruce 等人（2012）指出，表現的自我監控還可細分成監控**產量**和**正確度**。另從監控的時間來看，則有**間歇性**和**總結性**兩種，分別在過程中持續監控，以及在最後結束時做一次監控；因此，組合起來就有間歇性和總結性產量，以及間歇性和總結性正確度四種監控。示例 9-9 呈現貼在學生桌面之表現的自我監控，這是針對間歇性產量的表現自我監控。又例如：Mathes 和 Bender（1997）針對已服藥的三位國小 AD/HD 學生，教導他們使用自我監控策略處理其分心行為，即用錄音形式提醒是否有「專心做應該做的事」，並要他們做紀錄，結果發現能有效提升專注行為，這是注意力的自我監控。

示例 9-9 表現的自我監控

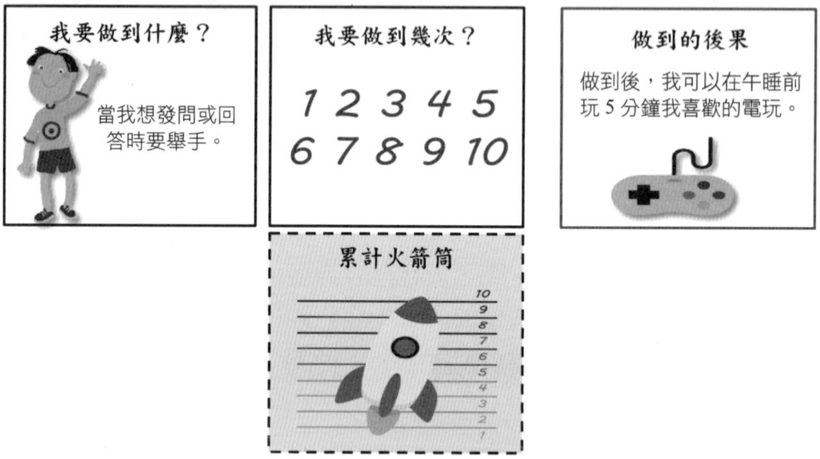

我要做到什麼？
當我想發問或回答時要舉手。
我要做到幾次？
1 2 3 4 5
6 7 8 9 10
做到的後果
做到後，我可以在午睡前玩 5 分鐘我喜歡的電玩。
累計火箭筒
10
9
8
7
6
5
4
3
2
1

根據 Schloss 和 Smith（1998），教導個體使用自我監控策略的程序包括下列五個步驟：一是清楚地界定自我監控的行為；二是解釋自我監控的目的；三是示範觀察記錄的程序；四是演練觀察記錄的程序；五是練習對提示產生反應。再者，綜合文獻（J. O. Cooper et al., 2020; Maag, 2018; Schloss & Smith, 1998），整理實施自我監控策略宜注意以下九項原則，說明時並加入其他文獻做說明。

①**提供最不侵入、不會產生干擾的線索或提示**：提供額外的線索或提示提醒個體做自我監控，不過要注意此線索或提示最不侵入、不會產生干擾，例如：使用震動的腕錶，只有個體感受到此提示，其他人不和道，不會受到干擾。

②**初始階段提供頻繁的提示**：在自我管理啟始，處理人員宜提供頻繁的提示，待個體習慣做自我監控之後，再逐漸減少提示的數量。

③**提供適合個體能力的呈現形式和記錄方式**：C. P. Allen 等人（1992）指出，如果個體無法看懂文字，處理人員可藉著圖畫或照片的方式呈現要監控的項目。另外，觀察記錄的方式要考慮個體的能力，採取他最能執行的方式，像是勾選、畫笑臉，或貼貼紙等方式記錄，「行為自我監控記錄工具」如附錄 51 第二部分。

④**自我監控標的行為最重要之向度並具體界定它**：個體可以觀察和記錄標的行為的很多向度，但要監控哪一個向度呢？個體宜監控欲改變之標的行為最重要的向度，以及與自我管理目標最直接相關、最顯著成果的那個向度，並具體界定它，是可觀察

測量的。舉例來說，一個人想要透過節食來減重，記錄每日攝取的卡路里總數量，會比平均每餐咀嚼的數量、咀嚼每一口食物間的反應時距等來得重要且直接相關。一些研究（例如：Maag et al., 1993; R. Reid & Harris, 1993）建議，對專注行為做自我監控時，最重要的是監控「學業表現」，而非「專注行為」數量，因為增加專注行為，不一定能提升學業表現；而當學業表現提升後，其專注行為幾乎增加。然而，對於持續出現分心或干擾行為造成他人困擾的學生，則會從「注意力的自我監控」開始。K. R. Harris 等人（2005）的研究指出，由於 AD/HD 學生在作業完成過程中較容易分心，從「注意力的自我監控」過程能獲得較多持續且立即的回饋，進一步提升作業完成度。

⑤**經常實施自我監控而後漸進褪除**：剛開始經常實施自我監控，待行為穩定後，則逐步褪除自我監控的頻率。

⑥**盡早實施自我監控**：在標的行為問題連鎖的初始做自我紀錄，會比在行為連鎖結束時才記錄，更能有效引導行為朝向期待的方向。舉例來說，Rozensky（1974）的研究發現，針對一位菸齡 25 年的女性，教她記錄抽每一根菸的時間和地點，對她的抽菸行為沒有多大的改善。之後，Rozensky 教她記錄找菸、從背包中拿出菸的次數，以此方式做自我監控，則改善她的抽菸行為。

⑦**盡早做自我紀錄，但不要干擾標的行為之流暢性**：一般來說，每次出現標的行為就要盡快做自我紀錄；然而，自我監控行為不應該干擾標的行為之流暢性。舉例來說，教師使用嗶聲提醒學生自我觀察「是否有專心做該做的事」並做紀錄，結果嗶聲響時，他剛好在黑板解題，於是中斷解題回到座位上做紀錄，如此解題行為的流暢性會受到干擾（Critchfield, 1999）。因應此問題的作法是，處理人員可以教導個體完成標的行為後再做紀錄，或是記錄標的行為產生之成果（例如：解題或寫字的數量）。

⑧**增強個體正確的自我監控行為**：理論上，自我監控策略不需要額外的增強。然而，有些研究會使用結合增強的自我監控策略，旨在讓學生透過增強提升自我監控的效果。要注意使用增強時，是增強個體正確的自我監控行為，而不是記錄的結果，這會提升其記錄的正確性。

⑨**設計公開、與同儕共同執行的自我監控計畫**：公開自我監控計畫可以得到別人的監督，有提醒的作用；也可以與設定相同目標的同儕一起設計自我監控計畫，彼此相互督促和勉勵。

（6）自我評鑑

自我評鑑係指，根據自我監控及自我教導所得的資料，與自我決定的表現標準相比較，其結果作為提供自我獎懲或修改目標之參考（Agran et al., 2003）。實施自我評鑑策略宜注意以下兩項原則（Maag, 2018; Schloss & Smith, 1998）：第一，剛開始為確定個體自我評鑑的結果是否正確，處理人員核對他和個體之間評鑑結果的一致性，而後再逐漸褪除核對；第二，剛開始經常實施自我評鑑，待行為穩定後，則逐步褪除自我評鑑的頻率，例如：G. Rhode 等人（1983）讓 E/BD 學生每間隔 15 分鐘，以 5 點量表自我評鑑他們遵循教室規則和正確完成作業的情形，而後從每天 15 分鐘漸增至 20 分鐘、30 分鐘，再到 1 小時。接著褪除書面紀錄，改成口頭自我評鑑；最後平均每隔 2 天口頭自我評鑑。

（7）轉移注意力做另一項行為

B. F. Skinner（1953）提到，自我管理策略包含「做另一項行為或其他事情」，亦即轉移注意力做另一項行為或其他事情，以替代標的行為問題。舉例來說，一個想減肥的人看到甜食就無法克制，最好的辦法是避之不見而且專心從事某種活動，連想都不去想它。又例如：一個人會咬指甲，處理人員與他討論後決定將手放在口袋裡，以取代他咬指甲的行為。

3. 後果本位自我管理策略

後果本位自我管理策略旨在由個體操弄標的行為之後果，包括**自我執行正向或負向後果**，對自己進行自我增強或自我懲罰（Whitman, 1990）。依據 J. O. Cooper 等人（2020），從增強物的類型和實施手段來區分，包括四種，我並舉例如下：**自我正增強**（例如：達成目標就可以犒賞自己看一場電影，甚至可以告知周遭人行為改變的成果，以獲得他人的鼓勵）、**自我負增強**（例如：達成目標就可以向朋友拿回之前預繳的保證金 100 元）、**自我正懲罰**（例如：未達成目標就要幫朋友做家務清潔）及**自我負懲罰**（例如：未達成目標就要罰錢，或是剝奪原先可以看電視的時間量，從 1 小時減少至半小時）。

從增強物的來源來區分，可包括外顯和內隱：外顯是指個體能獲得真正的外在增強物；內隱是指個體未獲得外在增強物，只是透過想像的方式獲得。如此就有**外顯自我增強**、**外顯自我懲罰**、**內隱自我增強**及**內隱自我懲罰**，其中的增強包含正增強和負增強，懲罰含括正懲罰和負懲罰。

實施自我執行策略宜注意以下五項原則：一是選擇小、容易實施的行為後果；二是設定有意義且容易達成的增強標準；三是要強調執行，避免違規私授的增強；四是若有必要，讓其他人控制後果的施予；五是保持實施程序簡單，易於執行。

4. 多元素自我管理策略

以下介紹**目標設定**（goal setting）和**習慣破除**（habit reversal）兩種多元素自我管理策略。

（1）目標設定

Copeland 和 Hughes（2002）提出「目標設定」策略，包括五個步驟：一是選擇適合的目標；二是設定表現的標準；三是發展達到標準的計畫；四是藉著與預定的標準做比較，以監控自己的表現；五是若有必要，調整行為以達到目標。由此可發現，目標設定涵蓋自我規畫、自我決定、自我評鑑和自我監控四項策略。

（2）習慣破除

Azrin 和 Nunn（1973）發展「習慣破除」，以破除**刺激、習慣性行為和增強間的習慣迴圈**，介入個體神經質的習慣（例如：拔毛、咬指甲）。綜合文獻（Azrin & Nunn, 1973; E. S. Long et al., 1999），習慣破除是多元素介入，涵蓋三個部分：一是**習慣覺察訓練**，包括發現和界定要破除的習慣、分析習慣產生的負面影響，以及察覺和界定引起習慣的前事及後果。二是**教導與監控「和習慣不相容的行為」**，首先教導和習慣不相容的行為，例如：以梳頭髮替代拔頭髮、以握拳替代咬指甲；接著自我監控習慣及和習慣不相容的行為。三是**自我執行動機提升技術**，以及**增進介入成效類化和維持的技術**，以加強習慣破除的動機，並維持和類化介入成效。由此可知，習慣破除涵蓋轉移注意力做另一項行為和自我監控兩項策略。Miltenberger 等人（1998）系統回顧使用習慣破除介入行為的研究，已證實它的效能，只是不清楚產生效能的因素，建議未來研究可以了解習慣性行為的功能，以探究習慣破除的效能和行為功能間的關係。

總括來說，自我管理是用管理的行為改變受管理的行為，三個自我管理的祕訣是：**改變**（modify）**環境**、**監控**（monitor）**自我的行為**，以及**許下**（make）**承諾徹底執行**，此稱作「三 M」（R. Epstein, 1997）。在改變環境方面，宜界定環境中干擾表現管理的行為之因素，進而改變環境減少它們的干擾；在監控自我的行為方面，個體宜明確界定目標及管理和受管理的行為，並持續監控自我的行為；而在許下承諾徹底執行方面，個體可以公開自己對行為改變的承諾，並找一個自我管理的夥伴，協助檢視和監督執行狀況，以及評鑑執行成效，若有必要，則修改自我管理方案。

（二）自我管理策略的研究

有些研究運用單一的自我管理策略，例如：Bambara 和 Ager（1992）運用「自我規畫」策略，教導住在社區家園的三名中度智障成人使用圖片行事曆，自我規畫每週的家庭和社區休閒活動後發現，規畫休閒活動的能力提升。而在自我教導策略方面，臺灣及國外的研究發現：它對輕度障礙者的不當口語行為（劉瑾珊，2008）和因應技能（Kamann & Wong, 1993）、視障者的固著行為（邱麗榕，2005；Estevis & Koenig, 1994）、智障者的問題解決技能（張淑滿，2004；Bambara & Gomez, 2001; C. Hughes, 1992）、中重度智障者的工作態度與習慣（徐惠玲，2003）、E/BD 者的社會能力、AD/HD 者的專注行為（王乙婷，2003；林玉華，1994），以及行為問題與人際關係（王碧暉，2003）皆有成效。

在自我監控策略方面，R. Reid（1996）及 Bruhn 等人（2015）分別系統回顧 22 篇 1974 至 1996 年及 41 篇 2000 至 2012 年間，運用自我監控策略介入有行為問題的 AD/HD、E/BD 和學障學生專注行為及學業表現的研究發現：多數研究顯示自我監控策略能有效增進其專注行為和學業表現。1997 年至 2021 年間臺灣及國外的研究發現：自我監控策略能有效提升智障、學障、E/BD 和 AD/HD 者的專注行為（毛淑芬，2009；Bedesem, 2012; Bruhn & Watt, 2012; Crawley et al., 2006; Ganz, 2008; Mammolenti et al., 2002; Mathes & Bender, 1997），促進 E/BD 者的社會技能（林怡汎，2004），增進 ASD 者的社會溝通能力（呂嘉洋，2007）和減少其干擾行為（李玉錦，1998），以及提升 AD/HD 者的作業完成度（劉俐君，2015）。另有一些研究透過一般同儕協助實施的自我監控策略，亦能提升重度障礙學生在**教室中的生存技能**（survival skills; Gilberts et al., 2001）；合併自我監控和口語回饋策略能降低視障者的固著行為（McAdam et al., 1993）。

有些研究運用多元素的自我管理策略，顯示它能減少固著行為（Fritz et al., 2012; R. L. Koegel & Koegel, 1990; Mancina et al., 2000）和干擾行為（W. I. Gardner et al., 1988; Hansen et al., 2014），例如：Mancina 等人採用自我管理策略（包含自我評鑑、自我紀錄和自我增強），介入一位自閉症者異常發聲行為後發現，能有效減少之。其他研究顯示，自我管理策略能增進 ASD 者的專注、服從行為和工作參與度（Wilkinson, 2005, 2008），資優兼 AD/HD 者的專注行為（王秀華，2015），身心障礙者的專注行為（Briesch & Chafouleas, 2009; Kapadia & Fanttuzzo, 1988）、問題解決技能（C. Hughes et al., 1996）、工作技能和表現（陳淑芬，2009；Copeland & Hughes, 2002）、組織和課堂準備技能、提升學業表現與作業完成量（Briesch & Chafouleas,

2009; Gureasko-Moore et al., 2006, 2007）、日常生活技能（例如：個人衛生；Garff & Storey, 1998; D. L. Lovett & Haring, 1989; Pierce & Schreibman, 1994），以及規畫休閒活動（林佳燕，2003）。一篇系統回顧（C. A. Hughes et al., 1991）「自我管理」策略介入智障；三篇後設分析（S. H. Lee et al., 2007; McDougall, 1998; T. E. Smith et al., 2022）自我管理策略介入自閉症、普通班身心障礙和學齡學生；一篇系統回顧（Bruhn et al., 2016）「目標設定」策略介入行為問題學生，亦肯定它對行為介入的成效。

二、家庭作業

家庭作業係指由處理人員和個體共同決定，由個體或（和）個體的重要他人，在教學情境以外的時間或場合進行的活動（Maag, 2018）。家庭作業具有連結教學情境和個體真實生活世界的功能，個體可以透過有計畫的家庭作業，將在教學情境中學得的正向行為，實際應用到真實生活中，也可以將真實生活的經驗帶來和處理人員一起探討。此外，它還可以協助個體突破心理或行為上的困境。家庭作業的內容可以是「認知」成分的作業，例如：閱讀書籍和觀賞影片、填寫未完成語句或問卷；亦可以是「行為」成分的作業，例如：演練打招呼的行為等「社會技能教學家庭作業」（如附錄 52 舉例）。

三、想像本位暴露法

想像本位暴露法緣起於，Beck 於 1971 年提出的**心靈想像**（mental imagery），以及 P. J. Lang 於 1979 年關於心靈想像角色的先驅理論（引自 Hales et al., 2015, p. 69）。想像本位暴露法是指，讓個體在充分放鬆的心情下，透過心靈想像，暴露於引起他焦慮、恐懼情緒的刺激中，以達到減輕或消除情緒的效果（Proctor, 2021）。

想像本位暴露法包括三種：一是**想像式系統減敏感法**（imaginal desensitization），是使個體在充分放鬆的心情下，透過想像，逐漸地接近所懼怕的事物，俟其對於懼怕事物的敏感性逐漸減輕，甚至完全消失為止（Gresham & Kern, 2004）。二是**想像式洪水法**（imaginal flooding），是指讓個體在充分放鬆的環境中，透過想像的方式，大量暴露於引起他最高焦慮、恐懼情緒的刺激（例如：搭飛機、從摩天大樓往下看）中，最後能習慣於這些刺激的存在，並且能夠放鬆；相較暴露於真實刺激的現場洪水法，想像洪水法較無倫理的問題，較容易實施，且能處理所有類型的焦慮、恐懼情境（Spiegler, 2016）。想像式系統減敏感法和想像式洪水法二者加入「想像」，即成為認知—行為介入策略，未加入想像，則是行為介入策略。三是**內隱制約**（covert conditioning），是指教導個體以明確的方式，想像標的行為會導致的行為後果（例如：內隱正增強和負增強、內隱正懲罰和負懲罰），促使他改善不適當行為，增加適當行為（Jena, 2008）。

肆、自然取向教學的教導策略

有四種溝通訓練方法：一是**功能性溝通訓練**（FCT）；二是**圖片兌換溝通系統**（picture exchange communication system，簡稱 PECS）；三是**環境（或自然環境）教學法**（milieu teaching，簡稱 MT）；四是**關鍵反應訓練**（pivotal response training，簡稱 PRT，又譯為中樞、中樞系統或核心反應訓練）。Kaiser 和 Grim（2006）指出，PECS、MT 和 PRT 皆屬於**自然取向教學**，主張自然情境才是語言發展的最佳環境，以個體此時此刻注意的焦點或感興趣的活動為依據，透過自然發生的活動或互動情境，創造語言學習機會。我認為這三種方法都強調**功能性溝通**，重視語意和語用，而 FCT 教導功能性溝通技能，故亦可歸屬於自然取向教學。以下詳述這四種方法。

一、功能性溝通訓練

E. G. Carr 和 Durand（1985）主張使用 FCT 教導個體學習適當的溝通技能，以減少行為問題；Wacker 和 Reichle（1993）接著在編輯的專書中，探討從評量到介入的作法；之後，E. G. Carr 等人（1994）稱之為**溝通本位的行為介入**。以下探討 FCT 的意涵、實施原則和相關研究。

（一）功能性溝通訓練的意涵

FCT 的構想就是先對行為問題做 FA，然後教導個體運用適當的溝通技能，以表達他的需求，也就是要讓行為問題無效，而讓溝通技能發揮功能或變得有效，以減少行為問題的頻率（Reichle & Wacker, 2017）。此外，Gutierrez 等人（2007）指出了解何種背景因素之後，處理人員可以教導個體在該背景因素存在，且立即前事出現時，溝通他的需求。舉例來說，當個體被指定完成某項作業（立即前事）時，他可以表達：「我沒有吃早餐，我可以先吃東西，吃完後再做嗎？」以控制背景因素的影響力。FCT 有以下六項特徵（E. G. Carr et al., 1994; Kronfli et al., 2022）：（1）行為問題代表某種功能；（2）運用 FA 確認行為問題的功能；（3）介入的目標具教育性，旨在教導適當的溝通行為，而不只是減少行為問題；（4）行為問題可能隱含多種功能，因此需要多元素的介入；（5）介入欲改變的是環境，而非僅個體的改變；（6）

介入的終極目標是生活形態的改變。E. G. Carr 等人進一步指出，FCT 不適用在感覺、恆定機轉和生理因素造成的行為問題，僅適用於具「社會溝通」功能的行為問題。

FCT 教導的溝通方式並非僅限於口語，尚包括**擴大性溝通**（augmentative communication）和**替代性溝通**，二者合併稱為**擴大和替代性溝通**（augmentative and alternative communication，簡稱 AAC；V. L. Walker et al., 2018）。擴大性溝通是指，當個體在表達時，除了語言本身的使用外，所有用來輔助表達說話的各種方法，包括一般及特殊輔助；一般輔助泛指一般人在說話時，用來輔助說話的各種方法或技巧，例如：肢體動作、姿勢、臉部表情、打字、書寫等；而特殊輔助則是指運用 AT，以協助個體溝通（Neimy & Fossett, 2022）。

替代性溝通是指口語以外的溝通方式，包括**文字／符號**、**手勢／手語**、**動作／臉部表情**、**實物的圖片**（含括實物的黑白線畫圖片和彩色圖片）、**實物的照片**、**實物的模型**，以及**實物**等（Downing et al., 2010），這些替代性溝通方式的比較和應用示例如表 9-24，決策流程如圖 9-18，以及教導溝通技能以處理行為問題的示例如表 9-25。

表 9-24　替代性溝通方式的比較和應用示例

	文字／符號	手勢／手語	動作／臉部表情	圖片	照片	實物／實物的模型
學習難易度	最難學習的溝通符號。	簡單的手勢／手語容易學習，複雜的則不易學習。	簡單的動作／臉部表情容易學習，複雜的則不易學習。	比實物、照片難學習。	比實物難學習，但仍非常有用。	容易學習的溝通符號。
優點	一張紙就可表達，而且對於有閱讀能力的人容易了解。	大部分人都可使用。	大部分人都可使用。	可以表達實物或照片無法溝通的許多訊息，例如：動作、感覺、社交禮儀用語等。	比實物容易攜帶。	大部分人都可使用。
限制	有障礙的個體通常有困難學習讀寫。	如果使用的不是普遍的手勢或手語，他人則較難了解。部分實物有困難以手勢／手語傳達。	如果使用的不是普遍的動作或臉部表情，他人則較難了解。部分實物有困難以動作／臉部表情傳達。	須花錢購買或製作、視障者無法使用、對於嚴重認知障礙者可能會有困難轉譯。	製作費時、視障者無法使用。	有很多訊息無法用實物來表達，例如：我很難過、謝謝等。
應用示例	在自助餐館使用食物的字卡點餐。	指著肚子，表達肚子餓想吃東西。	做出屈膝蹲馬桶的動作，表示要上廁所。做出張口的臉部表情，表達想吃東西。	使用畫有「馬桶」的圖卡，表達想上廁所。	在自助餐館使用食物的照片點餐。	拿杯子或杯子的縮小模型給他人要求喝一些東西。

圖 9-18　替代性溝通方式使用的決策流程

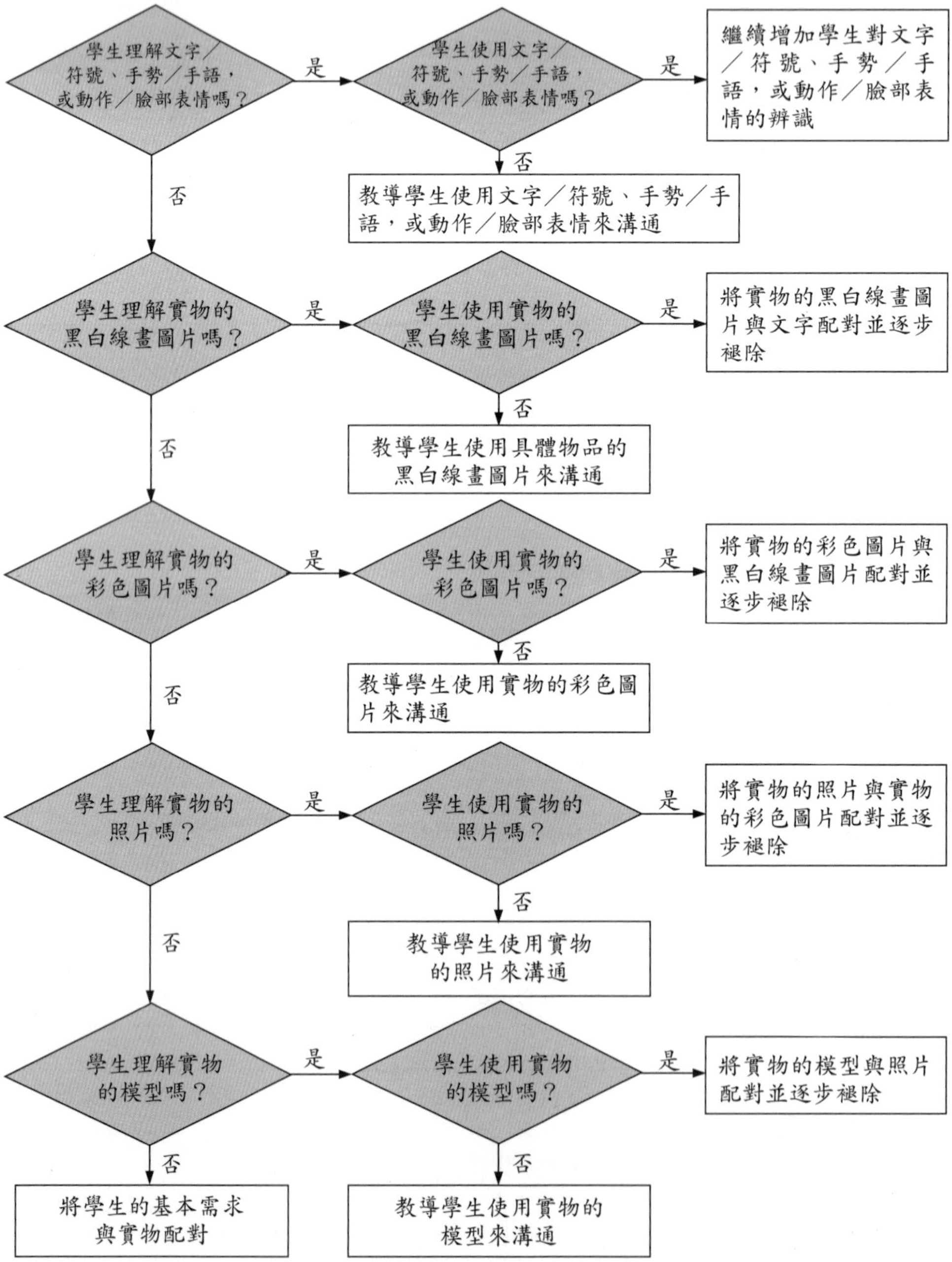

註：◇表示決策步驟，□表示實施步驟。

表 9-25　教導溝通技能以處理行為問題

表達的行為功能	教導情境	提示	學生的反應	教師的反應
獲得想要的物品	隔離和自然情境	使用一系列從最少量到最多量的提示，亦即從言語、姿勢或表情、示範至身體提示，實施步驟如下：首先不給予任何提示，如果 5 秒之內學生未拿出圖卡，教師則給予言語提示。如果 5 秒之內學生未拿出圖卡，教師則給予言語加姿勢或表情提示。如果 5 秒之內學生未拿出圖卡，教師則給予示範提示。如果 5 秒之內學生未拿出圖卡，則教師則給予身體提示，以手部的支撐協助學生拿出圖卡。	運用「書本」、「餅乾」、「iPhone」三種圖卡，以獲得他想要的物品。	如以圖卡表達其行為功能，則教師給予他想要的物品。反之，如不使用圖卡而仍然尖叫，教師則不予理會。

擴大性溝通是針對有一些口語但仍具有溝通困難的個體，提供其他的溝通方式增進溝通；而替代性溝通則是針對無口語的個體，提供其他溝通方式補償溝通（Beukelman & Light, 2020）。

（二）功能性溝通訓練的實施原則

如何讓 FCT 有效，宜注意以下六項原則（E. G. Carr & Kemp, 1989; Durand et al., 1993; Durand & Merges, 2001; Horner et al., 1990; Kelley et al., 2002）：第一，明確界定個體標的行為問題之功能。第二，注意**反應適配性**，亦即發展出可替代標的行為問題之溝通行為，且此溝通行為必須與個體標的行為問題之功能相適配。第三，在原本會產生標的行為問題之情境下，教導個體替代它的溝通行為，並且掌握**隨機教學的原則**。第四，注意**反應掌控度**，亦即一旦個體以溝通行為表達其需求時，處理人員必須一致且立即回應個體的需求，讓個體感覺到此溝通行為是有效能、有效率的，能成功掌控環境因應其需求。第五，教導溝通行為時，要注意**提供反應的生態環境**，增加促進個體溝通的助力因素，例如：提供選擇的機會有利於溝通行為；排除阻礙個體溝通的因素，因為環境會影響教導成效。第六，當個體採用原來的標的行為問題表達其需求時，處理人員不予理會，以讓此標的行為問題沒有效，並且重新指令個體表現替代的溝通行為；若個體無法自發表現溝通行為，則處理人員可採用提示策略，待溝通行為建立起來後，再逐步褪除提示。

綜合文獻（Durand & Merges, 2001; Horner & Day, 1991; Winborn et al., 2002），溝通方式之選擇宜與標的行為問題功能等值且有效，所謂有效須考慮以下四個原則：（1）符合個體的能力，是易學的；（2）符合個體的生理年齡；（3）易實施，且適用於大部分標的行為問題發生之情境；（4）易於被他人接受、察覺和理解，且不會造成對他人的干擾。除此，兩篇研究（鍾儀潔、鈕文英，2004；Kahng et al., 2000）發現，教導具多重功能、能明確表達個體欲獲得之增強物的溝通行為，會比教導僅具單一功能、一般性的溝通行為更有效，例如：Kahng 等人主張教導「我要電動玩具」會比「我要」，在減少行為問題上更有效；鍾儀潔和鈕文英教導其中一位 ASD 者表達：「老師，可不可以教我彈鋼琴？」以獲得注意和鋼琴，達到兩種功能。

處理人員可以藉著第 6 章所述的「行為溝通分析檢核表」（如附錄 31），了解個體現有哪些適當的溝通行為，進而分析其有效性，作為選擇溝通方式的參考。另外，我設計「功能性溝通訓練內容效度問卷」，如附錄 53。

O'Neill 和 Reichle（1993）表示建立個體的溝通行為，還須教導他分辨使用該溝通行為的條件，包括在何種情況下使用該溝通行為、何種情況下不適用，此情況可能包括地點、溝通對象、工作／作業項目、要求的性質等。舉例來說，發言牌可以用在教師「未講課」或是說「有沒有問題」時，不適用在教師正講課時。教導個體視「與溝通對象的熟悉度」選擇溝通行為，熟悉者可以用「按鈴」的方式求助，不熟悉者則用「求助卡」表示，因為不熟悉者可能不知道個體按鈴的意義。求助卡只能在困難的工作／作業上適用，簡單者則不適用。教導個體視要求的性質，像是要求獲得想要的物品，拒絕不想要的物品，選擇不同的溝通行為。

（三）功能性溝通訓練的相關研究

Hanley 等人（1997）調查研究參與者關於行為處理策略喜好度的觀點後發現，他們對 FCT 的喜好高於 NCR，這顯示 FCT 有較佳的社會效度。FCT 可用來預防行為問題的升高（Reeve & Carr, 2000; Wu et al., 2022）；以及當功能性溝通行為增加時，行為問題便相對減少（Parrish & Roberts, 1993）。在固著行為方面，Durand 和 Crimmins（1987）處理一位自閉症兒童之口語固著行為（其功能為逃避工作要求）後發現，FCT 能有效減少其固著行為。其他研究（王芳琪、鈕文英，2002；莊妙芬，2000；鍾儀潔、鈕文英，2004；R. V. Campbell & Lutzker, 1993; Drasgow & Halle, 1996; Durand & Carr, 1987; Kennedy et al., 2000; F. C. Mace & Lalli, 1991; Wacker et al., 1990）也發現，FCT 能有效介入固著行為。

在自傷行為方面，Gerra 和 Dorfman（1995）針對一位重度障礙的 8 歲女盲童施以 FCT，結果改善她的自傷行為，並增進其適應學校和社區的能力。Worsdell 等人（2000）以 FCT 處理五位有攻擊及自傷行為的重度智障成人，找出增強他們行為問題的原因，在教導功能性溝通行為後發現，皆能有效減低攻擊及自傷行為；其他研究

（莊妙芬，2000；Berotti & Durand, 1999; E. G. Carr & Durand, 1985; H. M. Day et al., 1994; R. M. Day et al., 1988; Durand, 1993; Durand & Carr, 1991; Durand & Kishi, 1987; Horner & Day, 1991; Muharib et al., Shirley et al., 1997; M. D. Smith, 1985; Steege et al., 1990; Wacker et al., 1990）也發現，FCT 能有效介入自傷行為。

在干擾、發脾氣和攻擊行為方面，Bird 等人（1989）以 FCT 處理兩位有攻擊及自傷行為的重度智障成人；Sigafoos 和 Meikle（1996）藉以處理兩位有攻擊、干擾及自傷行為的學齡前自閉症兒童，結果也證明其效果。其他研究（莊妙芬，2000；Bailey et al., 2002; Briggs et al., 2018; K. A. Brown et al., 2000; R. V. Campbell & Lutzker, 1993; E. G. Carr & Durand, 1985; Drasgow & Halle, 1996; Drasgow et al., 1998; Durand, 1993; Durand & Carr, 1991, 1992; Durand & Kishi, 1987; W. Fisher et al., 1998; Frea et al., 2001; Gerhardt et al., 2003; Hagopian et al., 1998, 2001; Hetzroni & Roth, 2003; Horner & Budd, 1985; Horner, Sprague, et al., 1990; Hunt et al., 1988; Hunt et al., 1990; Jayne et al., 1994; Kelley et al., 2002; L. K. Koegel et al., 1992; J. S. Lalli et al., 1995; C. A. Martin et al., 2005; Mildon et al., 2004; Northup et al., 1991; Richman et al., 2001; Saini et al., 2018; M. D. Smith, 1985; M. D. Smith & Coleman, 1986; Thompson et al., 1998; Wacker et al., 1990, 2005）也發現，FCT 能有效介入干擾、發脾氣和攻擊行為。

在不適當社會行為方面，有一篇研究（D. E. Ross, 2002）發現，教導功能等值「與同儕對話的行為」，能有效取代不適當的社會互動行為。還有研究結合 FCT 和提供選擇後發現，能有效減少行為問題和增進工作參與度（E. G. Carr, Levin, et al., 1999; S. M. P. Peterson et al., 2005），以及求助行為（Wasson et al., 2013）。E. G. Carr 和 Carlson（1993）使用多元素介入，包括做選擇、FCT、容忍增強的延宕，以及增加引發正向行為的前事（例如：其中一位研究參與者在付帳等待時會出現攻擊行為，如果給他看書報則不會，因此給他書報），介入三位重度障礙者在超級市場中的行為問題（例如：攻擊行為等）後發現，能有效減少之。

一些系統回顧或後設分析 FCT 對身心障礙者、發展障礙者或 ASD 者的研究（Chezan et al., 2018; Gerow, Davis, et al., 2018; Gerow, Hagan-Burke, et al., 2018; Gregori et al., 2020; Luo et al., 2019; Neely et al., 2018; V. L. Walker et al., 2018）發現：（1）研究參與者的障礙類別多為智障、ASD、E/BD；而其處理的行為問題有固著、自傷、干擾、攻擊和發脾氣等，行為的功能有取得和逃避外在刺激；（2）教導運用的溝通方式相當多元；（3）經常結合忽略、反應中斷、DR 和做選擇機會的提供；（4）雖然研究參與者和方式各有不同，但對於減少行為問題、增加社會互動，以及改善生活形態都相當有效。

除此，五篇研究（Austin & Tiger, 2015; W. Fisher et al., 1993; Hagopian et al., 1998; Schmidt et al., 2014; Shukla & Albin, 1996）在比較單獨使用 FCT，和結合 FCT 與其他策略的效果後發現：結合FCT與忽略策略，比單獨使用FCT的效果更好。另有一些研究（W. Fisher et al., 2000; Hagopian et al., 2001; Muharib et al., 2021）認為，FCT 完成後，可採取間歇增強、延宕增強物給予的時間、教導個體等待，因為在真實的情境中，不可能每次的溝通都能得到立即的增強。

二、圖片兌換溝通系統

Bondy 和 Frost（1994）提出**圖片兌換溝通系統**（PECS），其發展初期，主要應用於美國德拉瓦州自閉症方案，它採取行為模式的教導策略，並吸收 MT 的優點，主要目標為教導 ASD 者學會自我引導的功能性溝通技能，後來也被運用於重度障礙學生上，以下探討其意涵和相關研究。

（一）圖片兌換溝通系統的意涵

PECS 和一般圖片溝通訓練不同處是，一般圖片溝通訓練著重教導個體能夠指認圖片，因此開始訓練時，常須花很多時間教導個體物品和圖片的配對技能，這些配對練習脫離真實生活情境，缺少功能性，容易導致個體缺乏學習動機；而 PECS 著重**功能性溝通反應**的訓練，促進個體和環境間有意義的互動（Bondy & Frost, 1998, 2001）。此外，PECS 尚有以下優點（楊蕢芬，2005；A. E. Anderson, 2002; Charlop-Christy et al., 2002; Frost & Bondy, 2002）：（1）只要求個體具備一些簡單的動作技能，不須密集訓練先備技能，並且溝通對象不須熟悉或特別學習另一種語言（例如：手語）；（2）簡單易學，比學習其他溝通系統（例如：手語）快；（3）所需費用不高，並且圖卡可攜帶，適用於各種情境；（4）強調個體主動接近溝通對象，產生自發的溝通行為；（5）不會妨礙個體學習說話，很多運用PECS溝通的個體亦能發展出口語表達能力；（6）能避免個體依賴成人的提示才出現溝通行為；（7）能減少個體出現行為問題，增進社會行為。

PECS 訓練開始前，宜先進行增強物調查，了解個體對各種物品或活動的喜愛程度，然後選擇個體高度喜愛的物品或活動，作為訓練時的正增強物圖片（Frost & Bondy, 2002）。PECS 的參與人員包括**溝通夥伴**和**溝通促進者**（communication facilitator），溝通夥伴即 PECS 教學中溝通的對象；溝通促進者即引導和促進個體溝通的人，包括六個階段，如表 9-26。Bondy 和 Frost（2002）建議採取下列策略增進個體自發的溝通行為：（1）安排平時無法得到的增強物；（2）正增強物只給予一小部分；

表 9-26　圖片兌換溝通系統六個階段的教學目標

階段	教學目標
階段 1：如何溝通	當看到喜歡的物品時，個體會拿圖片接觸溝通夥伴，然後將圖片放在溝通夥伴手中。
階段 2：延伸圖卡之應用，亦即拉長圖卡及溝通夥伴的距離，以及增加想要物品（回饋）的種類，來堅定個體溝通的意願及類化的能力。	增加個體和溝通夥伴、個體和溝通簿的距離，增加想要物品（回饋）的種類，以及在褪除提示下，個體會到溝通簿取下圖片，然後走到溝通夥伴旁邊，吸引溝通夥伴的注意，並將圖片放在溝通夥伴手中。
階段 3：圖片區辨	當個體看到想要的物品時，會從溝通簿選取適當的圖片，然後走向溝通夥伴，拿圖片給他。 1. 區辨高度喜愛的物品圖片和混淆物品圖片。 2. 區辨兩張喜愛的物品圖片。 3. 區辨多張圖片。
階段 4：句型結構	當個體看到想要的物品時，會去溝通簿先拿「我要」圖片，放在句型板上，接著放「物品圖片」，然後走向溝通夥伴，拿句型板給他。這個階段結束時，個體能夠運用 20 張以上的圖片，並能和不同的溝通夥伴溝通。
階段 5：回答問題	個體能主動要求物品，口頭回答「你要什麼？」的問題；而無口語的學生，可以將「我要……（物品）」的句子字條交給溝通夥伴。
階段 6：談論	個體能回答「你要什麼？」「你看見什麼？」「你有什麼？」「你聽到什麼？」「這是什麼？」等問題，並且能夠主動要求和談論。

註：綜合整理自 Bondy 和 Frost（2001）及 Frost 和 Bondy（2002）的文獻。

（3）讓個體知道正增強物的好處；（4）創造需要協助的情境；（5）打斷個體喜歡的合作性活動；（6）提供個體討厭的物品；（7）提供選擇；（8）故意違反個體的期望；（9）表現讓個體驚訝的行為。另外，Hodgdon（1999）指出若部分圖卡的內容暫時無法提供，則不宜移除，因為個體可能不了解移除的意思，並且記得該圖卡而執意選擇；因此，建議保留該圖卡，以遮住的方式表示暫時無法提供。

Frost 和 Bondy（2002）指出除了教導上述內容外，還可以於六個階段中，穿插教導下列溝通技能：（1）要求協助（階段 3 先練習「幫忙」圖卡，階段 4 以後，練習造較完整的句子）；（2）問：「你要嗎？」個體能回答：「不要」或「要」（階段 3）；（3）要求休息（下課）（階段 2 和 4）；（4）呈現「等待」圖卡，個體能等待（階段 3 至 6）；（5）遵守功能性指令（階段 2 和 3）；（6）進行活動轉換（階段 4 和 5）；（7）遵守作息時間表（階段 4 和 5）。

（二）圖片兌換溝通系統的相關研究

PECS自Bondy和Frost（1994）首篇研究至2021年間，臺灣及國外研究參與者已由學前（唐紀絜等人，2004；許耀芬，2003；董愉斐，2005；廖芳碧，2002；謝淑珍，2003；Bondy & Frost, 1994; Charlop-Christy et al., 2002; Ganz & Simpson, 2004; I. S. Schwartz et al., 1998），擴展至國小（宋慧敏、孫淑柔，2003；林欣怡，2004；周信鐘，2008；鄧育欣，2006；羅汀琳，2004；A. E. Anderson, 2002; D. Carr & Felce, 2007; Charlop-Christy et al., 2002; Ganz & Simpson, 2004; Jurgrens et al., 2019; Kravits et al., 2002; Magiate & Howlin, 2003; Malandraki & Okalidou, 2007; Marckel et al., 2006; Paden et al., 2012），乃至中學（陳麗華，2006；Simon et al., 1996）和成人（Chambers & Rehfeldt, 2003; Conklin & Mayer, 2011; Stoner et al., 2006）；障礙類別亦從發展遲緩、ASD著，擴展至智能和重度障礙者。上述研究參與者除了六篇（宋慧敏、孫淑柔，2003；周信鐘，2008；鄧育欣，2006；Chambers & Rehfeldt, 2003; Conklin & Mayer, 2011; Simon et al., 1996）為智能或重度障礙者、一篇為多重障礙者（Malandraki & Okalidou, 2007）外，其他皆為ASD者，結果都肯定它對增進溝通行為、社會互動和減少行為問題的成效。Rosales和Marin-Avelino（2022）系統回顧研究發現，PECS應用於ASD者為EBP。

三、關鍵反應訓練

以下說明關鍵反應訓練（PRT）的意涵和相關研究。

（一）關鍵反應訓練的意涵

關鍵反應訓練（PRT）是由Koegel、Schreibman等人依據ABA原則，針對ASD者較缺乏**類化能力**發展的行為介入方法（R. L. Koegel & Koegel, 2006）。Schreibman等人（1996）指出，**自發動機低落及過度選擇少數刺激做反應**，是造成ASD者類化困難的兩項主因；因此，PRT主張須教導**動機**和**對多元線索的反應性**兩種關鍵能力。之後，文獻（R. L. Koegel & Koegel, 2006）又提出**自發行為**（self-initiation）、**自我管理**和**同理心**（empathy）三種關鍵能力；自發行為是指教導個體發問的能力，例如：「這是什麼？發生什麼事？這是誰的（東西）？○○在哪裡？」PRT運用的策略和教導的關鍵行為如表9-27。

依據文獻（R. L. Koegel & Koegel, 2001, 2006, 2019; Schreibman et al., 1996; Thorp et al., 1995），PRT在「前事」可以運用**分享控制權，提供選擇的機會；安排輪流的活

表 9-27　關鍵反應訓練運用的策略和教導的關鍵行為

在「前事」運用的策略	教導的「關鍵行為」	在「後果」運用的策略
・分享控制權，提供選擇的機會。 ・安排輪流的活動。 ・掌握學生的注意力（給予簡單／清楚的指令，明確／適當的機會嘗試）。 ・穿插已學會和新的內容，以提高學生的動機和促進行為的維持。 ・漸進提供多元線索〔刺激提示和條件區辨（conditional discrimination），條件區辨是指逐步增加刺激的條件，例如：先教導個體指認白色的鞋子（包含顏色和物品兩種條件），而後呈現白色和紅色的鞋子，讓他指認白色的鞋子（區辨顏色），或是呈現白色的鞋子和白色的襪子，讓他指認白色的鞋子（區辨物品）〕。	・動機 ・對多元線索的反應性 ・自發行為 ・自我管理 ・同理心	・自然增強 ・立即增強 ・增強嘗試的行為

動；掌握學生的注意力；穿插已學會和新的內容，以提高學生的動機和促進行為的維持；漸進提供多元線索五種策略。在「後果」可以運用**自然**和**立即增強**、**增強嘗試的行為**三個策略，以促進五種關鍵行為。PRT 有足夠的結構性可幫助自閉症者習得複雜的技能，同時也保有彈性，允許他們在活動中表現創造力，避免介入後造成另一種固著行為（L. K. Koegel et al., 2022）。PRT 和 DTT 不同處在於（Stahmer et al., 2003）：第一，DTT 是在控制的環境中介入；而 PRT 是在自然環境中介入。第二，DTT 由介入者掌控全部訓練過程；而 PRT 會提供自閉症者自主和選擇的機會。第三，DTT 在介入過程中會重複使用同樣的區辨性刺激（例如：用同一張卡片和同樣的指令）；而 PRT 則是把許多教材和指令結合在一起，以訓練自閉症者的辨識能力，舉例而言，有一輛玩具車和一個球，介入者會用同樣的動詞「推」來指示「推車」或「推球」。之後再改換動詞「滾（球）」，此介入方法能避免 DTT 的重複性。因為關鍵反應訓練是強調在自然環境中運用，因此與自閉症兒童最親近的家長、教師、手足、同儕等，就是配合運用的最好資源，如示例 9-10。

（二）關鍵反應訓練的相關研究

臺灣及國外 PRT 的研究發現：它能增進 ASD 者的**共享注意力**（joint attention，是指個體與他人分享其喜悅與有興趣之事物的能力，藉此與他人建立親密和分享的關係；林欣宜，2007；Ebrahim, 2019）、遊戲行為和社會互動（辛怡葳，2002；蔡慧

示例 9-10 關鍵反應訓練

在遊戲的情境中，讓ASD兒童選擇玩具【提供選擇的機會】，例如：他選擇汽車把玩，介入者也拿一個汽車並且說：「我拿的是紅色的汽車，你呢？」引導他說：「我拿的是綠色的汽車。」【條件區辨、安排輪流的活動】接著，介入者說：「這裡有一些積木，我要用紅色的汽車帶黃色的積木回家，你要不要帶？」當ASD兒童嘗試拿積木時，介入者立即給予口頭讚美【增強嘗試的行為】，並且引導他說：「我要用綠色的汽車帶藍色的積木回家。」最後讓他帶綠色的汽車和藍色的積木回家【自然增強】。

下一次請 ASD 兒童帶他的綠色汽車和藍色積木來，與介入者的紅色汽車和黃色積木見面。見面時，介入者向 ASD 兒童表示：「我昨日沒睡好，頭痛，不舒服。」並引導 ASD 兒童對他說：「你頭痛，不舒服。」【使用ASD兒童會使用的語彙引導他同理心反應】之後，加入其他的遊戲和互動，例如：介入者拿警車把玩，會有紅藍燈閃動，並且會發出聲音，以引起ASD兒童的注意。當他注意時，介入者引導他問：「這是什麼？」之後問：「我可不可以玩？」【引導自發行為】最後活動結束，引導 ASD 兒童說：「我要用綠色的汽車帶藍色的積木回家。」【穿插促進行為維持的作業】

聯，2005；薛斐丹，2013；鍾佳蓁，2003；L. K. Koegel et al., 2003; L. K. Koegel et al., 2005）、溝通行為和對環境的反應，以及減少行為問題（L. K. Koegel et al., 1998, 1999; R. L. Koegel et al., 1992; Rajabi-Shamami et al., 2014），甚至產生提升親子互動的附帶效果（R. L. Koegel et al., 1996）；此外，它也能增進智障者的溝通行為（施淑媛，2005）。另有一些研究透過一般同儕協助實施的PRT，亦能提升ASD者的社會互動（馮士軒，2003；Pierce & Schreibman, 1995）。

四、環境教學法

環境教學法（MT）由 Hart 和 Rogers-Warren（1978）提出，運用行為模式的教導策略，但鑑於過去的語言教學以教師為主導，脫離自然情境，學生維持和類化成效有限，因此結合**自然取向教學**的特徵於語言的教學中。以下說明 MT 的意涵和相關研究。

（一）環境教學法的意涵

MT 有以下幾個特徵（Alpert & Kaiser, 1992; Hemmeter & Kaiser, 1994; Kaiser & Grim, 2006; R. L Koegel et al., 1987; Sigafoos & Reichle, 1993）。

1. 提倡**功能性溝通反應**，重視語意和語用，視語言為溝通的工具，將溝通能力作為主要的教學目標，並且重視雙向溝通。
2. 教學發生於學校、居家或社區的日常生活情境，並考慮社會文化背景的差異。
3. 以對個體感興趣的事物或活動做回應為教學的時機。

4. 溝通意圖能引發自然後果，亦即以個體喜好的材料、物品或活動等作為獎勵的增強物。
5. 教師扮演的角色為促發個體溝通表達的協助者，有別於過去語言教學教師扮演主控者的角色。

Kaiser 和 Hester（1994）修改 MT，提出**加強式環境教學法**（enhanced milieu teaching，簡稱 EMT）。Kaiser（2000）及 Kaiser 和 Grim（2006）表示 CMT 是第三代自然取向的語言教學，立基於**隨機教學的原則**，以及 MT 的**環境安排**和**環境教學程序**，增加**系統化的回應互動策略**，它具備五項要素：（1）做教學前的評量、計畫和教學後的評鑑；（2）使用**示範**、**隨機教學**、**指令—示範**（mand-model）和**時間延宕**四種核心策略；（3）安排能促發溝通的環境；（4）成人採取**回應互動策略**，亦即回應和對話的形態與個體溝通；（5）在教室中能有效做行為管理，以確保有足夠的時間、空間和機會進行溝通，如圖 9-19。其中第二至第四個要素即環境教學程序、環境安排和系統化的回應互動策略三項成分；而要素 1 和 5 是促進 EMT 有效實施的策略。以下說明環境教學程序、環境安排和回應互動策略三個成分的目標和內涵。

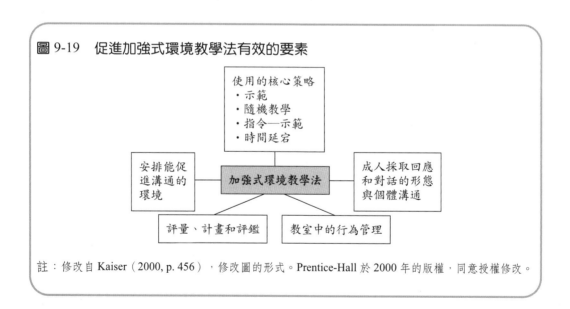

圖 9-19　促進加強式環境教學法有效的要素

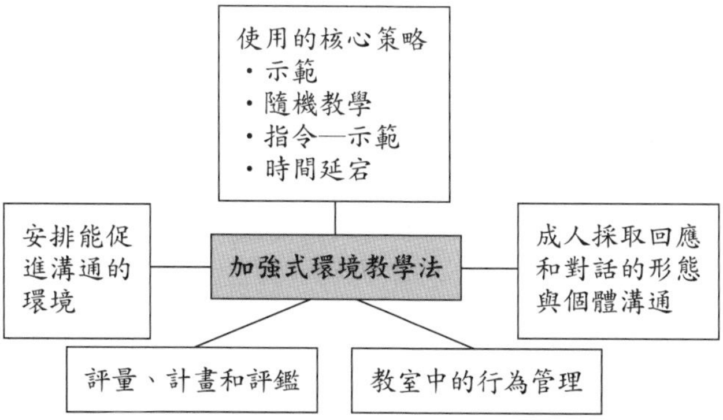

註：修改自 Kaiser（2000, p. 456），修改圖的形式。Prentice-Hall 於 2000 年的版權，同意授權修改。

1. 環境教學程序

綜合文獻（Hancock et al., 2016; Kaiser & Grim, 2006; Kaiser & Hester, 1996; McGee, 2022），環境教學程序的目標在建立功能性溝通技能，使用示範、指令—示範、時間延宕和隨機教學四種核心策略，說明如下。

（1）示範策略

示範策略的執行流程如圖 9-20。步驟 1 是教師首先須注意個體有興趣的物品，當發現後即建立共享注意力。步驟 2 是由教師示範特定的手勢、圖卡、單字、片語或句子，鼓勵及教導個體模仿或複誦；個體若能做到，則立即給予讚美、擴充他的語言和給予他有興趣的物品。個體若無法模仿或複誦，或是表現不正確，則給予矯正性的示範；若個體仍然無反應或反應不正確，則給予矯正性回饋，最後給予他有興趣的物品。而如果個體對該項物品已失去興趣，則停止接下來的步驟，將該物品放置一邊，不要給他，等他重拾興趣時再拿出來，並且密切注意他的興趣，尋找其他引導他溝通的機會。

圖 9-20　環境教學程序中「示範」的執行步驟

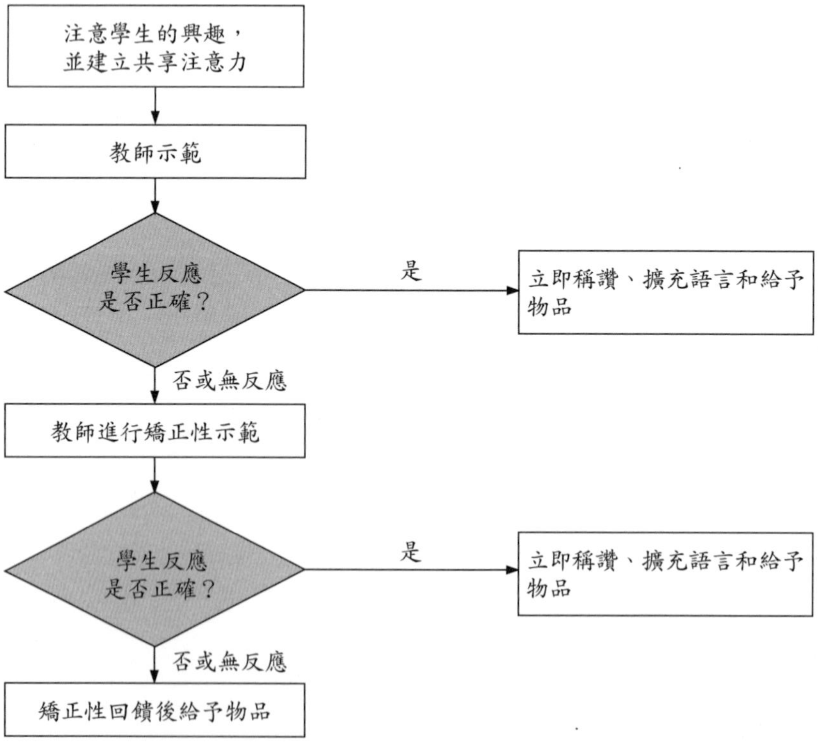

註：▭表示執行步驟，◇表示檢核步驟。整理自 Kaiser 和 Grim（2006, pp. 458–460）。

（2）指令—示範策略

指令—示範策略的執行流程如圖 9-21。步驟 1 同示範策略；步驟 2 是當個體接近某項物品或對其感興趣時，教師給予言語指令，此指令可以是「要求」（例如：告訴我你想要什麼）、「詢問」（例如：你需要什麼？），或「選擇」（例如：我有巧克力和牛奶糖，你要哪一個？），教導他做出反應。若個體反應正確，則立即給予讚美、擴充他的語言和給予物品。若個體無反應或反應不正確，而他對該物品表現高度興趣，且可能知道如何反應，則給予矯正性的指令；而若個體對該物品的興趣減弱，且可能不知道如何反應，則給予矯正性的示範。矯正性的指令或示範後，若個體反應正確，則立即給予讚美、擴充他的語言和給予物品。若個體無反應或反應不正確，而個體仍保持對物品的興趣，則重複示範策略的步驟。而如果個體對該項物品已失去興趣，則採用示範策略中提及的作法。教師藉由提供個體感興趣的多樣化物品，安排多

圖 9-21　環境教學程序中「指令—示範」的執行步驟

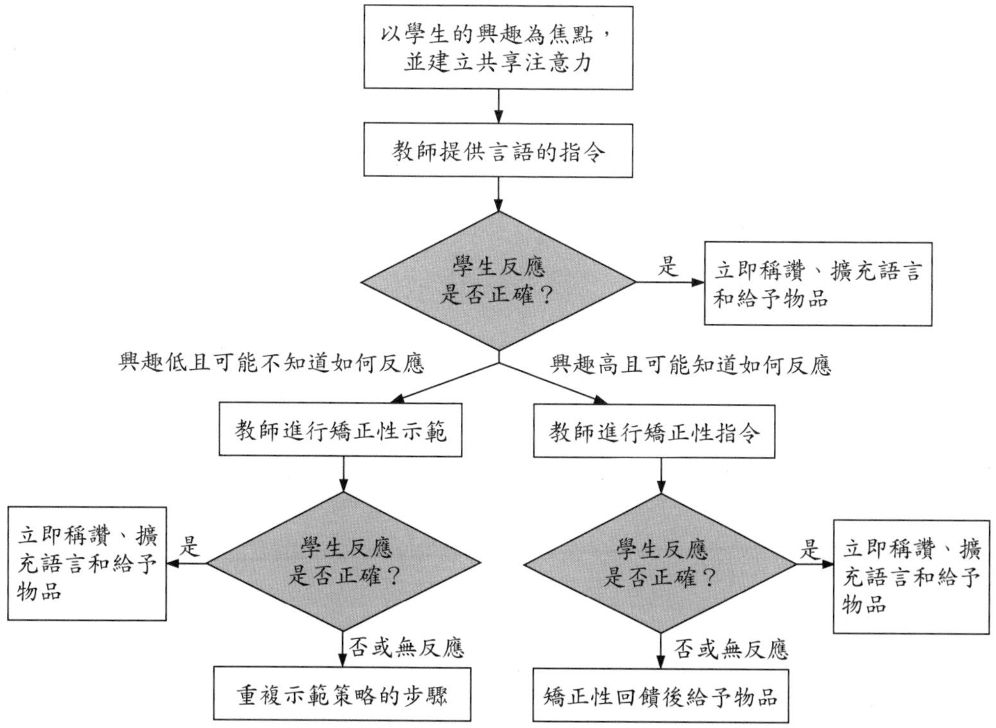

註：▭表示執行步驟，◆表示檢核步驟。整理自 Kaiser 和 Grim（2006, pp. 460–461）。

種自然情境的練習，以達成如下的教學目標：①建立個體的共享注意力，以作為發展語言的線索；②教導輪流的技能；③教導個體在教師給予言語指令及教學下提供訊息；④教導個體在教師不同的言語線索下做出反應。最後期望個體能習得功能性的溝通技能，並且類化至不同的情境中應用之。

（3）時間延宕策略

時間延宕策略是指，教師延緩給予示範或言語指令的時間（例如：5 秒），藉由等待來鼓勵個體在自然提示出現後，產生自發的溝通技能，其執行流程如圖 9-22。執行時間延宕策略後，若個體反應正確，則立即給予讚美、擴充他的語言和給予物品。若個體無反應或反應不正確，而他對該物品表現高度興趣，且可能知道如何反應，則採用指令—示範策略；而若個體對該物品的興趣減弱，且可能不知道如何反應，則採用示範策略。

圖 9-22　環境教學程序中「時間延宕」的執行步驟

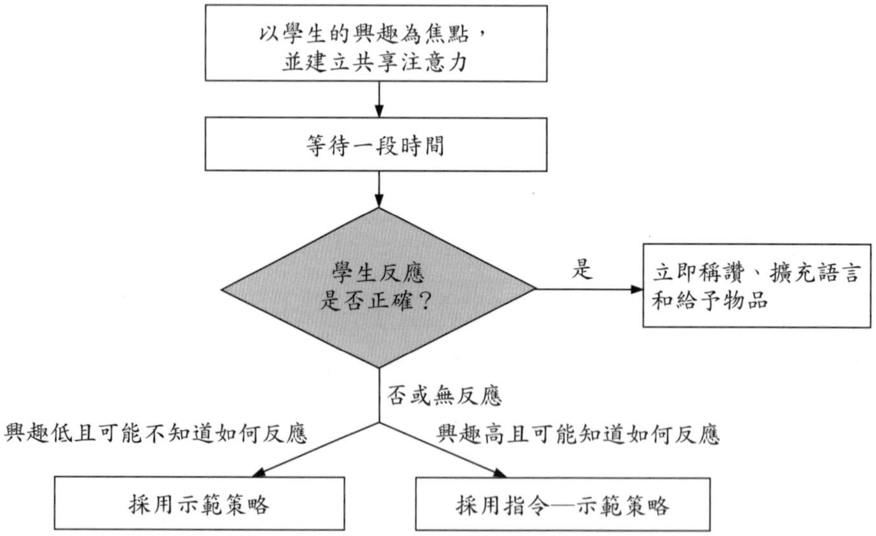

註：□表示執行步驟，◇表示檢核步驟。整理自 Kaiser 和 Grim（2006, pp. 461–462）。

（4）隨機教學策略

隨機教學策略是指，教師透過環境的安排促進個體溝通的動機，當個體要求某項物品或尋求協助時，若表現適當，則立即給予讚美、擴充他的語言和給予物品或協助。若表現不適當，則教師視其反應採用示範、指令—示範或時間延宕策略，其執行流程如圖 9-23。

圖 9-23　環境教學程序中「隨機教學」的執行步驟

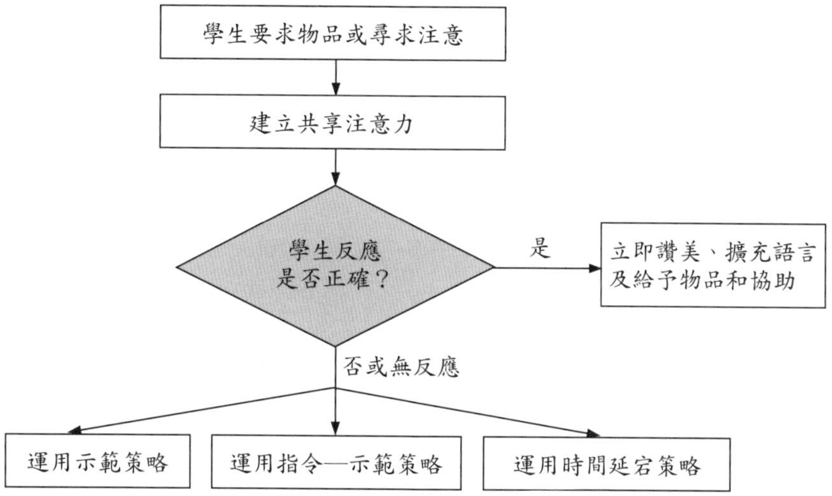

註：▭表示執行步驟，◇表示檢核步驟。整理自 Kaiser 和 Grim（2006, pp. 462–463）。

2. 環境安排

綜合文獻（Hancock et al., 2016; Kaiser & Grim, 2006; McGee, 2022），環境安排旨在安排能吸引個體興趣、注意和促進個體溝通的環境，以確保他擁有足夠的機會使用語言，採取以下策略。

（1）安排個體感興趣的教材或活動，這些教材或活動可變化輪替，以增進個體的興趣，而在他從事這些活動時，與其互動。

（2）教材擺在個體看得見卻拿不到的地方。

（3）提供個體需要協助才能使用的教材或教具。

（4）提供不當比例的物品或材料，使個體要求其他部分，例如：吃點心時，只給一些果汁或一小片餅乾。

（5）只提供部分物品或材料，例如：畫圖時只提供圖畫紙、喝綠豆湯時只提供湯匙；此項策略的前提是個體已具有察覺差異的能力，運用此策略時應小心避免造成個體太大的挫折感。

（6）在他吃得很飽的時候，繼續拿東西給他吃，以教個體拒絕的語言。

（7）做個體不希望你做的事，例如：坐他的位子。

（8）製造可笑不合期待的事，例如：假裝穿個體的衣服、故意拿漢堡模型給他吃等，此項策略的前提是個體對日常作息有基本的認識與期待。

（9）提供個體選擇的機會，可用口語或非口語的方式讓個體做選擇。通常在其喜歡與不喜歡物品間，個體最有可能做選擇。

3. 回應互動策略

綜合文獻（Hancock et al., 2016; Kaiser & Grim, 2006; McGee, 2022），回應互動策略旨在促進個體和成人互動上的參與、互動的輪替、維持互動、延續交談主題、理解彼此的語言，以及開啟個體與成人的自發性溝通行為，採取以下策略。

（1）成人跟隨個體引導的溝通方向。

（2）成人和個體間的互動保持平衡的輪替。

（3）成人維持個體溝通的話題。

（4）成人示範語音和主題適當的語言。

（5）成人配合個體語言的複雜程度。

（6）成人擴充和重複個體的語言。

（7）成人回應個體口語和非口語的溝通。

（二）環境教學法的相關研究

臺灣及國外 MT 或 EMT 的研究發現：它對語言障礙（speech or language impairment，簡稱語障）、語言發展遲緩或特殊需求幼兒（曾碧玉，2010；黃雅芳，2004；Alpert & Kaiser, 1992; Kaiser & Hester, 1994; Kaiser et al, 1993）、ASD 者（林玉芳，2006；陳佳芸，2009；陳家民，2014；Christensen-Sandfort & Whinnery, 2013; Franco et al., 2013; Hancock & Kaiser, 2002; Kaiser et al, 2000）、智能和重度障礙者（李昆霖，2001；林桂英，2009；曾怡惇，2005；黃志雄，2002；陳昱如，2005；張惠雯，2013；Lacey et al., 2017; Wright et al., 2013）的溝通和社會互動能力皆有成效。尚有研究比較不同方法對溝通技能的介入成效，例如：Yorder 和 Stone（2006）介入 36 位學前 ASD 幼兒，比較 MT 和 PECS 對溝通技能的成效後發現，MT 較 PECS 更能促發**共享注意力**和**輪流**這兩項溝通技能，而 PECS 較 MT 更能促進「要求」此項溝通技能。然而，在日常生活中，如何有效把握時機，敏銳解讀個體的行為訊息，適時給予多次的學習機會，這對運用 MT 或 EMT 是一大考驗。

第三節　行為教導方案的實施流程

行為教導方案的有效實施並非突然出現的，而是處理人員決定去做的那一刻起累積而來的。

總括前兩節的教導內容和策略，處理人員還須設計行為教導方案的實施流程。以社會技能為例，教育部（2014）《十二年國民基本教育課程綱要總綱》（簡稱《總綱》）名為「社會技巧」，並納入特殊需求領域課程中。處理人員若 FA 後發現個案需要學習社會技能，則可以將學習目標納入特殊需求領域——社會技巧中。以下以正向行為中的社會技能為例，說明社會技能教學方案的實施流程，其他正向行為的教學方案亦可以參考此流程。

關於社會技能的介入對象、內容與方法，臺灣有三篇研究（黃瓊慧，2013；黃靜芳，2013；蔡家惠，2018）調查臺南市、北北基和高屏地區身心障礙資源班實施社會技能課程現況，結果發現，介入對象以特定障礙類別（例如：ASD、E/BD）；教學內容與方法以特殊教育教師以抽離至資源班進行占多數，較少運用普通班同儕的支援協助，直接介入「互動」最多，多採直接教學、示範，亦會結合繪本、桌遊等。田凱倩（2020）則發現。教師安排社會技能課程的原因為學生的障礙類別、有人際衝突等；課程內容多依據既有的社會技能課程資源〔例如：教育部（2019）《十二年國民基本教育身心障礙相關之特殊需求領域課程綱要》、Super Skills〕。

而在成效上，臺灣與美國數篇量化後設分析（例如：王瑋璘、鈕文英，2021；吳佳蒨、鈕文英，2012；吳佳穎、鈕文英，2015；柴華禎，2019；Bellini et al., 2007; C. R. Cook et al., 2008; Gresham et al., 2001; Kaur & Pany, 2019; Ledford et al., 2018; Mathur et al., 1998; R. J. McGill et al., 2015; Quinn et al., 1999; Reynhout & Carter, 2011; Watkins et al., 2019），分析的研究橫跨 1986 至 2019 年，內容含括學前至大專階段各類身心障礙學生的社會技能訓練，顯示成效不一致，攸關成效的因素包括：是否了解學生社會技能不足的類型、原因與功能；介入目標是否符合學生的需求；介入方法是否針對學生社會技能不足的類型、原因與功能；介入時間是否足夠、融入多元情境中充分練習；是否與學生的重要他人合作，調整阻礙社會技能表現的因素；是否規畫技能維持與類化的策略等。田凱倩（2020）亦指出，教師執行完社會技能課程後發現學生的社會技能沒有很大的改善，或只維持一段時間又故態復萌，原因為教師在提供社會技能課程前未了解阻礙學生建立和維持社會技能的因素。這些議題讓我思考到有必要發展「社會技能教學方案實施流程」，如圖 9-24，詳述八個步驟如下。

圖 9-24　社會技能教學方案之實施流程

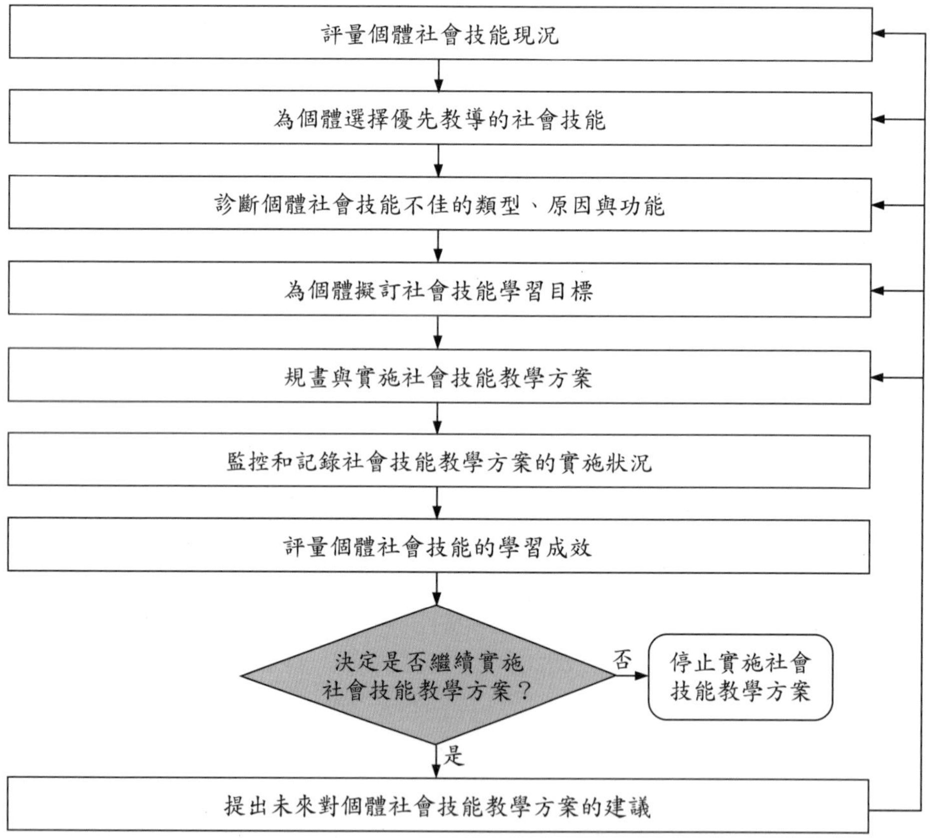
評量個體社會技能現況
為個體選擇優先教導的社會技能
診斷個體社會技能不佳的類型、原因與功能
為個體擬訂社會技能學習目標
規畫與實施社會技能教學方案
監控和記錄社會技能教學方案的實施狀況
評量個體社會技能的學習成效
決定是否繼續實施社會技能教學方案？
否
停止實施社會技能教學方案
是
提出未來對個體社會技能教學方案的建議

註：◇代表決策步驟，□代表執行步驟，▢代表結束步驟，→表示步驟的進程。

壹、評量個體社會技能現況

Landrum 等人（2003）指出部分社會技能研究效果不佳的原因是，未依身心障礙者社會技能評量結果，而是以教導的便利性來設計方案，因此評量個體社會技能現況非常重要。評量個體社會技能現況旨在評量個體社會技能的表現，以作為選擇和教導哪些社會技能的依據；評量的方式有以下幾種：**觀察**、**訪談**、**量表**、**檢核表**、**社交計量法**（Whitcomb & Merrell, 2018），以及**功能—生態評量**、CBA 等。依據附錄 46「社會技能教學目標」，再針對學校、家庭、社區和職場情境設計所需的社會技能示例，我發展「特殊需求學生社會技能表現量表」（如附錄 54），以了解身心障礙者社會技能的現況。依據這些評量結果，可作為設計個體社會技能學習目標的依據。

貳、為個體選擇優先教導的社會技能

選擇與界定社會技能時要注意以下三點：第一，**考慮個體的需求**（Schloss & Smith, 1998），包括教導的社會技能是否：（1）能使用在很多不同的環境中；（2）使用的頻率高；（3）符合個體的實齡；（4）與個體的安全、健康或生理需求有關；（5）能因應現有的學習、行為或人際互動的問題；（6）能使個體變得較獨立。

第二，**考慮同儕的意見**，以同儕認為重要、可接受的行為來界定社會技能（Gresham & Elliott, 1987），包括教導的社會技能是否：（1）為同儕認為重要且期待的技能；（2）能增進同儕接納的程度；（3）能擴大個體參與同儕或一般人活動的機會；（4）能增加與同儕或一般人互動的機會；（5）能提升個體和周遭人的關係。

第三，**考慮社會的需求**，以個體的重要他人（例如：家長、教師）認為迫切需要者來界定社會技能（Cartledge & Milbum, 1995; S. Evans et al., 2000），包括教導的社會技能是否：（1）為家長認為重要且期待的技能；（2）為教師認為重要且期待的技能；（3）未來適應社會生活重要且期待的技能；（4）未來適應職場重要且期待的技能。

參、診斷個體社會技能不佳的類型、原因與功能

Gresham 和 Elliot（1987）指出社會技能不佳的類型，一個向度是**習得和表現的不足**，另一個向度是**有和沒有出現情緒與行為的干擾**，可包括下列四個方面的不足，如圖 9-25：一為**社會技能習得的不足**（social skills acquisition deficits），是指個體在認知結構中缺乏某種社會技能，或不知道技能表現的重要步驟。二為**社會技能表現的不足**（social skills performance deficits），個體知道如何表現某種社會技能，但由於動機低落（例如：消極的思考）和機會欠缺（例如：環境較少給予表現的機會），表現的社會技能在不可接受的程度；如果個體在某一個情境可以表現出某一項社會行為，

圖 9-25　社會技能不佳的類型

	習得的不足	表現的不足
沒有出現情緒與行為引起的反應	**社會技能習得的不足**（例如：個體完全不會向教師和同學打招呼）	**社會技能表現的不足**（例如：個體會向教師打招呼，但不會向同學打招呼）：技能流暢性和技能表現不足或動機的問題
有出現情緒與行為引起的反應	**自我控制技能的不足**（例如：由於個體有社交恐懼的干擾，抑制他學習向教師和同學打招呼的技能）	**自我控制表現的不足**（例如：由於個體有控制衝動情緒的困難，他會在不適當時機，或不適合情境的方式向教師和同學打招呼）

註：取自 Gresham 和 Elliott（1987, p. 172），並加上我的舉例。

但在另一個情境卻無法表現出，則表示他社會技能表現不足。Maag（1997）進一步指出社會技能表現不足呈現在兩方面，一為**技能流暢性的問題**，是指願意表現社會技能，但表現得不佳或不夠，另一為**技能表現不足或動機的問題**，是指不願意表現社會技能。

三為有情緒干擾的社會技能習得不足，即**自我控制技能的不足**（self-control skill deficits），個體因為某種情緒（例如：焦慮）和行為（例如：攻擊）的干擾，阻礙個體習得和表現某種社會技能；例如：一位個體因社交恐懼阻礙他習得和表現回應與起始人際互動行為。四為有情緒和行為干擾的社會技能表現不足，即**自我控制表現的不足**（self-control performance deficits），個體知道如何表現某種社會技能，但因為某種情緒和行為的干擾，表現的社會技能在不可接受的程度；例如：一位個體知道如何和同儕、教師互動，但由於衝動的反應使他無法做到。Gresham 等人（2001）表示教導社會技能之前，宜分析個體社會技能不佳的類型。

綜合文獻（Bellini, 2016; Gresham & Elliott, 1987; Gresham et al., 2001），教師可藉由檢核以下問題，分析個體屬於哪一種社會技能不佳類型：（1）是否能在自然或模擬情境中獨立、流暢地表現出該社會技能？（2）是否能在多種條件下（例如：不同人、時、地、物、情境等）適當地表現出該社會技能？（3）個體的內在動機是否會干擾他獨立表現出該社會技能，或是在提供增強後個體才表現出該社會技能？（4）環境是否未給予個體表現該社會技能的機會，或是調整環境給予表現機會後才表現出該社會技能？（5）是否因為某種情緒的干擾，導致個體未適當表現該社會技能？

（6）是否因為某種情緒的干擾，抑制個體學習該社會技能？我將它們彙整成圖 9-26，以診斷個體某項社會技能不佳類型的流程圖。

再者，分析個體社會技能不佳的原因與功能。Elliott 等人（1993）提到僅用社會技能量表，無法顯示形成社會技能不佳的原因，以及教導的方向；因此，文獻（Hansen et al., 1998; Maag, 2005; M. J. Miller et al., 2005; Sugai & Lewis, 1996; Watkins et al., 2019）建議可採用 FA，了解社會技能不佳的原因和功能，據此設計功能本位的介

圖 9-26　診斷個體某項社會技能不佳類型的流程圖

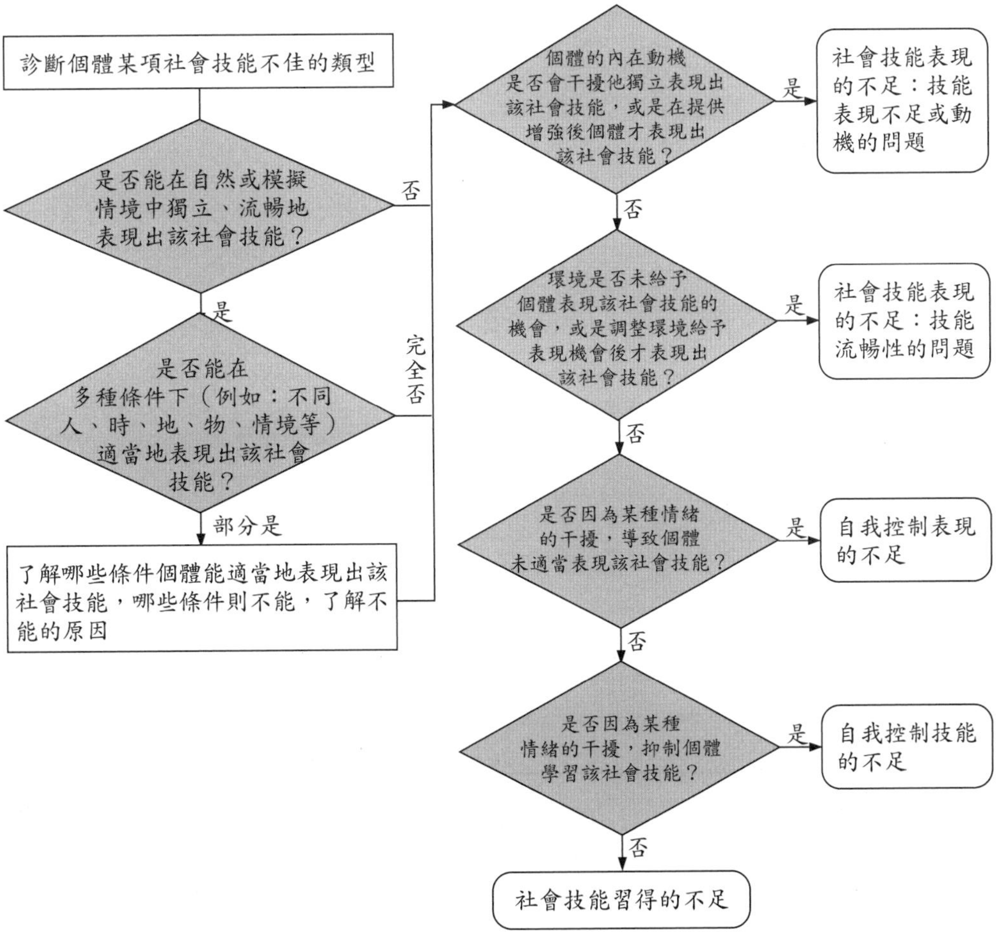

註：▭ 代表執行步驟，◆ 代表決策步驟，▢ 代表社會技能不佳的類型，→ 代表步驟的進程。

入，教導社會技能。關於個體社會技能不佳的原因，教師可以注意特殊需求者於社會情境中，在接收、處理和輸出三個階段中，影響技能表現的因素（Gustafson & Haring, 1992; Liberman et al., 1989），包括個體及環境兩大因素，如圖 9-27。以下說明這些因素，並輔以文獻佐證，其中討論較多的是身心障礙者。

在個體因素方面，從社會情境所需的接收技能而言，需要感官能力和注意力。部分身心障礙者由於感官能力較有限，有困難接收他人溝通時的臉部表情、肢體動作等視覺訊息，正確解讀他人的話語，以至於影響他們的社會技能表現（Davoudi et al., 2014; Zebehazy & Smith, 2011）。

從社會情境所需的處理技能而言，需要語言和非語言訊息理解、認知、訊息處理、隨機應變、學習遷移和記憶能力。一些研究（Bakhshaei et al., 2017; Benner et al., 2007）顯示：個體的語言理解能力和社會技能表現有顯著的正相關；而部分身心障礙

圖 9-27　特殊需求者社會技能困難的個體和環境因素

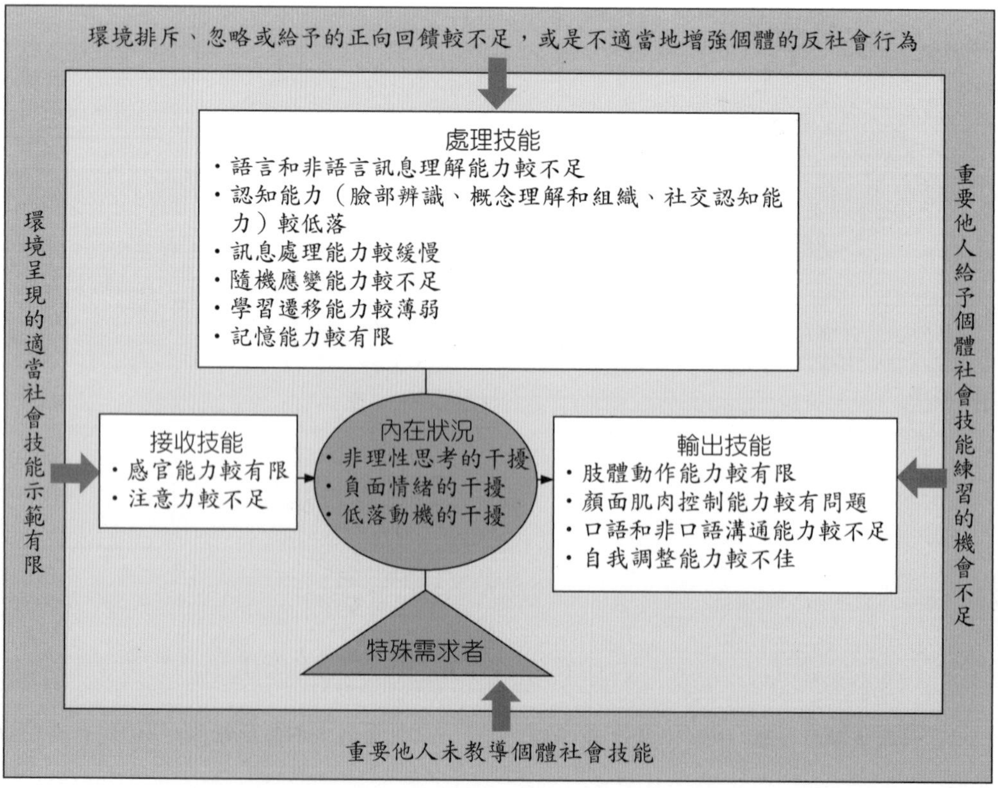

者由於語言和非語言訊息理解能力較不足，會影響他們的社會技能表現（Polloway et al., 2018）。認知能力包含臉部辨識、概念理解和組織，以及社交認知能力等，部分身心障礙者認知能力較有限，會影響他們的社會技能表現（Bellini, 2006; Polloway et al., 2018）。社會情境中的溝通、人際往來常在瞬間完成，對訊息處理能力較緩慢的部分身心障礙者而言，存在相當大的困難（Bauminger et al., 2005; Jacobs & Nader-Grosbois, 2020）。另外，社會情境經常是複雜、無法預測的，須視不同狀況調整表現的社會技能；而部分身心障礙者隨機應變能力較不足，有困難視社會情境的不同狀況調整表現的社會技能（Horvath et al., 1993）。部分身心障礙者由於學習遷移能力較薄弱，以及過度類化的問題，例如：學得打招呼技能後，在任何情境都打招呼，無法區辨打招呼的適當時間和地點，會影響他們的社會技能表現（Drew et al., 2006; Prater, 2007）。部分身心障礙者由於記憶力較有限，會影響他們的社會技能表現，包括會阻礙身心障礙者與他人互動時，延續對話的表現，因為對話過程中，須記憶互動對象表達的內容，之後針對其表達的內容做反應，或是提出引起其再闡述的問題（Crane, 2002; Polloway et al., 2018）。

從社會情境所需的輸出技能而言，需要肢體動作、顏面肌肉控制、口語和非口語溝通、自我調整能力；部分身心障礙者由於這些能力的受限，進而影響他們的社會技能表現（Bellini, 2011; Fargher & Coulson, 2017; Gumpel & David, 2000; Polloway et al., 2018）。再者，部分身心障礙者本身的內在狀況，包括非理性思考（Maag, 1997）、負面情緒和低落動機的干擾，會影響其社會技能表現（Gresham & Elliot, 1987）。

除了個體因素，K. Baker 和 Donelly（2001）指出環境因素會影響身心障礙者的社會技能。身心障礙者最常接觸的重要他人是家長、同儕與教師；因此，重要他人未教導個體社會技能，給予個體社會技能練習的機會不足，環境呈現的適當社會技能示範有限，環境排斥、忽略或給予的正向回饋不足，或是不適當地增強個體的反社會行為等，會影響身心障礙者的社會技能表現（Downing & Eichinger, 2008; Kauffman & Landrum, 2018; Rothlisberg et al., 1994）。

欲診斷個體社會技能不足的原因與功能，可蒐集個體已有的鑑定評量資料，以及觀察、訪談、FA、功能—生態評量等。最後，彙整所有的評量資料，分析身心障礙者社會技能不佳的原因與功能，進一步於個體「個別化計畫（例如：IEP）現況描述」中敘述社會技能的現況。

肆、為個體擬訂社會技能學習目標

為個體擬訂社會技能學習目標時，宜考量前兩個步驟——個體需優先介入的社會技能，以及社會技能不佳的類型、原因與功能。若是社會技能習得的不足，則擬訂欠缺的社會技能和自我調整技能作為教導目標；若是社會技能表現的不足，則針對社會技能和自我控制技能表現不足的原因與情境，擬訂因應策略的教導目標（Gresham, 2018）。以打招呼為例，針對四種社會技能不佳類型擬訂的學習目標示例如圖 9-28。

圖 9-28　針對四種社會技能不佳擬訂的學習目標示例

	習得的不足	表現的不足
沒有出現情緒與行為引起的反應	**社會技能習得的不足**〔例如：因應學生輸出技巧（口語溝通能力）和處理技巧（社交認知）的困難，設定目標為，在獲得間接姿勢或表情提示下，能揮手向教師和同學打招呼〕	**社會技能表現的不足**〔例如：因應學生內在狀況（低落動機的干擾）以及同學給予的正向回饋較不足的問題，設定目標為，在獲得同學的正向回饋下，能主動以口語方式向同學打招呼〕
有出現情緒與行為引起的反應	**自我控制技能的不足**〔例如：因應學生處理技巧（社交認知）的困難，設定目標為，能分辨向教師和同學打招呼的適當時機；以及能因應不同情境，表現向教師和同學適當的打招呼方式〕	**自我控制表現的不足**〔例如：因應學生內在狀況（負面情緒的干擾）以及同學不適當地增強他的問題，設定目標為，在獲得同學的回饋下，能在適當時機，因應不同情境，表現向同學適當的打招呼方式〕

再者，宜注意身心障礙者於社會情境中，在接收、處理和輸出三個階段中，影響社會技能表現的個體因素，因應其困難的狀況，調整社會技能學習目標，例如：Ford 等人（1989）發展出「Syracuse 社會技能課程」，其中有因應身心障礙學生的狀況而採取的調整作法，以表達具社會功能的語言，舉部分例子如表 9-28。這三個示例是針對學生輸出技能（口語溝通能力）的困難，調整社會技能教學目標中表現的行為或動作。

表 9-28　Syracuse 社會技能課程的調整作法

社會功能	一般學生的作法	身心障礙學生的作法	替代性溝通的形式
引起注意	靠近他人引起注意。	按輪椅的電鈴引起注意。	動作
要求協助	口頭詢問店員想要購買之物品的位置。	以圖片或優待券詢問店員想要購買之物品的位置。	圖片、實物
表達喜好	在休閒時間，選擇想要從事的休閒活動。	以眼睛注視表達想要選擇從事的休閒活動。	臉部表情

註：修改自 Ford 等人（1989, p. 179），修改處為選擇部分內容呈現。Paul H. Brookes Publishing Co. 於 1989 年的版權，同意授權修改。

另外，如果個體有反社會行為，可以針對此行為的功能，建立替代的社會技能（Casey, 2012）。延續上述打招呼的示例，若某生出現親吻同學臉頰的反社會行為，功能是打招呼以取得同學的注意，則建立替代的社會技能，設定目標為：能表現向同學適當的打招呼方式，以替代親吻同學臉頰的行為。表 9-29 舉例三種反社會行為、其可能的社交功能、教導的理由、社會技能學習目標和教學策略。

表 9-29　反社會行為的社交功能與教學目標和策略

反社會行為	可能的社交功能	教導的理由	社會技能學習目標	教學策略
在超級市場買東西時，表現不耐煩、暴躁和哭鬧。	應付超級市場內的吵雜和紊亂等狀況：使用逃避或抗拒行為來中止超級市場內購物的活動。	不能讓個體表現抗拒行為就可以不去超級市場，處理人員可以教導他表現適當行為。	陪伴母親到超級市場選購六種食品，提菜籃到各個角落找所需的東西，並把母親選購的東西放在菜籃中。	1. 起初的目標是陪伴母親到附近的超級市場逛逛。 2. 陪伴其他人（例如：父親、兄姊）去超級市場。 3. 選購一、兩樣東西，在超級市場內不超過 5 分鐘，這兩樣東西中，有一樣是他喜歡吃的東西。 4. 在長時間的購物之後，每次都帶他去吃他最喜歡的冰淇淋，或是看電影。他的行為固定後，就不一定在每一次買菜後都要去吃冰淇淋（從連續增強轉變為間歇增強）。 5. 購買的六樣東西中，有一樣是他喜歡吃的東西。

（續）

表 9-29 （續）

反社會行為	可能的社交功能	教導的理由	社會技能學習目標	教學策略
他的同學甲搶他的東西吃，他就哭叫，甚至出手打同學甲。	中止同學甲搶他的東西，並且給予教訓。	他有不受干擾的權利，訂定的目標都在他現有的能力範圍內。	教導兩種社會技能以避免和同學甲的衝突： 1. 吃東西時不要和同學甲坐得太靠近。 2. 每次同學甲來搶東西，他會叫甲不要這樣做；如果有必要，他會移到別處吃。	1. 口語和視覺提示他同學甲不在場，可以放心吃，而後褪除至只提供口語提示。 2. 提示他找到遠離同學甲的座位。 3. 提示他移開食物，若有必要，提示他移動座位。 4. 提示他叫同學甲不要這樣做，接著若有必要，移到別處吃。
工作 15 分鐘之後，他大發雷霆，包括大叫、把東西丟在地上、擾亂別人的工作或擅自離開工作場域。	使用逃避和抗拒行為來中止工作上的要求和別人的監督。	他目前沒有適當的方法要求休息。	工作 10 到 15 分鐘之後，用手語表示要休息一下，休息 2 分鐘之後再回來工作 10 到 15 分鐘，終點目標是比照一般職場安排工作與休息時間的比例。	1. 工作時間限制 8 分鐘，時間一到就提示他用手語表示要休息，然後讓他休息 1、2 分鐘。 2. 把工作時間延長到 10 分鐘，或是他已有發脾氣的先兆時，提示他用手語表示要休息，並讓他休息 1、2 分鐘。 3. 如果他在工作中大發雷霆，則不理會他；停止生氣，並且工作 2 分鐘後，才提示他用手語表示要休息，而後讓他休息 2 分鐘。

註：修改自 L. H. Meyer 和 Evans（1989, p. 112），修改處為對調教導的理由和教學策略，以及命名同學為同學甲。Paul H. Brookes Publishing Co.於 1989 年的版權，同意授權修改。

伍、規畫與實施社會技能教學方案

規畫與實施社會技能教學方案時，可規畫介入層次、介入作法、介入形式、介入模式、介入者、介入情境，以及評量方法與情境。我於附錄 55 整理「社會技能或正向行為教學方案」，可供讀者參考。

一、介入層次

Odom 和 Brown（1993）表示，依**教學方案需要的諮詢量**，以及**特殊化介入的深度**，社會技能教學由少至多共分成五個層次，層次 1 是學生融合於適合其發展的方案中，例如：身心障礙學生融合於符合其實齡、能讓他們在課業學習和社會互動上有實質參與的班級。層次 2 是諮詢與活動本位的介入，亦即有特殊教育教師提供諮詢服務，並且配合現有課程設計活動，促進身心障礙學生和一般學生的融合。層次 3 是情感交流的教學活動，意味另外設計和實施教學活動，以促進身心障礙學生和一般學生的情感交流。層次 4 是結構性的社會統合小組，是指安排結構性的社會統合小組，例如：為身心障礙學生建立同儕夥伴、同儕網絡等，有計畫地促進身心障礙學生的社會統合。層次 5 是直接的社會互動介入，也就是針對身心障礙學生不適當或欠缺的社會技能，或是針對他們與一般學生互動上的問題，進行直接的介入，如圖 9-29。

圖 9-29　不同層次的社會技能教學方案

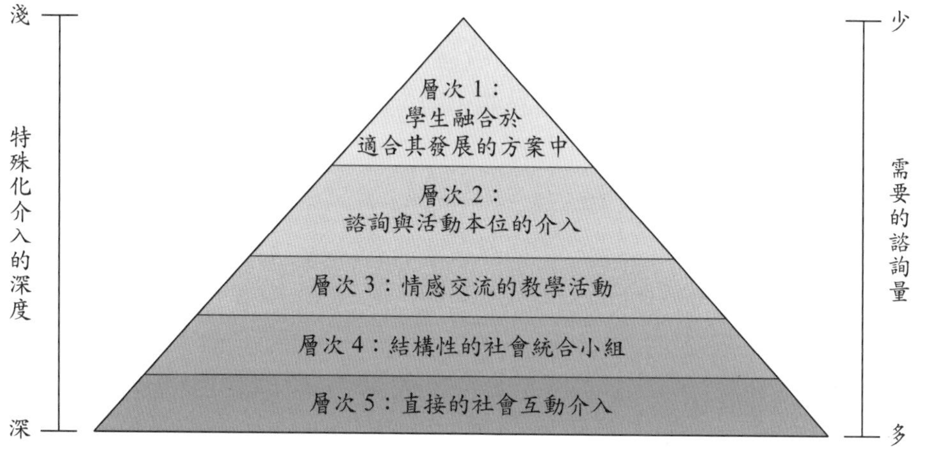

註：修改自 Odom 和 Brown（1993, p. 55），修改處為加入「需要的諮詢量」少至多之說明；將層次 1 至 5 的文字移入三角形中。Paul H. Brookes Publishing Co.於 1993 年的版權，同意授權修改。

文獻（Bierman et al., 2020; C. L. Fox & Hemmeter, 2014; Gresham, 2018）根據 PBS 三個層級預防的概念，提出支持社會—情緒能力三個層次，一是**全方位之社會—情緒學習的介入**，包括建立正向楷模、充滿鼓勵和回應的關係、營造高品質支持的全方位教室環境；此呼應 Vaughn 等人（2003）回顧學前特殊需求兒童社會技能的教學研究結果：有必要訓練父母或同儕作為楷模，並給予正向回饋，以促進身心障礙學生利社會行為。二是**選擇之社會—情緒學習的介入**，可以採小組形式，介入標的之社會—情緒能力，包括教導辨識和表達情感，教導和支持自我監控、處理憤怒與挫折的策略、解決社會問題、合作的回應方式、交友技能，以及與家長合作教導社會情緒技能；三是**深入之社會—情緒學習的介入**，含括召集一個團隊、制定個別化的行為支持策略、實施行為支持計畫、進行持續監測、視需要修改計畫。其中全方位之社會—情緒學習的介入如同 Odom 和 Brown（1993）的層次 1 和 2，選擇之社會—情緒學習的介入如同其層次 3 和 4，深入之社會—情緒學習的介入如同其層次 5。

二、介入作法

在介入作法上，社會技能教學目標可以單獨實施，亦可以融入於其他課程領域或日常活動實施。舉十二年國民基本教育而言，社會技能教學目標可以單獨實施，亦可以融入於其他特殊需求領域或普通教育學習領域中實施（教育部，2019）。關於融入於其他特殊需求領域方面，「能做選擇並且以適當的方式表達」可以融入於「生活管理」領域中，有關「食、衣、住、行的選購與決定」、「能自我規畫作息」可以融入於「學習策略」領域中，有關「安排自己的行事曆」、「在職場情境中表現尋求方法解決碰到的困難或問題的行為」可以融入於「職業教育」領域中，有關「職場意外災害的應變方式與處理流程」、「提升一般溝通能力」可以融入於「溝通訓練」領域中；而若學生需要 AT 協助表現社會技能，則可以融入於「輔助科技應用」領域中，教導他們使用 AT。

關於融入於普通教育學習領域方面，Gregory 和 Leon（2003）指出可以將社會技能的教學統合於其他課程領域中，透過課程統整來教導身心障礙學生社會技能，達到成功融合的目標。Walther-Thomas 等人（2000）舉例在語文某個單元的故事中，要學生思考他們最喜歡哪個人物？為什麼？喜歡該人物是因為他具備哪些社會技能？

三、介入形式

社會技能介入形式分為**個別、團體及團體加個別介入**，個別介入是介入者對身心障礙者一對一教學，個體只和介入者進行角色扮演；團體社會技能訓練可分為三種：團體成員皆為一般學生或身心障礙學生，以及一般與身心障礙學生；團體加個人介入是指結合個人與團體的方式，如教師一對一教學與加入同儕進行訓練（吳佳蒨、鈕文英，2012）。Ang 和 Hughes（2002）的後設分析指出，將所有社會技能不足的學生放在同組，會產生意想不到的負面效果；例如：反社會行為增加和在教學過程中難以專注於教導的內容。文獻（C. Hughes et al., 2011; Milne & Creem, 2022）發現，安排智障和 ASD 學生班級中的一般同儕參與社會技能教學，能促進他們與一般同儕的互動。

四、介入模式

社會技能介入模式分成**行為**、**認知**及**認知—行為模式**（Kolb, 2000）。Gresham（2015）指出決定採用何種介入方式，要區分社會技能是習得或表現的不足。綜合文獻整理社會技能介入模式與策略如圖 9-30，社會技能習得不足宜採用「技能建立和認知建構」介入，包括行為模式（例如：示範）和認知模式的教導策略（例如：社會故

圖 9-30　社會技能介入模式與策略

	習得的不足	表現的不足
沒有出現情緒與行為引起的反應	**社會技能習得的不足** ・行為模式的教導策略（例如：示範、演練、回饋） ・認知模式的教導策略（例如：社會故事）	**社會技能表現的不足** ・操弄前事和後果以提升社會技能的表現（例如：提示、回饋、區別性增強）
有出現情緒與行為引起的反應	**自我控制技能的不足** ・行為模式的教導策略（例如：示範、演練、回饋） ・認知—行為模式的教導策略（例如：自我管理） ・減少情緒與行為干擾的行為介入策略（例如：系統減敏感法、隔離、區別性增強）	**自我控制表現的不足** ・認知—行為模式的教導策略（例如：自我管理） ・操弄前事和後果以提升社會技能的表現（例如：提示、回饋、區別性增強） ・減少情緒與行為干擾的行為介入策略（例如：系統減敏感法、隔離、區別性增強）

註：綜合整理自 Elliott 和 Busse（1991）及 Gresham（2015, 2018）的文獻。

事）；而社會技能表現不足宜採用操弄前事和後果以提升社會技能表現的策略（例如：區別性增強）。自我控制技能的不足則除了部分行為模式的教導策略外，宜採用認知—行為模式的教導策略（例如：自我管理），以及減少情緒與行為干擾的行為介入策略（例如：系統減敏感法）；自我控制表現的不足則除了部分認知—行為模式的教導策略外，宜採用操弄前事和後果以提升社會技能的表現，以及減少情緒與行為干擾的行為介入策略。在教導社會技能時，還須設計維持與類化社會技能的策略，期待產生長期和跨情境的教學效果，維持與類化策略的規畫將於第 12 章中詳細討論。

五、介入者

社會技能介入者可從人數和特徵來看，介入者人數有兩種，分**單一**和**多重介入者**；多重介入者間的協同合作攸關社會技能訓練成效，Watkins 等人（2019）表示學校促進普通和特殊教育教師的合作；Frankel 等人（2011）顯示，教師與家人在社會技能教學上的合作，能成功滿足 ASD 學生的社會技能需求。

介入者特徵包含成人和同儕中介（adult and peer mediated）。**成人中介**是指研究者、教師、治療師、父母等成人訓練身心障礙者所需的社會技能（Ke et al., 2018）。**同儕中介**是指同儕直接或間接提供身心障礙者學業和人際的支持，成人的角色從主要的傳遞者轉變為指導和監督者。文獻（鈕文英等人，2001；Mathur & Rutherford, 1996; Sheridan et al., 1999; H. M. Walker et al., 2004）提議，在教導普通班身心障礙學生社會技能時，宜了解普通班的生態環境，有普通班教師和一般學生的參與，調整一般學生對身心障礙同儕的觀感和互動方式，如此才能在班級中營造自然支持系統，促使身心障礙學生有更長期的改變。同儕中介的介入作法將於第 13 章第 4 節討論。

六、介入情境

介入情境可從社會技能的表現情境，分為自然情境、模擬情境和擬真的模擬情境，**自然情境**是指，在表現社會技能的真實情境進行直接介入，例如：在普通班介入身心障礙者與一般同儕的互動技能；**模擬情境**意指，在表現社會技能的真實情境以外的情境進行介入，包含實施地點、教學活動、材料、情況和人員安排的模擬，例如：在資源班模擬一些情況，介入身心障礙學生與一般同儕的互動技能；**擬真的模擬情境**意指，將真實情境的有關人員、材料等成分帶進模擬情境中，例如：安排一般同儕至資源班中，與身心障礙學生演練人際互動技能（鈕文英、吳裕益，2019）。文獻（C. L. Fox & Boulton, 2003; Gable & Hendrickson, 2000; Gresham, 1998; Kavale & Mostert, 2004; Wilkerson et al., 2014）強調教導社會技能時，最好將社會技能教學嵌入於自然情境中實施；若有必要抽離教導，宜將自然情境的線索融入於模擬情境中教導，設計促進維持與類化的策略，並且提供在自然情境中練習的機會。

七、評量方法與情境

在評量方法上，可以採用**多元方法**（例如：訪談、觀察、CBA）與**多元來源**（例如：個體和其重要他人），評量個體社會技能的學習成效。關於評量情境，如同介入情境，評量情境可分成自然和模擬情境兩種，編寫故事腳本，評量個體「解讀故事腳本中人物情緒的正確性」，是**在模擬情境中評量**；而直接評量個體日常生活中與人互動時，解讀他人情緒的正確性，是**在自然情境中評量**，自然情境評量的有效性較高（鈕文英、吳裕益，2019）。

我舉教導前述表 9-4 中「適當尋求他人注意、協助和同意」為例，它是 Alber 和 Heward（2000）所謂的**爭取技能**（recruitment skills），如示例 9-11。教室是個極度忙碌的地方，就算是最能掌控全局的教師，還是無法照顧到所有學生，尤其是那些較不主動求助的學生（Newman & Golding, 1990）。研究顯示教師較容易注意有干擾行為的學生，更勝於安靜聽講或做作業的學生（H. M. Walker, 1997）。即使特殊教育教師

示例 9-11　教導「爭取技能」以尋求注意和協助

Alber 和 Heward（2000）提出以下四類學生需要教導爭取技能：退縮、不主動求助；匆促完成作業想獲得讚美；會以不適當方式（例如：大吼大叫）獲取教師注意；雖然會以適當方式獲取注意，但是頻率過高，造成教師困擾的學生。Alber 和 Heward 建議特殊教育教師執行以下六個教導步驟。

1. **界定什麼樣的行為表現可以尋求普通班教師的注意**，例如：完成指定功課。
2. **教導自我管理**，教導學生在尋求普通班教師的注意前，必須先自我評鑑行為表現得如何（例如：「我的作業做完了嗎？」）。
3. **教導學生適當的爭取技能**，包括何時、如何、多常尋求注意、要說什麼，例如：「請看我的作業。」「我做得好嗎？」「我做得如何？」敘述愈簡短愈好，而且變化說法，以避免像鸚鵡般地複述；以及在教師給予注意後，如何適當地回應（要有眼神接觸，並且微笑說謝謝）。至於怎樣表現才算適當，端賴普通班教師的觀點與教學活動的性質（講述、寫作業）而定，這部分做教室觀察和訪談普通班教師可以獲知。
4. **示範和角色扮演爭取技能**，首先教師示範爭取技能，示範時「放聲思考」是好的方法，例如：「我已完成我的作業，現在我要檢查它，我有寫我的名字嗎？」「是的。」「我有做完所有題目嗎？」「是的。」「我遵循所有步驟嗎？」「是的。」「我的老師現在看起來不會很忙，我要舉起手，安靜地等待他走到我的桌旁；之後告訴他，我做完作業了，請看我的作業。」接著，安排另一位學生扮演普通班教師，特殊教育教師協助受教學生表現爭取技能。在角色扮演過程中提供讚美和矯正性回饋（詳述於第 10 章），直到受教學生能正確表現爭取技能為止。
5. **為學生準備替代反應**，當然不是學生每次嘗試，都會獲得教師的讚美，有時甚至會得到批評（例如：「這都做錯了，下次要更注意。」）。安排角色扮演教導學生面對這種情況，並且讓他們練習禮貌的回應（例如：「謝謝老師幫我。」）。
6. **為促進學生將所學的爭取技能遷移至普通班**。

期待普通班教師為部分身心障礙學生做教學的調整，都未必可行。Schumm 等人（1995）訪談大部分中學教師，他們都認為身心障礙學生應該要負起「求助」的責任。因此知道如何有禮貌地請求教師協助，可以幫助身心障礙學生更獨立，而且獲得他們期待的教學和協助。Craft 等人（1998）研究發現，「尋求教師注意」的教學方案，能提升四位國小智障學生的作業完成率。附錄 56 還呈現「正向行為教導計畫」可供參考。

陸、監控和記錄社會技能教學方案的實施狀況

實施社會技能方案教學的過程中，宜持續監控和記錄實施情形，並視需要修改。

柒、評量個體社會技能的學習成效

實施社會技能教學方案後，要評量個體社會技能的學習成效，Moote 等人（1999）建議宜在教導和應用兩個情境中做評鑑。除此，Gresham（2002）指出非常需要分析社會技能的維持與類化成效。根據評量結果，決定是否繼續實施社會技能課程；若為否，則停止實施社會技能課程；若為是，則繼續下一個步驟。

捌、提出未來對個體社會技能教學方案的建議

最後，提出後續實施的建議，包括視個體的學習狀況，回到步驟 1 至 5，分析是哪些步驟實施得不完備需調整。

第四節 行為教導策略的實施原則

教育……標記人類經驗「科學」與「藝術」最完美和緊密的結合。（Dewey；引自 Vargas, 2020, p. 1）

總括前兩節的教導內容和策略，我設計「正向行為教導計畫」如附錄 56。而教導時有些原則宜掌握，行為教導的內容包括替代、因應和容忍、一般適應技能，我即針對這三種另類技能，探討實施上宜注意的原則。

壹、教導替代技能宜注意的原則

教導替代技能時，宜注意以下八項原則。

1. 在教導個體替代技能前，宜先決定是否適合鼓勵此替代技能；若不適合，則教導因應和容忍技能與一般適應技能；或是暫時教導替代技能以因應他立即的需求，待行為穩定之後，再教導因應和容忍技能與一般適應技能（Reichle et al., 2021）。
2. O'Neill、Albin 等人（2015）指出，選擇教導的替代技能宜是**功能等值**，如此才能取代行為問題產生的功能；因此他們提出**對立行為模式**（competing beha-

vioral model），包括三個步驟：（1）摘要 FA 的結果；（2）界定功能等值的對立的行為取代標的行為問題，並且界定促使對立的行為發生的情境和條件，如圖 9-31 呈現一例說明，教導「舉手尋求協助」此對立的行為取代「離開工作」；（3）重新安排環境變項，讓個體無法藉由標的行為問題獲得他想要的後果；而使對立的行為立即有效，能獲得他想要的後果，詳述於第 10 章。

圖 9-31　對立行為模式

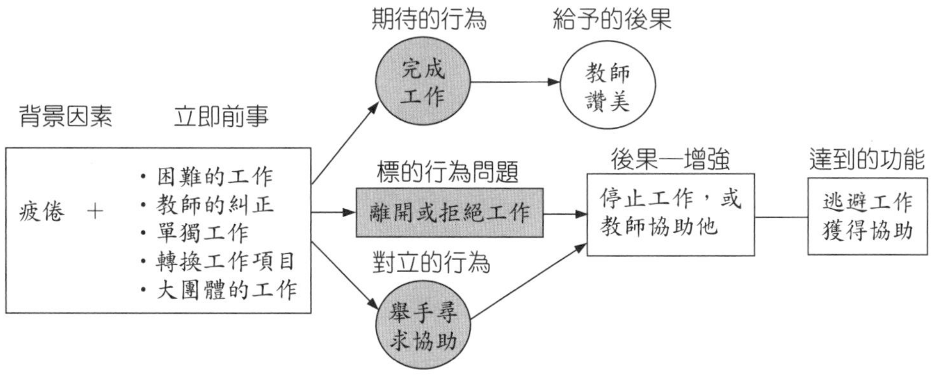

註：根據 O'Neill、Albin 等人（2015, p. 82）的模式舉例說明，並加入「達到的功能」。Brookes/Cole Publishing Co.於 2015 年的版權，同意授權修改。

3. Kerr 和 Nelson（2009）提出**公平配對原則**（fair pair rule），即找出與標的行為問題具有相同功能的替代技能，而且此技能宜符合**終極功能**或**下一個環境功能標準**，即具有功能性。舉例來說，教保員教導並鼓勵一位 ASD 者寫名字以替代他的固著行為，結果他寫出興趣，回到家在牆壁、家人的衣服等不適合處寫名字，衍生另一種行為問題。這是因為設計寫名字此替代技能時未注意到功能性，即寫名字的目的，何時、何地、何種情境適合寫名字。
4. 選擇教導的替代技能除了具備**功能等值**的特徵外，還宜考慮此替代技能是否為**個體已有、曾表現，且不須花費太多精力，容易表現的行為**；若個體無此項行為，則考量個體的能力，選擇他**容易學得的行為**。Wolery 和 Winterling（1997）指出選擇替代技能時，宜考慮以下四個議題：（1）界定何時和何種情況下，個體會表現替代技能；（2）確認替代技能和標的行為問題是否出現在相似的立即前事下；（3）確認替代技能和標的行為問題是否出現在相似的後果下；（4）決定背景因素對替代技能和標的行為問題產生何種影響。針對這些議題可採取的作法整理在表 9-30。

表 9-30 界定替代技能考慮的議題和可採取的作法

宜考慮的議題	可採取的作法
1. 界定何時和何種情況下，個體會表現替代技能？	• 在和導致標的行為問題相似的情況下，若個體曾流暢地表現出替代技能，則此替代技能為最佳選擇。 • 若個體無法流暢地表現替代技能，則應教導之。
2. 確認替代技能和標的行為問題是否出現在相似的立即前事下？	• 若替代技能和標的行為問題出現在不同的立即前事下，則應減少導致標的行為問題之立即前事。 • 若替代技能和標的行為問題出現在相同的前事下，則應增加對替代技能的提示和協助。
3 確認替代技能和標的行為問題是否出現在相似的後果下？	• 若替代技能和標的行為問題出現在不同的後果下，則應找到功能等值的替代技能取代標的行為問題；或減少標的行為問題之效能，提升替代技能的效能。 • 若替代技能和標的行為問題出現在相同的後果下，則應確保替代技能比標的行為問題更有效能。
4. 決定背景因素對替代技能和標的行為問題產生何種影響？	• 評量背景因素對替代技能和標的行為問題產生之影響。 • 處理背景因素對替代技能和標的行為問題產生之影響。

註：整理自 Wolery 和 Winterling（1997, p. 99）。

5. 選擇教導的替代技能還宜考慮以下四項原則：（1）合乎個體的生理年齡；（2）配合個體的需求、動機和興趣；（3）易於被他人接受、察覺和理解，且不會造成對環境的干擾；（4）易於實施，且適用於大部分標的行為問題發生之情境。
6. 在標的行為問題發生前教導替代技能，而且教學情境宜安排在易引起行為問題之前事（立即前事和背景因素）中，如此個體才能應用替代技能於造成標的行為問題之情境中（Reichle et al., 2021），如思考問題 9-6。

思考問題 9-6 替代性溝通技能的教導

一份研究在介入一位重度障礙者的抹糞行為，教導他以溝通行為替代抹糞行為，表達需要協助上廁所。剛開始教導他按音樂鈴，由於他喜歡該音樂鈴，所以他按玩音樂鈴。之後改教導馬桶的圖卡，結果不想如廁時，他拿圖卡把玩；想如廁時卻不拿圖卡表示，直接就大小便在褲子上。如何因應此問題呢？

☞ 教導正向行為所使用的材料還須注意不會變成個案把玩的材料，用音樂鈴較無法連結至如廁，我建議改用「我想便便」的說話聲。由個案會按玩音樂鈴和圖卡的行為來看，顯示他生活中缺乏豐富的刺激，以及尚未連結圖卡和按鈴與表達如廁需求之間的關係。

我建議可以在用完餐後，給個案不是連結表達如廁需求的圖卡，將圖卡立在一個磁軌上就會發出音樂聲；而在接近個案可能會如廁的時間時，收起這些玩具，擺上表達如廁需求的圖卡或按鈴，提示他要便便時按鈴，或將圖卡立在馬桶的道具中。每當個案以圖卡或按鈴表達如廁需求時，立即帶他上廁所，並且給予社會性增強，以及與他玩玩具；而當他大小便在褲子上時，先以搖頭和不悅的表情告訴他此行為不適當，而後要他以圖卡或按鈴再次表示如廁需求，再幫他換衣物。

7. 雖然處理人員已預先教導個體替代技能，但是在初始階段，個體可能會忘記表現替代技能；這時處理人員可以在標的行為問題發生前，提示個體使用替代技能（Reichle et al., 2021）。值得注意的是，不要等到個體標的行為問題發生後才給予提示，因為這樣他可能會學到先尖叫，接著才在提示下表現出替代技能。舉例來說，大儒在做作業時，教師在他出現尖叫行為前，提示他：「你需要幫忙時，要記得舉手喔！」
8. 教導替代技能時，處理人員可以配合使用前事控制策略，如此能製造更愉悅的教學氣氛，也能讓他掌控教學機會（Reichle et al., 2021）。舉例來說，莉莉在面對困難作業時，會出現尖叫行為，教師教她舉手尋求協助；若教師未配合使用前事控制策略，例如：修改作業的難度，則莉莉可能舉手次數頻繁，教師在還須教導其他學生的情況下，將無法立即給予回應。因此，有必要配合使用前事控制策略。

貳、教導因應和容忍技能宜注意的原則

教導因應和容忍技能時，宜注意以下五點原則。

1. 選擇教導的因應和容忍技能宜合乎個體的生理年齡，配合其需求、動機和興趣，以及具有功能性，可應用於現在和未來的環境中。
2. 不能只一味要求個體因應和容忍不愉快情境，而沒有教導替代技能、一般適應技能，或改變前事（Reichle et al., 2021），如思考問題 9-7。
3. 教導容忍技能時，容忍或等待的時間長度宜考慮個體的起點狀況，設定漸進的標準，而且要協助他發展容忍或等待時可從事的活動，例如：教師教導小風舉手尋求協助，在他習得此替代技能後，教師教導他容忍技能，於教師協助別的同學，無法立即滿足其需求時可以使用，剛開始教師設定等待 1 分鐘，並且讓

思考問題 9-7 另類技能的教導

一位媽媽表示：「我有一個國小一年級ASD的小孩，在學校常常會打隔壁的同學，沒有打特定的同學，只要剛好旁邊有人，就會順手打人，真的很頭痛！我在學校放一個小玩偶，要他一生氣，就打玩偶，但是效果不好。」為什麼如此呢？

☞ 媽媽教導孩子打玩偶是一種因應技能，以控制他憤怒的情緒。媽媽未了解孩子打人的原因與功能，此方式未處理引起他情緒的因素。此外，打玩偶的行為是否被教師和同儕接受？是否能控制到孩子生氣時才打？一般同儕憤怒時是否也會用打玩偶的方式發洩？如果同儕不會使用此方式，則打玩偶的行為可能被視作怪異表現而受他們嘲笑。再者，打玩偶的方式可能會增強孩子的攻擊行為，亦有可能會讓同學模仿。我認為不能只一味要求孩子因應和容忍不愉快情境，控制他的情緒，而沒有讓情緒有適當的出口；因此，建議首先了解孩子打人的原因與功能，之後教導他替代技能和調整前事，以及指導一般同儕與他相處的適當方式。

他等待時看沙漏滴沙（因為他喜歡視覺刺激），並且藉由沙漏具體提示他欠缺的時間概念，之後再逐漸拉長等待的時間。

4. 在標的行為問題發生前教導，而且教學情境宜安排在易引起標的行為問題之前事中。
5. 在標的行為問題發生前，提示個體使用因應和容忍技能。

參、教導一般適應技能宜注意的原則

教導一般適應技能時，宜注意以下四點原則。

1. 一般適應技能通常會花費比替代技能更長的教學時間，所以當個體之標的行為問題非常嚴重，宜先教導替代技能以因應他立即的需求（Reichle et al., 2021）。
2. 選擇教導的一般適應技能宜合乎個體的生理年齡，配合個體的需求、動機和興趣，以及具有功能性，可應用於現在和未來的環境中。
3. 在標的行為問題發生前教導，而且教學情境宜安排在易引起標的行為問題之前事中。
4. 在標的行為問題發生前，提示個體使用一般適應技能。

總結

本章討論行為教導的內容、策略及實施流程和原則。教導正向行為的目標在取代標的行為問題產生之功能，以因應問題情境，或是擴展個體的能力、預防行為問題及提升 QOL。處理人員採取行為、認知、認知—行為模式，以及自然取向教學的教導策略，教導包括替代、因應和容忍、一般適應技能三種另類技能。處理人員還須設計行為教導方案的實施流程，以社會技能為例，包括評量個體社會技能現況，為個體選擇優先教導的社會技能、診斷個體社會技能不佳的類型、原因與功能，為個體擬訂社會技能學習目標，規畫與實施社會技能教學方案，監控和記錄社會技能教學方案的實施狀況，評量個體社會技能的學習成效，以及提出未來對個體社會技能教學方案的建議七個步驟。而在行為教導策略的實施原則上，選擇教導的正向行為宜具有功能性，可應用於現在和未來的環境中，合乎個體的生理年齡，考慮個體需求、動機和興趣，為個體已有、曾表現、不須花費太多精力、容易表現的行為，而且易於被他人接受、察覺和理解，不會造成對環境的干擾。若個體無此項行為，則考量個體的能力，選擇他容易學得的行為。此外，宜在標的行為問題發生前教導正向行為，而且教學情境安排在易引起標的行為問題之前事中。

作業練習　正向行為支持策略的擬訂（三）——行為教導策略

延續第八章的作業，以該位有行為問題，讓您感到困擾的個案為對象，完成以下「正向行為支持策略的擬訂（三）——行為教導策略」作業：

一、標的行為問題之選擇與描述（已完成）

二、標的行為之觀察與紀錄（已完成）

三、標的行為問題之診斷（已完成）

四、標的行為問題正向行為支持計畫之內容與實施

（一）標的行為問題正向行為支持計畫之內容

1. 介入目標（已完成）

2. 正向行為支持策略

（1）前事控制策略（已完成）

（2）生態環境改善策略（已完成）

（3）行為教導策略

作業練習 正向行為支持策略的擬訂評鑑（三）——行為教導策略

關於行為教導策略，讀者可以運用「行為教導策略擬訂之適切性問卷」（如附錄57），自我檢視此步驟的執行和敘寫品質。

附錄

附錄 46　社會技能教學目標
附錄 47　休閒活動選擇量表
附錄 48　結構化教學的示例
附錄 49　行為後效契約
附錄 50　社會故事內容效度問卷
附錄 51　自我規畫和行為自我監控記錄工具
附錄 52　社會技能教學家庭作業舉例
附錄 53　功能性溝通訓練內容效度問卷
附錄 54　特殊需求學生學校社會技能表現量表
附錄 55　社會技能或正向行為教學方案
附錄 56　正向行為教導計畫
附錄 57　行為教導策略擬訂之適切性問卷

測驗題

第九章　正向行為支持策略的擬訂（三）：行為教導策略測驗題

第十章

正向行為支持策略的擬訂（四）：後果處理策略

第一節 後果處理策略的目標和內涵
第二節 危機情況的處理
第三節 選擇和使用後果處理策略宜注意的原則

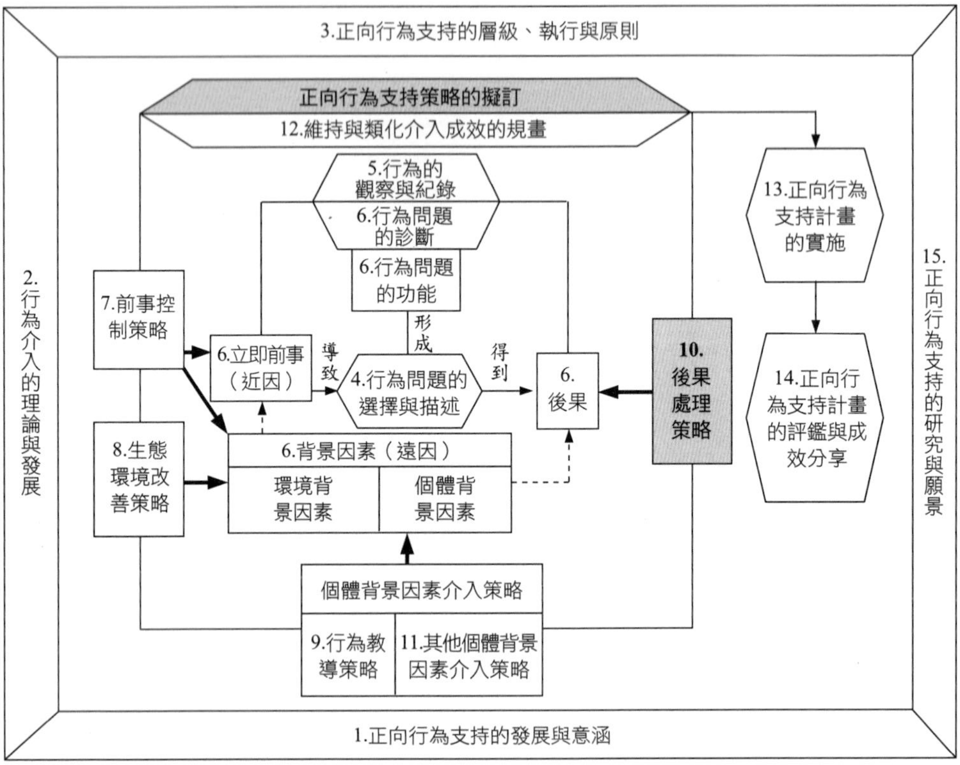
3.正向行為支持的層級、執行與原則
正向行為支持策略的擬訂
12.維持與類化介入成效的規畫
5.行為的觀察與紀錄
6.行為問題的診斷
6.行為問題的功能
形成
7.前事控制策略
6.立即前事（近因）
導致
4.行為問題的選擇與描述
得到
6.後果
10.後果處理策略
8.生態環境改善策略
6.背景因素（遠因）
環境背景因素
個體背景因素
個體背景因素介入策略
9.行為教導策略
11.其他個體背景因素介入策略
13.正向行為支持計畫的實施
14.正向行為支持計畫的評鑑與成效分享
2.行為介入的理論與發展
15.正向行為支持的研究與願景
1.正向行為支持的發展與意涵

導讀問題

1. 何謂後果處理策略？其目標為何？
2. 後果處理策略的作法和種類有哪些？
3. 遇到危機情況時，宜如何處理？
4. 使用後果處理策略宜注意哪些原則？

行為發生後，處理人員如何反應，即後果處理策略，將影響個體之後的行為。本章將呈現後果處理策略的目標和內涵、危機情況的處理，以及選擇和使用後果處理策略宜注意的原則三部分。

第一節 後果處理策略的目標和內涵

教育是一種持續性的對話，而且就其本質而言，此種對話能夠呈現出不同的觀點。（Hutchins；引自 Paulston et al., 1996, p. 97）

本節首先呈現後果處理策略的目標和作法，接著討論其內涵。

壹、後果處理策略的目標和作法

後果處理策略旨在行為問題出現之後，安排立即的後果，使行為問題無效；而使正向行為有效，能達到其功能，這是**引果導效**的作法。Bambara 和 Knoster（2009）指出，最好的後果處理策略宜依個體的能力、理解程度和 FA 的結果來量身訂做。介入有兩個目標：一為**增加正向行為的使用**；另一為**減少標的行為問題之出現**，讓個體無法藉由標的行為問題獲得他想要的結果。採取的作法有以下三項：減少標的行為問題之效能、增加正向行為的效能、提示正向行為；每一種作法下又包括一些策略，我整理於表 10-1，在第二部分中將詳細討論。

表 10-1 後果處理策略的目標、作法和策略

目標	作法	策略
1. 增加正向行為的使用 2. 減少標的行為問題之出現	1. 增加正向行為的效能	1. 正增強 2. 區別性增強 3. 負增強
	2. 提示正向行為	1. 讚美和提示他人的正向行為 2. 矯正性回饋 3. 重新指令（redirection） 4. 以問題解決的形式回顧和討論行為過程
	3. 減少標的行為問題之效能	1. 忽略 2. 自然後果（自然懲罰） 3. 邏輯後果〔反應代價（response cost）、隔離、回歸原狀（restitution）、過度矯正（overcorrection）〕 4. 區別性增強

貳、後果處理策略的內涵

以下針對後果處理策略的三種作法，即增加正向行為的效能、提示正向行為，以及減少標的行為問題之效能，討論其策略內涵。

一、增加正向行為的效能之策略

在增加正向行為的效能的策略方面，是指使正向行為**具關聯性**、**有效果**和**有效率**，讓個體藉由正向行為立即獲得他想要的結果，如此正向行為便能達到其功能（O'Neill, Albin, et al., 2015），通常是使用增強策略。以下從增強物的類型、增強策略的類型，以及增強策略的應用原則三方面，探討增強策略的運用。

（一）增強物的類型

增強物是指足以改變行為頻率的刺激而言，增強物的種類依照不同的分類方式而有不同，有以下四種分類方式。

1. 依「在環境中自然發生的情形」來分

依增強物「在環境中自然發生的情形」，可區分為**自然**和**人為增強物**（natural and artificial reinforcer; G. Martin & Pear, 2019）。自然增強物是指，環境中的增強物是自然發生的，不須另外給予，例如：參與做鬆餅的活動，就有鬆餅可以吃；而人為增強物不是自然發生的，須另外給予，例如：阿賢不願意參與做鬆餅的活動，教師為鼓勵他參與，另外安排他喜歡的巧克力作為增強物。

2. 依「結果」來分

依增強物的「結果」，可區分為**正**和**負增強物**；正增強物是個體喜好的刺激，即獎賞，負增強物是個體厭惡的刺激，何種刺激對個體來說是正增強物或負增強物，可能因人而異，對某個人是正增強物，對另一個人可能是負增強物（Alberto & Troutman, 2022），例如：牛奶對莉莉是正增強物，而對阿玉則變成負增強物。

3. 依「增強物和過去學習經驗間的關係」來分

依「增強物和過去學習經驗間的關係」，可區分為**原級**（primary）和**次級**（secondary）**增強物**（G. Martin & Pear, 2019）。原級增強物又稱作**非制約或未經學習的增強物**，包括食物性增強物（例如：糖果）、操弄性增強物（例如：玩具）、持有性增強物（例如：梳子）、活動性增強物（例如：看影片）；次級增強物又稱作**類化增強物，制約或經學習的增強物**，例如：金錢、薯條折價券，以及**代幣制**和**積分制**（point system）中的代幣與積分等（Alberto & Troutman, 2022; G. Martin & Pear, 2019）。

代幣制是指個體在表現正向行為之後，獲得可以兌換**後援增強物**（back-up reinforcer）的代幣，代幣可能是星星、貼紙、記號等；而後援增強物可以是原級或次級增強物（Maag, 2018）。積分制是指個體在表現正向行為之後，獲得分數，累積至某個分數後，可以交換後援增強物（Maag, 2018），插畫 10-1 和插畫 10-2 呈現代幣制和積分制的例子，我整理其他「代幣制或積分制的示例」於附錄 58。

插畫 10-1　代幣制的例子
在團體中實施代幣制能營造正向的團體動力，增進行為的改變。

a. 以踏步法實施積分制　　b. 以連圖法實施積分制

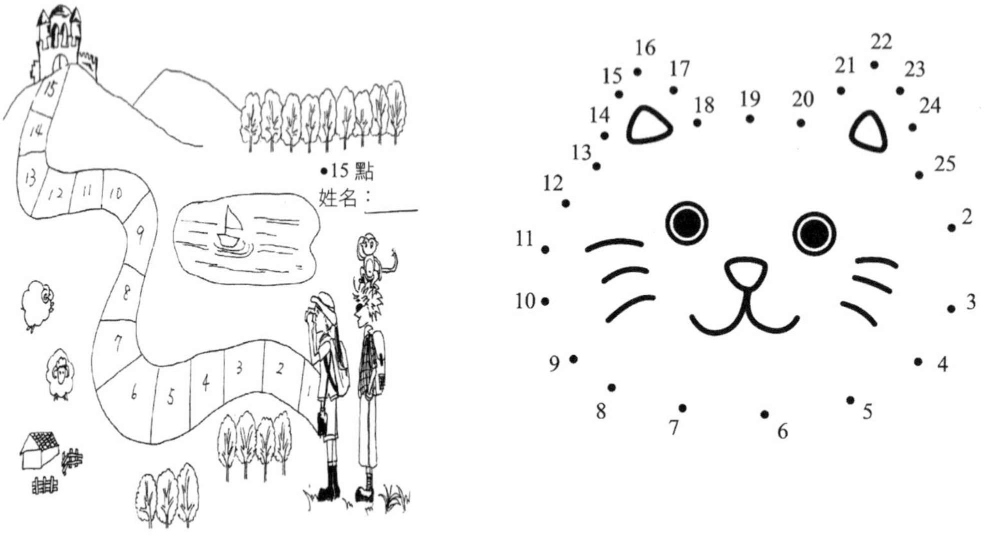

插畫 10-2　**積分制的例子**
透過積分制，讓個體逐步朝向目標邁進。

上述薯條折價券只能兌換一項後援增強物（即薯條），而金錢、代幣和積分則能兌換不只一項後援增強物。另外，**社會增強物**（social reinforcer）是一種特殊形式的次級增強物，例如：微笑、讚美、注意等；給予社會增強物，即**社會性增強**（Schloss & Smith, 1998）。

4. 依「何種刺激被選作增強物」來分

從「何種刺激被選作增強物」來看，可分為**邏輯**、**喜愛**和**功能的刺激**（Durand, 1990）。依據 Durand，說明三種刺激的意義，我並舉例如下。邏輯的刺激是指表現某個行為即可獲得的刺激，例如：說出我要可樂，就有可樂出現，或稱為**自然或直接增強物**。喜愛的刺激是指個體喜歡、想要的刺激，例如：巧克力；而功能的刺激是指與個體從事某種行為的功能相關聯之刺激，例如：個體咬手是為了尋求注意，因此尋求注意就是功能的刺激，處理人員可進一步教導個體使用正向行為來獲得此刺激。

處理人員可以藉著下列四種方法選擇增強物：（1）檢核表；（2）觀察（例如：觀察個體下課時間從事的活動或接觸的刺激，如插畫 10-3）；（3）讓個體選擇增強物；（4）增強物選單。我設計「增強物調查問卷」如附錄 59，可供參考。

插畫 10-3　如何得知學生的增強物
教師可以觀察學生下課時間從事的活動或接觸的刺激，以了解他們的增強物。

（二）增強策略的類型

增強策略依增強物的實施手段、增強的時間分配方式，以及增強時機與行為的關聯性三個向度，而有不同類型，詳述如下。

1. 依增強物的實施手段

依增強物的實施手段來分，包括：（1）**給予正增強物**的正增強（或譯「積極增強」），旨在增加正向行為；（2）**拿掉負增強物**的負增強（negative reinforcement，或譯「消極增強」），亦在增加正向行為；（3）「一方面增強正向行為，一方面忽略行為問題」的**區別性增強**（DR），旨在增加正向行為和減少行為問題，詳述如下。

（1）正增強

正增強係指在某種情境或刺激之下，當個體出現正向行為時獲得獎賞（正增強物）；日後在上述情境或刺激出現時，個體就比較會表現出此正向行為，期待再度獲得獎賞，例如：當大成回答教師問的問題，教師立即讚美他。

正增強不只由個體的重要他人執行，亦可以運用 AT。舉例來說，Lancioni 等人（2009）回顧使用**微動開關**（microswitch）介入行為問題，一種是有適當的替代技能時，就啟動開關產生正向刺激；另一種是不只表現適當的替代技能，還要停止行為問題，才能啟動開關產生正向刺激；結果發現能有效減少行為問題，增加適當的替代技能。

（2）**區別性增強**

DR 和正增強不同處在於，正增強僅增強正向行為，DR 乃針對個體，一方面增強其正向行為的出現或行為問題的減少；另一方面忽略其行為問題，旨在增加正向行為的表現，減少行為問題的發生，包括以下五種：**區別性增強其他行為**（DRO）、**區別性增強其他行為：累進增強時間表**（DRO: progressive schedule，簡稱 DROP）、**區別性增強低頻率行為**（DR of low rates of behavior，簡稱 DRL）、**區別性增強高頻率行為**（DR of high rates of behavior，簡稱 DRH）、**區別性增強另類行為**（DRA; G. Martin & Pear, 2019; Schloss & Smith, 1998）。

如果 DRA 增強的是不能相容的行為，則又稱為**區別性增強不相容行為**（DR of incompatible behaviors，簡稱 DRI），依據 E. G. Carr 等人（1998），包括兩種不相容的行為：一種是**形態的不相容**，是指正向行為和行為問題不可能同時表現，例如：阿英看到走廊上有人經過便罵髒話，它具有逃避的功能，教師增強她「哼歌」的行為，即「罵髒話」之形態不相容行為，但無法達到逃避的功能。另一種是**功能的不相容**，是指行為問題無法達到個體欲獲得的功能，正向行為才能達到，例如：ASD 的阿威會在教師教導其他同學時，以拍臉欲引起教師的注意，教師增強阿威「按鈴」以引起注意，即「拍臉」之功能不相容行為，但形態可能相容，亦即他有可能一隻手按鈴，另一隻手拍臉；而「舉起兩隻手以引起注意」則是形態和功能皆不相容的正向行為。如果 DRA 增強的是相容行為，就不能稱為 DRI，例如：大東經常出現「拍臉」行為，以獲得感覺自娛（聽覺），當他拍臉時，教師忽略他；當他「跳跳床」時，教師給予笑臉貼紙和社會性增強，跳跳床不能算是 DRI，因為它既不能達到個體欲獲得的功能（聽覺自娛），又和拍臉形態上相容，只能說是 DRA。

DRL 包括三種：DRL **根據行為問題發生的時距為增強標準**（space-responding DRL，簡稱 SR-DRL）、DRL **根據特定時間內行為問題發生次數為增強標準**（limited-responding DRL，簡稱 LR-DRL）、**區別性增強減少的行為**（DR of diminishing rates of behavior，簡稱 DRD）。綜合文獻（施顯烇，1995；G. Martin & Pear, 2019; Schloss & Smith, 1998），茲列表比較五種區別性增強，如表 10-2，例如：Miner（1991）針對一位無口語兼視障的極重度障礙男生，使用 DRI（即增強他鎖螺絲及丟球行為）和 DRO（在沒有安排特定工作的時間裡，增強其他正向行為）策略，處理其含手行為，結果發現它大幅降低。

（3）**負增強**

負增強也是一種能增加正向行為的原理，是指藉著減少或終止負增強物為手段，以引導正向行為的形成；負增強包括**逃離**和**躲避制約**（escape and avoidance conditio-

表 10-2　五種區別性增強之比較

類別	意義	注意事項	例子
區別性增強其他行為（DRO）	在某一個特定的時間內，如果行為問題不出現，個體就可以得到增強。至於在這個特定的期間中個體是否有其他行為，與增強無關。	只是用來壓制行為問題，而不是用來增強正向行為。	大林如果 1 小時內不罵髒話，他可以得到一張貼紙；如果他罵髒話，則忽略之。
區別性增強其他行為：累進增強時間表（DROP）	增強時距固定不變，但每次增強的分量逐漸增加。	最好是用來壓低原來頻率並不高的行為問題，但個體要能理解行為與累進增強的關係。	心玉如果 1 小時之內不高聲喊叫，教師就給她一張貼紙，第二個小時她可得到兩張，第三小時以後每小時可以得到三張。但是如果心玉高聲喊叫，不但這一小時得不到貼紙，下一小時就算不喊叫也只能得一張，也就是從一張增加到三張要重新開始循環。
區別性增強低頻率行為（DRL）	1. DRL 根據行為問題發生的時距為增強標準（SR-DRL）：行為問題在一段時距內未出現，個體就能得到增強，而且這個時距要逐漸延長。 2. DRL 根據特定時間內行為問題發生次數為增強標準（LR-DRL）：在某一個特定的時間內，行為問題發生次數不超過一個特定的數目，才給予增強。 3. 只要行為問題出現的次數漸進地降低，即給予增強，稱為區別性增強減少的行為 (DRD)。	最好是用來壓制高頻率的行為問題，降低行為問題發生的次數。	1. 文文常會搶先回答教師問的問題，因而剝奪別的同學回答的機會，所以目標訂在文文只要在 15 分鐘內不搶先回答教師問的問題，就可以得到一張貼紙（SR-DRL）。 2. 大強在一節課中，能減少隨意離開座位之行為至三次以內，就可以得到一張貼紙（LR-DRL）。 3. 大成 1 個月中，第一週抽菸的次數少於八根就給予增強；第二週少於六根就給予增強，以此類推（DRD）。
區別性增強高頻率行為（DRH）	增強的是正向行為，正向行為發生的次數要超過某個特定標準才給予增強。	用來增進正向行為的產生。	阿英很害羞，所以目標訂在只要她在一節課中，能主動問問題或回答問題兩次以上，就可以得到一張貼紙。若她害羞不開口，則忽略之。
區別性增強另類行為（DRA）	選擇在行為形態上與行為問題不同的正向行為，給予增強，此正向行為可以與原來的行為問題同時發生，或是不能同時發生，或者說是不能相容。	正向行為與行為問題之間的差異愈大愈好。	大東經常出現「拍臉」行為，以獲得感覺自娛（聽覺），當他拍臉時，教師忽略他；當他「跳跳床」時，教師給予笑臉貼紙和社會性增強。

ning）兩種（G. Martin & Pear, 2019）。逃離制約是指環境已經存在負增強物，個體表現出正向行為得以逃離負增強物（G. Martin & Pear, 2019）。日常生活不乏許多逃離制約的例子，例如：天氣冷了穿衣服、光線太強閉眼睛等，都是人要逃離寒冷和刺眼的感覺才穿衣服和閉眼睛。又例如：使用假釋制度鼓勵願意悔改的囚犯等。在教室

中處理學生逃避不想做工作時，須注意不要在學生出現行為問題（例如：哭鬧）時中止他必須做的工作，如此哭鬧行為便會被錯誤的「環境負增強」維持；而是要教他們用適當的方式（例如：口頭表達「我不想做這件工作」）表達拒絕之意，當他們表現正向行為後，才能暫時逃避。

而躲避制約是指，個體在還沒有接受負增強物之前，於看到**警示刺激**（制約的負增強物），就已經表現出正向行為，又稱為**區辨性躲避制約**（G. Martin & Pear, 2019）。日常生活也有許多躲避制約的例子，例如：一般人將車停放在公共停車場，看到旁邊有計時器，均知道先把錢投入計時器內；看到稅單就知道在規定的期限內繳納，以避免受罰等都是。又例如：教師舉起「請安靜」的牌子，提示學生保持肅靜，如果學生依然故我，則將中止學生目前進行的活動，教師必須事先告訴學生此規則。上述三個例子中，計時器、稅單和「請安靜」牌子即警示刺激。

負增強雖然藉著負增強物，但與懲罰不同，其差異可從下列三方面來說明（Alberto & Troutman, 2022; G. Martin & Pear, 2019）：第一，就「目標」而言，懲罰主要在遏阻行為問題，不一定要形成正向行為；但負增強除了要遏阻行為問題外，還要進一步建立正向行為；第二，就「實施方法」而言，懲罰是「給予負增強物」，而負增強乃藉著「減少或終止負增強物」為手段，以引導正向行為；第三，就「結果」而言，懲罰的結果是不愉快的，而負增強的結果是愉快的。使用負增強應注意的原則包括：（1）宜優先採用躲避制約；（2）在進行躲避制約時，宜使用明顯的警示刺激；（3）就像使用懲罰策略一樣，宜謹慎使用躲避和逃離制約，避免不當的副作用；（4）和正增強或 DR 結合使用；（5）宜讓個體充分了解策略介入的程序（G. Martin & Pear, 2019）。

2. 依增強的時間分配方式

增強的時間分配方式係指增強物的呈現時機與增強物的多寡而言，有兩種分配方式：一為**連續增強**分配方式；另一為**間歇增強**分配方式。這兩種都是**人為的增強分配方式**，最後期待褪除至**自然增強分配方式**（G. Martin & Pear, 2019），如圖 10-1。

（1）連續增強分配方式

在連續增強分配方式裡，個體的每一個正向行為都要立即增強，亦即「有求必應」的增強方式，通常在介入初期使用。它的優點是反應速率高，短期內即可見成效；其限制為所需的增強物數量較大（G. Martin & Pear, 2019），以及個體的反應強度可能會因對增強物需求程度的改變而急速減弱，較不易維持長期效果（Alberto & Troutman, 2022）。

圖 10-1　增強的時間分配方式

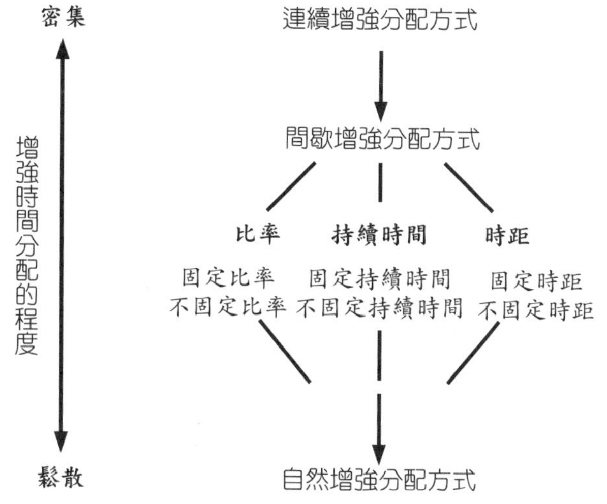

（2）**間歇增強分配方式**

間歇增強分配方式係指個體的正向行為應只有部分受到增強，而以**時距**、**持續時間**和**比率**三個向度作為分配依據，三種分配方式都可以分成**固定**和**不固定**兩種（G. Martin & Pear, 2019），我依據 G. Martin 和 Pear，說明其意義，並另舉例如下：比率增強係根據行為的次數決定增強物的給予，如 3：1 的**固定比率增強**（fixed ratio，簡稱 FR），稱作「FR 3」，例如：要連續完成三題數學題目才能玩電腦遊戲一次。持續時間增強係根據行為時間的長短決定增強物的給予，如 5：1 的**固定持續時間增強**（fixed duration，簡稱 FD），稱作「FD 5」，例如：要連續 5 分鐘沒有隨意走動才可以得到一張貼紙。時距增強係根據在某個時距內行為達到標準與否決定增強物的給予，如 10：1 的**固定時距增強**（fixed interval，簡稱 FI），稱作「FI 10」，例如：在 10 分鐘內不搶先回答教師問的問題，就可以得到一張貼紙。

不固定則意味沒有固定的比率、時距或持續時間，如平均 5：1 的**不固定持續時間增強**（variable duration，簡稱 VD），稱作「VD 5」，是指有時連續 4 分鐘沒有隨意走動就得到一張貼紙，有時 6 分鐘才能得到，平均 5 分鐘；平均 10：1 的**不固定時距增強**（variable interval，簡稱 VI），稱作「VI 10」，是指有時在 8 分鐘內不搶先回答教師問的問題，就可以得到一張貼紙，有時 12 分鐘才能得到，平均 10 分鐘；平均 4：1 的**不固定比率增強**（variable ratio，簡稱 VR），稱作「VR 4」，是指有時三次回應教師的問題即獲得讚美，有時五次回應才能得到，平均四次；不固定的增強分配方式，增強物不易被預期何時出現，個體必須隨時注意自己的行為（G. Martin & Pear, 2019）。Salend（2016）提出**教室樂透**（classroom lottery），班級或大組上課時，若學生表現良好，則將其名條丟進罐子內，表現愈好則丟名條愈多；下課前抽取名條給予獎賞，愈多名條者，機會愈大，這對塑造正向行為有很大的幫助，我認為這是一種**代幣制結合間歇增強（不固定比率增強）**的策略。

3. 依增強時機與行爲的關聯性

依增強時機與行為的關聯性來分，包括**後效增強**（contingent reinforcement，簡稱 CR）和**非後效增強**（NCR）兩種策略（J. O. Cooper et al., 2020）。

（1）後效增強

CR 是指，增強時機與行為是伴隨的、有關聯性的，若增強時機與正向行為有關聯，亦即個體表現正向行為時才給予想要的後果（不管是獲得注意和喜歡的物品，或是逃避嫌惡的前事），則 CR 能有效促進正向行為的出現率；相反地，若增強時機與行為問題有關聯性，亦即個體表現行為問題時即給予增強，則 CR 反而會不適當地鼓勵行為問題（Derby & Fisher, 1998; Sprague et al., 1997）。

（2）非後效增強

NCR 是指，增強時機與行為沒有關聯，若增強時機與正向行為沒有關聯，亦即個體表現正向行為時無法獲得增強，反而在未表現正向行為時獲得增強，則 NCR 無法促進正向行為的出現率（J. O. Cooper et al., 2020）。相反地，若增強時機與行為問題沒有關聯，亦即不在個體行為問題出現後給予想要的後果（不管是獲得注意和喜歡的物品，或是逃避嫌惡的前事），而是在他尚未出現行為問題之前即給予想要的後果，如此可以避免不當地增強其行為問題，亦可以增加正向行為的出現率（Vollmer, 1999），已於第 7 章討論。

（三）增強策略的應用原則

在 PBS 計畫中，須留意提高正向行為的效能，使正向行為在達到功能上比行為問題更有效能。使用增強策略宜注意以下原則。

1. 確立標的行為問題和欲增強的正向行為。
2. 增強的正向行為宜配合個體的能力，是他能夠表現者，如果他有困難表現，則須教導之。

3. 在實施初期，可使用行為塑造、連鎖或提示等（已在第 9 章討論這些策略），以協助個體表現正向行為。
4. 增強物的選擇要考慮個體的年齡、興趣、喜好、增強物對個體的價值和效力、行為問題的功能和欲增強之正向行為、增強策略的使用時間，以及增強物在環境中的可行性，優先選用個體喜愛、自然，與行為功能相關，而且能夠在真實情境中持續使用的增強物（G. Martin & Pear, 2019; Schloss & Smith, 1998）。
5. 在設計和實施增強策略時，可鼓勵個體參與，甚至與他訂定行為後效契約。
6. 選擇的增強物宜考慮它們的易得性，如果它們對個體而言是非常容易獲得的，例如：常用的文具，則將減少其效力（R. V. Hall & Hall, 1998b）。
7. 增強物必須是伴隨的，亦即個體表現正向行為時才給予增強（G. Martin & Pear, 2019; Schloss & Smith, 1998）。
8. 在建立正向行為的初期，當個體表現正向行為時，宜立即、一致和連續增強（如插畫 10-4）；等行為穩定後，再提高對行為的要求標準，採取間歇增強（G. Martin & Pear, 2019; Schloss & Smith, 1998）。

插畫 10-4　立即增強
當個體表現正向行為時，應立即連續增強他。

9. 使用**普瑞馬克原則**（Premack principle）安排增強物，它是由 Premack 於 1959 年提出，意指藉著高頻率行為增強低頻率行為（G. Martin & Pear, 2019），例如：學生完成不喜歡的活動後，就可以從事喜歡的活動作為增強。延續思考問題 7-1，如果教師是要小朋友先做不喜歡的活動——保持安靜直到目的地，之後就可以從事喜歡的活動——玩遊戲，則是採用普瑞馬克原則安排增強物。

10. 避免對抗增強效果的干擾因素（G. Martin & Pear, 2019; Schloss & Smith, 1998），例如：大明因為其干擾行為無法獲得教師給予的增強物，他轉而向家長索求，而家長在不知情下買給大明，大明再帶到學校炫耀，此例中家長不知情便是一個干擾增強效果的因素。
11. 在使用人為增強物時，最好伴隨使用自然增強物或社會增強物，如此能增進人為增強物的褪除（J. O. Cooper et al., 2020; Schloss & Smith, 1998）。
12. 在使用社會性增強時，最好能加入個體的名字，使社會性增強的描述更個人化，並且具體指出個體什麼樣的行為、努力或進步表現獲得肯定（Maag, 2018），而不是讚美他的天賦、特質。Ginott（2000/2001）即指出：「評價式的讚美有破壞性，讚賞式的讚美有建設性。」（p. 89）例如：「雲雲，你將教室的書排得整整齊齊，同學可以很容易找到他們想看的書，謝謝你。」就比「雲雲，你很勤勞，你是好學生。」要來得具體。
13. 持續評鑑增強策略的使用成效（G. Martin & Pear, 2019）。
14. 在正向行為建立穩固後，可以逐步褪除增強策略，褪除方式可包括兩方面：一為**漸進地褪除增強的時間分配方式**，從「連續增強」褪除至「間歇增強」，再到「自然增強」分配方式；另一為**漸進地褪除增強物的類型**，從「人為增強物」褪除至「自然增強物」或「社會增強物」（G. Martin & Pear, 2019）。

此外，在增強策略中，代幣或積分制也經常被使用，應用代幣或積分制除了考量上述增強策略的原則外，還要注意以下原則。

1. 在使用代幣或積分制之前，宜確認個體理解代幣或積分的意義；如果他不理解，則要教導之（Ghezzi & Lewon, 2022），如思考問題 10-1。

思考問題 10-1 代幣制之使用

陳老師採取代幣制，欲建立學生遵守班規的行為，學生表現良好時，教師給予獎勵卡，而後累積一定數量的獎勵卡後，可以兌換不同的後援增強物。然而，極重度的達達拿到獎勵卡後，會將它撕掉，或是咬它。為何達達會有這樣的行為呢？如何因應此難題？

☞ 這是因為達達不理解獎勵卡的意義。為因應此難題，首先是當達達表現良好時，教師立即給予一張獎勵卡，要他用這張獎勵卡拿給教師，兌換一個原級增強物（例如：一顆葡萄乾）。漸進地，兩張獎勵卡可以兌換兩個原級增強物中擇一，以此類推，直至他理解獎勵卡的意義之後，再使用全班的代幣制。

2. 代幣或積分的選擇宜考慮個體的年齡、喜好、能力，而且代幣或積分宜是容易使用和實施、不易被個體複製（Allyon, 1999; G. Martin & Pear, 2019；如插畫 10-5）、不能轉給他人使用的。

插畫 10-5　運用代幣制時宜注意之處
代幣最好是容易使用和實施、不易被個體複製的。

3. 處理人員宜有嚴謹清楚的代幣或積分紀錄，並且妥善保存它（Maag, 2018）。
4. 換取後援增強物的代幣或積分數量，以及由代幣或積分換取後援增強物之時距，宜考慮個體的年齡、認知能力，以及實施階段（Ayllon, 1999; Schloss & Smith, 1998）。如果時距太長或要求的代幣、積分數太多，可能造成個體挫折而放棄努力，以及減少代幣與後援增強物間的連結關係；如果時距太短或要求量太少，可能造成個體覺得太容易獲得而沒有挑戰性，以及養成他無法等待的心態。通常年齡愈小、認知能力較有限的個體，以及實施初期，換取後援增強物的代幣或積分數量宜少，由代幣或積分換取後援增強物的時距宜短；相反地，年齡愈長、認知能力較好的個體，以及實施一段時間後，可以增加代幣或積分的要求數量或拉長時距。
5. 提供多樣的後援增強物供個體換取，並且要隨時評鑑增強物的效力（Ayllon, 1999; Schloss & Smith, 1998）。

6. 提示個體代幣或積分的紀錄（Schloss & Smith, 1998），例如：可使用海報紙書寫正向行為、代幣或積分的紀錄、兌換後援增強物的情形等。
7. 當個體表現出正向行為時，宜立即提供代幣或積分（Schloss & Smith, 1998）。
8. 依據擬訂的計畫，一致實施代幣或積分制；而在個體建立正向行為後，要逐步褪除代幣或積分制（Schloss & Smith, 1998）。

二、提示正向行為的策略

當個體未能採取正向行為，仍然表現行為問題因應前事時，處理人員可以提示正向行為；讓他知道行為問題無法獲得想要的後果，且該行為是不被社會接受的，並且引導和協助他表現替代的正向行為，採用的策略包括**矯正性回饋**、**重新指令**、**讚美和提示他人的正向行為**，以及**以問題解決的形式回顧和討論行為過程**四種。

（一）矯正性回饋

處理人員不只在教導正向行為可運用矯正性回饋，第 9 章第 2 節已詳述之，亦可在標的行為問題出現後給予矯正性回饋，在矯正性回饋之後，可以搭配「重新指令」，例如：「我必須請你舉手，經過我同意後再發問。」

（二）重新指令

重新指令乃搭配矯正性回饋，除了指示個體停止行為問題外，並且引導他從事正向行為；當個體確實做到，就要立即增強（Kern et al., 2021），例如：「大明，球應該這樣玩（伴隨示範）。」又例如：「當你需要幫忙時，你可以給我『求助卡』。」依據 Cividini-Motta 等人（2022），重新指令的正向行為必須在個體未出現行為問題前教導之，重新指令策略宜注意切忌嘮叨和謾罵，並且不要使用羞辱、興師問罪等評斷性的用語，而是具體說出期待，以及示範或引導正向行為（如插畫 10-6）。

要注意的是，對於功能為「取得注意」的行為，重新指令提供的注意，可能會增強個體的行為問題，例如：個體可能會學到先尖叫，接著才在重新指令下，表現出「要求休息」的替代性溝通行為；減少此問題的作法有：（1）在行為問題和重新指令正向行為之間有短暫的延宕，以減少行為問題和重新指令二者間的連結關係；（2）讓重新指令簡短（Kern et al., 2021; O'Neill, Albin, et al., 2015）。

插畫 10-6　重新指令宜注意之處

重新指令時切忌嘮叨和謾罵，並且不要使用羞辱、興師問罪等評斷性的用語。

（三）讚美和提示他人的正向行為

Barbetta 等人（2005）指出，當一位學生上課不專心時，教師宜及時、具體地讚美其他正專心上課的學生，而非僅斥責該位學生，專注於其錯誤行為；這個方法不僅能鼓勵專心上課的學生，對於該位學生的行為問題也有提示的作用。讚美和提示其他人表現的正向行為對於重視讚美的學生，以及功能為取得注意的行為最有效（Kern et al., 2021），例如：大華在做作業時發出噪音欲引起注意，此時教師讚美阿英：「阿英安靜地做作業，很好。」另外，其他功能的行為問題亦可運用此策略，例如：對於阿穎抗拒困難作業的行為，教師讚美大宇「舉手求助」作為提示。

讚美和提示其他人表現的正向行為時，宜注意以下四項原則：第一，讚美其他人表現的正向行為必須是個體已有的行為（Kern et al., 2021）；如果他不能表現此行為（例如：與同儕和睦玩遊戲），讚美其他人便無法對個體產生提示效果，如思考問題

10-2。第二，給予楷模的社會性增強要盡可能具體，如此才能清楚描述期待個體模仿的行為是什麼（Kauffman et al., 2010），例如：「阿德，我喜歡你一直等待，直到我叫到你。」就優於「阿德，你很有禮貌。」第三，處理人員要注意不同人表現的好行為，不要只讚美一個人或一個小組，如此其他人可能會認為處理人員偏愛某人或某個小組，以至減損此策略的成效（Kauffman et al., 2010）。第四，當個體模仿楷模表現的行為時，處理人員宜立即讚美他；如果個體看到某些人表現正向行為得到讚美，但自己表現相同行為時卻得不到讚美，他會覺得自己受懲罰（Kauffman et al., 2010）。

思考問題 10-2 讚美和提示他人的正向行為

智障的大華在做語文作業遭遇困難時，發出噪音欲引起注意，此時教師讚美鄰座的阿英說：「阿英，很乖，都寫對了，100 分。大華，你不乖。」教師的處理方式是否適當？

☞ 教師讚美阿英表現的正向行為（100 分）不是大華能做到的行為，讚美阿英便無法對大華產生提示的效果，而且教師讚美阿英時，斥責大華不乖亦未達到引導正向行為之目的。我建議可以讚美阿英舉手尋求協助的行為（舉手是大華可以表現的行為），例如：「我喜歡阿英遇到困難時，會舉手尋求老師的協助。」

（四）以問題解決的形式回顧和討論行為過程

在前事出現後，如果個體仍無法表現正向行為，處理人員可以在他情緒與行為較為穩定，能從事有效的對話時，與他共同回顧整個事件，讓他從回顧和討論行為的過程中學習（Kauffman et al., 2010）。在此過程中，處理人員可以採問題解決的形式，與個體一起回顧和討論行為的過程，協助他了解發生何事、為何發生；為何選擇以行為問題因應前事，干擾他選用正向行為的因素是什麼；而後複習之前教導的問題解決步驟，計畫未來如何面對和解決這些干擾因素，如何選擇更正向的替代行為，避免行為問題，最後角色扮演正向行為以因應前事（Kern et al., 2021），如示例 10-1。對個體來說，行為問題或犯錯也是一種學習，他靠這些知道什麼是危險、什麼是不該做的事；de Saint Exupéry（1943/1996）於《小王子》中寫道：「每個大人都曾經是小孩，雖然只有少數人記得。」（p. 2）重要的是處理人員是否把握住此機會，教導他知道有不同的選擇，讓他從回顧和討論行為過程中學習到：「我今天犯的錯誤是……，我從錯誤學到……；我今天碰到的問題是……，我要用……來解決問題。」所謂以問題

示例 10-1　回顧和討論行為過程

針對阿偉在班級中說出：「幹，死阿泰，你的大豬頭擋到我了，我看不到黑板。」引起阿泰與他發生嚴重口角的事件，教師私下與他回顧和討論行為過程如下：

首先教師協助阿偉了解發生何事、為何發生；為何選擇以辱罵行為因應前事，干擾他選用正向行為的因素為何，而後引導他選擇正向行為，避免辱罵行為。

接著教師說：「阿偉，你希望阿泰移動他的頭，你用『幹』、『死』和『大豬頭』，會讓阿泰覺得你在罵他，所以他很生氣，也沒有達到你希望的結果。有沒有什麼其他說法？」（聽阿偉的反應，並且複習之前教過的問題解決步驟，引導適當的口語）教師引導阿偉試著說：「不好意思，我看不到，可不可以請你移動一下？」

最後，教師讓阿偉演練正向行為。

解決的形式，並非在此刻進行問題解決訓練，它宜在行為問題發生之前教導，它屬於前述的行為教導策略，此處指的是複習之前教導的問題解決步驟。

除此，**中介短文**（mediational essay）可以在行為問題發生後，用來幫助個體練習之前教導的問題解決步驟，過程是處理人員根據個體行為，藉由回答以下問題以書寫短文（Morrow & Morrow, 1985）：（1）**我做錯什麼？**（2）**為何我不該做這個？**（3）**我該做什麼？**（4）**如果我這麼做，會發生什麼？**我認為這些內言是「任務取向的內言」，舉一例如示例 10-2。

示例 10-2　中介短文

當我想找心萍玩時，「我拉心萍的頭髮」是不對的**【我做錯什麼？】**。我用「拉頭髮」這個方法，心萍不但不和我玩，還大聲喊叫，並且報告老師；然後，就不理我了，表示心萍不喜歡我抓她的頭髮，而且會以為我在打她**【為何我不該做這個？】**。當我想找心萍玩時，我最好先看看心萍現在正做什麼，如果她是和同學講話或者在玩；我就先不要去找她，因為她可能沒有空理我。如果心萍現在沒有在做什麼，我想我可以走到她的旁邊，微笑地看著她，並且小聲地跟她說：「嗨！心萍。」等她轉過頭來看我，我就可以問她：「可不可以跟你一起玩？」**【我該做什麼？】**我用「打招呼和詢問」這種方式，心萍會覺得我很友善，而且知道我想跟她玩，她就會跟我玩，我們就可以快樂地玩在一起了**【如果我這麼做，會發生什麼？】**。

三、減少標的行為問題之效能的策略

減少標的行為問題之效能有兩種形式：第一種是讓標的行為問題和後果間**無關聯**、**沒有效果**和**無效率**，讓個體耗費很大的時間和精力，仍無法獲得他想要的後果，如此行為問題便無法達到其功能（O'Neill, Albin, et al., 2015），採用忽略和 DR 策略（已於前述）。第二種是讓標的行為問題得到不愉快的後果，特別應用在個體的行為已造成他人受傷害或環境遭損壞，給予的不愉快後果，它具備以下四項特徵（M. V. Field & Tarlow, 1996; Kern et al., 2021）：（1）是**自然**或**邏輯的後果**；（2）合乎個體的**生理年齡**；（3）配合個體的認知理解能力，對他能產生有教育意義的結果；（4）不會導致個體身心之傷害，不會損及個體的自尊，造成周遭人對他的負面觀感；（5）是合理、個體能負荷的後果；（6）不會產生非預期的副作用（例如：擴大行為問題、長期的問題，以及同儕的負向反應），主要採取的是**自然**和**邏輯後果**策略。以下詳述忽略、自然後果和邏輯後果三種策略。

（一）忽略

忽略主要是針對無傷害性，只為博取注意的行為問題，處理人員採取有計畫的不理會方式因應（R. V. Hall & Hall, 1998c），Duchesne 和 McMaugh（2016）稱之為**有計畫的不理會**（planned ignoring）。Vollmer 等人（2022）主張不宜獨單獨使用忽略策略，而是要結合增強策略一起使用。綜合文獻（G. Martin & Pear, 2019; Schloss & Smith, 1998），使用忽略宜注意的原則有：第一，唯有行為問題的功能主要在「引起注意」時，使用忽略才會有效，如插畫 10-7，個體看電視的行為不是要引起注意，使用忽略則無效。第二，在實施初期，可能會有「**忽略突增**」（行為問題突然增加）或攻擊的現象，如果處理人員決定使用忽略策略，宜溫柔地堅持到底。第三，和正增強連結使用，使用有效的增強物增強替代的正向行為。第四，不管在任何情況，要一致忽略行為問題和增強正向行為。第五，控制會影響行為問題減少的增強物，例如：教師欲忽略某位學生引起注意的行為，但其他同學卻注意他，如此會影響忽略的效果，要予以發現和控制。第六，向個體預告「忽略」和「增強」的行為與規則。第七，在不同增強時間分配方式下建立的行為，其忽略難易度也各有不同；連續增強建立的行為較易忽略，間歇增強建立的行為則較不易忽略，因此如果要忽略一個間歇增強建立的行為，須有心理準備，它將花費較長的時間。

插畫 10-7　不適當運用忽略產生的結果
唯有行為問題的功能主要在引起注意時，使用忽略才會有效。

（二）自然後果

自然後果是指當個體出現行為問題時，得到**自然懲罰**（M. V. Field & Tarlow, 1996）。舉例來說，故意打翻飲料，則沒有飲料喝；沒有參與烹煮食物則無法享受美食等，如表 10-3 的舉例。使用自然懲罰時，宜考慮行為後果的嚴重性，如果讓個體玩火柴導致燒傷作為教訓則不適宜；也不能因為個體打教師，教師就回敬他作為自然教訓，因為如此不僅會破壞師生關係，並且會更加強個體模仿此行為。

表 10-3　自然懲罰的舉例

行為問題	自然懲罰
・故意打翻飲料	・沒有飲料喝
・鬧情緒不吃午餐	・沒吃午餐，肚子很餓
・沒有參與烤肉的活動	・沒有東西吃
・不穿雨衣	・被淋濕

（三）邏輯後果

邏輯後果是指當個體出現行為問題時，處理人員給予和他行為問題相關、合理和具教育意義的不愉快後果，特別應用在個體的行為無法獲得自然後果，而且已造成他人受傷害或環境遭損壞的情況下（M. V. Field & Tarlow, 1996）。所謂和行為問題相關是指，給予的後果必須與行為問題有關聯性，例如：和亂塗牆壁相關的後果是「清洗被塗鴉的牆壁」；無關的後果是「清掃廁所」。

邏輯後果策略旨在讓個體對自己的行為負責任，Kauffman 等人（2010）表示，要個體對自己的行為負責任並不容易，他們主張處理人員在反映個體情緒時，宜避免使用別人要替其行為負責的語言（例如：「我猜大霖讓你很生氣，所以你打他。」）；而是要強調個人在行動中的決定和責任（例如：「當大霖……，你很生氣，所以你決定打他。」）。之後，讓個體學習要為自己的行為負責任，例如：「因為我打了大霖，讓他受傷，使得他有很多事無法做；所以我必須負起責任，幫他服務直到他好為止。」採用的策略包括**反應代價**、**隔離**、**回歸原狀**和**過度矯正**四種策略，舉例如表 10-4，詳述如下。

表 10-4　邏輯後果的舉例

行為問題	邏輯後果
・把口香糖黏在同學的座位上	・1 週不能吃口香糖【反應代價策略】
・未完成回家作業	・下課時間做未完成的作業【反應代價策略】
・未能善加使用教室中的物品	・限制使用教室中物品的權利【反應代價策略】
・打同學讓他受傷	・用自己的零用錢負擔醫藥費，幫受傷同學服務直到他好為止【反應代價策略】
・無法與小組同學合作完成作業	・撤消活動的參與，在教室中的角落或至另一個空間隔離【隔離策略】
・亂塗牆壁	・清洗被塗鴉的牆壁【回歸原狀策略】；不只清洗被塗鴉的牆壁，還清洗其他牆壁【過度矯正策略】

1. 反應代價

反應代價是指當行為問題發生後，剝奪個體一定數量的增強物，以減少未來行為問題發生的可能性（Schloss & Smith, 1998）。反應代價可以結合增強策略（例如：DR）一起使用（Bagwell et al., 2002）。依據 Schloss 和 Smith 及 Bagwell 等人，常見的反應代價策略有：第一，**剝奪某一特定的增強物**，它是最直接的反應代價程序；但要注意的是，若個體有充足數量的增強物，而且源源不斷，則將減少其影響力，因此宜限制增強物的取得。第二，**撤除特定喜愛的活動**，是指選擇個體喜歡的活動，剝奪之；但宜注意的是，剝奪之活動應是個體喜歡的活動，否則就無法達到減少行為問題的目的。第三，**限制選擇用品或活動的自由或權利**，例如：限制下課自由活動時間，或使用教室中物品的權利。第四，**扣除代幣或積分**，當行為問題出現時撤消代幣或積分。使用此策略時，要注意在增強物的給予與削減間取得有效的平衡；如果個體有很多代幣或積分，削減一個代幣或扣 1 分可能對他不痛不癢；相對地，如果個體的代幣被扣除得很多，他會失去獲取代幣或積分的動機（Thibadeau, 1998）。

舉例來說，Witt 和 Elliott（1982）使用反應代價策略，有效減少一位 AD/HD 學生的分心行為。實施方式為每天給該 AD/HD 學生四張彩色紙片，如果他出現不專心的行為，則撤除一張紙片，放學之前核算所剩紙片數，作為兌換後援增強物的依據。

2. 隔離

隔離是指行為問題發生後，處理人員立刻停止個體參與活動的機會，甚至隔離至另外一個空間，有非排除和排除的隔離（nonexclusionary and exclusionary time-out）兩種（J. O. Cooper et al., 2020）：**非排除的隔離**是指，個體仍在原來的環境（如教室）中，但是撤消具有增強效力的活動參與，包括**撤消個體所有目前正在進行的活動或使用的材料**（即配戴隔離絲帶）、**剝奪所有人對個體的注意**（即有計畫的不理會）、**取消特定的正增強物**，以及**只能在旁觀察他人從事具有增強效力的活動**〔即後效觀察（contingent observation）〕。**排除的隔離**是指，將個體從有增強物的環境移至無增強物者，包括**到隔離室進行隔離**、**在隔板的空間內進行隔離**，以及**在走廊進行隔離**三種。

綜合文獻（R. V. Hall & Hall, 1998d; G. Martin & Pear, 2019; Schloss & Smith, 1998），使用隔離宜注意的原則有：（1）隔離和不隔離的情況要有極大的差異，如此隔離的效果才能顯現出來；（2）隔離宜針對行為問題；（3）隔離必須達到減少行為問題的目的，如果沒有達成，表示隔離無效，宜轉而使用其他策略；（4）令出如山，並且保持中立的態度；（5）宜教導正向行為，或配合使用正向的處理方法；（6）不能剝奪個體的生理需要；（7）隔離的時間不要太長，且宜事先約定，並且告訴個體如果他表現良好，可以縮短隔離的時間；（8）隔離室的安排宜注意安全性（無危險物品）、大小和形狀適當、採光和通風良好、出入方便、距離不遠、處理人員不在房間內也能監控個體、無各種可能的增強物。如插畫 10-8，隔離室內很舒適，有其他的增強來源，則隔離策略無效。此外，隔離室最好有隔音設備，不至於干擾其他人；對有高自傷行為的個體，地板、牆壁覆以地毯或墊子，以確保安全。

3. 回歸原狀

回歸原狀是指，行為問題對環境產生輕微的擾亂時，個體要負責恢復原狀（施顯烇，1995），例如：奇奇弄翻別人的桌椅，他要道歉，並將弄翻的桌椅恢復原狀。

插畫 10-8 **不適當運用隔離產生的結果**
隔離室內很舒適，有其他的增強來源，則隔離策略無效。

4. 過度矯正

過度矯正又分為**恢復原狀**及**正面練習的過度矯正**（restitutional and positive-practice overcorrection），恢復原狀的過度矯正是指，個體的行為問題若破壞環境，他不但要恢復原狀，而且要加倍改進之（Schloss & Smith, 1998），例如：奇奇弄翻別人桌椅的例子，恢復原狀的過度矯正是指要他道歉，將弄翻的桌椅恢復原狀，還要將其他桌椅一起排整齊。正面練習的過度矯正是指，要求個體反覆從事與行為問題相關但正向的行為（Schloss & Smith, 1998），例如：當個體出現玩弄手指的固著行為時，處理人員要他將雙手向上舉起，向兩邊張開，最後再把雙手放下，如此重複數遍，以適當的手部動作取代固著行為；當個體出現打頭行為時，處理人員要求他將雙手放在頭、肩、背和膝蓋上各 15 秒，反覆做 5 至 7 分鐘。G. A. Cole 等人（2000）針對重度、極重度障礙成人長期高頻率的固著行為，例如：揮手、搖頭、拉捲裙子等，使用正面練習的過度矯正策略，當他們出現固著行為時，立即口頭制止，接著指導其過度練習與固著行為相關但正面且多樣的行為，結果發現能降低他們的固著行為。

這兩種過度矯正用途各異，其主要差別是看環境是否遭到破壞。至於何時使用回歸原狀或過度矯正，則要看行為問題的性質而定，若個體是累犯和故意，或行為問題非常嚴重，可考慮運用過度矯正策略。使用過度矯正法宜注意的原則有：第一，強調個體要對自己的行為負責。第二，要和個體表現的行為問題有關聯，否則過度矯正和懲罰就無差異了（Azrin et al., 1999; G. A. Cole et al., 2000; Schloss & Smith, 1998），例如：孩子過了睡覺時間 1 小時還不睡，家長不准他第二天去看電影；某生亂塗牆壁，教師罰他掃廁所，這些後果都和行為問題無關，皆不是過度矯正。第三，過度矯正的作業要適量，不可以超過個體能力負荷的範圍（Azrin et al., 1999; Schloss & Smith, 1998），這正呼應前述**邏輯後果的安排需合理**之論點，例如：學生寫錯字，教師要其正面練習寫 100 遍，學生只好分解筆畫來快速完成，寫了 100 遍之後還是寫錯，沒有達到效果。第四，過度矯正不同於懲罰，所以處理人員不可用憤怒、大聲指責的口吻，而是用冷靜溫和的語氣，表達期待個體表現的正向行為（Azrin et al., 1999; Schloss & Smith, 1998）。第五，在介入之前，須先了解行為問題產生的原因，情緒的處理也是很重要的。第六，事先與個體約法三章，向他說明如此做的原因。第七，在個體完成規定的過度矯正作業後，別忘了要誇獎他。第八，過度矯正策略的設計和使用，必須要有百分之百的把握，使個體服從到底。第九，萬一碰上無法矯正的情況，或個體的能力有困難矯正（例如：4 歲的孩子打破玻璃），可遵循的原則是，仍然讓他盡其可能地彌補造成的損失，即要他整個補救的過程均在場，盡可能協助過程中的每一部分。第十，告知重要他人，例如：若是在學校情境，宜告知家長。

最後，若依照增強物類型（正增強物或負增強物）、介入手段（給予或拿掉），再加上介入目標（減少標的行為問題的效能，或增加正向行為的效能），我整理所有後果處理策略如圖 10-2，另外有一些策略位於中間地帶，意謂介入手段和目標不只一種。其中給予正增強物是**正增強**，拿掉負增強物是**負增強**；給予負增強物是**正懲罰**（positive punishment），拿掉正增強物是**負懲罰**（negative punishment; Hulac et al., 2011）。

第二節　危機情況的處理

我們無法掌控 10%的際遇，但剩下的 90%則可以由我們的反應而定。

前面所提後果處理策略，對於特別嚴重的攻擊、傷害行為，尤其遇到緊急情況，可能無法立即有效遏阻。因此，為避免嚴重的殺傷和破壞力，預先擬訂危機處理計畫（CMP）就變得很重要。CMP 是指，當**爆發性行為**（acting out behavior）出現時所擬訂的處理計畫，以預防個體情緒的升高、降低爆發性行為的嚴重性和持久度，盡快讓個體回復到穩定的狀態，同時也保護個體與他人的安全。在此 CMP 中，周遭人的反

圖 10-2 後果處理策略之運用

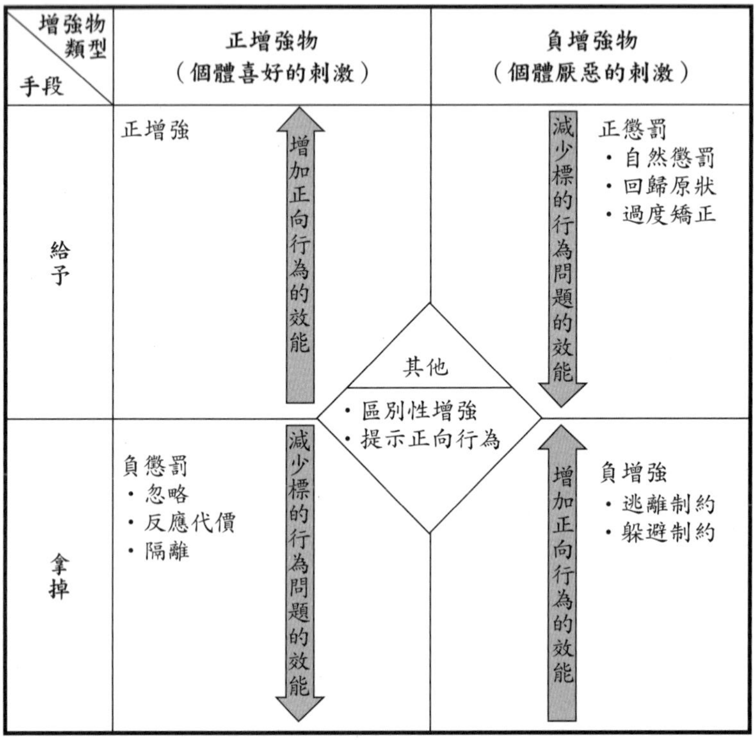
增強物類型
手段
正增強物
（個體喜好的刺激）
負增強物
（個體厭惡的刺激）
給予
拿掉
正增強
增加正向行為的效能
減少標的行為問題的效能
正懲罰
・自然懲罰
・回歸原狀
・過度矯正
其他
・區別性增強
・提示正向行為
負懲罰
・忽略
・反應代價
・隔離
減少標的行為問題的效能
增加正向行為的效能
負增強
・逃離制約
・躲避制約

註：提示正向行為包括讚美和提示他人的正向行為、矯正性回饋、重新指令和以問題解決的形式回顧和討論行為過程四種策略。

應和處理時機很重要，如圖 10-3，盡早處理和周遭人的反應適當，能避免危機的升高。依據 Kern 等人（2021），在危機前、中、後，發展 CMP 宜考慮的問題，如圖 10-4。

壹、危機狀況出現前

在危機狀況出現前，處理人員宜思考行為可能會導致傷害或物品的損失嗎？若是，則須設計 CMP；若否，則不須設計 CMP。

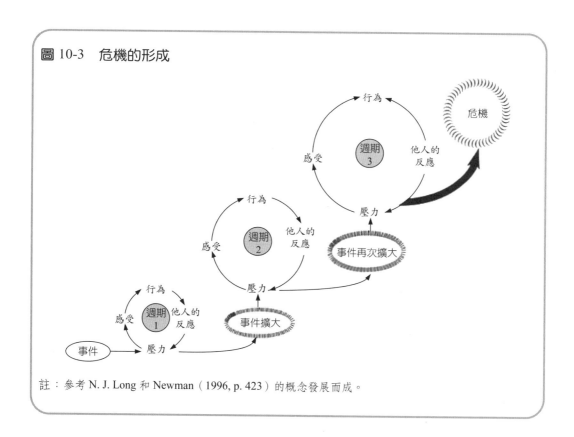

圖 10-3　危機的形成

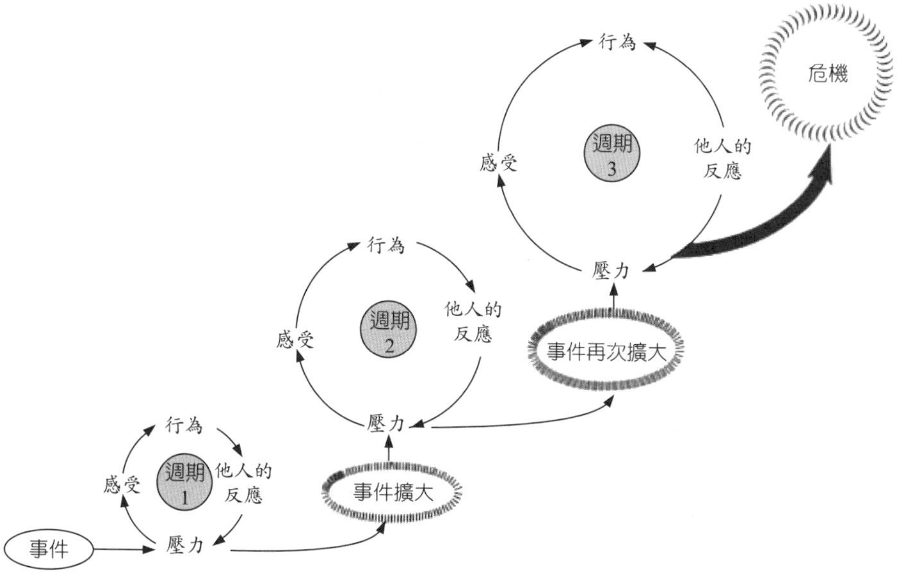

註：參考 N. J. Long 和 Newman（1996, p. 423）的概念發展而成。

貳、危機狀況出現中

若須設計 CMP，處理人員宜思考在危機狀況出現中，須採取何種危機處理程序以維持安全？何時將實施計畫？需要多少人實施計畫？什麼行為顯示危機已經結束？

在設計 CMP 時，處理人員宜了解危機狀況的經歷過程。依據 Bambara 等人（2015）及 H. M. Walker 等人（2004），危機狀況通常呈現週期，包括**情緒被觸發**、**情緒升高**、**危機或高峰**、**開始恢復或緩和**和**恢復**五個階段，如圖 10-5，每一個階段都有一些需注意之處。H. M. Walker 等人將情緒升高階段又分成**激躁期**和**加速期**，激躁期是指，若在情緒被觸發階段個體的需求未被察覺，個體在此階段會出現爆發性行為的先兆，例如：焦慮不安的動作或表現；之後進入加速期，此時就會像炸彈一樣，隨時可能被引爆，而導致情緒升高。處理人員若能在階段 1 和 2 便已察覺個體行為問題的先兆，消除或減少引起行為問題的前事，中斷情緒和行為問題的延續，促進身心的放鬆，則不會升高至危機狀況。我設計「危機處理計畫工具」，並舉例如附錄 60。此

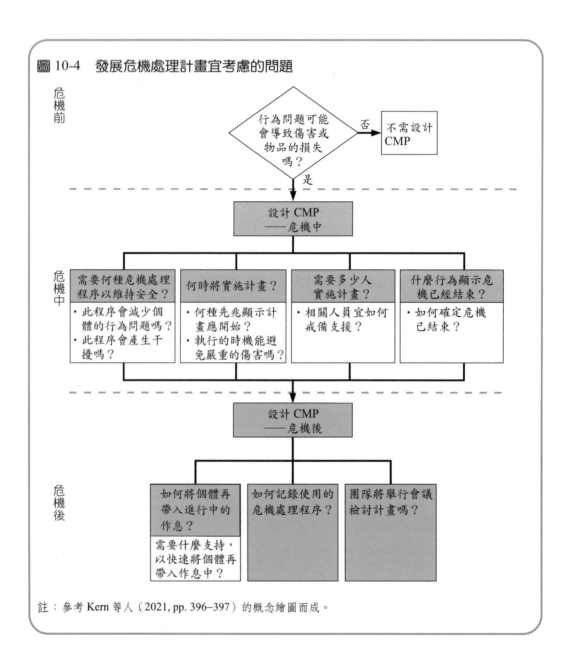

圖 10-4　發展危機處理計畫宜考慮的問題

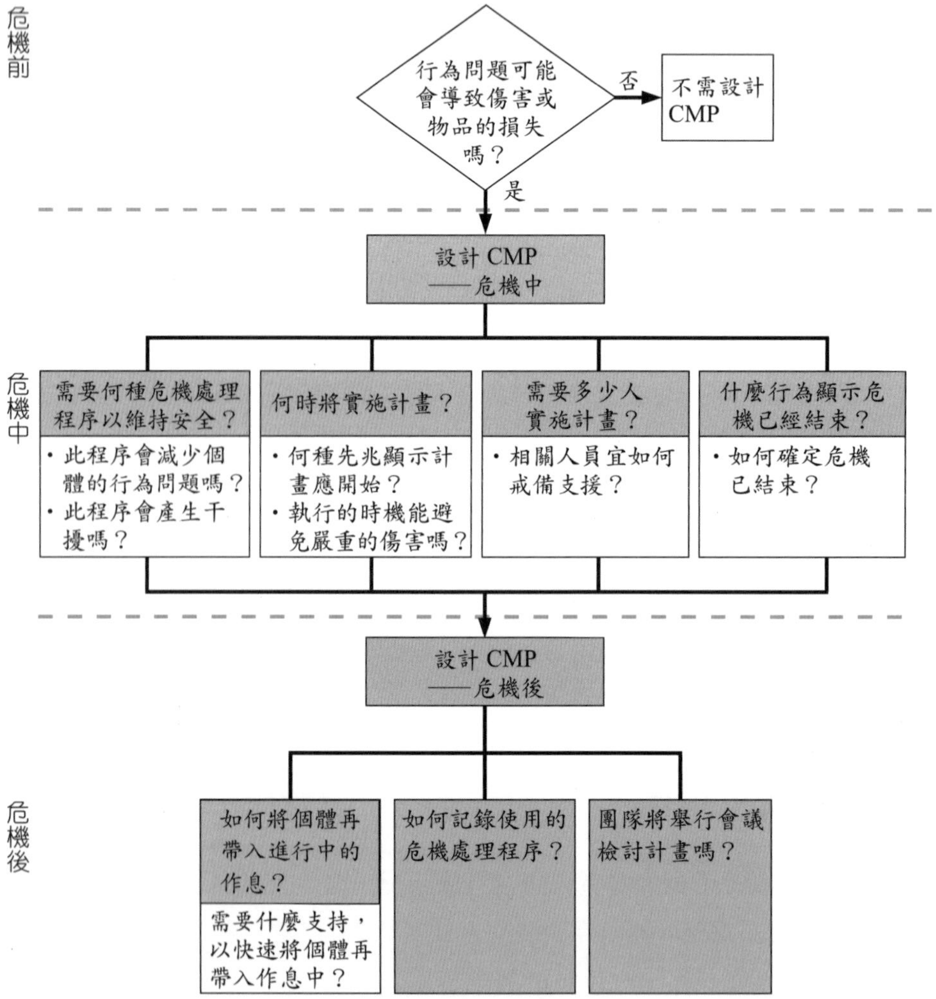

註：參考 Kern 等人（2021, pp. 396–397）的概念繪圖而成。

CMP 可納入學生的 IEP——具情緒與行為問題學生所需之「行為功能介入方案與行政支援」中，說明需要行政支援執行之。綜合文獻，我從以下十方面探討危機情況的處理策略。

圖 10-5　危機週期和因應策略

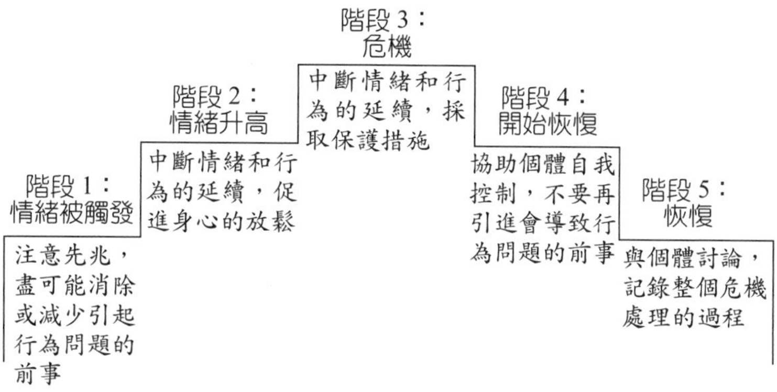
階段 3：
危機
中斷情緒和行為的延續，採取保護措施
階段 2：
情緒升高
中斷情緒和行為的延續，促進身心的放鬆
階段 4：
開始恢復
協助個體自我控制，不要再引進會導致行為問題的前事
階段 1：
情緒被觸發
注意先兆，盡可能消除或減少引起行為問題的前事
階段 5：
恢復
與個體討論，記錄整個危機處理的過程

註：修改自 Bambara 等人（2015, p. 86），修改圖的呈現方式。Paul H. Brookes Publishing Co.於 2015 年的版權，同意授權修改。

一、充分的準備

充分的準備是預防危機的最上策。首先，處理人員須對個體的行為問題瞭若指掌；而後，人力的配備、環境的布置，以及危機處理程序等都要有周詳的安排，甚至事先演練過。另外，處理人員要對法令、學校、職場或機構的規定有充分的了解，才不至於侵犯個體的權益，為自己招致困擾。

二、集合充足的人力

集合充足的人力形成團隊，可以避免傷亡，同時也向個體顯示遏阻其傷害行為的決心。此團隊通常是由與個體接觸最頻繁的人領導，真正不得已時才由警察出面處理。此團隊必須溝通每個人的職責，以及在危機處理中採取的行動。

三、保持冷靜

在面對危機情況時，處理人員宜先保持鎮定、耐心，不要慌張、急躁、高聲喊叫，更不要與個體爭辯或出言威脅；並且冷靜地分析到底是怎麼一回事，而後選擇適當的危機處理程序（Kerr & Nelson, 2009）。如果發現自己的能力不足以介入狀況，可請在場的其他人幫忙尋求支援。

四、消除引發行為問題的立即前事

如果引發行為問題的立即前事非常明確，例如：阿杰因大華挑釁的言語而攻擊大華，班上同學在旁火上加油，所以阿杰更加氣憤，正準備攻擊其他同學，很明顯地，大華和同學都是引發行為問題的立即前事，須先撤開他們，或將阿杰帶離現場。

五、緩和個體激動的情緒

個體會表現傷害行為，一定處於極端不穩定的情緒中，這時處理人員可以聆聽他的感受，讓他感覺受到關切；或是使用放鬆技術，促進其身心的放鬆，以緩和他激動的情緒（L. H. Meyer & Evans, 1989）。

六、使用磋商策略促進與個體的溝通

個體開始顯示情緒變化時，處理人員就要盡快地使用磋商策略，促進彼此的溝通，了解他的問題和需求，與他磋商解決的辦法（Bambara et al., 2015）。

七、採取自我保護的措施

當處理人員遭受個體攻擊時，可以採取「自我保護」的措施保衛自己（Bambara et al., 2015）。處理人員可以利用目前環境中的自然屏障，例如：用桌椅擋住，防止攻擊行為，亦可以採用**擋—拆—解**三步驟如下：第一，可用手臂擋住個體的攻擊，「擋」的目的在自我保護，而不是反擊；第二，往外畫圓拆解個體的攻擊，或是引導和增強個體表現正向行為，例如：口語引導並鼓勵他「把手放下」，而不是說「不要抓我」。「拆」的目的在化解個體攻擊的力道，爭取更多緩和個體情緒的時間；第三，在擋和拆的過程中，同時要紓「解」情緒、進行溝通，包括緩和個體激動的情緒，以及使用磋商的策略促進彼此的溝通。

八、使用刺激轉換策略轉移個體的注意焦點

刺激轉換可以歸屬於前事控制策略，亦可以歸屬於後果處理策略。若在出現標的行為的先兆時，立即使用刺激轉換策略，它就是一種前事控制策略。在危機狀況下，使用刺激轉換策略便是後果處理策略，它可以轉移個體的注意焦點，短暫化解危機，因此可以從容地採取其他措施，第 7 章已敘述使用刺激轉換宜注意的原則。

九、運用權威人士遏阻行為的發生

在社區中，只要見到警察巡邏，壞人就會收斂。同樣地，處理人員可以運用權威人士遏阻傷害行為的發生。使用這種方法之前，宜對個體有相當的了解，而且權威人士的確具有權威性，才有壓制的效果，否則會造成反效果。

十、使用身體約束策略阻止行為的延續

如果個體的情緒仍然無法緩和，且決心要表現傷害行為時，處理人員可以使用**身體約束**（physical restraint）**策略**阻止行為的延續，它是遏止行為問題的最後一招。因此，這是一種保護措施，而不是用來懲罰行為問題。依據 J. Harris（1996），身體約束的方式有三種：**工具**、**人力**和**自我約束**。工具約束是指運用工具（例如：扣手鏈）；人力約束意指處理人員運用身體壓制個體的行為問題；自我約束則是讓個體約束在某個範圍內（例如：白色線框內）。

使用身體約束最重要的原則是看個體的體型、體力和行為問題性質，選擇適當的方式。使用之前，處理人員要接受過訓練，並且有萬全的準備；另外，務必了解個體之身體狀況（例如：健康情形、肢體動作、血壓、呼吸系統等），也要徵求家長的同意。若要使用人力約束，有幾個問題宜先澄清：（1）在使用上要保持鎮定，不要慌張或高聲喊叫，更不要出言威脅；（2）在體能上我能不能約束個體？如果不行，誰能幫忙？如何找別人幫忙？如果有兩個人以上一起進行身體約束，人員之間是否有充分的協調和準備？我身上或現場中有無貴重或危險物品，可能造成雙方的傷害或物品的損失？如果有必要，我該如何脫身？（施顯烇，1995；C. R. Smith, 1980）；（3）使用最少量的約束，例如：自我約束，以避免個體因約束而導致傷害，而且在身體約束期間，宜隨時注意其呼吸、臉色等是否有異常，一旦察覺就立即停止身體約束，並尋求醫護人員檢視（D. Evans et al., 2002）。

參、危機狀況出現後

危機狀況出現後，須思考三件事：第一是如何提供支持，引導個體重新進入接下來的作息；第二是如何記錄危機處理的過程和結果，以作為下次處理的參考；第三是處理團隊是否須開會檢討 CMP？

前面圖 10-5 是一般的危機週期，有些人情緒被觸發後，快速升高至危機狀況，且需要較長的時間恢復，如圖 10-6；處理人員一旦發現他們情緒被觸發，就要趕快阻斷

圖 10-6 危機快速升高後緩慢恢復的危機週期

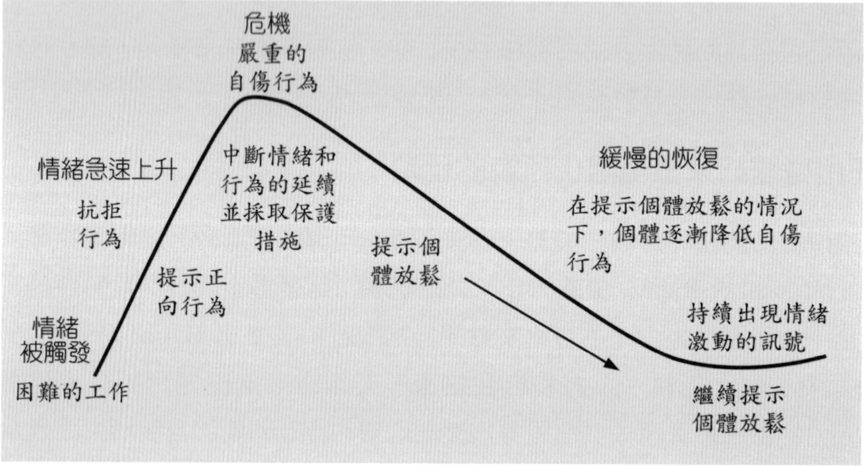

圖 10-7 危機緩慢升高後快速恢復的危機週期

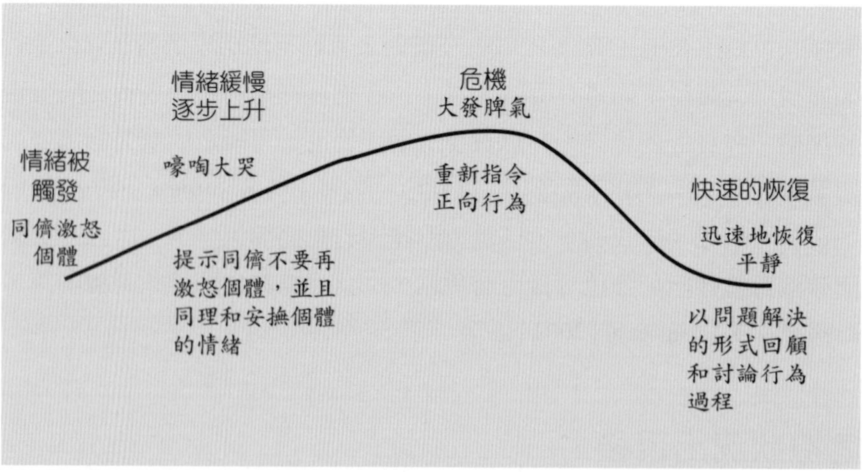

其升高至危機狀況。有些人則情緒被觸發後，緩慢升高至危機狀況，之後快速的恢復，如圖 10-7；處理人員有較多緩和他們情緒，避免危機升高的時間。

第三節　選擇和使用後果處理策略宜注意的原則

介入個體的行為問題之前，處理人員最好先處理自己的情緒。處理人員能接受自己的情緒，會比較容易不加批判與責難地接納個體的瑕疵和失敗。

選擇和使用後果處理策略宜注意以下六項原則，闡述如下。

壹、選用最少侵入和限制的後果處理策略

選用最少侵入和限制的後果處理策略意謂注意以下四項原則：第一，採取**非嫌惡或正向的處理策略**，亦即對身心障礙者使用的後果處理策略，也應該能使用在一般人身上。正如插畫 10-9，教師在處理學生行為問題時，Esquith（2007/2008）表示：「時時從孩子的觀點看事情，不要把害怕當作教育的捷徑。」（p. 45）

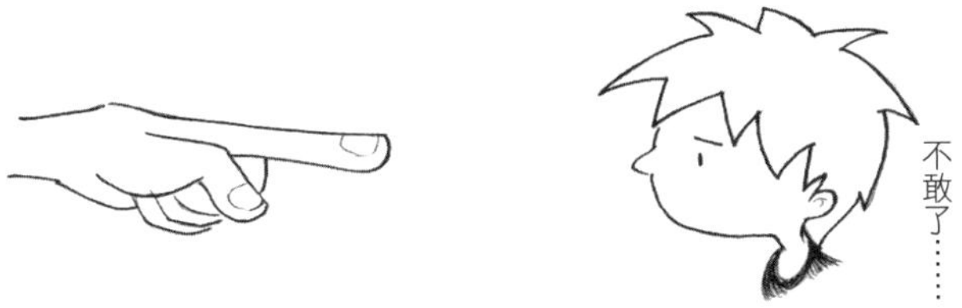

插畫 10-9　使用後果處理策略宜注意之處
教師處理學生行為問題時，宜時時從孩子的觀點看事情，不要把害怕當作教育的捷徑。

Yell 和 Peterson（1995）提出法律上規定的三類學生行為管教程序，第一種是**被允許的行為管教程序**，它適用於所有學生，乃非侵入式、非歧視性的，而且不會改變學生的安置，或是剝奪他們受教育的權利，包括：（1）口頭斥責或警告；（2）非排除的隔離；（3）反應代價（例如：扣除代幣）；（4）放學後留校；（5）暫時延緩物品、服務的提供，或是活動的參與等。第二種是**被控制的行為管教程序**，是以適當、不歧視、不辱罵的態度介入，而且在不會片面改變學生安置，以及不會影響學生 IEP 的達成，方能允許採用，包括排除的隔離、校內停學、校外停學（但不得超過 10

天）。另外，在採取這種行為管教程序時，教師必須做紀錄，以顯示使用的方法是適當的。第三種是**禁用的行為管教程序**，是指片面改變學生的安置，例如：退學或無限期的停學。被控制和禁用的行為管教程序都是較侵入和限制的後果處理策略。

第二，注意個體行為表現的多元面向，在對負向行為給予指正前，可先對適當表現給予正向回饋，並重新指令正向行為，以促進處理人員和個體間的正向關係，以及增加個體對負向行為的改變動機。舉例來說，從事庇護性就業的 ASD 大禹一邊工作，一邊碎唸：「好多喔！」服務人員正向回饋他：「大禹，認真工作很棒喔！」接著，大禹複誦：「認真工作很棒喔！」服務人員進一步提示他：「安靜工作更棒喔！」另如思考問題 10-3。

思考問題 10-3 教師對學生行為的回應

王老師詢問較不主動回答問題的莉莉，希望給她獲得積點的機會；但 E/BD 的大雄搶著說：「我會。」教師回應：「你是莉莉嗎？我是問莉莉。再吵我就要扣點。」大雄回嗆：「扣點就扣點，有什麼了不起。」王老師對大雄行為的回應是否適當？

☞王老師對大雄的回應是來自於對其行為的負面解讀，未看到大雄的正向行為——積極參與課堂活動。我建議教師修改其回應如下：「老師很高興你會，但是現在輪到問莉莉，我們也要公平地給莉莉機會。請你注意聽莉莉的回答，如果她答錯，老師會讓你和其他同學回答。」

第三，運用**能提供個體參與和選擇的策略**，例如：讓個體參與選擇增強物，訂定後果處理的規則等。另外，提供個體選擇獲得何種後果的機會；舉例來說，個體喜歡玩電腦，不要說「不准玩」，告訴他：「如果你做完功課就可以玩。」把「否定」變成「機會」，將自主權從處理人員轉移到個體身上。這樣不但能培養個體的獨立能力，而且他還會為了自己的興趣，努力表現正向行為。

第四，採取**能夠在真實情境中持續使用的策略**，例如：增強物的選擇宜盡可能符合行為的自然後果，像是自然增強物或社會性增強物（如讚美）等。綜合文獻（Kerr & Nelson, 2009; Schloss & Smith, 1998），將後果處理策略侵入或限制的程度彙整成圖 10-8。舉例來說，非排除的隔離就比排除的隔離較少侵入性，回歸原狀就比過度矯正較正向；社會性增強或自然增強物，就比原級增強物較符合自然發生情形；運用自我管理於增強策略中，讓個體自我決定表現的標準和行為的後果，就比完全由處理人員決定的增強策略，提供個體更多選擇的機會等。

圖 10-8　後果處理策略的侵入或限制程度

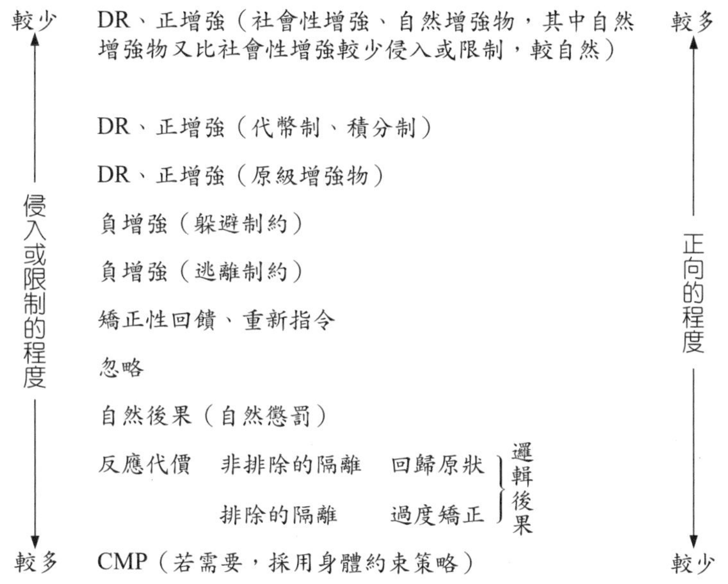

貳、採取後果處理策略時也要教導正向行為

後果處理策略應和行為教導策略一起使用（Crone et al., 2010），只使用後果處理策略，例如：增強不打人或懲罰打人的行為，是沒有意義的，處理人員宜同時積極培養個體正向行為，像是適當地表達負面的情緒等來取代打人的行為。一個人身心的障礙愈嚴重，認知功能愈低，愈須教導正向行為。

參、使用後果處理策略時也要重視生態環境的改善

一個人的生活形態必須是常態化的，參與的活動和工作也需有意義，有了良好的生態環境，才能促使個體的正向改變。相反地，如果學校課程或職場工作不能配合個體的興趣和能力，使用增強或懲罰要求其順從，便剝奪其追求良好生活形態的權利。因此，生態環境的改善要同樣受重視。

肆、向個體預告行為的後果

向個體預告處理人員將採取的後果處理策略，使他知道行為問題和正向行為會得到的後果，如此一方面具有引導個體行為的作用；另一方面讓個體有心理準備，不致於產生負面的情緒反應，尤其是在處理人員採用懲罰策略前。

伍、保持鎮靜、專業的態度面對個體的行為問題

有些個體的情緒管理能力較不佳，會以負面的語言和行為挑釁成人，例如：部分學生會有不理性的反應，以負面的語言和行為挑釁教師。又例如：假裝沒聽見，和教師爭辯或唱反調，重複沒有意義、不適當或不正確的話語，重複問同樣的問題，模仿大人或另一個人的話，打斷教師或他人說話，口語攻擊教師，改變話題等。這些行為有些是嚴重的行為問題，有些是**表面行為**（surface behavior），Friend 和 Bursuck（2019）指出，表面行為是頻率不高的次要行為問題，有時個體只是發洩情緒而已。N. J. Long 和 Newman（1996）表示，教師對學生行為問題的初始反應，決定了這個問題的發展和強度；假如教師將一個頻率不高的次要行為問題視為重大的違規，並且採取懲罰的方式因應，如此可能會導致學生產生更強烈的負面反應，師生皆落入惡性循環中。舉例來說，假如一位學生小聲地抱怨教師交付的一項工作，教師用嚴厲的聲音回應：「你說什麼？」學生可能會回答：「沒有。」教師重複嚴厲的問話，造成此事件逐步擴大；最後，這位學生坦白地說出抱怨的話受到懲罰。一旦教師被這些話語或行為激怒，而與學生爭辯，甚至產生不適當的語言或行為反應，則會讓師生落入戰爭地帶，陷入衝突和權力保衛戰（power struggle）中進行無效的對話，無法為衝突找到出路（T. O'Brien, 1998/2012），如圖 10-9。

上述戰爭地帶的師生不良互動是可以避免的。教師在面對學生挑釁行為時，保持鎮靜的態度很重要，不要將它解讀為「衝著自己而來」、是故意與自己唱反調，教師若如此解讀，會容易被學生的行為激怒，並且失去客觀性（Barbetta et al., 2005）。若教師察覺自己仍無法冷靜面對挑釁行為時，則宜先處理好自己的內在情緒；確保在對行為反應之前，思考是正向的。圖 10-9 顯示相對於戰爭地帶的另一種介入，即**學習地帶**，它能協助教師找到突破學生挑釁行為的出路（T. O'Brien, 1998/2012）。於學習地帶，教師可以採取以下因應方式。

1. 忽略個體的挑釁行為，避免與他爭辯，給他一些時間冷靜情緒，或表現正向行為（Kauffman et al., 2010; Nordlund, 2003; T. O'Brien, 1998/2012）。

圖 10-9　兩種介入學生負面語言和行為的方式

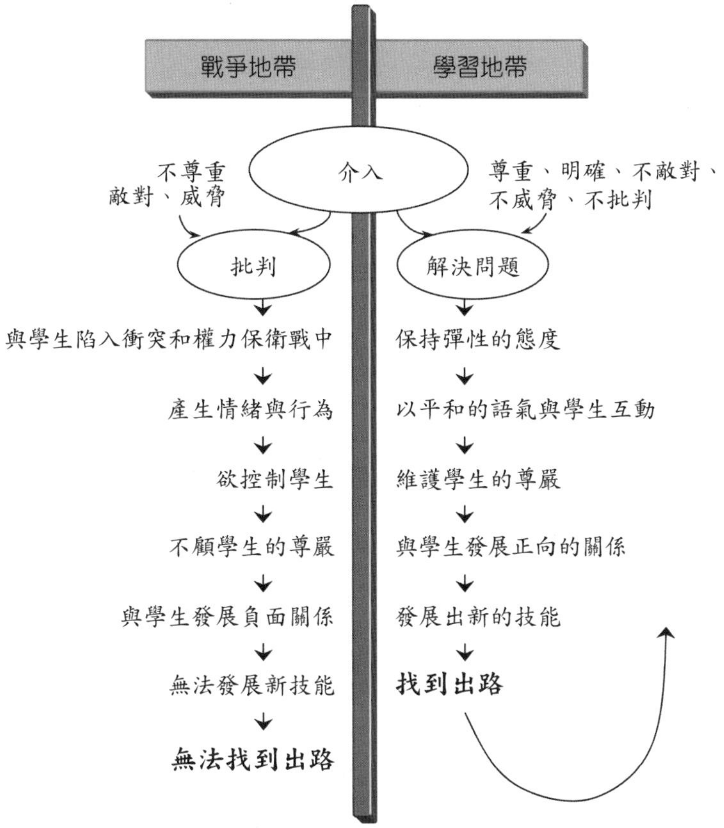

註：修改自 T. O'Brien（1998/2012, p. 107），修改其中部分內容。Routledge 於 1998/2012 年的版權，同意授權修改。

2. 改變話題，轉移注意的焦點（Kauffman et al., 2010; Nordlund, 2003），例如：插畫 10-10 中，教師對一位學生「你是老巫婆」的說法，以改變話題的方式，幽默地化解師生間的緊張關係。
3. 安排機會讓個體表現正向行為，並且給予鼓勵（Kauffman et al., 2010; Nordlund, 2003; T. O'Brien, 1998/2012）。
4. 以平和的語氣與個體互動，了解個體的情緒和想法、挑釁行為的原因和功能，以專業的方式處理（Nordlund, 2003; T. O'Brien, 1998/2012）。Canter（2010）主張採用**肯定的**（assertive）**行為管教**，面對學生的挑釁行為；他們表示它是

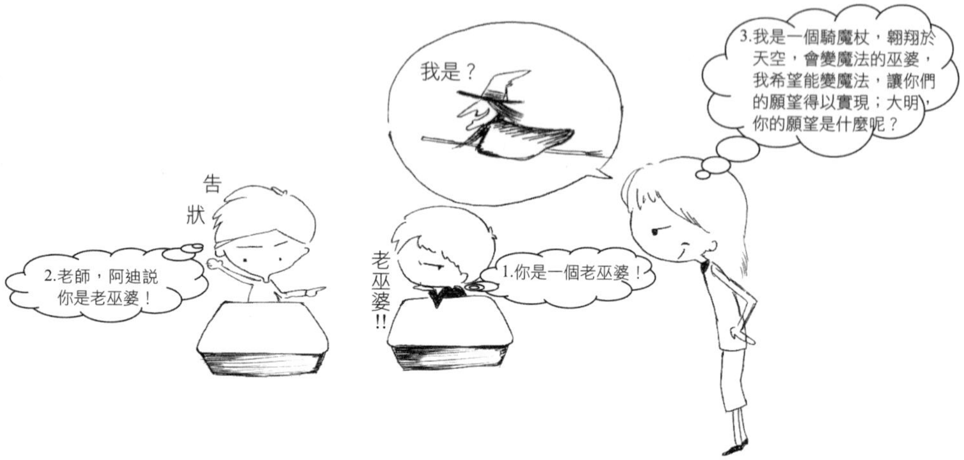

插畫 10-10　教師如何處理學生的負面語言和行為
教師可以採取改變話題的方式，幽默地化解師生間的緊張關係。

相對於**敵對的**（hostile）**行為管教**，主張教師不被學生敵對的話語激怒，以平和、堅定的語氣，使用**我訊息**（I-message，詳述於第 11 章第 2 節）具體表達感受和期待。肯定和敵對行為管教方式之比較和示例，如表 10-5。

互動分析（transactional analysis，又譯為**溝通分析**）主張，理想的班級經營以「教師和學生均 OK」為目標，它能創造良好的班級氣氛，提升所有人的自尊（Barrow et al., 2001; Newell & Jeffery, 2002）。同樣地，欲營造良好的親子互動，也須以「家長和孩子均 OK」為目標，肯定的行為管教即以**教師和學生、家長和孩子均 OK** 為目標。

陸、逐步褪除人為的後果處理策略

在行為介入效果穩固後，可以將人為的後果處理策略，逐步褪除至較自然者，以增加策略在未來環境的可應用性。換言之，漸進撤除外來力量的控制，而改由個體掌控自己的行為。舉例來說，從連續增強褪除至間歇增強；從人為增強物褪除至自然增強物的給予；從原級增強物的褪除至次級增強物的給予等。成功的後果處理策略不但要求行為的改變，也期待策略能褪除至自然狀態中；如果策略必須長期使用，表示介入效果還未完全達到，尚需努力。

表 10-5　肯定和敵對的行為管教方式之比較

向度	敵對的行為管教	肯定的行為管教
意義	教師被學生敵對的話語激怒，批判學生，陷入權力保衛戰中，想要在氣勢上贏過學生。	教師不被學生敵對的話語激怒，以平和的語氣，使用「我訊息」具體表達感受和期待。
實例	【上自然實驗課，教師指示各組學生點燃桌上的酒精燈】 教師：大炳，不可以搖晃桌子，坐好。 大炳：你不是我們老師，你去死！ 教師：你這是什麼說話態度！竟然敢叫我去死，你以為你是誰啊？ 教師被學生敵對的話語激怒。 大炳：你以為你是誰啊？ 教師：你實在很惡劣，我絕不容許你這樣的態度。聽好，我是你的老師，你要為你說的話道歉，我不能忍受學生用這種說話態度對我說話；否則我要懲罰你。 大炳：懲罰就懲罰，有什麼了不起。 教師批判學生，教師和學生的情緒都很高漲，進入權力保衛戰中，雙方都想贏過對方。	【上自然實驗課，教師指示各組學生點燃桌上的酒精燈】 教師：大炳，不可以搖晃桌子，這樣會燒起來，請坐好。 大炳：你不是我們老師，你去死！ 大華：老師，大炳叫你去死吔！ 教師：其他同學都坐得很好，除了大炳外，每一位同學都可以為你這一組加 1 分。大炳，你搖晃桌椅，我擔心酒精點燃，造成你和同學受傷；而你說出「死」這個字，讓我感到不舒服！〔宣示性我訊息〕「死」這個字不好聽，請你不要說這個字；我希望你坐好，你的小組也期待你坐好，可以為它加分。如果你有什麼情緒，我希望你能像我一樣冷靜地表達出來，這樣我會很高興和你談話〔預防性我訊息〕。 教師不被學生敵對的話語激怒，以平和的語氣，使用「我訊息」具體表達感受和期待，如此既能表達出他的感受，也能表現出願意傾聽學生情緒的訊息，還能提醒自己不要把聲調提高。除此，教師不把焦點僅放在該位學生身上，而是增強其他同學好的行為。 大炳：你去死啦！ 教師：（重複前面的話） （大炳沒說話） 如果學生還是持敵對的態度說話，教師繼續以平和的語氣，採「破唱片」的方式，重複說同樣的話。 教師：大炳，你不再說不好聽的話了，很好。你看起來心情很不好，是不是之前發生了什麼事？我很想幫你，如果你願意的話，我們下課可以談一談。我知道你能坐好，請你坐好，不要搖晃桌子，你知道這樣搖晃桌子，會有什麼結果嗎？ 學生已不再持敵對的態度說話時，教師可以肯定其好的行為，同理和關注他的情緒，並且明確表達希望他表現的適當行為，以及讓他知道不適當行為的後果。 大炳：不知道。 教師：其他同學知道會有什麼結果嗎？ 同學：會燒起來。 教師：對！你們希望看到這樣的結果嗎？ 運用團體動力引導學生正向的行為。 同學：不希望。 教師：你們希望大炳如何做呢？ 同學：希望大炳能坐好，不要搖晃桌子。 教師：你聽到了嗎？同學和老師都希望你坐好，不要搖晃桌子。我們相信你能做得到，而且相信你會選擇做對我們全班都好的事。

總結

後果處理策略旨在標的行為問題出現之後，安排立即的後果，達到兩個目標：一為增加正向行為的使用；另一為減少標的行為問題之出現，讓個體無法藉由標的行為問題獲得他想要的結果。採取的作法有以下三項：增加正向行為的效能、提示正向行為，以及減少標的行為問題之效能。在增加正向行為的效能上，主要採取增強策略（正增強、負增強和 DR）。在提示正向行為上，有讚美和提示其他人的正向行為、矯正性回饋、重新指令，以及以問題解決的形式回顧和討論行為過程四項策略。在減少行為問題的效能上，有忽略、自然後果（自然懲罰）、邏輯後果（反應代價、隔離、回歸原狀、過度矯正）和 DR 四項策略。在選擇和使用後果處理策略時，宜注意：（1）選用最少侵入和限制的後果處理策略；（2）採取後果處理策略時也要教導正向行為；（3）使用後果處理策略時也要重視生態環境的改善；（4）向個體預告行為的後果；（5）保持鎮靜、專業的態度面對個體的行為問題；（6）逐步褪除人為的後果處理策略等原則。另外，若遇到危機情況，則配合情緒被觸發、情緒升高、危機、開始恢復、恢復五階段的危機週期，設計 CMP 因應。

作業練習　正向行為支持策略的擬訂（四）——後果處理策略

延續第九章的作業，以該位有行為問題，讓您感到困擾的個案為對象，完成以下「正向行為支持策略的擬訂（四）——後果處理策略」作業：

一、標的行為問題之選擇與描述（已完成）

二、標的行為之觀察與紀錄（已完成）

三、標的行為問題之診斷（已完成）

四、標的行為問題正向行為支持計畫之內容與實施

（一）標的行為問題正向行為支持計畫之內容

1. 介入目標（已完成）

2. 正向行為支持策略

（1）前事控制策略（已完成）

（2）生態環境改善策略（已完成）

（3）行為教導策略（已完成）

（4）後果處理策略

作業練習　正向行為支持策略的擬訂評鑑（四）——後果處理策略

關於後果處理策略，讀者可以運用「後果處理策略擬訂之適切性問卷」（如附錄61），自我檢視此步驟的執行和敘寫品質。

附錄

附錄 58　代幣制或積分制的示例

附錄 59　增強物調查問卷

附錄 60　危機處理計畫工具和示例

附錄 61　後果處理策略擬訂之適切性問卷

測驗題

第十章　正向行為支持策略的擬訂（四）：後果處理策略測驗題

第十一章

正向行為支持策略的擬訂（五）：其他個體背景因素介入策略

第一節　生物模式的介入策略
第二節　人本模式的介入策略
第三節　心理教育模式的介入策略
第四節　認知模式的介入策略

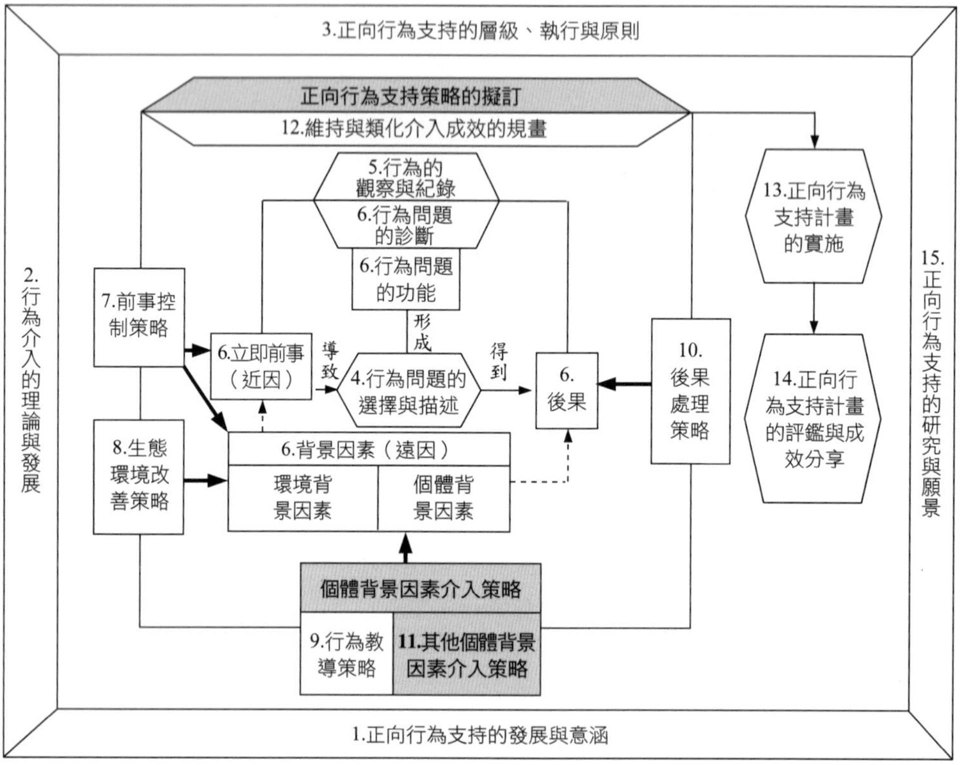
3.正向行為支持的層級、執行與原則
正向行為支持策略的擬訂
12.維持與類化介入成效的規畫
5.行為的觀察與紀錄
6.行為問題的診斷
6.行為問題的功能
形成
7.前事控制策略
6.立即前事（近因）
導致
4.行為問題的選擇與描述
得到
6.後果
10.後果處理策略
13.正向行為支持計畫的實施
14.正向行為支持計畫的評鑑與成效分享
8.生態環境改善策略
6.背景因素（遠因）
環境背景因素
個體背景因素
個體背景因素介入策略
9.行為教導策略
11.其他個體背景因素介入策略
2.行為介入的理論與發展
15.正向行為支持的研究與願景
1.正向行為支持的發展與意涵

導讀問題

1. 生物模式採取何種策略因應個體的行為問題？
2. 教師在協助學生使用精神科藥物時要注意哪些原則？
3. 心理教育模式採取何種策略因應個體的行為問題？
4. 人本模式採取何種策略因應個體的行為問題？
5. 認知模式採取何種策略因應個體的行為問題？

本書前幾章有關介入策略的介紹，較偏向行為、認知—行為和生態模式，然而新的行為處理觀點主張採用多元素的介入，因此本章補充介紹其他行為介入策略，包括生物、人本、心理教育和認知模式，這是**裨補闕漏**的作法。

第一節　生物模式的介入策略

每個人都是天才；然而，若人們用爬樹能力來斷定一條魚有多少才能，牠整個人生都會相信自己愚蠢不堪。

生物模式主張行為問題的處理必須求助於精神科藥物的使用、營養和飲食的控制、運動的安排和睡眠的調整、感覺調節異常的因應，以及個體氣質的了解和因應，探討如下。

壹、精神科藥物的使用

以下探討常用的精神科藥物、釐清精神科藥物使用的迷思與事實，以及教師在學生藥物介入中扮演的角色與宜注意的原則。

一、常用的精神科藥物

若行為問題起因於生理問題或精神症狀（例如：妄念、幻覺、思考錯亂），則藥物可能是選擇之一。依據文獻（Aman & Sing, 1983; C. R. Ellis, Singh, & Singh, 1997; Wilens, 2004/2006），常用精神科藥物的類型包括**抗憂鬱劑**（anti-depressants）、**抗精神症藥**（anti-psychotics）、**中樞神經興奮劑**（stimulants）、**鎮靜劑**（tranquilizers）或**抗焦慮劑**（anxiolytics）、**抗躁劑**（anti-manics）、**抗癲癇藥**〔anti-epileptics，又稱作**抗痙攣藥**（anticonvulsant）〕、**降血壓藥**（anti-hypertensives）等，它的藥物學名、商品名和介入症狀如附錄 62「兒童精神科常用藥物」。

抗憂鬱劑的主要目的為治療憂鬱症者，但對焦慮症、恐慌症、強迫症、AD/HD 亦有療效，能減少憂鬱或情緒波動、強迫行為、固著行為、過動／衝動等；抗精神病藥又稱為**神經抑制藥**（neuroleptics）或**重鎮靜劑**（major tranquilizers），主要作用為阻斷腦神經生物化學傳導物質，例如：多巴胺、血清素、組織胺（histamine）等，以治療思覺失調症者幻聽、幻覺、妄想、說話紊亂、冷漠、退縮、焦慮等症狀，使思維和行為趨於正常（楊淑瑜，2004；Wilens, 2004/2006）。

中樞神經興奮劑的作用為促進腦中樞神經系統的活力，進而減輕 AD/HD 者的過動和衝動行為，增加注意力（C. R. Ellis, Singh, & Singh, 1997）。中樞神經興奮劑中最常見者為 methylphenidate（**美特芬**），商品名為 Ritalin（**利他能**）和 Concerta（**專司達**），Ritalin 為短效型藥劑（約 4 小時），通常 1 天服用二至三次；Concerta 則是長效型藥劑（約 12 小時，1 天服用一次；Benjamin, 2001）。美國食品和藥物管理局（Food and Drug Administration, 2002）核准一個非興奮劑類，治療 AD/HD 的藥物——atomoxetine（阿托莫西汀）〔商品名為 Strattera（思銳）〕，相較於興奮劑主要作用在**多巴胺**，Strattera 主要作用在**正腎上腺素**；Strattera 是長效型藥劑，最長可達 24 小時，目前資料顯示超過七成使用 Strattera 的人，症狀有明顯改善〔National Institutes of Mental Health（NIMH），2006〕。臺灣衛生署於 2005 年核准上市，被視為治療 AD/HD 的第二線藥物。根據美國 AD/HD 兒童及成人資源中心（National Resource Center on Children and Adults With AD/HD, 2004）的統計，約有 70% 至 80% 的 AD/HD 者，能藉由上述藥物減輕或控制症狀，不過藥效存在個別差異。

鎮靜劑或抗焦慮劑的主要作用為鎮靜、催眠、抗焦慮及抗驚厥；抗躁劑的主要作用為抑制腦神經突觸細胞釋放正腎上腺素，還可促進血清素合成，進而降低神經興奮，助益情緒穩定；抗癲癇藥的用途為阻止腦細胞不正常的放電，產生抗癲癇的效果（楊淑瑜，2004）。降血壓藥除了用於治療成人的高血壓外，對於兒童及青少年，它可以被用來治療 AD/HD、妥瑞症、抽搐症、睡眠問題、攻擊和自傷行為等（Wilens, 2004/2006）。

二、釐清精神科藥物使用的迷思與事實

教養和醫療人員在精神科藥物使用上有如表 11-1 的迷思，處理人員要釐清其事實。

表 11-1　精神科藥物使用的迷思與事實

迷思	事實
一、教養人員方面	
1. 將行為問題歸因於無法內控的生理因素，所以一定要服藥。[a至d]	1. 行為問題的原因不見得是生理因素，還有能力、認知、生態環境等因素，了解個體行為背後的原因和功能，調整生態環境對他的要求和期待，才能有效幫助他。[a至d]
2. 藥物是萬靈丹，個體一定要用藥，才能專注、服從要求。[a, b, c, d]	2. 藥物只能控制，並不能根本解決問題，例如：藥物無法治療 AD/HD，不能增加他們的知識或技巧，而只能暫時控制症狀。[a至d]
3. 當個體用藥後仍出現行為問題時，就歸咎他「是否按時服藥」，或「服藥後怎麼還會有這些問題」。[a至d]	3. 藥物無法處理所有行為問題，教養人員宜善用服藥期間，配合設計 PBS 計畫，積極教導他正向行為和自我管理。[a至d]
4. 讓個體吃藥治療，表示教養人員沒耐心、只想讓他吃藥變乖。[c,d]	4. 若個體的問題嚴重，持續一段時間，以及對其生活和學習表現造成傷害，教養人員已試過PBS或其他介入仍然無法有效處理其問題，則在小心權衡用藥之長期與短期效益和風險的前提上，可以借助藥物。[c,d] Konopasek 和 Forness（2014）回顧一些研究顯示，在急性期時，藥物合併心理社會治療或行為介入的效果較佳。
5. AD/HD 的用藥和安非他命化學結構類似，對身體不好。藥物治療會讓個體上癮，長期依賴藥物。[c,e]	5. 化學結構相似並不代表AD/HD的用藥和安非他命是相同物質，例如：未有明確證據顯示 AD/HD 者會藥物成癮；個體接受藥物治療並不代表得服藥一輩子，而是希望個體在藥物的協助下，搭配PBS，培養正向行為。若症狀改善到不影響生活和學習表現，可與醫生討論減藥或完全停藥。[c,e]
二、醫療人員方面	
6. 教養人員提出用藥的需求，醫療人員經過簡短的評估後，便進行藥物治療。[f,g]	6. 醫療人員進行藥物治療宜依循以下最佳實務指引：第一，開啟或增加藥物治療前，宜做充分的精神評估，並檢閱用藥史，做藥物的評估，包括個體的症狀是否符合此藥物的使用規範，其發生頻率、持續時間和情境是否高、久及廣泛，且對其生活和學習表現造成嚴重傷害，教養人員認為需要使用藥物；是否有發生什麼事情或壓力源可以解釋個體此症狀；是否曾嘗試其他心理或社會介入；是否有完整的研究顯示此藥物對該年齡、性別和社會群體的人有效且安全。第二，謹慎權衡用藥的效益和風險與替代處遇，並在執行藥物治療前，獲得個體和其家長的同意。第三，與教養人員溝通藥物內容，並設定監控藥物成效與副作用的期程和實施計畫；若藥物治療計畫無法適當地被監控，則宜謹慎考慮如何以替代方式執行。第四，根據現有最佳證據，發展結合藥物的心理社會治療計畫。第五，提供教養人員診斷的回饋，以及教育他們如何參與治療和監控計畫，讓他們擁有掌控權。第六，藥物治療宜掌握「低劑量開始，慢慢進展」的原則，有足夠的劑量與療程，合併使用不同藥物宜有清楚的理由；若藥物治療的反應未如預期，則宜重新評估。[f,g]

（續）

表 11-1 （續）

迷思	事實
7. 教養人員提出停藥的要求，醫療人員經過簡短的評估後，便可停藥。[f,h]	7. 已達到當初藥物治療的目標，且符合穩定的標準（例如：症狀顯著減少、未住院，以及學業、人際和行為未出現退步的情形）；或是藥物產生的副作用超過它的效益，才能考慮停藥，且須訂定特別的停藥計畫。對於接受單一藥物的個體，停藥計畫包括減少劑量和觀察停藥後個體的反應（例如：症狀是否復發）。對於接受多種藥物的個體，最好一次停止一種藥物，以釐清停止哪個藥物導致不良反應，且考慮以下原則：（1）優先從有證據指出效能最少、副作用與風險最多，無明顯理由採用的高劑量藥物，或是附屬藥物，有證據指出對該症狀效能有限、缺乏的藥物開始減少劑量；（2）藥物的半衰期（half-life，是指藥物在體內吸收後，分布到血液中，達到最高血中濃度，經代謝排除後，血中濃度下降到原本一半所需時間，以普拿疼為例，其半衰期為 2 至 3 小時，亦即服用後只需 2 至 3 小時，其血中濃度就會從最高值下降到原來的一半；而藥物要從體內整個消失須花費「半衰期的四至五倍時間」）會影響安全停藥的速度；（3）考慮停藥類型會帶來的不良反應，例如：使用抗癲癇藥介入精神疾病時，即使個體以前沒有癲癇，快速停藥可能導致癲癇發作。[f,h]

註：表中特定註記標示文獻來源，[a] 張英鵬（1999）；[b] Byrnes（2005）；[c] NIMH（2006）；[d] T. M. Shea 和 Bauer（2012）；[e] Desousa 和 Kalra（2012）；[f] Bellonci 和 Huefner（2020）；[g] Frances（2015）；[h] Potter 等人（2016）。

三、教師在學生藥物介入中扮演的角色與宜注意的原則

教師在學生藥物介入中可以扮演**支持家長、分憂解惑**，以及**支援醫療人員的角色**。首先，家長對於孩子服藥，心裡會有許多疑惑和擔憂，這是教師宜了解和同理之處。何雯儀（2007）的研究顯示，AD/HD 孩子的家長一方面擔心藥物對孩子造成傷害，另一方面又不知該如何幫助孩子度過不用藥的困境；因此，教師在藥物介入中，可以扮演支持家長、分憂解惑的角色。再者，T. M. Shea 和 Bauer（2012）表示，教師在藥物介入中，可以扮演支援醫療人員的角色，包括：（1）轉介；（2）與醫生合作，並且觀察學生使用藥物後的反應；（3）調整教室環境和課程內容，以符合學生需求；（4）獲得授權協助執行藥物；（5）確保執行藥物的安全。郭色嬌（2005）調查臺北市 178 位國小特殊教育教師，在學生藥物治療上的參與經驗，結果發現 80.7% 有參與經驗，教師最常參與的項目有：（1）主動了解學生使用藥物的效果和副作用；（2）和家長討論、評量學生的情緒行為問題是否應轉介醫療單位；（3）和家長

討論藥物治療的成效；（4）留意學生的情緒行為變化，作為教學及輔導的參考。教師在協助學生使用藥物時要注意下列五點原則。

（一）確保藥物執行的安全和有效

某些家長會要求教師在校期間協助其孩子用藥，因此教師有時須配合監督用藥，而如何確保執行藥物的安全和有效就變得很重要了，以下有三個原則宜注意（張英鵬，1999；T. M. Shea & Bauer, 2012）：（1）最好能訂定「家長委託教育人員監督用藥的同意書」，詳細記載藥物名稱和劑量、用藥時間和程序等（如附錄 63）；（2）教師盡可能依照同意書監督學生用藥，如果有困難和問題，宜立刻向家長反應；（3）在監督學生用藥時，不要在同學面前大聲要求，避免讓他們有困窘的感受而拒絕服藥，亦不要誆稱「吃聰明藥」，宜鼓勵他們主動按時服藥。

另外，教師宜了解服用該藥物需注意的事項，有哪些因素會干擾藥物的效果，例如：某些個體有身體問題、服用其他藥物及健康食品等，會不會和該藥物產生交互作用；是否需要注意某些食物的攝取等（林嘉音，2008；Wilens, 2004/2006），例如：林嘉音指出肝功能不佳者，服用 Strattera 宜減量。若家長完全不知道，教師宜提醒家長主動告知醫生孩子身體、飲食、其他用藥狀況的訊息，並且詢問醫生服用該藥物的注意事項。除此，還可以詢問醫生若孩子不小心服用過量藥物，或錯過服藥時間，要如何處理（Wilens, 2006/2009）。

（二）注意藥效之個別差異

每個人對藥物和劑量的反應會因身體狀況而有差異，醫生一般會以個體的狀況開藥，並依據年齡和體重計算出標準劑量，而由最少劑量開始（McCandless, 2003/2007）；有些人可能對初次的劑量已經有強烈的副作用反應了，而有些人可能仍未見藥效。還宜注意有些藥物需較長的時間發揮藥效，例如：林嘉音（2008）指出，Strattera 服用初期易有疲倦和無力感，約需 3 至 4 週才能發揮藥效。

（三）認識與因應藥物可能產生的副作用

除了解學生服用的藥物和劑量外，教師宜認識藥物可能產生的副作用（例如：暈眩、嗜睡、食慾減低等），避免將學生副作用的反應視為負向行為，而不適當地懲罰他們，進一步讓家長了解與採取適當的因應策略（Sinacola & Peters-Strickland, 2006）。中樞神經興奮劑的副作用通常可藉由調整劑量或用藥時間來緩和（Goldman et al., 1998）。若學生出現副作用的狀況，教師宜建議家長在帶他們回診時，與醫生討論如何調整藥物、劑量、用藥時間和次數，才能將藥物副作用減到最低，而將藥效發揮到最大。舉例來說，若學生使用興奮劑後引發抽搐的現象，醫生可能會建議改變劑量來減輕症狀；若學生服藥後出現食慾較差的情形，則可能會建議改為飯後服用；若學生早上服藥，午餐時會出現食慾較差的情形，而晚餐時無此問題，則可能會建議家長在晚餐時，給予他們高營養或分量較多的食物；若學生服藥後會出現失眠的症狀，則為了避免他們晚上不易入睡，可能會建議降低劑量、提早用藥，或給予輔助藥物（像是低劑量的抗憂鬱劑；NIMH, 2006）。

（四）協助監控個體對藥物的反應

Blum 等人（1996）的研究發現，重度、極重度智障者對藥物的反應有個別差異，智障者比一般人對 methylphenidate 產生的副作用較多，以「社會退縮」最為普遍，他們建議宜嚴密觀察藥物的效能，以及監控個體對藥物的反應。因此，在藥物治療的初步階段，教師宜協助家長監控和記錄學生對藥物的反應，而後將此紀錄交給家長，讓他們帶孩子回診時，與醫生溝通其身體狀況與用藥後的反應，作為醫生調整藥物、劑量、用藥時間和次數，以及實施進一步檢查的依據，以讓藥效最佳且副作用最少（洪儷瑜，1998；T. M. Shea & Bauer, 2012）。

我提供「個案服藥記錄工具」如附錄 64，供處理人員參考使用，可與服藥前的紀錄做比較，檢視藥物的效果。這些紀錄也許對教師的教學沒有直接關係，但對醫生在實施藥物治療有很大幫助。

（五）配合藥物擬訂正向行為支持計畫

教師若欲使用藥物處理學生的行為問題，宜善用服藥期間，配合設計 PBS 計畫，積極教導他們正向行為和自我管理（T. M. Shea & Bauer, 2012）。

貳、營養和飲食的控制

生物模式者主張透過營養和飲食介入行為問題，因為他們發現，部分身心障礙者有營養和飲食失衡，或是對某些食物有代謝困難的問題（Breakey, 1997）。Hurt 和 Arnold（2015）表示可從**飲食減少**和**營養補充**兩方面著手。在飲食減少方面，例如：Feingold（1976）發現，情緒和行為均與飲食有直接的關係，這不僅限於兒童，也影響成人在學校、職場和家庭的表現；他認為最關鍵的是避免食用色素、防腐劑、人造香料、阿司匹靈和某些含自然**水楊酸鹽**（salicylate）較高的蔬果。Brenner（1977）選取

59 位年齡介於 6 至 14 歲，被診斷為運動機能亢進（hyperkinetic）和輕微腦功能失常（minimal brain dysfunction）者為研究參與者，其中 32 位能接受 Feingold 食譜者，有 11 位在行為上有明顯的進步。然而，M. C. Coleman 和 Webber（2002）綜合文獻指出：Feingold 飲食控制對改善行為問題的成效，研究有不一致的看法，因此採取 Feingold 的飲食控制，一定要在醫療人員的指導下進行。

又例如：ASD 兒童經常有偏食的問題，只選擇性地吃某些食物，或特別排斥某些食物，Ahearn 等人 2001 年的研究發現：高達 57% 的 ASD 兒童對食物的接受度低，按照食物的種類或性質選擇之（引自楊蕢芬，2005，第 462 頁）。楊蕢芬綜合文獻指出：ASD 兒童對**麩蛋白**（gluten，小麥、燕麥、大麥等穀類製品）和**酪蛋白**（casein，奶製品）食物常有代謝困難，當這些食物在胃腸中無法完全消化代謝時，會在腸中產生**鴉片胜肽**（opioid peptides），這些過量的胜肽大多會排入尿液中，最後進入大腦，而改變中樞神經系統的正常運作；尤其是出生正常，但後來出現退化現象的 ASD 兒童，其原因可能和胃腸代謝異常有關。故部分文獻主張對 ASD 兒童進行飲食控制，避免含麩蛋白和酪蛋白的食物，如此可以改善 ASD 的症狀，增進其學習表現；然而，亦有少數研究發現，限制麩蛋白食物並不會增進 ASD 者的學習表現，反而可能造成胺基酸（amino acid）缺乏，營養不均衡，影響發育的副作用（楊蕢芬，2005）。除上，Hurt 和 Arnold（2015）提及，針對 AD/HD 者**減少含糖食物**，雖然沒有一致的實證研究支持此控制對增進專注力的效果，但是它有助於健康。

而在**營養補充**方面，Hurt 和 Arnold（2015）指出包含三大類：**巨量營養素**（macronutrients）、**微量營養素**（micronutrients）和**代謝產物**（metabolites）。巨量營養素包括多元不飽和脂肪酸（polyunsaturated fatty acid）、胺基酸和醣質營養素（glyconutritional）；微量營養素含括維他命和礦物質〔鐵（iron）、鎂（magnesium）和鋅（zinc）〕；代謝產物含括肉鹼（carnitine）和二甲基乙醇胺（dimethylaminoethanol）。舉例來說，研究（Brown et al., 1984; Gillberg et al., 1986; Gustavson et al., 1986; Hager-man et al., 1986）發現：**葉酸**（folic acid）屬於維他命 B 群中的成員，由於它的缺乏會引起染色體斷裂，導致基因突變；因此，可以用來治療 X **染色體易脆症**（X chromosome fragile syndrome）者，包括增進他們的注意力、動作協調和口語能力等（引自楊蕢芬，2005，第 470 頁）。任職於美國自閉症研究機構的Rimland 主張：ASD 兒童常有營養不均衡的問題，因此他認為若給他們服用維他命、礦物質或補充品，可以改善他們的行為，例如：維他命 B6（pyridoxine）、維他命 C〔又稱為抗壞血酸（ascorbic acid）〕、綜合維他命、葉酸、鎂和二甲基甘胺酸（dimethylglycine，簡稱 DMG，為非蛋白類的胺基酸；引自楊蕢芬，2005，466–475 頁）。然而，楊蕢芬回顧文獻指出：維他命或營養品療法的效果仍沒有足夠的實證研究支持，有待進一步評估。

總括來說，營養和飲食對行為介入的成效尚有爭議，因此欲透過營養和飲食減少行為問題是不切實際的，尚須搭配其他介入策略，例如：Lazar 和 Rucker（1984）介入嚴重反芻行為，採取的策略包括：（1）減少每一餐飯孩子喝的飲料，飯後 1 小時內不可有任何飲料，但一天當中必需的水分不可減少；（2）把所有的食物全部剁碎；（3）改變每日三餐氣氛；（4）每頓飯後安排一些有趣的活動讓孩子積極地參與，因此他飯後不再無所事事而進行反芻。其中前兩者從飲食介入，後兩者在營造溫暖而愉快的氣氛，並鼓勵從事有趣的活動。

參、運動的安排和睡眠的調整

如第 2 章所述，睡眠不正常和沒有適度運動是造成身體調節異常的原因，進而影響個體的情緒行為；因此，有必要進行運動安排和睡眠調整。關於運動的安排，處理人員可以與個體共同規畫有興趣的運動內容和形式，進行方式、時間和長度，例如：研究（Hoenig et al., 1986; Yell, 1988）顯示，每日慢步可減少 E/BD 兒童的干擾行為。

關於睡眠的調整，Christodulu 和 Durand（2004）研究發現，運用**正向就寢作息時間表**和**限制睡眠長度**，能有效減少四名發展障礙兒童的睡眠障礙（拒絕上床睡覺、半夜起床不睡覺），作法為：在規定的就寢時間前，至少花 30 分鐘準備就寢，包括從事穿睡衣、清潔和講故事等就寢時間的活動，而且要注意每晚進行的活動均相同，不進行可能會干擾兒童睡眠的活動（例如：看電視、準備明天上學的穿著和作業等），以及拒絕延長就寢時間的請求（例如：父母再多講一個故事）。若就寢後，兒童一直醒著睡不著，則父母帶他們進行放鬆運動，直到他們感覺疲倦為止。若兒童半夜起床，父母立即帶他回房間睡覺。此外，限制睡眠長度，將兒童的睡眠長度調整為原來的 90%，並且固定上床和起床時間。

肆、感覺調節異常的因應

針對感覺調節異常中的感覺過度反應問題，L. J. Miller 等人（2017）建議可以**調整個體防禦的感覺刺激，漸進增加其接受度**。舉例來說，Najdowski 等人（2012）將食物依軟硬程度分級，從 ASD 者可接受軟的食物開始，再逐漸增加硬度，來改善他們選擇性進食的問題。Chung 等人（2020）將 ASD 者抗拒的食物，改變其模樣或特質，例如：將蔬果做成冰棒或脆片等點心，以降低他們嗅覺和味覺敏感度，能有效增加他們的攝取量。

針對感覺低度反應的問題，L. J. Miller 等人（2017）建議**以個體的興趣為中心，提供感覺豐富的刺激**，以增進對刺激的反應；而關於感覺渴望的問題，他們建議**提供適當的替代感覺刺激，於適當的情境從事**。舉例來說，VandenBerg（2001）指出**重量背心**（weighted vest）經常被運用在介入感覺調節異常相關的不適當行為（例如：中斷工作），它所提供的深層觸壓覺具有緩和與組織神經系統的作用；而作者運用重量背心增加四位注意力困難學生作業專注行為。然而，研究顯示重量背心對不適當行為的介入效果不一致（Stephenson & Carter, 2008）。我認為如果個體的行為問題並非源自於觸覺調節障礙，重量背心便無法產生效果。另外，Reichow 等人（2010）表示使用重量背心時，處理人員亦須評量多少重量的背心適合個體，並且能產生效果。

伍、個體氣質的了解和因應

第 2 章已詳述「氣質」的九個指標，氣質並沒有好壞、對錯，它是一條線索，讓處理人員看清楚個體的特質，知道某種行為是他的氣質使然，不氣惱、不壓制，反而能順著他的氣質，用最適合的方式教導他，這就是**因材施教**的真義，如插畫 11-1。首先，處理人員宜了解個體的氣質，有一些工具可供使用，如附錄 65 的整理。

了解個體的氣質之後，如何因材施教呢？處理人員可以讓個體認識和接受自己的氣質，並且協助他如何將之「放對位置」，善用自己的氣質，例如：Phelps 從小被診

插畫 11-1　處理人員因材施教了嗎？
了解和因應孩子氣質的個別差異，用適合的方式對待他們。

斷為 AD/HD，他媽媽讓他學習游泳以因應其「高活動量」的氣質，造就他在 2016 年退役前，贏得奧運、世界和泛太平洋游泳錦標賽 83 面獎牌（其中有 66 面金牌）。堅持度高的孩子，具有將來可能從事研究工作的不錯特質。有一句話說：「天才，是放對位置的人！」天底下沒有傻瓜、沒有庸才，只有「放錯位置的人」。一位讀寫障礙者——Mooney，他和 Cole（2000/2004）合著《逆線性學習》（*Learning Outside the Line*）一書，曾經來臺灣演講，有人問他現在不專心、過動是否仍困擾他，他回答道：「可以說是，可以說不是。……重點是我和其他人就是不一樣，但正常會帶來什麼好事嗎？人類之所以有創新、發明，不都來自與眾不同？我以這樣的特質為傲。」Mooney 接納自己與眾不同、無法改變之處，改變自己的心態，將之視為開展另一個生命的良機。身心障礙者 Vash 在 1976 年曾說：「無論我們擁有的條件如何，都要盡力而為；在現有的條件中，做出最大的努力，盡力把手上分到的牌，打出最好的一局牌。」（引自 E. D. Martin & Gandy, 1990, p. 204）

另外，處理人員可以配合個體的氣質因勢利導。舉例來說，對於**適應度低**的孩子，從家裡轉銜至幼兒園將面臨很大的挑戰，這時家長可以在孩子進幼兒園前的幾個月至半年，開始講有關學校好玩的故事，經過幼兒園也不忘描述裡面的生活，於潛移默化中，讓孩子對幼兒園不那麼陌生；接著帶他們喜歡的玩具或食物到幼兒園玩，漸進地讓他們跟小朋友和教師有打招呼的機會，之後帶他們進教室 10、20 分鐘，再逐步增加停留的時間，整個過程都是在愉快和鼓勵的氣氛中進行。針對部分 ASD 學生「適應度低」的問題，在同一個課程中，從一個教學主題或活動轉換到另一個，乃至於不同課程的轉換，或是放長假後從家庭轉換到學校，可能會出現適應上的困難，這時教師宜**預告**，讓學生對此轉換有心理準備；或是增加新教和學生舊學之教學主題間的連結，以促進不同教學主題的轉換。

在學校裡，教師可以考慮學生的氣質（**活動量**和**注意分散度**），安排教學活動和作息時間表，例如：對於某些 AD/HD 學生，教師可考量其注意力持續時間安排教學活動，靜態和動態的教學活動宜適當搭配。Sarver 等人（2015）的研究發現，AD/HD 學生在動態狀況下的學習表現，比被要求「不要動」的狀態下更好，因為他們不用將精力花費在遵循規則上，轉而將注意力用在學習上。面對**社會覺反應閾高**的學生，察言觀色能力較有限，所以教師宜直接明確表達感受和想法，以增進他們的理解。

第二節　人本模式的介入策略

當孩子最不可愛，以行為問題控制環境的時候，往往是他們最需要愛和權力的時候。

人本模式的介入策略強調提供溫暖、尊重、接納與支持的環境，正向的學習經驗，**了解和因應個體的需求**，**積極聆聽**和**同理反映個體的情緒**，以減少情緒行為問題，進而發現解決問題的方法（Kauffman & Landrum, 2018），這是**抒情解懷**的作法，詳細敘述如下。

壹、了解和因應個體的需求

正如第 2 章所述，人本模式主張行為問題源自於個體的基本需求，包括生理、安全、愛與隸屬、尊重、認知、審美、自我實現等需求沒有被滿足或受到阻礙；因此，介入方式為了解個體有哪些特定需求未被滿足或受阻，而後採取**教導個體滿足自我需求的方法**，以及**改變環境以滿足個體需求**兩種方法因應之。就教導個體滿足自我需求的方法而言，舉例來說，有**認知**需求的個體，處理人員可以提供他從哪些管道，可以獲得其想求知的內容。有**自我實現**需求的個體，處理人員可以協助他訂定目標，發展行動計畫完成個人目標。

就改變環境以滿足個體需求而言，舉例來說，有**尊重**需求的學生，希望別人接受他的實際形象，認為他是有能力的人；因此，教師宜提醒其重要他人注意不要公開貶抑他，宜提供他能發揮優勢的工作，並且公開增強他的好表現。有**安全**需求的學生，教師宜營造有身體和心理安全感的環境；身體安全感可以藉由「設計無障礙的環境」來達成。而心理安全感則需要教師先促進學生間的認識與了解、關係和互動，進而營造一個溫暖、關注，相互接納、支持和協助的環境；在此環境中，學生能自在地分享他的困難和情緒，不用擔心被嘲笑和責備。

貳、積極聆聽和同理反映個體的情緒

T. Gordon（2000, 2003）以人本模式為基礎，主張處理人員與個體間的互動宜基於尊重及接納，**積極聆聽**個體的感受和情緒，並反映其表達的訊息；而非勸告、說教和制止，以建立與個體間的溝通管道。教師經常因為不了解學生的文化和語言，而誤解他們口語表達的內容，教師的積極聆聽可以減少誤解（Kauffman et al., 2010），並且營造一個溫暖支持的環境（R. Long & Fogell, 1999）。T. Gordon（2000）提出十二種溝通阻礙，我以學生說：「老師，我的國語作業簿不見了。」為例，呈現媽媽的十二種反應，如表 11-2。

表 11-2　十二種溝通阻礙

溝通形態	例子
1. 命令	什麼都不用說，趕快去找。
2. 威脅	如果沒找到，我要扣分。
3. 教訓	你想想看，能上學寫字就不錯了，還不知珍惜。
4. 建議	以後寫完，馬上放進書包，就不會不見。
5. 教導	寫作業是很重要的，它可以複習和熟練我們學到的知識。
6. 責備	你也太不小心了，連作業簿都會掉。
7. 稱讚	你很棒，還會發現自己的作業簿不見。
8. 嘲笑	像你這麼優秀的孩子，怎麼會掉作業簿呢，哪一天會不會連自己也丟了。
9. 分析	是不是你上課不專心，或被其他人拿走，還是你忘記放在哪裡。
10. 同情	可憐的孩子，連作業簿都不見了。
11. 詢問	你到底怎麼丟的，有沒有找一找書包。
12. 轉移	舊的不去，新的不來，我們來畫畫。

T. Gordon（2000）指出，上述十二種的溝通形態是溝通阻礙，他主張積極聆聽，它和消極地聽不同處在於：消極地聽只是默默地聽別人說話；而積極聆聽則要聆聽者把自己的成見或感受擺一邊，鼓勵個體說話，完全投入個體言談中的語言和非語言內容，其中的觀點和感受，以及此觀點和感受背後的情境脈絡，聆聽並表達注意的反應，而後將聽到的感受或情緒回應給個體，如果有疑問，可以進一步澄清個體真正的想法和感受。積極聆聽會運用到專注（attending）和反映（reflecting）兩種技術，詳細說明如下。

一、專注技術

在溝通過程中，專注技術有兩項功能：（1）處理人員藉由表達對個體的關心和對其問題的興趣，使個體「放鬆」和「開放」自己；（2）處理人員協助個體更了解自己的問題和價值觀。專注技術包括**身體**和**心理專注**兩部分（Egan & Reese, 2019），詳細介紹如下。

（一）身體專注

Egan 和 Reese（2019）指出，人們的身體就是溝通的工具，處理人員的要務是隨時注意自我身體語言在表達什麼；處理人員可以從**高度**、**傾斜度**和**眼神接觸**三方面，呈現身體專注，其詳細內涵如下。

1. 在高度上，處理人員宜站或坐在和個體同樣高度的位置；因為這樣比較容易面對個體，而且也較能以「平等」的方式與他溝通。
2. 在傾斜度上，處理人員的身體姿勢宜保持適度前傾；因為如此可以讓個體感受到你願意聆聽他的情緒。
3. 在眼神接觸上，處理人員宜面向個體，保持良好的眼神接觸；如此可以讓個體感受到你願意聆聽他陳述問題和感受；相反地，如果處理人員經常眼神飄忽不定，會讓個體感覺你對他的問題漠不關心。Emerson 曾表示：「自然界最神奇的現象之一，就是眼神。眼神傳達話語，是表達認同的身體語言。」（引自 Cumming, 2000/2002, p. 53）

總之，處理人員藉著保持自己的高度與個體相同，身體適度前傾、保持視線接觸等方式專注於個體，表示時刻與其同在和真正的關心。

（二）心理專注

心理專注可以呈現於**語言和非語言訊息**兩方面，在語言訊息方面，意指注意聆聽個體使用的語句，包括**經驗**（發生的事實）、**行為**（個體做或沒做什麼）、**感受**（經驗或行為讓個體產生的感受）、**觀點**（個體對經驗、行為或感受背後的想法）、**決定**（個體決定如何做），以及**期待和計畫**等。除此，還須聆聽個體這些語句表達的情境脈絡（Egan & Reese, 2019）。

非語言訊息扮演**肯定或重複**、**否認或混淆**、**強調語言訊息**，以及**控制或調整情境**的角色（Egan & Reese, 2019），例如：個體以哭泣肯定或重複其描述痛苦的經驗，以漲紅著臉、提高聲調否認或混淆其不生氣的口語內容，以兩手一攤強調自己無能為力的語言訊息；個體對於同儕對他說的話，以不正視、用手托住下巴的方式回應，使得同儕生氣，個體以此非語言訊息控制人際互動的情境。觀察這些非語言訊息有兩項功能：（1）知道個體如何強調、調整或修飾他的語言訊息；（2）當個體的非語言與語言訊息相互矛盾時，非語言訊息往往可以呈現個體表達的真正意涵，例如：當聽到個體以一種遲緩的口氣說：「好吧！我幫你做這件事。」表示他可能是不得已答應的。在非語言訊息方面，處理人員可以注意觀察個體的**外表和服飾裝扮**、**表達動作**、**身體一位置**和**語言行為**四方面，其詳細內涵如下。

1. 在外表和服飾裝扮上，處理人員可以觀察個體的身體刺青、穿衣格調、配戴之裝飾物（例如：鼻環）、個人清潔衛生狀況等，並且思索以下問題：個體的外表和服飾裝扮代表什麼意義？它們顯示個體什麼樣的社會地位、身體、情緒和行為狀態？
2. 在表達動作上，處理人員可以觀察個體在表達自我和與人互動時，表現的臉部表情和身體動作，例如：個體大部分時間看哪裡？是否正視處理人員的眼睛？並且思索以下問題：個體的表達動作顯示出什麼意義？是緊張、退縮、攻擊、防衛、被動或其他？
3. 在身體—位置上，處理人員可以觀察個體在社會空間中，運用其身體的方式，包括身體所在的位置、與他人的空間距離等，例如：個體的坐姿和站姿如何？坐得很直或癱在椅子上？直挺挺地站著或靠在家具上？與處理人員或其他人的空間距離多大？並且思索以下問題：個體的身體—位置代表什麼意義？它們顯示個體什麼樣的身體、情緒和行為狀態，以及與處理人員或其他人的關係如何？
4. 在語言行為上，處理人員可以觀察個體的聲量、音質、聲調、說話的速度，以及如何運用時間來掌控說話的速度、探查談話內容或暫時中止談話等，並且思索以下問題：個體的語言行為顯示出什麼意義？它們顯示個體什麼樣的情緒和行為狀態？

觀察記錄個體的非語言訊息時，宜先具體描述觀察到的資料，避免使用抽象、籠統、摘述和評斷的文字，例如：「他正在笑」，而不是「他看起來很快樂」。之後，處理人員再根據具體觀察的結果下推論，可能包括三個層面：社會地位和身體狀態、情緒和行為狀態，以及與他人間的關係，表 11-3 呈現非語言訊息的觀察層面和示例。

表 11-3　非語言訊息的觀察層面和示例

觀察層面	非語言訊息示例（非語言訊息的形態）
個體的社會地位和身體狀態	・個體很瘦，而且臉色蒼白（外表）。 ・個體蓬頭垢面，襯衫的袖子沒扣（服飾裝扮）。 ・個體駝著背（外表姿態）。
個體的情緒和行為狀態	・個體說話的速度急促（語言行為）。 ・個體身體蜷縮在椅背裡（身體—位置）。 ・個體穿著灰暗的衣服（服飾裝扮）。 ・個體說話時手微微抖動（表達動作）。
個體與他人間的關係	・個體與同儕間座位的距離相隔約 1 公尺（身體—位置）。 ・個體看著地板，不敢正視處理人員的眼睛（表達動作）。

Egan 和 Reese（2019）指出，聆聽產生扭曲的形式有以下六種，是處理人員宜注意和避免的。我於附錄 66 整理「積極聆聽態度和行為問卷」。

1. **不充分的聆聽**：處理人員未完整、充分聆聽個體的語言和非語言訊息，僅聆聽了部分訊息即認為自己已理解他的表達，或是產生「我無法理解個體所說者」的內在語言，之後便停止聆聽。
2. **過濾式的聆聽**：亦即處理人員可能因為個人的特徵（例如：文化、社會地位、接受的訓練）和家庭經驗，在聆聽個體的語言和非語言訊息時，即產生過濾的行為，因而造成偏差，例如：處理人員接受的專業訓練，可能有利於其理解個體的語言和非語言訊息，亦有可能過度解釋這些訊息，因而產生知覺的扭曲。
3. **評鑑式的聆聽**：亦即處理人員在聆聽時，內心就已價值判斷個體的語言和非語言訊息。舉例來說，在觀察個體的非語言訊息時，如果發現他不看著處理人員的眼睛，就認為他不是說真話，這樣的價值判斷可能是偏誤的；說話時不注視別人不見得表示未說真話，還須視情境脈絡而定。由此可知，非語言訊息的意涵並非放諸四海而皆準的，處理人員宜了解文化和情境的差異，在分析時，宜考慮它產生的文化和情境脈絡，以避免可能的偏誤，能做正確的解釋。
4. **偏見式的聆聽**：亦即處理人員未省視自我的偏見，而此偏見已影響他的聆聽。
5. **以事實而非以個人為中心的聆聽**：亦即處理人員關注的是個體表達的表面事實，而不是其內心的深層感受和觀點。
6. **同情式的聆聽**：處理人員視個體為病患、受害者、可憐的人，以同情的態度聆聽。

二、反映技術

處理人員可以運用反映技術，反映個體和自我的感受和觀點，討論如下。

（一）運用反映技術反映個體的感受和觀點

反映技術是指，處理人員注意聆聽個體的語言和非語言訊息，並且表達注意的回應，例如：點頭、身體前傾，以及發出「嗯、嗯哼」等聲音，鼓勵個體表達，而後將聽到的感受或情緒回應給個體；它扮演催化個體表達其情緒和困擾、自我探索其問題的焦點、釐清處理人員對於個體問題之理解是否正確的角色，以協助個體進一步「探索問題」。如圖 11-1，若處理人員的回應正確，個體將以語言和非語言訊息肯定之，並且進一步說明；若處理人員的回應不正確，個體將以語言和非語言訊息顯示此回應不正確，之後處理人員可以調整或修正其回應，直到能正確反映個體的感受和觀點為

圖 11-1　反映技術的使用

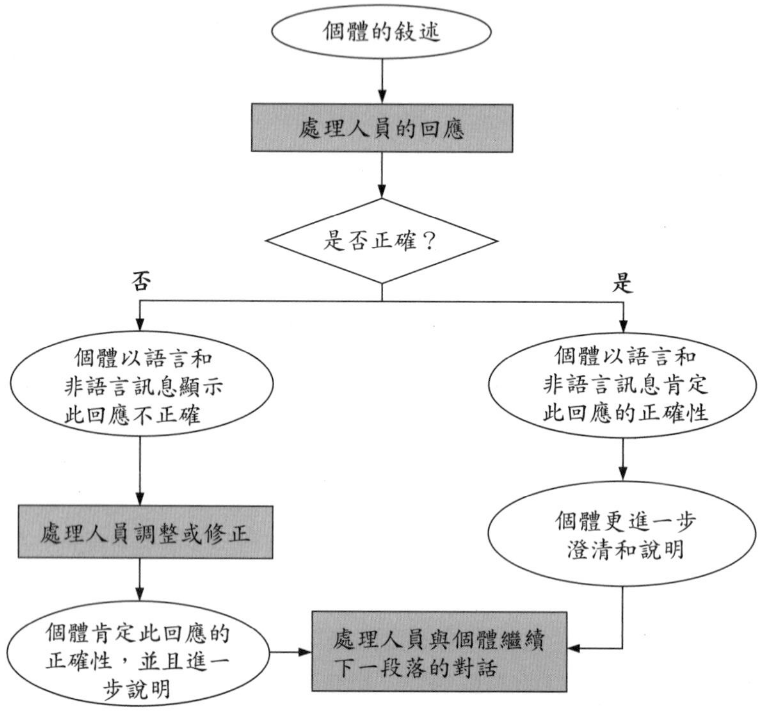
個體的敘述
處理人員的回應
是否正確？
否
是
個體以語言和非語言訊息顯示此回應不正確
個體以語言和非語言訊息肯定此回應的正確性
處理人員調整或修正
個體更進一步澄清和說明
個體肯定此回應的正確性，並且進一步說明
處理人員與個體繼續下一段落的對話

註：◇表示檢核的步驟，▭表示處理人員採取的步驟，◯表示個體的反應。

止。舉例來說，學生說：「老師，我的國語作業簿不見了。」圖 11-2 呈現教師如何解讀學生表達的語言和非語言訊息。

反映技術必須以「專注」技術為基礎，經過專注的引導後，處理人員開始對個體表達的內容，採用**同理心的反映技術**給予適當的回應。Egan 和 Reese（2019）表示，同理是一種價值觀，它必須融入所有的溝通裡。諮商心理學家 C. R. Rogers（1965）在所創的**個人中心治療**中，特別強調同理在諮商過程中的重要性。C. R. Rogers 認為人在本質上是值得信賴的，因為他們本身具備了解自己與解決自身問題的潛力；如果處理人員能夠正確地同理、真誠地關懷，而且個體能夠真正地投入諮商關係中，個體便能朝自己訂定的方向成長。C. R. Rogers（1975）表示同理是指，處理人員能覺察到個體的內心世界，以及傳達出這樣的覺察。Egan 和 Reese 將同理視為處理人員的人際溝通技巧，技巧純熟的處理人員努力了解個體，進而傳達此理解給他，以協助他更完整地

圖 11-2　「積極聆聽」的溝通模式圖

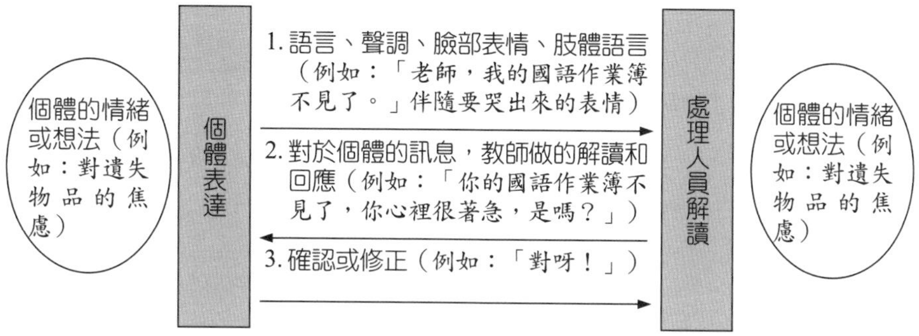

了解自己、問題情境和對問題的感受，因而能夠更有效管理自己的問題。A. E. Ivey 等人（2012）提出**文化同理心**的概念，它是指透過了解文化如何形塑個體的自我概念、想法、價值觀、習慣和行為，處理人員能從個體的眼睛看世界，覺察並接受個體的感受和觀點。

Barrett-Lennard（1981）認為，同理心的實際應用上有所謂**同理心循環**，包括五個時期：（1）個體表達自己的感受或觀點；（2）處理人員確認此感受或觀點；（3）處理人員傳達此感受或觀點的理解給個體；（4）個體接收到處理人員的回應；（5）個體對處理人員反應的正確性給予回饋，並且進一步澄清和說明。M. E. Young（2021）表示，處理人員回應的內容由淺至深，包括三個層次，處理人員反映技術的使用維繫個體表達的深度，進而影響個體自我探索的程度，如圖 11-3。此自我探索與了解的過程是發展、逐步累積，而不是分立的，以下依據 M. E. Young 詳述反映技術的三個層次，並另舉例說明。

1. 處理人員反映個體描述之問題內容

反映技術的第一個層面是，處理人員反映個體描述之問題內容，以協助個體探討當前的問題處境，知道之後才能進一步理解他們對這個問題的感受。問題內容包括經驗（發生的事實，例如：誰、什麼事情、何地、何時、如何發生）和行為（個體做或沒做什麼）；此時，處理人員可以使用「你是說……」此句型，反映個體描述之問題內容；如果個體的敘述較長，可以用**簡述語意**（paraphrasing）的方式反映。

圖 11-3　反映技術的內涵

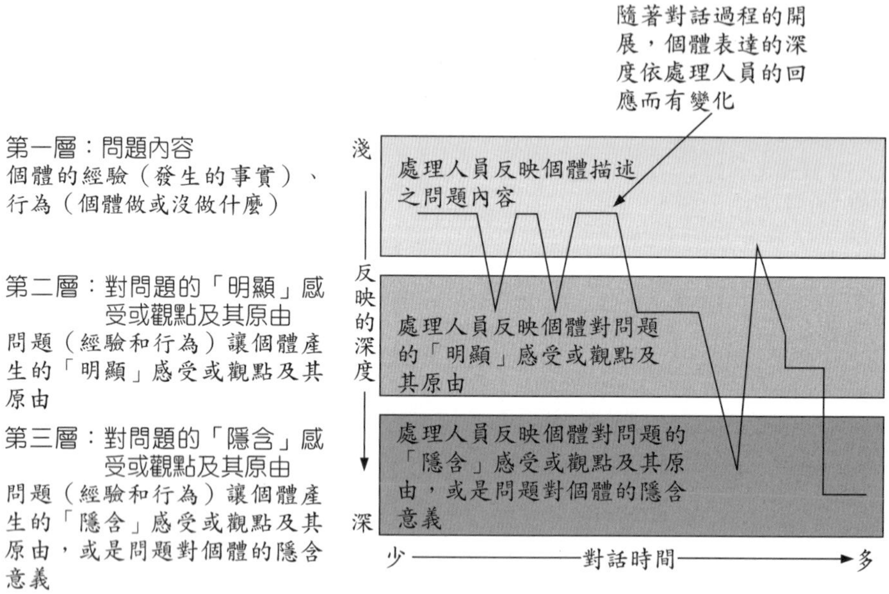
隨著對話過程的開展，個體表達的深度依處理人員的回應而有變化
第一層：問題內容
個體的經驗（發生的事實）、行為（個體做或沒做什麼）
第二層：對問題的「明顯」感受或觀點及其原由
問題（經驗和行為）讓個體產生的「明顯」感受或觀點及其原由
第三層：對問題的「隱含」感受或觀點及其原由
問題（經驗和行為）讓個體產生的「隱含」感受或觀點及其原由，或是問題對個體的隱含意義
淺
反映的深度
深
處理人員反映個體描述之問題內容
處理人員反映個體對問題的「明顯」感受或觀點及其原由
處理人員反映個體對問題的「隱含」感受或觀點及其原由，或是問題對個體的隱含意義
少
對話時間
多

註：修改自 M. E. Young（2021, p. 102），增加處理人員反映技術層次的說明。Prentice Hall 於 2021 年的版權，同意授權修改。

2. 處理人員反映個體對問題的「明顯」感受或觀點及其原由

很多個體不願意表達真正的感受或觀點，因為他認為表達負向的感受或觀點會讓別人覺得他無能，或是擔心別人對他產生異樣眼光。若處理人員能反映個體對問題的「明顯」感受或觀點，則會較容易催化個體說出其感受或觀點。處理人員可以使用「您覺得……」，反映個體的感受；採用「您認為……」或「您的意思是說……」，反映個體的觀點。有很多情緒字眼可以表達個體的感受，例如：快樂、悲傷、生氣、困擾等。在反映個體的感受時，處理人員最重要的是，讓他知道你是和他同在的，理解和關心他的感受或情緒；更重要的是，處理人員欲促進個體進一步的探索，經由探索的過程，個體會更了解其感受或觀點，甚至修改其初始的感受或觀點。

為了解個體的感受或觀點，處理人員宜設身處地站在個體的立場上捫心自問：「如果我像他一樣去看，像他一樣行動，站在他描述的處境，而且像他那樣說，我會有什麼樣的感受或觀點？」當處理人員非常了解那些感受或觀點，就能恰當地反映。

處理人員除了解和反映個體對問題的感受或觀點外，還可以讓他進一步探索此感受或觀點的來源。處理人員可以使用「你覺得……，因為……」，反映個體感受或情緒的原由；採用「你認為……，因為……」，反映個體觀點的原由。有時候，個體會有某種感受，其原由是某種觀點，處理人員可以藉著反映技術，連結觀點和感受之間的關係。舉例來說，明天有外出郊遊，阿琴已跑去問教師三次：「明天幾點要出去玩？」教師可以注意阿琴的語言行為，如果是開心的表情、興奮的聲調，則她可能想表達高興的情緒，此時教師可以同理她：「阿琴明天要出去玩，是不是覺得很開心？」反之，如果是緊張的表情、急切的聲調，則她可能想表達焦慮的情緒，此時教師可以同理她：「阿琴明天要出去玩，是不是擔心會忘記集合時間，所以很緊張？」在接納和同理個體的情緒之後，待其情緒完全紓解或緩和後，再引導他思考因應困難或問題的作法，最後處理人員針對他表達的作法給予回饋。

由上可知，有效率的處理人員是一面鏡子，正確而清楚反映個體所做、所思、所說、所感者。而當處理人員對個體感受或觀點的原由摸不著頭緒，或是個體也不清楚時，處理人員就要持續運用反映技術，協助他自我探索，直到能夠反映出其感受或觀點的原由為止。

3. 處理人員反映個體對問題的「隱含」感受或觀點及其原由

除上，個體對問題尚有「隱含」的感受或觀點。Carkhuff（2019）提出同理心，包括**初層次**及**高層次同理心**兩種，初層次同理心是指處理人員反映的內容為，個體「明顯」表達的感受與想法；高層次同理心反映的內容是，個體敘述中「隱含」的感受與想法，故高層次同理心可以協助個體了解「未知或逃避」的部分，協助他對自我及其問題產生新的觀點和理解。舉例來說，三位考試不及格之學生的口述皆是：「我請求老師給我額外的幫助，但他不幫我。」然而，他們可能有不同的隱含感受或觀點，像是「老師不盡責」、「老師不喜歡我」、「老師不公平」等。我舉例比較初層次和高層次同理心的反映技術如示例 11-1。

C. R. Rogers 於 1957 年表示同理心包含**情感**（**敏感度**）、**認知**（**觀察和思考過程**）與**溝通層面**（**處理人員的回應**）三個成分（引自 Wiseman, 1996, p. 1164）。Egan 和 Reese（2019）指出，這三個成分需要處理人員具備三方面的能力：**知覺能力**、**自我肯定**和**表達能力**。知覺能力是反映技術的基礎，處理人員反映技術使用的適切性，依賴其知覺能力的正確性。反映技術還需要處理人員的自我肯定能力，能夠肯定自我覺察到的部分，並且向個體表達，成為促進對話的助力。而表達能力是指處理人員能夠使用適當的語言傳達個體描述的內容、感受和看法。

示例 11-1 使用初層次和高層次同理心的反映技術

學　生：我一直很努力表現，像是我很用功讀書，想要得到好成績；但是就是考不好，就是不如弟弟，無法像弟弟一樣，得到爸媽的喜愛。我覺得我比弟弟用功，努力也沒用，成績還是不如弟弟（皺眉、語氣低沉），我不知道我還能做些什麼（嘆氣）？
教師甲：你覺得很喪氣，因為你已經很努力了，但還是考不好。【初層次同理心反映技術】
教師乙：你非常努力用功讀書，但成績還是不如弟弟，這樣的結果讓你很難過；而且似乎有一點『自己不如弟弟』，無法像弟弟那樣受爸媽喜愛的感覺。【高層次同理心反映技術，它不僅反映個體「明顯」表達的感受與想法，也從個體語言和非語言訊息，反映出個體敘述中「隱含」的感受與想法——自己不如弟弟，無法像弟弟那樣受爸媽喜愛】

綜合文獻（Carkhuff, 2019; Egan & Reese, 2019; M. E. Young, 2021），處理人員使用反映技術宜注意以下八點原則：第一，反映技術不同於探問、評價、分析或解釋、建議和同意，處理人員宜反映個體的問題內容、對問題的感受或觀點。第二，處理人員宜正確同理個體的感受，運用符合個體感受，而且是其能夠理解的情緒用語，還要注意用語的強度是否適配個體感受的深度。第三，處理人員宜反映個體而非他人的感受或觀點。第四，處理人員宜注意不是鸚鵡式的回應，反映的內容也不宜過長。第五，不要急於使用反映技術，等到個體充分表達，處理人員已理解其感受或觀點後再回應；另外，也不要讓個體毫無目標漫談，完全不回應。第六，若處理人員不甚了解個體的感受或觀點，則不宜假裝了解，而是真誠面對；舉例來說，處理人員可以說：「對不起，我好像沒有掌握到您所說的，您可不可以再說一遍？」或是用試探的口吻說：「您的意思是不是指……？」第七，處理人員宜在與個體已建立良好的關係後，漸進使用高層次同理心的反映技術，探索「隱含」感受或觀點及其原由。第八，使用反映技術後，處理人員宜注意個體的回應，以確認反映之訊息的正確性。

除上，宜注意反應時的非語言訊息，保持眼神、聲音，表情、姿勢和肢體動作的溫度；S. Miller 等人（1988）即指出一般人對於別人的「口語內容」，通常只記得 7%；記得「口語內容及說話聲調」的 38%；記得「口語內容、說話聲調，以及視覺訊息（身體語言）」的 55%。

（二）運用反映技術反映處理人員的感受和觀點

T. Gordon（2000, 2003）主張，即使處理人員對個體的行為不贊同，或有不舒服的感受，可使用**我訊息**，而非「你訊息」的方式表達。你訊息只評斷和責備個體的行為，處理人員並未明確表達此行為對自身的影響和感受；而構成「我訊息」的三個要素包括：（1）個體的何種行為是當前的問題，將行為和事實不加評斷地描述出來；（2）具體描述該行為對處理人員產生何種影響；（3）對於此影響，處理人員坦誠說出感受（T. Gordon, 2003）。舉例來說，教師用「我訊息」告訴學生：「當我看到積木丟滿地上，我擔心有人會踩到、滑倒、受傷。」反之，「你訊息」的表達為：「你沒收拾好積木，你真不負責！」你訊息和我訊息之比較如表 11-4。有以下四種我訊息：（1）**肯定性我訊息**——表示欣賞、感謝；（2）**宣示性我訊息**——分享想法、感受以增進彼此了解；（3）**預防性我訊息**——讓對方知道你想要什麼，使對方有機會調整作法與你配合；（4）**反映性我訊息**——當對方對你有要求時，如何表達自己的困難，學習如何適當地拒絕對方。我訊息之運用如示例 11-2。

表 11-4　在溝通互動中「你訊息」和「我訊息」之比較

你訊息	我訊息
・一直在叫你，你回答一聲總可以吧！	・叫你的時候，如果聽不到你的回答，就必須再叫好幾次，我覺得很累【宣示性我訊息】！我希望你能回答我【預防性我訊息】。
・能把一堆碗洗得乾乾淨淨，你真是很「了不起」。	・你能把一堆碗洗得乾乾淨淨，讓我節省很多時間和力氣，我覺得很高興【肯定性我訊息】。
・如果不告訴我你和同學要去哪裡，我就不准你出去。	・我如果不知道你和同學要去哪裡，我會很掛心，因而無法工作【宣示性我訊息】。
・你一再要求我買這買那的，你真是索求無度。	・你一再要求我買東西，我覺得很困擾，因為我在經濟上有困難【反映性我訊息】。

示例 11-2　「我訊息」之運用

a. 資源教師教 ASD 的阿奇數學，阿奇突然衝口說出：「你教錯了，我們林老師不是這樣教！你不是我們老師。」

☞ **教師回應**：「你說我教錯了，我不是你們老師的這句話，讓我感到難過，難過的是我想教你的好意，被你的這句話刺傷【宣示性我訊息】。我希望你告訴我：林老師和我的教法不一樣，林老師怎麼教，這樣我才知道我的教法和林老師的哪裡不一樣【預防性我訊息】。」

b. E/BD 的大雄上課時趴在桌上睡覺，王老師拍他示意他起來，大雄回應：「你拍我讓我手斷掉了。」

☞ **教師回應**：「我拍你是好意想知道你是不是哪裡不舒服，並且提醒你上課，你說我拍你讓你手斷掉這句話，讓我感到難過，難過我的好意被誤解【宣示性我訊息】。上課時間必須聽課，不能睡覺。如果你身體不舒服，請告訴我；如果你只是很睏，你可以去洗個臉【預防性我訊息】。」

第三節 心理教育模式的介入策略

成人應該先讓孩子體會到事物的本質，而不是在孩子無知的時候禁止他們。

心理教育模式主張協助個體經由自我了解，建立覺知的能力，獲得促發行為改變的洞察力和意願，進而培養自我的能力，以面對問題情境（Kauffman & Landrum, 2018）。心理教育模式使用表達媒介、諮商技術和社會技能課程三種方法。社會技能課程已在第 9 章討論，以下介紹表達媒介和諮商技術。

壹、表達媒介

表達媒介是指允許和鼓勵個體，以不受限制的各種媒介，例如：遊戲、藝術等表達其感受和情緒，進而能解決其行為問題。

一、遊戲

根據 Piaget 的理論，兒童受制於他們的認知發展，不容易透過語言進行完整的溝通，以了解他們隱含的情緒，因此處理人員宜透過具體的方式協助其表達情緒；基於此，Mellenthin（2018）指出遊戲是與兒童溝通情感最好的管道，玩具正是兒童表達情感最好的媒介。在介入個體的行為問題時，處理人員希望能找出他行為問題的功能，並且教導替代行為；而遊戲能在探尋行為功能上得到更多個體的想法、經驗和情緒。

綜合文獻（梁培勇，1994；Mellenthin, 2018），**遊戲治療**（play therapy）為治療者在遊戲的環境中，安排一種安全、信任和接納的環境，與個體發展出一種正向的關係；而後以遊戲為媒介，藉由個體自選玩具與角色扮演的活動過程中，達到宣洩情緒，進而支持和重建其情緒。以遊戲治療介入情緒行為問題的相關研究呈現它具有效果，例如：鄭如安（1999）的研究發現減少一位具攻擊傾向兒童的攻擊行為；鄭文媛和蔡美香（2014）則指出降低一位社會退縮兒童的退縮行為，並提升他的自我概念。

二、藝術

綜合文獻（陸雅青，2005；Levine & Levine, 1999/2007），**藝術治療**（art therapy）是心理治療的一種，它提供非語言的表達與溝通機會，廣義上包括舞蹈、音樂、美術（包含繪畫、拼貼、雕塑等）、戲劇和文學等均可作為治療之媒介，它可以是單獨進行，也可以是團體形式。有兩個主要的藝術治療取向：一為**藝術創作即治療**，由於藝術表達具有時空的整合性，個體能將表達的思想和情緒關聯到過去和現在的事件，甚至投射到未來活動，因此透過創作的過程，能紓解情緒，提高個體的自我認識和對事物的洞察力；另一為**透過藝術作品分析個體的心理狀態**，以對個體的內在情緒和感受有更深層的了解。

（一）音樂活動

結合音樂活動和治療成為音樂治療（music therapy），綜合文獻（高天，2008；莊婕筠，2004；Wigram et al., 2002），音樂治療是由接受專業訓練的人，安排一種安全、信任和溫暖的環境，與個體發展一種正向的關係；而後有計畫、有組織地使用音樂、音樂活動和音樂經驗，包括：聆聽、演奏、歌唱、即興演奏、音樂和歌詞創作、舞蹈及美術的結合、音樂投射和音樂聯想等多種方法，使音樂達到恢復、維持及改進個體心理和生理健康的功能，以促進行為的正向改變和良好的社會適應。

文獻發現音樂對身心障礙者可發揮治療功效，包括：（1）促進感官敏銳、機能協調、呼吸調節和新陳代謝；（2）增進自我概念；（3）協助個體集中注意力；（4）發展語言能力和社會技能，促進社會化與溝通互動；（5）發展休閒技能與新的興趣，增進精神生活；（6）表達、紓解和穩定情緒；（7）培養想像力；（8）促進肌肉的放鬆；（9）提供音樂背景以增進學業學習的效果；（10）促進團體氣氛和團體參與的動機（de Vries et al., 2015; T. M. Shea & Bauer, 2012）。James 等人（2015）系統回顧 12 篇音樂活動介入 147 位 3 至 38 歲 ASD 者的研究指出，音樂活動作為介入策略能提升 ASD 者的溝通能力、語言發展、同儕及社會互動；然而，多數研究著重在口語敘說或主動回應等，較欠缺「主題」互動式語言的介入。

（二）美術活動

狹義的藝術治療是透過美術活動進行的治療活動，Malchiodi（2006）指出，它是由接受專業訓練的人，安排一種安全、溫暖和支持的環境，與兒童發展出一種正向的關係；而後有計畫、組織地使用美術裡的繪畫和造形（例如：拼貼、雕塑）等多種方法，使美術活動達到恢復、維持和改進個體心理和生理健康的功能，以促進行為的正向改變和良好的社會適應，例如：**繪畫治療**、**陶藝治療**等。

（三）創造性的動作、舞蹈和身體活動

創造性的動作、舞蹈和身體活動能幫助個體以可接受的方式表達對過去、現在，甚至未來的感覺和情緒（T. M. Shea & Bauer, 2012），其中還發展出**舞蹈治療**（dance therapy），它並非教導或學習某種特定的舞蹈，也不是把肢體動作訓練得足以媲美專業舞者，而是藉由舞動的肢體解放身心的束縛，讓身體在律動中建立與自我、他人及環境的關係，形成以身體動作與創意性肢體表達為媒介的心理治療（Irene, 2007）。

（四）角色扮演、偶劇和戲劇活動

角色扮演（role playing）、偶劇（puppetry）和戲劇（drama）活動是指讓個體藉著演戲的方式，來宣洩和處理他們的問題，這些技術已被融入社會技能和情意教育的方案中（T. M. Shea & Bauer, 2012）。其中還發展出**戲劇治療**（drama therapy），它是結合戲劇與治療兩個概念而來，是指一種有完整結構的戲劇與劇場藝術之治療程序；它將個體置於戲劇活動中，藉個人與團體之互動關係，自發性地嘗試並探討生命中的經驗，藉以緩和情緒，促進人格成長和身心健康（張曉華，2004）。

（五）文學活動

透過文學活動介入個體情緒困擾者有：運用閱讀材料進行**讀書治療**（bibliotherapy；王萬清，1999）；以及藉著書寫和口語的形式表達情緒。有些人喜歡閱讀，因此藉著讓個體閱讀與他擁有類似問題的文學作品，宣洩其情緒，洞察其問題，即所謂的讀書治療；它包括界定、宣洩和洞察三個要素；而讀書治療要有效，個體必須能夠閱讀，願意閱讀，並且有適當的閱讀材料（T. M. Shea & Bauer, 2012）。舉例來說，可以讓個體閱讀書本、劇本或短篇小說，同時，請他們列出喜歡當中的哪些人物、喜歡其何種特質，還可以讓個體比較此人物和自己特質間的異同，經過這個過程，個體會更加了解自己，也間接地讓處理人員了解他。此外，也可以讓個體觀賞影片，藉由與他們討論影片的含意，或是人物的表現，讓他們感同身受，進一步啟發其產生行動（邱珍琬，2007），「閱讀或觀賞作業記錄工具」呈現於附錄 67。

另外，書寫和口語也可以成為個體自我表達、自我探索和尋找問題解決策略的媒介。書寫的形式可包括詩、故事、文章、日記、書籍等，重點不在表達的形式，而在內容；至於口語部分，可藉著說故事的方式，促發個體表達情緒。

貳、諮商技術

心理教育模式主張採用生活空間晤談及現實治療兩種諮商技術，以協助個體洞察其情緒與行為，增強行為改變的意願，進一步擬訂計畫面對問題情境。

一、生活空間晤談

生活空間晤談是一種以個體的直接生活經驗為主，做此時此地的介入，主要由個體生活空間中的重要他人執行，他們扮演的角色為促進者，以個體生活當中的事件為主，促發他洞察事件的成因，以及計畫在未來遭遇到類似情況時，可採取的解決策略（Kauffman & Landrum, 2018）。Redl（1959）指出，生活空間晤談依目的不同而有兩種類型，一為**生活事件的臨床探索**（clinical exploitation of life events），一為**事件現場的情緒支持**（emotional first aide on the spot），生活事件的臨床探索目的在以個體生活中的事件為主，增進個體對其行為特徵、價值觀、反應方式和外在環境的了解，進而發現適當的解決方法，擬訂長程的處理計畫；而事件現場的情緒支持旨在協助個體宣洩當下事件的情緒，給予支持，並沒有要規畫長程的因應計畫。Redl 提出五種生活事件的臨床探索，以面對不同個體的問題（引自 N. J. Long & Morse, 1996, p. 435），如表 11-5。

Wood 和 Long 於 1991 年、Long 和 Fecser 於 1996 年，進一步擴展生活空間晤談為**生活空間危機介入**（life space crisis intervention），是用來解決教室內社會—情緒衝突的策略（引自 Greskovic & Goetze, 2005, p. 231）。N. J. Long 等人（2001）指出，生活空間危機介入包含六個步驟：（1）當危機出現時，處理人員透過認識和接納發生衝突之所有的感受，以降低情緒的爆發力；（2）處理人員藉由積極聆聽的技術，以了解當事人的觀點；（3）找出當事人衝突的中心議題；（4）協助當事人自我覺察造成此次和過去類似衝突的不當行為，並且增進他們改變的意願；（5）教導當事人新的技能，以解決類似的衝突；（6）協助當事人類化所學的新技能至其他情境。Greskovic 和 Goetze 以四位德國國中小的學障學生為研究參與者，採用生活空間危機介入處理其干擾行為，結果發現它能有效降低干擾行為。

二、現實治療

現實治療由 Glasser 於 1965 年創立，乃依據**選擇理論**（choice theory），主張所有的行動、思想，乃至於感受或生理狀態，都是自身直接或間接選擇的結果；別人不但不能決定個人的生活，也不能使個人幸福快樂（張傳琳，2003）。Glasser（1965）認

表 11-5　五種生活事件的臨床探索

類型	個體的問題	探索目標和介入方法
面對現實的晤談（reality rub-in interview）	內心充滿著焦慮的情緒，但對事件的想法扭曲，出現以下觀感：「我不懂為什麼每個人和每件事都不如我意；無論我做什麼，沒有一件事做對，每件事情對我來說總是不公平。」	目標在協助個體面對現實；介入方法為改變對事件的扭曲想法，建立正確的因果關係。
面對事不關己的晤談（symptom estrangement interview）	對自己的行為合理化，是別人惹我的，我沒錯。	目標在協助個體洞察自我在行為上的責任；介入方法為接納個體的感受而不是行為，之後溫和地面質他的不合理想法。
紓解無力感危機的晤談（massaging numb values crises）	面對事件衝動地做出反應之後，感到罪惡感，出現以下觀感：「我是一個很可怕的人，我不曾做對事，我無法控制自己，我該受罰。」	目標在協助個體加強自我控制能力；介入方法為避免責備的言語，肯定他檢討自己行為的態度，並且面質「誇大自己過錯」的不合理想法，之後探索控制行為的方法。
建立新技能的晤談（new tools salesmanship）	有正確的態度，但缺乏適當的社會技能。	目標在協助個體洞察到學習社會技能的必要性；介入方法為肯定個體的態度，而後協助他了解透過什麼方式才能得到想要的結果，進一步覺察到須學習社會技能。
掌控自我界限的晤談（manipulation of body boundaries）	為了獲得友誼和維持關係，接受和執行同學的不合理要求（例如：攻擊另一位同學）。	目標在協助個體掌控自我界限，不會為了獲得友誼和維持關係，而違反自己的原則；介入方法為協助個體了解自己對於不合理要求的想法，並且覺察什麼才是真正的朋友。

註：整理自 N. J. Long 和 Morse（1996, pp. 435–449）。

為情緒困擾的原因在於，個體不能選擇以正確、負責和符合現實的方式滿足自我的需求。現實治療主張，既然他人不能決定個人的生活，個人也無法控制他人的行為，因此欲控制環繞事件之最佳途徑就是，透過「個人」的行動；它是一種**行動治療**，旨在協助個體了解其需求，並鼓勵他自我評鑑其當前的行為，而後訂定有效的行動計畫以滿足其需求（Glasser, 1965, 1992）。「現實治療的擬訂與實施記錄工具」如附錄 68。

現實治療強調處理人員與個體間宜建立融洽的關係，以促進諮商程序的進行（張傳琳，2003）。Wubbolding（1991）主張現實治療強調協助個體，學習對自己選擇的行為負責任，提出「WDEP」 四個步驟：第一，W（wants），處理人員透過有技巧的詢問，協助個體探索其需求與自我觀感；第二，D（doing），治療者透過詢問個體：「過去和目前做了什麼？」以及「未來計畫做什麼？」以協助個體洞察當前的行為；第三，E（evaluation），治療者引導個體思考：「上述哪些行為是有效的？我需要做些什麼使之更有效？」以協助他自我評鑑其本身行為之效能和效率；第四，P（plan），治療者透過詢問個體：「你現在可以做些什麼來滿足你的需求？」以協助個體擬訂和承諾實施行動計畫，藉它獲取成功的經驗。擬訂行動計畫時，須注意此計畫必須是容易了解、符合個體的意願和能力、立即可行、個體能掌控、具體可測量的；此外，它也必須是個體願意投入、承諾會實踐、持續做下去的。接著，個體實施行動計畫，在過程中，處理人員藉著詢問個體：「上週你實際做了些什麼？」或是「你說你想去做，但沒做的原因是什麼呢？」與他共同檢討行動計畫的實施狀況。

第四節　認知模式的介入策略

情緒行為問題是我們信念的進程；若不改變我們的信念，則情緒行為問題無法被改變。

認知模式的介入策略包含認知重建技術、心理彈性增進和歸因訓練，詳述如下。

壹、認知重建技術

春山茂雄（1994/1996）指出：正面思考的真髓在於我們能將原來被認為不好的事情，視為發生於自己身上者都是「良機」。為了讓個體以正向的思維看待生活中的事件，處理人員可以採取**認知重建技術**，調整個體的負面思考形態。以下介紹 A. Ellis 的理性情緒治療（RET），以及 Beck 的認知治療（CT）兩種認知重建技術。

一、A. Ellis 的理性情緒治療

A. Ellis（1971）提出 A—B—C 理論，說明信念（B）是關乎外在事件（A），對個人情緒或行為後果（C）產生何種影響之要素。他的 RET 在 A、B、C 之後，加入 D、E 兩個階段。D（disputing）是指處理人員指導個體如何辯駁自己的非理性信念；E（effect）代表個體經過重複的分析、辨識和辯駁後，終於消除非理性信念，減少負面情緒和行為，如圖 11-4。

圖 11-4　理性情緒治療處理情緒或行為的過程和示例

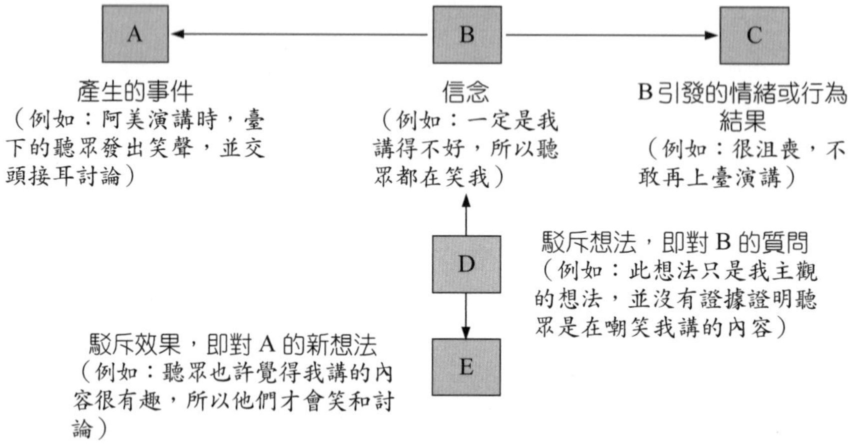
A
B
C
產生的事件
（例如：阿美演講時，臺下的聽眾發出笑聲，並交頭接耳討論）
信念
（例如：一定是我講得不好，所以聽眾都在笑我）
B 引發的情緒或行為結果
（例如：很沮喪，不敢再上臺演講）
D
駁斥想法，即對 B 的質問
（例如：此想法只是我主觀的想法，並沒有證據證明聽眾是在嘲笑我講的內容）
E
駁斥效果，即對 A 的新想法
（例如：聽眾也許覺得我講的內容很有趣，所以他們才會笑和討論）

A. Ellis（1971）的 RET 常要求個體檢視發生事件、當時的想法和感受，以及變通的想法等。舉例言之，個體考試焦慮的問題，家庭作業的重點在讓個體發現非理性信念，包括過分在乎考試的結果、認為自己一定考不好、太在乎別人的評價等。記錄工具如附錄 69「語句完成記錄工具」及附錄 70「事件—感受—想法記錄工具」。另外，處理人員可以透過「人際衝突情境記錄工具」，協助個體記錄人際衝突情境發生時間、地點、衝突對象和事件，當時的想法、感受和採取的行動，以及做自我評鑑，如附錄 71。此外，理性情緒治療的倡議者發展出**探險本位治療**（adventure-based therapy），就是讓個體可以在安全的前提下，嘗試超乎固有習慣之不熟悉的活動，藉由此作業可以讓個體提升其自信、成就感與能力，用在團體治療也可以增進團體的凝聚力（邱珍琬，2007），例如：讓個體嘗試拒絕同學不合理的要求，來挑戰自己無權或沒有能力拒絕的想法。

A. Ellis（1993）發表一篇文章，加入「行為」，而將 RET 改成 REBT。Gonzalez 等人（2004）後設分析 REBT 用於兒童和青少年的研究後發現，它有助於減少他們的干擾行為，兒童比青少年更能從中獲益；它介入的時間愈長，效果愈大。

二、Beck 的認知治療

Beck（1976）的 CT 目標在協助個體，改變其認知中對現實的扭曲或不合邏輯的思考方式，包括以下五個步驟。

1. **教導個體認識自發性負面思考**：自發性負面思考即第 2 章所述之個人中心化和極端化的思考，以及遵循規則的想法。個體要清楚地了解這些自發性負面思考，才能察覺其存在，並將注意力集中在改變這些思考上。
2. 個體報告事件的經過，以及進行刺激反應之間的**填空活動**：在此步驟中，治療者帶領個體認識思考如何影響情緒，亦即在刺激與反應之間，填入個體的思考。
3. 採取**遠離**（distancing）與**去中心化**（decentering）**的技術**：在此步驟中，治療者與個體用客觀的方式探討思考和情緒之間的關係，像是舉出和個體沒有直接關係的事例來討論，以避免個體受個人中心化思考習慣的影響，無法清楚地辨識自己的自發性負面思考。
4. **獲取可靠的結論**：利用講求實際證據的方法，使個體理解到假設並非事實，推論也可能不合事實，只有採實證的方法或步驟才能獲得正確的知識。
5. **改變規則**：透過上述步驟，個體可以發現他遵循規則的謬誤，並改變之，使其更能適應生活情境。

Beck（1976）強調應用**蘇格拉底式對話**（Socrate's dialogue），它是一種不斷詢問個體名詞的定義、邏輯推論的歷程，以及根據何種事實的對話；Beck 利用這種對話，協助個體了解想法和情緒間的密切關係，並且逐步澄清及修正自己的想法。除此，Beck 廣泛使用各種認知或行為治療的技巧，例如：要求個體監控自己的想法或情緒、安排活動時間表、按優先順序排列預定目標並逐步實踐、記錄好的表現、構想各種有效可行的因應策略、認知演練、角色扮演，以及指定家庭作業等。舉例來說，憂鬱症者經常忽略生活作息，像是洗澡、鋪床及整理家務等，因此家庭作業為重新建立他們這些行為；又例如：若個體認為店員覺得他很無能，且很難改變店員的想法，便會要求他扮演店員的角色，以讓他面對潛伏的負面思考（G. Martin & Pear, 2019）。

Beck 的 CT 與 A. Ellis 的 RET 有很多雷同處，兩者都假設個體的情緒困擾來自於不合理想法，也都運用家庭作業來改變之；差異處在於，Beck 的 CT 並不像 A. Ellis 那樣強調恐怖的非理性信念，誇大事件的災難性，也不像 A. Ellis 般面質和駁斥個體的非理性信念，它顯得較為溫和（G. Martin & Pear, 2019）。

Sams 等人（2006）指出認知重建技術強調辨識情緒，並且區辨思考、感受和行為三者，因此個體須具備基本的認知和語言接收能力。CT 和認知—行為治療（cognitive-behavioral therapy，簡稱 CBT）可以運用於有基本認知和語言接收能力的學障者，介入其情緒與行為問題（M. Brown & Marshall, 2006; Sams et al., 2006）。我認為不只是學障者，其他輕度障礙者亦是如此，由此可知，在運用 CT 和 CBT 之前，宜了解個體的認知、語言理解和表達能力。

貳、心理彈性增進

過去心理學通常以「健康是常態」作為基本立論，Hayes 等人（1999）提出**接納與承諾治療**（acceptance and commitment therapy，簡稱 ACT），則認為人們心靈感受到「痛苦」是正常的。然而，若人們試圖迴避、壓抑這些正常的痛苦，也就是出現**經驗迴避**、**認知糾纏**的情形，就會產生如圖 11-5 **依附於建構的自我中，僵化的注意，價值觀缺乏澄清，無為、衝動或迴避持續的行動**等，導致**心理僵化**的現象，之後痛苦就會產生（Hayes et al., 2012）。Harris 和 Hayes（2019）將令人困擾的想法、思考比喻成「流沙」，人們愈試圖掙脫，愈容易深陷於心理的流沙，沉落在與思想糾纏的痛苦；離開流沙的一種方式就是放下掙脫，讓自己接觸流沙的表面，引領自己漸進滾動至安全的地方。

正如 Hayes 等人（1999）所指，「害怕」（fear）是由於自己產生以下四個首字組成的狀況：**與想法糾結**（fusion）、**對經驗做評鑑**（evaluation）、**迴避**（avoidance）**經驗**，以及**為行為找理由**（reason-giving）；而比較健康的因應方式為「行動」（act），是由以下三個成分的首字組成：**接納**（accept）**自己的反應和活在當下**、**選擇**（choose）**符合價值觀的方向**，以及**採取**（take）**行動**。

圖 11-5　心理僵化作為精神病理的模式

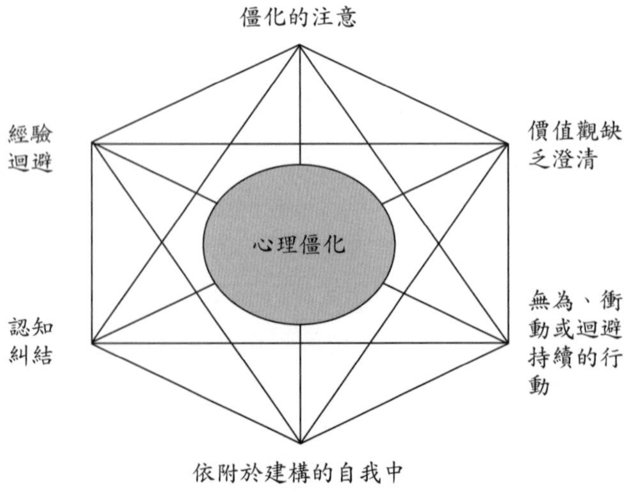

註：取自 Hayes 等人（2012, p. 62）。The Guilford Press 於 2012 年的版權，同意授權重印。

Hayes（2004）指出 ACT 屬於**第三波** BT，Hayes 等人（2012）進一步稱 ACT 為**情境的** CBT，其理論根基有：**臨床行為分析**（clinical behavior analysis）、**功能情境主義**（functional contextualism）和**關係框架理論**（relational frame theory），將異常行為關注的焦點從第二波BT的「內容或形式」，移轉到「發生的情境」。Hayes等人指出 ACT 與 CBT 不同處在於，CBT 會試圖教人使用方法控制想法、感覺與其他內在事件；但是 ACT 則教人們**接納**，減少因痛苦的想法和感覺對個人的影響；接著以「觀察者的觀點」，**採取「正念、開放經驗」**（mindful and experientially open）**的取向**，面對這些內在事件；最後透過**謹守對自己的「承諾」**，實踐合乎自己價值觀的行為，最終目標在增加個人的**心理彈性**；而當一個人的心理彈性愈高，就愈有能力完全地覺察當下的環境與自身心理狀況、開放地經歷要面對的事情，以及以價值觀引導自身的行為。Hayes 等人採取**正念和接納**，以及**承諾和行為啟動**的兩個過程，包括**彈性地將注意力集中於當下**、**脫鉤**（defusion）、**接納**、**以自我為情境脈絡**（self-as-context）、**價值觀**，以及**承諾行動**六個方式（如圖 11-6），以增加心理彈性，其中正念是核心的部分，正念是有意識、不評判地覺知「當下」的身心與環境。

圖 11-6　心理彈性作為人類功能和行為改變的模式

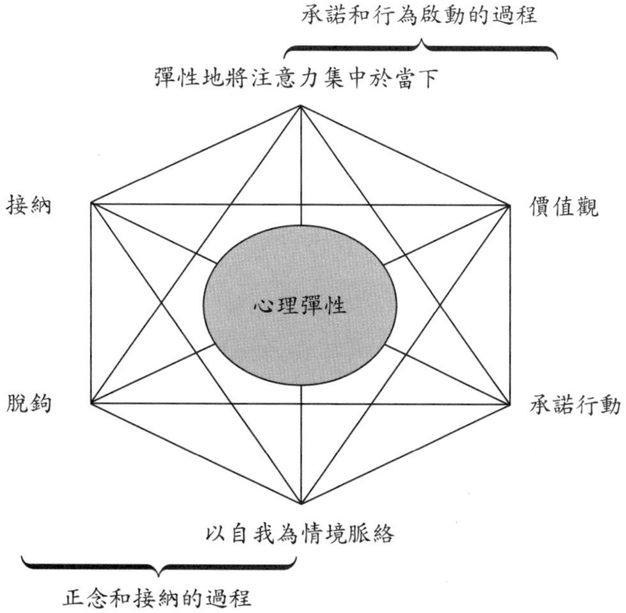

註：取自 Hayes 等人（2012, p. 63）。The Guilford Press 於 2012 年的版權，同意授權重印。

1. **彈性地將注意力集中於當下**：彈性地將注意力集中於當下，即正念的過程，因應不同情況限縮或放寬專注的範圍，維持或轉移專注的目標，這是讓自己充分有意識地與此刻身處的環境、內在的心靈連結，全然投入當下。
2. **脫鉤**：學習退後一步將自己和思想、影像、回憶分開。人們觀看自己的思想，而不被自己的思想糾結和控制。
3. **接納**：以開放的態度來看待並允許想法、感覺、情緒、回憶自由地來去，而不對抗、逃避它們。
4. **以自我為情境脈絡**：要覺知到自己的內在有一個超自然的意識，這個意識是恆久不變的，不受來來去去的思想、情緒和記憶所影響。在任何時間裡，人們都以可以用此覺知留意自己的思想、感知和行為。
5. **價值觀**：發現什麼對自己而言是真正重要，想於此生秉持的？想在有限的時日裡做的？想怎樣對待自己、他人及這個世界？價值觀就像指南針般給予自我方向。
6. **承諾行動**：依據價值觀設定具體可行的短、中、長程目標，並且實行它們，只有致力於將價值觀應用在日常行動，才能令生命有著意義。

參、歸因訓練

B. Weiner 於 1972 年修正其早年提出的學習動機理論為歸因理論，表示歸因是學生學習動機和成就行為的關鍵要素；要學生有積極的學習動機和成就觀念，便要從培養積極的歸因入手（引自 Vialle et al., 2005, p. 162）。B. Weiner（1986）指出個體行為結果之成敗可歸因於**能力**、**努力**、**工作難度**、**運氣**、**身心狀況**（例如：疾病、情緒、使用策略因應個人身心狀況），以及**其他相關人事**（例如：他人的協助、教師的偏見）等六個來源，前四項是最主要的來源；他又提出**控制來源**（內控、外控）、**穩定性**（預期出現的穩定性，包括穩定、不穩定）和**可控制性**（是否為個人所控制，包括能控制、不能控制）三個成敗歸因向度，以分析上述六個來源的性質（如表 11-6）。處理人員可透過附錄 72「歸因量表」，了解個體對行為結果的歸因。

根據 B. Weiner（1986, 2000），六項歸因來源中，「能力、努力和身心狀況」均屬內控向度，當中只有「能力」一項具穩定性，身心狀況中有些來源（例如：疾病、情緒）具不穩定性，但是個體可使用策略因應身心狀況，則具穩定性。由此可知，有些個體或許能力不是很好，然而這一項可透過個體加倍「努力」，以及「使用策略」善加調整身心狀況來補足，因二者皆可以由個人控制。至於外控向度，「工作難度、

表 11-6　B. Weiner 歸因理論的歸因來源和向度

可控制性	內控		外控	
	穩定	不穩定	穩定	不穩定
能控制	身心狀況（例如：使用策略）	努力	—	—
不能控制	能力	身心狀況（例如：疾病、情緒）	工作難度、其他相關人事（例如：教師的偏見）	運氣、其他相關人事（例如：他人協助）

註：—表示外控向度中，沒有歸因來源屬於「能控制」。綜合整理自 B. Weiner（1986, 2000）。

運氣和其他相關人事」三項的控制來源都是外在，即使其他相關人事中部分來源（例如：教師的偏見）具穩定性，部分來源（例如：他人協助）不具穩定性，但是這三項都是個體不能控制的。基於此，個體可以將焦點集中於內在因素上。

Braswell 和 Bloomquist（1991）指出，AD/HD 者缺乏「**方法—目的**」之思考，甚至對結果產生錯誤歸因，舉例來說：「是別人惹我的，我就是無法控制自己的行為。」有正確歸因的人，能了解他們的正向表現是源自於努力、能力和他們本身的其他因素。沒有正確歸因的人，通常將失敗歸因於運氣不好、他人的錯誤、缺乏能力，或其他外在因素。個體的自我決策與自尊可以藉由歸因訓練來培養，教導學生分析事件與行動的成敗，包括：（1）了解歸因和努力如何影響表現；（2）視第一次失敗為學習的首要任務，它表示需要更加努力；（3）聚焦於進步處，並且分析過去的成功經驗；（4）討論錯誤，以及擔負起獲致成功結果的責任（Oxer & Klevit, 1995）。教師也可以藉由親身示範，讓個體自我記錄其歸因，以努力或能力回饋他正確的反應，以策略或訊息的回饋（例如：嘗試另一種方法）回應他不正確的反應等方式，以鼓勵他使用正向歸因（Corral & Antia, 1997; Yasutake et al., 1996）。

Duchardt 等人（1995）以 BELIEF **策略**，協助學障者界定和轉變造成不佳學習表現的負面信念，它包括以下六個步驟，連接此六步驟的首字便成為「BELIEF」：**開始**（begin）、**評鑑**（evaluate）、**檢視**（look at）、**界定**（identify）、**撤除和取代**（erase and replace），以及**完成**（finish）。我舉一例詳述其步驟和作法如示例 11-3。

實施歸因訓練，教師宜注意以下五項原則：（1）教導個體能導致「成功未來」的正向內言；（2）告訴個體「多努力才會成功」，而不是批評他「不夠努力嘗試」；（3）讓個體有成功的經驗，以增加「努力才會成功」此內言的效能（Zirpoli, 2015）；（4）歸因的敘述宜伴隨特定的努力才會有效（Maag, 2018），例如：Short 與 Ryan（1984）發現，讓學生在閱讀文章遭遇困難後，而不是在閱讀文章前，教導

示例 11-3 運用歸因訓練教導學生產生正向歸因

步驟	教師的引導方式	學生的對話舉例
1. 協助個體開始了解問題。	你做了什麼產生這樣的結果？	我與阿強吵架。
2. 協助個體評鑑他的規則、信念和需求。	1. 你為什麼這樣做？ 2. 你想什麼？ 3. 你希望得到什麼結果？	1. 阿強擋住我，讓我看不到黑板。 2. 是阿強擋住我，我才會罵他。 3. 我希望阿強移動他的頭，不要擋住我。
3. 協助個體檢視他的信念，若有達到期待的結果，則它是正確的信念；若沒有，則是不正確的信念。	1. 這樣的作法和想法是否讓你獲得想要的結果？ 2. 阿強雖然擋住你，但是誰決定要用罵的方式對阿強？是你自己決定的。當阿強擋住讓你看不到黑板時，你很生氣，所以你決定罵他。你罵阿強後，得到的結果是什麼？有沒有達到你希望的？ 3. 你說你無法控制自己的行為，你身體（嘴巴）的主人是誰？ 4. 你是你身體（嘴巴）的主人，你有沒有努力去控制你的嘴巴？讓我們一起想想控制自己嘴巴的方法。	1. 是阿強擋住我，我才會罵他，是他讓我失控的。 2. 我罵了阿強後，阿強很生氣，他去報告老師。 3. 我身體（嘴巴）的主人是我自己。 4. 我來想想控制自己嘴巴的方法。
4. 協助個體界定他應產生什麼改變，擬訂個人的改變計畫，並且評鑑它。	1. 當阿強擋住，讓你看不到黑板時，你可以用什麼方式達到你希望的？ 2. 與個體評鑑何時、何地和如何實施此計畫，是否可行？有沒有困難？	1. 當阿強擋住，讓我看不到黑板時，我可以說：「阿強，你擋住讓我看不到黑板，可不可以請你移動一下你的頭？」 2. 如果阿強不聽，我可以報告老師，請老師幫忙。
5. 協助個體撤除原來的不正確信念，以新的信念取代。	當阿強擋住，讓你看不到黑板時，你可以採用什麼樣的想法和作法？	我是我身體的主人，當阿強擋住讓我看不到黑板時，我可以說：「阿強，你擋住讓我看不到黑板，可不可以請你移動一下你的頭？」
6. 協助個體實行和完成改變計畫，包含設定目標實施此計畫；最後評鑑新信念的成效，是否能讓個體達到其需求。	當阿強擋住，讓你看不到黑板時，你可以實行我們討論的改變計畫，看看有什麼結果，能不能得到你想要的結果。	我是我身體的主人，我可以努力改變我自己。當下次阿強擋住讓我看不到黑板時，我可以說：「阿強，你擋住讓我看不到黑板，可不可以請你移動一下你的頭？」

他們如何努力以克服困難，並在他們努力後，加強成功結果的歸因敘述，如此歸因訓練才會有效；（5）歸因訓練對於已具備某項技能，但無法使用它（亦即表現不足）的個體是有效的策略；然而歸因訓練不適用於特定技能不足的個體（Schunk, 1983）。

總結

本章補充介紹其他個體背景因素介入策略，包括生物、人本、心理教育和認知模式。生物模式的介入策略包括藥物的使用、營養和飲食的控制、運動的安排和睡眠的調整、感覺調節異常的因應，以及個體氣質的了解和因應。心理教育模式透過遊戲、藝術等表達媒介，以及諮商技術（例如：生活空間晤談和現實治療），幫助個體覺知自己的情緒與行為，進而獲得促發行為改變的洞察力和意願，以及培養自我的能力，計畫在未來遭遇到類似情況時，採取另外一種行動。人本模式強調處理人員與個體間的互動必須基於尊重和接納，積極聆聽其情緒及問題，進而提供愛與支持的環境，讓個體可以自己找尋到問題解決的方法。認知模式使用認知重建技術、心理彈性增進和歸因訓練，協助個體找出和改變不合理的想法，以及對結果產生正確歸因。

作業練習　正向行為支持策略的擬訂（五）——其他個體背景因素介入策略

延續第十章的作業，以該位有行為問題，讓您感到困擾的個案為對象，完成以下「正向行為支持策略的擬訂（五）——其他個體背景因素介入策略」作業：

一、標的行為問題之選擇與描述（已完成）

二、標的行為之觀察與紀錄（已完成）

三、標的行為問題之診斷（已完成）

四、標的行為問題正向行為支持計畫之內容與實施

（一）標的行為問題正向行為支持計畫之內容

1. 介入目標（已完成）

2. 正向行為支持策略

（1）前事控制策略（已完成）

（2）生態環境改善策略（已完成）

（3）行為教導策略（已完成）

（4）後果處理策略（已完成）

（5）其他個體背景因素介入策略

作業練習 正向行為支持策略的擬訂評鑑（五）——其他個體背景因素介入策略

關於其他介入策略，讀者可以運用「其他個體背景因素介入策略擬訂之適切性問卷」（如附錄 73），自我檢視此步驟的執行和敘寫品質。

附錄

附錄 62　兒童精神科常用藥物

附錄 63　家長委託教育人員監督用藥的同意書

附錄 64　個案服藥記錄工具

附錄 65　評量氣質的工具

附錄 66　積極聆聽態度和行為問卷

附錄 67　閱讀或觀賞作業記錄工具

附錄 68　現實治療的擬訂與實施記錄工具

附錄 69　語句完成記錄工具

附錄 70　事件—感受—想法記錄工具

附錄 71　人際衝突情境記錄工具

附錄 72　歸因量表

附錄 73　其他個體背景因素介入策略擬訂之適切性問卷

測驗題

第十一章　正向行為支持策略的擬訂（五）：其他個體背景因素介入策略測驗題

第十二章

維持與類化介入成效的規畫

第一節 行為學習的階段

第二節 行為介入成效維持與類化的促進

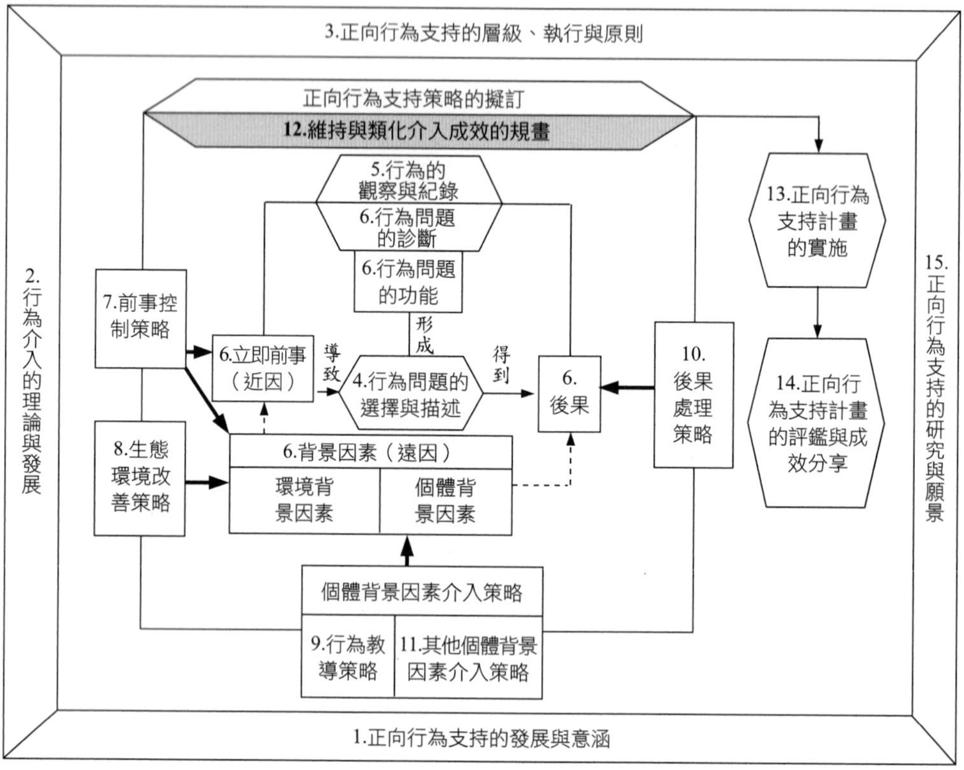
3.正向行為支持的層級、執行與原則
正向行為支持策略的擬訂
12.維持與類化介入成效的規畫
5.行為的觀察與紀錄
6.行為問題的診斷
6.行為問題的功能
形成
2.行為介入的理論與發展
7.前事控制策略
6.立即前事（近因）
導致
4.行為問題的選擇與描述
得到
6.後果
10.後果處理策略
13.正向行為支持計畫的實施
14.正向行為支持計畫的評鑑與成效分享
15.正向行為支持的研究與願景
8.生態環境改善策略
6.背景因素（遠因）
環境背景因素
個體背景因素
個體背景因素介入策略
9.行為教導策略
11.其他個體背景因素介入策略
1.正向行為支持的發展與意涵

導讀問題

1. 何謂行為維持？教師可以運用哪些策略促進行為的維持？
2. 何謂刺激和反應類化？教師可以運用哪些策略促進刺激和反應的類化？

在介入目標達成後，處理人員宜追蹤目標達成後的行為動向，檢視在 PBS 策略褪除後，正向行為的成效是否維持，甚至類化至其他刺激或情境中，或是產生其他正向行為。本章將討論行為學習的階段，以及行為介入成效維持與類化的促進兩方面。

第一節 行為學習的階段

每天教師試著改變學生的頭腦，教師愈知道大腦如何學習，就愈可能成功。

本節首先描述行為學習六個階段的意義，接著說明其特徵。

壹、行為學習六個階段的意義

依據 W. H. Evans 等人（1989），學習可分成**習得**（acquisition）、**流暢**（fluency）、**精熟**（proficiency）、**維持**（maintenance）、**類化**（generalization）和**調整**（adaptation）六個階段，如階梯般逐步向上，每個階段有不同的目標，如圖 12-1。

習得階段的目標在養成學生正向行為；至流暢階段則強調增加正向行為的正確性和速率；而到精熟階段，正向行為的正確性和速率更加提高，甚至達到自動化的反應（W. H. Evans et al., 1989）。Pennington 等人（2018）表示維持成效是指，完全或部分撤除（withdraw，或譯為「撤回」）介入策略後，個體仍繼續維持正向行為的正確性和速率。它包含短期和長期維持成效。E. G. Carr 等人（1999）指出，撤回介入策略不滿 6 個月為**短期維持成效**，6 個月以上為**長期維持成效**；教師宜說明多長時間的維持成效，例如：撤回介入策略 1 週後，連續 3 週蒐集評量資料，若能維持介入成效，即可說是有 1 個月的短期維持成效。

圖 12-1　學習的階段

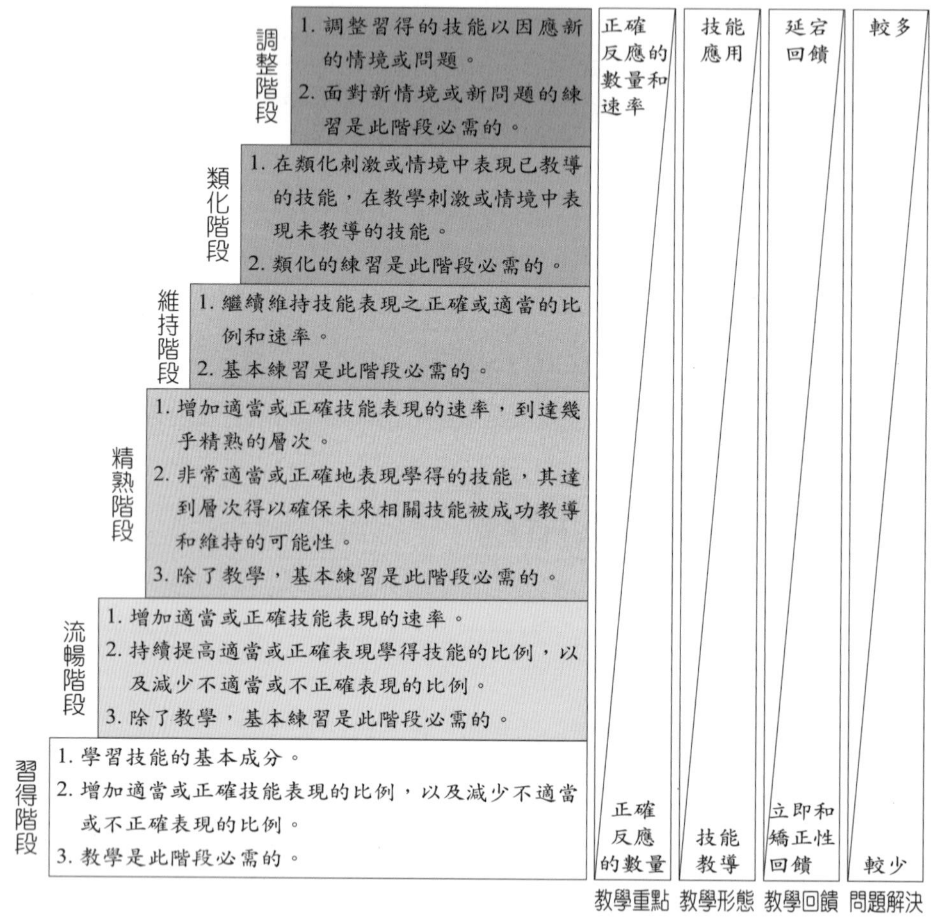

調整階段
1. 調整習得的技能以因應新的情境或問題。
2. 面對新情境或新問題的練習是此階段必需的。
類化階段
1. 在類化刺激或情境中表現已教導的技能，在教學刺激或情境中表現未教導的技能。
2. 類化的練習是此階段必需的。
維持階段
1. 繼續維持技能表現之正確或適當的比例和速率。
2. 基本練習是此階段必需的。
精熟階段
1. 增加適當或正確技能表現的速率，到達幾乎精熟的層次。
2. 非常適當或正確地表現學得的技能，其達到層次得以確保未來相關技能被成功教導和維持的可能性。
3. 除了教學，基本練習是此階段必需的。
流暢階段
1. 增加適當或正確技能表現的速率。
2. 持續提高適當或正確表現學得技能的比例，以及減少不適當或不正確表現的比例。
3. 除了教學，基本練習是此階段必需的。
習得階段
1. 學習技能的基本成分。
2. 增加適當或正確技能表現的比例，以及減少不適當或不正確表現的比例。
3. 教學是此階段必需的。
正確反應的數量和速率
正確反應的數量
技能應用
技能教學
延宕回饋
立即和矯正性回饋
較多
較少
教學重點
教學形態
教學回饋
問題解決

註：修改自 W. H. Evans 等人（1989, p. 266），修改處為加入教學重點、形態、回饋，以及問題解決程度上的說明。Allyn & Bacon 於 1989 年的版權，同意授權修改。

類化階段在針對習得的正向行為進行**刺激**和**反應類化**（stimulus and response generalization），刺激類化是指在特定教學刺激或情境下建立的行為，在另一個未介入的刺激或情境下仍會使該行為穩定發生（Schloss & Smith, 1998）。此刺激可以是**地點**（例如：特教班的教室或走廊）、**人員**（例如：特教班與普通班教師）、**時間**（例如：早上和下午）、**物品或材料**（例如：遊戲的材料不同）、**活動**或**情況**不同（例如：在教師眼神未注視的情況下打招呼）等，茲舉例如表 12-1，例如：大偉不只學會在教室以適當的口語表達想法，也會在餐廳表現，這表示他已能達到地點的類化。

表 12-1　教學和類化刺激或情境之比較

教學刺激或情境	類化刺激或情境
1. 在資源班中，舉手回答資源教師的問題。	1. 在普通班中，舉手回答資源教師的問題。【地點不同】
2. 在學校和語言治療師對話。	2. 在學校和同儕對話。【人員不同】
3. 在上課時間回應同儕的問話。	3. 在下課時間回應同儕的問話。【時間不同】
4. 運用杯子的模型告訴教師想喝水。	4. 運用杯子的圖卡告訴教師想喝水。【物品或材料不同】
5. 於從事用餐的活動中，能將垃圾丟入垃圾桶中。	5. 於從事撕日曆的活動中，能將垃圾丟入垃圾桶中。【活動不同】
6. 在資源教師眼神注視的情況下，與教師打招呼。	6. 在資源教師眼神未注視的情況下，與教師打招呼。【情況不同】

註：網底部分呈現兩種刺激或情境的差異處。

反應類化是指行為介入效果的擴大效應，亦即目標正向行為的養成，造成非目標正向行為（原不在 PBS 計畫中之正向行為）的養成（Schloss & Smith, 1998）。G. Martin 和 Pear（2019）指出容易產生反應類化的行為有：與目標正向行為功能等值，或形態類似的行為，例如：阿宏不只學會以搖頭表達拒絕，也會用適當的口語表示，還會用點頭表達想要某樣東西，其中用適當的口語與以搖頭表達拒絕，是功能等值的行為；而點頭與搖頭是形態類似的行為。

調整是類化階段的再延伸，乃教師提供新情境或新問題的練習，教導學生因應刺激（人、時、地、物或情況）的變化，調整已習得的正向行為；或是教導個體因應例外的狀況或問題（W. H. Evans et al., 1989），例如：教導阿美正向行為——向雇主打招呼（微笑說：「老闆，你好」）；之後碰到雇主正忙碌（例如：與客戶交談）的狀況，教導她以微笑揮手的方式打招呼。又例如：教導阿志正向行為——按鈴求助；之後教導他在遭遇例外的狀況（例如：鈴鐺損壞、環境太吵雜、雇主沒聽到鈴聲），走到雇主面前用手勢尋求協助。舉例說明六個階段的目標如表 12-2。

貳、行為學習六個階段的特徵

如圖 12-1，這六個階段在教學重點、形態、回饋，以及問題解決上有程度不同的焦點，在教學重點上，習得階段著重正確反應的數量，愈朝向調整階段，不只增加正確反應的數量，亦促進正確反應的速率；在教學形態上，習得階段著重技能的教導，愈朝向調整階段，則愈強調技能的應用；在教學回饋上，習得階段著重立即和矯正性回饋，愈朝向調整階段，則愈強調延宕回饋；在問題解決上，習得階段問題解決的數量較少，愈朝向調整階段，則問題解決的數量增多（W. H. Evans et al., 1989）。

表 12-2 六個階段學習目標的示例

六個階段的學習目標	示例
1. 習得階段的目標	資源教師於早自習時間，在資源教室教導撕日曆的活動，ASD 學生能在教師眼神注視的情況下，看著教師並且微笑說：「老師好。」1 週 5 天中有 3 天做到。【其中畫線處為目標刺激或情境】
2. 流暢階段的目標	……，3 分鐘內看著教師並且微笑說：「老師好。」1 週 5 天中有 4 天做到。
3. 精熟階段的目標	……，1 分鐘內看著教師並且微笑說：「老師好。」1 週 5 天中有 5 天做到。
4. 維持階段的目標	在撤回教學後，……，1 分鐘內看著教師並且微笑說：「老師好。」1 週 5 天中有 5 天做到。
5. 類化階段的目標	1. 刺激類化：ASD 學生能於早自習時間，在普通班教室從事撕日曆的活動，於教師眼神注視的情況下，看著普通班教師並且微笑說：「老師好。」【達到「人員和地點」的刺激類化成效】 2. 反應類化：ASD 學生不只會以口頭方式向資源教師打招呼，還會以手勢向他打招呼。
6. 調整階段的目標	碰到教師正忙碌（例如：教師在打電話、與他人交談）的情況時，ASD 學生能改以手勢的方式打招呼。

註：網底部分為和習得階段目標刺激或情境不同處。

這六個階段中，習得階段的教導策略已於第 9 章闡述，習得之後的維持和類化是很重要的兩個階段，下一節將探討如何促進行為介入成效的維持與類化。

第二節 行為介入成效維持與類化的促進

> 類化應在一開始時，小心地設計於行為介入計畫中，而不是期待它自動發生，或是惋惜它沒有發生。（Baer et al., 1968, p. 97）

Schloss 和 Smith（1998）指出行為介入成效的維持與類化，可透過**內在和外在媒介**（internal and external agents）的方式達到。教師、家長等重要他人就是外在媒介者，藉著操控許多環境變項，協助個體維持與類化介入成效；而內在媒介者就是個體本身，藉著**自我管理策略**，促使自己維持與類化行為介入成效。

壹、促進行為維持的方法

只有當正向行為已達精熟階段，才可考慮進入維持階段（Kazdin & Esveldt-Dawson, 1998）。若行為尚未達到此程度，則必須繼續執行或修改介入計畫。由於 PBS 採取多元素的介入，在維持階段，可逐步撤回 PBS 策略。Gresham（1998）即主張逐步撤回多元素介入中的不同元素，以檢視是否維持介入效果，它可以因應撤回介入策略導致個體感到疑惑，以及介入成效消退的問題。我設計「撤回正向行為支持策略的決策問卷」（如附錄 74），可以協助處理人員決定，是否需要撤回已實施之策略、撤回的時機是否合適，進一步決定策略撤回的順序。一般來說，優先撤回較多侵入或限制性的策略（McDonnell et al., 2020）；而對全班或全組學生皆有助益的策略，不見得要撤回，例如：教學調整策略。要促進行為介入的維持成效，教師可以採取以下四項作法。

1. 宜選擇對個體**功能性、需求最高，且能獲得自然增強的正向行為**（Horner et al., 1988），例如：當教導一位退縮的學生和其他同學的遊戲行為後，此行為自然會得到其他同學的增強而維持住。
2. 若剛開始教師運用人為的介入策略（例如：安排抽離情境的訓練、使用人為增強物），則要採取**褪除策略**，它和撤回是不同的，撤回是移除介入；而褪除是指教師在個體已習得正向行為並達流暢或精熟程度，採取漸進步驟，有系統、有計畫地減少介入或協助，至較少侵入或較自然的狀態，包括「刺激褪除」、「提示—褪除」和「人為增強物的褪除」（詳見第 7、9 和 10 章對三者之介紹），如此在維持階段褪除全部直接介入或協助時，有助於學生維持正向行為的成效。
3. **定期練習正向行為**，R. F. Algozzine 等人（2010）建議每週定期練習至少兩次，每次 15 至 20 分鐘，如此個體更有可能維持該正向行為，並獨立展現正向行為的步驟。
4. 教導個體**自我管理策略**，促使個體維持習得正向行為，已於第 9 章詳述。

貳、促進行為類化的方法

Maag（2018）指出，類化應在一開始時小心地設計於PBS 計畫中，如此才能促進行為的類化。綜合文獻（Baer, 1999; J. O. Cooper et al., 2020; Maag, 2018），計畫行為類化的流程包括以下七個步驟：（1）如同提升維持成效的作法，宜選擇對學生功能性、需求最高，且能獲得自然增強的正向行為；（2）界定各種形態的正向行為，以及期待它出現和不出現的所有情境；（3）界定正向行為欲應用或類化的環境特徵；（4）分析教學情境和欲應用或類化的環境特徵之差異處；（5）設計正向行為跨情境應用或類化的計畫；（6）實施正向行為跨情境應用或類化的計畫；（7）評鑑學生在應用或類化情境中的表現。依據實施情境（於教學情境和應用或類化情境中實施），以及策略向度（安排前事、教學中相關因素和後果三個向度），將促進行為類化成效的策略分成五大類，如表 12-3，詳述如下。

表 12-3　促進行為類化成效的策略

實施情境	促進行為類化成效的策略	策略向度[a] A	B	C
於教學情境中實施的策略	一、教導全部的相關刺激條件和反應要求			
	1. 教導充足的正面教學範例（exemplars）	◎		
	2. 教導充足的反面教學示例和例外狀況	◎		
	3. 採用通例課程方案（general case programming，簡稱 GCP）	◎	◎	
	二、讓教學情境與應用或類化情境間的相似度高			
	1. 安排共同的區辨性刺激	◎		
	2. 在真實情境中教導		◎	
	3. 彈性教學		◎	
	三、使用中介刺激（mediated stimuli）促進類化			
	1. 設計中介刺激		◎	
	2. 教導個體經由自我管理中介其行為的類化		◎	
	四、訓練與增強類化			
	1. 教導正向行為達到自然增強要求的表現標準		◎	
	2. 帶進自然增強物		◎	◎
	3. 教導或要求個體進行類化		◎	
	4. 增強個體自發性的類化行為			◎
	5. 安排非區辨性的後效		◎	◎
	6. 教導個體尋求增強		◎	
於應用或類化情境中實施的策略	五、在應用或類化情境中擴大個體獲得支持或增強的機會			
	1. 徵求應用或類化情境中的人們增強個體的正向行為			◎
	2. 改變應用或類化情境中人們的態度和行為來支持個體			◎

註：◎表示該策略屬於此向度。綜合整理自 Baer（1999）、J. O. Cooper 等人（2020）、E. S. Ellis 等人（1987）、N. G. Haring 和 Liberty（1990）、Maag（2018）、G. Martin 和 Pear（2019）及 Schloss 和 Smith（1998）的文獻。

[a] 策略向度中 A 是指安排前事以促進行為類化的策略；B 是指安排教學中相關因素以促進行為類化的策略；C 是指安排後果以促進行為類化的策略。

一、教導全部的相關刺激條件和反應要求

Baer（1999）表示：「當教師欲建立行為類化最常犯的錯誤是，教導一個好範例，然後期待學生透過此範例就能進行類化。」（p. 15）由此可知，盡可能教導全部的相關刺激條件和反應要求，才能促進類化，尤其是對身心障礙者，它包括**教導充足的正面教學範例**、**教導充足的反面教學示例和例外狀況**，以及**採用通例課程方案**（GCP）三項策略，詳述如下。

（一）教導充足的正面教學範例

教導充足的正面教學範例，包括**區辨性刺激範例**和**反應要求範例**（G. Martin & Pear, 2019; Schloss & Smith, 1998）。安排足夠的區辨性刺激範例，像是變化教學情境（人、時、地、物或情況）。Horner、McDonell 和 Bellamy（1986）指出，安排教學範例時宜注意以下幾點：（1）所選的範例在相關刺激方面要相似，但在變化部分彼此愈歧異愈好；（2）範例宜包含學生預期要反應的刺激變化範圍；（3）選擇地點接近教學情境（例如：學校）的教學範例。舉例來說，在很多不同的餐廳教導用餐行為、提供各式不同性別廁所的標誌以供辨認、提供很多不同類型的指令（例如：走到……，給我看……，把……拿給我或把……拿到……，把……放到……裡面或上面，看……、聽……或碰觸……）教導服從行為等，以促進刺激的類化。

安排足夠的反應要求範例來進行教導，例如：教學生打招呼的行為，可於教導過程中變化可接受的反應，像是「你好、大家好、嗨」等，以促進反應的類化。

（二）教導充足的反面教學示例和例外狀況

個體有時會出現不適當的類化，包括兩種：一種是**不當的刺激類化**；另一種是**不當的反應類化**。在不當的刺激類化方面有兩種現象：一是**過度類化**，是指個體在看到類似於教學情境或範例中區辨性刺激出現的場合，表現出教師教導的行為，而實際上這個行為是不適合此場合的，這些場合是非區辨性刺激（J. O. Cooper et al., 2020），例如：在不適當的情境（例如：中午過後、教師正忙碌）說：「嗨，早安。」另一是**錯誤的刺激控制**，是指正向行為來自不相關刺激的控制（J. O. Cooper et al., 2020）；舉例來說，阿志在學解答數學應用題，如「小明有 3 本書，大華有 5 本書，他們總共有幾本書？」他學到題目中有「總共」時，要將數字加總。他之後只要看到「總共」，例如：「曉萱有 3 個蠟燭，大維和曉萱總共有 8 個蠟燭，那麼大維有多少個蠟燭？」都把數字加總。然而，此題將數字加總是錯誤的，由此可知，阿志受到錯誤的刺激所控制。

在不當的反應類化方面，是指學生表現出功能相同、但未經教導的行為，以至於表現不佳或獲得不預期結果（J. O. Cooper et al., 2020）。舉例來說，正傑被教導以兩手操作壓製條紋的機器，因為如此較安全；但正傑有時會以一隻手操作，雖然一隻手也能壓製出條紋，但是比較危險，且違反職場的規定。

為因應學生不適當類化的問題，教師宜教導充足的反面教學示例，包括安排**充足的非區辨性刺激示例**和**反面反應示例**。反面教學示例的選擇宜與正面教學範例的差異愈小愈好，且宜從兩者差異最大者先教，再漸進教導差異最小者（J. O. Cooper et al., 2020; Schloss & Smith, 1998）。舉例來說，非區辨性刺激示例包括不需削皮的蔬果（不需削皮且已削過全部皮的蔬果）、不可消費的假錢，以及不適合打招呼的情境（例如：中午過後、教師正在忙、10分鐘前已打過招呼）。非區辨性刺激示例中差異最大的是，削過皮的蔬果與未削皮者有明顯的差異（例如：削過皮和沒削皮的蘋果）；差異最小的是，削過皮和沒削皮的紅蘿蔔，顏色無明顯差異。

在 Horner、Eberhard 和 Sheehan（1986）的研究中，教導四位中度智障高中生在餐廳做清理工作，他們發現四位學生有困難區辨要不要清理，因此安排六個教學範例如表 12-4，每個範例都要求學生注意下列特徵：（1）座位是否有人與物品；（2）是否有人在用餐；（3）餐盤中的食物數量或狀態；（4）座位是否有垃圾，以決定是否要清理。如果要清理，再注意垃圾和髒的餐具所在位置（桌子、椅子或地板），最後做清理工作。不要清理的教學範例 1 和要清理的教學範例 4 是差異最大的部分，四大項的勾選完全不同，可優先教導。接著，教學範例 2 和範例 5，它們是差異次大的部分，雖然盤子內皆有部分食物，也都有垃圾，但是有兩項差異，範例 2 有人正在食用，範例 5 無人不適用，所以範例 2 不要清理，範例 5 要清理。範例 3 和範例 6 分別

表 12-4　餐桌是否需清理的教學範例

教學範例	有無人與物品			食用與否			盤子內			垃圾		要不要清理	
	有人	無人	無人有物品	正在食用	沒在食用	不適用	空的	有部分食物	剛上菜	有	無	不要清理	要清理
1	✓			✓					✓		✓	✓	
4		✓				✓	✓			✓			✓
2	✓			✓				✓		✓		✓	
5		✓				✓		✓		✓			✓
3			✓			✓		✓		✓		✓	
6	✓				✓		✓			✓			✓

註：✓表示該教學範例隸屬的特徵。依據 Horner、Eberhard 和 Sheehan（1986, p. 465）的概念重製。

在不要清理及要清理的範例中，與其他兩個範例是差異最大的部分，是最難區辨是否要清理者。範例 3 有垃圾，雖然無人但有物品，且盤子內有部分食物，可能客人暫時離開上廁所，故不要清理；而範例 6 有垃圾，雖然有人但沒在食用，盤子內是空的，故要清理。

安排充足的反面反應示例是指，提醒學生避免反面反應及其理由（J. O. Cooper et al., 2020）。舉例來說，操作壓製條紋的機器之不適當行為示例（例如：一手操作）、打蠟車身之不適當行為示例（例如：一手塗蠟）、補貨上架之不適當行為示例（例如：未寫登記表僅憑記憶去補貨），以及寫字之不正確行為示例（例如：眼睛未看著作業簿和寫的國字；出現一邊寫作業，一邊玩弄文具、與人聊天等不專注動作與口語行為，並且以分解筆劃的方式書寫）等；理由是可能會產生危險、發生錯誤，以及降低完成速度。

再者，要教導例外狀況（Horner, McDonell, & Bellamy, 1986）。舉例來說，遭遇點餐問題時，知道如何向服務生請求協助；遭遇排隊至點餐櫃檯時櫃檯關閉，知道變換至另一個點餐櫃檯排隊。

（三）採用通例課程方案

GCP 由 Englemann 和 Carnine（1982）提出，他們將學習類化視為通例行為學習（general case learning），亦即當學生學會某類行為中的某些工作後，若是此類行為中的其他任何類似工作，他都能正確反應，他就學會通例行為。Englemann 和 Carnine 一開始將這樣的概念應用在學業技能的教學上，例如：閱讀和數學，而後由 Horner 等人（1982）擴展到重度障礙者的社區生活技能中。而到了 2021 年，GCP 已被多元地應用在身心障礙者各種不同技能的教學上（T. M. Scott & Dubuque, 2021）。

綜合文獻（Horner et al., 1982; Steere, 1997），GCP 的設計包括：**界定教學和類化範圍**、**分析刺激與反應中的共同特徵和變化情形**、**選擇教學及評量範例**、**安排教學範例順序**、**採取教學範例進行教學**，以及**教學評量並偵測類化情形**六個步驟。T. M. Scott 和 Dubuque（2021）建議於刺激與反應中的共同特徵內，除了分析例外狀況，還可以分析**宜避免的錯誤**。以教導「打招呼」為例，首先界定教學和類化範圍，教學範圍為早上入校和下午離校時，以適合情境的打招呼方式，向教師和同學打招呼；類化範圍為早上進入實習職場和下午離開時，以適合情境的打招呼方式，向雇主和同事打招呼，所有六個步驟說明如示例 12-1。由 GCP 的步驟觀之，發現它運用「教導充足的正面教學範例、反面教學示例和例外狀況」，以及「安排共同刺激」三項促進行為類化成效的策略。

示例 12-1 通例課程方案示例——打招呼

步驟	舉例（教導個體打招呼的行為）
1. 界定教學和類化範圍	1. **教學範圍**：早上入校和下午離校時，以適合情境的打招呼方式，向教師和同學打招呼。 2. **類化範圍**：早上進入實習職場和下午離開時，以適合情境的打招呼方式，向雇主和同事打招呼。【屬於刺激，即人員和地點的類化】
2. 分析刺激與反應中的共同特徵和變化情形	1. **共同特徵** ⑴活動系列成分之分析 ①辨識打招呼的對象、時間、地點，以及情境是否適合打招呼【從最大差異的辨識開始，再至最小的差異】。 ②面對要打招呼的對象。 ③看著對方。 ④面帶微笑。 ⑤說出打招呼的用語，或做出打招呼的動作。 ⑵例外狀況之分析 若打招呼的對象因為忙碌而沒有回應，則了解和接受之，不會強迫對方回應。 2. **變化情形** ⑴刺激的變化 ①打招呼的對象不同。 ②打招呼的時間不同。 ③打招呼的地點不同。 ④打招呼的情境不同。 ⑵反應的變化 打招呼的用語、手勢或動作不同。
3. 選擇教學及評量範例	1. **教學範例**（這套教學範例必須能代表各種不同的變化，例如：安排須使用不同打招呼用語的時間、地點、情境和對象等之範例；教導個體區辨適合打招呼的人時地和情境等） ⑴早上到學校看到教師迎面走來，看著教師，面帶微笑，說出打招呼的用語（老師好），或做出打招呼的動作（揮手）。 ⑵早上到學校看到同學迎面走來，看著同學，面帶微笑，說出打招呼的用語（〇〇〇好），或做出打招呼的動作（揮手）。 ⑶放學時看到教師迎面走來，看著教師，面帶微笑，說出打招呼的用語（老師再見），或做出再見的動作。 ⑷放學時看到同學迎面走來，看著同學，面帶微笑，說出打招呼的用語（〇〇〇再見），或做出再見的動作。 ⑸早上入校和下午離校時，看到教師正在忙碌（例如：講電話），看著教師，面帶微笑，做出打招呼（揮手）或再見的動作。 ⑹早上入校和下午離校時，看到同學正在忙碌（例如：與其他人講話），看著同學，面帶微笑，做出打招呼（揮手）或再見的動作。 ⑺在學校模擬早上到職場和下午離開職場時，看到雇主或同事的影像，以適合情境的打招呼方式，向雇主或同事打招呼。

（續）

示例 12-1　（續）

步驟	舉例（教導個體打招呼的行為）
	2. 評量範例（評量範例必須對應教學範例，以了解個體之學習表現） ⑴早上到職場看到雇主迎面走來，看著雇主，面帶微笑，說出打招呼的用語（老闆好），或做出打招呼的動作（揮手）。 ⑵早上到職場看到同事迎面走來，看著同事，面帶微笑，說出打招呼的用語（○○○好），或做出打招呼的動作（揮手）。 ⑶下午離開職場時看到雇主迎面走來，看著雇主，面帶微笑，說出打招呼的用語（老闆再見），或做出再見的動作。 ⑷下午離開職場時看到同事迎面走來，看著同事，面帶微笑，說出打招呼的用語（○○○再見），或做出再見的動作。 ⑸早上到職場和下午離開職場時，看到雇主正在忙碌（例如：講電話），看著雇主，面帶微笑，做出打招呼（揮手）或再見的動作。 ⑹早上到職場和下午離開職場時，看到同事正在忙碌（例如：與其他人講話），看著同事，面帶微笑，做出打招呼（揮手）或再見的動作。
4. 安排教學範例順序	安排範例順序宜從共同特徵之活動系列成分先教，而後再強調和教導變化的部分；變化的教學也宜從最小至最大的變化，最後再教例外狀況共同和變化的處理。舉例來說，變化的教學範例順序安排如下： ⑴打招呼的對象不同→打招呼的用語不同 ⑵打招呼的時間不同→打招呼的用語不同 ⑶打招呼的情境不同→打招呼的方式不同 ⑷打招呼的對象和地點皆不同→打招呼的用語不同 ⑸打招呼的對象、時間和地點皆不同→打招呼的用語不同 ⑹打招呼的對象、時間、地點和情境皆不同→打招呼的方式不同
5. 採取教學範例進行教學	在教學過程中可視學生的需要加入提示系統，並且正增強其正確表現，矯正性回饋其錯誤表現。
6. 教學評量並偵測類化情形	宜隨時評量和記錄學生在目標情境之學習狀況，並且偵測他們在類化情境之表現情形。

GCP 應用在不同的領域，適用於功能性技能的類化（Storey, 2022），例如：在生活和職業技能上，一些研究運用於使用自動販賣機（Sprague & Horner, 1984）、購物活動（何素華，1995；吳雅慧，2006；洪綺襄，2014；翁佳鈺，2013；劉健福，2012；Frederick-Dugan et al., 1991; Gardill & Browder, 1995; Horner, Albin, & Ralph, 1986）、過馬路（Horner et al., 1985）、家事技能（Lengyel et al., 1990）、餐飲製作（周美莉，2006；鍾幼玩，2010），以及餐桌清理（Horner, Eberhard, & Sheeham, 1986）等方面。在學業學習上，採用 GCP 於功能性的讀寫技能（李佩真、何素華，2010；Chezan et al., 2012），以及透過它教導自我管理來增進課堂學習（Brooks et al.,

2003）。而在人際互動技能方面，則有應用 GCP 於使用電話（Horner et al., 1987）、記錄和轉達電話訊息（D. F. Bicard et al., 2010）、以口語或符號尋求協助或要求物品（Chadsey-Rusch et al., 1993; Chen et al., 2022; O'Neill et al., 2000; Reeve et al., 2007; Romer et al., 1994）、自我保護與安全技能（Toews, 2010），以及替代挑戰行為的功能性溝通行為（DePaepe et al., 1993）。Reeve 等人指出，為 ASD 者建立**通例的行為目錄**，能促進其學習類化。Walters 等人（2007）的研究旨在比較單一範例、多重範例教學與 GCP 對認知障礙成人遵從指令的成效，結果顯示 GCP 呈現最佳的類化效果。

二、讓教學情境與應用或類化情境間的相似度高

前面提及，計畫行為類化的流程包括：界定正向行為欲應用或類化的環境特徵，以及分析教學情境和欲應用或類化之環境特徵的差異處；接著，盡量讓教學情境與應用或類化情境間的相似度高，包括安排共同的區辨性刺激、在真實情境中教導，以及彈性教學三項策略，詳述如下。

（一）安排共同的區辨性刺激

在教學前，盡可能在教學和欲應用或類化之情境中，安排共同區辨性刺激，以利於之後的刺激類化（Baer, 1999; N. G. Haring & Liberty, 1990）。依據 J. O. Cooper 等人（2020），安排共同的區辨性刺激包含兩個步驟：一是**界定代表應用或類化情境的明顯區辨性刺激**；二是**整合那些區辨性刺激到教學情境中**，有兩種安排方式，一種是**將共同的區辨性刺激重疊於教學情境中**，意指在教學和應用或類化情境中，安排共同的區辨性刺激，像是同儕、語言或指令。舉例來說，教導一位 ASD 學生與一般同儕會話技能，於教導過程中，帶進與他同班的兩位一般同儕，使用相同的會話語言。再以教導學生打招呼為例，教學之前宜了解不同情境中，須表現出「回應他人打招呼」的共同刺激有哪些，例如：當別人主動說：「你好」、「嗨」等。又例如：在教室中教導學生點餐的活動之後，為促進其類化至社區的餐廳中，可先安排共同的刺激（如相同的學習材料，像是金錢、菜單等），增加兩個情境間之相似性。

另一種是**淡入共同的區辨性刺激於教學情境中**（J. O. Cooper et al., 2020）。舉例來說，Ayllon 和 Kelly（1974）的研究首先在抽離的教學情境中，教導一名選擇性緘默症女孩口語表達，當她口語表達有明顯進展後，教師逐步將應用情境教室中的區辨性刺激引入，使教學情境與應用情境愈來愈相似，例如：教學情境中逐步增加黑板、課桌椅，以及安排同儕的出現等，教師的教學位置也從一對一坐著的形式，改變為類似於教室情境中教師站在講桌前的上課形式，教學也愈來愈趨近於班級教師上課的形式。

Anderson-Inman 等人（1984）提出**貫環境方案**（trans-environmental programming），包括**主流環境評量**、**介入和準備**、**實施轉銜策略增進跨情境的類化**，以及**評鑑學生轉銜至普通班後的表現**四個步驟，以增加學生將在資源班的所學行為類化至普通班；其中，在介入和準備、實施轉銜策略增進跨情境的類化方面，乃藉由安排共同刺激及在普通班增強學生習得的新行為兩方面來達到。Salend（2016）舉一例說明貫環境方案的設計如表 12-5。貫環境方案的概念可以擴展運用於其他跨情境的遷移或類化，包括從學校類化至家庭，從模擬情境遷移至自然情境等，而將步驟修改成：評量行為欲類化的環境（界定環境的刺激特徵）、介入和準備（在訓練情境中安排共同刺激）、實施轉銜策略增進跨情境的類化（安排行為欲類化的環境，增強學生習得的新行為），以及評鑑學生在欲類化之環境中的表現。

表 12-5　貫環境方案的設計示例

普通班	特殊教育班
・王老師使用教科書、電腦和其他教學媒體。	・林老師可以教學生使用教科書、電腦和其他教學媒體。
・休息時間學生彼此有互動。	・林老師可以指導學生加入其他同學的遊戲，而且和同學一起玩遊戲。
・王老師要求學生先舉手後發言。	・林老師可以教導學生遵守普通班的常規。
・王老師每週給三次要做 1 小時的作業。	・林老師可以給學生每週三次要做 1 小時的作業。
・王老師使用口頭講授的方式呈現學習材料，並且要求學生做筆記。	・林老師可以教學生聽和做筆記的技巧。

註：依據 Salend（2016）的概念重新舉例。

另外，S. Vaughn 等人（1986）指出，在規畫學生從特教班轉銜至普通班的過程中，學生於特教班中習得的行為，在轉移至普通班中使用時，須注意採取「能促進行為類化的策略」；他們舉例說明在協助學生從特教班轉銜至普通班的過程中，如何促進其行為的類化（如表 12-6）。我認為這些方法強調在特教班中安排共同刺激，亦即盡可能安排與普通班相似的刺激特徵（例如：增強策略、教學材料、回答方式）。

（二）在真實情境中教導

在教導正向行為時，盡可能在該行為發生的真實情境下教導，因為真實情境中有真實材料、自然提示，還可以讓學生有機會獲得自然增強物（Schloss & Smith,

表 12-6 促進行為類化的方法

形態	方法	範例
變化增強策略的使用：變化增強物的數量、效力和形態	1. 減少增強的數量。	1. 減少每日完成作業的增強次數。
	2. 減少使用原級增強物，改為次級增強物或社會性增強。	2. 限制使用食物的增強，多使用口頭讚美（例如：你的數學作業做得很好）。
	3. 當要轉換到普通班使用時，提高增強物的效力。	3. 當學生在普通班表現好的行為時，給他額外加分。
	4. 在不同的情境使用相同的增強方案。	4. 鼓勵所有教師對學生使用相同的增強方案。
改變提示：有系統地變化教學	1. 使用替代或平行的指導。	1. 使用不同的提示（例如：找出……、給我……、指出……）。
	2. 改變指導語。	2. 改變指導語的長度和所用的詞彙（例如：打開書本第 42 頁，做第一大題）。
	3. 使用小型的物品模型。	3. 使用小型的物品模型代替實物或情境。
	4. 使用照片。	4. 使用實物或情境的照片來代替實物或情境。
	5. 使用圖片。	5. 使用圖片來代替實物或照片。
	6. 使用線條或符號來呈現。	6. 使用作業簿上的線條或符號來代表實物或情境。
	7. 變化字體。	7. 在英文的教材中，改變字體的大小寫、字體的形態（例如：將印刷體轉變成書寫體）；在中文的教材中，改變字型。
改變教學材料	1. 在作業內改變材料的形式。	1. 使用全白的作業紙、使用有格線的作業紙、改變紙張的大小、改變紙的顏色。用不同的書寫工具，例如：畫筆、鉛筆、原子筆、電腦。
	2. 改變教學媒體。	2. 使用影片、電腦等教學媒體來呈現技能或概念。
改變回答方式	1. 改變學生反應的方式。	1. 要求學生使用書寫的方式來回答，而不是採取慣用的口頭回答方式。教導學生回答不同種類的問題，例如：選擇題、是非題和簡答題。
	2. 改變學生反應的時間。	2. 減少學生答題的反應時間。
變化刺激的向度：有系統地變化刺激	1. 使用單一刺激，但是變化刺激的大小、顏色和形狀。	1. 藉著改變橘子的大小、形狀和陰影來教顏色。
	2. 在刺激中增加干擾變項。	2. 藉著增加回答題目的選項數，教導學生從中辨識目標字。

（續）

表 12-6　（續）

形態	方法	範例
變化教學情境	從比較有結構的教學情境轉變到比較無結構的教學情境。	1. 在教室中的不同區域進行一對一的教學。 2. 提供獨立工作的機會。 3. 由一對一教學轉變成小組教學。 4. 提供學生在大團體中有互動的機會。
改變教師	安排學生向不同的教師學習。	讓學生有機會和不同的教師（例如：同儕助教、志工、普通班教師和家長）學習。

註：修改自 S. Vaughn 等人（1986, pp. 177–178），修改處為「變化字體」方法中加入中文教材的示例。*Teaching Exceptional Children* 於 1986 年的版權，同意授權修改。

1998）。在真實情境中做介入是一種**零推論或遷移的策略**（zero-degree inference or transfer strategy），是學習遷移有困難之認知障礙學生亟需的，他們就不需要運用能力和花費心思，再將模擬情境中所學的技能，推論應用至自然情境中。自然情境中有很多狀況是無法模擬的，例如：較無法模擬交通尖峰時間車水馬龍的情況；容易忽略掉自然情境中可能遭遇之偶發狀況的因應，例如：走在十字路口但紅綠燈壞掉等突發問題的處理。

然而，在自然情境中做介入亦有其限制，例如：會花費較多的金錢、時間和人力，可能有安全上的顧慮，而且環境變化大，較難掌控，無法讓學生重複練習，做錯了可能獲得無法修復的後果等，例如：使用自動販賣機但點錯飲料，則無法修正錯誤，重新點選，而此限制正是模擬情境的優勢。有研究比較自然和模擬情境的教學成效後發現，自然情境比模擬情境教學在時間和費用上更有效率，對學習遷移有困難的特殊需求學生能產生較大的成效；但模擬情境教學能對難以教導的技巧，提供重複練習的機會（Domaracki & Lyon, 1992; Storey & Miner, 2017）。即使考慮一些困難，剛開始在模擬情境中教學，之後還是要安排在自然情境中教學和練習。

（三）彈性教學

彈性教學意指變化教學情境，以及給予的指令或教學提示，以避免學生僵化的反應（Schloss & Smith, 1998）。彈性教學是一種低結構的教導，透過隨機教學的方式促進行為的類化。彈性教學很少單獨使用，它通常與其他促進類化的策略一起使用。

三、使用中介刺激促進類化

使用中介刺激促進類化是指，安排某人、某事為中介者，以確保正向行為能從教學情境轉移到應用或類化情境，有兩個策略：一為**設計的中介刺激**；另一為**教導學生經由自我管理中介其行為的類化**（Maag, 2018）。詳述如下。

設計的中介刺激從形態來看，有**物理**和**社會的中介刺激**兩種；而從中介刺激的來源來看，包括兩種：一是**存在於應用或類化情境中的中介刺激**；另一則是**於教學情境中加入新的中介刺激**（Maag, 2018）。有關存在於應用或類化情境中的中介刺激，例如：van den Pol 等人（1981）使用速食店的餐巾紙作為中介刺激，教導學生只能放食物在餐巾紙上，如此教師就不用教導學生分辨乾淨和骯髒桌子、只能坐在乾淨的位置，或擦拭骯髒桌子等技能，而餐巾紙是存在於應用或類化情境中的物理中介刺激。又例如：在資源班教導一位 ASD 學生回應普通班同儕的打招呼，在他沒反應時，安排同儕言語提示他：「你要跟我說什麼？」此言語提示是存在於應用或類化情境中的社會中介刺激。

而於教學情境中加入新的中介刺激，舉例來說，Sprague 和 Horner（1984）給學生提示卡，幫助他在無人協助下操作自動販賣機。此提示卡是於教學情境中加入的新物理中介刺激，它的一面是食物和飲料的圖片，另一面是配對價錢的圖示。又例如：教導一位無口語、不會使用金錢的重度障礙者去自助餐廳點餐時，給老闆 50 元，並以溝通板表達「有魚、有肉、有青菜」，請老闆搭配點餐內容，剛好 50 元，50 元加溝通板就是於教學情境中加入的新社會中介刺激。加入的新中介刺激必須帶入教學情境，引發學生正向行為，而且此中介刺激必須容易帶進應用或類化情境中使用（Maag, 2018）。

教導學生經由自我管理中介其行為的類化是指，學生本身也可以作為中介刺激，經由自我管理策略促使他們行為的類化（Maag, 2018）。Stokes 等人（1993）表示，**自我教導的語言**就是促進類化的中介刺激。舉例來說，教導學生「自我教導的語言」（例如：走進、看、問），以加入同儕的活動中，就是促進類化的自我中介刺激。

使用中介刺激促進類化中的「中介刺激」，與安排共同區辨性刺激中的「區辨性刺激」之差異處在於，安排共同的區辨性刺激是指，於教學情境中安排共同的區辨性刺激，例如：速食餐廳的菜單，它是原本就存在於應用或類化情境的。使用中介刺激促進類化中的中介刺激，可能原本就存在於應用或類化情境中，亦有可能不存在，而是由教師引進的新物理或社會中介刺激，例如：前述的操作自動販賣機之提示卡。而使用存在於應用或類化情境中的刺激作為中介刺激，此刺激不是用來引起特定反應的區辨性刺激，例如：速食店的餐巾紙原本作為擦拭之用，它另外被用來當作中介刺激，教導學生只能放食物在餐巾紙上，如此教師就不用教導學生分辨乾淨和骯髒桌子，而在任何用餐情境中皆能表現此正向行為。另外，學生本身也可以作為中介刺激，教師教導他們自我管理策略促使他們行為的類化。

四、訓練與增強類化

訓練與增強類化是指，安排教學中的相關因素和後果，以訓練或促進行為類化，包括：**教導正向行為達到自然增強要求的表現標準**、**帶進自然增強物**、**教導或要求個體進行類化**、**增強個體自發性的類化行為**、**安排非區辨性的後效**，以及**教導個體尋求增強**，詳述如下。

（一）教導正向行為達到自然增強要求的表現標準

Baer（1999）表示教師普遍犯的錯誤是，嘗試運用自然增強，但又無法教導學生產生足夠好的行為改變以獲得它。因此，教導正向行為達到自然增強所要求的表現標準，通常最好能達到流暢度，是促進學生應用或類化的重要指標。

（二）帶進自然增強物

在教學情境的練習中帶進自然增強物，能促進行為的類化（Schloss & Smith, 1998）。舉例來說，讓學生感受到在衛生習慣建立起來之後，身體感到很舒服，且能得到別人正向的注意，這些都是自然增強物。而此自然增強物若是非常強而有力，能產生實質且長久的行為改變，Baer 和 Wolf（1970）稱之為**行為圈套**（behavior traps）。行為圈套是以人們如何使用起司引誘老鼠至捕鼠器為比喻，它比在老鼠洞口捕捉牠更事半功倍。最有效的行為圈套有四個必要的特徵：（1）它能引誘學生到圈套中，而且此圈套運用的增強物是學生無法抗拒的；（2）學生只需少許努力，就可以進入圈套中；（3）圈套中的增強效果能引發學生獲得、擴展及維持正向行為；（4）它可以維持長期效果，因為學生不容易飽足。

Alber 和 Heward（1996）提出**英雄圈套**、**偏好圈套**、**班級社團圈套**、**學校和社區資源圈套**，以及**翻轉困擾行為圈套**五大類。他們舉一位小學教師利用一位對課程感到厭煩、無趣，也沒有什麼朋友之 5 年級學生對棒球卡的偏好，來創造行為圈套的例子。在一節語文課中，這位學生把玩棒球卡，原本教師沒收他的棒球卡，後來教師不僅讓他擁有且讓他玩棒球卡，還將棒球卡融入學習活動中：在數學課，計算進球率；在地理課，找出每個聯盟球隊以其所在家鄉命名者；在語文課，寫信給他崇拜的球員索取簽名照。接著，教師協助他成立班級棒球卡社團，讓他和社員思考如何統整棒球卡於課程中，並提供他們發展和練習新社會技能的機會。由此可知，這位教師運用英雄圈套（崇拜的球員）、偏好圈套（棒球卡）、班級社團圈套（棒球卡社團），以及翻轉困擾行為圈套（原本讓教師困擾的分心棒球卡行為，轉變成藉棒球卡提升學習動機）；如果再擴展成教導這位學生撰寫學校社團申請書，則採用了學校和社區資源圈套。

（三）教導或要求個體進行類化

教導或要求個體進行類化，包括：安排明確的程序系列教導個體進行類化，以及要求個體進行類化。安排明確的程序系列教導個體進行類化是指，有系統地在不同的地點、情境、時間、人員中，使用不同的材料，針對相關的行為等教導刺激和反應類化，並且增強類化的行為表現（Schloss & Smith, 1998）。M. T. Harvey 等人（2003）提出**貫情境介入**（trans-situational intervention），強調促使行為產生跨情境的改變；為達到此目的，介入時須同時納入個體表現行為的教學和欲類化之情境，但兩個情境介入的程度可能有所不同；教學情境之介入程度較多，欲類化之情境的介入程度較少，例如：僅提供言語提示或增強。Schindler 和 Horner（2005）採用貫情境介入實施 FCT，於類化情境僅提供提示，結果能減少 ASD 者的行為問題，並且能在家庭中產生類化的效果。

另外，教師可以要求個體進行類化，它是促進類化之最簡易的策略（J. O. Cooper et al., 2020），例如：Ninness 等人（1991）明確告訴三位 E/BD 國中生，運用他們已學會的自我管理程序，自我評鑑和自我記錄從餐廳到教室的行為。

（四）增強個體自發性的類化行為

教師可以藉由增強個體自發性的刺激和反應類化行為，以促進正向行為的類化（Maag, 2018），例如：Cammilleri 和 Hanley（2005）使用延宕增強時間表的增強策略，增加兩位女童選擇教室活動的多樣性。在女童第一次選擇活動和隨後每次做新的選擇時，教師會給她們一張綠色卡片，它可以換得教師 2 分鐘的正向注意。

（五）安排非區辨性的後效

安排非區辨性的後效是指，改變增強的時間，使學生無法區辨何時增強會出現，例如：採用間歇增強和增強的延宕，能促進行為的類化（J. O. Cooper et al., 2020）。

（六）教導個體尋求增強

應用或類化情境中的人們不見得主動增強，例如：普通班學生人數多，普通班教師忙碌於處理班級事務，不會主動針對身心障礙學生表現的正向行為給予增強，於是有必要教導學生尋求增強（J. O. Cooper et al., 2020）。第 9 章已提及教導 Alber 和 Heward（2000）所謂的「爭取技能」。

五、在應用或類化情境中擴大個體獲得支持或增強的機會

上述四大項皆是在教學情境中採用提升類化的策略，此處是在應用或類化情境中提升類化的策略，擴大個體獲得支持或增強的機會，以促使應用或類化情境和教學情境相似度高，提升個體表現正向行為，包括：徵求應用或類化情境中的人們增強個體的正向行為、改變應用或類化情境中人們的態度和行為來支持學生，以及教導個體尋求增強，詳述如下。

（一）徵求應用或類化情境中的人們增強個體的正向行為

Baer（1999）表示：「問題可能只是自然增強睡著了，它需要被叫醒和啟動。」（p. 16）因此，有必要徵求應用或類化情境中的人們增強個體的正向行為，啟動自然增強。舉例來說，資源教師藉由重複提供練習機會與回饋，幫助一位學生學習參與班級討論；之後，他可以通知普通班教師，請求他們發現並增強該生任何參與班級討論的合理努力。有時可能只需要教師少量的注意與讚美，就能達成行為的類化。

（二）改變應用或類化情境中人們的態度和行為來支持個體

教導類化是一大工程，教師宜尋求愈多人協助愈好，包括應用或類化情境中的重要他人（E. S. Ellis et al., 1987）。Baer（1999）即表示：

> 每個人是學生行為改變的潛在教師。你是學生的「教師」或「行為分析師」並不意味，只有你才具有促使行為改變的能力；事實上，你不可能有此特權。學生接觸到的每個人，對彼此行為的改變和維持都有貢獻。（p. 12）

Baer（1999）建議找出應用或類化情境中，個體的重要他人作為**主動支持者**或**包容者**。主動支持者是指，可以安排個體使用或練習目標行動的機會，給予提示和增強，以促進行為的類化；包容者是指，能包容個體於應用或類化情境中運用所學的正

向行為，可能會有的緊張情緒、凌亂和緩慢之動作，避免嘲笑、催促或代勞。若應用或類化情境中人們對個體的態度不佳，或是不知道如何支持和包容個體，則教師可以調整應用或類化情境中人們的態度和行為，建立自然支持來源，使得應用或類化情境和教學情境相似度高，以提升個體表現正向行為。舉例來說，資源教師教導一位ASD學生回應普通班教師問的問題，他已學會回應；但是在普通班並未表現出來，這是因為普通班教師未叫他回答問題。因此，資源教師提示普通班教師問他問題，並且傳授問問題和給予回應的方法，以支持這位ASD學生回應問題的行為。

總括來說，類化應在一開始，宜在擬訂PBS時，就已規畫促進行為類化成效的計畫。以下統整所有促進行為類化成效的策略，並舉教導學生在速食餐廳表現點餐和用餐行為作為示例，說明策略的運用如表 12-7。Baer（1999）提醒教師，不要責備學生沒有表現正向行為，他表示：

> 學到任何事物的一面，並不表示你了解其他部分；現在熟練地做一件事，不代表你永遠會做得那麼好；……因此，並不是學生駑鈍、有學習的障礙，或是不成熟，而是因為所有學生都如此。除非有教「類化」，否則沒有人會自動學到類化的課程。（p. 1）

依據 Schloss 和 Smith（1998），造成類化問題的狀況可能有以下五種：（1）**只有少數情境要求個體行為類化？**（2）**個體未表現行為類化仍然獲得增強？**（3）**個體曾經表現行為類化但得不到增強？**（4）**個體在應用或類化情境的表現部分正確嗎？**（5）**個體在應用或類化情境未表現任何行為類化嗎？**針對這五種狀況，有一些策略可以因應這些狀況，如圖 12-2。舉例來說，針對「只有少數情境要求個體行為類化」這個狀況，教師可以採取**改變應用或類化情境中人們的態度和行為來支持個體**，以及**彈性教學**來因應。

表 12-7　促進行為類化成效的策略類型、內涵與示例

策略類型	策略內涵	策略示例 （學生在速食餐廳表現點餐和用餐行為）
一、教導全部的相關刺激條件和反應要求	1. 教導充足的正面教學範例	1. 在很多不同的速食餐廳教導點餐和用餐行為，教導充足的區辨性刺激範例，包括： 1-1. 餐廳的標誌不同。 1-2. 餐廳門的形式不同。 1-3. 不同餐廳和不同時間之餐點內容不同。 1-4. 一般和資源垃圾的內容稍有不同。 1-5. 服務生的服裝不同。 1-6. 有無客人在點餐櫃檯排隊。 2. 因應上述多元的區辨性刺激範例，教導充足的反應要求範例，包括： 2-1. 開門的方式不同。 2-2. 選擇不同餐點而有不同的口語表達內容。 2-3. 不同餐點準備和付的金額不同。 2-4. 有客人在點餐櫃檯排隊時要排隊。
	2. 教導充足的反面教學示例和例外狀況	1. 教導辨識非區辨性刺激示例 1-1. 辨識其他和麥當勞、摩斯相似，但不是速食餐廳的標誌。 1-2. 辨識不可消費的假錢。 2. 教導辨識反面反應示例 2-1. 看到無人但有物品和餐點的座位時，移走他人的物品和餐點。 2-2. 看到有人在櫃檯前排隊時出現插隊行為。 3. 教導例外狀況的因應 3-1. 遭遇點餐問題時，知道如何向服務生請求協助。 3-2. 遭遇排隊至點餐櫃檯時櫃檯關閉，知道變換至另一個點餐櫃檯排隊。
	3. 採用 GCP	1. 習得階段的目標：能在麥當勞餐廳表現點餐和用餐行為。 2. 類化階段的目標：能在摩斯餐廳表現點餐和用餐行為【刺激類化】。
二、讓教學情境與應用或類化情境間的相似度高	1. 安排共同的區辨性刺激	1. 將講桌布置成點餐櫃檯，教室牆壁貼上麥當勞的標誌和漢堡的圖片，並使用麥當勞的點餐單。 2. 教師裝扮成服務生。
	2. 在真實情境中教導	安排在真實情境中練習和再教導的機會。
	3. 彈性教學	1. 變化教學情境的特徵。 2. 變化給予的指令。

（續）

表 12-7 （續）

策略類型	策略內涵	策略示例 （學生在速食餐廳表現點餐和用餐行為）
三、使用中介刺激促進類化	1. 設計的中介刺激	使用速食店的餐巾紙作為中介刺激，教導學生只能放食物在餐巾紙上。
	2. 教導個體經由自我管理中介其行為的類化	教導學生運用「自我監控記錄工具」，監控自己須注意的點餐和用餐行為。
四、訓練與增強類化	1. 教導正向行為達到自然增強所要求的表現標準	教導學生點餐和用餐行為達到自然增強所要求的表現標準。
	2. 帶進自然增強物	帶進自然增強物（餐點）。
	3. 教導或要求個體進行類化	1. 安排明確的程序系列教導學生在早餐、午餐和晚餐時間，在麥當勞餐廳表現點餐和用餐行為，以教導學生進行類化。 2. 要求學生運用「自我監控記錄工具」，監控自己在摩斯餐廳須注意的點餐和用餐行為。
	4. 增強個體自發性的類化行為	教師增強學生自發性的刺激和反應類化的行為。
	5. 安排非區辨性的後效	教師間歇地提供學生社會性增強。
	6. 教導個體尋求增強	教導學生尋求增強，包括何時、如何、多常尋求增強、要說什麼，例如：「我做得好嗎？」「我做得如何？」並且教導學生替代的反應。
五、在應用或類化情境中擴大個體獲得支持或增強的機會	1. 徵求應用或類化情境中的人們增強個體的正向行為	徵求速食餐廳的服務生口頭讚美學生適當的點餐和用餐行為。
	2. 改變應用或類化情境中人們的態度和行為來支持個體	調整速食餐廳的服務生的態度和行為，建立自然支持來源。

圖 12-2　行為類化成效問題的狀況及因應策略

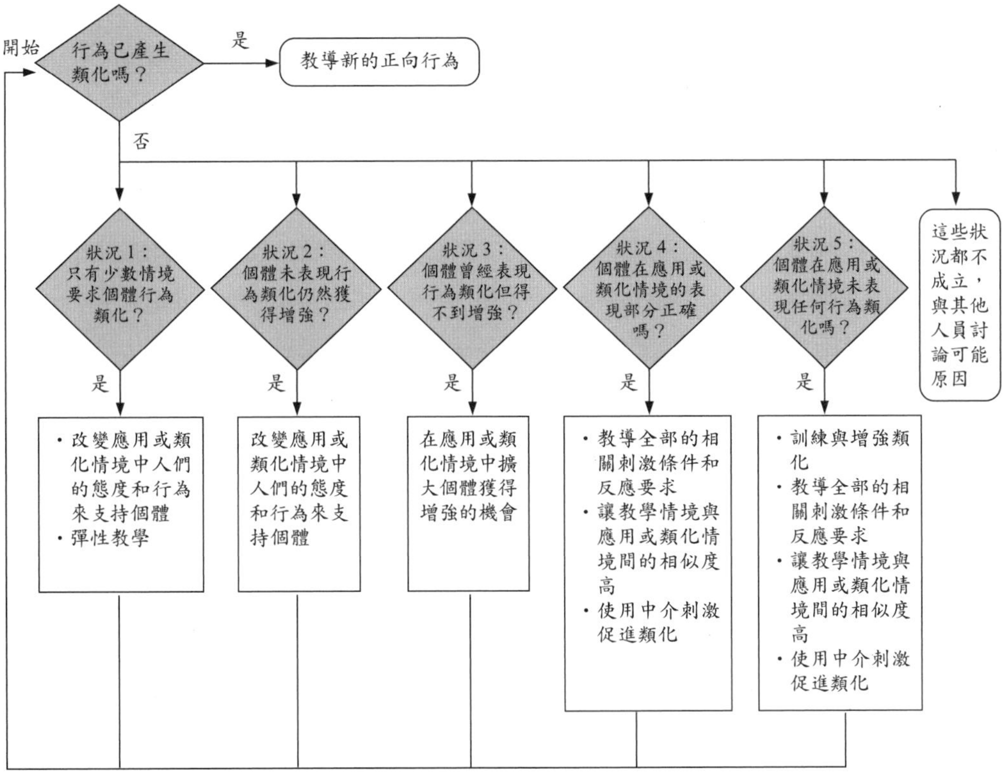

註：◇代表決策步驟，▭代表因應策略，⬭代表最後實施的工作項目。參考 Schloss 和 Smith（1998, p. 295）的概念，整理圖示的步驟和策略，以及加入圖框說明。

總結

由學習階段檢視 PBS 的成效類型來看，包含習得、流暢、精熟、維持、類化和調整階段的學習成效。要促進 PBS 中正向行為的維持成效，教師宜選擇對個體功能性、需求最高，且能獲得自然增強的正向行為；採取漸進步驟，有系統、有計畫地減少介入或協助至較少侵入或較自然狀態；以及教導個體自我管理策略。促進正向行為類化成效（含刺激和反應類化）的策略包括：教導全部的相關刺激條件和反應要求、讓教學情境與應用或類化情境間的相似度高、使用中介刺激促進類化、訓練與增強類化，以及在應用或類化情境中擴大個體獲得支持或增強的機會五大類。其中，這些策略從執行管道來看，分成外在和內在媒介兩種，重要他人就是外在媒介，藉著操控許多環境變項，協助個體維持與類化行為介入成效；而內在媒介就是個體本身，教導個體自我管理和尋求增強，促使自己持續維持與類化正向行為的成效。

作業練習 促進維持與類化介入成效之策略的擬訂

延續第十一章的作業，以該位有行為問題，讓您感到困擾的個案為對象，完成以下「維持與類化介入成效的規畫」作業：

一、標的行為問題之選擇與描述（已完成）

二、標的行為之觀察與紀錄（已完成）

三、標的行為問題之診斷（已完成）

四、標的行為問題正向行為支持計畫之內容與實施

（一）標的行為問題正向行為支持計畫之內容

1. 介入目標（已完成）
2. 正向行為支持策略（已完成）
3. 促進維持與類化介入成效的策略

作業練習 促進維持與類化介入成效之策略的擬訂評鑑

關於維持與類化介入成效的規畫，讀者可以運用「介入成效維持與類化策略擬訂之適切性問卷」（如附錄 75），自我檢視此步驟的執行和敘寫品質。

附錄

附錄 74　撤回正向行為支持策略的決策問卷

附錄 75　介入成效維持與類化策略擬訂之適切性問卷

測驗題

第十二章　維持與類化介入成效的規畫測驗題

第十三章

正向行為支持計畫的實施

第一節 正向行為支持計畫的實施原則
第二節 專業人員間在行為介入上的合作
第三節 教師與家長間在行為介入上的合作
第四節 教師與學生間在行為介入上的合作

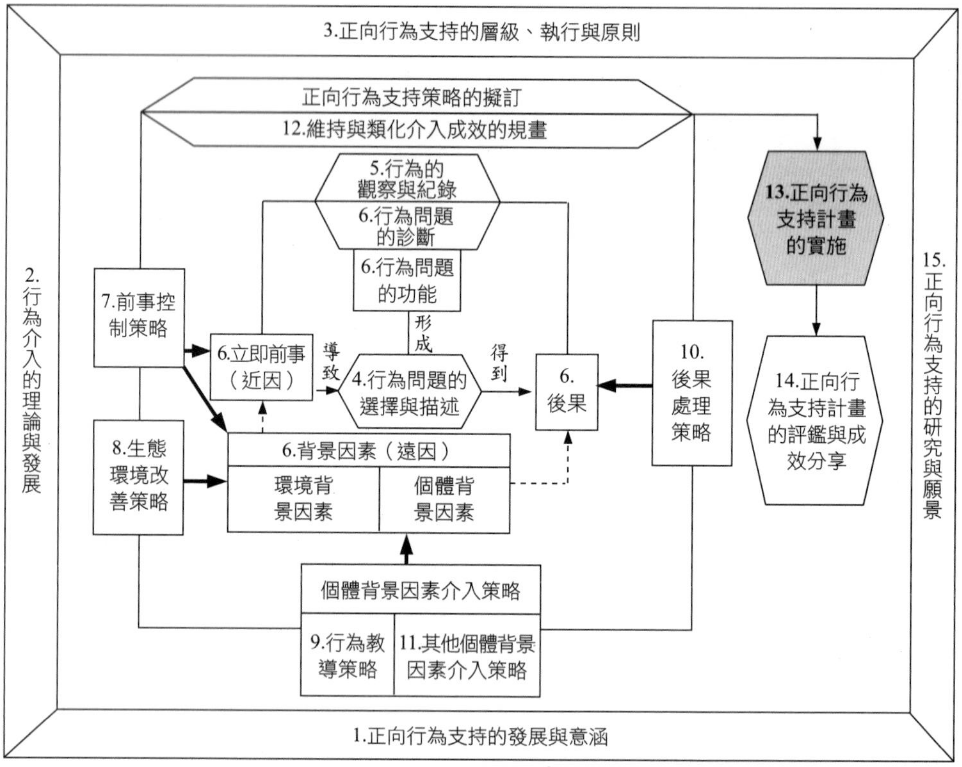
3.正向行為支持的層級、執行與原則
正向行為支持策略的擬訂
12.維持與類化介入成效的規畫
5.行為的觀察與紀錄
6.行為問題的診斷
6.行為問題的功能
形成
13.正向行為支持計畫的實施
2.行為介入的理論與發展
7.前事控制策略
6.立即前事（近因）
導致
4.行為問題的選擇與描述
得到
6.後果
10.後果處理策略
14.正向行為支持計畫的評鑑與成效分享
15.正向行為支持的研究與願景
8.生態環境改善策略
6.背景因素（遠因）
環境背景因素
個體背景因素
個體背景因素介入策略
9.行為教導策略
11.其他個體背景因素介入策略
1.正向行為支持的發展與意涵

導讀問題

1. 在執行 PBS 計畫時，宜注意哪些原則？
2. 合作團隊具備哪些必要的特徵？
3. PBS 團隊合作過程中，有哪些重要的活動可以促成專業人員間的合作？
4. 在實施 PBS 計畫時，如何促進教師與家長間的溝通與合作？
5. 在實施 PBS 計畫時，如何促進教師與學生間的合作，使同儕成為行為介入的協助者？
6. 團體行為後效策略有哪三種形態？它有哪些實施方式？
7. 團體行為後效策略的實施原則是什麼？

第 7 至 12 章已討論PBS計畫的擬訂，擬訂之PBS計畫可納入服務使用者的ISP，或學生的 IEP——具情緒與行為問題學生所需之行為功能介入方案與行政支援中，其敘寫示例如附錄76。本章接著探討PBS計畫的實施，首先陳述PBS計畫的實施原則，而後說明處理人員間的合作，以「學校」場域為例，分成專業人員間、教師與家長間、教師與學生間的合作三方面討論。

第一節　正向行為支持計畫的實施原則

我們不能停止波浪，但是我們能學習隨波衝浪。

實施 PBS 計畫，宜注意以下五項原則。

壹、將正向行為支持計畫融入個體的生活作息中

實施PBS計畫宜融入個體的生活作息中，例如：將正向行為的教育目標嵌入各領域或科目、生活作息中，即**嵌入式教學**（embedded instruction，或譯成「融入式教學」；Wolfe & Hall, 2003），如表 13-1 的示例。

表 13-1 將正向行為的教育目標嵌入科目、領域或生活作息中

正向行為的教育目標	科目、領域或生活作息				
	社會	數學	閱讀	體育	午餐
能夠使用圖卡以表達溝通意圖	・能看每日作息表取得本節需用的書本。 ・能配對本單元重要概念的圖卡。	・藉著配對相同的圖片以協助同儕確定數學問題。	・藉由指認圖卡來回答問題。 ・能將三張連環圖卡排序，並且說故事。	・使用照片選擇器材。 ・使用同儕照片來選擇同組夥伴。	・運用圖卡選擇何種牛奶。 ・能以圖卡和同儕互動。
能以正向的方式與同學互動	・能安靜與同學坐在一起。 ・能注意聆聽同儕分享他們的作品。 ・能傳活動材料。	・能安靜與同儕坐在一起。 ・能愛護同儕分享的作品。 ・能傳教材。 ・能回應同儕提供的三項協助。	・能安靜與同儕坐在一起。 ・能選取書本請同儕閱讀給他聽。 ・能回應同儕詢問有關閱讀文章的問題。	・當同儕開始體育活動時，能配合給予回應。 ・能分享器材。 ・當同儕有好的表現時，能為他們鼓掌。	・當同儕開始午餐有關的動作時，能配合給予回應。 ・能以作息表或雜誌引起與同儕互動的話題。 ・能回應同儕聊天問的問題。

註：參考 Downing 和 Demchak（2008, pp. 46–47）的觀點調整示例。

貳、注意介入策略適用於何種情境

注意介入策略適用於何種情境，例如：Haring 和 Kennedy（1990）研究發現，介入策略在不同情境下的效果不同，他們比較 DRO 和隔離策略，在工作和休閒情境的效果，結果發 DRO 在工作情境有效，在休閒情境則無效；相反地，隔離在休閒情境有效，在工作情境則無效。

參、確保正向行為支持計畫的介入完整性

PBS 計畫的實施會影響介入效果，這包括實施時間和長度、實施地點、實施程序是否適切，即**介入完整性**，又稱為**程序信度**（procedural reliability; J. O. Cooper et al., 2020; Jameson et al., 2020）；換言之，是否如預期計畫完整且正確地實施計畫，是否掌握介入策略的使用程序和原則。若處理人員不只一個人，則宜確保實施內容和方式是一致的。在確保 PBS 計畫的介入完整性上，Yeung 等人（2016）稱之為**實施忠實度**（implementation fidelity）；他回顧 PBS 文獻後發現，**行政支持**和**專業發展**被視為維

持成效的重要因素。Yeung 等人建議，為了持續維持介入成效，宜持續提供行為介入團隊行政支援，以增進團隊效能與資料本位決策的能力；以及給予教師高品質的專業發展與技術協助、諮詢與教練（coaching）式的支持。Fixon 等人（2005）指出有三種忠實度：**情境脈絡**、**符合要素**和**介入能力的忠實度**（context, compliance, and competence fidelity），於表 13-2 呈現其意涵與示例。

表 13-2　三種忠實度的意涵與示例

類型	意涵	示例
情境脈絡的忠實度	是否符合該介入要求的必備條件（例如：實施人員的資格和數量、實施人員和介入對象的比率、督導和實施人員的比率、介入的地點、先備訓練）？	是否符合PBS要求的必備條件（例如：介入情境的相關人員是否參與PBS的實施、相關人員是否接受PBS的訓練、介入的地點是否在自然情境）？
符合要素的忠實度	是否按照該介入的步驟和要素執行此介入，避免不屬於該介入的部分？	處理人員是否按照PBS計畫所要求的時機執行PBS策略，且依照該策略的程序實施它。舉例來說，處理人員是否在正確的時機和方式實施隔離策略；以正確的程序實施教學提示；當個體反應正確與不正確時，處理人員是否給予適當的後果；是否使用所有必需的教材（Lane et al., 2004）。又例如：使用忽略策略時，宜控制會影響行為問題減少的增強物，像是教師欲忽略某位學生引起注意的行為，但其他同學卻注意他，如此會影響忽略的效果，宜予以發現和控制。
介入能力的忠實度	實施人員的能力是否足以執行該介入（例如：實施人員是否了解介入對象的個別狀況、能對情境脈絡因素和介入對象的變項做出適當的反應、辨識介入的時機並採取行動、掌控介入的時程、出現問題時能呈現問題的關鍵觀點）？	處理人員的能力是否足以執行PBS計畫（例如：處理人員是否了解介入對象的個別狀況；辨識介入PBS策略的時機並採取行動；掌控介入的時程；實施 PBS 策略出現問題時，PBS 團隊能共同討論現問題的關鍵觀點）。

註：第一和第二欄整理自 Fixon 等人（2005）。

為了確保介入完整性，可以由處理人員設計評鑑工具，邀請客觀的第三者做評鑑，評鑑後還可計算**介入完整比率**（Gresham et al., 2000; Lane & Beebe-Frankenberger, 2004），如附錄 77「介入完整性評鑑工具與示例」，以及鈕文英和吳裕益（2019）第 3 章。值得注意的是，介入完整性的評鑑強調，實施者是否如預定計畫完整且正確地實施介入方案（包括實施時間、長度或次數、情境和流程），而不是步驟或策略表面數量的一致性，如思考問題 13-1。

思考問題 13-1 介入完整性的評鑑

一份研究在探討PBS對ASD者干擾行為的成效，研究者提及進行介入完整性的評鑑，以檢視所有五位處理人員是否如預期計畫，完整且正確地實施 PBS 計畫，其作法為處理人員和觀察者（研究者擔任）分別記錄一節課中使用 PBS 策略的數目，而後計算一致性。這樣的作法是否適切？

☞ 處理人員和觀察者分別記錄一節課中，使用 PBS 策略的數目之一致性，也許數目相同，但使用的策略內容，以及策略的使用時機或執行程序不相同，因此不應檢核使用 PBS 策略數目的一致性，而是檢核處理人員是否按照介入方案所要求的時機執行 PBS 策略，且依照程序實施之。

Gresham（1996）提出介入完整性和行為有無改變間的關係圖，包含四種；而 Hagermoser Sanetti 和 Collier-Meek（2016）提出因應方法，如圖 13-1，說明如下。第一，**介入完整性佳，且行為產生改變**，這是品質最佳的介入，可以持續實施。第二，**介入完整性佳，但行為極少或沒有改變**，有可能介入方案和行為間的因果關係極小，偵測不出來，或是此介入方案對行為無效；因應方法為增加介入的深度或改變介入方

圖 13-1 介入完整性和行為改變間的關係及可採取的因應方法

介入完整性的狀況	行為的改變：有改變	行為的改變：極少或沒有改變
佳	介入完整性佳，且行為產生改變→持續介入	介入完整性佳，但行為極少或沒有改變→增加介入的深度或改變介入方案
不佳	介入完整性不佳，但行為產生改變→（1）分析造成行為改變的因素；（2）檢視介入完整性的評鑑資料；（3）檢視行為改變的幅度和速率是否符合期待	介入完整性不佳，且行為極少或沒有改變→檢視介入完整性的評鑑資料，分析介入完整性不佳的原因，並尋求方法改進之

註：綜合整理自 Gresham（1996, p. 106）及 Hagermoser Sanetti 和 Collier-Meek（2016, p. 9）。

案。第三，**介入完整性不佳，但行為產生改變**，可能是其他外在變項導致行為有效，介入方案和行為事實上無因果關係。因應方法包括：（1）分析造成行為改變的因素；（2）檢視介入完整性的評鑑資料，分析介入完整性不佳的原因，並尋求方法改進之；（3）檢視行為改變的幅度和速率是否符合處理人員的期待，若不符合期待，則加強介入完整性，持續介入。第四，**介入完整性不佳，且行為極少或沒有改變**，可能由於介入完整性不佳，造成介入方案和行為無因果關係；因應方法為檢視介入完整性的評鑑資料，分析介入完整性不佳的原因，並尋求方法改進之。由此可知，不管行為有無改變，介入完整性的資料皆能幫助處理人員解釋行為有無改變的原因，足見其重要性，進而確認介入方案的效能（Martens & McIntyre, 2009）。

肆、促成處理人員間的協同合作

PBS 計畫要有效實施，處理人員宜包括個體的重要他人（例如：教育人員、家人），取得他們的了解與配合，並且促成處理人員間的協同合作，一致地實施 PBS 計畫。E. G. Carr、Horner 等人（1999）回顧 109 篇 PBS 的研究後發現：由個體的重要他人（例如：教育人員、家人）執行 PBS 計畫，會比由研究者、臨床工作者等與個體不相關的人士執行更有效。正如插畫 13-1：PBS 強調學校／機構和家庭的合作，運用各種資源介入學生的行為問題，而不是單打獨鬥，合作方式詳述於第 2 至 4 節。

插畫 13-1　正向行為支持強調學校／機構和家庭合作
PBS 強調學校／機構和家庭的合作，運用各種資源介入學生的行為問題，而不是單打獨鬥。

伍、持續評鑑正向行為支持計畫的成效

在實施過程中，宜持續評鑑 PBS 計畫的成效，並視評鑑結果修改計畫（Favell & McGimsey, 1999），至於評鑑的方法和指標於第 14 章詳述。

第二節 專業人員間在行為介入上的合作

人們因相同而有所連結，因相異而有所成長。

專業人員是實施 PBS 計畫的主要人員，他們之間在行為介入上的合作，攸關 PBS 計畫的成效。Bambara 和 Chovanes（2021）指出，**合作團隊**（collaborative teamwork）具備**分享願景和目標**、**地位平等**、**正向的團隊關係**、**分享參與和決策權**、**分擔績效責任**五項必要的特徵，如圖 13-2。

圖 13-2　合作團隊的必要特徵

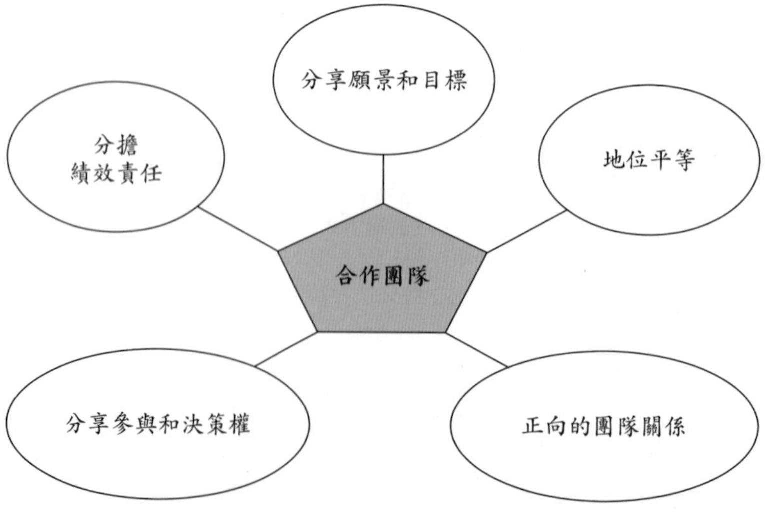

註：依據 Bambara 和 Chovanes（2021, p. 132）的概念製圖。

以上述五項特徵為基礎，Bambara 和 Chovanes（2021）指出 PBS 團隊的合作包括：**初始**、**評量和計畫**，以及**實施**、**評鑑和修正**三個階段，配合這三個階段及 PBS 的五個步驟，團隊執行以個體中心的活動，包括團隊取得目標、結果和價值，優先介入之標的行為問題和其界定的共識等，而為了讓個體中心的活動得以付諸實施，團隊必須執行界定團隊的成員等活動，如表 13-3。以在「學校」場域實施個人層級 PBS 為例，詳細討論團隊中心的活動如下，其他場域如「機構」等，可視情況彈性調整。

表 13-3　正向行為支持團隊合作過程中的活動

合作階段	PBS 支持的步驟	個體中心的活動	團隊中心的活動
初始階段	步驟 1：選擇優先介入之標的行為問題而後界定它	・團隊取得以下三方面的共識： 1. 目標、結果和價值 2. 選擇優先介入之標的行為問題 3. 界定標的行為問題	1. 界定團隊的成員 2. 確認團隊成員的角色和任務 3. 尋求團隊成員對目標的共識 4. 設定團隊合作的基本原則 5. 計畫和建構團隊會議
評量和計畫階段	步驟 2：執行 FA	・團隊決定： 1. 應該蒐集什麼資訊 2. 如何蒐集資訊 3. 誰來蒐集資訊 ・最後摘要資料提供給團隊成員	1. 提升團隊成員了解行為的能力 2. 應用合作問題解決策略做決策 3. 創造開放和坦誠的氣氛
	步驟 3：發展標的行為問題之功能假設	・團隊將： 1. 分析和解釋蒐集到的資訊 2. 尋求團隊成員對標的行為問題功能假設之共識	
	步驟 4：發展 PBS 計畫	・團隊將： 1. 發展凝聚團隊共識的 PBS 計畫 2. 發展實踐 PBS 計畫的行動步驟	
實施、評鑑和修正階段	步驟 5：實施、監控和評鑑 PBS 計畫	・團隊將： 1. 決定重要的成果 2. 決定評鑑進步和成果的方式 3. 決定 PBS 計畫是否順利運作 4. 修改 PBS 計畫	1. 提供團隊成員支持 2. 應用問題解決策略做修改計畫的決策 3. 讚揚與慶祝團隊的努力和成果 4. 反思團隊運作過程

註：修改自 Bambara 和 Chovanes（2021, p. 139），修改處為調整表格形式，以及修改「學生」中心的活動為「個體」中心的活動。The Guilford Press 於 2021 年的版權，同意授權修改。

壹、界定團隊的成員

為有效實施 PBS，其關鍵為組成執行團隊。Bambara 和 Chovanes（2021）指出，團隊可包括**核心和擴展團隊成員**：核心團隊成員包含特殊和普通教育教師、專家、家長、特殊教育助理員、特殊需求學生，以及其他有興趣或學生所需支持服務的人員；擴展團隊成員包含校內專業人員、特殊教育相關專業人員、方案的協調或行政人員、社區服務人員。《特殊教育法》（1984/2019）第 14 條指出，高級中等以下各教育階段學校可依實際需要，遴聘及晉用特殊教育教師、特殊教育相關專業人員、教師助理員和特殊教育學生助理人員（合稱「特殊教育助理員」，簡稱特教助理員）。依據《特殊教育支援服務與專業團隊設置及實施辦法》（2012/2015）第 4 條，特殊教育相關專業人員是指，為身心障礙學生及其教師與家長提供專業服務之下列專（兼）任人員：（1）醫師；（2）物理治療師、職能治療師及語言治療師等治療人員；（3）社會工作師；（4）臨床心理師、諮商心理師、聽力師、職業輔導人員、定向行動人員。我依據臺灣現況，調整執行團隊的成員，如圖 13-3。

圖 13-3　正向行為支持執行團隊的組成

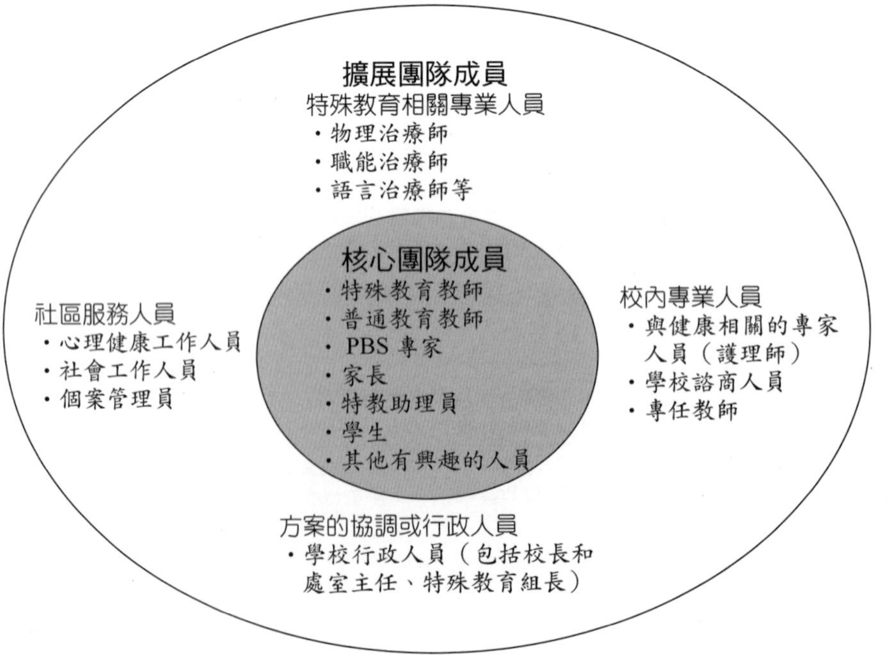

Benazzi 等人（2006）的研究指出團隊成員最好是了解學生、學生所處情境和PBS的人，尤其是核心團隊成員更需如此。Bambara 和 Chovanes（2021）表示，核心和擴展團隊成員，會因個別學生而有改變。而其他場域（例如：機構），可視情況彈性調整。關於上述團隊中其他有興趣或學生所需支持服務的人員，Kerr 和 Nelson（2009）指出，藉由「校內外人力資源調查問卷」（如附錄78），可以找出校內外有哪些人力資源，並且了解這些人員的參與意願、對PBS計畫的支持情形、是否需要督導和訓練等。

貳、確認團隊成員的角色和任務

接著，依據Bambara和Chovanes（2021），清楚界定團隊成員在PBS計畫中扮演的角色和任務，其中主要的成員包括**團隊領導者**、**PBS 專家**、**一般團隊成員**和**其他成員**；團隊領導者引導團隊聚焦，並朝向預定的工作進度和目標邁進，促進成員間正向和合作的互動；它可由團隊成員輪流擔任，如此成員較不會批評擔任此角色的人。PBS 專家在執行 FA、解釋資料、擬訂 PBS 計畫時，提供技術上的指導，也可以藉由提供介入建議，解決團隊遭遇的問題。一般團隊成員依據團隊共識下的價值觀、目標和期待，執行計畫中的工作項目，團隊領導者和PBS專家也是一般團隊成員之一，執行計畫中的某些工作，一般團隊成員在獲得所需的知識與技能後，也可成為團隊領導者或PBS專家；其他成員則包含記錄者、觀察者和時間掌控者，他們的角色和任務呈現於表13-4。臺灣學校中並沒有PBS專家，我建議可以由特殊教育教師來擔任，但須提供他們PBS的專業訓練。

參、尋求團隊成員對目標的共識

之後，須尋求團隊成員對目標的共識，在共識達成後，才能讓團隊成員朝向相同的目標，規畫工作進度。團隊領導者可以藉由問題解決或腦力激盪策略，清楚陳述以學生為中心的目標，來幫助團隊成員了解任務為何，以及為什麼要執行；他的角色在引導團隊成員表達他們的價值觀、目標和期待，並且最後設定符合 PBS 價值觀、簡潔、易於理解的目標（Bambara & Chovanes, 2021），例如：目標是「為阿誠擬訂能在學校和家庭中實施的PBS計畫」。

表 13-4 主要團隊成員的角色和任務

團隊成員	角色和任務
團隊領導者	1. 引導團隊成員表達他們的價值觀、目標和期待，並且依據團隊共識下的價值觀、目標和期待，執行計畫中的工作項目。 2. 引導團隊聚焦並朝向預定的工作進度和目標邁進。 3. 鼓勵團隊成員參與。 4. 指導團隊成員表現良好的合作技能（例如：示範人際技能、感謝團隊成員的貢獻、確保所有團隊成員的意見都能被傾聽）。 5. 引導團隊成員解決衝突。 6. 確保團隊功能被安排和實現。 7. 在團隊會議期間，留意是否完成會議準備事項。 8. 擔任與擴展團隊成員聯繫和溝通的角色。 9. 扮演一般團隊成員的角色。
PBS 專家	1. 引導團隊做符合 PBS 價值觀和實務的決策。 2. 確保 FA 和 PBS 計畫的適當性。 3. 扮演團隊的資源角色，分享 FA、PBS 計畫和介入策略知識和材料的角色。 4. 引導團隊依據其文化、所處情境和擁有的資源，調整 PBS 的實務。 5. 協助團隊成員發展評量、計畫和實施 PBS 的技能。 6. 扮演一般團隊成員的角色。
一般團隊成員	1. 依據團隊共識下的價值觀、目標和期待，執行計畫中的工作項目。 2. 主動參與團隊的決策，提供自己的觀點，並且分享專業和資訊。 3. 傾聽其他團隊成員的建議和意見，接受符合團隊目標的替代作法。 4. 秉持坦誠和尊重的態度與團隊成員溝通。 5. 接受和支持團隊共識和決策。 6. 若有需要，扮演其他團隊角色。
其他成員	
記錄者	1. 敘寫團隊會議紀錄和所做的決策。 2. 在會議開始時報告一些事項。
觀察者	1. 監控團隊的進展（例如：團隊成員是否完成他們承諾做的事情）。 2. 協助團隊領導者追蹤團隊討論的執行情形。
時間掌控者	1. 監控花費在團隊討論的時間。 2. 提醒團隊還剩多少時間可以討論。

註：修改自 Bambara 和 Chovanes（2021, p. 143），修改處為改變表格的形式。The Guilford Press 於 2021 年的版權，同意授權修改。

肆、設定團隊合作的基本原則

接下來設定團隊合作的基本原則，它能夠提高團隊的效能、減少意見分歧和團隊衝突；團隊合作的基本原則是非正式的，反映團隊成員以下三方面的觀點：（1）如何引導團隊聚焦，並且朝向預定的行動步驟和工作進度邁進；（2）如何執行 PBS 計畫；（3）成員間如何以正向、具建設性的方式互動（Bambara & Chovanes, 2021）。一旦基本原則被建立，團隊宜定期檢視成員是否依循原則；若原則一再遭違逆，團隊就須開會討論，與個別成員溝通，或是修改不切實際、沒有關聯的原則（King-Sears et al., 2015）。Bambara 和 Chovanes 提出團隊合作的基本原則如表 13-5。

表 13-5　團隊合作的基本原則

向度	團隊合作的基本原則
・如何完成團隊的任務？	1. 成員將為參與會議做好準備，並且保持專注。 2. 成員將集中心力於會議議程。 3. 在會議期間，成員將以團隊為導向。 4. 成員將依循團隊合作的基本原則。
・執行團隊任務之 PBS 核心假設是什麼？	1. 成員將根據資料界定行為問題的功能。 2. 成員將根據 FA 發展 PBS 計畫。 3. 成員將發展尊重個體和家庭喜好的 PBS 計畫。 4. 成員將依據資料做決策。
・成員應如何在尊重別人的前提上進行互動？	1. 成員每個人都有機會說出自己的觀點。 2. 成員將傾聽和了解彼此的觀點。 3. 成員將透過達到共識做決策。 4. 成員將嘗試有效率和具建設性的溝通方式。

註：修改自 Bambara 和 Chovanes（2021, p. 147），修改處為改變表格的形式。The Guilford Press 於 2021 年的版權，同意授權修改。

伍、計畫和建構團隊會議

再來就是計畫和建構團隊會議，須計畫多久開一次會、在哪裡開會、會議要開多久、如何協調開會時間、如何在會議外進行溝通等（King-Sears et al., 2015）。關於多久開一次會，沒有一定的答案，它受團隊的經驗（愈沒有經驗的團隊，愈需多開會以建立合作關係）、合作的階段（評量與計畫階段通常需要較多次的開會）、學生的問題（危機狀況需要較多次的開會，以取得團隊及時的回應）等因素的影響；核心團隊宜定期開會，如此才能及時提出以個體為中心的目標，讓團隊成員積極參與和擔負責任，協調團隊活動及針對團隊成員的關注焦點提供支持（Bambara & Chovanes, 2021）。

關於在哪裡開會，最好在一個不易分心、不受干擾的地方開會；還要考慮隱私，使不相關的人們不會聽到會議內容（Bambara & Chovanes, 2021）。至於會議要開多久，也沒有一定的答案，乃配合此次會議的討論事項而定；問題解決與計畫通常要花比較長的時間，尤其是參與人數眾多時。然而，Thousand 和 Villa（2000）建議時間最好控制在 1 小時以內，他們認為短時間、高頻率的會議是比較有效率的；而該如何協調開會時間，最好是預定一個固定時間，以及避免在此會議時間成員被其他事務干擾，若無法讓全部成員在同一個時間開會，則建議採輪流的時間表，例如：第一、二次會議在下午 2 點開，第三次會議則安排在下午 3 點開，讓無法在 2 點開會的成員可以參加第三次會議。最後，如何在會議外進行溝通，Bambara 和 Chovanes 建議可以透過電話、簡訊、電子郵件等方式，提供成員簡單的進度報告或最新消息，它能夠建立團隊成員間的信任感。

除此，團隊還須建立一個標準的會議形式，它能增加團隊的效率與效能；而團隊領導者要確保所有成員參與和依循此會議形式（Bambara & Chovanes, 2005），舉例說明如表 13-6。

表 13-6　團隊會議的形式

階段	主持人在會議中執行的工作項目
1. 開始	1. 檢視工作表的項目。 2. 若有需要，提出優先的工作項目，並且設定預計完成的時間。 3. 安排成員在會議中扮演的角色。
2. 界定結果和過程	1. 陳述期待的結果。 2. 決定達到目標的過程。
3. 執行會議	1. 從事全組的討論。 2. 腦力激盪解決問題的方法。 3. 評鑑解決問題的方法。 4. 在共識下做決定。
4. 結束	1. 摘要團隊討論的結果。 2. 協商下一個步驟。 3. 安排任務和職責。

註：修改自 Bambara 和 Chovanes（2021, p. 149），修改處為整合表格的內容。The Guilford Press 於 2021 年的版權，同意授權修改。

陸、提升團隊成員了解行為的能力

對於不了解 PBS 的團隊成員，宜提供訓練和支持，以提升他們的能力；而 PBS 專家可以在 PBS 的核心價值、 FA 的實施，以及 PBS 計畫的擬訂上，提供概念和技術的指導，與持續的支持（Bambara & Chovanes, 2021）。

柒、應用合作問題解決策略做決策

團隊要選擇最適合的評量方法，形成個體行為問題的假設，以及擬訂 PBS 計畫，可被視為需要團隊共同做決策的問題解決活動。King-Sears 等人（2005）提出五個步驟的問題解決架構：步驟 1 是確定問題，例如：如何為阿美執行 FA；步驟 2 是腦力激盪可能的解決問題方法，在不評斷下，鼓勵成員提出解決問題的方法；步驟 3 是評鑑解決方法；步驟 4 是選擇一個或結合多個解決方法；步驟 5 是發展一個行動計畫；最後，擬訂行動計畫實踐解決方法，包括行動步驟、負責人員、何時完成等。

其中在步驟 3，Bambara 和 Chovanes（2021）綜合文獻指出，團隊可以透過一些標準評鑑問題解決方法，包含是否：（1）可行；（2）省時；（3）與環境適配；（4）配合行為問題的功能假設；（5）依據蒐集來的資料；（6）考慮團隊成員的優先選項和關注焦點；（7）是實施者和學生所接受的；（8）符合 PBS 的價值觀和程序；（9）為最好的作法；（10）在團隊共識下產生的；（11）符合學生實齡且尊重學生；（12）考慮個體和家庭的文化背景。

捌、創造開放和坦誠的氣氛

一個有效的團隊特徵是創造開放和坦誠的氣氛，團隊成員能夠說出他們的觀感，不會批評別人，也不會擔心被批評。綜合文獻（Correa et al., 2004; Friend, 2021; Thousand & Villa, 2000），有效團隊運作的要素包括以下六項：（1）正向的互賴關係；（2）經常面對面的互動；（3）發展團隊人際溝通技能，例如：傾聽、溝通、提供和接受回饋、創造性的問題解決和解決衝突的技能等；（4）經常評鑑團隊功能發揮的情形；（5）每位團隊成員貢獻自己的專業知能；（6）團隊成員承諾跨越專業界限，相互學習和共同合作。有效和無效團隊的特徵如表 13-7。

綜合文獻（Bambara & Chovanes, 2021; J. S. Walker & Schutte, 2004），團隊領導者可採取以下作法，創造開放和坦誠的氣氛：（1）鼓勵團隊成員依循團隊基本原則；

表 13-7　有效和無效團隊的特徵

有效的團隊特徵	無效的團隊特徵
1. 有向心力的團隊成員，為達到目標，共同解決問題。	1. 團隊成員向心力不足，對工作的認同感不夠，因此無法共同解決問題。
2. 所有團隊成員皆有參與和領導權。	2. 團隊成員的參與是不平等的。
3. 目標在團隊共識下形成。	3. 目標並非在團隊共識下形成。
4. 能力和資訊決定影響力和權力。	4. 地位決定影響力，強調順從權威。
5. 雙向的溝通。	5. 單向溝通，忽視團隊成員的感受。
6. 團隊成員共同做決策。	6. 團隊領導者做決策，其他團隊成員極少參與。
7. 正視和解決衝突。	7. 忽視、避免和否定衝突。

註：綜合整理自 Correa 等人（2004）、Friend（2021）及 Thousand 和 Villa（2000）的文獻。

（2）引導團隊成員傾聽他人說話，鼓勵他們設身處地了解他人的觀點；（3）協助團隊成員看到他人表達內容之價值，即使他們和自己的想法不同；（4）在衝突發生時，協助團隊成員使用問題解決策略因應問題，而不是責罵他人；（5）示範和鼓勵有效的溝通技巧。

玖、提供團隊成員支持

正如個體需要支持，團隊成員也需要支持和鼓勵。當團隊成員感到挫折和有疑惑時，Bambara 和 Chovanes（2021）建議以下支持方式：（1）持續鼓勵和讚美團隊成員，在嘗試新方法或克服恐懼上的努力，讓他們感受到自己的重要性和貢獻；（2）建立團隊成員的夥伴關係，觀察其他成員如何執行介入策略，互相學習；（3）對於團隊成員關注的焦點（例如：危機處理）提供訓練；（4）在團隊成員經歷危機或高壓力事件後，提供他們短暫休息的機會；（5）建立非正式的支持，例如：讓團隊成員間有溝通的機會，以打電話、E-mail 等方式協助成員解決突發的問題等。

拾、應用問題解決策略做修改計畫的決策

執行 PBS 計畫後，團隊成員宜定期檢視個體進步的資料，以決定是否需要修改計畫；同樣可以使用前述的問題解決策略，處理 PBS 計畫績效責任、可行性和效能的議題（Bambara & Chovanes, 2021）。

拾壹、讚揚與慶祝團隊的努力和成果

讚揚與慶祝團隊的努力和成果，能夠強化合作解決問題的正面感覺，提升團隊士氣和成就感。團隊可以讚揚與慶祝任何事件，例如：取得團隊目標的共識、完成 FA、擬訂 PBS 計畫、減少行為問題，以及發現過去無法克服之問題的解決方法等（Bambara & Chovanes, 2021）。

拾貳、反思團隊運作過程

藉由重新檢視個體資料與團隊的成果，團隊成員反思團隊運作過程，例如：「我們像一個團隊嗎？或是作為一個團隊，我們做得如何？」對於做得不佳的項目，團隊可以思考可能的問題或阻力，進一步提出改進策略，作為下一次團隊運作的參考（Willcocks & Morris, 1997）。

上述團隊中心的十二項活動，雖然是針對個人層級的 PBS，亦適用於教室本位和全校 PBS，只有第一項活動——界定團隊的成員會有一些不同。部分成員（例如：方案的協調或行政人員）亦可成為教室本位和全校 PBS 團隊的成員，只是教室本位 PBS 中其他核心團隊成員（例如：普通教育教師、家長、特殊需求學生）和擴展團隊成員，會視介入之班級而有改變。全校 PBS 團隊會擴充至全校學生、教職員和家長，以及若有必要，加入「主管教育機關行政人員」，以及社區中「相關的支持服務團體」。Sugai 和 Horner（2002a）表示：單獨的個體很難對系統產生重大改變，因此為有效推行全校 PBS，其關鍵為組成全校性的執行團隊。若校內已有不同的執行團隊，校方可統整相關執行團隊的目標、對象，以有效利用學校資源。另外，在全校 PBS 團隊中，校長和其他行政人員應為核心團隊成員（A. J. Frey, Lingo, & Nelson, 2008），Sprague 和 Horner（2006）表示為有效實施全校 PBS，至少 80%的校內人員須認同和支持它的實施，而行政人員的積極支持極為重要；T. J. Lewis（2006）即指出，校長在推動全校 PBS 上扮演關鍵角色。

第三節 教師與家長間在行為介入上的合作

親師是孩子的兩位雕塑家，教師使用的工具是課程與教學，家長的工具是指引的手、關愛的心。日復一日，教師以靈巧又堅定的手法，辛勤地琢磨；此時家長是支持者，將它潤飾、圓滑。

臺灣《特殊教育法》（1984/2019）第9條規定：「各級學校應對每位身心障礙學生擬訂個別化教育計畫，並應邀請身心障礙學生家長參與其擬訂與教育安置。」由此可知，家長參與成為新的《特殊教育法》之基本精神。除了教育安置、IEP 應邀請身心障礙學生家長參與外，行為介入也需要家長的參與，以下探討教師與家長合作的優點和阻力，以及教師與家長的溝通方式、在行為介入上的合作方式和原則四方面。

壹、教師與家長合作的優點

教師與家長合作的優點可以從教師、學生和家長三方面論述。就教師而言，親師合作有下列幾項優點：（1）由於學生在學校及家庭的表現可能不同，親師對學生的了解將各有所偏，親師溝通可以補充親師雙方對學生認識的不足；（2）可以改善與家長之間的關係，並且得到他們更多的支持；（3）增加家長對教師採取介入策略的了解，較不易產生抱怨或質疑；（4）學校與家庭彼此在介入目標和方式的差異，將抵消兩者對學生的行為介入效果，親師之間的協調合作將消弭雙方的差異，讓行為介入可以更一致、更有效；（5）當學生的行為改善後，教師可以有更多時間投入教學，而且學生的學業表現也會跟著進步；（6）教師剛開始花時間經營親師關係，但有一天當家長成為主動且有能力的工作夥伴時，教師會節省更多時間，且更有效率（L. K. Koegel, Koegel, et al., 1996; Minke & Anderson, 2005）。

就學生來說，親師合作有下列幾項優點（T. J. Power et al., 2001; Schloss & Smith, 1998）：（1）由於家長的協助，能改善學生各種行為問題，例如：能正確、完整地完成家庭作業，減少干擾、攻擊行為，戰勝恐懼、逃避等；（2）由於家長的鼓勵，更增進學生的自尊和自信心；（3）各年齡層及各種能力或需要的學生，可以透過親師的合作得到有效的協助；（4）能促進學生將所學的技能類化至家裡。

最後就家長而言，親師合作有下列幾項優點（Fiedler et al., 2007; Schloss & Smith, 1998）：（1）對自己、學校和教師能發展更正向的態度；（2）對自己的教養能力將更有自信；（3）將習得有效的行為介入策略，例如：增強、行為後效契約等策略的使用。

貳、教師與家長合作的阻力

教師與家長合作的阻力可以從社會、教師和家長三方面論述。就社會而言，社會急遽變遷，造成家庭結構和功能的改變，例如：（1）家庭的組成產生變化，單親家庭和隔代教養的比例增加；（2）家庭的住處經常變動，流動人口的比例增加；（3）家庭的文化差異，如原住民、父母之一為新住民等（Gestwicki, 2016; Schloss & Smith, 1998）。這並不意味不同結構的家庭一定存在著問題，無法發揮家庭功能，只是若學校和教師對此種家庭的了解不夠，家庭在履行某些功能上有一些需求無法得到充分、適切的環境支持，則會造成教師與家長合作的挑戰。

就教師方面而言，他們會因以下狀況阻礙親師合作：（1）教師認為家長應為孩子的不佳表現負責任，導致家長有壓力，產生逃避的心理；（2）教師認為他們知道什麼對孩子最好，而且採取地位不對等的方式與家長互動；（3）教師時間有限，工作量過大；（4）教師無法了解部分家長處理孩子行為問題的困難，而且未能提供解決策略（Bauer & Shea, 2003; Schloss & Smith, 1998）。

就家長方面而言，他們會因以下狀況阻礙親師合作：（1）家長過去與學校有不良的互動經驗，以至對學校的印象不佳；（2）家長和教師之間對孩子行為問題的看法不同；（3）家長有極大的壓力，例如：個人、婚姻、教養的壓力，以及社會支持不足等，致使動機低落，這些壓力會造成家長教養功能的瓦解；（4）家長的能力和時間有限，不知道如何與教師溝通和合作（Schloss & Smith, 1998; R. L. Simpson, 2010）。

參、教師與家長的溝通方式

教師與家長間須藉著立即、持續的溝通管道，傳遞孩子學習和行為的訊息，以及行為處理情形和配合事項，建議可採用親師聯絡簿，告訴家長孩子正向表現或進步處，讓家長逐漸建立對孩子的信心，並給予鼓勵，如插畫 13-2。一旦發現有行為問題時，隨即記載，回家後，家長可立即配合學校，做適當的處理。

插畫 13-2　通知家長孩子在學校表現的良好行為

教師在與家長聯繫時，切勿「只報憂不報喜」，而是要經常「報喜」，以「放大鏡」發現學生的進步處，回饋給家長，以提升長對孩子的信心。

家長會議如教學參觀日、班親會、IEP 會議，也是另一種教師與家長間的溝通管道。在舉行家長會議時，要注意先告訴家長孩子正向表現或進步處，不要先挑毛病（Faber et al., 1995/1996）；之後再告訴家長你關切的問題，徵求他們的意見，共同擬訂 BIP，如插畫 13-3。除了正式會議之外，教師也可以藉由非正式會議，例如：電話、家長接送孩子的空檔時間等，與家長溝通，獲得家長支持。

插畫 13-3　家長會議宜注意之處

在家長會議中，教師宜先告訴家長孩子的進步表現，而後再告知你關切的問題。

肆、教師與家長在行為介入上的合作方式與原則

正如第 1 章所述，PBS 鼓勵處理人員與家庭成員之間的溝通與合作，家長在行為評量與計畫發展上均扮演關鍵的合作者角色，以下探討教師與家長在行為介入上的合作方式與原則。

一、教師與家長在行為介入上的合作方式

家庭中心 PBS 即成為教師與家長在行為介入上的合作方式。以下探討家庭中心 PBS 的內涵、親職教育作法及相關研究三方面。

（一）家庭中心正向行為支持的內涵

過去的行為介入和研究較少在家庭情境中介入，欠缺家庭的參與；例如：Ledford 等人（2018）系統回顧 65 篇介入 ASD 者進食相關行為問題的研究後建議，需要更多以家庭情境、增加家庭參與、了解家庭照顧者優先的介入目標、考量行為的功能的研究。Dunlap 和 Fox（2009）認為，家庭中心 PBS 是指，在家庭情境中進行 PBS 計畫，過程中家庭成員不僅是專業人員的設計與執行 PBS 的夥伴，家人的利益也是計畫的設計和執行的考量依據，同時家人是計畫的決策者。B. J. Vaughn 等人（2002）提出在家庭進行 PBS 時，要以**家庭需求和家庭生活情境**為設計與執行 PBS 計畫的基礎。Lucyshyn 等人（2002）指出，家庭中心 PBS 的目標在賦予家庭以下的知識和技能：（1）了解孩子行為問題的原因；（2）在家庭情境脈絡中，有效實施 PBS 計畫；（3）減輕孩子的行為問題，並且教導他們符合實齡的行為和技能；（4）增進孩子和整個家庭的 QOL；（5）在少量或沒有專業人員的協助下，解決孩子新生或復發的行為問題。以下家庭中心 PBS 書籍《解決孩子的挑戰行為——給家長的正向行為支持指引》（*Resolving Your Child's Challenging Behavior*; Hieneman et al., 2022）、《保持正向——成功教養孩子的新取向》（*Keep it Positive: A New Approach to Successful Parenting*; J. Carter et al., 2010），以及《家庭希望家長手冊——給有挑戰行為孩子之家庭的 PBS》（*Family HOPE Parent Handbook: PBS for Families of Children With Challenging Behavior*; King-Peery & Wilder, 2011），可供參考。

Lucyshyn 等人（2002）表示家庭中心 PBS 包含以下十二項特徵：（1）與家人和其他專業人員建立合作的夥伴關係；（2）在評量、發展和實施 PBS 計畫上，皆依據家庭中心的原則；（3）協助家人為其身心障礙孩子與全家，界定和達成有意義的生活形態成果；（4）認識行為問題是學習而來；（5）了解溝通是正向行為的基礎；

（6）執行 FA，以了解行為問題的原因與功能，裨益於 PBS 計畫的效能和效率；（7）協助家庭發展個別化、多元素的 PBS 計畫，以創造使行為問題不相關、無效能和無效率的家庭情境脈絡；（8）確保 PBS 計畫與家庭生活情境脈絡相適配；（9）運用家庭活動情境作為分析和介入行為問題的單位，以利於協助家庭將介入貫穿於其生活中實施；（10）配合家庭需求和喜好，提供實施 PBS 計畫的支援；（11）對孩子與家庭持續評鑑實施成果；（12）以真誠和謙恭的態度，提供團隊中的家人、專業人員和其他成員支持服務。

其中第二點提及依據家庭中心的原則，綜合文獻（Chai et al., 2006; Leal, 1999; Raab & Dunst, 2004; A. P. Turnbull et al., 2007; M. Wang et al., 2007），家庭中心模式強調讓家庭**充權賦能**，是指在專業人員的支持下，家庭能夠參與決定服務目標與內容，並且提升家庭處理目前與未來需求的能力，它具備以下六項原則：**視家庭為一個動態系統**、**了解並尊重家庭的獨特性**（包含家庭文化、價值觀等）、**發掘家庭的優勢和資源**（例如：家庭成員間具備互相支持的正向關係）、**定義家庭的需求和優先順序**、**支持家庭的生活形態**，以及**建立家庭與專業人員平等的合作關係**。

綜合文獻（L. K. Koegel et al., 2005; Lucyshyn et al., 2002; Marshall & Mirenda, 2002），家庭中心 PBS 的實施步驟包括：（1）建立專業人員與家庭間的合作夥伴關係；（2）執行 FA，其中須包含家庭文化、生活作息和生態的評量，家長需求的調查；（3）專業人員與家庭合作，發展能配合家庭生活情境脈絡的 PBS 計畫；（4）專業人員與家庭合作實施 PBS 計畫，並且持續評鑑和修改之；（5）若有需要，提供家庭中心的支持服務。Dunlap 和 Fox（1996）表示早期介入服務中，提供家庭支持尤其重要，可能包括資訊提供、教育和訓練、PCP 和協助、服務的協調、社會和情緒的支持、喘息服務（respite services）等。家庭如何參與 PBS 計畫的實施過程如表 13-8。

（二）家庭中心正向行為支持的親職教育作法

表 13-8 中給家庭的教育支持即提供親職教育，親職教育有兩個主要目標：一為協助家長學習行為介入技能；另一為獲得家長對 BIP 的支持。Singer 等人（2002）表示，過去的親職教育採**家長行為訓練**，它是一種**機構本位的親職教育**，是指在機構或學校實施親職教育，家長定期到機構或學校與教育人員見面，共同研討其子女的行為問題，觀察教育人員的教學或輔導方式，並且將學得的行為介入技能應用於子女身上。機構本位的親職教育方案之優點為，可同時針對多位家長進行，較有效率；唯家長須定期到機構或學校接受親職教育，可能會出現家長缺席或流失的問題，且教育活動多安排特意設計而非發生於家庭情境中的問題，家長在類化應用所學技能至其家庭中，可能會產生困難。

表 13-8　家庭如何參與正向行為支持計畫的實施過程

步驟	任務	家庭參與的機會	給家庭的教育支持
FA 1：蒐集歷史和背景資料	1. 檢視紀錄。 2. 完成訪談。	1. 在檢視紀錄時提供額外或遺漏的資訊。 2. 家長接受訪問，對孩子的成長史提供較寬廣的觀點，以及給予家庭生態和生活作息的資訊。	1. 讓家長了解他們在整個行為介入過程中的權利，包括獲得孩子的紀錄、保密、獲知相關資訊、知情同意。 2. 了解FA和PBS計畫的實施過程。
FA 2：決定標的行為問題	1. 描述行為。 2. 決定對標的行為問題關注之程度。	了解家長對標的行為問題關注之程度。	讓家長了解可評量和可觀察之標的行為問題是什麼。
FA 3：直接觀察	1. 界定標的行為發生的情境脈絡。 2. 完成多元的觀察。	1. 提供孩子在非學校環境中的行為資料。 2. 提供替代的方法以蒐集孩子的行為資料。 3. 家長充當額外的觀察者。	1. 讓家長了解資料蒐集的方法。 2. 讓家長了解與行為改變有關的因素。
FA 4：形成假設	描述標的行為問題，以及其發生的情境脈絡和功能。	1. 提供有關孩子長期行為組型的資訊。 2. 提供在學校情境以外，孩子標的行為問題發生之其他情境脈絡和功能。	1. 讓家長了解行為的溝通意圖。 2. 讓家長了解孩子的需求。
FA 5：驗證假設	驗證標的行為問題發生情境脈絡的正確性。	1. 提供孩子在非學校環境中的行為資料。 2. 提供替代的方法以蒐集孩子的行為資料。 3. 家長充當額外的觀察者。	讓家長了解孩子、情境因素和行為溝通意圖三者間的互動關係。
PBS計畫 1：發展 PBS 計畫	發展完整的行為介入策略，包含預防、教導和反應三類策略。	參與PBS計畫的發展，使計畫能配合家庭生活情境脈絡。	1. 讓家長了解符合孩子行為需求的介入策略。 2. 教導家長如何實施符合孩子行為需求的介入策略，以矯正其標的行為問題，以及教導正向行為。
PBS計畫 2：評鑑 PBS 計畫	1. 檢視孩子目前的行為資料。 2. 決定 PBS 計畫的效能。 3. 調整 PBS 計畫，使其更有效益。	持續參與 PBS 計畫的決策。	教導家長如何檢視PBS計畫的效能，並且調整之。

註：綜合整理自 Dishion 和 Kavanagh（2003）、Fiedler 等人（2007）、Lucyshyn 等人（2002）及 Harrower 等人（2000）的文獻。

為因應家長行為訓練的限制，Singer 等人（2002）提出**支持性的情境脈絡介入**（supportive contextual interventions）。Singer 等人指出，支持性的情境脈絡介入是一種**家庭本位的親職教育**，它是到身心障礙兒童的家庭，一方面對身心障礙兒童提供必要的協助，另一方面也教育家長輔導其身心障礙孩子，它有下列四項優點：（1）由於教育活動係在家中進行，可免除家長學習類化的困難；（2）教育的內容可針對每一個家庭的生態環境來設計；（3）家庭中的所有成員皆有機會參與教育活動；（4）可以節省家庭成員接受親職教育的時間。

家庭本位親職教育的內容和方式乃因應家庭生態、家長的需求和觀點來設計，內容可能包括以下幾項：（1）培養家長使用明確、可觀察的方式陳述行為問題，而後依困擾程度排出優先順序，進一步找出行為問題發生與不發生的人、時、地、情境，再分析其功能的能力，也可以了解家長曾嘗試何種策略介入孩子的行為問題，以及其成效如何，進一步討論影響成效的因素，以作為未來選擇行為介入策略加以訓練的方向；（2）協助家長找到適合的觀察記錄方法，以確實了解行為在介入前後的改變情形；（3）與家長共同擬訂與家庭情境脈絡相適配的 PBS 計畫，此計畫考量家長的價值觀、能力、資源和對策略的接受度；（4）教導家長運用前事控制策略預防行為問題的發生，並且建立常規、生活作息表，加強親子互動；（5）教導家長與孩子正確的溝通態度與方法；（6）教導家長如何滿足孩子的需求，家長不只要告訴孩子做什麼，還要做正確示範，另外學習運用工作分析法簡化步驟，使孩子容易達成；（7）指導家長如何回應孩子的行為；（8）指導家長介入策略的實施步驟和原則，並且建議家長將之張貼於家中醒目之處（例如：冰箱），或做成小卡片，便於家長隨時參閱並檢核實施情形；（9）指導家長如何向孩子說明策略的內容和實施方式，以及在家中如何執行這些策略；（10）鼓勵家長分享他們對行為介入的知識或經驗，與他們共同討論介入策略，提供他們演練的機會，並且在其實施介入策略之後，立即檢討執行情形，給予鼓勵和回饋。

至於家庭本位的親職教育之實施人員除了教育專業人員外，亦可邀請處理身心障礙孩子行為問題有成功經驗的家長擔任，例如：Santelli 等人（2002）運用「家長教家長」的方式實施親職教育後發現，接受親職教育的家長表達他們的壓力和感受獲得同理和支持，有與他們狀況類似之家長的成功經驗作為引導，增進了他們對行為介入的自信心，間接改善其孩子的行為問題。

（三）家庭中心正向行為支持的相關研究

臺灣和國外研究發現：家庭參與 FA 和實施 PBS 計畫，對於增進家長的教養知能，提升家長對於身心障礙孩子的觀感和期待，促進親子互動，以及減少孩子行為問題和增加正向行為上，具有正面的效果（朱思穎，2012；朱思穎、莊雅筑，2019；李淑貞、鈕文英，2011；鄭淳智，2013；顏瑞隆，2002；Albin et al., 2002; Arndorfer et al., 1994; Barry & Singer, 2001; Becker-Cottrill et al., 2003; Binnendyk & Lucyshyn, 2009; Buschbacher et al., 2004; Cheremshynski et al., 2013; Clarke et al., 1999; Duda et al., 2008; Dunlap et al., 2001; L. Fox, Benito, & Dunlap, 2002; L. K. Koegel et al., 1998; Lucyshyn et al., 2002, 2007; Millar, 2021; Mirenda et al., 2002; Neufeld, 2010; S. M. P. Peterson et al., 2002; B. J. Vaughn, Clarke, & Dunlap, 1997; B. J. Vaughn et al., 1997, 2002; Wacker et al., 1996）。

舉例來說，L. Fox、Benito 和 Dunlap（2002）為學前特殊幼兒的家庭，發展**個別化支持專案**（individualized support project），以擴展早期介入的實施。此計畫包括評量、焦點介入和長期縱貫性的追蹤三個階段，如圖 13-4，其中焦點介入包含提供溝通本位的介入、促進社區融合、給予家庭支持和擬訂 PCP 四個要素；結果發現它在減少特殊幼兒行為問題和增加其正向行為上，具有正面的效果。

圖 13-4　個別化支持專案的階段和要素

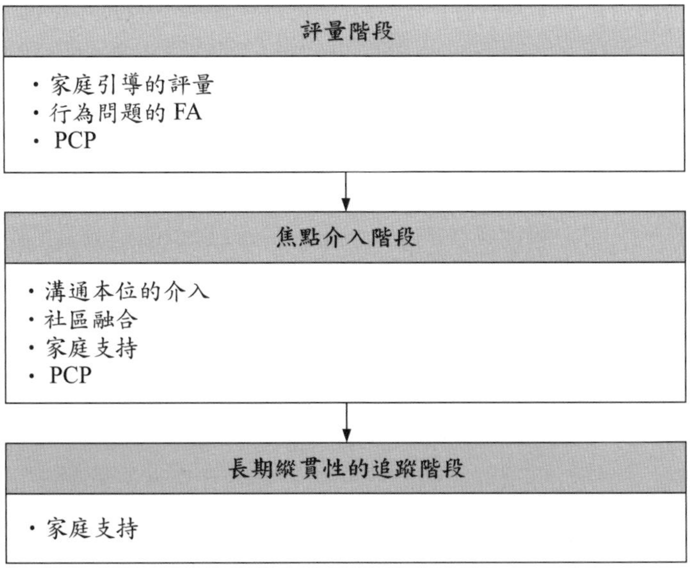

註：修改自 L. Fox、Benito 和 Dunlap（2002, p. 253），修改處為稍微調整圖的樣式。*Journal of Emotional and Behavioral Disorders* 於 2002 年的版權，同意授權修改。

顏瑞隆（2002）以兩位就讀於國小普通班，有行為問題的 ASD 學生之母親為對象，實施家庭介入方案，此介入方案即家庭本位的親職教育，乃依家庭的需求發展而成，其中一個家庭的介入內容為：討論行為問題處理的觀念與技巧、協助家長處理手足問題、傳達 ASD 的知識與訊息及連結社會資源、給予母親情緒支持等；另一個家庭介入方案的內容為：討論行為問題處理的觀念與技巧、協助家長處理手足問題、給予母親的情緒支持等。結果發現兩位母親有教育觀念和技巧的改善、社會資源的連結、孩子行為問題的改善、家庭互動關係的變化等四方面的改變，而且家庭對於介入方案的成效感到滿意。李淑貞和鈕文英（2011）分析家庭中心 PBS 對一位多重障礙學生（化名為小美）抹糞行為的實施過程與成效。本研究發現家庭中心 PBS：（1）能消除小美的抹糞行為，且維持成效佳；（2）能逐步建立小美如廁技能，且能達到家長預期的目標；（3）對於建立小美能以溝通輔具主動表達上廁所意圖未達預期成效，原因為訂定的目標高於小美目前能力太多；（4）能提升小美在家庭的角色和自我概念，建立他人對小美的正向觀感，並提升全家人的 QOL；（5）能增進研究者和小美家長處理行為問題和合作的能力。

二、教師與家長在行為介入上的合作原則

教師與家長在行為介入上的合作，有以下四點宜注意的原則。

（一）了解家庭系統

在與特殊需求學生家長溝通和合作之前，首先須了解其家庭系統（Zuna & Kyzar, 2020）。A. P. Turnbull 等人（2015）提出家庭系統概念架構圖，如圖 13-5。在此家庭系統中，家庭特徵是輸入變項，包括整個家庭的特徵（例如：是大家庭或核心家庭、家庭的社經地位）、家庭中個別成員的特徵（例如：家庭中個別成員的健康狀況），以及特殊的挑戰（例如：家中有一位身心障礙孩子會帶來的特殊挑戰）；家庭特徵輸入於「家庭互動歷程」中，而凝聚力和適應力是此互動歷程中兩個要素，包括大家庭（亦即爺爺、奶奶、叔伯等）、親子、婚姻和手足關係的凝聚力和適應力；經過家庭互動歷程後形成「家庭功能」的輸出結果，包括在經濟、日常生活照顧、休閒、社會化、情感、自尊、教育和心靈等功能的表現；另外，在此家庭系統中，還有「家庭生活週期」會影響整個系統的運作，包括發展的階段（例如：家中身心障礙孩子處於何種發展階段）和轉銜（例如：家中身心障礙孩子面臨什麼轉銜議題，像是從學生邁向成人的角色）兩個要素。教師可以依據 A. P. Turnbull 等人的家庭系統概念架構圖，深入了解特殊需求學生家庭的特徵、家庭互動歷程和家庭功能表現，以及家庭生活週

圖 13-5　家庭系統概念架構圖

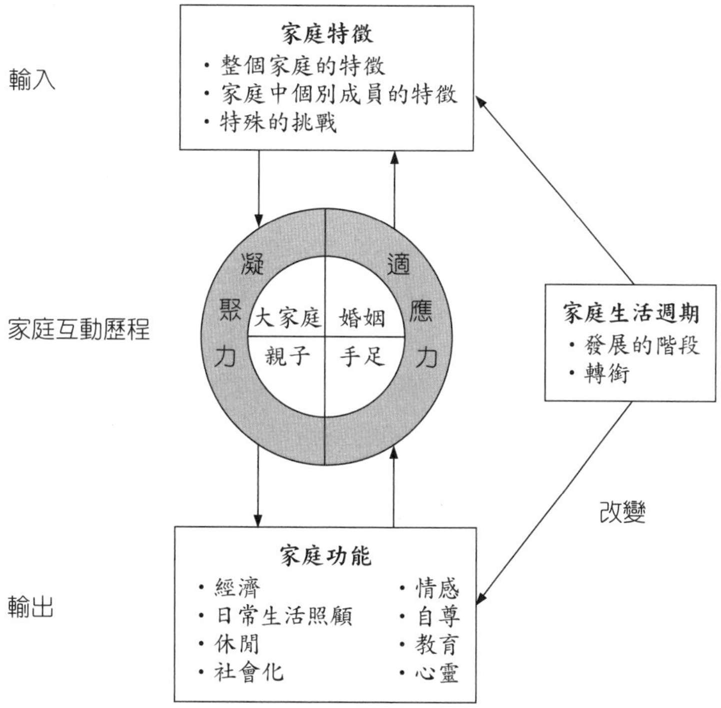

註：修改自 A. P. Turnbull 等人（2015, p. 6），修改處為調整家庭八項功能的順序。Macmillan Publishing Co.於 2015 年的版權，同意授權修改。

期，以熟悉特殊學生的家庭。J. M. Peterson 和 Hittie（2010）即表示，教師宜覺察特殊需求學生的家庭動力，例如：當發現家長的管教態度和方式是嚴厲打罵，這時教師若提供家長其孩子負面行為的訊息，反而會引來更多的粗暴管教，因而對孩子造成傷害；因此教師宜審慎處理。

Albin 等人（1996）亦指出，實施家庭中心 PBS 前，須先進行家庭生態評量，包括了解：（1）家庭對特殊需求孩子的觀點，特殊需求孩子對於家庭而言，有何正面的貢獻？（2）家庭有何優勢？（3）家庭曾運用哪些正式和非正式資源，以增進特殊需求孩子的發展和家庭 QOL？（4）家庭有何社會支持來源？（5）家庭的壓力來源為何？像是孩子的行為問題對家長或個人，乃至於整個家庭有何影響？家庭中有哪些壓力來源會影響家長實施 PBS 計畫，或家庭 QOL？（6）家長對孩子和整個家庭設定的目標是什麼？

（二）了解家長在處理孩子行為問題的經驗和其需求

教師除了解家庭系統外，還須了解家長在處理孩子行為問題的經驗和其需求（Schwartz et al., 2001）。A. P. Turnbull 和 Ruef（1996, 1997）對 17 個，以及 Ruef 等人（1999）對五個身心障礙者家庭，在處理孩子行為問題的經驗和對行為支持的觀點進行研究後發現：（1）家長期待不要將孩子行為問題的原因歸咎於家庭，希冀能獲得了解孩子行為問題原因的評量方法，重建家庭生活作息的作法，增進親子溝通、減輕壓力的策略，以及提供正向、實用和能反映文化的介入，而此介入和策略能帶來長遠有效的成果；（2）隨著孩子的生涯發展，為他們建立友誼一直被家庭視為重要的事，但也是一項極大的挑戰；（3）家庭不可置身事外，必須為身心障礙孩子的生活形態轉變和行為支持，扮演啟動者、催化者和規畫者的角色；（4）家庭希望能與專業人員和社區成員合作，共同面對為其身心障礙孩子創造融合生活形態的挑戰，而且此合作關係是平等的；（5）家長期望能獲得配合家庭情境脈絡，為其身心障礙孩子建立有意義之行為和生活形態改變，所需要的支持服務。

（三）去除阻礙親師合作的可能因素

正如前述，可能有社會、教師和家長三方面的因素會阻礙親師間的合作，處理人員要了解是哪些具體因素，並針對這些因素提出解決策略。如為家長本身壓力的問題，處理人員可以提供社會資源或協助他們調解壓力；如為家長能力和時間的問題，處理人員可以透過家長訓練、尋求其他資源（像是運用其他家長的力量）等方式來解決；如為家長和教師之間對孩子行為問題的看法不同，則要積極了解家長的想法，充分溝通彼此的觀念，以及運用其他家長的協助等方式來面對。另外，如為教師態度的問題，則教師應調整自己的態度，不應有先入為主的想法，認為自己知道什麼對孩子最好，或認為家長應為孩子的不佳表現負責任。

（四）表現真誠和尊重的態度

教師和家長雙方宜真誠表達對教育和輔導的意見，也願意傾聽和尊重對方的想法，使得合作得以在相互了解的情況下順利進行。Wilson（1995）提出教師與特殊學生家長有效溝通的原則：一是**接納**；二是**積極聆聽**；三是**提問**，藉著問問題來探詢家長的想法；四是**鼓勵**；五是**維持討論的方向和焦點**；六是**發展成合作的夥伴關係**，亦即促使家長與教師形成協助孩子的共同目標。除此，綜合文獻，我整理教師與家長溝通時宜避免和採用的語彙如表 13-9。

表 13-9 教師與家長溝通時宜避免和宜採用的語彙

宜避免的不適切語彙	宜採用的替代語彙
1. 以「必須」的語言與家長溝通，例如：「大慶媽媽，你必須教他以『禮貌的用語』向同學借東西，而不是直接拿取。」	1. 以「可以」的語言與家長溝通，例如：「大慶媽媽，你可以教他以『禮貌的用語』向同學借東西，而不是直接拿取。」
2. 以「與別人做比較」的語言評論學生的表現，例如：「阿志的作業表現比同學差，成績也輸人一大截。」	2. 以「與自己做比較」的語言評論學生的表現，例如：「阿志的作業表現低於他之前的表現，成績也低於他的平常水準。」
3. 評價的語言，例如：懶惰、惹麻煩、不合群、人緣差、莽撞的、骯髒的、頑固倔強、散漫草率、文化剝奪或不利、逃學、偷竊等；以及粗話，例如：阿輝的行為很「白目」[a]。	3. 以描述性、正向引導的語言描述觀察到的學生行為，取代粗話及對他們的負面評價，例如：上課打瞌睡、影響課程進行、應該學習與同學合作、與他人相處有困難、表現較不禮貌（例如：未經他人同意就坐他人的座位）、衣著不整齊、堅持自己的想法、可以更勤快和細心點、文化差異、無故缺席、未經許可拿東西，以及阿輝有困難表現符合常規的行為等。
4. 專業術語（例如：IEP[b]）或縮寫（例如：行改[b]）	4. 簡單，但不失其真義的用語，讓教師與家長的互動更具親和力，例如：教導阿鴻在適當的時機問問題和回答問題，以改變他上課不適當說話行為，並且將它訂為IEP的目標。只有確信家長能理解專業術語或縮寫詞的含意時，教師才使用之。
5. 如果有問題需討論，教師掩飾問題，例如：「大華有些活潑。」	5. 如果有問題需討論，清楚陳述問題的情況，例如：「大華上課時會主動問問題和回答問題，不過他可以學習在適當的時機問問題和回答問題。」
6. 對家長以「恩人」自居的語言說話，例如：「我確定你在家無法處理彬彬『忘東忘西』的問題，所以我在學校幫你處理了。」	6. 教師向家長表示成為他們子女教育的合作夥伴，例如：「我們一起來處理彬彬『忘東忘西』的問題。」
7. 如果家長指控教師的作法，教師說謊或拒絕面對家長的指控。	7. 如果家長指控教師的作法，教師不要說謊或拒絕面對家長的指控；若有需要，可徵求學校行政人員的協助。

註：第一和二點整理自 Bauer 和 Shea（2003, p. 86）；第三點整理自 Bauer 和 Shea（2003, p. 86）、Dyches 等人（2012, p. 21）及 T. M. Shea 和 Bauer（1991, p. 82）；第四至七點整理自 Dyches 等人（2012, p. 21）的文獻，再加上我的舉例。

[a]「白目」是指一個人沒有黑眼球，就是有眼無珠、搞不清楚狀況，以及不會看臉色。

[b]「IEP」是指個別化教育計畫，「行改」是指行為改變。

第四節 教師與學生間在行為介入上的合作

同儕是珍貴的資源，因為他們傾向於採取成人不會使用的方法來了解彼此；即使是最棒的教師，也無法取代同儕的角色。

Ke 等人（2018）指出，在教導身心障礙者社會技能時，運用的策略就介入者而言，包括**成人**和**同儕中介**兩種策略。同樣地，在行為問題介入上，除了與校內外專業人員、家長合作外，教師可以與其他學生合作，藉著同儕的力量協助有行為問題的個體，尤其青少年喜歡模仿同儕，特別重視同儕的觀感，在融合班級裡，一般同儕便是很好的協助者，藉此可增進身心障礙學生之社會技能與適當行為，以及和一般學生互動的機會（F. Hill & Parson, 1999l; Kamp et al., 2001）。同儕可以成為有行為問題之個體的模仿對象、社會互動的促發者、適當技能的教導和提示者、人際衝突的調解者及行為表現的監控和回饋者，還可以運用同儕協助監控身心障礙學生的注意力；協助其課業學習、做作業、準備教學材料、寫聯絡簿；提醒他們生活作息和該做的事項；處理和因應他們的情緒或行為問題、身體疾病（例如：癲癇）的狀況；協助他們行動，到達特定地點；鼓勵其好的表現和行為，以及蒐集和記錄其進步表現的資料等（Bock & Borders, 2012; Kerr & Nelson, 2009）。T. M. Scott 和 Kamps（2007）即指出，若個體行為問題的功能為「獲得同儕的注意」，則處理人員非常有必要與同儕合作。

綜合文獻，可以採用同儕監控（peer monitoring）、同儕教導（peer tutoring）、同儕調解（peer mediation）、同儕起始訓練（peer initiation training）、創造性問題解決（creative problem-solving）、同儕增強（peer reinforcement）、同儕面質（peer confrontation）、全班性同儕協助的自我管理（classwide peer-assisted self-management，簡稱 CWPASM）、合作學習（cooperative learning）、同儕評量（peer assessment）、同儕分享（peer sharing）、夥伴學習（partner learning）、團體行為後效（group contingency）等策略，協助身心障礙學生表現正向行為、建立友誼和參與班級活動。Robertson 等人（2003）稱這些策略為**同儕中介的介入**（peer-mediated interventions）；部分文獻（例如：E. W. Carter et al., 2005）稱之為**同儕支持的介入**（peer support interventions，簡稱 PSI），部分文獻（例如：Kohler & Strain, 1990）稱之為**同儕協助的介入**（peer-assisted interventions），是指同儕在教師的指導和監督下，擔任介入者，提供身心障礙學生學業和社會的支持。以下稱之為同儕支持的介入（PSI），並探討 PSI 的類型、實施原則和相關研究。

壹、同儕支持的介入之類型

以下介紹同儕監控、同儕教導等十三種 PSI 如下，這些策略多數針對身心障礙者，亦可以應用於特殊需求者。

一、同儕監控策略

同儕監控策略是指教導同儕監控身心障礙者的注意力，提醒他們生活作息和該做的事項，以及該準備的教學材料（Dougherty et al., 1985）。同儕監控宜注意以下原則（Collier, 2015）：（1）讓受監控的學生選擇哪些同儕擔任監控者；（2）讓受監控的學生感受到監控是善意的提醒，而不是控管他們，尤其是青春期的學生不喜歡被控管；（3）與受監控的學生討論提醒什麼、何時提醒，以及如何提醒，提醒的方式為受監控學生可以接受，感受到被尊重的方式；（4）待受監控的學生已能做到提醒的事項或行為後，可以褪除成「自我監控」。

二、同儕教導策略

同儕教導則比夥伴學習更具結構性，是指運用同儕來擔任助教（tutor），可以兩個人一組，一位助教與一位被教者（tutee）；也可以多人一組，一位助教與多位被教者（E. W. Carter et al., 2009）。Federico 等人（1999, p. 76）指出：「*在一個學習社群的教室中，每個人既是教師，也是學生。*」若依助教與被教者間的年齡差距來看，則有**同年齡**和**跨年齡的同儕教導**（same age and cross-age peer tutoring）；同年齡同儕教導是由同年級的學生擔任助教，而跨年齡同儕教導是由較高年級的學生擔任助教（Cochran et al., 1993）。如果助教與被教者間的角色有互換，亦即兩位學生輪流擔任助教與被教者，則為**交互的同儕教導**（reciprocal peer tutoring; Fantuzzo et al., 1995）。另外，將同儕教導運用在全班中實施，則有**全班性同儕教導**（classwide peer tutoring; Delquadri et al., 1983）；交互的同儕教導運用在全班中實施，則有**全班性交互的同儕教導**（reciprocal classwide peer tutoring; Saenz et al., 2005）。Utley 和 Mortweet（1997）提出**反向角色同儕教導**（reverse-role peer tutoring），亦即由輕度障礙學生教導年齡較小的身心障礙或一般學生。相關文獻（Eiserman et al., 1987; T. Hall & Stegila, 2003; Utley & Mortweet, 1997）指出，反向角色同儕教導能增進輕度障礙學生的教導技能，與一般同儕人際互動的能力，進而提升他們的社會接納度；讓他們練習已習得的學業技能，提高其學業成就及促進他們的自尊和自我概念。Wolpert（2001）調查 230 位任教唐氏症的普通班教師，他們表示「小組教學」搭配「同儕教導」是最有效的教學策略之一。

Kohler 和 Strain（1997）表示，同儕教導的成果和教師教導的一樣好，甚至更好。邱上真（2002）顯示同儕教導可以創造三贏（教師、助教、被教者），除被教者受益外，教師經由有效時間的運用，可落實個別化教學與重視個別差異，而助教也可從教學中獲益；因為要把別人教懂之前，自己要先充分理解，而在教學的同時也可檢驗自己是否真的理解。Cushing 和 Kennedy（1997）的研究指出，一般學生透過同儕教導，協助身心障礙同儕，對他們的學業表現和課堂參與度亦有正向的效果。L. Clark 和 Starr（1986）的研究即指出，學生的記憶量在「說過並做過」的情況下最佳，可以有 90%。由此可知，讓學生說出來，甚至做出來的學習維持效果最好，而同儕教導就有這個好處。

實施同儕教導時，要對助教施以訓練或提供實際演練的機會，綜合文獻（Goodlad & Hirst, 1989; E. E. Gordon, 2005），在進行助教訓練時，宜注意以下六點：（1）教導助教透過微笑、直呼被教者的名字、坐在他們旁邊，以開放的態度接納之，來建立一個友善的同儕互動環境；（2）在訓練之初，宜讓助教了解同儕教導的價值，施教課程之教學大綱、目標、程序、策略、評量方法，以及他們的角色與責任；（3）助教宜學習如何讚美和增強被教者；（4）訓練助教如何協助被教者獲得正確的答案，而不是使用懲罰、嘲弄的話語刺激失敗的被教者；（5）教導助教練習使用不同的問法和方式糾正錯誤，給予應答的時間，以及避免懲罰行為等；（6）教導助教遇到無法解決的問題時，要如何因應，例如：助教無法處理被教者違規的行為時，則請求教師協助。

三、同儕調解策略

C. Hardin（2014）表示，教導學生調解衝突是一種訓練問題解決的能力。Schrumpf 等人（1991）發展同儕調解課程，教導學生如何調解人際間的衝突，包括十八個單元：課程簡介、同儕調解介紹、了解衝突、同儕調解者的特質和角色、溝通技能、縱覽同儕調解的過程、準備同儕調解、揭開序幕、蒐集資訊、聚焦在共同關注的事物上、另尋解決之道、評鑑並選出最適當的解決方案、寫下協議書和結束、支持自己和他人、召開祕密會議、發覺隱密之關注事件、處理憤怒的情緒、減少偏見。S. Mason 和 Rychard（2005）提出運用**衝突輪**（conflict wheel），分析衝突事件的內容、原因，進而建構解決衝突的策略。教師可以教導學生運用「衝突輪」調解同儕間的衝突。

D. W. Johnson 和 Johnson（1998c）發展同儕調解方案，教師每天輪流選擇兩位同學來擔任**調解員**，他們穿著正式的 T 恤，任何學生有不能自己解決的爭執時，都可以求助於調解員。D. W. Johnson 和 Johnson 指出，同儕調解方案的訓練包括七個步驟：第一步是創造合作的情境。第二步是介紹衝突的本質和價值。第三步是教導學生問題解決之協商過程，包含：（1）描述你想要的（例如：「我現在要這本書」）；（2）陳述你的感覺（例如：「我覺得很受挫」）；（3）表達你想要的，以及你的感覺（例如：「你已經用這本書好幾個小時了；我現在再拿不到這本書，我的報告就無法如期完成，等了那麼久讓我覺得很受挫」）；（4）從另一個人的立場來看事情，並說出你對他心裡所想、所感覺的了解情形（例如：「我能了解你是……」）；（5）想出能讓雙方獲益的衝突解決方案；（6）選擇一項雙方均同意的解決方案。第四步是教導學生調解同學間的衝突。第五步是執行調解方案。第六步是持續訓練課程，以提升或修正學生的調解技能。第七步是重複先前的步驟。

四、同儕起始訓練策略

同儕起始訓練通常應用於改善身心障礙者的社會技能，由教師教導一般學生如何誘發和維持身心障礙同儕的社會行為，包括七大部分（Utley & Mortweet, 1997），我進一步舉例如下。

1. **建立眼神的接觸**，與一般學生討論：身心障礙同儕與人交談時，不與人眼神接觸的原因；針對此原因，可以如何做？
2. **建議遊戲活動**，與一般學生討論：（1）何時可以與身心障礙同儕玩遊戲；（2）可以與身心障礙同儕玩什麼遊戲；（3）如何協助身心障礙同儕學習玩遊戲（例如：邀請他們玩遊戲、教導他們遊戲的規則、讓他們嘗試一次以上、與他們輪流玩遊戲）；（4）如果他們不反應或表現不尋常的行為，可以如何做（例如：詢問他們是否想做別的事）？
3. **起始對話**，與一般學生討論：（1）何時可以與身心障礙同儕交談；（2）可以與身心障礙同儕交談什麼話題；（3）如何協助身心障礙同儕學習交談（例如：邀請他們交談、教導他們交談的規則、讓他們嘗試一次以上、與他們輪流交談）；（4）如果他們不反應或表現不尋常的行為，可以如何做（例如：詢問他們是否想做別的事）？
4. **提供或要求協助**，與一般學生討論：（1）何時身心障礙同儕需要協助；（2）如何開啟身心障礙同儕求助的語言和回應他人的協助；（3）身心障礙同儕的優勢，可以尋求他們哪些方面的協助，如何要求他們的協助；（4）如果他們不反應或表現不尋常的行為，可以如何做？

5. **描述正在進行的活動**，與一般學生討論，如何向身心障礙同儕描述正在進行的活動，以吸引他們的興趣、邀請他們的加入，以及引導他們參與活動。
6. **延伸身心障礙者的話題內容**，與一般學生討論：（1）可以詢問什麼問題，以延伸身心障礙同儕的話題內容；（2）如果他們不反應或表現不尋常的行為，可以如何做（例如：換另一種問法）？
7. **表現情感**，與一般學生討論：身心障礙同儕與人交談時，情感表現較為單調的原因，可以如何引導他們隨著交談的話題表現情感？

五、創造性問題解決策略

創造性問題解決旨在協助一般學生，構思一些讓身心障礙同儕參與班級活動，以及解決他們和身心障礙同儕相處問題的作法，它包含六個步驟（Downing & Eichinger, 2008b），我進一步舉例說明如下：第一，一般學生描述他們面對的問題，例如：班上一位重度障礙學生會尖叫，干擾學習活動。第二，一般學生蒐集與問題有關的事實，例如：阿偉在上數學課時，發怪聲的頻率最高，可能原因為對課程內容缺乏興趣和參與度。第三，重述問題以產生想法。第四，腦力激盪解決的方法，先不做評斷，例如：教師引發學生思考如何讓阿偉參與班級活動。第五，依據一些標準評價每一個解決方法。第六，改良選用的解決方案，並且發展與實施一個行動計畫。茲舉一例說明如示例 13-1。

示例 13-1　「創造性問題解決」策略的運用

教師將一般學生與身心障礙同儕相處會遭遇的問題，改編成故事，要他們思考解決問題的方法，例如：故事一〈愛管閒事的浩浩〉

浩浩很熱心，幾乎班上的大小事情他都想管，班上有人愛告狀，他覺得太過分，他會忍不住想去「教訓」愛告狀的同學；班上有人忘了帶東西，他會忍不住叫其他同學要借東西給忘了帶的人。熱心原本是一件好事，但浩浩會把熱心用錯地方，例如：早自修有人說話太大聲，浩浩不是風紀股長，卻忍不住用更大的聲音叫大家安靜，結果使班上秩序更吵。因為這樣，大家覺得浩浩太多管閒事，很多重要的活動反而不敢讓他參加。如果你們和浩浩同班，你們會怎麼解決他的問題？（取自鈕文英等人，2001，第 258 頁）

六、同儕增強策略

同儕增強策略在教導同儕如何增強身心障礙學生好的表現和行為（Kerr & Nelson, 2009），例如：當一位身心障礙學生有好的表現時，教師引導一般學生以他喜歡的話語讚美他。

七、同儕面質策略

同儕面質策略教導一般學生如何處理和因應身心障礙同儕的情緒和行為問題，例如：教導如何適當和具體表達身心障礙同儕之行為帶給他們的感受，並且提供矯正性回饋，以及提示其正向的行為（Gable et al., 1995）。又例如：當一位身心障礙學生暴怒，而且想要咬同儕的手時，教師教導一般學生以堅定的態度告訴他「不可以」，以及具體表達此行為給他們的感受，並提示他正向行為調整情緒和解決問題。值得注意的是，同儕面質宜具體，沒有評價，能提示正向行為，示例 13-2 對比不具體、評價的面質，以及具體、提示正向行為的面質。

示例 13-2　適當和不適當的同儕面質

- 【不具體、評價的面質】你希望和我做朋友，但是你用令我討厭的方法，我不喜歡你，是你自己造成的。
- 【具體、提示正向行為的面質】我不喜歡你碰撞我、抓我頭髮，因為我會覺得你在打我。我知道你想要我跟你玩，我喜歡你問我：「我可不可以跟你玩？」你用這樣的方式，我就知道你想跟我玩。

八、全班性同儕協助的自我管理策略

全班性同儕協助的自我管理策略在教導全班學生（包含身心障礙學生），管理自己的行為，如此可以運用團體動力，引導身心障礙學生適當的行為（Maheady et al., 2001）。

九、合作學習

合作學習並不是將學生置於小組中學習那麼簡單，更重要的是組織合作小組，促進小組的合作學習；合作學習並不是學生圍坐在一起，讓每個學生做作業而已；合作學習也不是由一個學生完成工作／作業，其他學生搭便車簽名而已（Harrell et al.,

1997）。Harrell 等人表示，要成為真正的合作學習小組，小組中的每一個成員都應負起學習責任，都應有成功的學習表現，善用人際溝通和小團體合作技能，並能參與小組自我反省的工作，進而改進小組學習工作。過去的學習採取同質分組或隨意分組，成員各做各的，只為自己的學習負責，焦點僅放在個人表現，很少顧及他人的學習狀況；而且忽視小組合作技巧，領導者指揮成員的參與。依據文獻（Bakken et al., 2010; D. W. Johnson & Johnson, 1998b），合作學習有以下六項特質：**異質分組**、**積極互賴**、**面對面的互動**、**小組的成功是界定在組內每一個人的成功**、**人際技巧**、**團體歷程**。

合作學習包括四個步驟：（1）**教學前的準備**，涵蓋決定小組人數、進行學生分組、分配組內角色、安排教室空間、準備教材等，其中組內成員的角色可能包括鼓勵者（鼓勵每一位組員的參與）、監控者（促進小組的持續運作，並且掌控時間）、領導者（引領小組開始和完成一項任務）、記錄者（記錄小組執行一項任務的過程和結果）；（2）**教學的實施**，含括說明學習任務、完成或成功的標準（例如：指出期許的合作行為、設計個別和團體績效評鑑的標準）、建立積極互賴性、進行合作學習教學、提供學習任務和小組工作技巧的協助等；（3）**參與評鑑與表揚**，涵蓋追蹤學生的行為、評鑑學習結果、進行表揚等；（4）**團體歷程與教學反省**，例如：反省團體的功能、省思及改進整個教學過程等（Friend & Bursuck, 2019; D. W. Johnson & Johnson, 1998b）。

D. W. Johnson 和 Johnson（1998a, b）指出，合作學習的過程能提升學生的心理調適和社會能力，形成學生間的正向關係，以及增加為達到目標投注的努力；此結果能提升學生的人際互動，進而導致正向的依存關係。欲達到合作學習的正面成效，有一些須注意的原則：第一，O'Connor 和 Jenkins（1996）的研究顯示合作學習只對部分研究參與者有效果，其影響因素包括同組夥伴的選擇、教師的監控、合作倫理的建立等，這些都是實施合作學習宜注意之處；第二，E. S. Ellis（1998）表示若身心障礙學生因為表現上的限制，而被認為在合作學習小組中是一項負擔時，將打擊他們的自信心，並且讓他們遭受排拒；因此，教師要確保身心障礙學生有機會為他們所屬小組得分；第三，宜注意評量方式，評量最忌諱的是：（1）依憑少數人的努力，其他人坐享其成；（2）個人收穫與付出不成比例，造成不公平的現象；（3）少數人表現不佳被扣分而連帶影響小組的分數，導致他們成為被攻訐的代罪羔羊；（4）小組的成果為少數的組員掠奪，教師只表揚小組中的少數組員（Friend & Bursuck, 2019; D. W. Johnson & Johnson, 1998b）。

十、同儕評量策略

同儕評量在教導一般學生如何評量身心障礙同儕，並且蒐集和記錄他們進步表現的資料（Kerr & Nelson, 2009）。我於附錄 79 呈現「同儕評量記錄工具與示例」。

十一、同儕分享策略

同儕分享是指將身心障礙和一般學生，配對在一起分享一個主題，例如：分享「第一次的經驗」；或是在講解完一個段落或概念之後，利用 3 至 5 分鐘，讓學生兩兩配對，複習剛才教師教的內容或概念，或是提出待澄清的問題（Armstrong, 2018）。

十二、夥伴學習策略

夥伴學習是指，將各一位身心障礙和一般學生配對在一起學習（Walther-Thomas et al., 2000）。K. Feldman 和 Denti（2004）提出**思考—配對—分享**（think-pair-share）或**思考—（書寫）—配對—分享**〔think-（write）-pair-share〕、**告訴—協助—檢查**（tell-help-check）、**做事—檢查—教學**（do-check-teach）三種夥伴學習策略。K. Feldman 和 Denti 主張，安排成就表現相近的夥伴，例如：高成就學生搭配中等成就學生、中等成就學生搭配低成就學生等；「思考—配對—分享」是指，教師問完開放性問題，讓學生思考一些時間後與夥伴配對分享，最後教師隨機點名學生來分享。「思考—（書寫）—配對—分享」則是在中間多加了「書寫」此步驟。「告訴—協助—檢查」意指，教師問完封閉性問題，讓學生思考一些時間後，告訴夥伴答案，夥伴協助核對答案的正確性，最後從課本、講義中檢查答案，而後做修改和補充。「做事—檢查—教學」是指，教師讓學生做作業單，接著夥伴交換核對答案的正確性，而後正確的一方教導另一方正確的答案，如果雙方都錯，則要求助於另一組夥伴。

十三、團體行為後效策略

團體行為後效策略是指增強物的給予乃根據團體中的個體、少數人，或全組行為的表現來決定，以下探討團體行為後效策略的類型和實施原則。

（一）團體行為後效策略的類型

文獻指出有三種形態的團體行為後效策略如下。

1. 依賴型的團體行爲後效策略

依賴型的團體行為後效策略是指，對某一或某小組學生設定行為表現的標準，他（們）的表現決定全班或全組學生獲得的結果，如果符合標準，則正增強全班或全組學生（Schloss & Smith, 1998; C. H. Skinner et al., 2009），例如：當大智完成作業並達到 90% 的正確率，全班或全組便能獲得自由活動時間。又例如：AD/HD 的彬彬有干擾、分心等行為問題，原本教師在分組時，都沒有任何一個小組願意讓他加入，但在教師訂出「只要彬彬 5 分鐘之內沒有干擾、分心等行為問題，則可為小組加 1 分」的規則後，就有小組願意讓他加入，而小組同儕會監督他，也會讓他感受到自己對小組的重要性，激發他良好表現的動機。它特別適用在若學生的行為問題是受到全班或全組同儕的影響，例如：經常分心，與鄰座同學說話，或同學會不適當地增強其行為問題時。

2. 獨立型的團體行爲後效策略

獨立型的團體行為後效策略是指，班級中每一學生基於個人的適當行為，便可獲得正增強物（Schloss & Smith, 1998），例如：每一位學生只要完成家庭作業並達到 80% 的正確率，便可獲得獎賞，教師也可以根據學生不同的能力和需求設定不同的標準。它不屬於真正的團體行為後效策略，因為學生不是依靠彼此的行為表現而獲得獎賞。它特別適合用在若欲區別性增強每一位學生適當的行為時。

3. 互賴型的團體行爲後效策略

互賴型的團體行為後效策略是指，對全班（或全組）學生設定行為的標準，若全班（或全組）的每一位學生達到標準，則給全班（或全組）正增強（Schloss & Smith, 1998; C. H. Skinner et al., 2009），例如：將全班分成若干組，所有組員要完成家庭作業，並達到 80% 的正確率，該組才可獲得獎賞。它特別適用在期待小組中的所有成員都能達到特定標準時，它有兩種變型：一為**對全班（或全組）設定表現的標準，若全班（或全組）達到標準，則給予增強**（Schloss & Smith, 1998），例如：只要小組在一節課中罵髒話的行為少於三次，則給予小組獎賞。另一種變型是**隨機抽取預定比例的成員之表現和標準做比較，若達到標準，則給予增強**（Schloss & Smith, 1998），例如：隨機抽取小組中 80% 的成員，如果都沒有未經允許隨意發言的行為，則給予小組獎賞。

擴大獨立型的團體行為後效策略，便可發展成**階層系統**（levels systems），它是一種完整的行為管理系統，藉著建立階層，使用增強、行為後效契約、反應代價等策略，能有系統地塑造學生的學業、社會和溝通技能，以及增進學生的自我管理能力（Schloss & Smith, 1998）。依據 Bauer 和 Shea（1988），階層系統包含**等級**、**期待的行為**、**標準**、**後果**（**權力和限制**）與**個別化**五項共同要素，一個階層系統中包括好幾個等級，每一個都包含了期待的行為（例如：參與課程、完成作業、服從班規等的表現）、行為的標準和後果，乃依據學生個別能力和需求設計。學生若能在某段期間內達到該等級的標準，則可進展到較高等級，等級愈高，標準愈高；若學生能力無法達到該等級的標準，則可以調整至較低等級，在低等級中，學生被提供大量結構的行為支持；而在較高的等級中，學生被賦予較多的自主權。針對學生的正向行為，教師提供其權利、社會性增強和代幣；針對行為問題，教師則撤銷或限制之（如示例 13-3）。階層的名稱不一定要使用數字，也可以使用顏色、運動隊伍，或是任何符合學生年齡和能力的名稱；另外，實施階層系統時，宜讓學生參與評量和記錄自己的表現，例如：填寫自我監控記錄工具，如此可減少教師的負擔，增加學生的參與感和自我管理能力；還須發展監控機制，包括多久（例如：每天或每週）檢視學生的表現、如何建立檔案等。

（二）團體行為後效策略的實施原則

Stage 和 Quiroz（1997）後設分析 1967 至 1995 年間，介入公立教育情境有干擾行為的學生，符合他們設定標準的 99 篇研究後發現，介入策略能有效減少干擾行為，其中最有效的三項策略為團體行為後效、自我管理和區別性增強策略。Maggin 等人（2012）針對 27 篇使用團體行為後效的研究進行後設分析，結果顯示它是證據本位的介入。欲發揮團體行為後效策略的最大效果，綜合文獻，有以下九點實施原則。

1. 確定要改變之標的行為，以及可能附帶影響的行為是什麼，進一步選擇適合的團體行為後效策略（Schloss & Smith, 1998）。
2. 在執行計畫前，最好先告知並徵求家長的意見，如此可減少來自家長對團體處理不公平的抱怨等（Schloss & Smith, 1998）。
3. 在執行前，最好先告知學生實施規則，例如：威脅和攻擊行為是不被允許的，要表現負責任和合作的態度，若心裡有不舒服或不公平的感覺時該如何表達等（Kerr & Nelson, 2009; Schloss & Smith, 1998）。
4. 設定適當而漸進的表現標準，系統地教導學生達到標準的必要技能和行為，或是提供支持和協助（Kerr & Nelson, 2009; Schloss & Smith, 1998）。

示例 13-3 階層系統的例子

學校紀錄 姓名：大茂 日期：2019.3.19			服從指令	專心聽講、完成工作／作業	沒有攻擊行為
時段		課程領域或活動			
1	7:30–8:00	早自習、升旗	2	2	2
2	8:10–8:50	國語	2	2	3
3	8:50–9:10	下課	2	＼	2
4	9:10–9:50	數學	3	3	4
5	9:50–10:10	下課	1	＼	1
6	10:10–10:50	社會	2	2	2
7	10:50–11:10	下課	1	＼	1
8	11:10–11:50	美術	3	3	3
9	11:50–12:30	午餐	2	2	2
10	12:30–1:30pm	午休	1	＼	3
11	1:30–2:10	體育	2	2	2
12	2:10–2:30	下課	2	＼	2
13	2:30–3:10	自然	1	1	4
14	3:10–3:30	下課	2	＼	2
15	3:30–4:10	音樂	2	2	2
16	4:10–4:40	清掃、降旗	1	1	1
核計平均等第			1.8	2.0	2.25

計分說明

＊採 4 等級制，其中畫斜線為不做觀察紀錄的時段。

＊服從指令：等級 4 代表能服從教師指令超過 80%，即五次中有四次能做到；3 代表能達成 60% 至 80% 之間；2 代表能達成 40% 至 59% 之間；1 代表僅能達成不滿 40%的指令。

＊專心聽講、完成工作／作業：等級 4 代表沒有任意發言、走動或干擾的行為，或能完成工作／作業超過 80%；3 代表出現任意發言、走動或干擾的行為不超過兩次，或能完成交代工作／作業的 60% 至 80% 之間；2 代表出現任意發言、走動或干擾的行為二至四次之間，或能完成交代工作／作業的 40% 至 59% 之間；1 代表出現任意發言、走動或干擾的行為超過四次，或僅能完成交代工作／作業不滿 40%。

＊沒有攻擊行為：等級 4 代表沒有出現任何身體和物品攻擊行為；3 代表出現一至二次；2 代表出現三至四次；1 代表出現超過四次。

5. 宜注意營造正向的同儕影響，而不要變成負向的同儕壓力；因此多增強正向行為，而不要因少數人表現不佳連坐懲罰同儕，導致他們成為被攻訐的代罪羔羊（Kerr & Nelson, 2009; Schloss & Smith, 1998），例如：「當全班每個人都完成數學作業，我們將休息 10 分鐘」，會優於「有任何一個人未完成數學作業，全班就不能休息 10 分鐘」。此外，教師可多注意不受歡迎學生的好行為，讓他們能因好行為幫小組獲得增強物（C. H. Skinner et al., 2009）。

6. 選擇強而有力，且可供選擇的增強物清單（Schloss & Smith, 1998; C. H. Skinner et al., 2009）。
7. 持續監控個體和團體的表現，因為有可能團體表現有進展，但個體表現沒有進步，或進步幅度較小，甚至部分個體會以破壞全組為樂，這時個別的BIP就要合併使用；另外，即使教師使用的是依賴型的團體行為後效策略，也別忘了監控團體中其他成員的表現，並增強他們的好行為（J. O. Cooper et al., 2020; Schloss & Smith, 1998）。
8. 假如有分組，宜確保每一組、每一個人都有公平的機會，因表現好行為獲得獎勵，而勝利者贏多一點點（Axelrod, 1998; J. O. Cooper et al., 2020）。
9. 持續評鑑實施成效，如果無效，宜檢視每一個步驟的執行情形，擬訂策略解決問題（Kerr & Nelson, 2009; Schloss & Smith, 1998）。

貳、同儕支持的介入之實施原則

綜合文獻，運用 PSI 策略時，教師宜注意以下八項原則。

1. 徵求有意願的一般學生擔任同儕協助者，而不要使用強迫的方式，讓扮演協助者的角色變成一項權利而不是一種責任（E. W. Carter et al., 2011），並且宜徵求家長的同意。如果是要同儕擔任助教，除了考慮意願外，還要慎選能力和態度上能勝任者。
2. 要使同儕成為好的協助者，宜先教導一般學生如何進行協助（Bauer & Shea, 1999）。Brock 等人（2020）表示，教師可以告訴一般學生在幫忙身心障礙同儕之前，要詢問對方的意願和需求，他們指出過多的幫忙反而會干擾身心障礙學生的學習，讓他們失去嘗試和學習的機會。Karten（2015）也指出，不要假定身心障礙學生什麼都不會，宜讓他們判斷自己的能力能否負荷。
3. 身教示範適當的對待方式和協助行為，宜採取平等、尊重和符合實齡的態度與身心障礙學生互動（Kennedy, 2004; Ziegler et al., 2020）。Giangreco 等人（1997）的研究指出，一般學生傾向採取垂直、上對下的角色與身心障礙同儕互動，他們認為兩者間角色的平衡和對等，對於關係的建立非常重要。Downing 和 Eichinger（2008b）即指出，當教師表現出不適當的對待方式和協助行為時，例如：使用不符合身心障礙學生實齡的語言、問問題時使用兒化語、讓他們玩幼稚的物品等；教師便示範一種不對等的互動方式，如此會阻礙身心障礙學生和一般學生間平等關係的建立。

4. 鼓勵同儕協助者適當的協助行為，並且傾聽和同理其在協助或與之相處上，所遭遇的挫折和情緒（Bender, 2012）。另外，要妥善因應一般學生與身心障礙同儕相處上碰到的問題，例如：一般學生不敢或不知道如何向身心障礙同儕坦誠表達他們令人不悅的行為，這時需要教師教導一般學生覺察他們對於身心障礙同儕忍耐的界線，適切而明確地表達對身心障礙同儕的感受；如此才能讓一般學生與身心障礙同儕維持長久而良好的關係，而且這對於身心障礙學生而言，也是很重要的學習（Brock et al., 2020）。
5. 注意一般學生的受教權益，避免過度依賴同儕教導；而且最好不要將協助的責任集中在某位一般學生身上，宜分散（Gibson & Blandford, 2005）。
6. 引導身心障礙學生注意一般同儕示範的適當行為，並且學習去模仿（Kluth & Chandler-Olcott 2010）。
7. 教導身心障礙學生對一般同儕給予感謝和回饋；並且安排身心障礙學生協助別人的機會，因為假使身心障礙學生總是扮演一個被協助的角色，一方面會降低其自我概念，另一方面也會阻礙其與一般同儕建立友誼的機會。身心障礙學生不一定都扮演被協助的角色，從另一個角度來看，他們也可以成為一位幫助別人的人，例如：幫別人收發作業、幫團體拿東西；在合作性的團體中，他們可以當計時員等（Downing & Eichinger, 2008b）。
8. 隨時評鑑和檢討 PSI 的效果，以做進一步的修正。

參、同儕支持的介入之相關研究

整理1980至2021年間，PSI在處理身心障礙者行為問題之研究顯示，可以減少干擾行為的策略包括同儕增強、非後效的同儕注意（Broussard & Northup, 1997; K. M. Jones et al., 2000）、同儕面質（Gable et al., 1995）；可以降低負向互動行為的策略包括同儕監控（Dougherty et al., 1985）。而在增加正向行為方面，同儕參與（教師引導同儕示範和教導）的社會技能教學可以增進社會技能（朱琬蓁，2007；吳淑敏，2003；許文靜，2005；許莉真，2002；黃湘芸，2020；葉淑英，2005；嚴家芳，2005；J. S. Weiner, 2005）；朋友圈、同儕網絡和同儕夥伴能提升人際互動和關係（Garrison-Harrell et al., 1997; H. Goldstein, 1997; C. Hughes et al., 1999; Kalyva & Avramidis, 2005; Katz & Girolametto, 2013; L. A. Simpson & Bui, 2016）；合作學習能增進 ASD 者的學業表現、課堂參與度、上課和合作行為、人際互動及同儕接納度（王碧惠，2007；王賢雲，2002；林雅芳，2002；易世為，2004；胡菁萍，2003；賴青蘭，2004；Dugan et al., 1995）。除此，尚有研究做後設分析和系統回顧，例如：J. B.

Ryan 等人（2004）、Zhang 和 Wheeler（2011）及 O'Donoghue 等人（2021）分別回顧 14 篇和 169 名E/BD學生、45 篇和 118 名ASD學生，以及 25 篇和 54 名口語能力有限的 ASD 學生，運用 PSI 的研究，結果顯示：它均能促進他們在不同學科上的學業成就、社會互動反應，以及擴大和替代性溝通行為或口語能力。亦有研究分析單一策略的成效，例如：Sutherland 等人（2000）回顧八篇符合標準、運用「合作學習」在 E/BD 學生之研究發現：合作學習能增進他們的專注和合作行為、社會技能和課堂參與度，提供他們練習溝通技能的機會；但學業成就則沒有一致性的提升效果。Little 等人（2015）及 Bowman-Perrott（2016）以各 50 篇和 21 篇後設分析「團體行為後效」的研究後發現，它能有效減少分心、干擾、違規等行為問題，運動參與度，以及增加閱讀流暢度、拼字正確性、家庭作業的完成率和正確性等學習表現。

另有研究結合多元的 PSI 或其他策略，例如：全班取向的多元素策略，包括 PSI（同儕監控、團體行為後效），以及對適當和不適當行為給予正向和負向後果（Anhalt et al., 1998）；同儕監控和自我管理策略（Susan & Raymond, 2000）；同儕監控、團體行為後效和自我管理策略（Davies & Witte, 2000）；同儕中介的 PBS 計畫（PSI、自我監控和增強策略；Christensen et al., 2004）；包含語言、遊戲和友誼的 PSI（Kent et al., 2021）；合作學習、自我教導和增強策略（王玉琳，2002）；同儕夥伴和創造性問題解決策略（曾欣怡、鈕文英，2010），結果發現能減少 AD/HD、高風險群、輕度智障和聽障學生干擾行為，以及增進專注行為、社會技能、教室適應行為和人際關係。

總結

本章探討PBS計畫的實施，首先陳述PBS計畫的實施原則，包括：（1）PBS 計畫宜融入個體的生活作息中；（2）完整且正確地實施 PBS計畫；（3）處理人員宜包括個體的重要他人，並且促成人員間的合作；（4）在介入過程中，持續評鑑 PBS 計畫的成效，並且視評鑑結果修改計畫。而在專業人員間的合作方面，包含界定團隊的成員、確認團隊成員的角色和任務、尋求團隊成員對目標的共識、設定團隊合作的基本原則、計畫和建構團隊會議、提升團隊成員了解行為的能力、應用合作問題解決策略做決策、創造開放和坦誠的氣氛、提供團隊成員支持、應用問題解決策略做修改計畫的決策、讚揚與慶祝團隊的努力和成果，以及反思團隊運作過程等活動。在教師與家長間的合作方面，宜注意了解家庭系統、了解家長在處理孩子行為問題的經驗和其需求、去除阻礙親師合作的可能因素，以及表現真誠和尊重的態度四項原則。在教師與學生間的合作方面，可以運用PSI，是指同儕在教師的指導和監督下，擔任支持者，提供身心障礙學生學業和社會的支持。

作業練習 標的行為問題正向行為支持計畫之實施

延續第十二章的作業，以該位有行為問題，讓您感到困擾的個案為對象，完成以下「標的行為問題正向行為支持計畫之實施」作業：

一、標的行為問題之選擇與描述（已完成）

二、標的行為之觀察與紀錄（已完成）

三、標的行為問題之診斷（已完成）

四、標的行為問題正向行為支持計畫之內容與實施

（一）標的行為問題正向行為支持計畫之內容（已完成）

（二）標的行為問題正向行為支持計畫之實施（說明標的行為問題正向行為支持計畫之實施情境、處理人員和職責）

作業練習 標的行為問題正向行為支持計畫之實施評鑑

關於標的行為問題正向行為支持計畫之實施，讀者可以運用「正向行為支持計畫實施之適切性問卷」（如附錄 80），自我檢視此步驟的執行品質。

附錄

附錄 76　個別化教育計畫——行為功能介入方案與行政支援之示例

附錄 77　介入完整性評鑑工具與示例

附錄 78　校內外人力資源調查問卷

附錄 79　同儕評量記錄工具與示例

附錄 80　正向行為支持計畫實施之適切性問卷

測驗題

第十三章　正向行為支持計畫的實施測驗題

第十四章

正向行為支持計畫的評鑑與成效分享

第一節 正向行為支持計畫的評鑑指標與方法

第二節 正向行為支持計畫的成效分享

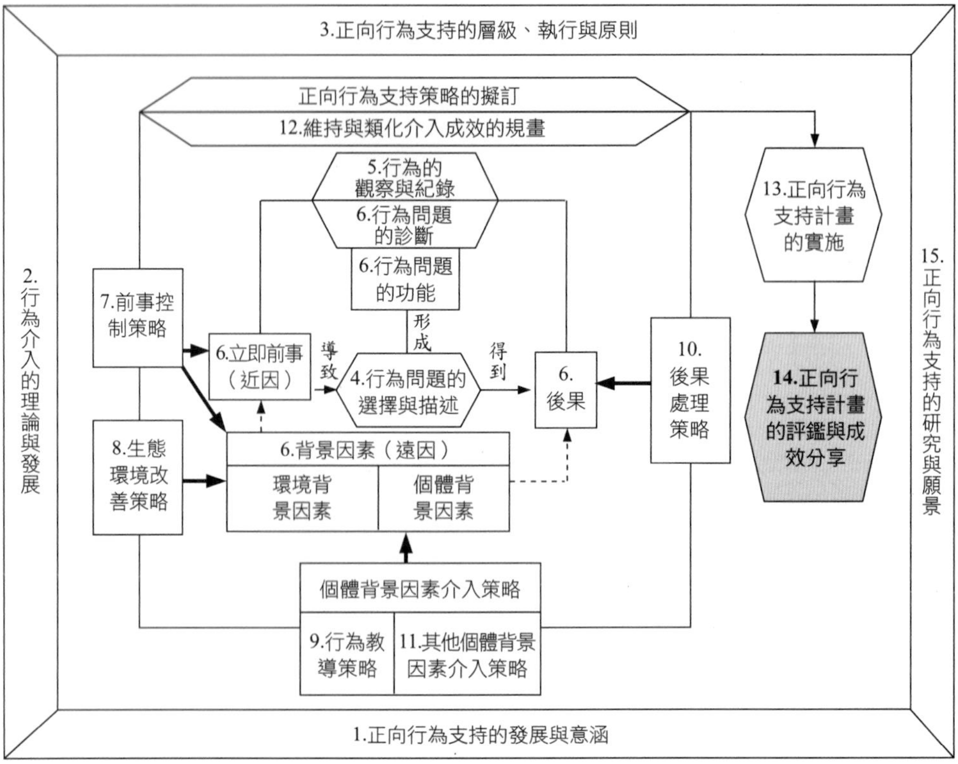
3.正向行為支持的層級、執行與原則
正向行為支持策略的擬訂
12.維持與類化介入成效的規畫
5.行為的觀察與紀錄
6.行為問題的診斷
6.行為問題的功能
形成
13.正向行為支持計畫的實施
14.正向行為支持計畫的評鑑與成效分享
2.行為介入的理論與發展
7.前事控制策略
6.立即前事（近因）
導致
4.行為問題的選擇與描述
得到
6.後果
10.後果處理策略
15.正向行為支持的研究與願景
8.生態環境改善策略
6.背景因素（遠因）
環境背景因素
個體背景因素
個體背景因素介入策略
9.行為教導策略
11.其他個體背景因素介入策略
1.正向行為支持的發展與意涵

導讀問題

1. PBS 計畫的評鑑指標是什麼？評鑑方法是什麼？
2. 當發現 PBS 計畫未達預期效果時，可能原因是什麼？如何改進？
3. 分享 PBS 計畫成效的功能是什麼？分享的對象有哪些人？分享的方式有哪些？宜注意什麼原則？

在實施 PBS 計畫之後，處理人員須評鑑介入的成效，以及分享行為介入成效給個體的相關重要他人、其他人員等。本章將探討 PBS 計畫的評鑑指標與方法，以及 PBS 計畫的成效分享。

第一節　正向行為支持計畫的評鑑指標與方法

評鑑讓處理人員得以用新的眼光看待曾經做過的事情；而成功即始於認清途中的阻礙，以及找出待改變的關鍵因素。

在實施 PBS 計畫之後，處理人員宜建立指標，運用方法評鑑介入成效。若未達到設定的指標，則宜檢討使用的策略是否有效；如果沒效，要如何改進。本節將探討 PBS 計畫的評鑑指標與方法，以及評鑑結果的運用。

壹、正向行為支持計畫的評鑑指標

關於 PBS 計畫，處理人員可以從「過程」和「結果」兩方面來評鑑，詳述如下。

一、結果的評鑑指標

結果的評鑑指標旨在檢視 PBS 計畫的成效，正如第 1 章所云，PBS 成效的評鑑指標多元，綜合文獻（Bambara & Kern, 2021; Crimmins et al., 2007; Kincaid et al., 2002; Meyer & Evans, 1993），包括：第一，**促進個體行為的改變**，包含減少行為問題，增加正向行為的立即、維持和類化成效；第二，**提升個體的 QOL**，包含增進身體和心理的健康、學習和社區活動的參與度、與同儕的互動和關係，擴展社會關係和支持網絡，擁有更多的自主權等；第三，**增進其他人員的轉變**，包括：（1）促進教養人員的成長，像是增進教養態度和方法、溝通技能和問題解決能力；（2）增進行為處理團隊組織的效能，像是提升團隊的運作效能，促進成員行為介入的能力，以及他們之間的互動。整理 PBS 計畫結果的評鑑指標，並且舉實例和說明評量的方法，如表 14-1。

表 14-1　正向行為支持計畫結果的評鑑指標

向度	結果	實例	評量的方法
A.促進個體行為的改變	1. 減少行為問題	•減少撞頭的行為 •減少推人行為	•撞頭次數的紀錄 •推人次數的紀錄
	2. 獲得正向行為	•口頭要求休息而非攻擊別人或丟東西 •看 DVD 而非搖晃身體	•口頭要求休息次數的紀錄 •花在看 DVD 時間的紀錄
B.提升個體的 QOL	1. 增進身體的健康	•減少因撞頭而造成的傷口 •減少因攻擊而造成教養人員的傷害 •減少藥物的使用 •減少危機處理的次數	•醫學紀錄 •教養人員的健保紀錄 •用藥紀錄 •危機處理紀錄
	2. 增加統合的機會及學習和社區活動的參與度	•居家：居住在社區公寓，而非機構 •工作：從事有薪資的支持性就業，而非庇護性或部分時間的就業 •休閒：擁有常態化的休閒時間和活動 •社區：提升社區活動的參與度	•安置紀錄 •薪資量 •活動行程表
	3. 增進心理的健康：快樂、滿意和自主	•提升正向的情緒（例如：較多笑容） •增加選擇的機會	•觀察和訪談紀錄 •選擇機會和訪談紀錄
	4. 建立廣泛的社交網	•增加與同儕的正向互動，以及參與同儕的活動量 •減少一對一的照顧和教導 •獲得友誼	•參與團體活動的觀察紀錄 •教養人員的需求量 •朋友的數量
C.增進其他人員的轉變	1. 促進教養人員的成長	•提升家長或教師對個體的正面態度 •增進家長或教師與個體間的溝通和關係 •增加家長或教師因應個體行為問題的能力	•觀察紀錄 •訪談紀錄
	2. 增進行為處理團隊組織的效能	•提升處理團隊成員行為介入的能力 •促進處理團隊成員間的互動	•團隊會議紀錄 •訪談紀錄

二、過程的評鑑指標

過程的評鑑指標包括：PBS計畫的擬訂和實施過程。在PBS計畫的擬訂過程上，主要評鑑擬訂過程是否按照PBS的理論，符合PBS計畫的擬訂原則，並且具有良好的社會和內容效度，確保PBS計畫的內容適切而完善。而在PBS計畫的實施過程上，主要評鑑處理人員彼此是否溝通與合作，徹底一致地實施PBS計畫，這些評鑑指標已呈現於第4至13章後的評鑑工具。

過程的評鑑指標旨在發現維繫前述結果的過程因素，若PBS計畫的結果有效，是因為擬訂和實施過程中做了些什麼，綜合產生的效果，如此分享時才能有足夠的證據讓人信服；而若PBS計畫的結果無效，可以從擬訂和實施過程中探討失效的原因。

貳、正向行為支持計畫的評鑑方法

PBS計畫的評鑑方法包括客觀和主觀評鑑兩種，詳細討論如下。

一、客觀評鑑的方法

在實施PBS計畫之前，處理人員宜開始觀察與記錄標的行為以建立基線資料，計畫執行中也要持續蒐集行為的資料，比較前後兩種資料，處理人員便可獲得客觀的資料，以評鑑PBS計畫的執行成效。**單一參與者研究設計**（single participant research design; Hurst & Jones, 2016）是最常用的評鑑設計，關於這些設計的詳細說明，參見鈕文英和吳裕益（2019）的書。至於分析時間系列資料的方法，主要使用**曲線圖**（line chart）和**目視分析**（visual inspection），如附錄81和82的說明，以及鈕文英和吳裕益。除了運用觀察蒐集行為資料外，還可以分析檔案文件（例如：用藥紀錄、活動行程表），了解行為的改變情形。

二、主觀評鑑的方法

上述客觀評鑑方法乃從數量的增減評鑑介入成效，近幾年來很多心理學家認為單看數量會流於形式，還須了解個體和其重要他人的觀感。主觀評鑑的方法即前述「結果的社會效度」，包括訪談個體之重要他人，以及訪談個體對自身行為改變的觀感，我設計「行為介入結果社會效度訪問調查問卷」如附錄83，可供參考。有研究探討身心障礙者和其重要他人對行為介入效果的觀感，例如：P. Fox 和 Emerson（2001）調查150位智障者和其重要他人，對智障者行為介入效果的觀感，他們認為最重要的是行為問題的減少；其次是友誼和關係的增進、他人觀感的改善、用適當的方式表達需求、自我控制能力的提升，以及充權賦能。

另外，就評鑑的時間來看，可分成形成性和總結性評鑑兩種方法。**形成性評鑑**是指在行為介入的實施過程中進行，優點是在過程中發現問題就可以立即調整策略；而**總結性評鑑**是指在行為介入執行結束後才進行，好處是可以了解完整實施PBS計畫的效果。

參、正向行為支持計畫評鑑結果的運用

從上述評鑑指標和方法得到的結果，可以運用在兩方面：一是分享行為介入的成果，下一節將詳細討論；另一是作為改進PBS計畫的依據。PBS計畫的不盡理想之處在所難免，處理人員可能會從評鑑資料中發現，PBS計畫實施一段時間之後，標的行為並沒有改進，有時甚至有惡化的現象，或是標的行為有改善，但衍生另外一個行為問題；因此，處理人員須不斷地檢討行為診斷是否確實，是否發現標的行為的真正原因和功能？使用的策略是否有效？如果沒效，要如何改進？行為介入是否有不良的副作用？要不要換用新的策略？

然而，在決定策略是否有效，以及要不要換用新的策略時，許多處理人員碰到一個難題，到底是策略沒效，還是操之過急？考慮這個問題時，處理人員可以從策略本身的目的來看。前事控制策略目的在做短期預防，如果實施後，標的行為沒有立即減少，表示行為診斷不正確，須重新診斷。後果處理策略在給予立即的後果，其中一個目的在使標的行為問題沒有效、使正向行為非常有效，如果實施後標的行為問題沒有減少、正向行為沒有增加，表示策略不適合此個體，須另覓他途。生態環境改善和行為教導策略的目的在長期預防，如果這樣的實施沒有不良的副作用，處理人員不可以輕言放棄。

綜合文獻（施顯烇，1995；Albin et al., 1996; Lerman et al., 1994; Meyer & Evans, 1989），BIP可能失效的原因包括：（1）**環境的因素**，像是個體的生活環境是否有特殊變化，找出所有可能之環境因素；（2）**個體的因素**，像是個體的飲食、藥物、睡眠等狀況是否改變，以及他是否有動機且願意合作；（3）**標的行為問題選擇與界定之因素**，像是標的行為問題之界定是否具體而清楚；（4）**標的行為問題診斷之因素**，像是診斷是否完整而正確；（5）**標的行為觀察與紀錄之因素**，像是行為的記錄方法是否適合標的行為且容易實施、是否確實而完整地記錄行為資料、是否蒐集觀察信度資料；（6）**PBS 計畫的因素**，像是介入目標是否適合個體、PBS 策略是否適

切、是否恰當而徹底地實施；（7）**處理人員的因素**，像是處理人員是否對標的行為、行為觀察紀錄的方法、PBS 計畫有充分的了解，而且徹底正確地實施，是否考慮處理人員的人力、能力、動機和價值觀，處理人員間是否充分合作等。

分析以上可能失效的原因後，處理人員可以針對這些因素提出因應策略，例如：若為處理人員的因素，首先要了解處理人員困難所在，PBS 計畫中如有漏洞或窒礙難行之處，應該速謀改進或彌補；若是處理人員能力的問題，重新教導和行政協助是必要的，如思考問題 14-1，此例是PBS計畫的因素造成介入失效。另外，每一種PBS策略在運用上都有須掌握的原則，如前面幾章所述，因此可檢討策略是否正確恰當地實施。

思考問題 14-1　正向行為支持計畫的實施

婷婷討厭刷牙，已經是一口爛牙，教師在她一早到校的時間教導她刷牙，結果招致婷婷的激烈反抗。為何婷婷會有這麼激烈的反應？教師要如何因應？

☞ 經教師了解原因後發現，婷婷在家裡已被媽媽強迫刷牙，到校後又要再來一次，且這不符合她的生活作息，同學並沒有做同樣的事；後來將教導刷牙的時間，改至中午用完餐後與同學一起進行，加上教師運用同儕示範和增強，結果改善此問題。

第二節　正向行為支持計畫的成效分享

當處理人員遇見美好事物時的首務就是，引領他人看見「運用 PBS 於行為介入」的道路，並且分享成果給他人，如此美好的事物才能在各地散播開來。

在執行 PBS 計畫之後，處理人員宜分享介入成效給個體的重要他人（例如：家長）、學校或機構其他人員，甚至有興趣的教育或服務人員、專家或家長等。本節將探討分享 PBS 計畫成效的功能與方式兩個部分。

壹、分享正向行為支持計畫成效的功能

分享 PBS 計畫成效有兩項功能：一是當作**品質控制**的工具，提供具體評鑑介入成效的依據；二是當成**溝通和協調**的工具，個體或其重要他人有獲知介入成效的權利，藉由分享，讓他們了解介入效果。另外，與其他教育或服務人員分享介入成效，可以增進未來在選擇標的行為問題和介入策略的共識，例如：與行政人員分享介入成效，可以增進行政人員對處理人員的支持和協助。

至於可以向哪些人分享 PBS 計畫的成效呢？一般來說，有兩群人可成為分享的對象：一為與個體行為介入直接有關的人，例如：個體本身、家長、教育人員等；另一為與個體行為介入無直接相關的人，但對處理過程極感興趣，例如：行為處理專家、其他教育人員等。

貳、分享正向行為支持計畫成效的方式

向與個體行為介入直接有關的人，分享 PBS 計畫成效時，宜注意使用他們可以理解和接受的語言與方式，方式可以是書面或（和）口頭，並且與他們討論其關注議題。向與個體行為介入無直接相關的人，分享 PBS 計畫成效時，要先獲得個體或其家長的同意，並且確保隱私和保密，以及避免個體或其重要他人受到傷害。另外，宜注意分享的對象是誰，使用他們可以理解和接受的語言與方式，分享的方式有兩種：一為書面；另一為口頭。書面方式通常發表於期刊上，報告的形式則包括一般行為問題處理報告（讀者為一般大眾），以及行為問題處理研究報告（須符合研究社群認可的規準），「正向行為支持介入行為問題報告大綱」如附錄 84，並呈現「正向行為支持介入行為問題報告舉例」如附錄 85。除此，有一些「行為問題處理報告彙編與網站資源」（如附錄 86）可供參考。

總結

本章探討主觀和客觀的方法評鑑 PBS 計畫的成效。若未達到標準，須檢討使用的策略是否有效；若沒效，要如何改進，可以從環境，個體，標的行為問題之界定、診斷、觀察與紀錄，PBS計畫，處理人員等因素，分析造成計畫失效的原因，進而排除這些障礙。之後，分享 PBS 計畫的成效，藉以作為「控制品質」及「溝通和協調」的手段。

作業練習 標的行為問題正向行為支持計畫之評鑑

延續第十三章的作業，以該位有行為問題，讓您感到困擾的個案為對象，完成以下「標的行為問題正向行為支持計畫之評鑑」作業：

一、標的行為問題之選擇與描述（已完成）

二、標的行為之觀察與紀錄（已完成）

三、標的行為問題之診斷（已完成）

四、標的行為問題正向行為支持計畫之內容與實施（已完成）

五、標的行為問題正向行為支持計畫之評鑑（前言說明正向行為支持計畫的評鑑根據，例如：依照標的行為之觀察紀錄，以及結果社會效度的驗證資料）

（一）正向行為支持計畫對標的行為問題之實施結果與討論

（二）正向行為支持計畫對正向行為之實施結果與討論

關於 PBS 計畫的成效，讀者可以運用「正向行為支持計畫成效問卷」（如附錄 87）加以檢視。

附錄

附錄 81　行為曲線圖之繪製

附錄 82　行為曲線圖之目視分析

附錄 83　行為介入結果社會效度訪問調查問卷

附錄 84　正向行為支持介入行為問題報告大綱

附錄 85　正向行為支持介入行為問題報告舉例

附錄 86　行為問題處理報告彙編與網站資源

附錄 87　正向行為支持計畫成效問卷

測驗題

第十四章　正向行為支持計畫的評鑑與成效分享測驗題

第十五章

正向行為支持的研究與願景

第一節　個人層級正向行為支持研究的分析

第二節　系統層級正向行為支持研究的分析

第三節　教育人員在實施正向行為支持知能和態度的分析

第四節　正向行為支持研究的未來方向

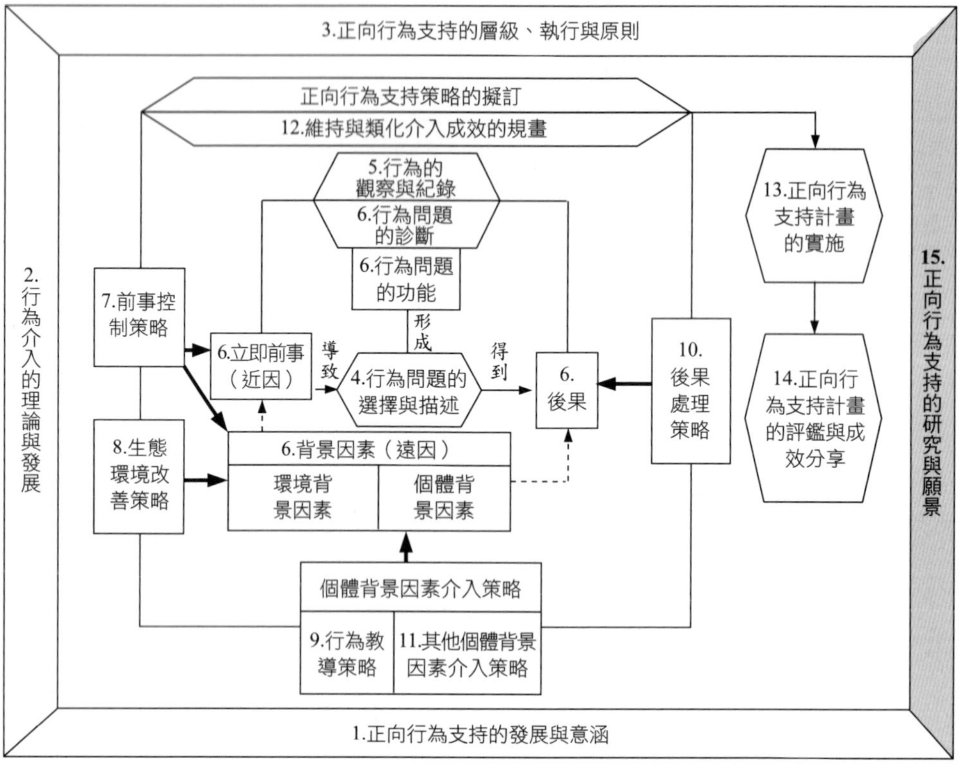
3.正向行為支持的層級、執行與原則
正向行為支持策略的擬訂
12.維持與類化介入成效的規畫
5.行為的觀察與紀錄
6.行為問題的診斷
6.行為問題的功能
形成
2.行為介入的理論與發展
7.前事控制策略
6.立即前事（近因）
導致
4.行為問題的選擇與描述
得到
6.後果
10.後果處理策略
8.生態環境改善策略
6.背景因素（遠因）
環境背景因素
個體背景因素
個體背景因素介入策略
9.行為教導策略
11.其他個體背景因素介入策略
13.正向行為支持計畫的實施
14.正向行為支持計畫的評鑑與成效分享
15.正向行為支持的研究與願景
1.正向行為支持的發展與意涵

導讀問題

1. 臺灣及國外個人層級 PBS 的研究情況是什麼？
2. 臺灣及國外系統層級 PBS 的研究情況是什麼？
3. 教育人員在實施 PBS 的知能和態度如何？
4. PBS 研究的未來方向是什麼？

前面 14 章探討 PBS 的發展、意涵、理論及 PBS 計畫的擬訂與實施；而行為問題介入的理論與實務之間，需要一座銜接橋，PBS 的應用研究是築起橋梁的磚塊，如插畫 15-1。本章首先闡述 PBS 在個人和系統層級的研究；接著討論 PBS 研究的未來方向。

插畫 15-1　以務實的行動築起行為問題介入理論與實務間的橋梁
行為問題介入的理念與實務之間，需要一座銜接橋，務實的行動是築起橋梁的磚塊。

第一節　個人層級正向行為支持研究的分析

成功始於認清途中的阻礙，以及找出待改變的關鍵因素，分析研究即具有此功能。

本節分析個人層級 PBS 的研究，分成臺灣及國外兩方面闡述。

壹、臺灣個人層級正向行為支持研究的分析

此部分系統回顧臺灣 1997 至 2021 年間，個人層級 PBS 的研究，且介入的是行為，而不是學業、生活技能等。我檢索自「臺灣博碩士論文知識加值系統資料庫」、「華藝線上圖書館」、「期刊文獻資訊網」、「Google 學術引擎」等管道，這些研究雖然不完全以PBS命名，有些採功能（或FA）本位介入策略、FCT、溝通本位的介入（以溝通為基礎的行為處理策略）、行為支持、行為功能介入方案等命名；但都具備依據 FA 擬訂介入方案此特徵，共有 125 **篇研究**和 200 **位研究參與者**。這些研究多數採取單一參與者研究，部分採取行動研究（action research）。為了整體分析這些研究的執行狀況，我未做研究品質的篩選。以下從研究參與者、標的行為問題、標的行為問題 FA 方法和其功能、介入特徵、介入策略、正向行為的教導，以及介入成效的評鑑類型七個層面，分析這些研究的內涵，詳細內容如附錄88「臺灣正向行為支持應用於特殊需求者的研究」。

一、研究參與者

以下從研究參與者的特殊需求狀況、生涯階段和安置形態三個次層面，分析 125 篇研究和 200 位研究參與者的內涵如表 15-1。由此可知，從特殊需求狀況來看這些研究介入的研究參與者，以智障和重度障礙者最多，有 87 位，占全體研究參與者的 43.50%。ASD者次之，有 43 位，占 21.50%。E/BD者再次之，有 19 位，占 9.50%。接著是多重障礙者，有 16 位研究參與者，占 8.00 %。再來是發展遲緩或障礙者，有 10 位，占 5.00%。學障和一般學生皆各有 9 位，各占 4.50%。疑似障礙學生 3 位，占 1.50 %。視障、肢障、身體病弱（health impairments）和雙重特殊教育需求者最少，各有 1 位，各占 0.50 %。從上述的分析可知：**部分障礙類別（例如：語障、聽障）沒有 PBS 的研究；部分特殊需求（例如：視障、肢障、身體病弱和雙重特殊教育需求）的研究量尚不足**。

由表 15-1，從生涯階段來看，以國小階段最多，有 113 位，占全體研究參與者的 56.50%。國中次之，有 37 位，占 18.50%。高中職再次之，有 22 位，占 11.00%。成人和幼兒則較少，分別有 15 和 13 位。從上述的分析可知：高等教育階段沒有PBS的研究；部分階段別（例如：學前和成人）的研究量尚不足。由表 15-1，從安置形態來看，以特教學校和集中式特教班最多，各有 52 位，各占全體研究參與者的 26.00 %。普通班再次之，有 46 位，占 23.00 %。接著是身心障礙教養機構和分散式資源班，各有 26 和 24 位，各占 13.00 %和 12.00 %。從上述的分析可知：部分安置形態（例如：分散式資源班和身心障礙教養機構）的研究量相對較少。

表 15-1　臺灣個人層級正向行為支持研究「研究參與者」之分析（$N = 200$）

研究參與者的次層面	人數	百分比
研究參與者的特殊需求狀況		
智能障礙和重度障礙	87	43.50%
泛自閉症	43	21.50%
情緒行為障礙	19	9.50%
多重障礙	16	8.00%
發展遲緩或障礙	10	5.00%
學習障礙	9	4.50%
一般學生	9	4.50%
疑似障礙學生	3	1.50%
視覺障礙	1	0.50%
肢體障礙	1	0.50%
身體病弱	1	0.50%
雙重特殊教育需求	1	0.50%
研究參與者所處的生涯階段		
國小	113	56.50%
國中	37	18.50%
高中職	22	11.00%
成人	15	7.50%
學前	13	6.50%
研究參與者的安置形態		
特殊教育學校	52	26.00%
集中式特殊教育班	52	26.00%
普通班	46	23.00%
身心障礙教養機構	26	13.00%
分散式資源班	24	12.00%

二、標的行為問題

以下從標的行為問題之類型，分析 125 篇研究的內涵如表 15-2，而標的行為問題之類型是依據第 4 章的分類和定義。由此可知，這些研究介入之標的行為問題以不適當社會行為最多，有 84 篇，占 50.00 %，其中外顯的不適當社會行為有 83 篇，以介入干擾和分心行為占前兩位，各有 29 和 28 篇；而內隱的不適當社會行為最少，僅 1 篇。固著行為次之，有 32 篇，占 19.05 %；攻擊行為再次之，有 30 篇，占 17.86 %；再來是自傷行為，有 17 篇，占 10.12 %。介入特殊情緒困擾的研究最少，有 5 篇，占 2.98 %。部分研究介入不同功能的多重行為問題，但將之界定成單一的行為問題；另

表 15-2　臺灣個人層級正向行為支持研究「標的行為問題」之分析（$N = 168$）

標的行為問題	篇數	百分比
不適當社會行為	84	50.00%
外顯的不適當社會行為	83	49.40%
干擾行為	29	17.26%
分心行為	28	16.67%
其他外顯的不適當社會行為	26	15.48%
內隱的不適當社會行為	1	0.60%
固著行為	32	19.05%
攻擊行為	30	17.86%
自傷行為	17	10.12%
特殊情緒困擾	5	2.98%

註：由於有些研究不只介入一個標的行為問題，所以研究篇數超過 125。

有研究對標的行為問題之定義不夠明確。由上述的分析可知：沒有 PBS 的研究介入身體調節異常；以及特殊情緒困擾、內隱的不適當社會行為之研究量尚不足。

三、標的行為問題功能評量方法和其功能

以下從 FA 方法，以及標的行為問題功能之數量和類型，分析 125 篇研究的內涵如表 15-3，而 FA 方法和標的行為問題功能之界定是依據第 6 章的分類及定義。由此可知，這些研究使用的 FA 方法以常見的三種方法為主：相關人士報導法、直接觀察和功能分析，從一種到三種都有。以使用兩種方法的最多，有 92 篇（73.60 %），其中相關人士報導法和直接觀察兩種方法者最多，有 87 篇，占 69.60 %。使用直接觀察和功能分析兩種方法者再次之，有 5 篇，占 4.00%；沒有研究採用「相關人士報導法和功能分析」兩種方法的組合。僅採取一種方法者有 18 篇，其中僅用相關人士報導法者有 9 篇，功能分析者有 6 篇，直接觀察者有 3 篇，而功能分析多數在模擬情境中執行。直接觀察是三種方法中，使用率最高者，相關人士報導法是次高者。三種方法皆使用者次之，有 15 篇，占 12.00 %。然而，多數研究對於應實施哪一種 FA 方法，並沒有一致的標準和程序。

至於這些研究標的行為問題之功能類型，由表 15-3 可知，以取得外在刺激（例如：注意、食物、物品、活動等）最多，有 96 篇，占 37.35 %；逃避外在刺激（例如：課業和工作要求）次之，有 88 篇，占 34.24 %。接著是取得內在刺激或表達愉悅感覺，有 56 篇，占 21.79 %。標的行為問題之功能中較少「逃避內在刺激或表達不舒服感覺」，僅 17 篇，占 6.61 %。另外，部分研究未明確界定取得或逃避的刺激特徵，

表 15-3 臺灣個人層級正向行為支持研究「標的行為問題功能」之分析

標的行為問題功能之次層面	篇數	百分比
功能評量方法（$N = 125$）		
三種方法	15	12.00%
兩種方法	92	73.60%
相關人士報導法和直接觀察	87	69.60%
直接觀察和功能分析	5	4.00%
一種方法	18	14.40%
相關人士報導法	9	7.20%
功能分析	6	4.80%
直接觀察	3	2.40%
標的行為問題之功能類型（$N = 257$）[a]		
取得外在刺激	96	37.35%
逃避外在刺激	88	34.24%
取得內在刺激或表達愉悅感覺	56	21.79%
逃避內在刺激或表達不舒服感覺	17	6.61%

註：[a] 由於有些研究標的行為問題之功能不只一種，所以研究篇數超過 125。

例如：取得誰的注意，逃避之工作特徵（是逃避工作時間太長、工作難度太高、工作內容太枯燥、工作太費力、工作容易失敗等）。又例如：部分研究對功能為「取得感覺刺激」的行為問題，未再做進一步評量，分析研究參與者欲取得何種感覺刺激，僅一些研究有做感覺遮蔽評量，以釐清感覺刺激的類型。再者，部分研究介入的行為問題多樣，例如：分心、攻擊、固著行為等，似乎是不同功能之標的行為問題，而非第 6 章所云「反應類別」的行為，然研究者未個別分析不同標的行為問題之功能，以至於 PBS 計畫的擬訂無法對應個別標的行為問題之功能。

四、介入特徵

以下從介入者人數和特徵、介入者和研究參與者間的關係，以及介入情境的數量和特徵五個次層面，分析 125 篇研究的內涵如表 15-4。由此可知，這些研究中多重介入者居多，有 84 篇，占 67.20 %；介入者特徵多為成人，有 118 篇，占 94.40 %，只有七篇加入同儕的參與。其中多由研究者（為研究參與者的教師之一）主導，邀請其他任課教師、課輔教師、特教助理員、實習教師、特教相關專業人員的參與；或是研究者為特殊教育教師，和研究參與者的教師合作。尚有研究邀請家長或親戚的參與、同儕的加入。除此，有一篇（劉文英、林初穗，2006）研究者訓練研究參與者的任教教

表 15-4 臺灣個人層級正向行為支持研究「介入特徵」之分析（$N = 125$）

介入特徵的次層面	篇數	百分比
介入者人數		
多重	84	67.20%
單一	41	32.80%
介入者特徵		
成人	118	94.40%
成人結合同儕	7	5.60%
介入者和研究參與者間的關係		
全是研究參與者的重要他人	101	80.80%
部分是研究參與者的重要他人	18	14.40%
全部不是研究參與者的重要他人	6	4.80%
介入情境的數量		
多重	102	81.60%
單一	23	18.40%
介入情境的特徵		
自然情境	106	84.80%
模擬情境	16	12.80%
結合自然和模擬情境	3	2.40%

師實施。介入者和研究參與者間的關係中，介入者全是研究參與者的重要他人居多，有 101 篇（占 80.80 %）；介入者全部不是研究參與者的重要他人最少，有 6 篇（占 4.80 %）；18 篇（14.40 %）則是部分是研究參與者的重要他人。行為問題的介入雖然已朝向場域內多位研究參與者之重要他人的參與；然而，多數研究**未具體說明介入者扮演的角色、介入者間如何溝通與合作、如何因應合作的困境**等。

至於介入情境的數量，由表 15-4 可知，以多重介入情境居多，有 102 篇，占 81.60 %。介入情境的特徵多為自然情境，有 106 篇，占 84.80 %。模擬情境次之，有 16 篇，占 12.80 %，亦有三篇研究兩種情境皆有。由上述分析可知，行為問題的介入雖然已邁向多重自然情境；然而，這些研究**介入的自然情境多數在學校中的不同課堂或課間情境，較少在跨學校和家庭或社區情境中進行介入**。

五、介入策略

以下分析 125 篇研究的介入策略數量和類型如表 15-5，至於策略類型的界定是依據第 3 章的分類和定義。由此可知，這些研究多數採取多元素介入，共有 112 篇，占 89.60 %。其中結合前事控制（例如：NCR、調整座位、減少聲音和人影干擾、提供替代的感覺刺激等）、行為教導（例如：功能性溝通技能等）與後果處理（例如：區別性增強、忽略等）三種策略占最多數，有 47 篇，占 37.60 %。結合前事控制、生態環境改善、行為教導與後果處理四種策略次之，有 36 篇，占 28.80 %。結合行為教導與後果處理兩種策略再次之，有 9 篇，占 7.20 %。結合五種策略僅 8 篇，占 6.40 %。僅 13 篇研究採用單一種策略，占 10.40 %，包括只用前事控制策略者 10 篇，只用後果處理策略者 3 篇。

至於介入策略類型的使用頻率，表 15-5 顯示最高者為後果處理策略，有 114 篇（29.38 %）；前事控制策略次之，有 113 篇（29.12 %）；行為教導策略再次之，有 104 篇（26.80 %）。其他個體背景因素介入和生態環境改善策略，是使用頻率最低的前兩者，分別有 11 和 46 篇。由上述分析可知，多數研究運用多元素介入，儘管如

表 15-5　臺灣個人層級正向行為支持研究「介入策略」之分析

介入策略的次層面	篇數	百分比
介入策略數量（$N = 125$）		
多元素策略	112	89.60%
五種（前事控制、生態環境改善、行為教導、後果處理和其他個體背景因素介入策略）	8	6.40%
四種（前事控制、生態環境改善、行為教導和後果處理策略）	36	28.80%
四種（前事控制、行為教導、後果處理和其他個體背景因素介入策略）	3	2.40%
三種（前事控制、行為教導和後果處理策略）	47	37.60%
三種（前事控制、生態環境改善和後果處理策略）	2	1.60%
兩種（行為教導和後果處理策略）	9	7.20%
兩種（前事控制和後果處理策略）	6	4.80%
兩種（前事控制和行為教導策略）	1	0.80%
單一策略	13	10.40%
前事控制策略	10	8.00%
後果處理策略	3	2.40%
介入策略類型（$N = 388$）[a]		
後果處理策略	114	29.38%
前事控制策略	113	29.12%
行為教導策略	104	26.80%
生態環境改善策略	46	11.86%
其他個體背景因素介入策略	11	2.84%

註：[a] 由於有些研究介入策略類型不只一種，所以研究篇數超過 125。

此，但是部分研究未清楚說明介入策略和 FA 間的關係、行為問題功能的資訊如何導向介入策略的發展。此外，多數研究未做介入完整性評鑑，無法得知是否完整且正確地實施計畫、是否掌握介入策略的程序和原則。

六、正向行為的教導

PBS 計畫中重要的元素為行為教導策略，以下分析 128 篇研究正向行為教導之研究如表 15-6，至於正向行為的定義，以及正向行為類型的界定是依據第 9 章的文獻。

表 15-6　臺灣個人層級正向行為支持研究「正向行為教導」之分析（$N = 128$）

正向行為教導的次層面	篇數	百分比
另類技能	95	74.22%
替代技能	75	58.59%
因應技能	9	7.03%
容忍技能	6	4.69%
一般適應技能	5	3.91%
期待的行為	33	25.78%

註：由於有些研究教導的正向行為類型不只一種，所以研究篇數超過 125。

由上述表 15-5 可知，有 104 篇研究有採用行為教導策略，但部分研究未明確陳述此行為是屬於期待的行為，或是哪一種另類技能，此處是由我依據研究者的說明所做的歸類。在有採用行為教導策略的研究中，表 15-6 顯示教導的正向行為類型以另類技能教導居多，有 95 篇，占 74.22 %；期待的行為較少，有 33 篇，占 25.78 %。另類技能教導中又以替代技能所占比例最高，有 75 篇，但是部分研究未明言是替代哪一種功能；少數研究教導因應技能、容忍技能和一般適應技能。另外，雖然有多篇研究採用行為教導策略，但是部分研究未清楚陳述教導的策略和步驟，也沒有工具評鑑正向行為的教導成效。

七、介入成效的評鑑類型

由表 15-7 可知，介入成效的評鑑類型以評鑑標的行為問題之介入成效最高，有 118 篇（44.70 %）。評鑑正向行為之介入成效次之，有 81 篇（30.68 %）。評鑑結果的社會效度再次之，有 65 篇（24.62 %）。有部分研究教導一種以上的正向行為，但未全數呈現所有成效的評鑑結果；或是未分開呈現正向行為的個別成效，僅合起來籠統說明是正向行為的成效。而前面表 15-6 顯示，有 128 篇研究有教導正向行為，但此

表 15-7　臺灣個人層級正向行為支持研究「介入成效評鑑類型」之分析（$N = 264$）

介入成效的評鑑類型	篇數	百分比
評鑑標的行為問題之介入成效	118	44.70 %
一種成效（立即成效）	61	23.11 %
兩種成效（立即和維持成效）	52	19.70 %
兩種成效（立即和類化成效）	2	0.76 %
三種成效（立即、維持和類化成效）	3	1.14 %
評鑑正向行為之介入成效	81	30.68 %
一種成效（立即成效）	37	14.02 %
兩種成效（立即和維持成效）	39	14.77 %
兩種成效（立即和類化成效）	2	0.76 %
三種成效（立即、維持和類化成效）	3	1.14 %
評鑑結果的社會效度	65	24.62 %

處評鑑正向行為教導成效者有 81 篇，表示有 47 篇未評鑑正向行為的教導成效。

就標的行為問題之介入成效而言，多數研究評鑑標的行為問題減少之立即成效一種者，有 61 篇（23.11 %）；兩種成效——立即和維持成效者有 52 篇（19.70 %），立即和類化成效者有 2 篇（0.76%）；立即、維持和類化成效三種者有 3 篇（1.14 %）。就正向行為之介入成效而言，多數研究評鑑正向行為增加之立即和維持成效，有 39 篇（14.77 %）；立即成效次之，有 37 篇（14.02 %）；立即和類化成效有 2 篇（0.76%）；立即、維持和類化成效三種者有 3 篇（1.14 %）。而在維持成效上，全數是分析撤除 PBS 未超過 6 個月，依據 E. G. Carr、Horner 等人（1999）的說法，這是短期維持成效。在類化成效上，全數是分析刺激類化成效。至於評鑑結果的社會效度，這些研究了解的社會效度聚焦在標的行為問題之減少，較少包含研究參與者大範圍的成效指標。由上述的分析可知：評鑑 6 個月以上之長期維持成效，以及類化成效的研究量尚不足。另外，較少研究包含研究參與者大範圍的成效指標。至於介入成效，我未做統計分析，建議未來可做後設分析，探析 PBS 的介入成效。陳佩玉等人（2015）後設分析 2001 至 2012 年間採單一參與者研究，臺灣 39 篇功能本位介入方案對身心障礙學生之成效研究，結果顯示：對減少身心障礙學生行為問題及提升正向行為的整體成效，介於稍有效果到高度有效間，其中又以改善固著行為與提升替代它的正向行為介入成果最佳，但各研究間的成效落差頗大。造成落差的原因需進一步探究。

貳、國外個人層級正向行為支持研究的分析

有關國外個人層級 PBS 的研究，我首先分析 FA 應用於身心障礙者的研究；而後依據研究參與者，分成發展或身心障礙者、ASD 者、E/BD 者和其高風險者，以及其他研究參與者四個群體，呈現 PBS 研究的系統回顧或後設分析。

一、功能評量應用於身心障礙者研究的分析

以下從 1990 至 2022 年間，FA 運用之研究參與者、標的行為問題、實施者、實施情境、方法和工具，以及在擬訂 PBS 計畫上的角色六方面，分析 FA 應用於身心障礙者研究的情況。

（一）研究參與者

FA 多數運用在臨床情境中，對重度障礙者慢性行為問題的研究（R. Reid & Nelson, 2002）；Quinn 等人（2001）指出，FA 根源於對中重度障礙者慢性行為問題的研究，它們在 E/BD、AD/HD **和學障者上的應用相對比較少**。Stichter 和 Conroy（2005）及 Martens 和 Lambert（2014）指出，2000 年之後 FA 在 E/BD 者的應用雖然有增加的趨勢，但是研究量仍不足，且主要以學前和國小階段居多，以中學階段學生為研究參與者相對較少。

（二）標的行為問題

J. R. Nelson 等人（1999）回顧過去的研究發現：FA 大多應用於自傷和攻擊行為，各占 42% 和 25%，僅 18% 應用於干擾行為，15%運用於其他行為（例如：破壞、不服從和固著行為），我認為這些行為皆是**外顯行為問題**。於 2000 年之後，干擾、破壞、不服從和固著等行為之 FA 研究已增加。然而，內隱行為之 FA 的研究較少，例如：文獻（J. J. Fox et al., 1998; Heckaman et al., 2000; Martens & Lambert, 2014）指出，多數研究針對 E/BD 者的外顯行為進行 FA，**內隱行為及低頻率但高強度之行為**（例如：放火、槍傷別人、性行為）**功能的研究相對較少**。

再者，文獻（Gresham et al., 2001; Martens & Lambert, 2014; Stichter & Conroy, 2005）指出，大部分 FA 研究**以發現標的行為問題之功能為主，很少將正向行為納入研究，分析能讓學生產生正向行為的教室結構**。

另外，Lane 等人（1999）回顧 19 篇 1990 至 1999 年間，應用在 E/BD 高風險學生的研究後發現，**較少研究進行學業和表現不足的** FA，例如：我只看到一篇

（McComas et al., 1996）進行學業和表現不足的 FA。Kodak 等人（2011）亦指出較少研究探討與學業和表現不足相關的教學變項。T. M. Scott 和 Kamps（2007）還指出，**較少研究深入探討社會行為和學業行為間的功能關係**。我認為不只針對 E/BD 和其高風險者，對其他輕度障礙者亦是如此。

（三）實施者

研究中 FA 大部分**由研究者，而非研究參與者的重要他人**（例如：教師）進行，尤其「功能分析」更是如此（Ervin et al., 2001; J. J. Fox et al., 1998; Hanley, 2012; Quinn et al., 2001; Sasso et al., 2001; T. M. Scott et al., 2004），例如：T. M. Scott 等人曾分析 1995 至 2000 年間，在普通班中，實施 FA 的 12 篇研究後發現，都是由研究者親自實施；雖然部分研究有班級教師參與，但都是在研究者的協助下執行，費時約需 9.7 至 23 個小時。

PBS 重視**生態效度**，主張由個體的重要他人執行 FA，即使他們無法獨立實施，也要在研究者的協助下執行，或是參與 FA 的過程，2000 年之後的研究已有教師和家長的參與（Rispoli et al., 2014）。有一些研究（例如：Albin, Stichter, et al., 2005; Stichter, Lewis, et al., 2004; Stichter, Sasso, et al., 2004; Umbreit & Blair, 1997）探討如何在應用情境中，由實務工作者針對導致行為問題的前事執行 FA，他們提出**結構分析**（已在第 6 章詳述）。

儘管研究已有教師參與行為的 FA，但多是特殊教育教師，**普通班教師參與較少**（Rispoli et al., 2014）。相關文獻（Payne et al., 2007; Rispoli et al., 2014; T. M. Scott et al., 2004; Sterling-Turner et al., 2001）指出，要普通班教師執行 FA 有相當大的困難，原因為班級學生人數多，而且每個班級有其特有的社會結構，不像實驗情境那麼單純、容易控制，加上 FA 的執行費時；因此，**如何提升普通班教師實施 FA 的能力與意願**值得探究。

（四）實施情境

J. R. Nelson 等人（1999）回顧過去的研究發現：FA **大部分於臨床情境（例如：醫院）中進行**，只有 23% 於學校中執行。其他文獻（J. J. Fox et al., 1998; Gresham et al., 1999; Lloyd et al., 2016; Quinn et al., 2001; Sasso et al., 2001）亦指出，FA **大部分於嚴密控制的實驗或模擬情境中實施，尤其是功能分析**；雖然有部分研究是在學校自然情境中，但大都是由研究者親自實施，很少由班級教師執行，如此會減少它在教室中的應用。於 2002 年之後因應融合教育的趨勢，愈來愈多身心障礙學生安置於普通班中，**如何在普通班中實施** FA，成為關注的焦點（Doggett et al., 2001; T. M. Scott et al., 2004）。在 Hanley（2012）提出實用的功能分析（第 6 章已詳述）之後，已有愈來愈多研究在自然情境執行實用的功能分析（Jessel, 2022）。雖然 PBS 的研究已在家庭、學校和職場中實施 FA，但是**在社區中的應用仍有限**（Horner & Carr, 1997; Rispoli et al., 2014）。

（五）方法和工具

雖然學術界中有關 FA 的資料愈來愈豐富，並且已發展出許多 FA 方法和工具，但是**多數工具欠缺應用在不同群體之效度和信度資料**（Quinn et al., 2001; Sasso et al., 2001）。於2005年之後開始有這方面的研究，例如：McIntosh等人（2008）評鑑「教職員功能評量檢核表」，以及 Solomon 等人（2015）評鑑「有效實施行為支持自我評量調查工具」的效度和信度。

另外，**法令未規範** FA **的執行流程**（Payne et al., 2007; Vegas, 2005）；文獻（Gresham et al., 2001; Martens & Lambert, 2014; T. M. Scott et al., 2004）指出，各研究使用許多 FA 方法，不盡相同；研究者對這些方法的使用欠缺標準化，且未說明這些方法的選用理由和實施程序。即使許多研究指出 FA 在臨床上的有效性，然而它在實務工作中的使用率卻偏低；實務工作者關注的議題是，**在應用情境中實施** FA **時，何謂適當、有效率，又有效能的方法和程序**（Hanley, 2012; Harper et al., 2021; Johnston & O'Neill, 2001; T. M. Scott & Nelson, 1999），尤其是**如何正確、有效發現背景因素**需進一步探究（Mahon et al., 1999）。

（六）在擬訂 PBS 計畫上的角色

文獻（Dunlap & Carr, 2007; Gresham et al., 2001; Martens & Lambert, 2012）表示，部分研究**未能將** FA **的資料，轉化成導致標的行為問題之前事、後果及功能假設，未明確說明** FA **與** PBS **計畫間的關係**。Sugai 等人（1999）還指出，部分研究的標的行為問題具有多重功能，但是 PBS **計畫未能對應每一個功能來擬訂**。再者，Martens 和 Lambert（2014）指出，不清楚不同 FA 方法對 PBS 計畫的相對貢獻。

二、正向行為支持應用於發展或身心障礙者的研究分析

我依據年分先後，呈現十篇描述或後設分析 PBS 應用於發展障礙或身心障礙者的研究如下。

（一）E. G. Carr、Horner 等人（1999）的研究

E. G. Carr、Horner 等人（1999）透過嚴謹的標準搜尋符合的文獻，回顧 1985 至 1996 年期間，介入發展障礙者嚴重行為問題的 109 篇研究，包括 230 名研究參與者，得到 366 個研究成果，這些研究隨著時間有日漸增加的趨勢，以 1993 至 1996 年期間最多。Marquis 等人（2000）進一步以 E. G. Carr、Horner 等人的資料做後設分析，了解與 PBS 有關的五個問題：它的應用範圍有多廣？包含哪些方法？效果為何？影響效果的因素為何？PBS 的研究是否反映使用者（即家長、教師等實際相關人員）的需求？我參考 E. G. Carr、Horner 等人及 Marquis 等人的分析，從研究參與者和標的行為問題、FA 方法和行為功能、介入特徵、介入目標和成效，以及介入成效的相關因素五方面，分析這些研究。詳細說明如附錄 89「E. G. Carr、Horner 等人（1999）及 Marquis 等人（2000）對正向行為支持研究的分析」。

1. 研究參與者和標的行爲問題

從研究參與者的特徵來看，以**男性**、**5 至 12 歲者最多**；障礙類別和程度則以**智能及重度障礙**最多。標的行為問題是以**合併兩種以上**者居多，自傷行為次之。

2. 功能評量方法和行爲功能

介入前有實施 FA 的研究占 73.68%，**FA 方法以合併兩種以上方法者居多**，功能分析次之；而**功能分析多數在實驗、隔離和模擬情境中執行，在自然情境中進行是否可行**，以及**如何實施是關注的議題**。至於行為的功能類型，以**逃避**居多，多重功能次之。

3. 介入特徵

以下從介入者、介入情境、介入策略和介入成效的評鑑類型四方面，討論介入特徵。介入者以不是介入對象的重要他人（例如：研究者、心理學家、行為專家），**介入情境以實驗、隔離和模擬情境最多**，分別占 53.60% 和 65.20%，而且大多數研究（76.40%）**未介入標的行為問題發生之所有相關情境脈絡**（包括時間和情境）。

而在介入策略上，E. G. Carr、Horner 等人（1999）分成**增強本位的介入**和**刺激本位的介入**（reinforcement and stimulus-based intervention）兩種。刺激本位的介入乃改善有缺失的環境條件，包括調整課程與教學、控制背景因素、分散引發行為問題的立即前事、提供選擇的機會、改變生態系統等，亦即我所謂的**前事控制和生態環境改善**

策略；增強本位的介入乃改善個體有缺失的行為目錄，包括 FCT、自我管理、DRA 等，亦即我本書中所謂的**行為教導和後果處理策略**。**採用增強本位介入的比例稍高**，占 46.17%；刺激本位介入次之，有 42.35%。

另外，有實施**改變生態系統**中**改變重要他人**的研究有 73.22%，有實施**重組環境**者較少（5.46%）。改變重要他人是指調整重要他人的行為，例如：研究參與者以適當的溝通行為表達請求時，重要他人能提供協助；重組環境是指系統地改變環境中人員的組成、活動作息時間，提供新穎而豐富的社區活動、支持性就業、喘息服務、全天選擇的機會（不只是在特定情況下提供選擇）和額外的教養人員等。改變生態系統即我所謂的**生態環境改善策略**。

關於介入成效的評鑑類型，除了蒐集標的行為問題減少和正向行為增加的立即成效外，在行為維持和類化上，有蒐集者占 72.64%。而在行為維持和類化形態上，**蒐集行為維持 1 至 5 個月的資料者占最多數**，行為維持 6 至 12 個月者次之。**蒐集行為類化資料的研究更少**，有 13.66%，反應和刺激類化分別占 7.10% 和 6.56%。在社會效度的驗證上，有蒐集者僅有 22.68%，其中**社會效度驗證的形態以接受度最多**，可行性次之，被喜愛度又次之，**生活形態的轉變則最低**。

4. 介入目標和成效

在介入目標上，**較少研究邀請研究參與者和其重要他人參與決定**。而在蒐集生活形態改變的資料上，**有描述改變生活形態作為目標之研究較少**（11.70%），**真正實施生活形態介入者更少**（3.60%），成功者則又更低（2.70%）。

在減少行為問題的成效上，**PBS 具有良好的效果**，例如：大約有一半的研究顯示，PBS 能成功減少 90% 以上的行為問題；幾乎三分之二的研究，能成功減少 80% 以上的行為問題，並且對於多重障礙者和單一障礙者（例如：智障、視障）同樣有效。不論採用增強或刺激本位的介入，都有相當的效果。在行為維持成效上，**大約三分之二的研究，PBS 能維持 90% 以上行為問題的減少成效；但隨著追蹤時間的拉長，維持成效逐漸降低**。研究顯示 PBS **具有行為問題減少的類化成效**，例如：有 65% 的研究在刺激類化情境中，PBS 能成功減少 90% 以上的行為問題；有 80% 的研究在刺激類化情境中，能成功減少 80% 以上的行為問題。

而在增加正向行為的成效上，**有 45.10% 的研究呈現正向行為的資料，多數顯示正向行為有少量的增加**，例如：在評量正向行為發生次數的 43 篇研究中，增加的次數以 0 至 5 次居多，有 23 篇。在評量正向行為發生百分比的 122 篇研究中，增加的百分比以 0 至 25 居多，有 37 篇；26% 至 50% 次之，有 31 篇。另外，在**有蒐集生活形**

態改變，以及社會效度資料的研究中，皆顯示效果良好。研究顯示 PBS 具有正向行為增加的類化成效，例如：在反應類化的情境中，約有 8% 的研究呈現，PBS 能成功增加 90% 以上的正向行為；有 23% 的研究顯示，能成功增加 80% 以上的正向行為。

從使用者（例如：教育人員、家人）的觀點來看，研究結果無法充分反映其需求，他們較關注的議題是長期行為的改變（例如：研究未蒐集兩年以上的追蹤資料）、生活形態的支持、介入策略的實用性，以及能否將 PBS 適當融入於複雜的環境中實施等。而回顧的這些研究較關注於嚴謹的實驗控制，未能聚焦在使用者關切的議題上。另外，除了身心障礙者需要支持外，使用者也期待獲得支持，但回顧的這些研究未將「支持使用者」作為介入焦點。

5. 介入成效的相關因素

在介入成效的相關因素上，研究顯示以下七點發現。

（1）以減少 90% 的標的行為問題為標準，PBS 對於男性和女性的成功率相當。對於不同年齡的成功率，從 0 至 4 歲逐步遞升至 13 至 19 歲（63.70%），而後對年過 20 歲的成人，成功率又急速下降（41.10%）；換言之，PBS 對「學齡階段」研究參與者之成效，優於「學前和成人階段」者。PBS 對合併智障和 ASD 者，以及智障者的成功率最高（59.10%和 52.70%）；對中度障礙者的效果最佳（66%），重度和極重度障礙者分居二和三（53% 和 52.70%）。

（2）PBS 對介入「單一標的行為問題」之成功率（55.20%），高於「合併兩種以上」者（44.10%）；對於「發脾氣行為」的成功率最高（61.60%），不過研究成果數很少，恐有取樣誤差的問題；對於自傷和攻擊行為的成功率分居二和三（56.10% 和 55.50%）。

（3）藉由 FA 發展 PBS 計畫，其成功率是未實施者的兩倍，可見 FA 能促進成功的行為改變。FA 方法中，以採用功能分析的成功率最高（61%），直接觀察及合併兩種以上的方法者分居二和三（60%和 59.80%），相關人士報導法最低（42.10%）。值得注意的是，採用直接觀察和相關人士報導法的研究都很少，恐有取樣誤差的問題。

（4）PBS 對於功能為取得注意和物品、逃避及多重功能之行為問題，其成功率相當，介於 55.60% 至 63.50% 之間；而對於功能為取得感覺刺激者，成功率較低（23.50%）。

（5）**包含「改變生態系統」的 PBS 計畫，其成功率較未包含者高**；由此可知，當研究參與者的重要他人（例如：教育人員、家人）也改變他們的行為時，以及當研究參與者所處的環境也能被調整時，PBS 的效果會比沒有者來得更有效。

（6）**由研究參與者的重要他人執行 PBS 計畫，會比僅由研究者、心理學家、行為專家等執行來得更有效。**

（7）**不論在自然和模擬情境介入，其成功率相當，自然情境稍高於模擬情境。**不論是否在**所有相關情境脈絡都介入行為問題**，其成功率相當，有如此做的成功率稍高（55.30%）。

（二）Kern 等人（2002）的研究

Kern 等人（2002）回顧 1980 至 1999 年間，在自然情境中，採用**前事控制策略**介入身心障礙者行為問題的 42 篇研究後發現，僅 5% 的研究褪除介入策略，他們主張**是否要褪除前事控制策略，宜視個別狀況和其長期的影響來考量，看是否會妨礙個體融合或學習更重要的技能。**Kern 等人還發現，雖然這些研究的立即成效良好，但**很少探討長期介入效果**，81% 的研究實施行為介入少於 2 個月，24% 少於 10 天；除此，**很少研究蒐集維持成效（尤其是長期維持成效）資料**，僅針對兩位研究參與者有蒐集 5 個月以上的維持成效資料。

（三）Conroy 和 Stichter（2003）的研究

Conroy 和 Stichter（2003）回顧 1980 至 2000 年間，在自然情境中，採用前事控制策略介入身心障礙者行為問題的研究僅有 17 篇，比例頗低。這些研究的參與者以 E/BD 者占最多數，發展障礙和其他心理疾病者次之。介入者以教育人員和研究者居多，各占 59% 和 53%，其中某些研究是二者都有參與；雖然有很多教育人員參與策略的實施，但研究者的投入程度稍微高於他們。**應用的前事控制策略多數介入教學因素中的「工作／作業和活動」**，像是調整工作／作業的難度、呈現方式，以及提供選擇等；**其次是介入「環境因素」**，包括降低噪音、調整校車路線、安排教師近距離的控制等。Stichter、Clarke 和 Dunlap（2004）回顧 1980 至 2001 年間，介入發展障礙和 E/BD 者的研究發現，介入者以研究者居多，未能反映生態效度。

上述兩篇系統回顧前事控制策略的研究僅至 2000 年，而 2000 至 2010 年間，由於應用結構分析（已詳述於第 6 章），有愈來愈多研究採取前事控制策略，像是調整課程和教學、工作／作業的難度、呈現方式等（例如：Ervin et al., 2000; Hagan-Burke et al., 2007; Filter & Horner, 2009; Jolivette et al., 2001, 2002; Kamps et al., 2006; Liaupsin et al., 2006; D. W. Moore et al., 2005; Stichter et al., 2005; Stichter, Lewis et al., 2004; Stichter, Sasso, et al., 2004）。

（四）Conroy 等人（2005）的研究

Conroy 等人（2005）回顧 1984 至 2003 年間，介入學前身心障礙兒童行為問題、有同儕評鑑的 73 篇研究（詳細內容如附錄 90）後發現，從 1992 年開始便開始逐漸增加，2000 年最多。**多數研究介入 3 至 6 歲的兒童**，1 至 2 歲者較少。**多數研究介入的障礙類型以發展遲緩、ASD 者居多**，智障者次之；AD/HD 者最少，E/BD 高風險者次少。

介入者以教師和家庭成員居多，介入地點多數在學校和家庭；標的行為問題以破壞行為居多，干擾行為次之，也有不少研究了解正向行為的成效。介入策略的類型以**行為教導策略（包括 FCT、社會故事）居多**，多元素介入次之；自我監控策略最少，前事控制策略次少。**只有 40% 的研究呈現 FA 和介入策略間的關係**；以及**很少研究討論如何有效結合多元素介入、多元素介入的哪些成分造成行為的改變**。另外，**少數研究呈現介入完整性評鑑、社會效度，以及行為維持和類化成效**，例如：說明介入完整性評鑑的研究只有 8%，報導社會效度資料者有 26%；顯示類化成效的研究僅 15%，維持成效者有 27%。

（五）Snell 等人（2005）的研究

Snell 等人（2005）回顧 1997 至 2002 年間，介入 111 位 6 至 21 歲身心障礙者行為問題的 22 篇研究後發現，**FA 標的行為問題之主要功能為逃避，而透過 FA 發展的 BIP，由家長或教師在自然情境中執行，能有效減少行為問題，提升正向行為**。這些**研究較常使用的策略為正增強、前事控制和技能訓練**。

（六）Vegas（2005）的研究

Vegas（2005）後設分析 235 篇功能本位介入的研究結果發現，**FA 本位的行為介入策略對不同類別、安置於不同環境中的身心障礙者同樣有效**，有大的介入效果。以功能本位的多元素策略，有助於改善行為問題，以及提升正向行為。

（七）Harvey 等人（2009）的研究

Harvey 等人（2009）回顧 1988 至 2006 年間，介入出生至 20 歲之 316 位發展障礙者行為問題、有同儕評鑑的 142 篇研究後發現，**發展障礙者常見的行為問題依序為自傷、破壞、固著、不服從與不適當社會行為。功能本位的介入在減少發展障礙者行為問題上，確實優於未實施 FA 者**。有 53% 的研究會結合前事控制、行為教導、後果處理與生態系統改變策略介入行為問題；而**多元素介入有助於改善行為問題，並且提升正向行為**，例如：生態系統的改變是為行為介入營造適當的情境，需與其他介入策略共同運用，而非獨立使用。其中行為教導策略是非常重要的，研究發現單獨使用行為教導策略，或結合行為教導策略與其他策略，其成效優於未使用行為教導策略之研究。**自傷、固著、不適當社會行為和破壞行為的介入成效較佳；而不服從行為和攻擊行為的介入成效則較不理想**。

（八）Lang 等人（2009）的研究

Lang 等人（2009）回顧 1984 至 2008 年間，介入 53 位 3 至 47 歲發展障礙學生脫逃行為的 10 篇研究後發現，**功能本位的評量（功能分析）和功能本位的介入（例如：FCT），是介入發展障礙者脫逃行為最有效的策略**。介入策略除了 FCT 外，還包括定期的運動、DR、NCR、忽略和反應中斷策略。

（九）A. E. Goh 和 Bambara（2010）的研究

A. E. Goh 和 Bambara（2010）回顧 1997 至 2008 年間，介入 145 位身心障礙學生行為問題的 83 篇研究後發現，**小學到高中身心障礙學生常見的行為問題包括不服從、攻擊、自傷與固著行為。FA 本位的介入對不同類別、安置於不同教育環境中的身心障礙學生同樣有效。多數研究採用多元素介入**，包括前事控制、行為教導、後果處理和生態環境改善策略等（例如：Brooks et al., 2003; Horner, 2003; P. Hunt et al., 2004; K. M. Jones et al., 2000; Kennedy et al., 2001; Lane et al., 2007; McClean et al., 2007; Michelle et al., 2004; Newcomer & Lewis, 2004; O'Reilly et al., 2005; Radford & Ervin, 2002; B. W. Smith & Sugai, 2000; Stahr et al., 2006; Sterling-Turner et al., 2001; Turton et al., 2007; B. K. Wood et al., 2007; Wright-Gallo et al., 2006; Zuna & McDougall, 2004）。**其介入成果優於單一策略且更有效**。再者，**以團隊合作方式實施 PBS 的研究，其成效優於沒有者**，包括教育人員採團隊合作方式（例如：Buschbacher & Fox, 2003）、安排同儕參與執行 PBS 計畫（例如：Blair et al., 2007; Christensen et al., 2004）、家長共同實施 PBS

計畫（例如：Dunlap et al., 2001）。**約半數的研究未能教導正向行為，或是記錄其改變情形**；因此，建議應重視正向行為的教導。

（十）Brosnan 和 Healy（2011）的研究

Brosnan 和 Healy（2011）回顧 1980 至 2009 年間，介入 31 位有攻擊行為之發展障礙者的 18 篇研究後發現，**功能本位的多元素介入，有助於改善攻擊行為，以及提升正向行為。最常見的前事策略為提供視覺提示與環境調整；行為教導策略為進行 FCT；而後果處理策略則是忽略與區別性增強**。

上述的研究分析至 2009 年，在 2009 至 2022 年，於**研究參與者**上，研究擴展 PBS 在普通班中，於 ASD 者、E/BD 和其高風險者，以及 AD/HD 者上的應用。在**標的行為問題**上，介入干擾和不專注行為，以及增進學業參與度的研究逐漸增加。在**介入策略**上，依然有不少研究教導身心或發展障礙者**功能性溝通技能**（例如：Boesch et al., 2015; Chezan et al., 2014; Durand & Moskowitz, 2015; Falcomata et al., 2013; W. W. Fisher et al., 2015; Rispoli et al., 2014; Schmidt et al., 2014）；**提供做選擇機會和教導做選擇技能**，以介入行為問題（例如：Green et al., 2011; Liso, 2010; Ramsey, 2010; Ramsey et al., 2010）。

還有一些研究運用前事控制、後果處理和行為教導策略之**多元素介入**（例如：McClean & Grey, 2012; Strain et al., 2011）。另有研究加入其他元素，例如：**正念**（Singh et al., 2016）、**反映文化**（culturally responsive; Banks & Obiakor, 2015），形成正念本位和反映文化的 PBS。介入者以教育人員採團隊合作方式（例如：Cale et al., 2009; Lane et al., 2009; Yeon et al., 2018）、同儕參與（例如：Clarke & Duda, 2019）、家長共同實施 PBS 計畫（例如：Petrenko, 2015; Work-Poggi, 2018）的研究日益增多。

除了上述學校或機構中實施的個人層級 PBS 外，2010 至 2021 年間，有愈來愈多**家庭中心的 PBS 研究**，介入發展障礙者、E/BD 和其高風險者、發展遲緩幼兒等，這些研究已於第 13 章第 3 節提及。

三、正向行為支持應用於情緒行為障礙和其高風險者的研究分析

我依據年分先後，呈現兩篇描述或後設分析 PBS 應用於 E/BD 和其高風險者的研究如下。

（一）Heckaman 等人（2000）的研究

Heckaman 等人（2000）回顧 1991 至 1999 年間，介入 E/BD 高危險群者行為問題的 22 篇研究（詳細內容如附錄 91）後發現，研究參與者的年齡介於 4 至 14 歲；介入的行為問題均為外顯行為（例如：攻擊、自傷、干擾、發脾氣、分心等）。**FA 方法以合併相關人士報導法**（訪談、量表）、**直接觀察**，以及**發展和驗證行為功能假設三種居多，驗證行為功能假設的方法多以描述分析**（例如：自然情境的觀察、分析前事和後果的相關），**較少採取功能分析。行為問題的功能包括逃避要求、工作／作業，取得教師和（或）同儕的注意，以及取得物品和活動**。在 22 篇研究中有 18 篇顯示，**依據 FA 發展的 BIP，確實能減少 E/BD 高風險者的行為問題**。

此外，各有六篇分別使用前事控制和後果處理策略，四篇結合前事控制和後果處理策略，另有六篇採取行為教導策略，或是結合行為教導和前事控制、行為教導和後果處理，以及合併這三種策略。在減少行為問題和增加正向行為上，有 18 篇呈現非常明顯的效果，而有四篇顯示對部分研究參與者有效，或是效果不明顯，這四篇研究皆提到「介入不一致」是主因。另外，**少數研究呈現介入完整性評鑑、社會效度，以及行為維持和類化成效**，例如：說明介入完整性評鑑的研究有 12 篇，報導社會效度資料者有 11 篇，顯示類化成效的研究僅兩篇，維持成效者有七篇。

（二）Gage 等人（2012）的研究

Gage 等人（2012）回顧 1992 至 2010 年間，介入 146 位 E/BD 和其高風險學生行為問題之 69 篇研究後發現，這些學生**最常見的行為問題包括不服從、不適當的社會行為（例如：罵髒話、爭辯）與攻擊行為。透過 FA 發展的 BIP，能有效減少行為問題**。

四、正向行為支持應用於泛自閉症者的研究分析

我依據年分先後，呈現四篇描述或後設分析 PBS 應用於 ASD 者的研究如下。

（一）Horner 等人（2002）的研究

Horner 等人（2002）回顧 1996 至 2000 年間，介入 8 歲以下之 24 位 ASD 兒童行為問題、有同儕評鑑的九篇研究後發現，**最常被介入的行為問題依序為發脾氣、攻擊、固著和自傷行為。透過 FA 發展的 BIP，能有效減少行為問題**；然而，**僅少數研究呈現 FA 和介入策略間的關係**。在 1990 年之前最常使用的介入方式為後果處理策略，

在 1990 年之後則是**刺激本位**和**教導本位的介入**，其中**環境因素的控制**最具效力。**少數研究持續追蹤長期的介入成果，以及顯示維持和類化成效**。

（二）Campbell（2003）的研究

Campbell（2003）回顧 1966 至 1998 年間，介入 2 至 31 歲之 181 位 ASD 者行為問題（包括固著、自傷、破壞、攻擊、多重行為問題）的 117 篇研究後發現，**功能本位的介入確實能減少 ASD 者的行為問題**；而**使用超過一種 FA 方法發展的策略，能避免誤差，且與介入成效有正向關聯**。另外，**結合多種策略的研究，其介入成果優於單一策略且更有成效**，例如：結合前事控制與生態系統改變策略一起使用，使得替代技能的教導在減少行為問題上更為有效。

（三）Machalicek 等人（2007）的研究

Machalicek 等人（2007）回顧 1995 至 2005 年間，介入 ASD 者行為問題的 26 篇研究後發現，**最常採用的策略包括前事控制、改變教學情境、區別性增強和自我管理策略，四種策略在減少 ASD 者行為問題上皆具成效**。和其他研究不同處在於，依據 FA 擬訂 BIP 的研究，和未進行 FA 者，沒有明顯的差異。

（四）Heyvaert 等人（2014）的研究

Heyvaert 等人（2014）回顧 1999 至 2012 年間，介入 358 位平均年齡 10.24 歲 ASD 者行為問題的 213 篇研究後發現，**FA 本位的介入確實能減少他們的行為問題，而且多元素介入的效果優於單一介入**。

五、正向行為支持應用於其他研究參與者的研究分析

除了上述研究參與者外，2000 至 2022 年間，有研究介入學障者（例如：Burke et al., 2003; Christensen et al., 2007）、文化差異者（例如：Preciado et al., 2008）、資優學生（例如：Çitil & Ataman, 2019）的行為問題；Christensen 等人的研究還安排同儕參與實施 PBS。另有研究介入年長失智症〔dementia，APA（2013）改成阿茲海默症引起的重度神經認知異常（major neurocognitive disorder due to Alzheimer's disease）〕者的異常發聲行為（例如：Buchanan & Fisher, 2002）、頭部外傷者的攻擊行為（例如：Feeney & Ylvisaker, 2008; Jack, 2000）。由此可見，**2000 年之後研究已擴展應用 PBS 在新人口群上**。

第二節 系統層級正向行為支持研究的分析

我從不知道錯誤是什麼，我只知道從舊經驗中學習。（Edison；引自 Boyes & Watts, 2009, p. 88）

本節從全校、教室本位，以及其他層級三方面，分析系統層級 PBS 的研究。

壹、全校正向行為支持研究的分析

關於全校 PBS，有專書（Bernhardt & Hébert, 2017; Greenwood et al., 2008; Hannigan et al., 2021; Harlacher & Rodriguez, 2018; Lane et al., 2020; McSherry, 2001; Sprague & Golly, 2004; E. L. Young, 2011）討論如何發展全校 PBS 方案，以及報導美國部分學校實施的模式。Sprague 和 Horner（2006）指出，美國已有超過 30 個州推行，以降低學校行為問題的頻率，以及提高學生的學習時間；文獻（Gage, Whitford, & Katsiyannis, 2018; Horner & Sugai, 2007; Horner et al., 2010; Kittle man et al., 2021; K. McIntosh et al., 2010; Ögülmüs & Vuran, 2016; Sugai & Horner, 2010）列出研究證明它是 EBP。我分析臺灣及國外 1990 至 2021 年間，54 篇全校 PBS 的研究成效內涵如表 15-8，詳細內容如附錄 92「全校正向行為支持研究成效的分析」。

表 15-8　全校正向行為支持研究成效的分析

成效內涵	篇數[a]
1. 預防或減少處室行為管教的轉介和退學、校園暴力或霸凌、危機狀況的處理與個別學生行為的介入。	39
2. 增進學生的行為和社會適應（例如：提升專注和參與度、適當的遊戲和搭校車行為）。	35
3. 擴大學生的學習參與度和提升學業表現（例如：增進學業成績、出席率、上課氣氛）。	23
4. 促使學校發現高風險學生，及早提供他們支持，減少轉介進行 E/BD 的鑑定。	9
5. 有效運用社區資源，改善學校整體社會及學業環境。	6
6. 提升教職員的專業能力和自我效能。	4
7. 促進教職員間合作關係。	2
8. 建立安全的校園、融合和正向互動的學校文化。	2
9. 促進個人 PBS 的實施成效。	1
10. 提供教職員在處理特殊需求學生行為問題時的法規依據、明確的處理程序及步驟。	1
11. 促使家長發揮教育子女的責任感，更積極參與學校輔導工作、更關心子女。	1
12. 調整教職員對學生行為的觀感。	1

註：[a]由於有些研究不只呈現一項成效內涵，所以 N 超過 54。

此外，有些研究在全校 PBS 中結合其他元素，例如：**預防霸凌方案**（Good et al., 2011）、**社會和情緒學習方案**（Preast et al., 2017）、**跨系統的合作**（與心理健康服務提供者、其他社區夥伴等協同合作；Weist et al., 2018）。Gage、Rose 和 Kramer（2018）的研究亦建議結合全校 PBS 和預防霸凌方案，以增進其預防效果。有些研究在評鑑實施品質，例如：Medley 等人（2008）使用「行為支持計畫品質評鑑」（Behavior Support Plan—Quality Evaluation），比較有實施全校 PBS 的學校與未實施者，在撰寫個人 PBS 計畫的專業品質，結果發現有實施全校 PBS 的學校在撰寫個人 PBS 計畫的專業品質上比未實施者佳。

除此，部分研究探討全校 PBS 的相關因素，例如：Handler 等人（2007）討論設計全校 PBS 的實務考慮，包括**建立行為介入的領導團隊**、**準備全校教職員**、**安排行政程序**、**指導和促進 PBS 的實施**，以及**與學區聯繫**。Kincaid 等人（2007）界定實施全校 PBS 的助力和阻力，助力包括經費充足，教職員對 PBS 有正面的認知，學區、行政和家長或社區的支持，良好的溝通，組成和訓練行為介入團隊，良好的團隊運作過程和功能，妥善規畫和實施，善加運用資料做決策，指導教職員如何實施 PBS，整合服務於學校中，給予教職員鼓勵，正向的學生成果等；阻力包含教職員和學生的異動、時間不足、教職員理念的差異，以及對 PBS 欠缺了解和產生誤解等。K. McIntosh 等人（2018）另提出**學區對全校 PBS 的訓練與支持**是重要因素。

貳、教室本位正向行為支持研究的分析

至於教室本位 PBS，有專書或專文（DiGiulio, 2006; Dunbar, 2004; Evertson & Emmer, 2017; Fan, 2020; Farah & Johnsen, 2021; S. Goldstein & Brooks, 2007; Little et al., 2009; Porter, 2020; T. M. Scott et al., 2011; Simonsen et al., 2008; Simonsen & Myers, 2015; Sprick, 2006; Storey & Post, 2017; Tileston, 2004; Tincani, 2022）討論如何應用於班級中。我分析臺灣及國外 1990 至 2021 年間，21 篇教室本位 PBS 研究的策略與成效內涵如表 15-9，詳述於附錄 93「教室本位正向行為支持研究策略與成效的分析」，其中，臺灣的研究多依據陳佩玉和蔡淑妃（2015）參考 Kamps 等人、Wills 等人發展的 CW-FIT 方案，已呈現於第 3 章第 1 節。在這些研究中，前事控制策略使用頻率最高，接著依序為後果處理策略、行為教導策略、生態環境改善策略，以及其他個體背景因素介入策略；而**教導學生遵守班級常規和正向行為（例如：社會技能）**、**建立具體的班規和可預期的生活作息及增強正向行為**，是當中應用最多的策略。產生效果的前三項是，**減少學生的行為問題**、**增進學生的正向行為和社會適應**，以及**擴大學生的學習參與度和提升學業表現**。

表 15-9　教室本位正向行為支持研究策略和成效的分析

策略和成效內涵	篇數[a]
採用的策略（$N = 66$）	
前事控制策略	25
・建立具體的班規和可預期的生活作息。	9
・使用前矯正策略、提示訊號，以促進轉銜。	5
・主動監督。	2
・合作學習。	2
・明確的時間規畫。	2
・設定明確的教學目標和有效教學。	2
・調整物理環境和座位。	1
・主動提供反應機會	1
・直接教學和獨立練習。	1
後果處理策略	16
・增強／正向回饋正向行為。	9
・忽略負向行為，重新指令正向行為。	4
・延宕或撤除喜愛的事物／隔離。	2
・引導正向的同儕回饋。	1
行為教導策略	16
・教導學生遵守班級常規和正向行為（例如：社會技能）。	13
・實施全班自我管理方案。	3
生態環境改善策略	8
・營造正向溫暖的班級氣氛。	3
・促進同儕間的互動關係。	2
・發現和開展學生的優勢能力。	1
・請家長配合讓孩子用完早餐再到校。	1
・與家長做良好的溝通。	1
其他個體背景因素介入策略	1
・使用藥物。	1
產生的成效（$N = 47$）	
・減少學生的行為問題。	15
・增進學生的正向行為和社會適應（例如：提升專注行為、人際互動）。	12
・擴大學生的學習參與度、提升學業表現（例如：增進學業成績、出席率）。	10
・改善班級氣氛並營造溫暖支持的學習環境。	4
・發現高風險學生，及早提供他們支持，減少更限制或侵入性的處理，以及轉介進行 E/BD 的鑑定。	2
・提升教師的鼓勵行為，減少斥責行為。	4

註：[a]由於有些研究採用不只一種策略，不只呈現一項成效內涵，所以 N 超過 21。

除此，部分研究探討教室本位 PBS 的要素，例如：Hedeen 和 Ayres（1998）指出的要素包括：**建立合作的問題解決團隊、發現學生的優勢能力、界定學生行為問題的動機、設計預防策略、教導新正向行為**，以及**採取支持的方法面對學生行為問題的挑戰**。另有三項元素是必需者：**持續開展教師的專業能力**（Marchant et al., 2010）、**提供教師諮詢服務**（D. R. Carter & Van Norman, 2010），以及**一致地實施介入策略**（T. M. Scott et al., 2007）。

參、其他層級正向行為支持研究的分析

美國 PBIS 的國家技術輔助中心（National Technical Assistance Center on PBIS），更提出**全學區及全州的** PBS。在 2000 至 2021 年間，有一些文獻探討如何運作全學區的 PBS，以促進全校 PBS 的實施（例如：George & Kincaid, 2008; A. S. Hunt, 2015; S. K. Johns et al., 2008; Lohrman-O'Rourke et al., 2000; Mass-Galloway et al., 2008; Sadler, 2000; Sadler & Sugai, 2009; Storey & Post, 2015）。除此，還有一些文獻討論全州 PBS 的實施（例如：Barrett et al., 2008; R. Freeman et al., 2005; Pluska, 2018; Rotholz & Ford, 2003; Snyder et al., 2010），例如：R. Freeman 等人主張將 PBS 的理念與實務，融入全州的人類服務組織中。

這些研究顯示，欲成功實施全學區及全州 PBS，須共同具備以下四個要素：（1）領導團隊主動協調實施過程，它須具備訓練、指導、評鑑和協調能力；（2）建構經費充足、執行步驟清晰、行政支持度一致的組織；（3）提供持續、廣泛的實施基礎，包括有一群人指導州政府實施 PBS，另一群人能訓練學校團隊實施 PBS，並且持續評鑑執行成效；（4）由幾個擁有不同條件的示範學校，發表切實可行的 PBS 作法。全學區和全州之差異處僅在於領導團隊成員不同，全州領導團隊成員的範圍會比全學區廣泛，除了州教育機構外，還包括人類服務組織與機構（例如：心理健康、兒童福利、發展障礙的組織和機構）。

第三節 教育人員在實施正向行為支持知能和態度的分析

在開始改變一種狀況之前，人們必須相信改變的可能性。改變是一種過程，每一次偉大的改變都是因為人們在過程中點點滴滴做了許多小事情。

PBS 主張由個體的重要他人執行，而教育人員是個體在學校或機構中的重要他人。Heckman 等人（2000）即指出，在 FA 本位介入的研究中，最重要的議題可能不是學生行為的類化，而是**教師行為和介入的類化**；換言之，教師在其他學生、行為和工作上，是否能選擇和實施符合功能的行為介入？因此，有必要分析教育人員在實施 PBS 的知能和態度，以下分成國外和臺灣兩部分說明。

壹、國外教育人員實施正向行為支持的知能和態度

Quinn 等人（2001）整合文獻後發現，學校人員執行 FA，擬訂和實施 BIP 面臨以下六項挑戰：（1）對標的行為問題之定義不夠具體；（2）將多重、不同的標的行為問題界定成單一的問題；（3）未能將 FA 的資料轉化成導致標的行為問題之前事、後果及功能假設；（4）未能針對學生標的行為問題之功能設計 BIP，在評量過程中很少注意學生行為問題發生之教室情境脈絡，以至於無法發展適合的 BIP；（5）BIP 只著重消除學生的標的行為問題，未能系統地教導他們正向行為；（6）未能監控介入者是否如計畫內容完整實施 BIP。

Stormont 等人（2005）調查學前特殊教育工作者（包括特殊和補救教育教師、語言和職能治療師、學校心理師及特教助理員）對二十四項 PBS 策略接受度和可行性的觀感後發現，接受的策略項目多於可行性者，表示他們在實施 PBS 策略上仍需訓練和協助。T. M. Scott、McIntyre 等人（2005）的研究亦發現，學校教育人員在了解學生行為功能資料之後，仍舊傾向選擇**懲罰策略**。

貳、臺灣教育人員實施正向行為支持的知能和態度

至於臺灣的研究，陳維修（2008）調查 600 位臺南市國小普通班導師管教特殊學生的情況，他們認為管教特殊教育學生的困難在於**班級學生人眾多**，其次是**自認為特殊教育專業知能不足**；而他們的管教方式以**勸導改過**居多，其次為**調整座位**和**課後輔**

導。林義勝（2010）調查南部地區七縣市 369 位特殊教育教師，採用的行為改變技術，最常使用依序為正增強、剝奪、負增強和懲罰。由此可知，教師使用的行為介入策略偏向**後果處理策略**，較少預防和教導策略，且普通班導師特別感受到管教特殊教育學生的困難。

有關教師對 PBS 和 ABA 認知與實施程度，四篇研究的結果如下：吳惠萍（2017）取樣 310 位特教學校教師在 PBS 上的實施現況後發現，介於偶爾至經常做到之間，且實施與理解程度達顯著正相關。張釋心（2018）調查 28 所特教學校 307 位教職員，探討實施全校性 PBS 之現況與需求後發現，全校性 PBS 各向度及整體需求程度皆大於獲得現況，教職員於「團隊合作」及「行政支持」向度需求度最高。張淑芬等人（2018）調查臺北市 298 位國小特殊教育教師後發現，他們對 ABA 之行為 FA 與介入的認知程度及使用頻率皆高者占三分之一，顯示仍有加強之空間。王詩惠（2019）取樣臺灣北中南東四區國小身心障礙教育班級的 435 位教師，了解他們 PBS 認知程度與實施程度之現況後發現，PBS 認知程度介於大部分至非常符合間；實施程度介於有時候及總是做到之間。

綜上所述，訓練教育人員執行有效度和信度的 FA，加強他們擬訂與實施 PBS 計畫的能力，實屬高度必要。

第四節　正向行為支持研究的未來方向

> 擁有知識是不足夠的，我們必須應用。擁有意願也是不夠的，我們必須實際行動。（Goethe；引自 Barends & Rousseau, 2018, p. 268）

E. G. Carr、Horner 等人（1999）指出，PBS 的研究需要新的應用科學，須改變評量和介入方法，以期更能反映使用者的需求。E. G. Carr、Dunlap 等人（2002）表示 PBS 的持續發展，促使評量實務、介入策略、人員訓練及介入對象上須配合做一些改變。不止於這些層面需要改變，我依據前三節臺灣及國外 PBS 的研究，以及教育人員在實施 PBS 知能和態度的分析，從研究參與者、標的行為問題、FA 的實施、行為功能的分析、介入目標、PBS 計畫的內容、正向行為的教導、PBS 計畫的實施、介入層級、介入成效的評鑑，以及人員訓練十一個層面，引導出 PBS 研究的未來方向如下，摘要整理如附錄 94「正向行為支持的實施狀況與未來方向」。

壹、研究參與者

E. G. Carr、Dunlap 等人（2002）表示，PBS 對於增進發展障礙者的 QOL 有許多貢獻，因此許多人有一種誤解——PBS 主要適用於發展障礙者；事實上，PBS 也能應用至其他人口群，包括：頭部外傷者、資優學生、有行為介入需求的一般學生等。

綜合臺灣及國外 PBS 研究發現，研究參與者以中小學階段，安置於特殊教育學校和集中式特殊教育班，以及智障和重度障礙者、ASD 者最多。**學前和高等教育及成人階段，安置於教養機構和分散式資源班，以及部分特殊需求（例如：視障、聽障、語障、肢障、身體病弱和雙重特殊教育需求）**之研究則較少。因此，我建議未來加強 PBS 在這些研究參與者上的應用研究。

貳、標的行為問題

綜合臺灣及國外 PBS 研究發現，多數研究 FA 或介入高頻率的外顯行為（自傷、攻擊、外顯的不適當社會行為），較少針對**內隱的不適當社會行為、身體調節異常和特殊情緒困擾**，以及**低頻率但高強度之行為**。因此，我建議未來加強 PBS 在這些行為問題上的 FA 和介入。

部分研究介入不同功能的多重行為問題，但將之界定成單一的行為問題；另有研究對標的行為問題之定義不夠具體。因此我建議，未來研究要**明確定義標的行為問題**，並且如 Sugai 等人（1999）所建議的，**宜在自然情境和作息中界定之**。此外，研究者宜釐清是單一，或「不是反應類別」的多重行為問題；若為多重行為問題，則宜分開界定和介入。

參、功能評量的實施

以下從 FA 的方法、工具、實施者和實施情境四方面，探討 FA 的實施現況和未來方向。就 **FA 的方法**而言，綜合臺灣及國外 PBS 研究發現，各研究使用相關人士報導法、直接觀察和功能分析三種方法，不盡相同；多數研究對於實施哪一種 FA 方法，並沒有一致的標準和程序，且不清楚不同 FA 方法對 PBS 計畫的相對貢獻。因此我建議，**未來研究宜發展適當、實用、有效能和效率的 FA 實施方法和程序，還可考慮加入其他方法**，將評量資料轉化成導致標的行為問題之前事（立即前事和背景因素）、後果及功能假設，讓更多的實務工作者願意使用它，成為其教學中例行的作法，特別是在普通班中使用。在**加入其他評量方法方面**，M. L. Roberts 等人（2001）的研究指出，將 CBA 穿插於 FA 中，有助於發現行為功能是「逃避普通班課程要求」的前事。T. M. Scott 和 Kamps（2007）提醒在發展 FA 實施方法和程序時，不要將「效率」的考量置於「效能」之前，宜**先找出最有效能者，再進一步探究有效率運用它的方式**。再者，建議未來研究可進一步分析，不同 FA 方法對 PBS 計畫的相對貢獻。

就 **FA 的工具**來說，綜合臺灣及國外 PBS 研究發現，多數工具欠缺應用在不同群體之效度和信度資料；因此我建議，未來研究宜**建立運用 FA 工具在不同群體之效度和信度資料**。除此，在**初級和次級 PBS 中，欠缺明確的 FA 實施方法、工具和程序**；以及**未建立三個層級 PBS 之間，FA 資料的關聯和系統性**，這是未來研究宜加強處。

關於 **FA 的實施者**，臺灣及國外研究中，「功能分析」大部分由「不是研究參與者的重要他人」（例如：教師）進行。而相關人士報導法和直接觀察，國外早期多數由不是研究參與者之重要他人的研究者實施，近年有增加趨勢；臺灣多數由研究者（即研究參與者的重要他人）和場域中的其他人員或家長共同實施。未來研究還可**擴展至研究參與者之手足、朋友、祖父母、鄰居和其他重要人物的參與**（E. G. Carr, Dunlap, et al., 2002; T. M. Scott & Kamps, 2007）。Wehmeyer 等人（2004）更主張以**自我決策為基礎，讓學生參與 FA**。

有關 **FA 的實施情境**，綜合 PBS 研究發現，功能分析多數在隔離和模擬情境中執行；因此建議，未來研究可**探討在自然情境中實施功能分析的可行性及作法**。PBS 強調在自然和多元情境中實施 FA，雖然在家庭、學校等自然情境中實施 FA 的研究近年已增多，但還不夠，未來還可**擴展至社區中實施**（Horner & Carr, 1997）。

肆、行為功能的分析

綜合臺灣及國外 PBS 研究顯示，大部分研究在發現標的行為問題之功能，很少分析能讓研究參與者（例如：學生）產生正向行為的環境（例如：教室）結構或因素。另外，較少研究進行學業和表現不足的 FA，以及分析「學業行為和表現」與「社會行為」的關聯性。因此，我建議未來研究朝以下方向發展：**分析能讓研究參與者產生正向行為的環境結構或因素，加強學業和表現不足的 FA，以及探討學業行為和表現與社會行為間的關係**。

再者，標的行為問題之功能大部分是多重功能，其中以取得和逃避外在刺激居多，較少「逃避內在刺激或表達不舒服感覺」。造成此現象的原因是這些行為問題都無此功能，還是因為雖有此功能，但不易觀察，或易被忽略，以至未被界定出來，值得探究。因此我建議，未來研究**探討「逃避內在刺激或表達不舒服感覺」的行為問題、在什麼情況下行為問題是為了達到此項功能，以及分析此項功能較少的原因**。

另外，部分研究未能將 FA 的資料，轉化成導致標的行為問題之前事、後果及功能假設，未明確界定取得或逃避的刺激特徵，未具體說明 FA 與 PBS 計畫間的關係。部分研究介入不同功能的多重行為問題，而研究者未個別分析不同行為問題的功能，以至 PBS 計畫的擬訂無法對應個別行為問題的功能。因此，我建議未來研究朝以下方向發展：**明確界定標的行為問題與前事和後果因素間之關係，具體敘述其功能是取得或逃避哪些特徵的刺激；針對標的行為問題之所有功能，擬訂 PBS 計畫；以及若介入超過一種「不是反應類別」的行為，則宜個別分析不同行為問題的功能。**

伍、介入目標

綜合臺灣及國外 PBS 研究發現，較少研究具體說明考量**目標的社會效度**。因此我建議，**邀請研究參與者和其重要他人參與決定介入目標，讓他們成為建議或合作者，以期更能反映他們的需求**。另外，多數研究關注於身心障礙者行為問題的改善，較少將**「支持身心障礙者之重要他人」納為介入焦點**，這是未來研究可加入者。

陸、正向行為支持計畫的內容

綜合臺灣及國外 PBS 研究發現，雖然多數研究運用多元素介入，但是部分研究未清楚說明，PBS 計畫中的介入策略是對應何種功能所設計，以及如何有效結合多元素介入。至於介入策略的類型，使用頻率最高者為後果處理策略，其他個體背景因素介入策略和生態環境改善策略，是使用頻率最低者；當周遭大環境需要調整時，我建議採用生態環境改善策略；當其他個體背景因素（例如：生理因素）是導致行為問題的原因之一時，我建議採取其他個體背景因素介入策略。另外，前事控制策略的使用仍不足，且部分研究未針對所有導致標的行為問題之立即前事和背景因素，設計前事控制策略。除此，部分研究未做介入完整性評鑑。

因此，我建議未來研究朝以下方向發展：**具體陳述介入策略和標的行為問題功能間之關係；探討有效結合多元素介入的原則；增加其他個體背景因素介入策略和生態環境改善策略，針對所有導致標的行為問題之前事設計「前事控制策略」，繼續加強其使用**；部分有蒐集維持和類化成效的研究，未說明如何提升維持和類化成效。再者，若有蒐集維持和類化成效，則說明提升維持和類化成效的策略；以及**進行介入完整性評鑑**，以檢視 PBS 計畫實施的確實性。

柒、正向行為的教導

綜合臺灣及國外 PBS 研究發現，多數研究教導對立的行為，其中替代技能被教導率最高，其他技能獲教學的比例低。因此，我建議未來研究宜**加強教導因應技能、容忍技能和一般適應技能**。正如第 9 章所云，在研究參與者已能穩定表現替代技能之後，處理人員可進一步教導容忍技能。另外，某些不應該或無法避免的問題情境，不適合教導研究參與者替代技能，則宜教導因應技能和一般適應技能。另外，雖然有多篇研究採用行為教導策略，但是部分研究未清楚陳述正向行為的類型、選擇教導的理由、教導的策略和步驟，也沒有工具評鑑正向行為的教導成效。因此，我建議未來研究宜**加強正向行為的教導，並且確實說明正向行為的類型、選擇教導的理由**（例如：教導什麼替代技能以取代標的行為問題之哪種功能）、**教導的策略和步驟**，以及**評鑑方式和工具**。

捌、正向行為支持計畫的實施

PBS 主張介入必須和 FA 相連結，因此在介入者、介入情境、介入時間和介入內容上也將有轉變（E. G. Carr, Dunlap, et al., 2002）。以下從介入者、介入情境和介入時間三方面，探討 PBS 計畫的實施現況和未來方向。

在**介入者**上，正如前述，PBS 主張由個體的重要他人來介入。綜合臺灣及國外 PBS 研究發現，雖然近年的研究已朝向，場域內多位研究參與者之重要他人（教師和家長）的參與，但是還不足夠，未來研究還可**擴展至手足、朋友、祖父母、鄰居和其他人的參與，以營造更廣泛的自然支持來源**。再者，多數研究未具體說明，介入者扮演的角色；介入者間如何溝通與合作；若有遭遇合作的困境，如何因應。因此，未來研究宜**闡述介入者扮演的角色；介入者間的溝通與合作方式**；以及**運用何種策略加強介入團隊的運作效能，因應遭遇合作的困境**（T. M. Scott et al., 2003, 2005）。

在**介入情境**上，PBS 強調在自然、多元的生活情境中介入。綜合臺灣及國外 PBS 研究發現，行為問題的介入雖然已邁向自然、多元情境；然而，這些研究介入的自然情境多數在學校情境，較少在家庭或社區情境中進行介入，且部分研究未介入所有標的行為問題發生的相關情境脈絡。因此，我建議未來研究宜**在家庭或社區情境中做行為介入，並且介入所有標的行為問題發生之相關情境脈絡**。

在**介入時間**上，PBS 倡議「預防」觀點，在行為問題發生前教導。目前研究多數在研究參與者表現行為問題後才進行介入；未來將**盡早發現危險因子，進而在行為問題發生前介入，以個體的優勢為基礎提升其能力，並創造高品質的生活環境**。

玖、介入層級

在介入層級上，PBS 不只應用在個人，還可擴大運用於全校和教室；Wacker 和 Berg（2002）甚至建議，運用 PBS 建立服務傳遞的系統。而全校 PBS 的研究雖然持續成長，但是某些情境（如中學、都市學校）、第二層介入、如何有效選擇和實施第二和第三層介入、配合學生與家庭的需求和價值觀實施第一層介入，以及評鑑某些成果（如減少不同種族和身心障礙學生接受過度行為管教的比例）的研究相對較有限，是未來需加強的部分（Kern et al., 2020）。而教室本位 PBS 的研究相對較不足，未來需要更多研究探討教室本位的作法及其成效（Fallon et al., 2014）。

研究（Kurth & Enyart, 2016; Landers et al., 2012）顯示，重度障礙學生因安置於隔離環境中，而被排除於全校 PBS 之外，未接受全校篩選程序和初級預防，以及教職員未準備好引導他們參與全校 PBS。因此，兩篇研究建議全校 PBS 宜建立在融合教育的基礎上，全校人員（包括特殊與普通教育教師）協同合作，納入所有（包含重度障礙）學生，提供初級和次級預防。洪儷瑜和陳佩玉（2018）則建議，臺灣可根據現有普通教育三級輔導作法，採取科學的原則和方法，推動普通和特殊教育系統合作實踐 EBP，朝向全校 PBS 的實施。

另外，未探究如何將個人 PBS 融入全校和教室本位兩個層級中實施，致使有人擔憂實施全校和教室本位 PBS，介入的焦點會不會轉移至大多數學生身上，相對忽略少數學生（例如：重度障礙學生），進而與 PCP 此根基漸行漸遠（Bambara & Lohrmann, 2006）？因此，未來研究可探究，**對於需要個人 PBS 的學生，如何將個人 PBS 融入全校和教室本位兩個層級中，以最有效和持久的方式實施初級和次級預防策略，其作法和多數學生有何不同、如何調整、由誰來實施**（Bambara & Lohrmann, 2006; Crimmins & Farrell, 2006; Hawken & O'Neill, 2006）。

拾、介入成效的評鑑

綜合臺灣及國外 PBS 研究發現，介入成效的評鑑類型多數聚焦在行為問題之減少，正向行為提升成效次之，評鑑結果的社會效度最少，而且是短期介入的效果。有部分研究雖有教導正向行為，但未評鑑其教導成效；抑或未呈現所有正向行為，或個別正向行為的評鑑結果。社會效度驗證的形態以接受度和可行性居多，較少探究生活形態的轉變。再者，較少研究探討多元素介入的哪些策略造成行為的改變；以及評鑑 PBS 之維持成效（特別是 6 個月以上之長期維持成效）和類化成效；而在檢視維持成效時，較少研究說明撤除哪些介入策略、決定依據和撤除的作法。

因此，我建議未來研究朝以下方向發展：**評鑑個別正向行為的提升成效；加強結果社會效度的評鑑，並且著重探究生活形態之轉變；長期追蹤PBS在行為問題減少，與正向行為增加的維持效果和類化成效，特別是長期維持和類化效果；在檢視維持成效時，說明撤除哪些介入策略、決定依據和撤除的作法；探究多元素介入的哪些成分造成行為的改變**。再者，Durand和Rost（2005）提醒在檢視PBS研究的成效時，宜注意該研究**是否詳述研究參與者的特徵和流失的情形、是否有取樣偏差的問題**，以及**是否討論促使行為介入有效的因素**。

另外，較少研究包含**鉅觀成效指標**，像是改變生活形態、提升 QOL；以及增進相關人員的成長，例如：教養人員知能和態度、行為介入團隊效能和互動等方面的評鑑。PBS 和 ABA 其中一項差異處在於，ABA 聚焦在介入策略對行為效果的微觀分析，而 PBS 尚需包含鉅觀分析（E. G. Carr, Dunlap, et al., 2002; Sugai et al., 1999）。因此我建議，未來研究宜**加強鉅觀成效指標的評量**，以及**發展能評量鉅觀成效指標的工具和策略，而且此工具和策略能應用於廣泛的情境中，容易被實務工作者實施**。

拾壹、人員訓練

如上所述，PBS 主張由個體的重要他人實施行為介入，故其訓練對象、地點、內容和方法也將轉變。就**訓練對象**而言，從在大學中訓練「專家」，轉變成**訓練「專業人員間的團隊」，含家長，以促進人員之間的合作**（J. L. Anderson et al., 1996; E. G. Carr, Dunlap, et al., 2002）。以**訓練地點**論之，由於 PBS 強調在自然、真實和多元的生活情境中介入，因此將由大學和工作坊的地點，轉變至**真實的情境，透過一些資訊科技**（如線上與網際網絡）**進行實際場域中的訓練**（E. G. Carr, Dunlap, et al., 2002）。

在**訓練內容**上，Luiselli 和 Cameron（1998）指出教師多傾向使用後果處理策略，較少運用前事控制策略，這是因為過去的培訓課程較強調教導「特定的介入策略」，特別是後果處理策略；因此，建議**師資培訓課程宜加強前事控制策略**。我認為不只它，**行為教導策略亦是培訓的重點**。另外，宜**加強教師實施行為問題初級和次級預防的能力**，例如：全美州教育局協會（National Association of State Boards of Education, 2003）報導猶他州設立「教師行為和教育策略的專案」（Behavioral and Educational Strategies for Teachers，簡稱 BEST），訓練一群教師以下五個領域：**學生動機的促進、社會技能的教學、行為管教計畫的擬訂、對有長期行為問題之學生的** EBP，以及**與家庭正向關係的營造**，而後讓他們回學校繼續發展教職員的專業能力。另外，因為重視環境系統的改變，所以在訓練內容上，將不只教導「特定的介入策略」，也會教

導如何系統改變環境，形成自然支持的網絡，以協助個體適應環境，包括經費的編列、行政的運作、跨機構的合作等。

再者，過去培訓的重點在教師，且強調提升他們處理行為的知能；未來亦要加強他們在介入行為時，與相關人員溝通與合作的能力；以及訓練學校團隊如何啟動全校 PBS 的運作，合作解決問題（T. M. Scott & Hunter, 2001; T. M. Scott, Liaupsin, et al., 2005），提供教師專業發展行政支持和策略指導（Yeung et al., 2016）。

有關**訓練者**，文獻（Erbas, 2010; Reichle et al., 1996; T. M. Scott & Kamps, 2007）提出**大學和研究機構與中小學合作**，由大學師資培育工作者及研究者負責，並提供必要的工具、諮詢和回饋。Schill 等人（1998）的研究顯示，在教育人員實施完 FA 後獲得諮詢服務，有助於他們發展適合的 BIP，進而提升介入成效。Mouzakitis 等人（2015）的研究協助教育人員運用自我監控策略，控管自己行為介入的狀況，再加上提供表現回饋，有助於提升 PBS 介入的完整性。

在**訓練教材**上，1995 年之後出現一些訓練教材，像 L. Jackson 和 Leoon（1998）的《寫給教師和行為專家發展 PBS 計畫手冊》（*Developing a Behavior Support Plan: A Manual for Teachers and Behavioral Specialists*）、T. J. Lewis 等人（2016）的《PBIS 訓練和專業發展藍圖》（*Training and Professional Development Blueprint for PBIS*）；且有愈來愈多研究訓練或是協助教師、特教助理員、其他人員實施 FA 和 PBS（如 Conroy et al., 1999; Ervin et al., 1998; Gable et al., 2003; Kraemer et al., 2008; Machalicek et al., 2010; Mueller et al., 2003, 2005; Wright et al., 2007; Wright-Gallo et al., 2006）。

最後在**訓練方法**上，1990 至 2020 年間人員訓練的研究，其訓練方法包括閱讀書面資料、看影音材料、示範、案例教學法（case method）、在模擬和真實情境練習、回饋和討論等（例如：Albin, 1993; Bessette & Wills, 2007; Crone et al., 2007; Iwata et al., 2001; T. J. Lewis et al., 2016; Maag & Larson, 2004; D. W. Moore et al., 1999, 2002; Renshaw et al., 2008; Sailor et al., 2000; Wallace et al., 2004; T. S. Watson et al., 1999）。訓練方法從早期的「演講」，轉變成**真實問題解決的演練**（Dunlap et al., 2000; D. H. Reid & Parsons, 2003）。再者，J. L. Anderson 等人（1993）主張採取動態的訓練過程，包含結構式的在職訓練，訓練時可採案例教學的形式；之後於實務工作現場以**教練**模式實際指導，以促進技能在真實情境的應用。未來方向仍朝向採取多元的訓練方法，強調真實問題解決的演練，並以教練實際指導。

總括來說，Fixsen 等人（2005）指出三個層級 PBS 需要**執行科學**（implementation science），亦即將 PBS 證據本位的成果，正確推廣到實務場域，以促進研究知識導入社區情境脈絡，發展**執行實務**（implementation practice）。McLeod（2020）提出執行科學的概念架構（詳述於附錄 94），最後成果是實施對象的社會、情緒與行為的健康。

總結

本章藉由分析臺灣及國外PBS的研究，以及教育人員在實施PBS的知能和態度，從研究參與者、標的行為問題、FA的實施、行為功能的分析、介入目標、PBS計畫的內容、正向行為的教導、PBS計畫的實施、介入層級、介入成效的評鑑，以及人員訓練十一個層面，引導出 PBS 研究的未來方向。

作業練習　標的行為問題之介入結論與建議

延續第十四章的作業，以該位有行為問題，讓您感到困擾的個案為對象，完成以下「標的行為問題之介入結論與建議」作業：

一、標的行為問題之選擇與描述（已完成）
二、標的行為之觀察與紀錄（已完成）
三、標的行為問題之診斷（已完成）
四、標的行為問題正向行為支持計畫之內容與實施（已完成）
五、標的行為問題正向行為支持計畫之評鑑（已完成）
六、標的行為問題之介入結論與建議
　（一）標的行為問題之介入結論
　（二）標的行為問題之介入建議

附錄

附錄 88　臺灣正向行為支持應用於特殊需求者的研究
附錄 89　E. G. Carr、Horner 等人（1999）及 Marquis 等人（2000）對正向行為支持研究的分析
附錄 90　Conroy 等人（2005）對正向行為支持應用於學前特殊幼兒行為問題的研究
附錄 91　Heckaman 等人（2000）對正向行為支持應用於情緒行為障礙和其高風險者研究的分析
附錄 92　全校正向行為支持研究成效的分析
附錄 93　教室本位正向行為支持研究策略與成效的分析
附錄 94　正向行為支持的實施狀況與未來方向

測驗題

第十五章　正向行為支持的研究與願景測驗題

國家圖書館出版品預行編目（CIP）資料

正向行為支持的理論與實務／鈕文英著. -- 三版. --
新北市：心理出版社股份有限公司, 2022.09
面； 公分. --（障礙教育系列；63173）
ISBN 978-626-7178-17-1（平裝）

1. CST: 身心障礙教育 2. CST: 身心障礙者

529.5 111014015

障礙教育系列 63173
正向行為支持的理論與實務（第 3 版）

作　　者：鈕文英
總 編 輯：林敬堯
發 行 人：洪有義
出 版 者：心理出版社股份有限公司
地　　址：231026 新北市新店區光明街 288 號 7 樓
電　　話：(02) 29150566
傳　　真：(02) 29152928
郵撥帳號：19293172 心理出版社股份有限公司
網　　址：https://www.psy.com.tw
電子信箱：psychoco@ms15.hinet.net
排 版 者：辰皓國際出版製作有限公司
印 刷 者：辰皓國際出版製作有限公司
初版一刷：2009 年 7 月
二版一刷：2016 年 11 月
三版一刷：2022 年 9 月
I S B N：978-626-7178-17-1
定　　價：新台幣 700 元